凤凰文库
PHOENIX LIBRARY

凤凰出版传媒集团
PHOENIX PUBLISHING & MEDIA GROUP

凤凰文库·历史研究系列

主　　编　钱乘旦

项目总监　刘　卫

项目执行　王保顶

凤凰文库·历史研究系列

20世纪全球史

The Columbia History of the 20th Century

【美】理查德·W.布利特 等 著

陈祖洲 等 译

江苏人民出版社

图书在版编目(CIP)数据

20世纪全球史/陈祖洲等译.--南京:江苏人民
出版社,2016.11(2022.12重印)

(凤凰文库·历史研究系列)

ISBN 978-7-214-19693-4

Ⅰ.①2… Ⅱ.①陈… Ⅲ.①世界史-研究-20世纪
Ⅳ.①K107

中国版本图书馆 CIP 数据核字(2016)第 259236 号

The Columbia History of The 20th Century by Richard Bulliett

Copyright © 1998 by Columbia University Press

Simplified Chinese translation copyright © 2016 by Jiangsu People's Publishing House

Published by arrangement with Columbia University Press

All rights reserved

江苏省版权局著作权合同登记:图字 10-1999-068

书 名	20世纪全球史	
著 者	[美]理查德·W.布利特 等	
译 者	陈祖洲 等	
责 任 编 辑	张惠玲	
装 帧 设 计	姜 嵩	
责 任 监 制	王 娟	
出 版 发 行	江苏人民出版社	
地 址	南京市湖南路 1 号 A 楼,邮编:210009	
照 排	江苏凤凰制版有限公司	
印 刷	江苏凤凰扬州鑫华印刷有限公司	
开 本	652 毫米×960 毫米 1/16	
印 张	37.25 插页 4	
字 数	500 千字	
版 次	2017 年 3 月第 1 版	
印 次	2022 年 12 月第 5 次印刷	
标 准 书 号	ISBN 978-7-214-19693-4	
定 价	128.00 元	

(江苏人民出版社图书凡印装错误可向承印厂调换)

出版说明

　　要支撑起一个强大的现代化国家,除了经济、政治、社会、制度等力量之外,还需要先进的、强有力的文化力量。凤凰文库的出版宗旨是:忠实记载当代国内外尤其是中国改革开放以来的学术、思想和理论成果,促进中外文化的交流,为推动我国先进文化建设和中国特色社会主义建设,提供丰富的实践总结、珍贵的价值理念、有益的学术参考和创新的思想理论资源。

　　凤凰文库将致力于人类文化的高端和前沿,放眼世界,具有全球胸怀和国际视野。经济全球化的背后是不同文化的冲撞与交融,是不同思想的激荡与扬弃,是不同文明的竞争和共存。从历史进化的角度来看,交融、扬弃、共存是大趋势,一个民族、一个国家总是在坚持自我特质的同时,向其他民族、其他国家吸取异质文化的养分,从而与时俱进,发展壮大。文库将积极采撷当今世界优秀文化成果,成为中外文化交流的桥梁。

　　凤凰文库将致力于中国特色社会主义和现代化的建设,面向全国,具有时代精神和中国气派。中国工业化、城市化、市场化、国际化的背后是国民素质的现代化,是现代文明的培育,是先进文化的发展。在建设中国特色社会主义的伟大进程中,中华民族必将展示新的实践,产生新的经验,形成新的学术、思想和理论成果。文库将展现中国现代化的新实践和新总结,成为中国学术界、思想界和理论界的创新平台。

凤凰文库的基本特征是:围绕建设中国特色社会主义,实现社会主义现代化这个中心,立足传播新知识,介绍新思潮,树立新观念,建设新学科,着力出版当代国内外社会科学、人文学科的最新成果,同时也注重推出以新的形式、新的观念呈现我国传统思想文化和历史的优秀作品,从而把引进吸收和自主创新结合起来,并促进传统优秀文化的现代转型。

凤凰文库努力实现知识学术传播和思想理论创新的融合,以若干主题系列的形式呈现,并且是一个开放式的结构。它将围绕马克思主义研究及其中国化、政治学、哲学、宗教、人文与社会、海外中国研究、当代思想前沿、教育理论、艺术理论等领域设计规划主题系列,并不断在内容上加以充实;同时,文库还将围绕社会科学、人文学科、科学文化领域的新问题、新动向,分批设计规划出新的主题系列,增强文库思想的活力和学术的丰富性。

从中国由农业文明向工业文明转型、由传统社会走向现代社会这样一个大视角出发,从中国现代化在世界现代化浪潮中的独特性出发,中国已经并将更加鲜明地表现自己特有的实践、经验和路径,形成独特的学术和创新的思想、理论,这是我们出版凤凰文库的信心之所在。因此,我们相信,在全国学术界、思想界、理论界的支持和参与下,在广大读者的帮助和关心下,凤凰文库一定会成为深为社会各界欢迎的大型丛书,在中国经济建设、政治建设、文化建设、社会建设中,实现凤凰出版人的历史责任和使命。

目 录

作者介绍

理查德·W. 布利特（Richard W. Bulliet） 哥伦比亚大学中东研究所历史学教授、主任。他教授的课程包括：中东史、家畜史以及关于西方社会与政治思想、西方文学名著和西方艺术名作等"经典著作"课程（均为哥伦比亚大学著名的基础课程）。他撰写的著作《骆驼与车轮》获得美国技术史学会德克斯特奖。他最近出版的著作有：《伊斯兰教：来自边缘的观点》。他也是世界史教科书《地球及其居民》的作者之一、《近代中东百科全书》的编者之一，以及四本小说（其中最近出版的小说是《苏菲弦乐》）的作者。

安斯利·恩布里（Ainslie Embree） 哥伦比亚大学历史学名誉教授，曾担任该校历史系主任、南亚研究所主任和国际公共关系学院代院长。出生于加拿大，曾担任美国驻印度德里领事馆文化参赞（1978—1980年）、美国驻印度大使特别顾问（1994—1995年）。他最近出版的著作包括《构想印度：印度史论文集》《冲突的乌托邦：印度宗教与民族主义》。他是《亚洲史百科全书》总编。

希拉·菲茨帕特里克（Sheila Fitzpatrick） 芝加哥大学伯纳多特·E. 施米特历史学讲座教授。出生于澳大利亚，在墨尔本大学和牛津大学圣安东尼学院接受教育，现为《现代史杂志》编辑之一，曾担任"美国斯拉夫研究促进会"主席(1997年)。她最近出版的著作有:《控告实践:1789—1989年欧洲近代史上的控告》(与罗伯特·格拉特利合编);《斯大林时代的农民:集体化后俄国农村的抵制和生存》;《俄国革命》(第二版);《文化阵线:革命俄国的权力与文化》。

克里斯托弗·弗里曼(Christopher Freeman) 1965年创立英国苏塞克斯大学科学与技术政策研究所(SPRU),并担任该所首任所长至1983年。现为该所名誉教授。受业于伦敦经济学院,在服兵役后成为全国经济和社会研究所研究人员(该研究所是欧洲研究世界电子工业、化学工业技术变化以及工业研究和开发的主要机构)。他最近同卢克·索特合作撰写了《人人有工作或大众失业:21世纪计算机化的技术变革》。他也完成了教科书《工业创新经济学》的第三版。

埃里克·霍尔茨曼(Eric Holtzman) 哥伦比亚大学生物学系生物学教授、系主任。1994年在完成本书中的一章后不久去世,享年54岁。他为人们了解细胞膜和细胞的置换做出了重要贡献,并撰写了两本关于溶酶体(细胞内分解有害物质的结构)的著作。他与阿兰·诺维科夫合作撰写了被广泛使用的教科书《细胞与细胞器》。

阿基拉·艾里伊(Akira Iriye) 哈佛大学查尔斯·沃伦美国史讲座教授、埃德温·O.赖肖尔日本研究所主任。他最近出版的著作包括《美洲的全球化:文化国际主义和世界秩序》《日本与更为广泛的世界》。

肯尼思·T.杰克逊(Kenneth T. Jackson) 哥伦比亚大学雅克·巴曾历史学和社会科学讲座教授,历史系前主任。曾任美国城市史协会主席和美国历史学家学会副主席。他的著作《被蚕食的边界:美国的郊区化》获弗朗西斯·帕克曼奖和班克罗夫特奖,现为《纽约市百科全书》总编。

扎卡里·卡拉贝尔(Zachary Karabell) 哈佛大学历史学博士,撰写了大量关于美国外交政策和美国文化的论著。他的出版物包括《干预的设计师:美国、第三世界和冷战,1946—1962年)以及关于普及高等教育时代美国各大学的著作(即出)。

威廉·麦克尼尔（William McNeil）　哥伦比亚大学巴纳德学院近代欧洲史副教授，1993年在完成本书中的一章后不久去世，享年46岁。他是欧洲国际关系和货币政策专家，《美国货币与魏玛共和国》一书的作者。

约瑟夫·保罗·马丁（Joseph Paul Martin）　哥伦比亚大学人权研究中心执行主任。出生于英国，服完兵役后加入天主教传教团，此后在罗马学习，然后在当时的博茨瓦纳、莱索托和斯威士兰大学教书三年。他是哥伦比亚大学的博士，通过一年一度的布基纳法索、乌干达和津巴布韦的地区人权训练项目继续非洲的研究，编撰了三本人权文件集。

詹姆斯·梅奥尔（James Mayall）　伦敦经济学院国际关系教授、该校国际研究中心政治学教授、主任。他是《民族主义与国际社会》的作者，《新干预：联合国在柬埔寨、前南斯拉夫和索马里的经历》的编者和作者。

罗伯特·L. 奥康奈尔（Robert L. O'Connell）　美国地面情报中心高级情报分析家，《军事史季刊》编辑。他的著作包括《关于武器、人和圣船》以及《第二骑兵的征途》。

让-马克·兰·奥本海姆（Jean-Marc Ran Oppenheim）　哥伦比亚大学历史学博士，曾为该校中东研究所管理人员。出生于埃及，博士论文是关于埃及亚历山大体育运动俱乐部的社会史。曾担任职业赛马教练，为全美三天赛马项目和击剑项目著名运动员。

威廉·N. 帕克（William N. Parker）　耶鲁大学菲利普·戈尔登·巴特利特经济学和经济史讲座名誉教授。在哈佛大学接受教育，是第二次世界大战美军和美国战略情报局老兵。他最近的著作是关于20世纪90年代在世界经济中出现的欧洲一体化和一系列国际公私机制问题。他的研究论文和解释性文章被收入两卷本的《欧洲、美洲和更为广泛的世界》。

玛丽·科利斯·珀尔（Mary Corliss Pearl）　国际野生动物保护委员会执行主任、哥伦比亚大学环境研究和保护中心副主任。她也是保护医学中心的创始人之一,这是以塔夫茨大学兽医学院为基础的社团。她曾在耶鲁大学接受医学和人类学教育,是《21 世纪保护》的编辑之一,以及两套系列丛书"保护科学的个案和方法"和"保护科学的视野"的编纂者。

罗莎琳德·罗森堡(Rosalind Rosenberg) 哥伦比亚大学巴纳德学院历史学教授,20 世纪美国妇女史专家。她是《分裂的生命:20 世纪美国妇女》和《走出分离领域:现代女权主义的根源》的作者。

大卫·罗斯纳(David Rosner) 哥伦比亚大学巴鲁奇学院著名历史学教授,纽约城市大学研究生中心教授。1997 年任哥伦比亚大学公共健康和历史学教授。他是《以往的慈善活动》的作者、《病穴:纽约的传染病与公共健康》的编者,并与杰拉尔德·马科威茨合作撰写和编写了其他许多关于公共健康的著作和文章。

乔治斯·萨巴格(Georges Sabagh) 洛杉矶加利福尼亚大学冯·格鲁尼鲍姆近东研究中心社会学名誉教授、前主任。他参与研究洛杉矶、埃及和摩洛哥的人口趋势和特征,担任突尼斯、塞内加尔和马里类似项目的顾问。他最近的出版物包括一本书中的几章:"人口变化:移民和种族变化""中东人:新型移民""回流移民分析:马格里布和墨西哥的经历""洛杉矶,一个新移民的世界:未来之兆?"

杰汉·塞勒希(Jahan Salehi) 一名成功的企业家,同时也是因特网和通讯问题的著名演说家和作家。曾在特兰西瓦尼亚大学和哥伦比亚大学接受教育,现任 J_2S_2 公司主席。这是一家推出以医疗界为基础的在线论坛的因特尔公司。他是即将出版的著作《寻求因特网:研究者指南》的作者。

约翰·C. 斯派切尔斯基(John C. Spychalski) 费城州立大学斯米尔商业管理学院商业后勤学教授、系主任。他是运输经济学、公共政策和管理史的专家,《运输杂志》编辑,担任公私实体运输问题顾问、城市运输体系董事。1990 年获美国经济学协会运输和公共设施分会杰出会员奖,1996 年获美洲运输和后勤学学会北美运输/后勤杰出管理人员奖。

B. F. 斯坦顿(B. F. Stanton) 康奈尔大学纽约农业和生命科学州立

学院农业经济学名誉教授、农业经济学系主任。曾在芬兰、巴西、澳大利亚和印度从事教学和研究。他的主要研究兴趣是同农业结构和生产力经济学有关的问题。曾任美国农业经济学会主席、国际农业经济学家学会名誉终身会员。

尼尔·德·格拉西·泰森(Neil De Grasse Tyson)　纽约市海登天文馆弗里德里克·P.罗斯实验室主任、普林斯顿大学实验科学家。在哈佛大学学习物理学,后获得哥伦比亚大学天文物理学博士。他主要研究与矮星系和超新星等星云构成模式,以及银河突出物的运动和化学演进史等有关的问题。除了本专业的出版物外,他每月为《自然史杂志》专栏"宇宙"撰写文章。他最近的著作《从宇宙到地球》包含探索宇宙科学与日常生活经历关系的文章。

（陈祖洲　译）

前　言

理查德·W. 布利特

　　本书共 23 章,主要描述与分析了作为人类生活基本方面的最重要的思想和活动领域在 20 世纪所经历的根本变化。从总体上说,这些变化日积月累,最终使 20 世纪成为人类历史上变化最大的一个世纪。

　　通常的 20 世纪史充满了对紧张事件的叙述:它先是叙述第一次世界大战的堑壕战,然后叙述大萧条时期的艰难困苦以及第二次世界大战的生死较量,最后是叙述具有不可思议后果的冷战时期长达几十年的紧张不安,因而使客观事实变得模糊不清。与此相反,本书是关于社会的基本方面,它绕过该世纪每天充斥着世界各种报纸标题的各种战争和危机,直接探讨人类生活潜在基础所发生的转变。本书在构筑 20 世纪的历史时,将广泛的变革潮流置于最重要的地位,从而告诉大家我们的生活是如何一步一步达到今天的地步的。

　　最近几十年,历史学家在描述过去的重大事件时,逐渐求助于通常被人们称为"主题叙述"的广泛概念。普通百姓并未注意到这种叙述方法或能准确地说出这种方法的由来,但这种主题叙述方法构筑了社会对过去的思考,因而也影响了社会对目前和未来的思索。

　　例如,当我们回顾 1856 年在辛辛那提出版、为美国中产阶级家庭编纂的《帕利关于自然、艺术、历史和传记的概观或轶事:历史和现实知识

汇编》时,可以看到这种有关19世纪上半叶的描述:

> 将我们大陆在1850年的情况同1800年的情况进行比较,我们也许会自豪而又欣慰地看到美国的劳工、技术和资本在这一时期所取得的成就。在过去的50年时间里,世界上有哪一个国家像美国那样砍伐了如此多的森林,或使如此广阔的土地得到耕作——在这个树林、山脉和沼泽密布的大陆上交织着如此漫长的宽阔而又优良的道路——建立了如此多的城市、城镇、乡村、工场、工厂、码头、仓库、教堂、办公大楼、济贫院、医院、海关——并通过如此复杂的铁路和电报网络在物质上和知识上将它们联结在一起……

> 但我们应该对我们民族在刚刚过去的重要时期所取得的进步持更广泛的观点。按照政治的观点,使过去50年黯然失色的无数冲突和日益明显的持续斗争造成了什么后果呢……地理大发现和殖民化激发了由战争增强的国家活力,它们的不战而胜除了将欧洲文明带入太平洋各岛屿、中国、土耳其、印度、鞑靼和西伯利亚的蛮荒之地外,还通过在非洲周围建立强有力的教化机制,而给不幸的非洲腹地带来了工业和希望……

> 乍看起来这个时代的科学方面向我们显示19世纪曾是一个科学奇迹的时代,一个到当时为止在化自然及其力量为人类所用的所有科学和艺术方面,远远超过以前所有进步时代的时代……蒸汽船、运河、以碎石铺就的道路、铁路、电报——还有很快就出现的汽艇——都是在19世纪出现的。除了其他的许多发现和发明外,还有麻醉、催眠、颅像学、摄影术、硝化火药棉、古塔胶;制作各种丰富多彩但前所未闻的食物;顺势疗法、水疗法、教育盲人和聋哑人;治愈精神病人……①

---

① S. G. 古德里奇:《帕利关于自然、艺术、历史和传记的概况或轶事:历史和现实知识汇编》,辛辛那提,1856年,第607页。

一个半世纪后,类似这种用一个段落进行详细分析以推断其潜在假定和观念的做法,成为大学历史课程的基本任务。对欧美白人的主题叙述将其作为一个民族,认为他们在物质、文化和科学方面取得了前所未有的进步,并将这种进步和文明的福祉施予了世界其他"不幸"和"野蛮"的民族,这种方法在19世纪的历史著述中经常出现,以致人们不难发现或觉察到其固有的偏见。但今天我们很难将怀有种族主义、帝国主义、对环境漠不关心并天真地相信体现在上一段落中的科学进步观的历史学家视为合格的历史学家。

对过去几个世纪的主题叙述已变得几近滑稽可笑,对这一点的认识促使历史学家详细研究目前被接受的论述。这种研究导致人们日益注意被普遍排除在这些叙述之外的各个团体的历史或观点:仅在美国史内即有妇女史、土著美国人史、非洲裔美国人史、西班牙裔美国人史、亚裔美国人史、同性恋史等。这些新的历史观点又反过来促使人们关注正在失去旧的主题叙述主要特征的某些历史领域。

对20世纪(或其他任何时候)历史"主流"的分歧不局限于历史学家的研究或报纸的书评栏目。没有人会怀疑我们社会的其他各个部分也采用各种主题叙述,或许多这种主题叙述在世界的其他部分也能被发现。

W.E.B.杜波伊斯、马库斯·加维、马尔科姆·艾克斯和马丁·路德·金等名字,引起非洲裔美国人对种族歧视、维护种族认同和自豪感以及争取平等的主题叙述。西奥多·赫茨尔、钱姆·魏茨曼、弗拉基米尔·亚博廷斯基、路易斯·布兰代斯和大卫·本·古里安等名字,引起美籍犹太人对反犹主义和大屠杀、以色列建国以及争取生存反对阿拉伯敌人的主题叙述。因此每个团体为了追求或维持社会认同感,都努力从每个人感兴趣的过去的一些历史事件和个人经历中建立自己的主题叙述,这样才能真正了解社会的过去。

由此可以推及全世界。对20世纪阿拉伯历史的主题叙述,围绕着沙里夫·侯赛因、他的儿子费萨尔和阿卜杜拉、阿卜德·阿-阿兹佐·伊本·沙特、米歇尔，阿弗拉克和加梅尔·阿卜杜尔·纳塞尔等名字来进行；印度的历史学家详细论述圣雄甘地、穆罕默德·阿里·真纳、贾瓦哈拉尔·尼赫鲁和沙布哈斯·钱德拉·博斯的言行；墨西哥的历史学家则详细论述波菲里奥·迪亚斯、潘恰·比亚、伊米利亚诺·萨帕塔、拉扎罗·卡德纳斯的言行。有多少个国家和自我意识的社区，就有多少主题叙述。

因此，人们普遍认为，生活在 20 世纪末的绝大多数人可能已经熟悉，至少是大致熟悉 20 世纪的主题叙述，这种看法是不全面的。20 世纪教育和阅读能力的巨大扩展，的确使人们比以往更广泛地了解历史的主题叙述，但这也大大增加了流传的主题叙述的数字。

假设这种日益增多的主题叙述适合不同的读者，那么，我们如何撰写《20 世纪史》呢？对过去事件的选择如何不招致这样的指责，即这种所谓的历史过于注重对某一个团体如欧洲血统的富裕白人的主题叙述呢？肯定不是将有关世界上每个人的信息搅和在一起，然后进行压缩，以期做成一个适合每个人口味的历史蛋糕。

本书采用的叙述主题或基本方面的方法以下述想法为前提，即对所有团体的主题叙述在某种程度上依赖于政治、战争和革命之外的历史发展，并且所有团体多多少少受到每一章描述的变化潮流的影响。其中的一些发展属于社会史、经济史或技术史领域，所有这些都是本世纪最后 30 余年历史研究的主要领域。但本书中考察的主题不完全从这些分支学科中加以选择，相反，我们问这样的问题：在 20 世纪的发展中，哪一个领域的发展是非同寻常或具有革命性的，以至于使这个世纪有别于以前人类历史上的任何一个时代？

当历史学家查尔斯·A. 比尔德编纂《人类的由来？现代文明概况》（1928 年出版）时①，同样的前提也支配着他。比尔德在前言中写道："本卷假定科学和机器是我们时代所有撰写、传授、引导或从事人文科学的

---

① 查尔斯·A. 比尔德：《人类的由来？现代文明概况》，纽约，1928 年，第 5 页。

人都得承认的两个不可忽视的事实。"在该书的前言后面紧接着的是 16 篇由著名学者撰写的文章,其主题包括:科学、商业、劳工、法律和政府、战争与和平、健康、家庭、种族与文明、宗教、艺术、哲学、戏剧、教育、文学。比尔德旨在用对现代文明前途比较乐观的看法,代替由现代科学和工业推导出的"令人绝望的观点",而同时又不求诸现实生活中的乐观主义。

《人类的由来?》一书出版后第二年纽约交易所的崩溃,使这种乐观主义未能进一步发展下去。用一种乐观主义的心态看待未来不是本书的目的。相反,本书旨在表明世界各地不同状况人民的生活的一个或几个方面如何受到了世界技术、经济、社会和制度发展的强烈影响。尽管本书的每一章都不会叙述世界的所有地方,但每个作者都被要求尽可能在全球基础上阐述其主题。

本卷编者赞同比尔德采用的方法,即"每个作者都可以自行其是,不要求他们对其他人的观点负责"。同样,本编者也不"为本书中出现的一切承担辩护的职责"。本编者的想法是由高度胜任的人提供解释性文章,无意在主题或风格上将他们糅合在一起,而是希望每个作者都不拘泥历史成见而得出个人的真知灼见或结论。

组织本书的作者并非易事。在一个学术专门化的时代,许多学者不愿涉足他们通常研究的地区或年代以外的范围。因此,许多作者不可能广泛讨论这个世纪的各个时期或世界的各个地区。那些欣然从命或提交文章的人特别值得感谢,因为他们接受了被赋予的重任并且完成得非常出色。作为一个集体,他们没有显露特定的历史流派或哲学方法,有些基本上不是历史学家。但他们当中的每一个人都努力以简洁或直截了当的方式描述其主题,并以平均教育程度的读者作为阅读对象。

组织这样一本书在较小的范围避免重陷主题叙述的困境。集体撰写的多卷本历史著作一般从政治开始,然后是社会和经济状况,最后是文化。这种先后顺序构成了对论题的不言而喻的评价,许多历史学家可能会公开为此辩护。但 20 世纪末的世界环境使这一惯例出现了问题。

在今天的政治问题中有哪个问题比人口增长或环境恶化对世界造成的影响更大？有多少政府在国际上能施加国际货币基金组织那样的影响？在世界各地，美国的象征物是什么？是星条旗还是麦当劳、可口可乐和李维牛仔裤？在目前，文化、经济因素、技术和社会价值观至少能像政治意识或地区征服那样决定世界的未来。

　　本书中的文章可以按任何顺序阅读，它们被分成不同的组合仅仅是为了方便起见，而不是实际或概念上的区别。从整体上，它们讲述自1900年以来已变得几乎无法辨认的世界的历史。在这样做时，它们提供了任何背景或种类的读者构筑自己特定的20世纪史的参照物。

（陈祖洲　译）

第一章　上层文化

理查德·W.布利特

　　1889年12月9日,本杰明·哈里森总统主持了芝加哥剧院的落成仪式,这一建筑和声学效果俱佳的剧院是由实用建筑的先驱路易斯·沙利文设计的。第二天晚上,享誉世界的女高音歌唱家阿德利娜·帕蒂在这里扮演了古诺的《罗密欧与朱丽叶》中朱丽叶的角色。大歌剧作为19世纪上层文化的缩影已影响到美国的中心地区了。

　　然而,芝加哥最初的演出依靠的是纽约互为竞争对手的"大都市"和"曼哈顿"歌剧公司。雪茄制造商奥斯卡·哈默斯坦建立了曼哈顿公司以挑战大都市公司,并推出玛丽·加登、约翰·麦科马克等令人激动的新星以对抗大都市公司的阿图罗·托斯卡尼尼和恩里科·卡鲁索等。

　　虽然芝加哥在此之前已建立了交响乐团(这是19世纪上层文化的另一标志),但芝加哥上流社会并不满足于访问式的演出。1909年,雄心勃勃的《芝加哥晚报》发行商约翰·C.谢弗与哈默斯坦先生商谈用地方财政建一个歌剧厅并成立一个常设性公司事宜。"大都市"的奥托·卡恩听到这一风声后,在芝加哥"资本家"(报纸上总是这样称呼他们)——如阿穆尔、麦考密克、英萨尔等人——的热情支持下,挫败了对手的企图。卡恩买下了芝加哥剧院,挖来了曼哈顿公司的导演克莱奥丰特·坎帕尼尼,并在1910年11月3日将《阿依达》搬上了舞台,第二天晚上又上演了德彪西的《佩利亚斯与梅丽桑德》,女高音歌唱家玛丽·加登在该剧中扮演了梅丽桑德的角色,那是德彪西专门为她创作的。

对于1900年前后的美国人而言,这种活动对上层文化作出了界定,即集中了财富、社会精英、舆论界、明星和建筑的创造性艺术领域。观众无疑是喜欢这些芝加哥的歌剧演出的,他们甚至像鉴赏家那样欣赏它们的传神之处。但三年后,当"现代"艺术藏品展从纽约移到芝加哥时,喧闹的抗议者高举亨利·海尔马恰斯(别名叫亨利·马蒂斯)的模拟像游行示威,嘲弄毕加索、布拉克等立体派艺术家的作品,特别是马塞尔·杜尚的《下楼的裸体者》。在19世纪富有的工业家的支持下,由金钱和社会地位支撑着的大歌剧逐渐兴起,"现代"艺术在同保罗·沙巴的《九月的早晨》这种使人耳目一新、风行一时的现实主义作品竞争时,不得不利用其犹抱琵琶半遮面的森林裸浴以取悦观众。

英国著名评论家马修·阿诺德曾把文化定义为"世界上已知和据说是最好的东西,它们加深了我们对人类精神史的理解"。按照阿诺德的理解,文化以及对道德和进步的坚定信念,是20世纪最初十年美国占支配地位信条的一部分。但是,阿诺德所理解的"世界"仅指自称在古典遗迹和犹太-基督教经典方面具有文化上领先地位的西欧,特别是英国。大多数美国人和西欧人认为,世界上其余地区的艺术和情趣是异国情调的、粗野的或糟糕的。

只有极少数奇特的艺术家开始将目光投向欧洲之外以寻求灵感——巴勃罗·毕加索前往非洲,保罗·高更前往塔西提岛,亨利·马蒂斯前往摩洛哥。他们利用当地的艺术作为灵感之源,正如帝国主义者为了获得原材料而开拓非西方的领土一样。但在整个20世纪,中国的京剧、日本的能乐剧①、伊朗的古典音乐、非洲的雕塑和印度尼西亚的佳

---

① 日本古典舞蹈剧,由神道教典礼演化而来,以英雄为主题,演员戴上面具并有节奏地歌唱和做动作。——译注

美兰音乐①等对于外部世界而言,基本上仍处于未知状态,也不被欣赏。直到 20 世纪末,由于教育电视或大学系列音乐会的真心奉献,那些艺术的真实面目才不时地为人所知。相比之下,使用欧式乐器并大量演奏欧洲古典音乐的交响乐团,连同歌剧院和艺术博物馆等欧洲的文化机制遍及世界。

　　阿诺德关于上层文化的定义,即"已知和据说是最好的东西"(未提及绘画、雕塑和作曲),包括保存在艺术和遗迹博物馆内的创造性纪念物。但它们在 20 世纪的持续或变化部分直到被社会精英赞助人"承认"后才为人所知。不过,上层文化的传统赞助人存在自身的缺陷。可以理解,当说英语的文人看到自身的情趣从 1910 年的丁尼生逐渐发展到 1940 年的 T. S. 艾略特、1980 年的西尔维亚·普拉特时,他们可能就认为自己已非常有修养了,尽管他们对采用西方形式进行创作的现代名家如土耳其的诺齐姆·希克迈特、黎巴嫩的阿道尼斯或希腊的康斯坦丁·卡瓦飞一无所知。没有人通晓诗歌使用的所有语言。同样,他们对用不同语言创作的小说和剧本以及根据不同的音阶和审美原则创作、演奏和演唱的音乐一无所知。20 世纪末,在被普遍承认的主要艺术形式中,或许只有舞蹈因其节奏或人类动作的普遍性,似乎能够跨越文化差异而得到传播,这是舞蹈在正式的舞蹈公司以及作为民族认同的表现形式特别具有活力的部分原因。

　　认识到世界不同文化之间存在不可逾越的鸿沟,并且按文化产生的地点和时间归类,这可能是观察 20 世纪上层文化最好的方法。但这种方法未能解释西方形式为何占支配地位,也未能解释西方的上层文化在其余的文化传统中已经发生或正在发生的变化。西方上层文化和艺术情趣引起全球各个地方的偏爱,与其说这一事实证明了约翰尼斯·勃拉姆斯的永恒伟大——1990 年德黑兰交响乐团演奏了他的《德意志安魂

---

① 一种源于东南亚岛屿,主要由固定音高和不固定音高的打击乐器、长笛类乐器和弓弦类乐器组成的乐队演奏的音乐。——译注

曲》以纪念鄙视和禁止西方音乐的阿亚图拉·霍梅尼——不如说证明了作为一种智力、制度、经济和政治力量复合体的西方上层文化的力量和渗透力。了解这些力量对于评价"上层文化"概念在20世纪末的脆弱性和过早的瓦解十分重要,这对于一战前的欧洲人和美国人来说,是不可预料、甚至不可想象的结果。

赞助总是上层文化的核心。尽管王室赞助和宗教赞助有着悠久的历史,但它们在20世纪相对不那么重要。它们的地位已被富有的平民所代替。尽管马克思主义理论家认为,富有的商人提供赞助是西方资本主义晚期所独有的特征,但这在其他文化中并非没有先例可循。例如在中国的扬州,富有的盐商供养着私人戏班并逐渐形成了京剧——中国上层文化的一种主要表现形式——就比芝加哥工业家们赞助芝加哥大歌剧早了一个半世纪。

但是,19世纪晚期,从工业和商业中获得的私人财富的增长使西方私人和非贵族的赞助能力超出了先前所有的经济体制。当然,除了可以赞助文化外,大量的财富还可以用于别的领域。在伊斯兰世界,社会已经将虔诚提升到至善的水平,这导致一代又一代的富人将他们多余的财富捐赠出来,以宗教的名义兴建清真寺、教会学校、医院、喷泉及其他公共工程。类似的对虔诚和善事的关注在早期欧洲私人赞助的历史中同样是显而易见的,尽管文艺复兴时期的意大利银行家和佛兰德斯的商人把对宗教的兴趣和对女性肉体、自画像以及在较小程度上对风景画的钟爱揉和在一起。

但到19世纪晚期,启蒙运动的发展已成功地将美学情趣从宗教虔敬中分离出来,诸如画架画、雕塑、音乐创作和文学领域中有影响的艺术作品等在主题和色调上已经变得世俗化了。这种脱离宗教而转向世俗的美学情趣的发展,与其说是反映了上层文化创造者的偏好,不如说是他们为之工作的市场所致。整个20世纪,艺术家们偶尔会诚心诚意地回归到宗教主题,他们当中的许多人也执行过宗教机构的任务。但是,在消费者所指称的"上层文化"或"精美艺术"领域中,世俗的私人艺术收藏家或歌剧、交响乐、芭蕾舞的捐助人已成为艺术创造活动的主要消费者。

早期的王室和贵族赞助人醉心于对他们自己或他们权势的寓言般的颂扬,宗教赞助人——教皇、主教和男修道院院长——也多少知道他们在趋向十字架或殉难的圣徒途中需要什么,与前面两种赞助人不同,出身卑贱但富有的世俗赞助人作为一个群体,不会因其个人背景而为任何特定的形式或主题吸引。他们主要关心的是,他们所赞助的文化是否被普遍认为是优秀的,以及是否适合上层社会的口味。他们能够以两种方法达到上述要求:或购买和赞助那些已与上层阶级社会有联系的艺术作品与文化演出,或由专家和评论家来指点他们目前哪些作品和演出才是"最好的"。

因此,在视觉艺术中,艺术评论家、画廊所有者、博物馆馆长和大学的艺术专家在鉴别"最好的"绘画和雕塑作品以便艺术赞助人购买方面逐渐扮演着独特的角色。在 19 世纪之前,这些职业都没有得到很好的发展,但在 20 世纪,这些职业都得到了充分的发展,这一点非常重要。这一系统工程的程序可以简述如下:通常由报纸或杂志付酬的评论家参观艺术画廊和博物馆,并发表他们关于什么是好的以及为什么是好的的观点;画廊所有者在评论家为之工作的报纸和杂志上登载广告,并且在很大程度上根据评论家的倾向性意见,选择作品进行展览;画廊所有者利用这些倾向性的评价,连同他们已经获得的哪一家博物馆拥有正在展览的艺术家作品的信息,劝说买主购买;博物馆馆长会同艺术家、画廊所有者和评论家商量应购买何种艺术品用于收藏(但多数博物馆收到的大部分作品源于收藏者的礼赠)。博物馆馆长对选择其藏品中的何种特殊作品进行展览,以及选择什么展览让当时比较活跃的艺术家亮相的决定——绝大部分作品是博物馆所不具有的——加强和诱发了画廊所有者关于展览何种艺术家及何种风格作品的决定,评论家据此预测目前市场价值的未来趋势。最后,大学的艺术家通常是教授,鉴定博物馆、画廊或收藏者拥有的艺术品的真伪及出处;收集和出版他们认为重要的艺术家的生平和职业的信息,并同艺术家、评论家、博物馆馆长、画廊所有者和收藏家保持联系,收藏家有可能用艺术赠品为他们的大学带来荣耀。

艺术赞助人在这一系列环节中扮演了一个中心角色,因为他或她从画廊购买作品,转而捐赠给博物馆,他们通过阅读艺术评论,以及大学的艺术专家撰写的著作来增强他或她作出决定的决心。赞助人用以购买艺术作品的资金涉及到所有其余群体的职业利益。实际上,一些理论家甚至认为,那些被断定为“精美艺术”因而值得收集的作品的价值完全是杜撰的——是旨在将私人艺术赞助人及其财富相隔离的复杂利益网络化的结果。自1970年迄今,这种思维模式的推论在知识界获得了广泛的认可:就质量而言,“上层文化”和“通俗文化”之间并无大的区别,因为质量仅仅是市场价值的代名词,而市场价值的产生本质上是一些团体专断的结果,这些团体直接或间接地依赖艺术赞助人的慷慨大度,因而倾向于根据他们认为比其他标准“卖”更高价格的准则来判定价值。

这种图解的分析可以沿用到其他的文化领域:音乐会、芭蕾舞和歌剧赞助人、资助文艺演出的主持人、指挥、音乐和舞蹈评论家及大学的音乐研究家,后者通过选择演什么和写什么为这一领域设立了各种价值标准。“优秀文学作品”的购买者同样也资助编辑、书评家和文学教授。实际上,这一论点可以扩展到包括文科在内的整个“高等”教育的概念。学生为了学到有价值的知识,必须支付学费,或由政府负担其费用,但知识的价值标准通常是由靠学费供养的大学管理者和教授来决定的,除非这些标准遭到关心教育、且带有政治偏见的选民团体(如道德多数派)的挑战,或富有的大学捐赠者决心实现他们自己的知识目标。

这种思想的一个实例来自于达达主义①运动,该运动在1916年起源于苏黎世,两年后,诗人特里斯坦·查拉正式制定了达达主义宣言。一些为一战中可怕和无谓的人类生命的浪费所震惊的诗人和艺术家宣称,

---

① 达达主义:20世纪初期在西方流行的一个虚无主义文艺流派,特征为完全抛弃传统,靠幻觉、抽象等方法进行创作。——译注

任何连续的词或图像与其他词或图像一样意味深长或毫无意义。吟唱"达达达达"就像吟唱弗雷德里克·范·席勒在贝多芬的第九交响曲之最后乐章"欢乐颂"中的歌词一样富有诗意。罗马尼亚的知识分子彼得·尼格在其1932年出版的一本小册子中,解释了由达达主义演变而来的超现实主义运动,他写道:

> 年轻一代意识到一件事——它是惟一与战争非凡的影响相称的——即努力的徒劳无益。这些年轻人没有用通常可以理解的形式系统地阐述并明确表达他们的情感。他们的情感太强烈了,以致不能连贯地表达出来。他们意识到有组织的艺术表达和其他有组织的努力(例如世界大战)之间具有相似的情况,并发现两者同样无益。[①]

达达主义艺术家绝对没有企图去创造有经济价值的东西,在该运动开始时与之有联系的艺术家中,最终以艺术为职业的也很少。但是,超现实主义运动(该词在1924年由安德烈·布勒东在《超现实主义宣言》中首次使用)郑重其事地认为,完全偶然或无意识的创作具有艺术价值。1936年6月,超现实主义运动通过在伯灵顿画廊举办的国际超现实主义展览而被传到伦敦,并引起轰动。英国艺术评论家赫伯特·里德在事后出版的著作《超现实主义》一书中描绘了该展览的招待会:

> 新闻界对于这种不熟悉的运动的重要性不能作出正确评价,反而极尽嘲笑、鄙视和侮辱之能事。那些内容枯燥的周刊同样被驱使先下手为强,指使那些通晓各种语言的饶舌者,感觉麻木的环球游览者与御用文人,采取我所知道的他们通常的装腔作势介入其中,但读者请勿上当,实际上并无新的花样——那只不过反映出这个国家普遍缺少对知识的好奇心……当社会和新闻界的浮躁平息下去后,只剩下一批严肃的科学家、艺术家、哲学家和社会科学家,我们

---

① 彼得·尼格:《什么是超现实主义?》,巴黎:新评论出版社,1932年,第5页。

正是因为这批人的存在,并对其成员的不断扩展充满了信心,才提出了这一明确的宣言。①

到该书出版时,在其所附的选自这一展览的 96 幅作品中的 24 幅已被 16 位私人收藏者(其中 4 位是超现实主义者)所拥有。虽然这些画中没有一幅成为博物馆的藏品,但其中许多作品后来在博物馆里很出名,例如珍藏在纽约布法罗奥尔布赖特艺术画廊的琼·米罗的《滑稽的狂欢节》。另一方面,在 48 位参展者中,有一半人实际上除了艺术史学家外迄今不为人知。

当然,达达主义不是超现实主义惟一的源泉,但这一插曲说明了与"精美艺术"概念公开对抗的思想是如何变成有价值的资产,并通过画廊、评论家、收藏家和博物馆的联合行动而最终成为现代艺术的主要组成部分的。

对抗"精美艺术"的另一部分力量来自伪造者,他们利用一系列机制增加被称为著名艺术家作品的价值。例如,1937 年荷兰人汉·范·米格仁伪造了一幅名为《上帝与我们同在》的画,并带到巴黎的一个律师处请其帮助出售。他声称自己并没有画这幅画,而是从一个贫困的、不愿意透露姓名的法国贵族家庭购得的,他宣称这是 17 世纪荷兰大师简·弗美尔的作品。一位著名的教授将其鉴定为真品,该画随后被阿姆斯特丹的一位艺术商人所购,这位商人又以 5.8 万镑的价格卖给了鹿特丹的博曼斯博物馆。到 1947 年范·米格仁在法庭上承认其伪造行为时,他已售出了总值超过 75 万镑、已被"证明"是弗美尔和彼得·德·霍赫斯作品的赝品,其中有一幅卖给了纳粹德国的帝国元帅赫尔曼·戈林。

然而,罗列许多艺术评论家或学者与收藏家相互勾结的事例——如伯纳德·贝伦森引导着收藏家伊莎贝拉·斯图尔特·加德纳的情趣,或拉尼斯·希拉·雷贝·冯·赫伦文森引导着收藏家所罗门·R. 古根海姆的情趣——却不足以证明,为了个人资本家收藏者的利益而形成的创

---

① 赫伯特·里德编:《超现实主义》,伦敦:费伯出版社,1936 年,第 19—20 页。

造文化价值的机制性网络,是 20 世纪"上层文化"得以维持和创造性发展的惟一甚至主要的力量。因为即使个人能够购买书籍和艺术作品,观看歌剧、音乐会、芭蕾舞及戏剧的演出,但投资建筑所需的费用常常超过了个人财力所能允许的范围,因此博物馆和音乐厅通常由公共基金负担费用,就像在政府赞助已扩展到这一层面的国家内的各个艺术家也由公共基金提供资助一样。

　　一些较老的博物馆源于王室藏品室(如普拉多博物馆、罗浮宫博物馆和爱尔米塔什博物馆),而建造其他的博物馆纯粹是为了公开陈列艺术品(如 1808 年建造的阿姆斯特丹国家博物馆,1870 年建造的纽约大都会艺术博物馆,1879 年建造的芝加哥美术馆和 1897 年建造的伦敦塔特陈列馆等)。随着时间的推移,这些博物馆大多成为公共财政资助的机构。但是,20 世纪出现了兴建博物馆的高潮,不仅在欧美,而且在世界范围内也是如此。其中一些博物馆由私人财富提供资助(如加利福尼亚马利布海岸的格蒂博物馆、纽约市的弗里克美术陈列馆、华盛顿的菲力普斯美术陈列馆等),但大部分大型博物馆的兴建逐渐依靠政府的资助。

　　苏联的艺术史证明了政府可以对艺术创造施加影响。斯大林对社会主义现实主义作品的偏爱超过了弗拉基米尔·塔特林的抽象构成主义和卡西米尔·马列维奇的至上主义抽象派作品,而后两派自 1913 年到 1921 年以来一直是最重要的先锋派运动,斯大林的偏好导致了苏联 70 年来的艺术作品致力于歌颂人民和国家,但这些作品在其他地区却未能获得评论界的尊重或较高的市场价值。苏联和随后的东欧共产主义政权瓦解后,数以千计的熟练艺术家毕生创作的绘画和雕塑被货车拖到废弃的仓库中,不久就被人遗忘了。个人艺术家的命运完全依赖于国家的好恶,正如迪米特里·肖斯塔科维奇所发现的那样,1934 年他创作的流行歌剧《姆钦斯克县的麦克白夫人》受到官方的批判。直至 1937 年他的第五交响乐首次演出后,他才被恢复作为苏联最伟大作曲家的地位。

　　纳粹反对"颓废艺术"(包括立体派、抽象派和表现主义)的运动集中于中伤犹太人。但纳粹政权对上层文化的整体影响是非常广泛的。比较1930年和1937年(其时纳粹已掌权四年)在慕尼黑举办的大日耳曼艺术展作品的目录:在1930年参展的949位艺术家中,仅有15%的艺术家的作品在1937年的展览中参展,1937年参展的557位艺术家中几乎有3/4的艺术家的作品在1930年没有参展,而1937年的展览正式受到阿道夫·希特勒的资助。然而,在1930年的目录所囊括的112幅作品中并未展示一幅抽象派或立体派的"颓废"艺术,并且表现主义者的作品也异乎寻常的平淡。

两个目录中所选的作品的确显示了题材方面的重大变化。在1937年的目录所选的72件作品中,13幅是关于军人或军事的题材,另外13幅是关于乡村风景和农村生活的题材,还有9幅油画和雕塑逼真地展示了生殖器,这可能是出于对男子气概和自然状态的关注。相比较而言,在1930年的目录所选的作品中,没有展示军事场景的题材,仅有6幅乡村风景,关于生殖器的作品更少,但有8幅宗教画。1937年的目录所选的作品中包括一幅教士的肖像画、一幅关于乡村宗教活动的画,以及一幅希特勒在一次会议上发表演说名为《最初的保证》的画。

斯大林主义和纳粹主义是极权主义政体的两个极端例子,但它们既论证了20世纪国家文化资助或官方情趣的重要性,也表明了有创造力的艺术家对国家资助他们创作这一前提的反应。较为温和的国家赞助形式——诸如美国大萧条时期的工程规划局①或第二次世界大战中美国军方的赞助活动——对作品的风格和题材没有重大影响,但规定的任务如装饰公共建筑和记述战争活动等却促进了无所约束的现实主义的发展,后者常常具有地方特色,并支配了那个时期美国的绘画情趣。

一方面将20世纪的上层文化看做是源于赞助方式变化的外来人为现象,另一方面又将它看做是由这种变化产生的机制结构,这种两难困境在对创造性艺术家的作用方面以及一些创造性的成就是值得无限羡慕的大成就的想法面前逐渐变得不重要了。按照这一观点,作曲家、诗

---

① 美国罗斯福总统实行新政时,于1935年建立的为失业者创造就业机会的机构。——译注

人、画家和建筑师成了顺从的工作人员,他们的名望较少地依赖于他们的想像力或技艺,而更多地依赖于他们对价值和市场需求变化的反应能力。

　　无论当前对斯大林社会主义的现实主义或纳粹德国颂扬暴力、家庭价值观和青年裸体的评价有多低,描写这些主题的作品对苏联绘画的上层文化的限定几乎达 70 年之久(大部分其余的社会主义国家则更不用说了),对纳粹德国上层文化的限定达 12 年之久。创造出这些作品的熟练的、有天赋的艺术家有希望、有机会成为文化的偶像,正如同 19 世纪 60 年代拿破仑三世时的学院派画家布格罗、杰罗姆和梅索尼埃的情形一样。当时,保罗·塞尚为获得承认发奋努力,但没有成功。尽管后来的批评家认为保罗·塞尚是一位天才,布格罗是一位华而不实的人,是柔软的女性肉体令人厌烦的制造者,但布格罗直到 1905 年去世时仍被认为是那个时代伟大的艺术家。事实上,当塞尚在 1895 年听说自己的《女浴者》有可能装饰卢森堡宫殿的消息时,他评论道:"我终于对布格罗出了一口气。"①

　　在赞助和市场价值框架以外引出 20 世纪上层文化的质量和成就问题,意味着艺术领域中"现代主义"的问题将被提出。直到 20 世纪 50 年代,对 20 世纪西方文化的讨论通常仍集中于现代的概念。现代艺术、建筑、舞蹈、音乐和文学被称颂、嘲弄、界定、解释、误解或宣布为人类最好的或最差的美学成就。

　　在英语文学中,詹姆斯·乔伊斯、弗吉尼亚·伍尔夫、威廉·福克纳和许多其他大胆的作家有着数不尽的毁损者和羡慕者。在英语诗歌中,T. S. 艾略特、W. H. 奥登和埃兹拉·庞德扮演了相似的角色。建筑领域包含有个性的创造者,如弗兰克·劳埃德·赖特和一群极少使用钢与玻璃来装饰办公室或公寓塔楼的建筑师,他们追随着米斯·范·德·罗厄的足迹以及他与别人在德国的魏玛(直至 1925 年)及 1919—1930 年在

---

① 安布鲁瓦兹·沃纳德:《塞尚》,纽约:多佛出版社,1984 年。

德绍的包豪斯设计学校提出的设计原则。现代舞蹈是伊莎多拉·邓肯在1900年前后开创的,并逐渐演变成为由个人主义舞蹈动作设计者如马莎·格雷厄姆、麦斯·坎宁安、阿尔文·艾利和特怀拉·撒普等领导的众多富有创新精神的舞蹈公司。"艺术"音乐由于伊戈尔·斯特拉文斯基的作用而转向折衷主义,由于阿诺德·勋伯格的作用而向苛刻的方向发展,最终发展到了艾略特·卡特多层次复合节奏和菲利普·格拉斯使人昏昏欲睡的复奏。在绘画和雕塑中,新的运动和风格如同潮湿森林中的蘑菇一般扩散开来:立体派、构成派、至上主义、未来派、野兽派、达达主义、表现主义、超现实主义——它们很少能延续到30年代。

艺术运动名称的引人注目之处在于每一个名称都意味着具体的东西:一战前巴黎的立体派艺术家将画面分解成简单的几何形状;当代的德累斯顿和慕尼黑的表现主义艺术家运用强烈的色彩和扭曲的线条来表达情感;当代的意大利未来主义艺术家利用运动物体的多重重叠画面来表达这个繁忙世界的狂乱步伐。但是,不同的人对"现代"一词有着不同的解释。"现代"是此时此地相对于昨时昨地的风格和外表,这是先锋派的观点,无论文化的主体是否赞同他们。除了通常的理解,即若要现代化就得变革外,"现代"这个词在艺术的范围内并无一个连贯的意义,甚至在特定的艺术里也是如此。

以绘画为例,从1931年的阿梅代·奥尚方到1974年的赫伯特·里德在内的艺术评论家都指出,1906年去世的保罗·塞尚是现代艺术的缔造者。但保罗·塞尚究竟做了什么呢?奥尚方认为:

> 然而,一个孕育着未来可能性的特殊时刻是塞尚比以往更审慎和更有进取心地勇于打破与自然的关系……是的,这一分界点必定源于保罗·塞尚:没有他,立体派毫无意义。[1]

里德认为:

---

[1] 阿梅代·奥尚方:《现代艺术的基础》,纽约:布鲁尔、沃伦和普特兰出版社,1931年,第49—50页。

毋庸置疑,我们所称的现代艺术运动肇始于一位法国画家一心一意地客观地观察世界的决心……保罗·塞尚希望透过事物闪烁和模糊不清的外表深入其不变的本质,这种本质隐藏在感觉的万花筒呈现出来的明亮和具有欺骗性的画面下。①

那么,艺术领域中的现代主义究竟是客观地观察自然还是脱离了自然呢?该词本身并不具有任何含义,以致上层文化每个领域众多的艺术家、评论家和学者都能自由地解释或界定它,所以要设立一定的范围,不仅能够限定它的开始而且还要限定其结束。例如,芝加哥艺术评论家C. J. 布利特(本文作者的祖父)在1936年写道:

> 在本世纪最初的25年中,这一以激动和义愤著称的现代主义的艺术运动走完了其历程。它始于保罗·塞尚,终于毕加索……现代主义如今重蹈其直接先驱印象主义的覆辙,正在消磨时间,直至新的运动产生。如果文明发展的速度慢下来的话,新运动的产生需要数十年,甚至可能需要一个世纪之久。②

对20世纪上层文化的许多甚至绝大多数消费者而言,现代主义的定义是不恰当的,无论怎么界定它,他们都不喜欢。在20世纪90年代的纽约,安托南·德沃夏克熟悉而又令人回味的交响乐《来自新世界》(1893年)获得的赞誉,甚至远远超过了俄罗斯作曲家阿尔弗雷德·K. 施尼特尔大提琴协奏曲首次演出所获的赞誉;彼得·马丁斯对舞蹈动作设计者马里厄斯·佩季帕的芭蕾舞《睡美人》(1890年)进行了重新设计,所获的赞誉超过了马克·莫里斯新设计的舞蹈《胡桃夹子》(一般称作《坚果》);文森特·凡·高(1890年去世)的画展比献身于现代人物画的大师巴尔塔斯获得了更多的赞誉。对最经常被编辑挑选入英文诗集的100首诗进行的统计中,有14位20世纪诗人的21首入选。现代主义

---

① 赫伯特·里德:《简明现代绘画史》,纽约:牛津大学出版社,1974年修订版,第16页。
② C. J. 布利特:《重要的现代派和他们的作品》,纽约,1936年,第Ⅴ—Ⅵ页。

大师埃兹拉·庞德、T. S. 艾略特和 W. H. 奥登各被收录了一首,迪伦·托马斯被收录两首,但很少进行试验性尝试的诗人却居于支配地位:威廉·巴特勒·叶芝有五首,罗伯特·弗罗斯特和埃德温·阿林顿·鲁宾逊(他在 1935 年去世时被许多人认为是美国最伟大的诗人)有两首,托马斯·哈迪、A. E. 豪斯曼、威尔弗雷德·欧文和沃尔特·德·拉·梅尔各有一首。①

从大胆革新的角度来看,巴勃罗·毕加索在 1912 年后偏向于合成的立体派,杰克逊·波洛克在 20 世纪 40 年代转向行为绘画,弗朗西斯科·培根在 50 年代用奇怪的几何骨架构造了风格奇异的、变形的人物联结,从而证明了整个 20 世纪上半叶先锋派绘画技巧的生命力。类似的例子在其余的艺术领域中同样可见,但是,要证明在那 50 年中西方上层文化确实出现了各种创造性和个人特性,并不需要列举出一长串的名字。但也有大量模仿的、派生的艺术家、音乐家和作家孜孜不倦地——虽然常常是刻板地——开始追寻最近的开路先锋的足迹。获得评论界好评的艺术创造者基本上是通过他们的作品来界定现代主义的,但在大多数西方血统的人的生活和思想中,对上层文化的实际体验大致是先锋派(如果有那样多的话)占一成,对前代先锋派的模仿占三成,历史悠久的传统上为人喜爱的人或物占六成。

西方上层文化在本世纪下半叶又如何呢? 战后的第一个十年显示了与战前时期强烈的连续性。在纽约学派即一个在纽约工作的松散的艺术家联盟的标签下,抽象表现主义和行为绘画席卷了美国艺术界,而后者在整个战争期间一直致力于人物画。1944 年现代艺术博物馆的“前进中的艺术”展览没有展出一件美国的抽象艺术作品。纽约学派的思想源于战前欧洲的西班牙人琼·米罗和智利人罗伯托·马塔·埃乔伦等画家的超现实主义,而非美国的艺术。出生于亚美尼亚的画家阿西尔·

---

① 威廉·哈蒙:《经典百首:各个时期流行诗歌选》,纽约:哥伦比亚大学出版社,1990 年。

戈奥尔基和理论家兼画家罗伯特·马瑟韦尔象征着这一横越大西洋的联系。

与此同时,作为对战争期间新的建设被压抑的需求和重建欧洲被毁坏城市之要求的反应,现代建筑的国际风格开始盛行。鲁德维格·米尔斯·范·德·洛赫在 1921 年设计了一座全玻璃的摩天大楼,在包豪斯设计学校 1925 年从魏玛搬到德绍后(纳粹政权 1933 年关闭了它),他于 1930 年成为该校的主任。他移民到美国后与菲利普·约翰逊合作,于 1956—1958 年间设计了纽约优雅的西格拉姆大厦。约翰逊在 1953 年创立了自己的建筑公司。I. M. 派也是一个曾设计了很多有影响的重大项目——如波士顿的约翰逊·汉考克塔(1973 年)——的设计者,1955 年他创建了自己的公司。芬兰裔的埃罗·沙里宁因于 1951—1955 年设计了密歇根沃伦的通用汽车公司技术中心大楼而赢得了声望,正如爱德华·达雷尔·斯通因在 1958 年设计美国驻新德里的大使馆而获得声望一样。纽约林肯表演艺术中心是大都会剧团、纽约交响乐团(1956—1969 年和 1971—1978 年分别由现代主义作曲家伦纳德·伯恩斯坦和皮埃尔·布莱担任指挥)和纽约市芭蕾舞团(从 1948 年到 1983 年由本世纪第一流的芭蕾舞动作设计者、曾在俄罗斯接受训练的乔治·巴兰钦指导)的演出地,该中心是于 20 世纪 50 年代设计,并在 1959 至 1972 年间建造的,其设计师包括菲利普·约翰逊和埃罗·沙里宁。

但到 20 世纪 50 年代末期,一些评论家和学者开始怀疑现代主义变革的道路是否走到了尽头。流行艺术此时刚刚诞生于英国,在安迪·沃霍尔和罗伊·利希滕斯坦等艺术家的影响下而在美国发展起来,它轻松愉快地融连环画艺术、商业肖像、日用物品于一炉,并参考了在某种程度上远离保罗·塞尚、毕加索或波洛克等为个人表达而斗争的流行文化。通过复制商业或摄影肖像,沃霍尔损害了艺术家的个性,而这曾是现代主义的标志。

流行艺术只是后纽约学派诸如光效应绘画艺术、最简式抽象派艺术、概念艺术和地景艺术等一系列发展中的一环。罗伯特·史密森在犹他州盐湖城用废弃物堆砌了《螺旋型的防波堤》(1970 年),企图以此作为地景艺术的代表作,但实际上人们感觉不到它与保罗·塞尚的作品有什么内在的联系。约翰·凯奇战后的创作也几乎显示不出其研究的作曲是在循着阿诺德·勋伯格的轨迹。在《4 分 33 秒》(1952 年)中,一位钢琴家在一架钢琴前静坐 4 分钟 33 秒,任凭音乐会四周听众的声音填满界限分明的时空。他后期题为《变奏曲》的作品则把偶然性、模糊不清、陈腐的声音和形象化的因素混合到大多数听众听起来觉得是粗音调的东西中去。

在 50 年代,一些自称"国际文学家"的巴黎人明确表示排斥除达达主义者虚无主义之外的所有以前的艺术概念。该团体的核心人物、电影制片人盖伊·迪鲍德在 1952 年创作了一部名为《支持德·塞得的号叫》(狂喊着表示支持德·塞得)的电影,影片没有任何图像。当该片 1957 年在伦敦首映时,节目单预告道:

> 愤怒? 这部电影……在巴黎放映时引起了骚乱。本协会放映这部电影是基于这一点,即相信各位成员应有机会对该片作出自己的判断,该片不应对观看影片者的愤怒行为负责,本协会希望大家能够谅解。①

该影片脱销了。迪鲍德描绘了"国际文学家"对艺术的态度:

> 资本主义给予艺术永恒的特权,即纯粹的创造性活动的权利,是为了让它有一个疏远其他活动的借口……但同时,这个保持了"自由的创造性活动"的领域也是我们实际地和完全地提出与生活和交流有关的问题的惟一领域。②

他在其他场合评论道,"图像已成为商品具体化的最终形式"③。"国

---

① G. 马库斯:《唇膏的痕迹:20 世纪秘史》,坎布里奇:哈佛大学出版社,1989 年,第 332 页。
② 同上,第 211 页。
③ 引自弗雷德里克·詹姆森:《后现代主义或晚期资本主义的文化逻辑》,达勒姆:杜克大学出版社,1991 年。

际文学家"的目标是发动一场革命来消除艺术效果,并使创造性活动同真实的社会政治生活及日常经历联系起来。

沃霍尔、凯奇和迪鲍德——迪鲍德在有限的先锋派小圈子外实际上并不为人所知——对那些接受现代主义传统教育的评论家和理论家发起挑战。同时,在 1968 年,反叛学生的政治意识开始觉醒,他们在巴黎的街道上和纽约哥伦比亚大学的校园里发起了群众示威运动并号召人们革命。这种运动发展了它自己的虚无主义和理想主义的反主流文化,进一步坚定了一个时代即将结束的信念。但是,如果现代主义及其大量亚主义终结了,那么将由什么来取代它呢? 那就是后现代主义。

当人们面对后现代主义这一术语时,定义现代主义的问题就更复杂了。早在 20 世纪 50 年代初,一些悲观的个人主义者使用该术语去描绘他们觉得自己正在进入的后西方、后基督教的世界。但该术语引起普通知识分子的争论则主要是在 80 年代。当早期的观察家哀叹文化形式的明显枯竭时,后现代主义理论家如美国人弗雷德里克·詹姆森和法国人让·雅克·利奥塔却认为,如果从现代主义的灰烬中飞出的不是一只凤凰的话,那它至少也是一种具有飞行潜能的奇特的羽毛未丰的小鸟。另一个后现代主义先锋、美国人查尔斯·詹克斯于 1987 年写道:

> 登上后现代主义之船的心情类似于寻找印度的意大利和西班牙船员的心情,如果幸运的话,就可能偶然地发现美洲:船员必须背负着他的文化行囊,并且偶尔会得思乡病,但他们会因为自由的感觉和有所发现的希望而十分激动。[①]

(当然,如果船员没有发现美洲,他们将会死在海上。)

如果现代主义被理解为一种由工业化和资本主义西方对全世界的支配而引起的一种普遍的人类状况,并且艺术领域的现代主义是与以某种方式从这一过程中获得的具体风格和技术相联系的,那么后现代主义

---

① 詹克斯:《后现代主义》,纽约:里佐利国际出版社,1987 年。

在80年代则被理解为从工业社会过渡到以计算机为主的信息社会、从西方文化占主导地位过渡到全球的大众文化占主导地位而引起的一般人类状况。但现代主义的评论者根据他们所目睹的经济领域的情况直接进行类推——例如,他们认为20世纪30到40年代通常的流线型设备和应用设计,反映了工艺效率;表现主义和超现实主义中所释放出来的下意识的梦想和激情,反映了现代社会弗洛伊德式的神经机能病——从被这个或那个评论家认为是后现代主义的作品中(尽管创造者本身不一定是这样认为的)引申出定义的做法还未成为共识。

理论家查尔斯·詹克斯在评论建筑领域时——后现代主义作为一个合理的概念在那里最容易被接纳——提出了下列后现代主义鉴别准则:(1) 不协调的美或不和谐的和谐;(2) 文化和政治的多重解释;(3) 文雅的都市化(对于建筑师而言),即建筑物和城市环境的一体化;(4) 下意识的拟人观①,即设计间接针对建筑物的居民;(5)回想症(与健忘症相对),即记住并暗示过去的风格;(6) 趋异的含义,意味着关心内容,但希望对内容进行多种解释;(7) 双重准则,意味着故意使用反话、模棱两可的话和自相矛盾的说法;(8)多重价值,意味着建筑物与周围环境多方面的联系;(9) 对传统的重新阐述,如1984年菲利普·约翰逊在设计纽约电话电报大厦的屋顶外形时,采用了18世纪细木工托马斯·奇彭代尔曲线的、零碎的三角形设计;(10) 对新修辞格的详尽阐述,例如已提及的双重准则和模棱两可;(11) 回到缺失的中心,詹克斯意指中心空间模糊不清却未被占用的设计。②

在另一方面,弗雷德里克·詹姆森更多地着眼于安迪·沃霍尔的艺术,而非罗伯特·文图里或詹姆斯·斯特林的建筑学,他为"一种新的单调或肤浅,一种新的缺乏想象力的肤浅的出现"和"庸俗自我或个体的结束(后者也带来了那种自我的精神病理学的结束——我在这儿通称为影

---

① 拟人观:赋予神、动物或非生命物以人形或人性。——译注
② 詹克斯:《后现代主义》,纽约:里佐利国际出版社,1987年。

响的递减）"①所震惊。这些准则是如何被运用到詹克斯评论的建筑作品中或许还不明显，但显而易见，在 20 世纪末，一个强有力的知识活动正尝试着解释过去 40 年"现代"西方文化的明显解构或过早的变化（这取决于一个人是否喜欢促使人们作出这种推理的作品）。

问题不仅在于上层文化，因为后现代主义理论家普遍否认较早地对上层文化和通俗的、大众的或消费的较低文化作出区别的重要性。后现代主义的理论家和实践者提倡社会和政治的多元主义，摒弃那些有助于认同现代杰作的假定，间接提到和重新阐述传统而不像以前那样区别"伟大的"和"渺小的"创造性作品，他们信奉并肯定了那些自诩有文化且其祖上具有欧洲血统的人——正式的或通过社会习俗——鄙视、漠视或扔掉当前和以前的艺术表现形式，如连环画、快照、电视情景喜剧、广告、摇滚乐、过时的工艺、迎合低级趣味的小玩意、电影明星大事记、色情文学以及女权运动者、男女同性恋者、有色人种和一般意义上的非西方人的文学与影视作品等。换言之，马修·阿诺德想当然地把芝加哥工业家在 1910 年资助芝加哥第一个常设性歌剧公司的行为当做上层文化的观点，在世纪末西方占支配地位的知识分子的思想和著述中已不复存在。

其他的文化评论家拼命反对上述观点，并对文化相对主义和许多后现代主义作品的晦涩表示蔑视。因此，在 90 年代美国人对什么应被认为是大学课程的"伟大作品"，或公共基金是否应被用于展览罗伯特·马普里绍普明显具有同性恋意味的照片进行了激烈争论。还有一个因素令人困惑，即在一些文化领域内后现代主义这一术语自身显得脆弱。例如，60 年代舞蹈动作设计者伊冯娜·雷纳和特丽莎·布朗的后现代主义，所依靠的是少量的数学公式、平淡的动作、普遍地蔑视音乐和戏剧，它们在 70 年代已被比尔·T.琼斯的后后现代主义或"晚期"后现代主义所取代。

---

① 詹姆森:《后现代主义》。

撒开分裂的西方知识界关于西方文化在20世纪末将会变成什么样子的吵吵嚷嚷和夸夸其谈,让我们回到此前提出的关于西方上层文化与世界其他地区关系的讨论。文化帝国主义的现象是无可否认的。在政治上和经济上都倾向西欧和美国的非西方国家的艺术赞助人——例如埃及、革命前的伊朗和日本——随着20世纪的进程日益支持本土艺术家用现代欧洲风格进行创作。同样,在政治上和经济上与苏联发生联系的非西方人,或生活在苏联的非欧洲人,也全心全意地采取斯大林时代的社会主义的现实主义态度,并避开西方的现代主义。

到19世纪末期,一些与西方势力保持联系的冒险者已经开始尝试欧洲风格的小说、戏剧、诗歌形式和绘画艺术。但直到二战爆发,这些作品的市场需求仍然很小。在20世纪上半叶,西方风格更强烈地渗透进能很快产生财政回报的大众领域,如电影(到1930年,日本拍摄的电影和好莱坞一样多)、广告、电视新闻等。

然而,在战后最初的20年中,受西方风格和情感影响的作品激增。这是西方"发展理论"的全盛期。发展理论是西方社会科学的一种主要理论,它从非西方的物质变化,如收音机、电能和高速公路的发展,推断出其政治和社会制度——最终还有心理过程——将不可逆转地沿着西方模式发展。许多非西方国家的学生开始在欧洲、美国和苏联学习,许多人进入最近成立或发展起来的基本上根据西方风格的课程表组织的国家学校系统。新国立大学的毕业生或那些拥有外国学位的回国人员很容易打入社会和经济名流的圈子。

他们的文化情趣倾向于西方,正如战前时期少数受过教育的精英那样。诚然,他们仍然购买当地的产品,但他们通常并不认为这是上层文化。源于较早几个世纪传统的本土艺术和技巧通常依赖于游客或出口贸易而生存。这种方向的改变通常伴随着产品质量的下降,因为外国人缺乏区别好坏的技巧,同时地毯织工、布料染色工、铜匠、微图画家、玉器和象牙雕刻家以及陶工都意识到,他们的产品在他们自己社会的富裕人士中失去了感染力。诚然,富裕的伊朗人在20世纪70年代会继续投资精美的编织地毯,但在地板上铺有漂亮地毯的百万富翁家中,也可能在其19世纪路易十五时代的桌子上放着法国的青铜器,墙壁上挂着一幅"现代"画,从立体声收音机中传出莫扎特的音乐。

颇具讽刺意味的是,当传统的非西方风格的艺术品质量下降时,一些西方收藏家和学者对那种风格的艺术品的强烈兴趣却得到增长。例如,传统的非洲木雕就找到了很大的市场,但辨别一个人是商人还是收藏家,惟有看他是否努力去获得"真正的"艺术品——也就是说,在当地是作为早期的雕刻艺术来生产,最初是用于宗教或其他用途的,而不仅仅是为了向游客兜售或为出口贸易而生产的。当远游时,无论是购买异国艺术品还是观看表演,欧美赞助者之所以被非西方文化所吸引,部分原因是他们认为这些艺术形式正在消失,另一部分原因是认为这些艺术形式是其他已经失去的传统不可替代的典型表达形式。正是那些西方赞助人对自己上层文化的现代主义态度,使他们高度珍视首创性和创新,异国艺术生活中的许多迹象唤起他们对古典形式变得颓废的担心。

例如,在20世纪60年代,土库曼斯坦苏维埃社会主义共和国首都阿什哈巴德的国家地毯厂,集中了几十个土库曼妇女和姑娘,并传授给她们传统上在村庄和牧区使用的技巧。利用这种传统的方法,工厂生产出了精美的、有各种土库曼族独特几何图案的手织地毯。但它也使用棉纺厂的白棉铃生产一些设计新颖的地毯,因为棉花在那个时候是土库曼斯坦的一种新的经济作物,人们通过长长的运河将灌溉水引至沙漠,从而使种植棉花成为可能。尽管苏堆埃吹捧每一个经济进步的文化实践无疑使这些地毯对一些购买者产生了吸引力,但西方参观者认为,这种新的设计不仅背离了传统模式,而且也背离了土库曼人的整个游牧生活方式。

把非西方的艺术创作看作全球人类文化博物馆内被历史冻结的展品的愿望,符合西方的理论概念,即这种沿着资本主义或社会主义的全球经济和政治发展的轨迹,将不可避免地以某种形式引导着世界人民与现代西方社会的文化表达结成某种联盟。每个民族的艺术都被理想化地看做一种特殊的艺术,由此承袭而来的文化不仅能使人引以自豪,也能使它的人民在正出现的全球化社会中显得与众不同。但那种遗产更经常被看作是已经消逝时代的遗迹,至少它不是朝更完美的方向发展。已被正式冻结了很长时期的艺术,如日本的能乐剧,则特别令人羡慕。

既然如此,西方上层文化的危机——那些认为自己有教养的人日益反感新近产生的"艺术"音乐、诗歌和艺术,这被称为危机——在世界上的其他地方将不可避免地有所反应。后现代主义仍不是一个普遍的表述,并且在许多知识分子中是一个带有贬义的表述,但自60年代以来,人们普遍承认文化正趋向一个新的不同的方向,尽管人们对此感到遗憾。在20世纪末,人们还不能确定对文化多元主义和相对主义采取保守的反动,并且将流行文化作为西方文明最确切的表述,是会使19世纪和20世纪上半叶的下层文化形式最终流行开来,或在某种程度上重新恢复其活力,还是将其重新确定为正统。但如果这种情况发生,西方上层文化在世界其他地方的威望将遭受沉重的打击。

镶随着90年代初苏联和它的社会主义体制的解体,其他地区的人们在文化上趋向西方社会主义或资本主义模式的理由基本上消失了。自二战以来的45年中,世界各地的社会主义和共产主义者都在他们的日常生活中努力体现他们民粹的、国际主义的、科学的和人道主义的理想。社会主义和资本主义的世界性对抗影响了他们对小说、戏剧和诗歌的阅读与写作;他们对绘画和雕刻的观看或创作;乃至他们设计或居住与工作的建筑物。世界各地那种视自己的个人生活与命运依赖于西方资本主义模式的成功以及社会主义模式的失败的人也是如此。但随着斗争的结束,以及胜利一方的核心人口,对在冲突大部分时间盛行的艺术价值和文化形式是否继续具有生命力缺乏信心,这就为遍及世界的多元文化的全盛期奠定了基础。

一些观察家认为,未来的文化将缺乏明显的高低之分。他们根据自己的好恶,或把这种文化设想成摇滚乐、电视、广告片,以及盲目崇拜巨星偶像的荒漠,或者将其设想成消除了蓄谋已久的人为的文化阶层分裂,后者教导享有特权的精英去欣赏(并且支付)伪造的文化价值并且鄙视目不识丁的大众,因为这些大众不能分享他们高雅的情趣。然而,这两种思想方式都无意使西方永远地缺乏远见与自视清高,因为这样会使得世界其余阶层的人只能是在西方文化的厨房中观察烹饪,然后被动地消费最终端给他们的无论是糟糕的还是使其欣喜的食物。鉴于世界经济活动的重心正不可逆转地转向亚洲,或者至少是使世界经济活动获得重新平衡,认为文化情趣——上层、下层或其余阶层——不会连同其他与市场价值有关的事物一样受到影响,这是轻率的假设。

对西方文化帝国主义的直接挑战体现了变化的一个方向。自 1979年以来,伊朗伊斯兰共和国在许多方面一直与西方存在着争执。在意识形态上,什叶派穆斯林行动主义的阐述牢固地占据着国家和社会中心,造成了对文化帝国主义的特别排斥。作家贾拉勒·阿尔·E.艾哈迈德是联合知识界和政界挑战伊朗国王政权的一个关键人物,他使用西方毒化这一术语去描绘革命前的伊朗人,因为伊朗人背弃了自己的宗教和艺术文化,转而模仿西方人的情趣。

在革命后的伊朗实施贾拉勒·阿尔·E.艾哈迈德的思想,意味着建立各种传授和发展传统艺术和技巧的中心。就绝大部分而言,这种努力的命运还不确定,但伊朗的传统音乐得到了复兴。在 70 年代,伊朗音乐的传统形式明显地受到侵蚀,西方乐器如吉它等连同西方的诗歌和旋律形式越来越得到人们的青睐。伊朗的流行音乐在洛杉矶和其他地方被流放的伊朗人中大受欢迎并长盛不衰。但在伊朗国内,阿亚图拉·霍梅尼颁布了禁止采用不恰当音乐形式的命令。该命令的后果之一是导致了伊朗人(不论身处国内还是国外)都涌向坚持传统模式的音乐家举办的音乐会,但是,这些坚持伊朗传统的音乐家在演出中也会即兴创作。乐器也因此受到影响:原本已几近湮没的达夫(一种宽的、浅的鼓)和卡曼切(一种垂直弹奏的小提琴)又重现生机。

作为政治对抗的替代物,金钱可能是导致世界文化多样性复苏的关键。1986 年,伊斯兰会议组织(世界上绝大多数盛产石油的国家都属于这个组织)的附属机构国际保护伊斯兰文化遗产委员会,宣布举行第一届国际阿拉伯文书法比赛,自那时起这种比赛每三年举行一次。遍及世界上各个穆斯林国家的书法家为该比赛设立的14种不同书法风格的高额奖金展开了角逐——毋庸置疑,这有助于许多国家书法的复苏。同样,在1980年,世界伊斯兰什叶派领袖阿迦·汗开始在伊斯兰建筑界发起一个资金雄厚的国际比赛,该比赛不仅旨在鼓励采用传统形式的新设计,而且旨在具体地提出世界各地穆斯林的社会地位问题。

恢复世界文化多样性的第三条道路可能会对摆脱了许多传统精英艺术僵化模式的地方流行艺术形式加以高度评价。例如,拉孔·查特里(Lakhon Chatri)是泰国的一种幽默而淫猥的流行舞蹈剧,通常由那些穿乡走村的人表演。尽管它的服装和动作是传统的,这种舞蹈却有很强的即兴创作成分,使表演者的幽默不断翻新——1994年,在纽约城表演这种舞蹈的一个剧团甚至用一个很大的塑料可口可乐瓶作为道具。一个类似的例子是巴基斯坦人的卡瓦里(Qawwali)音乐。演员在小簧风琴和其他乐器的伴奏下即兴演唱,领唱与其余音乐家之间一唱一和,使演出更活泼、更具有感染力,对趋向苏非主义或伊斯兰神秘主义的巴基斯坦普通观众有持久的吸引力。然而,尽管这种音乐很通俗,但卡瓦里歌唱家在90年代巴基斯坦以外的音乐会中仍受到了热烈欢迎。

最后,欧洲和美国正在进行的关于后现代主义的争论可能为两个时期划出了分界线:一个是现代主义的力量基本上存在于西方的时期;另一个是源于欧洲的这种文化形式主要被非欧洲人进一步精心制作、西方创造力逐渐消退的时期。有一点是确信无疑的,即拉丁美洲的作家如豪尔赫·路易斯·博尔赫斯(阿根廷)、伊莎贝尔·阿连德(智利)、加布里埃尔·加西亚·马尔克斯(哥伦比亚)、胡里奥·科塔萨尔(阿根廷)和奥克塔维奥·帕斯(墨西哥)等在国际上已获得的好评,超过了获奖的美国作家如唐纳德·巴斯尔姆、约翰·巴思和威廉·加迪斯等,后者自60年代以来都尝试了新的叙述形式。

无论将来如何,20世纪上层文化的历史是纷乱不堪的。在20世纪初,对上层与下层文化之间的区别不存在异议,至少在欧洲和美国是这样。尽管各国之间有所不同,那些有文化的人必须熟悉的艺术家和作品的评判准则早已形成。到 20 世纪末,对于任何试图分析始于 60 年代的文化(以及社会生活、政治和经济)急剧变化、受过高等教育的后现代主义者而言,我们可以将其视为一群同样博学而优雅的人。他们不看电视,只读安东尼·特罗洛普(死于 1882 年)以前作家的小说;认为自莫扎特(死于 1791 年)之后严肃音乐经历了一个逐渐衰退的过程;过分喜爱印象派绘画(或许也喜欢凡·高,其人死于 1890 年)。

在美国,1987 年 E. D. 小赫希《文化教养:美国人需要知道什么》一书的出版,引起了一场全国性的争论。尽管作者宽宏大量地将詹姆斯·乔伊斯、伊戈尔·斯特拉文斯基和立体派(虽然没有包括埃兹拉·庞德、查尔斯·艾夫斯和达达派)以及简·奥斯丁、路德维希·范·贝多芬和印象主义等都包括在内,但作者认为,不管种族、性别、民族遗产或者社会背景如何,每一个中学毕业生都应该知道——即使不是尊崇——相同的一群文化偶像,这种观点引起了批评家的暴怒。从评论家对赫希的批评来看,赫希的观点似乎与约翰·富兰克林·布朗在 1909 年的《美国的中学》一书中明确表达的观点并无二致,布朗认为,"决不能让中学的学习课程或工作精神从属于其他的文化理想"[①]。1991 年,纽约现代艺术博物馆馆长柯克·瓦恩多在该馆《上层与下层:现代艺术和通俗文化》展览的前言中轻描淡写地提出了另一种看法。该展览(应注意它是由电报电话公司主办的)专门展示了 20 世纪即兴刻画、漫画、连环画和广告对"精美"艺术的影响。这清楚地表明了,无论 20 世纪的艺术家在中学和大学中曾被灌输什么样的具有文化重要性的原则,他们仍然愿意接受来自人类生活各方面的刺激。

西方舆论界关于上层文化主题的共识产生歧义的方式和时间在各

---

① 引自亨利·F. 梅:《美国无知的终结:对我们自己时代(1912—1917)最初几年的研究》,纽约:克诺夫,1959 年;纽约哥伦比亚大学出版社,1992 年重版,第 42 页。

国都不相同。纳粹主义、共产主义和其他国家的意识形态在某些地方强烈地影响了艺术的进程。但是,上层文化的演进更广泛地反映了艺术赞助人的特征,而后者又受到教育灌输的变化和日渐增加的各种通俗文化重要性——受对传统的精美艺术影响较小的技术革新的促动——的影响。在20世纪末,西方似乎不可能很快出现一致的上层文化标准。另一方面,尽管一些人坚持认为,上层文化作为一个概念已死亡了,而且人们不会为此感到遗憾,但个人和国家间财富的不均必定将延续到下个世纪,富有的赞助者,无论是个人、公共机构或公共艺术委员会,都不可能放弃那种由来已久的、通过展示"高级"情趣将自身与那些不幸的人区别开来的愿望。

但是,西方上层文化的混乱也许有助于世界其余地方的人们。在20世纪开始时,世界上大部分地区仍处在欧洲帝国主义的控制之下。21世纪开始时,世界上已经存在许多独立的国家,其中一些国家将能够十分慷慨地赞助艺术。尽管一些空想家预测的世界范围的大众消费文化的地狱般处境可能会产生,但它的产生也可能伴随着非西方文化传统的复兴。

(梁玉国　译　陈祖洲　校)

第二章　通俗文化

理查德·W.布利特

你让我侵犯你,你让我亵渎你;

你让我识破你,你让我麻烦你。

从吉尔吉斯斯坦到吉隆坡到堪萨斯城,1994年的音乐电视(MTV)将"九英寸指甲"的声音和歌词,传入如痴如醉的少男少女颤动的耳朵,和那些敢于或屈尊去听这种音乐的年长者恐惧的耳朵里。对于大多数在千禧年末期刚好准备退休的人来说,这个由首字母缩写而成的MTV一词,代表了情趣和标准的彻底死亡,以及植根于人类最基本本能的世界范围的通俗文化的到来:性、暴力和粗俗行为的商业化。

将日历翻回到1898年,我们可以发现评论家W.J.亨德森在《纽约时报插图杂志》中提出了相同的问题:

首先,废除那些用粗俗曲调配着更粗俗话语为年轻人的成长提供音乐养分的音乐厅。废除街头恶魔般的钢琴和手风琴演奏,因为它四处传播令人作呕的曲调,并将街道附近儿童的音乐情趣降低到澳洲丛林居民的水平,后者认为声音和节奏就是音乐。

公元5世纪,圣·奥古斯丁在他的文章《论音乐》中表述了极其相似的想法。对大众情趣的高度厌恶是永恒的,惟有音乐例外。

从 1898 年到 1930 年,M. 魏特曼父子公司一直是纽约最成功的通俗音乐发行商之一。但是,在那个时期发行的将近 500 首风行一时的作品中,仅有一打左右——《晚安艾琳》《足尖穿过郁金香和我》《我的爱尔兰野玫瑰》《温柔的阿德琳》等——在一个世纪后的美国仍能获得广泛承认,而诸如《妈妈正在打牌》和《我正在戒酒》等作品早已被人遗忘了。幸运的是,那些当时的白人喜欢的种族曲调(尽管它们通常是黑人创作的)如《所有的黑人看上去都像我》和《妈妈的小南瓜变成了黑色》等也未留传下来。在 20 世纪末期,后面这些歌曲肯定会像任何骂人的音乐喜剧中的歌词一样冒犯那些敏感的听众。

然而,20 世纪通俗文化最有特色的方面,既不像一些人所认为的那样,是一个优雅的情趣和感受逐渐被粗俗的、商业化的废话所征服的过程,也不像近期的文化研究爱好者们所认为的那样,是一个根植于后资本主义经济所需的粗俗文化日益成功地对抗根深蒂固和机制化的艺术体制的过程,尽管后者一心想维持其赖以存在的陈旧和人为的标准。虽然这两种看法都十分重要,但相同的看法早在 19 世纪(如果不是更早的话)就出现了。其时,滥饮苦艾酒、豪放不羁的巴黎艺术家猛烈抨击皇家艺术学院,因为后者不仅鄙弃他们的绘画(现在有时证明是极品),而且鄙视他们粗俗的沉湎于舞厅的生活方式,这种观念的冲突只不过是被延续下来罢了。

20 世纪通俗文化的新颖之处在于,这个世纪无所不在的技术和经济变化也影响到了上述冲突,并且在这个过程中越出欧洲和美国的范围而遍及整个世界。复制、传播、保存和商业化以及这四个方面成本的降低,是技术发挥影响最明显的领域。

在欧洲,印刷文字的大规模复制始于 15 世纪,在东亚则更早。在木头和金属上进行蚀刻和雕版的技术同时得到了发展,以致可以在书籍和建筑物的表面刻上文字和图画。但是,进入通俗文化领域的早期技术发展是有限的。只要印刷材料十分昂贵而民众又以农村人口和文盲为主的状况不能得到改变——直到 20 世纪世界的大部分地区仍是如此——

印刷文字在日常生活中就远不如口头交流重要。巡回表演者、音乐家和杂技演员的演出,涉及当时的事件和(或)使历史悠久的形象和段落具体化的故事和民谣的朗诵;住所和实用物品的设计和装潢,以及对后来被称为"通俗的"和"少数民族的"舞蹈和音乐娱乐活动的参与,构成了世界通俗文化的核心。所有这一切都依赖于对回忆、习俗、学徒制和对众所周知的主题进行自发的改写,而不是依赖印刷品或复制的图像。

　　1796 年前后,由阿洛伊斯·塞尼费尔德在慕尼黑发明的平版印刷术,是扩展视觉复制概念和随后广泛传播的第一步。由于在石版上作画或书写不受切割木头和金属过程的束手束脚、费力费时的限制,而且能比易损坏的金属蚀刻法多复制数以千计质量如一的作品,因此基本上可以藉此无限制地复制图像。在欧洲,奥诺雷·多米埃和亨利·德·图卢兹-洛特雷克等艺术家在艺术领域推广了平版印刷术,它对报纸插图等领域有着广泛的影响。在印度、伊朗和阿拉伯世界,平版印刷术引发了图书出版的高潮,因为那些国家大受欢迎的优雅和草写的阿拉伯文稿,在当时不可能通过排版来进行大量复制。

　　继平版印刷术之后,1816—1839 年间,在法国人约瑟夫·尼塞福尔·尼埃普斯和路易斯·达盖尔的共同努力下,摄影术得到了发展,同时,英国人威廉·塔尔博特和约翰·赫谢尔也作出了独立的贡献。1881年,照相凸版印刷开创了复制报纸图片的过程,并在 20 世纪得到了迅速改进。1888 年,美国人乔治·伊斯曼发明了胶卷和简单的盒式相机,从那时起,摄影术开始形成不同的分支。阿尔弗雷德·施蒂格利茨等艺术家们成功地使摄影术被承认为一种高雅的艺术,尽管它吸引公众欣赏仅仅是因为它在《生活》(创刊于 1936 年)和《观察》(创刊于 1937 年)等杂志上被大量复制和频频出现。

　　但与此同时,越来越多的人把照相机作为一种将基本上具有个人意义的肖像和事件保存在幻灯片和快照中的设备。后者随着 1935 年彩色幻灯片,1942 年彩色印刷机,1947 年数秒钟就能冲出底片的宝丽来一次成像照相机,80 年代傻瓜相机,以及 90 年代一次性相机的出现而加速发展。

与此类似的是法国人 E. J. 马雷、埃米尔·雷诺和美国人托马斯·爱迪生,在 19 世纪 80 年代通过对迅速改变图像造成的动感的试验而发明的电影。在法国,路易斯和奥古斯特·卢米埃尔在 1895 年发明了电影放映机,并在 3 月 28 日放映了一部胶片达 50 英尺长、由戴帽子的女店员主演,名为《卢米埃尔工厂午餐时间》的影片。1905 年,第一个门票为五美分的电影院在匹兹堡开放。有声电影则诞生于 1927 年。

声音复制与视觉媒介并驾齐驱。爱迪生在 1877 年发明的碳精麦克风和 1878 年发明的留声机,宣判了通俗散页乐谱业和钢琴巡回销售商的最终命运。当 1922 年商业电台广播开始时,该技术将音乐变成不受人才和实况演出限制可以被普遍接受的东西。当然,电视标志着电影和无线电广播的结合。尽管电视的发展因第二次世界大战而被延缓下来,但它在战后得到了迅速的发展,并在 1956 年得到进一步的突破。在这一年,安派克斯赢得技术竞赛的胜利,将声频磁带录音机——发明于战时的德国,并且在伤感歌曲流行歌手宾·克罗斯比的赞助下在美国得到了改进——用于录制视频图像。

80 年代,这种技术发展达到了顶峰,表现为世界范围内录像机销售的火爆,静电印刷术的普及和成本下降——静电印刷在 1938 年由美国人切斯特·卡尔森发明,并在 1959 年由塞罗克斯公司应用于商业——以及个人计算机的革命。只要家中有一个十几岁的聪明孩子,他(她)就有可能利用个人计算机将出版照排、照片编辑、动画片制作以及数字化存储的声音、图片与文章的复制带入每一个家庭。90 年代则出现了因特网。

这些发展对长期以来被坚信的上层或精英文化概念造成的威胁,在 20 世纪早期才慢慢显现出来,部分是因为新技术最初的高成本或对操作技巧的高要求使其在大众中的传播前景变得暗淡,部分是因为对所谓的上层文化提供机制上支持的富有阶层,难以将快照、闪动的电影表意动作和发出刮擦声的留声机理解为重要的文化新事物。尽管对歌剧和交响乐的实况转播成了无线电广播的台柱,而且戏剧演员、尤其是欧洲的戏剧演员,最初也喜欢从电影中看到自己在舞台上表演时只动嘴唇不出声的怪相,但多数严肃的艺术家一直回避平版印刷术、摄影术和其他基本上可以无穷进行下去的视觉复制技术,因为后者冲淡了"原创"概念所具有的经济潜能,而且回避了为了"艺术"音乐的实况演出而使用的扩音。

当然,每一种被1900年前后的欧洲和美国鉴赏家认为是"精美"的艺术,都是来源于并且仍然包含着一系列的创造性表演和手工制作的工艺品,这种艺术以不同的方式吸引着每一个社会和经济阶层。1900年前后,巡回演出莎士比亚作品的公司(例如罗伯特·布鲁斯·曼特尔公司)往返于美国和加拿大,其演出面向热情的普通观众。艺术音乐的作曲家们正越来越多地从民间舞蹈和歌谣的旋律和节奏中汲取营养。自学成才的法国艺术家亨利·卢梭,因为具有一种源于现代艺术博物馆馆长丹尼尔·卡顿·里奇后来称之为"被耽误了的民间绘画习俗"的绘画风格,而在某种程度上得到了批评家一些屈尊俯就的承认,"而这种风格自1800年起已在整个欧洲和新世界流行开来"[1]。其余的原始派艺术家都追随这种风格。

1900年前后,西方文化内部流行的看法是,精美艺术与纯粹的民间工艺和娱乐活动之间存在很大差别,普通人的旋律、节奏、舞步、戏剧风格和肖像画法,只能被认作是一种较高眼光的真正艺术家偶尔捕捉灵感的百宝囊,但并非世界各地都认同这种差别。诚然,在某些文化地区,某些类型的创造性表演或作品具有更深远的意义或受到特别的尊重。例如,宗教特别重视印度的寺院舞蹈和伊朗为纪念伊玛目[2]侯赛因·伊本·阿里的逝世而每年上演的什叶派剧。同样,在非洲和其他地方,社区与部落的情感激发了集体舞蹈和歌唱仪式;在东印度部分地区、太平

---

[1] 丹尼尔·卡顿·里奇:《亨利·卢梭》,纽约:现代艺术博物馆,1942年,第13—14页。
[2] 伊玛目:指伊斯兰教国家元首哈里发、什叶派宗教领袖或声称继承穆罕默德的任何宗教领袖。——编注

洋西北部和其他地区,被塑造出来的图腾形象履行着象征性的功能。

但是,与宗教和社会仪式的结合,并不必然意味着审美特质的不同。一个在非西方象征背景下唱歌或跳舞或雕刻的人,不会像艺术赞助人认为在英国受过学院式训练的肖像画家优于在小酒店涂鸦或在戏院画布景的娴熟画家那样,感到自身在本质上优于一个无象征意义的表演者或工匠。

甚至在通俗和精英文化之间的区别在某种程度上类似于欧洲的日本,无论其民间木刻印刷物的题材多么粗俗,它们都不会像美国大量生产的卡利尔和伊凡斯平版印刷品那样,被鉴赏家当做低级艺术而加以贬低。同1900年前后的任何其他艺术赞助模式相比,在大多数富裕的和有教养的社会阶层正式表达的情趣中体现出来的西方艺术赞助模式,更拘泥于艺术极品的概念,无论是文学的、戏剧的、音乐的,还是视觉的都是如此,这种模式还认为,任何不承认和努力追求这一最高目的的创造性活动,都不会在严肃的文化人的考虑范围之内。

这种在最严肃和最普通的创造性领域之间被夸大了的观念上的鸿沟,深远地影响着文化和艺术对新技术的反应。在关键性的半个世纪里——大致说来是从本世纪初到50年代——当上层文化(建筑除外)忽视并回避这些技术时,通俗文化则抓住了它。(建筑方面的技术发明,如钢架结构的建筑和钢筋混凝土,完全改变了1900年前后华而不实的艺术风格,不把建筑包括在内是为了说明其他艺术领域如果充分采用这些技术将会带来什么后果。不过,即使在建筑方面,文化赞助人也常常会表达出对大量生产的、在装配前先制造标准组合配件结构的厌恶,就像反对建筑创造活动中独特的纪念碑一样。)

摄影术提供了一个恰当的例证。只要摄影术仍然费用昂贵和操作困难,那么艺术家就会对它的实用性既感兴趣又望而生畏。尤金·德拉克鲁瓦和托马斯·伊肯斯就是偏爱根据照片绘画的19世纪画家,但他们对此秘而不宣。同时,许多摄影家强烈地倾向于拍摄风景画、肖像画以及模拟写生画摆好姿势的构图。但到了20世纪末期,越来越多的写生画家脱离了写实主义,心照不宣地把这一领域让给了照相机。对抽象的、扭曲的、非自然的色彩以及能震撼傻里傻气观众的绘画的过度欣赏,将很快支配20世纪所谓的"现代艺术"。

结果,摄影术对有雄心的艺术家所能提供的帮助似乎越来越少(少数利用它作为媒介的除外)。两次世界大战期间,利用摄影作为素描或绘画重要媒介的艺术家寥寥无几——只有曼·雷、拉斯洛·莫霍伊-纳吉以及另外一些人。仍然拘泥于写实主义的画家(如查尔斯·希勒)偶尔也借助于摄影术开展工作。但大多数摄影家很少跟画家和雕塑家所依赖的艺术画廊、艺术评论和博物馆界发生联系,而更多地参与同时装摄影、广告设计和摄影报道以及日常的快照有关的大量活动,他们几乎不涉足艺术界。当"商业艺术家"尝试将摄影术与素描和印刷术结合起来(这在广告界非常普遍)并且有时非常成功时,艺术界则宣布他们的作品不是真正的艺术。

20世纪上半期,画家和蚀刻家对摄影术的反感与其说是反映了他们的自命不凡,不如说是收藏家、经纪人、评论家、博物馆馆长和学院派艺术专家等正式艺术界,不愿意接受可以无限复制的事物为严肃的艺术。在具有历史意义的纽约现代艺术博物馆摄影展(1839—1937年)的271幅"当代"照片中,只有5幅为该博物馆所有,而且其中没有1幅被其他的艺术博物馆借展过。对于富裕的艺术收藏家而言,一幅高质量的木刻画或蚀刻画的复制品,可能看上去和直接从印版上抽下的印刷品毫无二致;但艺术家的签名、出版的次数和对只有少量复制品存在的确信——所有这些都得到经纪人、评论家、博物馆馆长和专家知识的证实——都能成为天价的理由。可以理解,艺术家不愿意因过度复制相同的图像而危及他们的收入。

比较而言,收藏家所拥有的只有少量签名的照片市场,必须同更为庞大的杂志和广告市场一争高低。与写生画家从画廊展览、博物馆购买、私人赞助和教学中挣钱相比,摄影家有更多的选择。尽管对摄影术感兴趣的画廊、博物馆和私人收藏家不多,但广告和杂志插图对摄影的需求却非常大。不过,对这种需求的反应证实了艺术界许多人的观点,即摄影术远逊于精美艺术,除非是著名人物如理查德·埃夫登或玛格丽特·伯克·怀特的作品才会有所不同。

新技术从上层文化的审美高度败下阵来的情况,在音乐和戏剧领域也存在。大都会歌剧公司的名星恩里科·卡鲁索(死于 1921 年)的唱片被早期的唱机拥有者视为珍宝。此后没有一个歌剧演唱家能对唱片的销售产生如此强烈的影响。然而,人们并不需要用一个能传到歌剧院第十个看台的嗓音来制作一张有感染力的唱片。因此,随着唱片、唱机和录音设备变得更普遍和更便宜,购买者在更大程度上满足了自己对一般娱乐的情趣,导致了所谓的"艺术"音乐成为唱片工业中正在萎缩的部分,并且间接地支配了无线电台广播的情趣。"艺术"音乐家基本上继续依靠主要来自富有者的现场听众来维持生存。但是,流行音乐家——从密西西比流域弹奏吉它的农业工人,到哈莱姆的黑人爵士乐演唱者,到运行状态良好的大乐队低声哼唱伤感歌曲的歌手——更多的是依靠唱片来影响他们的听众,或至少是他们的代理人和唱片公司。

现场戏剧表演和电影之间的关系,同样逐渐从最初的相互感兴趣甚至热情发展到逐渐拉开距离。一开始,各种层次的人都被电影所吸引,因为它能描绘户外的环境,从一个场景切换到另一个场景,并显示演员的特写镜头——所有这些在戏剧中都不可能做到。早在 1895—1900 年间,一些著名演员如约瑟夫·杰斐逊和萨拉·伯恩哈特的一些表演就曾被搬上银幕。但最初激起欧洲人对作为舞台陪衬的电影长达十年热情的是,1908 年在巴黎放映新组建的电影艺术公司的作品《谋杀吉斯公爵》。杰出的导演、演员、剧作家甚至作曲家都渴望为艺术影片的制作贡献力量,尽管这些艺术影片的制作几乎还不敢创造性地超越戏剧表演的范围。

与此同时,在 1909 年的美国,爱迪生联合少数制作单盘五美分电影的大制作商组成电影专利公司——也即托拉斯——该公司可以通过他发明的专有执照达到垄断这个新行业的目的。这是因为托拉斯制造商拥有垄断地位,没有改进产品质量的压力。但是,较小的"非法"制造商不得不轻装旅行,忍受暴徒的恐吓,谨慎地逗留于美国管辖权之外的地区(因而也是引起靠近墨西哥边界的好莱坞注意的原因),他们感到有必要制作更长更有感染力的电影,以诱使电影院的老板们对托拉斯的垄断进行挑战。

这种粗率而有效的商业风气同法兰西喜剧院对待电影艺术公司的热情大相径庭。许多"非法者"及其继承人出身卑微:20世纪福克斯公司的威廉·福克斯曾经是一位旧服装商人。阿道夫·朱克是组建派拉蒙电影公司的关键人物,马库斯·洛伊的公司最终成了米高梅电影公司的一部分,他们两人原先都曾是皮货商。与米高梅公司同名的塞缪尔·戈尔德温和路易斯·B.梅耶分别是来自波兰和俄罗斯的移民。华纳四兄弟起初在俄亥俄州经营过一连串的剧院,他们后来组建的华纳兄弟影片公司开拓了有声电影市场。

这些好莱坞电影巨头距纽约和波士顿这些文化中心有3000英里之遥,他们对纯粹的电影创新——例如移动相机给观众多视角,而不是现场演出座位提供的单视角——的兴趣超过了对百老汇明星的兴趣。但他们并没有忽视戏剧。事实上,他们将在1928—1943年间获得普利策奖的戏剧中2/3拍成了电影,其中乔治·S.考夫曼和莫斯·哈特于1937年拍摄的影片《你不能拿走它》,在第二年获得了学院最佳影片奖。但他们更喜欢训练(和控制)自己的演员,这样一来,在戏剧作品和电影工业方面,演员和导演之间的鸿沟逐渐扩大。

上层文化的传统领域对新技术从冷淡到蔑视的做法——这是20世纪上半叶的共同经历——保护了上层文化的排他性,因而也保护了对歌剧、芭蕾舞、交响乐、电影院和博物馆的赞助在维持和巩固迅速增长的中产阶级成员中的作用。但是,这也使上层文化所涉及的大多数艺术家和演员丧失了利用这些技术提供的创造性机会。结果,到20世纪60年代,当上层文化领域中具有创新观念的人——实践者和赞助者——最终开始严肃地考虑新的形式和技术时,他们发现通俗文化领域在技术上已变得如此复杂和新颖,以致他们感到很难步通俗文化的后尘,尽管他们仍然认为通俗文化具有商品化和粗俗的情趣。简言之,1900 年前后,人们根深蒂固地认为上层文化比通俗文化更具高尚性,伴随着这种看法而来的在技术和演奏上的优越感,现在已在很大程度上被颠倒过来了。

低低的声音、嘶哑的声音、窃窃私语声或假音等动人的音质,大概总能被少数足以幸运地认识有天赋的歌唱家或演说家的人所理解。但公开演出的歌唱家——著名的歌唱家——在有扩音设备之前的日子里必须声音高亢。无论是歌剧女主角还是高嗓门的政治家,他们所发出的声音,最好能让坐在礼堂后排的观众听到。扩音和录音设备的不断改进消除了这种必要性。20 世纪晚期的男高音歌唱家如卢奇诺·帕瓦罗蒂或抒情歌唱家如迪特里奇·费希尔-迪亚斯库显示的嗓音技巧与一个世纪以前的那些同行明显十分相似。但比利·霍利迪、皮特·西格、雷·查尔斯、巴迪·霍利、埃尔维斯·普雷斯利、乔尼·米切尔和阿克斯尔·罗斯等歌唱家,在扩音和录音设备被投入使用之前肯定不能吸引大量忠实的听众。

扩音设备同样影响了用乐器演奏的音乐。在 19 世纪,演奏乐器经历了许多技术上的革新,包括萨克斯管(比利时人阿道夫·萨克斯制作,1842 年)、簧风琴(法国人亚历山大·迪拜制作,1840 年)、大号(美国人 J. W. 佩珀制作,1892 年)的发明,以及对长笛(德国人特奥巴尔德·贝姆制作,19 世纪 30 年代)和单簧管(法国人亚森特·克洛泽制作,1939 年)的调音系统的重大改进。但是,20 世纪古典音乐的演奏者并没有轻易地接受下一个技术发展——电子扩音技术。1935 年发明的电风琴在沃里泽公司华丽的电影中,而不是在巴罗克风格的音乐大师 E. 鲍尔·比格斯的音乐会上出尽风头。电吉它的出现主要和莱斯·保罗在 1946 年前后的开拓性发展有关,它被吉米·亨德里克斯、埃里克·克拉普顿和许多其他的伤感音乐和摇滚音乐家选作声学试验的乐器,却受到了西班牙人安德烈斯·塞戈维亚等古典吉它手的轻视。首屈一指的电颤琴(一种电子木琴)大师莱昂内尔·汉普顿则是一位爵士乐弹奏者。

　　这里并非说古典音乐家从不尝试电子音乐。从 50 年代末起,米尔顿·巴比特、卡尔-海因茨·施托克豪森和其他人为新近发明的电子音乐合成器创作了大量的曲子,但他们的作品很少在音乐会上演奏,音乐合成器通常被通俗音乐组合和影视作曲家广泛使用。披头士乐队和其他摇滚组合也成功地尝试将录制的不同音轨重叠,包括非音乐的噪音,以产生一种在现场演出中无法获得的多层声音混合的效果。这种将音轨混合起来以产生最优等唱片的技术,在"艺术"音乐王国中成了复制最好的现场演出音效的一种手段。在通俗音乐中,这种技术不局限于演出的逼真而常常增添新的内容。

　　1983 年,音乐合成器和计算机标准化乐器数码制式(MIDI)的采用,进一步扩展了音乐作曲和录制的潜能。任何人,不论他是业余的还是从未受过训练的,现在都能尝试创作音乐并保存他们的作品。不过,在"艺术"音乐的领域里,80 年代的人们对借助复制的原始乐器演奏他们为之而作的古典作品的兴趣日益增加。这种主要由大学音乐教授的学识赋予活力的回到过去的热潮,体现了古典音乐爱好者对电子技术的不满,因为电子技术在提高复制质量的同时似乎也破坏了传统演出的价值。

　　技术对流行音乐的另一个重要影响是社会影响。在 1900 年前后,审美家认为凡是他或她认为不是"精美"的或"古典"的东西,就是"粗俗"的,为了方便起见,这种看法在这里被用做上层文化和通俗文化的分界线。纵然从圣彼得堡到旧金山的美学家都可能对柴可夫斯基、贝多芬、莎士比亚和伦勃朗的杰出才能保持一致意见,但无限多元化的通俗文化领域却不可能做到这一点。在本世纪初,新奥尔良的头面人物聆听了杰利·罗尔·莫顿用妓院的钢琴创作的爵士乐。十年后并且在离密西西比流域不远的杰克逊处的威尔·多克里种植园里,查利·巴顿·汤米·约翰逊和少数其他的乡村黑人创作了伤感的布鲁斯吉它弹奏曲。但爵士乐和布鲁斯的听众都是当地人,新奥尔良的头面人物不可能将爵士乐传到多克里种植园去。同样的,任何听过查利·巴顿演奏的又穷又脏的密西西比佃农也不可能在新奥尔良的妓院中逗留。

和上层文化不同,通俗文化在本质上是地方性的并且在社会层次上是有限制的。低档酒店里的钢琴弹奏的是伐木者和铁路边不出名小镇的音乐;英国音乐厅里演奏的曲目几乎不可能在不列颠以外的地区听到;非洲的韵律在古巴、巴西和牙买加也经历了不同的发展过程。尽管人们可以从历史的角度争辩道,歌剧、古典音乐和剧院戏剧,都是从 16 和 17 世纪意大利特别是威尼斯的通俗文化发展而来的,并在传播过程中吸收了其他地区的传统。在 20 世纪早期,西半球的黑人仍处于被压迫的状态,假如没有唱片工业,爵士乐和伤感音乐就完全不可能获得国际声誉并成为美国对世界文化最伟大的贡献。没有唱片工业,就不可能有后来各种通俗风格的折衷主义,如披头士乐队将节奏和伤感同音乐厅民谣的结合,鲍勃·马利将摇滚同牙买加节奏的融合,或是保罗·西蒙将美国流行音乐同非洲的击鼓和合唱的结合。再者,尽管许多作曲家在早期利用了通俗的旋律和节奏,但在"艺术"音乐领域中很难发现类似成功的折衷主义的试验,部分是因为这种音乐形式过于僵化,以致不容易包容"外来的"成分,而且观看现场演出的观众更倾向于熟悉的事物而非不熟悉的事物。

20 世纪绘画和雕塑的经历在某种程度上有着相似的线索。现代艺术博物馆颇有争议的 1990—1991 年度"上层艺术和下层艺术"展览,既为通俗漫画、涂鸦之作、连环画和广告等风格的演进提供了证明,又为"严肃"艺术家不得不经常求助于前者的想象力提供了印证。毕加索在他的立体主义抽象派的拼贴画中运用活版印刷术和报纸,让·迪比费和赛·通布利则运用违反常规的婴儿式的涂鸦,罗伊·利希滕斯坦迷恋于用放大了的本戴制版法制作的巨幅连环漫画像,安迪·沃霍尔使坎贝尔羹汤公司①流芳百世,所有这些足以证明这种通俗形象作为创造性想像力之来源的作用。

可是,该展览以及布展的博物馆馆长卡尔·瓦恩多所撰写的内容广

---

① 其前身为 1869 年成立的一家罐头食品制造公司。——译注

博的目录,实际上强调了精英艺术家的洞察力。广告从拘谨的雕版发展到整版的摄影术和印刷术杰作,连环漫画从超人创作者乔·舒斯特粗糙的图案发展到 90 年代杰出的艺术家戴夫·麦基恩、比尔·显克微奇或杰夫·达罗以连环画形式显示高水准绘画技巧的作品,所有体现在上述演进中的创造性都被降低到兴趣的一个次要层次上。鲁道夫·特普弗等艺术家的历史作用获得了充分的承认,他们在 19 世纪 20 年代创作的单纯通过漫画和解说词转述的故事,激发了颇有影响的德国哲学家兼诗人歌德认为正在诞生的一种重要新文化形式;乔治·赫里曼在一战前出版的《疯狂猫》,巧妙地运用一系列典型的形象(与古代波斯苏非派诗歌的形象有惊人的相似之处)来反对不断变化的抽象和超现实主义的背景;罗伯特·克拉姆在"地下"连环画中的人物成了 60 年代美国反主流文化的偶像。但瓦恩多认为,"在过去的 20 年中,连环画作为一种通俗形式似乎在不可避免地衰落"①。这种看法公然无视连环画业的实际繁荣,特别是 80 和 90 年代英国人艾伦·穆尔(《看守人,族间血仇之 V》)和尼尔·格曼(《睡魔,噪音的信号》)、美国人弗兰克·米勒(《复归的黑骑士,罪恶之城》)以及无数其他人出版的杰出作品。

从上层文化的角度来看,将 20 世纪晚期的连环漫画纳入艺术史的困难部分在于,连环漫画是写的而不仅仅是画出来的——在上文中提及的三位作者中,只有穆尔既写又画,虽然他也为其他的艺术家写作。换言之,连环漫画是一种既同一般小说的写作也同绘画艺术分离的风格,正如歌德从特普弗早期的实验中所观察到的那样。迄今为止,这种形式的潜力在世界各个地区有着不同的认识。在欧洲大陆,它部分采用了优雅的色情文学的形式——另一种通俗文化形式,并利用了包括因特网在内的 20 世纪技术的每一个重大突破。在英国(连环漫画与青少年阅读兴趣的结合似乎不如在美国那么牢固),它已经成了虚无主义的社会批

① 卡尔·瓦恩多和亚当·高普涅克:《上层和下层:现代艺术和通俗文化》,纽约:现代艺术博物馆,1991 年,第 227 页。

评的堡垒——这在艾伦·穆尔和尼尔·格曼的作品中得到显示。在阿拉伯世界,连环漫画服务于民族主义政治灌输和道德教化的目的。

然而,日本肯定比别的社会更受连环漫画作品这类所谓的工仔书的影响。东京火车站报摊的搁物架上摆放着大量看上去似曾相识的新闻、时尚和满足特殊兴趣的杂志,但在现金出纳机前堆积的是四英尺高的十几种最新的每周出版一次的黑白连环漫画,绝大多数有一英寸厚。所有年龄和性别的上班族都欣然购买它们,并且这些连环漫画还被广泛地分成适合男学生、男人、女学生、女人阅读的作品。在针对妇女的连环漫画中,雅致的女主人公,也就是有着王妃般大眼睛的明星历经了冒险和浪漫,但故事的结尾没有美国超市上可能销给同样读者的诱惑性小说(即通常所说的言情小说)中可能出现的色情成分。另一方面,针对男性的连环漫画描绘了真实生活中的竞争状况、无穷尽的暴力和纵欲,在这方面艺术家针对政府禁止全裸的禁令巧妙地展开工作。

日本连环漫画不仅盛行于出版物,也盛行于电视和电影中,它继承了禅宗幽默漫画("禅画"),描绘民间喜悦和闲暇的木刻画("浮世绘"),以及对男女性交过程的详尽描写("春宫画")的悠久传统。正如常常作为茶盒包装物而到达西方的 19 世纪日本木刻画的风格强烈地影响了印象主义艺术家(如埃德加·德加)一样,欧洲的叙事和讽刺漫画也影响了日本。英国的查尔斯·沃格曼在 1862 年开始出版和绘制《日本的潘趣》,法国人乔鲁吉·毕戈在这一世纪稍晚时在他的杂志《Tobae》中也从事类似的工作。在 20 世纪上半叶,日本的连环漫画普遍地类似于美国的连环漫画,在二战中,美日两国都运用连环漫画在国内进行宣传以及打击敌人的士气。

日本连环漫画在 1947 年开始以一种新的与众不同的形式获得再生,其时手冢牧出版了他的长篇连环漫画《新珍宝岛》。手冢牧率先使用不同寻常的页面设计和画面剪裁、创造性的声响描写,以及用许多画面描述个别关键性行动,这在日本随后的连环漫画发展中变得更为复杂,并且在 80 年代促使美国连环漫画艺术家向新的方向发展。到 80 年代,销售量最大的四种男孩连环漫画每周总销量接近 850 万册。最流行的女生连环漫画和成年男性连环漫画每周通常能售出 100 万册。然而,由于从日本连环漫画风格中获得灵感的西方艺术家本身也是连环漫画艺术家,如弗兰克·米勒,因此这种连环漫画连同其最初独特的富有想像力的叙述方法的极大成功,在上层文化(如现代艺术博物馆)对通俗文化的描绘中未起任何作用。

连环漫画的演进也适用于 20 世纪通俗文化中仍未触及的一面:文学。与艺术文化的其余领域不同,技术的进步——从手工排版到奥托马·麦金扎拉的整行铸排机(1884 年)和托德·兰斯顿的自动铸字机(1887 年)到如今计算机化的印刷——对作家而言没有什么直接的影响;从钢笔到打字机到个人电脑的变革基本上没有改变他们的技艺。然而,技术在促使 20 世纪识字者的极度扩展,因而在改变诗歌和小说的读者方面的确起了作用。

在 1900 年前后的美国,约瑟夫·普利策和威廉·伦道夫·赫斯特在他们于纽约出版的《世界》和《日报》中,竞相以轰动一时的故事、头号标题、大篇幅的插图、卡通画和公开的噱头来争夺读者。他们的目的在于寻找一种能提高报纸销量的粗俗行为。尽管精英们的报纸、杂志和出版社为自身比较高雅的情趣而自豪,但随着时间的流逝,针对广大读者出版的多版面报纸的成本因素对出版界产生了越来越大的影响,在电视的普及降低了美国人的平均阅读时间之后则更是如此。

调查结果表明,到 1979 年,73%的美国诗人每年从写作中获得的收入低于 5000 美元。通常以成人为阅读对象的小说家略好一点,但仍有超过一半的人年收入低于 1 万美元。另一方面,风格小说家,包括创作描写美国西部的作品、恐怖小说、科幻小说、历史传奇文学和哥特式(神秘)小说在内的小说家,只有 42%低于 1 万美元的水准,而令人印象深刻的是有 23%的人年收入超过 5 万美元。尽管文学教授动辄赞美那些风格开拓者的成就——如布雷特·哈特、埃德加·艾伦·坡、朱尔斯·维恩、拉迪亚德·吉卜林、玛丽·谢丽、夏洛特·勃朗特——却很少诚恳地述及这种风格在 20 世纪晚期的继承者,诸如路易斯·拉穆尔、罗伯特·鲁德朗、罗伯特·海因莱思、斯蒂芬·金或巴巴拉·卡特兰对文坛所作的贡献。对风格小说持续的藐视并不能隐藏这样的事实,即 20 世纪晚期的一些风格作家——例如埃尔莫尔·伦纳德和 P. D. 詹姆斯的犯罪小说、威廉·吉布森的科幻小说、阿特·斯皮格尔曼的连环漫画著作——已经获得了上层文化领域的默认。而且,拘泥于严肃小说领域的著名作家已日益受到通俗风格的诱惑,杜鲁门·卡波特和诺曼·梅勒的犯罪小说尤甚。

由于美国和英国风格作家的小说以不同的语言出现在世界各地机场的平装本搁架上,而且 20 世纪晚期大公司大量地兼并著名的出版公司已导致对轰动性小说销售需求的日益增长,那些自封的文学小说似乎明显局限于小印刷量和有限的读者,严肃的诗歌就更不待言了。尽管这种文学生活的现状在某种程度上可能是由于作家如威廉·加迪斯和唐纳德·巴塞米故作深奥的空洞乏味造成的,但世纪末的年轻作家和年轻的作曲家也和艺术家一样,面临着一个缺乏富有赞助人的文化市场,普通人的喜欢与否是他们维持生计的关键。

但欧洲和美国之外的情况不是这样。在 20 世纪头 1/3 的时期内,随着帝国主义统治世界的加强,各地西化的社会阶层将西式的教育看做是向上流动的工具,把报纸看作是抗议和教化的工具。在 20 世纪第二个 1/3 时期内,非殖民化运动产生了许多独立的国家,各国都认为普及民众教育是赶上、竞争、对抗在经济上和政治上占统治地位的西方和(或)苏联集团的最好办法。尽管电影、报纸、电台和电视都普遍参与了国家和民族形成的进程,但针对刚刚有阅读能力的大众而写作和印行的课本为政府提供了最有效的工具。

然而,一旦阅读成为平常的事——1992 年印度的识字率是 45%,中国是 75%——诗歌和小说(一种普遍传播的西方形式)的作者第一次开始为大量社会地位不同的读者写作,就像西方作家已经做了几代的那样。在将大量的西方风格和主题用到他们自己的传统文学形式和想象中之后，非西方的作家强烈地感染了以前从未接触过文学的读者，文学成了政治争论，描写普通生活的真实状况，刻画男女关系，或是袒露作者内心情感的工具。当欧洲人和美国人在本世纪最后 1/3 时期内，将越来越多的时间用在阅读风格小说上的时候，严肃诗人和小说家则宣称他们在阿拉伯世界、拉丁美洲、东亚和其余地区拥有越来越多的读者。

　　在西方，随着大量写作通俗风格文学作品和杂志文章盛行小型化（通常少于 100 字），识字率也随之提高，而在世界其他地区，严肃诗歌和文学却臻于全盛，这种矛盾仅仅是 20 世纪通俗文化地区性发展不平衡的一个方面。尽管本章前面讨论过的重大技术都起源于欧美国家，但其中最早的部分技术却迅速地传播到世界上其余的地区。摄影机、留声机、报纸和电影到第一次世界大战时已出现在世界各地的文化中心。在两次世界大战期间，土耳其、埃及、印度、日本和其他非西方国家的电影业都获得了重大的发展，日本的影片产量到 20 世纪 30 年代每年都超过700 部。

　　然而，不管社会背景如何，欧洲和美国之外的通俗文化新技术的信徒，在本世纪上半期倾向于将这些技术与西方的风格和价值观联系在一起。他们没有像美国的唱片制造商那样，到乡下去搜寻班卓琴弹奏者、卡真人的小提琴演奏者和黑罐子乐队，以探明怎样才能诱使公众购买唱片。诚然，埃及和印度的通俗歌手通过灌制伤感的唱片和在影片中扮演角色而从新技术中获益，但这些表演者大多根据比较固定的城市演出风格进行演奏，而不是用社会的和地理上属于地方性的"通俗"传统进行演奏。随着前者稳步地改进技术质量以迎合西方设立的相对标准，后者便逐渐失去了活力。

　　这种世界性的较早利用娱乐活动技术的情况在二战后逐渐减少。从 60 年代开始，美国的电影、爵士乐、摇滚乐，最后还有电视在世界范围内逐步获得越来越多的观众（虽然在荧屏上，孟买的音乐剧和香港的武打片以及拉丁美洲的电视肥皂剧也在强烈地抗衡这种趋势）。尽管美国上层文化的维护者对好莱坞电影和电视剧不屑一顾，但它们的多样化、丰富、技术的精致和产品的高价值——使自我调节（和日益增长的非调节）工业的商业赞助成为可能——使其大幅度地超过了国家控制的电视系统和其他地方基金不足的电影生产者的作品。到80年代，美国"严肃"的艺术家和作家屈从于表面上不可逆转的全国对流行文化的迷恋，并且在许多情况下为了获得灵感和个人利益而求助于流行文化，此时世界其他地区也似乎正朝着至少是部分美国化的流行文化徐徐移动。

但这一现象的缺陷也隐约呈现出来。正当音乐电视和美国有线新闻电视网开始在全世界播映的时候，其他的电视预言者却为难以消除的文化差异问题而感到担忧。1985年，在面临无审查的有线电视竞争日益加剧的情况下取消电视网络审查活动之前，美国人民情感和良心的捍卫者正思索这样的一个事实：一部关于加拿大职业曲棍球队员的肥皂剧在蒙特利尔正以两个版本播放——一个是法语版本，观众偶尔可以看到裸胸，一个是英语版本，保持着"恰当的"得体。尽管所有人都确信，对法语的了解在事实上会使观众受到半裸带来的道德上的不良影响，但人们普遍认为，对于欧洲的电视市场而言，大多数美国电视剧有太多的暴力和假正经，但同时对日本的电视市场而言，美国电视剧中的暴力和有伤风化还显得远远不够。国际航空公司的美国电影推销者也指出了相似的文化局限。

迄今为止，人们还未能找到一个能够涵盖文化多样性所有方面的共同标准，而且冷战后期在世界范围内对文化差异的重新确认——混乱的伊斯兰运动提供了一个极好的例证——表明，对统一文化标准的寻求已进入低潮。即使一些预言家宣称他们看到了不祥之兆（在这个世纪修改的铭文上是"音乐电视、美国有线新闻电视网，好莱坞"），但严肃的艺术活动将陷入最初的商业大众市场的泥潭，以及非西方文化传统终将毁灭的预言似乎过于乐观了。

由于西方上层文化中的精英主义仍自我满足和日益精细地经营不断缩小的精品市场，它逐渐减少了自身在1900年曾享有的国际威望，并由于不重视技术上的革命性进步而导致了数十年的停滞不前。但在20

世纪末,西方通俗文化在很大程度上赢得了上层文化在当初拥有的威望。1990 年,迈克尔·杰克逊在国际声望和艺术影响方面都等同于萨拉·伯恩哈特在 1900 年的情形。正如西方通俗文化已经取代的上层文化一样,它在非西方的世界——如果不是更多的话——与其说是一种社会地位和抱负的标志,不如说是一种审美情趣。它的未来不依赖于场面颇为壮观的音乐会的巡回演出和商业炒作,而是依赖于前帝国主义的西方(资本主义和社会主义)和世界其余地区政治和经济关系的长期作用。

未来的事情暂且不谈,现在我们必须考虑这个世纪上层文化、通俗文化和技术之间复杂的相互作用的净影响。在一个可能更大的数目中,有四个主题适于说明这种影响的深度和它可能具有的持久后果:文艺作品的数量,简单化的交流规则,跨文化的词汇形式和扩展了的参照系(也称为交互作用)。

美国电视网每周播出的原创戏剧超过了莎士比亚和所有其他伊丽莎白一世时代剧作家加在一起的作品,其中大部分创作于洛杉矶。这些在某种程度上具有独特性的原创作品被观众接受的可能性,不仅受到富有创造力的巡回演出的过重负担的限制,而且受到扬弃过程的限制,即抛弃已存在的节目优势,偏向于克隆已经成功的节目。作家为独立制片人提出数千种想法;制片人提出其中数百种以引起电视网执行官的注意;执行官授权制作几十个试验性的电影并支付其费用;最后只有少数电影被选出来供大众观看,因为只有这些电影在播放日、播放时间、竞争和吸引广告方面符合一定的条件。所有这一切类似于作为历史现象的通俗文化的状况。古希腊人具有奇迹般的创造力,但他们也曾迷恋于仅仅稍作改动的特洛伊战争的故事达数个世纪之久。中世纪的欧洲人对潜伏在黑暗丛林中的恶魔的故事百听不厌。阿拉伯听众仍然迷恋部落英雄和神奇旅行的传说。重复众所周知的故事(稍作改动)是有文字以前通俗民谣歌手和说书人惯用的手段。

但是,复述熟悉的故事也是 20 世纪晚期电影剧本、风格小说和通俗歌曲创作人员惯用的手段。创新是西方上层文化中具有现代主义思想的浪漫文学一个世纪以来（大致从 1870 年到 1970 年）孜孜以求的东西；像《芬尼根斯·韦克》等作品或很少有人（如果有的话）能够理解的毕加索早期立体主义油画因其创造力而被捧为名画，但高产的创作作品更多地依赖程式而不是创造力，这既是一种必然——没有那么多好的新思想——同时也由于长期养成习惯的听众不厌其烦地想听到相似和喜爱的主题。由于技术在 20 世纪扩大了观众的规模，并使技术新颖成为可能——包括电影特技、多轨录音、电子转换或扩音设备——文化的生产已越来越多地致力于重复相似的主题和故事情节。在世纪末，整个"创造力"的性质和价值问题正被重新检验。

至于 20 世纪下半叶的规则简化现象，显然是由于娱乐活动规则和高产的创作导致了向这方面的发展。堕落的主人公、无孔不入的恶劣、阴暗的背景＝黑色电影。不幸的婚姻、破碎的心、迟到的教训＝乡村流行音乐。言辞简洁的主人公、夸夸其谈的恶棍、最后的一决雌雄＝西部电影。死尸、少数与世隔绝的嫌疑犯、你错误的猜测＝阿加莎·克里斯蒂的侦探电影。当这些程式化的因素消失时，观众会隐隐地（或强烈地）感到失望。

然而，这种简化的现象已经远远超出了这些明显的文化生产规则。语言本身已受到影响。在第二次世界大战以前，"豪华轮"（向左舷转，向右舷转，靠岸①——是英国旅行者到印度的最好轮船）是英语中少有的几个常用首字母缩略词之一，尽管苏联在通过缩写创造词汇方面更胜一筹（如 NEP——苏联新经济政策，Cheka——全俄肃清反革命及怠工特设委员会，Comintern——共产国际）。然而，战时为便利电报联系而达到高峰的速记代码（ETO——第二次世界大战时的欧洲战区，D-Day——预定开始日，GI——由美国政府发给军人的装备）并没有随战争的结束而消失。由两个或两个以上单词的音节联合和首字母缩略词，或者作为一

---

① "豪华轮"英文为 Posh，意为"向左舷转，向右舷转，靠岸"，是英文"Port out, Starboard home"的首字母缩略词。——译注

个单词发音,例如 NATO(北大西洋公约组织),或者作为连续的字母发音,例如 TV(电视机),它们在世界各地由字母构成的语言中扩散开来。这种丰富的构词新渠道可以看做是社会军事化的表现,但或许更重要的是,它有助于在一个交流更快更多的时期,缩短同一语言的交谈者和不同语言交谈者之间的相互理解过程。

首字母缩略词和标准化的缩写词只是更为普遍的非语言传统交流增长中的次要种类,特别是在通俗文化领域。企业的理念和商标;国际通讯和预警信号;文化"明星"的肖像(或者是作为偶像的明星本身,如圣母像和迈克尔·杰克逊),特别是在广告业;偶像驱动的计算机界面;以及电子跳行码(1949 年由伯纳德·西尔弗和诺曼·伍德兰德发明,但直到 1974 年才由美国无线电公司加以改进),这些都是复杂的偶像环境的一小部分,并在连环漫画作品中得到很好的体现,它们是国际通俗文化的标志。

第三个影响领域即跨文化词汇的扩散,反映了 20 世纪全球的演变,即从西方上层文化在帝国主义支持下取得支配地位,演变到今日之更普遍却更少强制的受西方影响的、以技术作为媒介的通俗文化的传播。世界小说、诗歌、戏剧、音乐和艺术的发展史,充分地说明了 20 世纪上半期来自西方上层文化的文化形式的巨大影响。小说开始在以前不知道这种形式的地区被创作。自由诗闯入了当地诗歌的传统领域。欧洲的戏剧、交响乐和现代艺术在各地的文化之都被演出和模仿。所有这些在不同程度上都是以本土文化形式重要性的下降甚至消失为代价的。

然而,在这个世纪最后的数十年中,新的国际形式已从通俗文化中发展出来。这些形式大部分来自西方,但也不尽然——亚洲的武打片已变得十分国际化,在搏斗中只用拳头而不用脚踢的主人公看起来好像是自古就有的。然而,与那些源于上层文化的形式相比,这些新的形式具有更多技巧性的东西,从属于西方文化的历史审美假定的部分更少。情景喜剧①(20 世纪晚期的一个很好的代码词)、肥皂剧、新闻主持人、音乐

---

① 情景喜剧英文 Sitcom 由 Situation(情景)和 comedy(喜剧)缩合而成。——译注

电视、整个抽象艺术、不依赖固定乐器的合成音乐、多轨录音、集成照片和许多电影技术都为世界各地的创造性人物所尝试。交响乐对音阶、曲调和乐曲有具体的规定并分成各个乐章,与交响乐不同,这些起源于西方的新技术大部分没有具体的文化定位。一部90年代的伊朗电影看上去不同于欧洲和美国的电影,就像马达加斯加乐队的录音带甚至在唱一首西方的歌曲时听起来也不一样。

以技术为媒介的新形式和工具能够很容易地穿洋过海。然而,它们不是传播滋养它们的西方文化,而是形成了一系列能适应各种文化背景的潜势。而且,它们具体的文化内容更易于被具有不同文化背景的人所理解和评价,这恰恰是因为它们的技术形式使它们在知识上可以被理解。这一媒介不像加拿大空想家马歇尔·麦克卢汉莫名其妙表明的那样可能是整个信息,但一个文化上中立的和普遍可以理解的媒介能使信息越过文化的边界。

通俗文化技术有着持久影响的第四个领域是扩展了每个人的文化视野。不言而喻,摄影术使那些负担不起去参观博物馆和私人陈列馆费用的艺术家熟悉艺术史;录像带使类似的人熟悉电影和电视的历史;留声机唱片使听众可以不受当地音乐会或音乐家的限制任意选择作品。表面上无限重复的广告的累积影响是不明显的。随着世纪车轮的前进,具有简单韵律的诗句、理念、商标、口号和风格日益被铭刻在人们的记忆中。这些持久的形象就这样成了艺术家、作家和音乐家文化视野的一部分。

米格尔·唐·塞万提斯和威廉·莎士比亚在他们的作品中没有使用商标的名称,但他们随意地引用了一些别的原著——前者引用了有骑士气概的传奇,后者引用了拉斐尔·霍林斯德的《英格兰、苏格兰和威尔士的编年史》——他们认为其读者至少应部分了解这些作品。这种交叉引用是众所周知的。到了20世纪下半期,这种参照词汇远远超出了文学著作的范围。商标名称已成了普利策奖获得者威廉·加迪斯和詹姆斯·邦德的创造者伊恩·弗莱明等作家采用的重要手段。广告肖像大量地出现在严肃的艺术作品中,就像众所周知的(通过摄影术)艺术肖像充斥在广告中一样。查尔斯·艾夫斯把赞美诗和爱国歌曲的片段放进了他的作品;披头士乐队把巴赫的作品片段放进了他们的作品。对日益扩展的文化参照系的有意识的利用永远不会停止。实际上,它成了国际上日常生活的一部分——装饰着万宝路香烟盒图案的女衬裤在吉尔吉斯斯坦比什凯克的一个街头小贩处出售;台湾仿冒的俄克拉荷马州立大学足球队运动服在约旦首都安曼销售——以至于叫人很难想象通俗文化层面中的相互引用不久前基本上只出现于当地,或上层文化层面中的相互引用几乎都集中于有限的几本公认的名著里。

技术不是 20 世纪文化变革的惟一原因。人们可以争辩说,技术仅仅是各种文化内和各种文化间更深层的经济相互关系赖以表达自身的机制。但是,无论人们认为它的潜在结构是什么,对这一变革过程来说都是必不可少的;并且至少在一个世纪的过程中,它创造了单纯的经济优势或从属所不能带来的潜能。当我们面对下一个千年时,我们对文化产品特性和恢复文化间多样性——或者更沮丧地说,由于从商业上迎合原始的推动力而驱动的日益增加的文化同质性——前景的假设,必须从一个技术上发生了变革的文化体系,以及对通俗文化和上层文化的区别可以理解的深远模糊性出发。

(梁玉国 译 陈祖洲 校)

第三章 "妇女问题"

罗莎琳德·罗森堡

1911 年,日本女演员松井须摩子参加了一部首次在日本上演的戏剧的演出。一位女性出现在东京帝国剧院的舞台上,这件事本身就引起了人们广泛的注意,因为根据传统,妇女的角色应由男演员来扮演。但松井须摩子所传递的信息引起了更大的轰动。她在剧中扮演了一位不幸的家庭主妇,该角色宣称妇女不应"成为男子的玩物",社会应当认识到妇女的"个性",并且所有的妇女应该"要求自由"。观众对此大为诧异。①

在 20 世纪初,没有哪个地方的妇女比日本妇女看上去更谦顺。无论其经济地位如何,日本的家庭都教育其女儿要侍奉她们父亲替她们挑选的丈夫。但日本父亲所不能控制的力量正逐渐破坏那种期望。自1853 年美国远征队强迫日本向西方国家开放贸易后,日本就走上了一条包括从西方引进科学和技术在内的迅速工业化之路。尽管明治天皇成功地抑制了直接的殖民化并力图保护传统社会,但日本官员发现无法控制这种西化的进程。资本主义的发展带来了民主思想,在亨里克·易卜生的《玩偶之家》(1879 年)一剧中,松井须摩子扮演的角色所表明的也正

---

① 小野和子:《世纪革命中的中国妇女》,乔舒亚·A. 福格尔编,斯坦福:斯坦福大学出版社,1989 年,第 99 页;布赖恩·鲍威尔:"松井须摩子:女演员和妇女",载 W. G. 比斯利编:《现代日本:历史、文学和社会面面观》,伯克利:加利福尼亚大学出版社,1975 年,第 135—146 页。

是这种思想。观众逐渐相信,看上去处于依附地位的妇女令人惊奇的行为是生活中的必然,她们将像娜拉这一不幸的家庭主妇式的女主人公那样,砰地关上她的前门,不顾一切地寻找自己的路。①

20世纪初,世界上大部分地区已经出现了受过教育的中产阶级。凡是有中产阶级的地方,《玩偶之家》都会有观众。娜拉这一人物开始代表众所周知的"妇女问题",它涉及妇女在法律、教育和就业方面是否应享有与男子平等的权利。但它不囿于妇女在家庭之外活动的自由。当妇女追求支配自己收入的权利和选举权时,她们要求的不仅仅是男性所享有的权利,而且也是为了取得改变在她们所居住的生活圈内所扮演角色的机会。②

没有人能够确定"妇女问题"将向哪个方向发展,或它所带来的东西对答案会产生怎样的变化。但那些正自诩为女权主义者的妇女相信,将妇女从传统的压制中解放出来将影响方方面面,关于法律平等的问题将导致经济权、性自由、家庭的未来和更为广泛的社会与政治问题。没有事情能保持不变,甚至男人对自身的看法也是如此。③

沉浸在19世纪晚期西方社会进步信念中的女权主义者,从不怀疑她们的疑问以及产生这种疑问的环境将导致一个更好世界的产生。然而,20世纪经济发展的过程被证明是相当不平衡的,并且在一定时期和许多地方对妇女绝对有害。一方面,大量的城市中产阶级妇女获得了日益增加的财富,更高层次的教育和对自己的生育更大的控制权,并在民主化的政体内增强了其政治影响;另一方面,其他的许多人却经历了就业机会的减少,在极权统治下政治权力的削减和对生育控制权的减少。单身母亲问题、发展中国家农村妻子和母亲的贫困问题、世界范围内对

① 沙伦·诺尔蒂:《现代日本的自由主义:石桥湛山和他的老师(1905—1960)》,伯克利:加利福尼亚大学出版社,1986年,第97—104页。
② 彼得·法林:《他/她/自我:现代美国的性别角色》,巴尔的摩:约翰·霍普金斯大学出版社,1986年,第2版,第6—7页。
③ 南希·科特:《现代女权主义的基础》,纽黑文:耶鲁大学出版社,1987年,第13—50页。

妇女的原教旨主义对抗,甚至是由相同的历史转变发展而来的困扰着上中层妇女既当母亲又当职业女性的复杂问题,都是导致 1900 年前后《玩偶之家》获得广泛成功的原因。

1900 年的妇女

在 1900 年时,没有人能够预言在这个新世纪中妇女究竟将赢得胜利还是遭遇失败。大部分妇女仍然生活在农村地区,她们的生活围绕着家庭展开。能够改变妇女生活的经济和政治力量还没有扩散到农村地区。

世界各地的妇女都生活在被宗教法则增强的家长制的统治下。在中国,家庭让他们的女儿缠小脚,认为这样会增强女儿的性感,并确保她们在物质上的依赖性。在印度,家庭迫使寡妇按照称为"萨蒂"的风俗在亡夫火葬柴堆上自焚,尽管这是非法的。在中东和非洲的部分地区,家庭迫使他们的女儿做阴蒂切开术以控制她们的性欲。在亚洲的许多地方,杀害女婴仍然是控制人口的一种常见的方法。在世界各地,包括美洲和欧洲,妇女都遭受家庭暴力之苦。妇女们没有自己的财产权,在政治中也没有法定地位。那些寻求摆脱这种状况的妇女几乎不可能有所作为。[①]

农村妇女的生活围绕着农业运转。在大多数撒哈拉沙漠以南的非洲国家,耕种者使用锄头等进行耕种。他们耕种几英亩地,然后换个地方继续耕种。在男人对土地进行开垦后,由妇女承担大部分农活。在东南亚,农村从事集约式的水稻种植,整个家庭都在田里劳动。与此相照,亚洲北部、欧洲和美洲大多数地区的农民采取粗放式的旱地耕作法,妇女很少参与农活。她们通常在家庭团体内工作,女儿们也充当其他家

---

① 朱迪思·斯泰西:《中国的家长制和社会主义革命》,伯克利:加利福尼亚大学出版社,1983年,第 40—41 页;罗宾·摩根编:《普天之下皆为姐妹》,纽约:达伯德出版社,1984 年,第761—762 页。

庭的散工或佣人。但无论农村妇女生活在哪里,或她们在住所之外肩负着什么样的责任,她们都必须承担相同的家庭责任。在男人起床之前和停止劳作以后,妇女都要劳动,她们汲水、做饭、缝补、洗衣、交换家庭生活的粮食和其他商品,并照看小孩。[1]

实际上,所有的妇女都必须结婚。在美国的农村,女孩在决定和谁结婚方面有相当的自由,但在其他地区,通常由父母控制婚姻的决定权。在欧洲,新娘的年龄一般要达到 20 岁以上,并且通常是核心家庭。[2] 然而在中东、非洲以及亚洲的许多地区,父母总是尽可能早地将他们的女儿嫁出去——在一些地区和经济群体中,这些女孩甚至被嫁给已经有好几个妻子的男人。

农村的妻子们一般生育五到八个小孩,其中半数能够活到成年期。匮乏的卫生设备、有限的医疗条件和贫穷导致了儿童的高死亡率,但文化因素更增加了女儿们的危险。在世界大多数地区,面对食物短缺,家庭总是牺牲给予女孩的食物和照顾,因此,女孩的死亡数目远远高于她们的兄弟。尽管有贫穷的压力,农村的出生率仍然很高,其原因是:儿童,尤其是男孩,在父母年轻时是地位和农业劳动帮手的重要来源,而在父母年迈时则是社会保障的重要来源。[3]

然而,对于一批较少但数量不断增长的妇女来说,工业化和城市化的过程正发挥着转变作用。受农产品价格下降的推动(这是由更有效的农业技术和世界市场的形成所导致的)和工商业就业机会扩展的前景所吸引,到 1900 年,欧洲和美国约有一半的人口已经迁移到城镇。

城市化带来了生活水平的显著改善。官方逐渐认识到,在拥挤的城

---

① 林恩·布赖登和西尔维亚·钱特:《第三世界的妇女:城乡性别问题》,新不伦瑞克:罗杰斯大学出版社,1989 年,第 69—120 页。

② 核心家庭是指只包括父母和子女的家庭。它是与大家庭,即祖父母、已婚的子女等共居的数代同堂的家庭相对的。——译注

③ 邦尼·S.安德森和朱迪斯·津瑟:《她们自己的历史:从史前到当代欧洲的妇女》,两卷本,纽约:哈勃罗出版社,1988 年,第 2 卷,第 24—41 页;联合国:《世界妇女:趋势和统计(1970—1990)》,纽约:联合国,1991 年,第 59 页。

市中,霍乱和肺结核等疾病的流行是不分地域和社会阶层的,他们着手进行城市改造工程,这包括建立排水系统、铺设街道和人行道、安装煤气和电、调整住房和食品分配以及建立学校等。①

这些变化同时提高了寿命和读写能力。例如,在 1900 年的美国,黑人妇女绝大部分居住在农村,随着她们和她们的国家变得更加城市化,黑人妇女的寿命也有了显著的增长。1900 年,黑人妇女的平均寿命是 34 岁,到 1940 年已提高到 56 岁;1980 年是 74 岁。她们的读写能力也经历了一个相似的过程:1900 年,60％的黑人妇女不能阅读;到 1980 年,实际上所有的黑人妇女都能阅读。

城市为移民家庭提供了比农村地区更为广泛的就业机会,但在美国,男性工人的工资几乎鲜有按照众所周知的"家庭工资"进行支付的,或足够他抚养他的妻子和孩子。大部分儿童像他们曾在农村那样也要工作,许多妻子也是如此。贫穷的妇女则从事男子不愿从事的各种收入低微、不需要技术的工作。她们充当家庭仆人、工厂工人,或者在日益发展的非正式部门中工作,例如为寄膳者做饭、在家里为服装厂做计件工作、卖食品或从事卖淫活动等。那些境况较好并受过一些教育的妇女可能会从事诸如护士、店员、小学教师或者办公室职员等工作。只有少数精英人物才能上大学和从事白领职业的工作。

所有家庭成员的工作都很平常。不同之处在于这样的事实,即大多数妇女在城市就业,使得她们比在农村时能更大地不囿于传统家庭的期望。正在形成的有关"妇女问题"的激烈争论在很大程度上源于这些新机会提供给妇女的潜在独立性。尽管一个妇女的收入很少超过男子的一半(甚至是在为数不多的与男子做同样工作的时候),一个靠工资为生的年轻女性不会像农民的女儿那样在强大的压力下结婚并生儿育女。许多女孩至少将部分收入花在她们自己身上。当她们结婚后,她们也比农村妇女生育较少的小孩。在农业地区,每增加一个孩子就意味着农业

---

① 安德森和津瑟:《她们自己的历史:从史前到当代欧洲的妇女》,第 1 卷,第 284—285 页。

劳动多了一个非常重要的帮手,而在城市(或土地稀少的耕作地区),每增加一个新生儿就意味着多了一份经济负担。每个一心想通过让其后代去上学并置身于劳动大军之外,以保证他们日后出人头地的家庭都设法限制妇女的生育。甚至在避孕套或子宫帽被广泛采用之前,夫妻间就依靠晚婚、房事不射精、节欲和必要时流产等办法减少生育。总而言之,城市化给许多妇女带来了实际的好处:提高了健康、获得了更好的教育、更多的就业机会以及较少的生育。[1]

然而,城市化也带来了许多新的剥削形式,对贫穷的妇女则更是如此:低工资、频繁的(并且常常是持久的)失业、性骚扰,以及不断增加的被丈夫或情人抛弃的可能性。而且,伴随着城市化而来的生育率的下降,导致了欧洲和美国的领导人对妇女日益增强的对生育率控制后果的担心。如果妇女不生育新一代的士兵,法国如何能够防御德国呢?如果妻子们生育的小孩越来越少,而来自意大利和东欧的移民却和以前一样生育许多的孩子,那么定居在美国的盎格鲁-萨克逊人又如何能够维持他们文化上的支配地位呢?在对这些令人烦恼的问题作出反应时,男性政治家们在20世纪早期就努力限制妇女可能的独立性。避孕和流产是违法的,离婚更是困难重重。在欧洲,对生育率下降的忧虑似乎是最明显的,许多国家为使做母亲更安逸还实行产期津贴。[2]

颇具讽刺意味的是,许多旨在对妇女进行控制和提倡母亲生育的改革,最终反而有助于女性更大程度上的独立。例如,男性医生鼓励城市各阶层的妇女进行更多的锻炼,以改善母亲的健康状况。于是,年轻的妇女便骑车、徒步旅行、游泳、做健美操、打高尔夫球和网球。所有这些

① 詹姆斯·里德:《生育控制运动和美国社会:从个人邪恶到公共美德》,普林斯顿:普林斯顿大学出版社,1983年,第3—18页。
② 卡伦·奥芬:"20世纪末法国的人口减少、民族主义和女权主义",载《美国历史评论》第89期,1984年6月,第648—676页;玛格丽特·斯特罗贝尔:"19和20世纪英帝国的性别和种族",载雷纳塔·布雷登纳、克劳迪亚·孔茨和苏珊·斯图尔特合编《初见端倪:欧洲历史上的妇女》,第二版,波斯顿,1987年,第386页;琳达·戈登:《妇女的身体,妇女的权利》,纽约:海盗出版社,1976年,第136—158页。

运动无疑使母亲更强壮,但它也刺激了妇女争取更多自由的欲望。中产阶级的父亲为她们的女儿提供了更好的教育,这是为了提高年轻妇女的结婚率和生育率而作的相关尝试,而欧洲和美国的教会领导人则把女传教士派到亚洲、中东和非洲,教育当地的女孩如何成为当地欧化男子的好妻子。但是,妇女受到的教育越多,她们就越了解男人所宣称的权利,而她们也就更加怨恨自己在一个不承认妇女也拥有同样权利的世界中的脆弱性。[①]

妇女运动

当妇女开始组织各种各样的团体以实现她们的特别目标时,这种日益增长的怨恨终于得到宣泄。奇怪的是,长期以来,在世界各地增强了妇女从属地位的性别隔离,实际上却促进了这些妇女组织的发展。各地的妇女习惯在一起工作,无论是在穆斯林女眷的家庭院子、基督教和犹太教妇女的宗教组织,还是妇女交换她们的产品和购物的市场都是如此。妇女组织最古老的一种反抗形式是食物暴动,其主要内容是抗议面包和其他日用品的涨价。在这些组织形式延续的同时,在 19 世纪末 20 世纪初又出现了新的形式。在世纪之交,美国最大的妇女团体是基督教妇女禁酒联盟,它致力于取缔酒精消费,以期阻止丈夫们将他们的工资全花在饮酒上、并在酒后殴打他们的妻子和子女的行为。在世界各地,中产阶级妇女组建和平主义团体以期停止战争,建立社会改革团体以帮助穷人,组织女工工会以保护妇女不受剥削性工作条件的影响;组织纯洁联盟以反对把妇女等同于男人的纵欲工具。[②]

① 邦尼·史密斯:《变化的生活:1700 年以来欧洲历史上的妇女》,列克星顿,1989 年,第 317—330 页。
② 卡伦·奥芬:"妇女的自由、平等和公正:19 世纪欧洲女权主义的理论和实践",载雷纳塔·布雷登纳、克劳迪亚·孔茨和苏珊·斯图尔特合编:《初见端倪:欧洲历史上的妇女》,第二版,第 335—373 页;罗莎琳德·罗森堡:《分离的生活:20 世纪的美国妇女》,纽约,1992 年,第 36—62 页。

到第一次世界大战时,大多数欧洲国家、美国以及日本都已通过保护妇女的劳动立法,这大大缩短了妇女的劳动时间。鉴于男性工会会员反对妇女组织起来,这种立法被证明对改善女工的生活非常重要。但在很多情况下,对一个团体妇女的保护会导致对另一个团体妇女的剥削。例如,日本的纺织巨头因不能再雇用女工上夜班,而将他们的工厂迁到中国南部,因为那里不存在这样的限制。中国农村家庭因毁灭性的税收、军阀混战和外国农产品的竞争而变得贫穷不堪,只好将她们的女儿卖给设在上海的日本纺织厂的包工头。美国马萨诸塞州的劳动保护立法也促使纺织巨头作出将工厂迁往南方的决定,因为那里的工会和改革者拥有的权利甚少。[①]

在 20 世纪早期,妇女改革家一方面试图改善工业增长不利的方面,另一方面又普遍承认妇女作为妻子和母亲的传统角色。她们与前几代妇女改革家的不同之处,仅在于她们在寻求自身对公共政策的决定方面有更大的发言权。她们通常认为妇女这样一个超越阶级、种族甚至国界的概念具有聚合力。作为母亲或潜在的母亲,她们相信自己能在政治中扮演一个特殊的角色,在道德、社会福利和合作方面能够发挥比男子所期望的更重大的作用。[②]

然而,年轻妇女逐渐认识到,没有更大的男女平等,尤其是在政治领域中的男女平等,妇女就不可能实现她们的政治目的。她们发现,在具有自由改革和新教传统的国家比较容易获得男女平等权,因为这两种国家都强调个人良心的重要性。在整个 19 世纪下半期,美国和英国为妇女权利组织提供了最有利的环境,这些国家的妇女权利组织领导人为世界各地的其他运动树立了楷模。在 1851 年,自由主义理论家约翰·斯图亚特·穆勒的妻子哈丽雅特·泰勒·穆勒撰文解释了这个运动的目的:"妇女需要的是平等权,即平等地获得各种社会权利,而不是一种特

---

① 小野和子:《世纪革命中的中国妇女》,第 112—113 页。
② 弗兰切斯卡·米勒:《拉丁美洲的妇女与寻求社会公正》,汉诺威:新英格兰大学出版社,1991年,第 68—109 页。

殊的地位或一种情感方面的特权身份。"妇女权利组织领导人要求给予平等的机会和获得教育、财产、收入、离婚、儿童监护以及政治参与等权利。1898年,国际妇女大会在伦敦召开,该会议的宗旨是为所有妇女争取这些基本权利。绝大部分与会代表来自美国和西欧,但也有来自中国、波斯、印度、阿根廷、冰岛和巴勒斯坦等地的观察员。到20世纪早期,美国、英国和法国的已婚妇女控制着自己的财产和收入,还获得了一旦离婚可以诉求监护子女的权利。但就全世界而言,妇女的选举权依然是前途莫测。[1]

妇女不能获得选举权的挫折感促使许多妇女参政主义者采取了战斗行动。英国的埃米琳·潘克赫斯特和她的美国追随者艾丽斯·保罗领导群众游行,以打碎玻璃、破坏政治集会的行动来支持妇女的选举权。到1914年,超过1000名妇女参政主义者被投入监狱,许多入狱者进行绝食,结果被强制进食。"给妇女以选票,还男人以纯洁"成了好斗的妇女参政主义者的口号。她们同时攻击男子在政治和性方面对妇女的剥削。然而胜利一直与这些妇女参政主义者无缘。在那些大多数男人还没有选举权的国家中,妇女应获得选举权的思想很少得到支持。在民主制度建设得较好的地方,如美国、英国、法国和斯堪的纳维亚,妇女得到较多的权利,但大多数男人仍认为,给妇女选举权将会给妇女和家庭带来不利的后果。[2]

当选举权运动领导人忍受着极度的失望时,越来越多信仰社会主义的妇女放弃了本质上毫无意义的选举权运动。在她们看来,贫穷——而不是法律上的不平等——才是妇女问题的根源。受卡尔·马克思的著作,尤其是弗里德里希·恩格斯的《家庭、私有制和国家的起源》(1884

---

① 约翰·斯图亚特·穆勒和哈丽雅特·泰勒·穆勒:《关于性别平等论文集》,艾丽斯·罗西编,芝加哥:芝加哥大学出版社,1970年,第120页;伊迪丝·F.赫维茨:"国际妇女会",布里登纳、孔茨和斯图尔特等编:《初见端倪:欧洲历史上的妇女》,第331页。
② 安德森和津瑟:《她们自己的历史:从史前到当代欧洲的妇女》,第366页;科特:《现代女权主义的基础》,第53—62页;苏珊·金斯利·肯特:《1860—1914年英国的性别和普选权》,普林斯顿:普林斯顿大学出版社,1987年,第184—219页。

年)一书的影响,她们认为妇女的从属地位源于家庭,因为在私有财产制度占统治地位的家庭中,男人掌握着经济和政治权力。她们承认资本主义制度给许多中产阶级妇女和受过教育的妇女带来了更多的机会,但它也给许多农村地区带来了更大的贫困,给那些逃离农村来到城市中的女工带来了对其经济和性的更大剥削。她们断定,只有废除私人财产的社会主义革命才能解放妇女。①

一些信仰社会主义的妇女对仅仅依靠政治革命就能够帮助妇女这一信念感到怀疑。她们认识到自由主义和社会主义背后以男性为中心的思想有严重缺陷,并坚持必须特别满足妇女的需要。德国信仰社会主义的主要女权主义者克拉克·蔡特金坚持认为,妇女有一些仅靠社会主义不能解决的具体问题。"就像男性工人受制于资本主义一样,女人也受制于男人,除非她们获得经济上的独立,否则她们将总是处于服从地位。工作是妇女获得经济独立必不可少的条件。"到 1907 年,社会党支持妇女的选举权,而蔡特金则强烈要求平等的报酬和生育保险。尽管蔡特金在女权运动方面取得了实际进展,但她一直认为社会主义总是第一位的。②

并非所有赞同社会主义目标的女权主义者都能很快接受处于从属地位妇女的要求。美国作家夏洛特·珀金斯·吉尔曼坚持认为,在妇女获得经济独立和社会接管家务管理与照看儿童的职责之前,妇女仍将从属于男人,且真正的社会平等将依旧遥遥无期。许多资产阶级(甚至社会主义者)男子认为,现代家庭应在城市或工业社会中履行一个必要的功能——在一个喧闹的世界为男子提供避难所和为准备在未来的上层文化中获得工作的儿童提供所需要的较长时期的庇护——与此相反,吉尔曼则认为现代家庭削弱了妇女的力量,反之,妇女又通过使人窒息的关心使她的丈夫和子女能力低下,使他们不能适应现代生活的挑战。吉

---

① 史密斯:《变化的生活:1700 年以来欧洲历史上的妇女》,第 308—313 页。
② 安德森和津瑟:《她们自己的历史:从史前到当代欧洲的妇女》,第二卷,第 387 页。

尔曼号召建立社区托儿所、食堂和洗衣房以解放妇女,使她们成为在经济上自给自足的人。①

对于另一些妇女来说,社会主义的主要失误不在于它未能减轻妇女对男子的经济依附,而在于它不愿意承认生育在大多数妇女生活中的重要性。美国的玛格丽特·桑格和瑞典的埃伦·基都把生育当做妇女应该绝对控制的事情。桑格通过开展现代计划生育运动来增加妇女的自主权,而基则主张政府对所有母亲(无论结婚与否)都提供补助。桑格和基关于生育的直率言论不仅一反常规,而且破除了大多数年长的女权运动领导人的信念(包括吉尔曼),即男子应努力变得更加纯洁。桑格和基认为,妇女应该拥有自由表达性欲的权利,而不必担心怀孕或社会报复。②

第一次世界大战及其后果

在短短的几年内,第一次世界大战产生了许多政治组织历经数十年的斗争所未能实现的东西。由于妇女在战时经济中扮演着重要的角色,如在工厂中代替男子进行生产,照顾伤员以及在其他许多方面所表现出的爱国主义,政治家们发现日益难以忽视对妇女们的需要。

在美国和法国,为保持士气,政府实施社会福利措施,用以保护被当兵的丈夫和父亲留下的妻子和子女。颇具讽刺意味的是,因受男性劳工领导人的影响,比较自由的英国制定了相当保守的社会政策(为男性养家糊口的人提供津贴以资助其赡养者),而比较保守的法国在天主教和商业领导人的领导下,却制定了相当自由的计划(将津贴直接给予妇女

---

① 夏洛特·珀金斯·吉尔曼:《妇女和经济》,波士顿:梅纳德出版公司,1898年,第225—269页以及书中各处;安·J. 莱恩:《赫尔兰之地内外:夏洛特·珀金斯·吉尔曼的工作和生活》,纽约:神殿出版社,1990年,第230—232页。

② 史密斯:《变化的生活:1700年以来欧洲历史上的妇女》,第342—350页;艾伦·切斯勒:《刚毅的女性:玛格丽特·桑格和美国的生育控制运动》,纽约:西蒙和舒斯特,1992年,第95—97页、第124—125页、第186—190页。

和她们的子女,削弱男人的经济控制)。无论新福利政策采取何种形式,它们都给予妇女前所未有的更多的受国家保护的权利。[①]

妇女的战时贡献也给妇女选举权运动提供了新的动力。1915 年,丹麦和冰岛给予妇女选举权。1917 年,荷兰、芬兰和俄国也步其后尘。英国、德国、中欧和东欧的大部分国家、非洲的部分国家以及中国的六个省在 1918—1919 年也相继给予妇女选举权。美国的妇女在 1920 年赢得此项权利,尽管实际上大多数黑人妇女(就像大多数黑人男性一样)仍然被剥夺了选举权。然而,在法国、意大利以及整个拉丁美洲的天主教国家,妇女选举权战役失败了。直至 20 世纪,在这些国家的大多数男孩获得国家提供的教育后很长时间内,大多数女孩仍由修女进行教育。自由主义的政治家对个人主义的信奉,本可以使他们成为妇女参政主义者的天然联盟,但甚至连这样的政治家也以妇女只不过是天主教会的工具为由,反对扩大妇女的选举权。[②]

女权运动在俄国起关键作用,并受到了最热烈的支持。1917 年 2 月,1 万名妇女在圣彼得堡举行游行,抗议政府定量供给面包的决定并要求沙皇退位。政府的反应是命令士兵进攻妇女。这一决定动员了工人,疏远了军队,触发了一场革命,迫使沙皇在 3 月退位。同年 7 月,新政府给予所有超过 20 岁的公民以选举权。11 月,布尔什维克当权,列宁任命亚历山德拉·科隆泰为负责公共福利的人民委员。1918 年,政府颁布新婚姻法,将宗教婚姻转为世俗婚姻,离婚变得更为容易。科隆泰保证,国家将保护妇女和儿童,并提供免费的孕妇医疗。1920 年,苏联成为现代欧洲第一个规定流产合法的国家。列宁和科隆泰构想了一个全国性的食堂、托儿所和洗衣房系统,以便把妇女从养育孩子和家务劳动中解放出来。然而,面对着紧随一战而来的国内战争,彻底改革家庭和家务劳

① 苏珊·佩德森:《1914—1915 年的英国和法国:家庭、依从和福利国家的起源》,纽约:剑桥大学出版社,1993 年,第 79—134 页。
② 史蒂文·C.豪斯和安妮·R.肯尼:《法兰西第三共和国的妇女选举权和社会政治》,普林斯顿:普林斯顿大学出版社,1984 年,第 253 页。

动的努力遭到了失败。到 1922 年,科隆泰已经失宠。两年后,列宁去世。①

科隆泰的遗产被证明是混杂的。一方面,妇女获得了比以前更好的孕期看护,享有重大的教育方面的好处,并且在大多数职业中工作;但另一方面,她们的生活在许多方面比以往任何时候都更艰难。除了传统的家庭职责外,妇女如今还要负担在家庭之外的长时间工作,许多妇女体验了一种作为新剥削手段的苏维埃风格的解放。②

当一战为俄国创造革命机会时,在凡尔赛和会上,同盟国却以民族自决为借口忽视绝大多数民族主义者的愿望,这一做法重新刺激了全世界的民族解放运动。由于这些运动倾向于使用民主的个人权利的语言,它们也是对从拉丁美洲到亚洲各国女权运动支持者的鼓励。

妇女在这些运动中只扮演了一个微不足道的角色。一战以后,拉丁美洲、中东和亚洲支持妇女解放的大多数人是渴望现代化、受过教育的中产阶级男人。他们认为,他们国家的经济和政治发展(以及独立)的关键是拥有像西方那样受过教育、相对解放的妇女,这些妇女将成为优秀的、受过教育的妻子和母亲,并且成为有教养(即西化)男人的荣耀。例如,在中国,英国为了报答日本战时的支持而迫使中国成为日本的保护国,以男性为主的义愤的中国学生和知识分子于 1919 年 5 月 4 日开始抵制日货,随后形成了一个民族主义运动。该运动不仅要求脱离日本的统治,而且对中国文化中许多传统的价值观,包括对待妇女的态度提出了质疑。在那一年,中国出现了 400 多种新期刊,许多期刊明确地提及妇女问题。在玛格丽特·桑格和埃伦·基访问中国之后,各杂志都刊登了有关生育控制和母亲独立的文章。当一家报纸报道了一位年轻的女子因包办婚姻而自杀的事件时,报纸上出现了许多谴责这种包办婚姻做法的文章,其中还包括未来的中国共产党领袖毛泽东写的文章。在短期

---

① 理查德·斯蒂茨:《1860—1930 年俄罗斯的妇女解放运动:女权主义、无政府主义和布尔什维克主义》,普林斯顿:普林斯顿大学出版社,1978 年,第 317—421 页。
② 安德森和津瑟:《她们自己的历史:从史前到当代欧洲的妇女》,第二卷,第 297—300 页。

内,中国各地的戏院开始上演《玩偶之家》一剧。1923年,鲁迅在北京女子师范大学作了题为"娜拉出走以后怎么办?"的演讲,他的结论是,妇女要想摆脱家庭而生存,仅仅有法律权利是不够的,她们还需要受教育和谋生的机会。①

尽管男人领导着中国的独立运动,1919年的事件也导致了全中国城市中妇女团体的形成。这些团体要求废除缠脚、杀女婴、纳妾、童婚以及卖淫等陋习。它们要求妇女的选举权、平等的继承权、教育权、平等的工作权和妇女自由挑选自己丈夫的权利。妇女在六个省赢得了选举权,在汉口获得了离婚和继承遗产的权利,但进一步的改革被证明是不可能的。20世纪20年代的民主和女权运动,主要盛行于拥有大量中产阶级人口的城市地区,而在广大的农村却甚少发展,因为在那里,传统的家庭结构和经济生活仍然紧密地互相依存。②

在城市中产阶级中导致了妇女更大自由的民族民主主义运动,也以相似的方式发生在中东的部分地区。民族民主主义在土耳其进行得最为深入。在那里,第一次世界大战时期的一位土耳其陆军上尉穆斯塔法·凯末尔利用反帝情绪,将欧洲势力驱逐出土耳其领土,推翻了苏丹统治,建立了土耳其共和国。接着,凯末尔开始了现代化的过程。在此期间,他使国家世俗化,使用拉丁字母,引入西方的服饰,采取世俗婚姻,允许离婚,禁止一夫多妻,给予妇女选举权(1935年),鼓励资本主义的发展。凯末尔改革最重要的受益人之一是哈利德·埃迪普,一位在凯末尔军队中服役的女民族主义者。埃迪普出身于名门望族,受过欧洲的教育,后来成为一位杰出的小说家、政治活动家和女权鼓吹者。尽管凯末尔强加的自上而下的改革,对于埃迪普这样享有特权的妇女来说非常重要,但它们没有泽及土耳其的大多数妇女,大多数妇女仍然被拴在土地

---

① 小野和子:《世纪革命中的中国妇女》,第93—105页。
② 小野和子:《世纪革命中的中国妇女》,第105—111页;克里斯蒂娜·K. 吉尔马丁:"1924—1927年中国民族主义革命的性别、政治文化和对妇女的动员",载克里斯蒂娜·K. 吉尔马丁等编:《中国的孕育:女性文化与国家》,坎布里奇:哈佛大学出版社,1994年,第195—225页。

上,并在家庭中受着丈夫的直接控制。①

　　中东其余国家的殖民统治势力更为强大,中产阶级更为软弱,伊斯兰教领袖的影响更为根深蒂固,因而妇女争取权利也就显得更为困难,甚至当她们尝试这样做时也更多地扎根于本土文化。在埃及,妇女争取更大的自由所依赖的不是世俗化而是对伊斯兰教经文的重新解释。卡西姆·阿明在 1899 年出版的《妇女解放》②一书中认为,排斥女性、戴面纱、包办婚姻以及离婚习俗都不是伊斯兰教最初的信条。以此为基础,胡达·沙达维为首的埃及女权主义者在 20 世纪提出男女平等的要求。她们的努力收效甚微,因为她们的人数很少,而且宗教领导人成功地阻止了任何对传统法律和习俗的偏离。③

消费文化的兴起

　　除了政治变化之外,一战后的十年也产生了重要的经济和文化变革,在城市地区则更是如此。美国,在某种程度上还有其他地区的市场充斥着包括汽车、收音机、电影、洗衣机和吸尘器在内的各种商品。其上一代还在屋前门廊里招待年轻男士的年轻姑娘们如今在汽车里"约会"。尽管汽车不像一位美国青少年法庭的法官控告的那样是"装有轮子的妓院",但它给那些买得起汽车的人提供了更多摆脱父母监护的机会。年轻妇女不再穿紧身胸衣,她们剪短了头发,穿起了裙子,在海滨穿着暴露的浴衣,逐渐开始化妆,并在公共场合抽烟。美丽的电影明星格里塔·加布尔、马林·迪特里和梅·韦斯特每周都让全世界无数的观众大饱眼福。黑人女舞蹈家约瑟芬·贝克生于美国,却在巴黎成名,她用暴露的

---

① 库马里·贾亚瓦德纳:《第三世界的女权主义和民族主义》,伦敦:泽德丛书,1986 年,第 27—42 页。

② 卡西姆·阿明:《妇女解放:埃及女权主义史文献》,开罗:美国大学出版社,1992 年。

③ 库里马·贾亚瓦德纳:《第三世界的女权主义和民族主义》,第 43—56 页。

服装和流畅的舞蹈歌颂了女性的性行为。①

利用这种对性更加开放和积极的观念,美国的玛格丽特·桑格、英国的玛丽·斯托普斯,以及荷兰的西奥多·范·德·维尔德,都为已婚妇女出版了纵情谈论肉欲之乐的《性指南》。这些书被翻译成各种欧洲文字,销量达数十万册。受到战后性更加开放以及像纽约和巴黎这样相对开放城市的鼓励,一些妇女更公开地撰写有关女同性恋的著作。1928年,英国作家拉德克利夫·霍尔出版了《孤独之源》一书,这是一部关于一位年轻女性的小说,主人公认为自己应生为男人并同其他女性坠入情网。尽管霍尔本人受到迫害,她的书在英国也被查禁,但她的著作引起了广泛的讨论。②

20世纪20年代西格蒙德·弗洛伊德转向对女性性行为问题的研究。弗洛伊德在19世纪关于妇女的心理是她们生物特征的简单反应的观点上有所突破。他坚持认为,妇女的心理成熟和男子一样经过了一系列复杂的发展阶段。弗洛伊德推断,妇女性心理发展的核心是她们对阴茎的妒忌。随着一个小女孩达到恋母情结或恋父情结的发展阶段,她会从心理上排斥她的母亲,因为母亲没有给她一个阴茎。当一个男孩确立了独立性和强烈的自我克制意识时(因为他担心如果不这样将受到父亲的阉割),女孩却没有这样的恐惧,所以她不会获得同样水平的自主。实际上,她一生都渴望拥有她不可能拥有的阴茎,直到她以结婚生子充当替代。③

包括生于德国的卡伦·霍尼在内的一些女性分析家批评弗洛伊德

① 罗伯特·林德和海伦·林德:《米德尔城:一个文化的转变》,纽约:哈考特·布雷斯,1928年,第114页;贝思·贝利:《从门廊到小车后座:20世纪美国的求爱》,巴尔的摩:约翰·霍普金斯大学出版社,1988年,第1—12页;史密斯:《变化的生活:1700年以来欧洲历史上的妇女》,第440—441页;玛丽·路易斯·罗伯茨:《没有性别的文明:1917—1927年战后法国的性别重建》,芝加哥:芝加哥大学出版社,1994年,第1页。
② 切斯勒:《刚毅的女性:玛格丽特·桑格和美国的生育控制运动》,第263—266页;史密斯:《变化的生活:1700年以来欧洲历史上的妇女》,第448页。
③ 西格蒙德·弗洛伊德:"男女结构差异的一些心理后果",1925年,重印时收入菲力普·赖夫编:《性行为和爱情心理学》,纽约:科利尔斯,1963年,第183—193页。

误解了妇女。霍尼对弗洛伊德的理论置若罔闻。她坚持认为,妇女不适当的情感最终源于男人对妇女生育能力的妒忌,这促使他们通过努力调整性别力量的平衡而使妇女屈服。[①]

凭借其南太平洋民族的研究,美国人类学家玛格丽特·米德甚至更明显地打破了欧洲和美国人关于女性被动和男性主动的传统观念。她宣称,这些民族对男女性格的看法不同于美国人或欧洲人的"自然的性差异"的看法。在新几内亚的阿拉佩什人中,男人和女人似乎是同样被动和有教养的,而在蒙杜古马族中,男女则都采取主动的态度。她所研究的民族对性行为都远比典型的美国人或欧洲人感到满意。在米德看来,所谓的性别特征基本上是文化的结果,并且是能够改变的。[②]

许多年长者,包括一些女权主义者都谴责那些她们认为将引起新的色情风险的消费文化。在她们看来,这种新的对自我利益的关注和大量的商品,代表着一种从节俭和自我克制支配的稳固文化到消费和经常性的满足感支配的不确定文化的转变。在埃及,女权主义作家马拉卡·希夫妮·那西夫批评了那些极力主张在穆斯林妇女身上展现西方服饰的人。她认为,放弃面纱并不意味着更大的自由,性骚扰反而是这一举措的必然结果。在美国,夏洛特·珀金斯·吉尔曼否定了性"放纵"是对性"压抑"的进步,并预言避孕用具的不断普及并非如桑格、斯托普斯和范·德·维尔德所断言的那样改善了婚姻,而是将婚姻变成了一个"缺乏浪漫情调的、恭敬地顺从于男性放纵"的场所。[③]

大萧条、法西斯主义和第二次世界大战

关于性行为和性准则的争论一直延续至 20 世纪 30 年代,但世界范

---

① 卡伦·霍尼:"来自女人的战斗:男人和女人眼中的女性男子气概",载《国际精神分析学杂志》第 7 期,1926 年,第 324—339 页。

② 玛格丽特·米德:《三个原始社会的性与性情》,纽约:莫罗,1935 年,第 310—339 页。

③ 吉尔曼引自南西·沃洛克:《妇女和美国的经验》,纽约:克诺夫,1984 年,第 413 页;利娜·艾哈迈德:《伊斯兰的妇女和性》,纽黑文:耶鲁大学出版社,1992 年,第 169—188 页。

围的大萧条迅速地淹没了妇女改善自己生活的努力。亚历山德拉·科隆泰认为,一个强大的现代国家将成为保护妇女免遭剥削的工具。然而,信奉这一观点的人发现,一个强大的国家压制妇女就像保护妇女一样容易。1932年,美国国会限制已婚妇女工作的权利,计划生育运动的反对者也把国家的萧条归咎于生育力的不断下降。与此同时,女权主义者因不能就追求的目标达成一致,其反击的能力也受到了损害。大多数人坚信,妇女需要特殊的法律以保护她们不受剥削,而人数不断增加的少数派分子却坚持认为,妇女和男人在本质上是一致的,应受同样法律的约束。后一团体以艾丽斯·保罗为首。她是一位年轻的反叛者,在一次为了选举权而进行的非暴力反抗的行动中被送进了监狱。在赢得选举权之后,她呼吁通过一项平等权利修正案,但其他妇女领导人反对这样的修正案,因为她们认为这样的修正案会使她们历经数十年斗争才获得的所有保护性的法律成为非法。①

在德国、西班牙和意大利,法西斯主义者压制了所有关于平等的讨论。法西斯主义者强调自我,排斥传统的限制,他们认为女权运动象征着一切与现代道德相悖的东西。女权主义者要求妇女独立,而法西斯主义者则提倡重新强调母亲的角色。希特勒否认女权运动在过去所获得的进展,认为它是"犹太知识分子的产物"。1934年,他答应将妇女"从解放中解放出来"。为了鼓励妇女离开劳动大军并生儿育女,纳粹分子给放弃工作的已婚妇女提供婚姻贷款。每出生一个合法的子女,就免还1/4的贷款。纳粹分子还关闭了性咨询中心,除了那些被认为是不良分子的人,如犹太人和吉卜赛人外,禁止流产。墨索里尼统治下的意大利政府将妇女逐出政府机关,对中学和大学的女学生征收双倍的学费,并极力阻止农村妇女流向城市地区。墨索里尼和教皇庇护十一世一起谴责除禁欲外的任何生育控制,并呼吁妇女生育更多的子女。在中国,蒋

---

① 罗森堡:《分离的生活:20世纪的妇女》,第103页;科特:《现代女权主义的基础》,第137—142页;路易斯·沙夫:《为了工作和婚姻:女性就业、女权主义和大萧条》,韦斯特波特:格林沃德,1980年。

介石开始了强调女性从属地位的新儒学时代。在苏联,经济危机消灭了女权主义的最后残余,因为对工业生产的关注取代了对消费品或女权运动的任何兴趣。斯大林号召妇女生育更多的子女,并废除妇女流产的权利(形成于列宁时代)以刺激她们生育。[1]

惟有在拉丁美洲,女权运动得以继续发展。拉丁美洲女权主义者与民族运动结成同盟,并通过美洲国家妇女委员会团结起来,而男性领导人对女权主义者则虚以民主的口惠,认为只有妇女同男子享有同样的基本权利,并共享对民主自由的承诺,民主制才能成功。在 1929—1939 年,厄瓜多尔、巴西、乌拉圭、古巴和萨尔瓦多都给予妇女选举权。[2]

第二次世界大战促使交战双方出于充实战时工业劳动力的需要而重新考虑鼓励生育的主张。对于德国、意大利和日本来说,这样一种重新考虑所需要的文化转变被证明是很难的,而在美国和英国,政府迅速求助于"妇女力量"以对付劳动力的短缺。整个战争期间,美国和英国的妇女享有前所未有的就业机会和高工资,但战争并没有带来两性关系的永久性变化。在妇女看来,男性的匮乏提高了他们的价值,并且战争时期无所不在的危险使得妇女的权利显得毫不重要。[3]

第二次世界大战的后果

5000 多万人死于第二次世界大战。仅在德国集中营中死去的人数就达 1200 万。另外,俄国死亡人数约 2000 万,中国死亡人数约 1000 万。人们厌倦了战争,开始寻求生活的稳定和新的确定性。他们因而谈婚论

---

① 维多利亚·德·格拉齐亚:"墨索里尼如何统治意大利的妇女",载特博:《西方妇女史》,乔治·杜比和米歇尔·佩罗编,第五卷,坎布里奇:哈佛大学出版社下属贝尔纳普出版社,1994 年,第 120—148 页;安德森和津瑟:《她们自己的历史:从史前到当代欧洲的妇女》,第 301—307 页;史密斯:《变化的生活:1700 年以来欧洲历史上的妇女》,第 458—472 页。

② 米勒:《拉丁美洲的妇女与寻求社会公正》,第 110 页。

③ 丹恩·坎贝尔:《美国战时的妇女:爱国主义时代的私人生活》,坎布里奇:哈佛大学出版社,1984 年,第 101—138 页;安德森和津瑟:《她们自己的历史:从史前到当代欧洲的妇女》,第 306—307 页;史密斯:《变化的生活:1700 年以来欧洲历史上的妇女》,第 482—487 页。

嫁,生儿育女。实际上,随着希特勒、斯大林、墨索里尼在 20 世纪 30 年代鼓励生育主张的实施,婚姻和生育率剧增到前所未有的地步。受到冲突影响较少的美国经历了突然的繁荣,以致它突然发现,实际上自己在世界上已没有经济竞争对手。欧洲的大部分地区遭到了战争的破坏,历时长久才得以恢复:西欧在美国资本的援助下,到 20 世纪 50 年代末期完成了重建工作,但东欧因资源被苏联耗尽了,其恢复速度远远落在西欧后面。整个欧洲遭到的劫掠、劳工影响的增加以及对萧条将导致纳粹复活的恐惧,导致了许多国家实施更加慷慨的社会福利政策。这些政策使妇女能够一边工作一边生育小孩。保守的国家如法国、意大利以及主张社会主义的国家如瑞典、苏联等,都为工作的母亲提供各种资助措施,包括怀孕津贴、免费的健康照顾、日托以及课外活动等。[1]

避免了战争蹂躏的美国没有感觉到要减轻许多工作母亲负担的压力,许多母亲因此享受到前所未有的工作机会。被压抑的消费需求刺激了经济繁荣,也创造了新的工作机会。这些新的工作中许多是由妇女承担的。事实上,尽管大部分妇女在 1945 年失去了高报酬的军事工业工作,但到 20 世纪 40 年代末,妇女劳动大军的参与率又回到了战时的高度。在随后的数十年中,妇女又持续进入服务业和白领部门的新领域。到 1970 年,43% 的美国妇女从事雇佣劳动,这大致相当于法国、德国和英国的水平。[2]

在 1900 年前后,美国和欧洲的大多数女性雇佣劳动者是文化程度不超过小学的年轻单身妇女,她们在结婚前已工作多年。然而到 20 世纪 40 年代,一种新的模式开始形成;自那个十年以来,大多数女工都是年龄超过 35 岁的已婚妇女。随着年轻女性在校时间越来越长,年长的妇女日益取代她们在劳动大军中的地位。由于受弥补以前儿童提供的

---

[1] 吉泽拉·博克:"正在产生的福利国家中的贫穷和母亲的权利",载《趋向 20 世纪的文化认同》,第 402—433 页;史密斯:《变化的生活:1700 年以来欧洲历史上的妇女》,第 512—517 页。

[2] 林达·斯密特洛编:《世界妇女统计记录》,底特律:盖尔调查法人公司,1991 年,第 388 页。

收入之需要的驱动,受能够购买大多数消费品的诱惑,以及技术进步使她们摆脱了那些她们母亲负担的沉重的家务劳动,年长的妇女都出来工作。此外,即使妇女在二战结束后的十年中生育更多的子女,但更多地采用生育控制手段使她们能够将初次分娩控制在 20 多岁。到她们 35 岁左右时,她们最小的小孩正离家上学,而且由于健康状况的改善,妇女能够再工作 30 年。

随着女工自身的变化,她们所从事的工作也发生了相应的变化。1900 年时,年轻女工倾向于在家庭服务业、农业或工业从事工作。到 1950 年,工厂工作继续存在,但家庭服务业和农业的工作已经被白领工作和服务业的工作所取代。在 1900 年前后的德国,约有 1/3 的女工从事农业工作,另外 1/3 从事家庭劳动;到 1950 年,从事上述职业的妇女分别只有 8% 和 12%。[1]

尽管第二次世界大战给美国带来了繁荣,并最终也给西欧带来了繁荣,但它造成了世界其余地区的不稳定,引起了内战和民族解放斗争,在欧洲老的殖民地更是如此。在所有这些斗争中,妇女都扮演了一个重要的角色,这最终为妇女赢得了自由。印度在 1947 年脱离英国获得独立,印度妇女获得了与男子平等的政治权利和新出现的对妇女教育的强调。在法国、意大利以及拉丁美洲的十几个国家中,妇女在战后十年内都赢得了选举权。[2]

没有哪个地方比中国在战后发生的变化更显著。1949 年,共产党在掌管政权后立即通过了解放妇女的法律。根据该国新宪法第六条,"中华人民共和国将废除束缚妇女的封建制度。妇女在政治、经济、文化、教育以及社会生活方面将享有同男子一样的权利。实行男女婚姻自由"。

---

[1] 罗森堡:《分离的生活:20 世纪的妇女》,第 157 页;尤塔·弗雷伏特:《德国历史上的妇女:从资产阶级解放到性解放》,纽约:伯格,1989 年,表 8。也参见罗伯特·莫勒:《保护母亲:战后西德政治中的妇女和家庭》,伯克利:加利福尼亚大学出版社,1992 年,见书中各处。

[2] 贾亚瓦纳纳:《第三世界的女权主义和民族主义》,第 95—108 页;豪斯:《法兰西第三共和国妇女的选举权和社会政治》,第 248—281 页;米勒:《拉丁美洲的妇女与寻求社会公正》,第 96 页。

第二年,政府颁布了《婚姻法》,禁止重婚、纳妾、童养媳婚姻;保护男女结婚和离婚的自由;允许寡妇再婚。在通过《婚姻法》后,中国政府立即颁布了《土地改革法令》。根据这一法令,1.17亿英亩的土地被不分性别地分给了农民。自20世纪20年代苏联采取激进的举措以来,没有任何国家试图如此彻底或如此迅速地变革它的性别制度。在城市地区,政府在废除包办婚姻,通过住房政策来减少过去的大家庭,以及在训练妇女适应各种以前从未对她们开放的工作方面取得了重大成就。甚至在农村地区也经历了上述变化。在20世纪50年代的大跃进时期,妇女参与集体劳动达到了高潮,农村的生产队建立了公共食堂、托儿所和缝纫组,以便使尽可能多的妇女能够同男子并肩劳动。①

但是,男女平等的理想超过了政府的承受能力。糟糕的计划和恶劣的天气使计划被迫终止,而且正如20世纪20年代的苏联一样,这意味着妇女摆脱家务劳动的计划首先被搁置。男性领导人抵制同工同酬,并且反对训练妇女从事技术性较强的工作。结果,一旦妇女有能够代替她们进行劳动的媳妇时,她们就从田间劳动中退下来。实际上,妇女种植蔬菜和养猪所得几乎等于男人耕种庄稼的收入。传统家庭的变化也不如政府所期待的那么大。当城市中的年轻人在决定自己的婚姻方面逐渐扮演了主动角色时,农村地区的父母仍然行使着相当大的控制权。在20世纪50年代,寻求自己决定结婚或离婚的年轻女性经常受到责打、折磨甚至被杀死,因为他们的社区认为那是一种"放纵行为"。如果一个年轻男子胆敢挑战父母的权威,他通常会发现,他不再会获得迎娶新娘的住宅。②

政府促成了计划生育领域中的重大变化,甚至在农村也是如此。到20世纪50年代末期,人们已经很清楚,如果国家不控制生育率,那么社会主义就不可能给中国带来繁荣。党的领导人采取了积极的行动,这包

---

① 小野和子:《世纪革命中的中国妇女》,第140—186页。
② 马杰里·沃尔夫:《延缓的革命:当代中国的妇女》,斯坦福:斯坦福大学出版社,1983年,第79—273页。

括给每个县市规定生育指标和制定能够生育的条件。其主要内容包括一个给人深刻印象的分发高质量避孕用具的系统、反对早婚的规定、对只生一个孩子的经济刺激、对无视政府"号召"的惩罚措施和经常随访而不给个人多少选择机会的庞大的官僚系统,还有如果需要的话就强迫流产的措施。政府的努力使出生率从 1963 年几乎每个农村家庭有八个小孩、每个城市家庭有六个小孩这样的高水平,下降到 1980 年每个农村家庭少于三个小孩,每个城市家庭略多于一个小孩的水平。①

和她们拥有较多孩子的母亲相比,妇女们显然从生育较少的子女中获得了物质上的好处。但这种新体制也付出了一定的代价。对男孩的特别偏爱导致农村地区杀害女婴现象的明显增长。那些希望生育更多子女的妇女因社会的压力,或如果必要还受到物质的压力而不能如愿以偿。

妇女和男子共同参加了导致社会主义在 40 年代后期胜利的革命,但在 20 世纪 50 年代,经济危机促使男性领导人压缩了革命的目标,排斥了妇女主要关心的问题。那些寻求将妇女纳入自己革命的少数女权主义者或保持沉默,或被劝说她们革命的时期还未成熟。②

女权运动的复兴

当女权运动再次出现时,它不是出现在为妇女采取了最大胆行动的中国或苏联,而是在美国。受到 20 世纪 50 年代民权运动和 60 年代世界范围的民族解放斗争的鼓舞,美国妇女提出了自己的关于平等和解放的主张。

自女权运动第一次高潮以来的 40 年里,情况已发生了很大的变化。在美国和欧洲,妇女的教育水平已有了明显的提高。妇女在领取薪水的劳动中度过更多的时间。医疗条件的改善提高了妇女的寿命。除了二

---

① 朱迪思・斯泰西:《中国的家长制和社会主义革命》,第 158—194 页。
② 同上。

战后出生率暂时上升外,妇女抚养子女所花费的时间更少。然而,妇女获得的机会远赶不上她们生活方面的其他变化。女大学毕业生已不再满足于婚前从事秘书之类的临时工作,她们向往终身职业。和男人做同样工作的蓝领女工不再愿意接受比男人低的报酬,尤其是在离婚率上升增加了她们必须养活自己和子女的可能性时。

美国作家贝蒂·弗里达1963年出版的著作《女性的神秘》①鼓舞了许多受过教育的中产阶级妇女。她在书中谴责了媒体、社会科学家、精神分析学家和教育家,因为他们告诉妇女只有将她们的全部时间奉献给家庭生活才能获得快乐。第二年,当弗吉尼亚的众议员霍华德·史密斯在国会提议修改引起争议的"民权议案"时,妇女们再次获得了帮助。随后起草的议案阻止雇主实行种族歧视:史密斯又将"性别"增加为被保护的类别。史密斯究竟是受到种族主义者放弃这个议案意图的促动,还是受给予妇女以男子一样权利的骑士风度冲动的推动,我们对这一点并不清楚,但这一议案经修改后成为1964年的《民权法案》。由于联邦政府未能实施法案中的性别条款,以贝蒂·弗里达为首的一群职业妇女在1966年组织了"全国妇女组织"。这个新组织成立不到一年便为争取平等权修正案、日托中心以及安全和合法的流产权而斗争。②

到1968年,新女权运动已经遍及整个欧洲,并且变成了激进运动。它的年轻成员开始不仅要求社会平等权和经济平等权,而且要求对"性别歧视"进行充分的讨论。这里的"性别歧视"是指男人把所有妇女看做次等人的倾向。到1970年,一些女权主义者开始号召废除家庭,而另外一些女权主义者则力劝妇女把同性恋妇女视做真正的女权主义者,这样,妇女的忠诚才不会因与男人的性关系而受到败坏。③

无论她们采取何种特定的方法,所有的现代女权主义者都逐渐把"性别"当作一个中心的概念。她们特别喜欢引用法国存在主义哲学家

---

① 贝蒂·弗里达:《女性的神秘》,纽约:诺登,1963年。
② 罗森堡:《分离的生活:20世纪的妇女》,第180—192页。
③ 同上,第192—208页。

西蒙·德·波伏娃在《第二性》(1949 年)中提出的观点,即"一个人不是生而为女人,更确切地说是变成了女人"。换言之,"性"是与生俱来的生物特征,而"性别"则是个人从其文化中逐渐吸收的复杂态度和行为。德·波伏娃终其一生在男性世界中为使妇女获得同样的地位而奋斗,她的著作暗示了只有当妇女成功地超越了她们作为妻子和母亲的生活,并且开始像男人一样思考和行动时,妇女的解放才会到来。在 20 世纪 60 年代,她的观点被女权主义者广泛接受。然而,到 70 年代,更年轻的一代开始批评她对男性的理想化。①

许多更年轻的女权主义者,重新回到 19 世纪末 20 世纪初在欧洲和美洲的妇女改革者中流行的一个主题。她们认为,这个世界的麻烦不是女人不再像男人,而是男人不再像女人。在她们看来,男人将占人口一半的女人降低到从属的地位,这对从性别交往到外交事务等人类关系的各个方面都产生了不利的后果。

在女权主义者当中,女同性恋者尤其强调妇女的特殊力量。1969 年警察突然搜查了纽约格林威治村的石墙旅馆的同性恋酒吧,这一事件引发了一场男女同性恋者猛烈反击的骚乱。从那时开始,同性恋者便大胆地反抗传统的性别和性行为的概念。他们认为,男人和女人一样受着传统的异性爱准则所强加的约束,个人要获得解放,就必须摆脱那些准则。一个激进的同性恋团体宣称,只有当妇女完全不受男性关系的影响,并且彼此打成一片时,这种解放才能实现。一位激进的同性恋者写道:"妇女与妇女的关系,是妇女解放的本质和文化革命的基础。"简言之,只有妇女和其他妇女一起生活和工作,才有希望实现一个全新的社会秩序,才能摆脱对男女同样有害的传统家长制的束缚。②

---

① 西蒙·德·波伏娃:《第二性》,纽约:阿尔弗雷德·克诺夫,1952 年,第 267 页;迪尔德丽·贝尔:《西蒙·德·波伏娃:传记》,纽约,1990 年,第 379—395 页、第 543—557 页、第 605—618 页。
② 激进女同性恋者:"妇女认同妇女",载安妮·科德、艾伦·莱文和阿妮塔·罗彭合编:《激进的女权主义》,纽约,1973 年,第 245 页。

发展中国家的变化

如果说女权运动的第二次高潮始于美国和欧洲,那么它很快就遍及整个世界。尤其是在 20 世纪七八十年代,随着妇女开始在联合国中扮演重要角色,以及从改善的教育中获益的本土妇女开始发表自己的意见,非西方妇女特别关注的东西被更多地表达出来。这些妇女日益挑战那些发达国家妇女的信条,即资本主义的扩张已经使世界各地的妇女受益。例如,在非洲的大部分地区,殖民化已导致了大量男性移入城市地区。由于他们得到的工作不能获得足以抚养家庭的报酬,妇女和儿童倾向于待在农村耕种或被迫到所谓的非正式市场去交换商品。20 世纪非洲的殖民主义不仅没有改善妇女的生活,反而给她们带来了更大的艰难。实际上,在整个 20 世纪,大多数非洲妇女生活的最大变化是她们工作时间的延长,因为她们在缺少成年男子帮助的情况下,必须生产和交换足够多的产品以供她们的家庭生活之需。强加在她们头上的欧洲私人财产制度加重了她们的负担,因为男人对妇女耕种的土地拥有所有权,这使得妇女很难获得贷款以改善生产。总之,对于非洲妇女而言,20 世纪减少了她们通常拥有的土地权、自由流动权和经济自主权。①

另外,在 20 世纪初促使非洲、中东和亚洲产生女权主义第一次高潮的西化过程,到 20 世纪 70 和 80 年代却产生了强烈的对抗性反应。事实上,由于女权运动长期以来都与西方联系在一起,并在某些情况下与被强加了西方精神气质的领导人联系在一起,20 世纪后期的政治运动——尤其是在伊斯兰教国家中——常常把反对殖民主义和反对受到西方鼓舞的女权运动结合起来,并经常得到爱国妇女的有力支持。在伊朗,礼

---

① 林恩·布赖登、西尔维亚·钱特:《第三世界的妇女:城乡妇女问题》,新不伦瑞克:罗杰斯大学出版社,1989 年,第 1—47 页及书中各处;凯瑟琳·斯托特:"殖民非洲的国家和性别",载 S. 埃伦·M. 查尔顿、贾纳·埃弗里特和凯瑟琳·斯托特合编:《妇女、国家和发展》,奥尔巴尼:纽约州立大学出版社,1989 年,第 66—85 页。

萨汗在第一次世界大战后通过军事政变获得了权力,并强制推行西化政策。他在 1936 年命令妇女不再戴面纱,从而使西化达到了顶点。民族主义者和伊斯兰原教旨主义者长期积累的愤怒在 1979 年同时爆发了。在那一年,礼萨汗的儿子兼继承者被废黜,宗教领导人控制了国家权力。他们重新强加宗教统治,并命令妇女再次戴上面纱。许多妇女对此加以抵制,但另一些人却对伊斯兰而不是对西方认同的重新确立表示欢迎。许多年轻的城市妇女自愿重新戴上面纱,并将之视为反对西方不道德行为和男性侵犯行为的屏障。在中东和亚洲的其余国家中,授予所有公民平等权的民法和严格限制妇女自由的宗教法同时存在。国家法律和宗教法律之间的紧张在南亚尤为明显。在那里,印度教徒和穆斯林之间的严重分裂,导致了重新强调把控制妇女看做是维持群体认同的基础。①

为了努力加强非西方国家妇女的地位,女权主义者开始提倡对社会、经济和法律的综合改革。在中东,是谴责戴面纱是一种压迫的行为,还是赞同戴面纱是防止公共生活中性骚扰的一种有用的保护,女权主义者对此意见不一,但她们都致力于保证妇女在经济和家庭方面享有平等权利的法律改革。非洲的女性领导人要求实施符合维持生计的女性农民需要的教育计划,降低居高不下的产妇和儿童的死亡率,并实行计划生育的健康计划,以及禁止割礼陋习的运动。同时,印度的基层组织为妇女经商者筹集银行贷款,反对焚烧新娘(由那些对新娘嫁妆不满的姻亲执行),并将普遍存在的强奸行为公布于世。②

并非所有的妇女组织都有明确的女权主义者的抱负。例如,在拉丁美洲,妇女开始围绕着与家庭照顾有关的问题组织起来,在城市贫民窟寻求更好的健康照顾、照明和自来水,以及儿童看护。尽管她们不认为

---

① 萨特雷·法曼·法曼安:《波斯的女儿:一位妇女从她父亲的内室到伊斯兰革命的经历》,纽约:皇冠出版社,1992 年,第 159—289 页;德尼兹·刊迪亚蒂编:《妇女、伊斯兰和国家》,坦普尔大学出版社,1991 年,第 4—7 页。

② 艾哈迈德:《伊斯兰的妇女和性》,第 208—248 页;海和斯蒂克特:《非洲妇女》,第 140—182 页;莱斯利·卡尔曼:《趋向委托制:印度的妇女和政治运动》,博尔德:西方视点出版社,1992 年,第 55—65 页。

自己是女权主义者,但她们按照性别界限组织起来并代表那些女性的利益积极参加政治活动。①

1900 年以来有了什么变化?

20 世纪全世界妇女生活发生的变化在许多方面都是惊人的。经济增长和公共健康的改善提高了各个地区人的预期寿命。发达国家妇女的预期寿命如今超过了 75 岁,甚至连非洲国家妇女的预期寿命也升至 54 岁,这一结果主要是由于传染病和寄生虫病的普遍减少。同时,由于计划生育方法的改进使限制生育变得更加容易,发达国家妇女生育的子女更少。②

世界各地的妇女更多地外出工作并参与政治。到 1990 年,美国、苏联和东亚 60% 的妇女参加到劳动大军中。在大多数选区中,女选民已过半数,斯堪的纳维亚半岛国家的议员中 30% 是妇女。③

不幸的是,这些显著的进步被继续存在于妇女生活各个方面的不平等所抵消。只有极少数妇女能在工会或实业中占据高位。职业分离和工资歧视仍然存在,并且各地妇女仍然要继续承担家务劳动的主要责任。甚至在美国和欧洲,妇女如今的收入仍只有男子收入的 70%—80%,她们每周工作的时间却比男子长。在美国,妇女每年的工作时间大约比男子多出一个月;在非洲,则超过两个月。20 世纪 80 年代的经济危机对妇女的打击特别严重。作为一家之主,她们更可能处于贫困状态,并且由于社会服务的缩减,她们可以依靠的资源也更少。由于妇女缺乏附属担保物因而很难从大多数银行获得贷款,她们只能依靠非正式的借贷机构并为此付出很高的利息。④

---

① 马克辛·莫利纽克斯:"没有解放的动员:尼加拉瓜的妇女利益、国家和革命",载《女权主义研究》第 11 期,1985 年夏季,第 227—254 页。
② 联合国:《世界妇女:趋势和统计资料(1970—1990)》,第 55 页。
③ 同上,第 31—32 页。
④ 同上,第 88—89 页。

在政治上,妇女仍然是二等公民,她们中只有少数人能在政党或政府中占据高位。1990年,在联合国的159个成员国中,只有6个国家的首脑是妇女。全世界的内阁部长中只有3.5%是女性,而且在93个国家中根本没有女部长。结果,政府官员(以及实业领导人)很难理解性别假定形成经济和政府政策的方式,随着21世纪的到来,这既对作为个体的妇女,也对全世界产生了严重后果。[1]

各国领导人未能认识到世界上一些最严重的问题源于妇女从属地位的程度。或许未来最大的危险源于如今世界人口的增长浪潮。这种增长主要集中在非洲和南亚的贫穷地区,它正导致富国和穷国之间人口不平衡的加剧,这对政治和环境的影响有可能威胁到未来人类的生存。[2]

忽视妇女的需要,尤其是忽视发展中国家妇女的需要,是造成这一问题的关键。在公众健康的改善导致了世界各地婴儿死亡率降低的同时,贫穷地区的妇女仍在生育大量的子女,因为她们从改善其他地区妇女地位的教育和经济变化中几乎没有获得任何好处。在大多数发达国家,数十年来对初等教育的普及几乎消灭了文盲,妇女在中学和大学教育中获得了与男子同等的待遇。但在加勒比海和拉丁美洲,仍然有20%的妇女是文盲,东亚和东南亚为40%,南亚和西亚及撒哈拉沙漠以南的非洲则高达70%。这种高文盲率和避孕用具使用率较低有关联。在发达地区,超过70%的夫妇采用节育措施,在发展中国家,采用节育措施的只占30%,南亚的比例更低。根据富裕国家的经验,发展中国家通过对妇女地位的改进,如采取提供更好的教育、更多的就业机会和实施计划生育等措施,能有效地减少人口增长,并从总体上有利于世界。[3]

在发达国家,尤其是在中产阶级和中产阶级上层中,这种挑战有所不同,但它仍然涉及到妇女在社会中的地位。在许多发达国家,生育率

---

① 联合国:《世界妇女:趋势和统计资料(1970—1990)》,第31—35页。

② 保罗·肯尼迪:《为21世纪作准备》,纽约,1993年,第329—343页。

③ 联合国:"1988年避孕方法使用水平和趋势估计",载《人口研究》第110期,纽约:联合国,1989年,第73—77页;布赖登和钱特:《第三世界的妇女》,第188—212页。

水平降到了替代水平以下。面对照顾家庭和外出工作的矛盾,整个发达国家的妇女采取的解决办法通常是生育较少的子女。这种生育率下降的危险是,这些发达国家(除非它们更广泛地对移民敞开大门)将很快不再有足够的劳动力来抚养不能工作的老人。只有一些欧洲国家如瑞典扭转了这一趋势,它们制定了使生育对于妇女有更大吸引力的社会政策。如果发达国家想扭转它们日益下降的生育率,它们得参考那些在下列方面做得较好的国家,如给怀孕的母亲和父亲提供有收入的假期、儿童照顾、幼儿园以及住房等,并实现相当程度的性别平等,这一点可以通过女性政治家和内阁部长的数目来衡量。

颇具讽刺意味的是,无论其目的是提高还是减少生育率,改变性别角色以实现更大的性别平等看来都是一个必要的前提。性别意识的改变并不能消除下个世纪世界所面临的政治和环境的挑战,但忽视性别问题将导致世界多数地区的贫困,削弱控制世界人口增长的努力,并且使性别紧张持久地存在下去,从而促使亨里克·易卜生在《玩偶之家》中所描写的娜拉离开家庭。①

(梁玉国 译 陈祖洲 校)

① 保罗·肯尼迪:《为 21 世纪作准备》,第 343 页。

第四章 宗　教

扎卡里·卡拉贝尔

如果必须用一句话而非一章来对 20 世纪的宗教加以概括，那么我们可以这么说——即将过去的 100 年是由有组织的宗教和世俗的民族主义之间绵延不断的斗争构成的。如同两个重量级拳手在艰难地打一场漫长的比赛一样，有组织的宗教和世俗的民族主义这两个对手在比赛中彼此已经了如指掌，而且甚至还相互学习。有组织的宗教——特别是在本世纪的前几十年间并一直持续至今——经常将世俗主义和民族主义的工具据为己用，而后者便显示出宗教的许多特性。

宗教至多只是一个不确切的术语。作为从事现代宗教研究的泰斗之一——威尔弗雷德·坎特韦尔·史密斯曾要求暂缓使用这个术语，认为宗教一词晦涩难懂。史密斯教授的提议未能被接受，"宗教"一词仍深深扎根于我们的词汇之中，尽管其定义仍然很模糊。至少，"宗教"仍暗含着对现存非物质的、有组织的力量的一种忠诚。这些力量的性质依据个人信条的不同而发生变化，在西方的犹太教、基督教和伊斯兰教的一神论传统中，这种力量就是上帝，其信条就是上帝的圣诫、上帝的箴言及先知——以基督教为例，就是耶稣基督——的道德生活。在一些东方传统中，特别是在佛教和印度教的某些教派中，这种有组织的力量就是各个教派中的神奇力量和灵魂。在非洲和南太平洋的泛神教以及日本的神道教中,其主导信条可以从自然界中找到。

世俗主义既排斥大多数宗教传统所具有的非物质取向,也排斥秩序和意义是人的理性所不能认识的这一概念。它将科学知识和实证经验置于神灵的信念和神秘感之上。尽管西方历史变幻莫测,现代世界的世俗主义总是与民族主义紧密相连。民族主义是另一个包罗万象的术语,它可被确切地定义为对作为秩序、法律和认同感之源泉的民族—国家的一种忠诚。

在很多时候,为了将一些独立的个体牢牢地凝聚在民族—国家的周围,民族主义还对宗教加以利用。在本世纪的大部分时间里,阿拉伯的民族主义一直强调阿拉伯文化是穆斯林文化,甚至像叙利亚的迈克尔·阿弗拉克这样信奉基督教的阿拉伯民族主义者,也在尽力争取信仰伊斯兰教的穆斯林对阿拉伯统一事业的支持。然而在通常情况下,民族主义和宗教是互相对立的,民族主义对宗教的支持仅仅在于宗教能服务于民族—国家的利益,而宗教却宣称民族—国家的利益终将屈从于神灵的意志。

在本世纪,宗教命途多舛。在本世纪的前几十年间,宗教几乎普遍受到了世俗的现代主义和民族主义的攻击,而几乎在任何地方,那些关注宗教的人一直在努力阻止宗教从公众和政治生活中迅速隐退。大约在临近本世纪中叶时,宗教重新成为政治生活中的一种潜在因素。此时,宗教基本上不是对世俗民族主义的攻击作出回应,而是开始向人们提供其他的选择。到本世纪70年代中叶,宗教提供的这种选择对从北美的城市到撒哈拉以南非洲平原地区的大多数人产生了吸引力。

到1900年的新年时,基督教在欧洲遭到的攻击已历经一个世纪有余。在18世纪,以启蒙运动闻名的理性主义运动将宗教看作进步的敌人。法国大革命唤起了人权意识和对国家的忠诚,并将其凌驾于对上帝和教会的顶礼膜拜之上。然而在过去,欧洲的君主和高级教士们一直在争权夺利,可谁也没能将对方完全根除。在启蒙运动、法国大革命和英国自由主义的影响下,有组织的宗教受到了猛烈的攻击,教会的土地、势力和特权相继被剥夺。

到19世纪晚期,民族主义的狂热力量、社会主义的新思想、卡尔·马克思的唯物论哲学和黑格尔的"左"派思潮,将宗教看作是少数当权者统治众多被奴役者的传统剥削社会的帮凶。医学的进步降低了死亡率,而且随着意外死亡和习惯性死亡的逐渐消失,人们对于宗教的依赖性也在逐渐减弱。随着大量人口离开土地并向工业化城市迁移,教会和家庭的社会纽带崩裂了。自由主义的兴起及其相伴随的宽容态度,为不利于宗教之思想的广泛传播创造了条件。识字率的提高使更多人接触到质疑传统信仰的材料,进化论和生物学领域的科学发现,使人们对《圣经》的历史准确性深表怀疑。

在基本上信仰天主教的南欧,由于意大利民族主义运动对教皇地位的动摇,新兴的普鲁士国家及其宰相奥托·范·俾斯麦发动的反对德国天主教会的有组织的运动,再加上在法国因德雷福斯案件(1894—1906年)而引发的强烈反教权主义情绪,19世纪晚期的教会势力受到了沉重的打击。随着法国政府正式宣布政教分离,并且没收教会的土地,反教会事件达到了高潮。在信仰新教的欧洲北部,宗教被排斥在公共领域之外,仅在有关私人的道德和良心问题上,才勉强继续发挥作用。然而,从总体上看,英国的圣公会,瑞士的加尔文宗,斯堪的纳维亚半岛的路德宗以及整个新教,其教士数量持续减少,教会声望急剧下降。

作为对这些挫折的回应,那些不甘心宗教只能被囿于私人生活领域的人试图修改教义,以适应时代潮流。20世纪的头几十年中,欧洲(包括德国和瑞士)出现了许多基督教社会主义教派,神学家们赞成一个有助于工人阶级解放事业的基督教概念。20世纪20年代,教皇庇护十一世批准成立了一系列松散的名为"天主教会运动"的组织。在诸如法国的雅克·马里丹等思想家的启示下,这些组织鼓励世俗人员去做那些传统上由教士们从事的社会工作。在德国和比利时,"天主教会运动"采取了青年运动的形式。在西班牙,马德里的教士们于1928年成立了名为"天主事工会"的组织,该组织像"天主教会运动"一样,旨在激励世俗人员将教会重新融入社会之中。在西班牙内战期间（1936—1939年），该组织倾向于保皇派，并最终与保守势力和僧侣集团结盟，这种宗教归顺也是拉丁美洲宗教活动的特征。

随着1917年俄国十月革命的爆发，以及马克思-列宁主义的胜利，俄国的东正教会面临着残酷的迫害。1918年，弗拉基米尔·伊里奇·列宁签署了一项要求政教分离的法令，这项法令看似普通，却使教会在随后几十年间一直处于被压制的状态。数以千计的教堂被关闭和毁坏，教士们或被投入监狱或被处死，彼得格勒的牧首（主教）因拒绝放弃信仰于1922年受到审讯。教会圣像被公开焚毁，所有的修道院都被苏维埃政府关闭。尽管如此，仍有数百万人私下里坚持他们的信仰，这一做法或是出于对苏维埃共产主义的象征性抵制，或是因其在内心里仍坚信上帝的存在。在苏联的非俄罗斯地区，宗教是将乌克兰的东正教徒、中亚的穆斯林与苏联相联系的仅有的几条纽带之一。

源自欧洲的宗教与世俗民族主义之间的血腥斗争很快扩散到全世界。在欧洲殖民主义和西方工业主义的孕育下，现代性的意识形态逐渐深入最为传统的社会之中。到1900年，欧洲列强实际上已控制了整个非洲和亚洲大部分地区。虽然在通常情况下，在殖民地的欧洲人不多，但地球上的大部分地区，至少在一定程度上受到殖民政府及其所引入的欧洲语言、法律和文化的影响。与殖民主义结伴而来的是基督教的传教士，他们将基督教信仰带到了撒哈拉以南的非洲及亚洲。

当传教士们在中国或非洲建立学校和教堂时，他们也开始诱使当地居民改变原有的信仰。在撒哈拉以南的非洲，来自法国、德国、葡萄牙和英国的传教士们从该地区各种各样的泛神论信仰者，以及伊斯兰教信仰者中赢得了不少皈依者。在亚洲，法国的天主教传教士从印度支那的佛教徒中赢得皈依者；荷兰人对印度尼西亚的伊斯兰教徒发动了小规模的攻击；在中国，美、英两国的新教传教士活动初见成效。在殖民势力的保护下，基督教传教士有助于瓦解传统信仰。当时，亚洲和非洲社会由于当地国家的瓦解已遭到削弱，其本土宗教也处于围攻之中。

基督教的传教活动富有生机,这与那种讴歌世俗和科学的理性主义的欧洲殖民文化是密不可分的,这种理性主义又削弱了宗教普救论者的主张。正如欧洲的基督教神学家试图对世俗的现代性作出回应一样,印度的印度教徒与整个近东的穆斯林也试图回应来自西方的挑战。

在印度,这种回应正如印度教本身一样复杂多变。英国官员们宣称印度教是一种源于迷信而非神灵的落后信仰。作为对此的回应,印度教的思想家们试图在古吠陀经典的基础上,提炼出一种"纯粹"的原版印度教。M. N. 罗易、圣雄甘地(1869—1948)和孟加拉语诗人拉宾德拉纳特·泰戈尔等寻求用这些经典来定义印度教,并将诸如严格的种姓制度及圣像崇拜等这些"腐朽的"东西从现代印度教中清除出去。

然而,这些思想家们却对印度教在本国的政治生活中应扮演什么样的角色这一问题产生了分歧。随着 19 世纪末印度国民大会的组建以及 20 世纪最初几十年印度民族主义运动的高涨,许多人相信,在认同印度教的基础上建立印度国家注定要失败。这不仅是因为在印度存在着比例不大但数目可观的穆斯林,而且还因为相当一部分知识分子和民族主义者将印度教看作一种反动的社会力量,认为它会使印度永久地臣服于英国的统治。当甘地以"印度母亲"和吠陀传统的偶像激励印度人反对英国的殖民统治时,他的同僚贾瓦哈拉尔·尼赫鲁却反对印度教,认为它与民主不相容。截至 1947 年印度独立,甘地和尼赫鲁的两条路线仍然并驾齐驱,直到 1948 年甘地遇刺身亡后,尼赫鲁的世俗主义才逐渐主宰印度政治。

当甘地及其同伴集中精力改造印度教以使它能更好地为发动争取民族独立的斗争服务时,印度的穆斯林则注重于将伊斯兰教发展成一种民族主义的分裂势力。穆斯林大约占印度次大陆总人口的 10% 以上,在 18 世纪末英国殖民统治建立之前,他们统治着印度北部地区。为了反对印度教徒独霸国民大会,1906 年,以穆罕默德·阿里·真纳(1876—1948)为首的穆斯林联盟组建了。20 世纪 30 年代,真纳与甘地之间维系着艰难的合作,直到真纳提出要建立一个独立的穆斯林国家时,这种合作才告终止。真纳曾从伟大的印度穆斯林诗人、神秘主义者穆罕默德·伊克巴尔(1873—1938)那儿得到启示,伊克巴尔所宣称的伊斯兰教在很大程度上是政治方面的,其结果是导致了一种代表着宗教与民族主义不寻常融合的巴基斯坦的建立。

正如在印度一样,地处北非和近东的穆斯林国家也在尽力改造伊斯兰教,以使它能为民族主义所用。面对英国和法国对当地社会的经济、军事和政治统治,阿拉伯人、土耳其人和波斯人力图寻求能够解释他们未能抵御西方进攻的原因。一些人在西方的科学和技术中找到了答案。按照这种观点,欧洲的成功是因为具有先进的组织和军事装备,而这些又源于欧洲的科学和现代政府。因此,只要实现了穆斯林世界的国家和社会的现代化,欧洲的霸权很快将难以为继。

在穆罕默德·阿卜杜(1849—1905)等思想家指引下的一代穆斯林知识分子宣称,伊斯兰教原本就蕴含着对科学的探求,而且推崇逻辑、理性和技术。因此在中世纪,穆斯林大大超过了欧洲的基督教徒。但在那个黄金时代之后,穆斯林就偏离了伊斯兰教的真义,并且丧失了科学进步的趋向。只有通过伊斯兰教与科学之间真正的相互包容,近东社会才有望与欧洲国家一争高下。

阿卜杜的思想影响了一代知识分子和神学家。一些人从他的著作中受到启发,主张为阿拉伯地区从欧洲殖民统治下获得独立而斗争,另一些人则将斗争扩展到神学领域。穆罕默德·拉希德·里达(1815—1935)在20世纪20年代曾为维护"撒拉菲亚教派"的传统而进行过斗争,根据他的理解,现代世界伊斯兰教中所有最基本的知识,是由先知穆罕默德及其同时代(公元7世纪)的穆斯林所发现的。当今的任务是重新学习这些古人所传授的东西。尽管从本质上而言这是保守的,但为了重新发掘过去千年中穆斯林学者所知晓的东西,20世纪的穆斯林必须借助于许多欧洲的科学技术。因此,阿卜杜和里达代表了穆斯林主动适应由欧洲优势所带来的政治、宗教难题的一种方式。

横跨大西洋后,天主教在拉丁美洲的境遇并不很好。天主教会在各个国家相继被标榜自由和改革的政府解散。在阿根廷、哥伦比亚和秘鲁,天主教会实际上仍同保守的政治组织保持着联系,而在其他地方,教会的许多特权被剥夺,大片地产被没收。在哥伦比亚,教会仍然牢牢地控制着中学教育,而在其他地方,世俗的大学和致力于改革的自由派政府,将教会看作本世纪初拉丁美洲各国政府急于推翻的"旧秩序"的重要组成部分。

尽管教皇利奥十三世(1878—1903)在1891年颁布的《革新通谕》中对现代资本主义持首肯态度,但教会仍常常与那些极力主张保存原有体制的拥有土地的上层阶级结盟,这种体制将农民牢牢地束缚在土地上且极力反对工业化。这种社会制度虽然在阿根廷和智利表现得并不十分明显,但在秘鲁、中美洲和墨西哥是比较典型的。解除教会与政府的关系是具有自由思想的共和派向僵化的农业秩序抛出的一把利刃。改革者认为,这种农业秩序导致了拉丁美洲严重落后于欧洲。

随着1910—1917年墨西哥革命的爆发,在19世纪一直延续不断的自由派和天主教会之间的斗争达到高潮。墨西哥革命具有强烈的反教会性质,1917年的墨西哥宪法甚至对每一教区拥有教士的数量也作了规定。在革命派看来,教会所强调的忍受苦难以获得上天的回报只不过如礼拜仪式上恩赐的面包一样,旨在将那些农业工人们束缚在土地上。即使在这场斗争结束以后,革命派政府仍于1926—1929年间对教士们进行了一次大屠杀,许多教会残存的地产被没收。在墨西哥,教会与国家的关系直到1940年才得以缓和,当时世界大战与共产主义的双重威胁导致了两者间难得的休战。

北美的情况有所不同,美国和加拿大都是多教派共存的社会。除了信仰天主教的魁北克省以外,加拿大与美国一样是一个新教国家。虽然在本世纪早期,美国的浸礼会和卫斯理公会教徒的数目极其可观,但没有哪一个新教派别能取得支配地位。在本世纪中叶以前,虽然美国天主教徒所占的人口比例依然很小,但天主教会发展很快,以至于到1908年,教皇庇护十世(1903—1914)不得不宣布终止美国天主教会的传道团地位。

在 19 世纪的美国,反对天主教是各式各样的本土主义者和人民党各派谈论的主题,而基督教在美国表现出来的分裂生殖性,意味着它不会像在欧洲和拉丁美洲一样遭到改革者和自由主义者的攻击。20 世纪初,随着商业和资本的迅速扩张,新教教会常常与这一时期的社会改革者结为盟友。20 世纪的头几十年以进步主义运动为主,这场运动寻求改善工作条件以及美国城市的悲惨状况。

为了回应工商业阶层提出的社会达尔文主义,关心教会的人士在本世纪初将精力转向了诸如芝加哥简·亚当斯的赫尔大厦这样的城市慈善机构,其他人则更明确地致力于将基督教的伦理道德引入看来日益利欲熏心、道德沦丧的社会之中。沃尔特·劳申布施(1861—1918)是"社会福音"运动的主要领袖,他在 1907 年出版的《基督教与社会危机》一书中,谈到了贫苦工人所处的城市贫民窟及其恶劣的生存条件问题。该书着重强调建立一个"立在尘世的王国",因此倾向于回归到早期在新世界建立"山巅之城"的清教传统之中。

"社会福音"运动集中表达了以白人为主体的中产阶级的感受,它基本上忽略或反对考察工业化时期美国黑人或妇女的悲惨状况。作为对社会状况的一种理性反应,它并没有完全赢得信徒的兴趣。虽然此时命定论的严格教条在浸礼会和卫斯理公会教徒中逐渐丧失了市场,但仍兴起了一系列拯救信徒的新运动。从布道坛及各种小册子中,基督教徒们被告知,他们能够且必须运用自己的自由意愿,对《圣经》的绝无谬见以及基督的灵性深信不疑。基督教中的圣灵降临派在美国的中心地带取得优势,在 20 世纪头十年将要结束之际,新教的各个群体开始拥护他们所称的基督教的"基要主义"。1919 年,一些志同道合的新教徒成立了"世界基督教徒基要主义社团",号召人们反对像劳申布施这样的基督教徒所提出的自由主义的现代神学。

对于美国来说,这种既反对世俗社会又反对那些试图折衷科学理性与宗教者的回应并不是惟一的。当一些宗教改革者试图调和宗教和现代性的关系时,其他人则为了抵御世俗的民族主义而将精力集中于宗教在振奋精神方面的作用,以及强调建构一个坚固的神学大厦。

1918年,瑞士的神学教授卡尔·巴特就圣保罗的使徒书向天主教徒发表评论。巴特代表了一种针对世俗主义的保守反应,在此后的几十年间,他领导了一场运动,以反对那些试图为适应政治和社会而改变信仰的人。美国的莱因霍尔德·尼布尔(1892—1970)提出了一种更为含糊的观点,他在1932年出版的《道义的人和邪恶的社会》一书中否定社会伦理概念,因为他本人反对社会也可以是讲道义的这种说法。尼布尔与其他所谓新正统基督教思想家一起,批评自由派关于历史进步的概念。随着欧洲法西斯主义和共产主义的兴起,尼布尔成为美国最著名的基督教思想家。

在20世纪20和30年代的欧洲,随着法国的埃蒂安·吉尔森、雅克·马里丹与英国的G.K.切斯特顿等人倡导回到圣托马斯·阿奎那的中世纪神学,天主教经历了一场托马斯主义的复兴。欧洲的基督教徒们也开始宣扬基督教普世教会主义,该主义主张全世界基督教各派重新联合。当1928年教皇庇护十一世(1922—1939年)拒绝批准教会参与普世教会运动时,那些关注宗教的人为巩固他们在世俗社会中的地位进行了另一种尝试,即推动天主教徒、新教徒和东正教徒结成更为广泛的同盟。

在西方的穆斯林世界,除了"撒拉菲亚教派"所建构的比较理性化的组织以外,还有苏非运动的复兴。苏非传统派支持穆斯林世界神秘性和禁欲主义的一面。到了20世纪,苏非派教团成为人民宗教的中心。苏非派崇尚圣徒,赞颂魔力,举行秘密宗教仪式,因此许多维新者和知识分子对苏非派持鄙视和厌恶态度。尽管穆罕默德·阿卜杜对乡村宗教持一种更为宽容的观点,但仍寻求通过教育而并非他所认为的圣徒的古老传统来提高民众的意识。

然而,在穆斯林世界的大部分地区,苏非派与恪守经文的伊斯兰教是密不可分的。在19世纪末期和整个20世纪,苏非派的改革者们试图用如下简单的神示来使信仰者们重新振作起来,即个人能够发现真主,而且通过知识的获取以及对长老、对该教团的戒律并且首先是对真主安拉的臣服,个人能够获得神恩。

在埃及,大长老撒拉马·阿勒-拉迪于世纪之交创建了"哈米迪亚·撒德希里亚教团"。他设想出一种将对城市贫民的需要作出回应的苏非主义,即不仅为他们提供资助,同时也为宗教在他们生活中发挥积极作用提供一条渠道。在他的儿子及其后继者的努力下,该教团也向中产阶级延伸,并且强调节欲和僧侣统治集团的修行。哈米迪亚·撒德希里亚教团有意识地反对民间的苏非派,但其创立者却懂得苏非神示的巨大力量和重要性。阿勒-拉迪为创立一个维新者和乌力马(教士)都能接受的教团作出了不懈的努力,因为他深信,作为一种宗教的和社会的方式,苏非派对于伊斯兰教世界来说是至关重要的。

阿哈迈德·伊本·伊德里斯和阿哈迈德·阿勒-提贾尼是两个最为成功的苏非派改革者。他们创立的伊德里斯教团和提贾尼教团在北非拥有最肥沃的土壤。这两个人都倡导一种实实在在的日常生活,反对苏非主义中那些较为神秘的宗教仪式。作为伊德里斯教团的一个重要派别,赛努西兄弟会以今天的利比亚为中心,它的长老在第一次世界大战之前曾领导利比亚人民抗击意大利入侵的斗争。昔兰尼加的赛努西兄弟会分部的领导者乌纳尔·阿勒-穆赫塔尔成了意大利殖民统治的众多牺牲者之一,但他所发动的斗争使他成为利比亚抵抗运动中的英雄。当利比亚在第二次世界大战结束后成为一个独立国家时,该国便处于赛努西兄弟会长老伊德里斯·阿勒-赛努西国王的统治之下,直到 1969 年被具有民族主义思想的军官穆瓦马·阿勒-卡扎菲所推翻。

在撒哈拉以南的非洲,阿哈迈德·班巴(1850—1927)于 1886 年在塞内加尔创立了"穆雷迪亚教团"。班巴引导信徒们将精力用在物质上而非精神上。他们摒弃了苏非主义中许多有关苦思冥想和禁欲主义的形式,投入实实在在的诸如在农场种上花生的工作之中。在第二次世界大战前的法国殖民统治末期,班巴用信徒们捐给教团的钱购置了大片土地,并且首次用于耕种农作物。作为回报,信徒们有了自己的土地,于是教团转变成一个具有宗教伦理外壳的赢利性机构，并且至今仍很活跃。

与殖民主义的发展相对立的是，在"第三世界"的其他一些地区，宗教时常被用作反抗西方强权的一种方式，以及民族主义者用来排斥殖民主子的文化、发展部分以宗教为基础的本土文化的一种形式。埃及于1928 年成立了由汉桑·阿勒-班纳（1906—1949）领导的穆斯林兄弟会。穆斯林兄弟会严厉指责英国的自由主义，谴责西化的埃及君主制。在印度，1875 年成立的"雅利安社"是一个由城市中受过教育并信奉改革后的印度教的教徒所组成的组织。1925 年，从"雅利安社"里派生出"全国志愿者联盟"，简称为 RSS（Rashtriya Svayamsevak Sangh）。前者是建立在严格教义基础上的组织，而后者基本上是一个文化组织，在印度西北部和南部喀拉拉邦拥有很多信徒。"全国志愿者联盟"提出了印度是一个印度教国家的概念，并且提倡宗教复兴和各教派间的团结合作，以求将英国人驱逐出印度，并防止印度教徒和穆斯林跨省分离现象的出现。

此外，1915—1921 年间由"雅利安社"的旁遮普印度教成员创立的印度教"大众部"，抨击印度文化日益增加的英国化倾向，号召建立一个尊重穆斯林和其他少数民族权利的统一的印度国家。"全国志愿者联盟"和"大众部"将民族主义和印度教结合起来，抨击了英国人提出的印度不是一个国家的观点。在这些组织看来，印度教是印度民族主义的凝聚力。在 20 世纪 30 和 40 年代，甘地在拒绝了诸如"全国志愿者联盟"和"大众部"等组织倡导的将国家完全印度教化建议的同时，欣然接受了这些组织的支持。

与真纳的穆斯林联盟一道，大毛拉纳·阿布·阿拉·毛杜迪（1903—1979）于 1941 年创建了"伊斯兰神学者协会"。毛杜迪是一位精力充沛的演说家和魅力十足的组织领导人。他创建该组织的目的在于使政治生活"重新神圣化"，并促使一个伊斯兰教国家的形成，后者应以《古兰经》和先知穆罕默德的传统为其宪法，以伊斯兰的法律为其法律。当"伊斯兰神学者协会"在朝着与穆斯林联盟相类似的目标迈进时，1947

年印度再次出现了分裂局面,巴基斯坦成为一个国家,"伊斯兰神学者协会"开始与巴基斯坦政府发生冲突。真纳与穆斯林联盟希望将伊斯兰教包容在国家体系之内,而毛杜迪却想让国家和市民社会包容在神的戒律之内。毛杜迪的"伊斯兰神学者协会"最初是作为民族主义运动的一部分而出现的,它也可以被看作是后来著名的伊斯兰原教旨主义的早期版本。

与此同时,在亚洲的远东地区,中国民族主义的兴起导致了 1900 年义和团运动中反对基督教传教士的斗争。在一些西方居民和传教士被杀以后,欧洲列强与美国一起联合起来镇压了这场运动。虽然中国从来没有被正式殖民化,但西方的影响使满清王朝日渐衰微,并最终于 1911年崩溃。

在此后的年代里,诸如孙中山和中国派往西方的大使顾维钧等受过西方教育的改革者出现了。随着 30 年代大军阀蒋介石的上台以及毛泽东领导下的中国共产党的发展,无论是西方传教士还是中国传统宗教组织的发展都受到了限制。到寺庙的人数下降了,随着满清王朝的崩溃,学术界和官僚界的儒学体系也遭到削弱。

然而,在亚洲其他地区争取非殖民化和民族独立的斗争中,宗教的作用更加明显。在缅甸,摆脱英国殖民统治的民族主义运动得到了诸如吴欧德玛和吴魏沙拉这样一些佛教僧侣的大力支持。缅甸的小乘佛教得到了战后缅甸领导人吴努的支持,他试图恢复佛教在政治生活中的重要社会地位。然而,缅甸的僧伽(僧侣组织)组织仍然势单力薄。在维持和庇护佛教方面,吴努在很大程度上发挥了作为一个传统缅甸国王的作用,但他虔诚的宗教信仰和对民族主义斗争的成功领导,仍不能阻止缅甸民选政府在 1962 年被军事政变推翻。

在斯里兰卡(1972 年前为锡兰),僧伽的力量更为强大,佛教成为政治秩序的一块基石。在缅甸,本世纪的头几十年间经历了一场世俗冥想运动的复兴。与此相似的是,佛教成为斯里兰卡僧伽罗种族民族主义的一个组成部分。1956 年,从英国殖民统治下获得独立不久,S. W. R. D.

班达拉奈克因提出亲僧伽罗种族和支持佛教的政纲而当选,这成为历经几十年的佛教激进主义和改革运动的顶点。在此期间,佛教被改造为对经文中纯洁性东西的反映。这种新式佛教强调佛陀的八正道和四谛,于是,佛教学校、婚姻登记处和战后政府官僚机构纷纷建立,以加强政府与僧伽之间的联系。对于班达拉奈克而言,反对殖民主义的斗争是佛教徒在真理战场上的战斗在现世的表现。

泰国从来没有落入欧洲的直接统治之下。泰王国的合法性源于国王是泰国僧伽的象征性领袖,泰王朝由此获得了合法性。这种领导权在1851年被国王蒙固(拉玛四世)强化了。在此后的百余年时间内,泰王朝逐渐促成建立了一个市民社会。在这个社会中,统治者对于社区宗教而言是不可缺少的。1962年的国家《僧伽法案》促成了一个臣服于国王的高度集权化的僧侣集团的出现,而这反过来又促成了国家的高度集权化。

在印度尼西亚,爪哇人的伊斯兰教经历了类似于非洲穆斯林的苏非派改革,达瓦("号召")运动强调信仰虔诚和经文的正统性,鄙视西方的医药和科学,热衷于传统的医疗方式和本地服饰,在一定程度上还表现出节俭禁欲式的反物质主义。1912年成立的"穆罕默德协会"是一个主要由阿訇发起的组织,它致力于与政治无关的教育和社会服务事业,并声称当时已拥有500—1000万会员。另一方面,"达拉伊斯兰"则代表着积极行动主义的、反殖民主义的和政治化的伊斯兰教。"达拉伊斯兰"是在第二次世界大战期间为反对日本的殖民占领而建立的,其后又向荷兰人和苏加诺领导的首届印度尼西亚政府开战,直到1962年被政府军剿灭为止。同巴基斯坦的"伊斯兰神学者协会"和埃及的"穆斯林兄弟会"一样,"达拉伊斯兰"成为现代原教旨主义的始祖之一。

随着国家向现代迈进并日益西方化和军事化,日本在第二次世界大战之前出现了许多新兴的宗教。最主要的有1913年成立的"天理本部教"、1930年成立的"创价学会"、1938年成立的"立正交成会"等教派,它们开始通过大众传媒来吸引中产阶级下层和普通妇女们参加。萨满教、巫术和信仰疗法在这些运动中占有主导地位,它们完善而非反对传统的日本神道教和佛教。作为一种倡导日本应向内发展并远离外国(西方)文化诱惑的力量,这些新兴宗教在战后也盛极一时。

在 19 世纪末,犹太复国主义运动是作为东欧和中欧众多民族主义运动中的一支出现的,而宗教作为民族主义附属物则表现得特别明显。在目睹了德雷福斯事件期间法国反犹太主义浪潮之后,西奥多·赫兹尔于 1897 年组织了第一届犹太复国主义者会议。犹太复国主义运动的动力来源于受过教育的欧洲犹太人中的一种感觉,即犹太人永远不能获得充分的安全,除非拥有自己的国家。直到 1948 年以色列建立时为止,犹太复国主义运动的领导人几乎都是世俗的欧洲人,他们的犹太主义是种族的而非宗教的。大卫·本-古里安(1886—1973)背弃了宗教信仰而转变为一名信奉社会主义的无神论者。事实上,犹太民族主义的非宗教性质使许多正统派犹太教徒感到忧虑。

1901 年,正统派犹太教徒建立名为"精神中心党"的组织,旨在使正统派精神融入犹太复国主义之中,但大部分教徒反对犹太复国主义,认为犹太复国主义在巴勒斯坦树立的目标是世俗的异端邪说。1912 年在西里西亚成立的"以色列正教党",最初是为回应改革而成立的一个组织,它倡导一种自由的犹太教。该组织很快具备了一个政党所需的多种特征,出于对 1948 年以色列建国的支持,它加入了其后组建的联合政府,成为正统宗教信念的代言人。除了其他方面的建树以外,该组织迫使本-古里安政府通过法律,将安息日作为以色列的休假日。

在 1948 年之前,将与宗教对立的种族特征作为以色列建国基础的问题一直没有得到解决,于是,现代以色列政治经常因"谁是犹太人"这类宗教问题的争论而陷入困境,而这些问题在以色列议会辩论中时常导致政治力量的分化。尽管在大屠杀之后犹太复国主义运动得到了大部分犹太人的支持,但在二战后的十多年间,宗教、民族主义和种族等问题依然使以色列处于分裂状态。

第二次世界大战对全世界的宗教都产生了深远的影响。大量生命的丧失和大规模的屠杀,不仅引起人们对欧洲的世俗民族主义的严重怀疑,而且也削弱了欧洲人自称是文明与进步的惟一代表的说法。战后的非殖民化绝不仅仅是欧洲国家经济或军事衰落的结果。他们无法从道义上证实帝国存在的合法性,尽管这并不能阻止英国、法国和荷兰的帝国主义者试图去重振雄风。世俗文明无法阻止对数千万人口的大屠杀,这就大大鼓舞了那些宗教倡导者。直到此时为止,他们仍在向那种反对和敌视宗教的现代社会作无望取胜的拼死斗争。

此外,冷战期间世界上大部分地区或并入资本主义阵营,或并入社会主义阵营,这种分裂产生了一个始料未及的后果,即推动了信奉基督教的西方宗教的复兴。面对以莫斯科为中心的共产主义对手对宗教的公然反对,欧洲、拉丁美洲和北美在反对"无宗教信仰的、信奉无神论的共产主义"的斗争中,以维护基督教为旗帜而联合起来。特别是在美国,反对苏联的斗争成为一场宗教东征,其中不仅美国的自由,甚至连美国的宗教似乎也受到了共产主义的威胁。

1945年以后,美国到教堂去做礼拜的人急剧上升。1940年,大约有49%的美国人宣称自己去教堂做礼拜,1950年的比例为55%,1960年高达69%。用于建教堂的资金也从1945年的2600万美元增加到1960年的10亿美元以上。福音传道的潮流席卷全国。在冷战时期,诸如福音传道协会领袖比利·格雷厄姆这样的传教士时常出现在总统左右。不言而喻,在与共产主义的斗争中,上帝站在美国人一边。在整个50年代期间,默默信仰宗教的德怀特·D.艾森豪威尔总统及其国务卿———一位牧师的儿子约翰·福斯特·杜勒斯以各种方式传达了这种信息。接着莱因霍尔德·尼布尔成为知识界基督教徒反对共产主义的代言人,频频出现在《时代》杂志的封面上。

与此同时,在整个欧洲和拉丁美洲出现了大量的基督教民主党。在战后的意大利和德国,基督教民主党逐渐掌握了政权,在法国、荷兰和比利时也有较好的表现。1937年,智利的天主教知识分子成立佛朗哥党,它致力于具有强烈的天主教因素的社会改革。在爱德华多·弗赖的领导下,佛朗哥党在 50 年代后期加入了新的基督教民主党。在秘鲁北部,一个强大的基督教民主运动生根成长,在危地马拉和萨尔瓦多也建立了许多小党派。

起初,意大利和德国等欧洲的基督教民主党能够包容有限的社会主义,但不久以后他们就变成了保守政治秩序的代表。在意大利,基督教民主党的统治到 90 年代初该党被大量指控腐败而使其威信一落千丈时才结束。而在拉丁美洲,这些政党保持温和的左派立场,尽管与 60 和 70年代的激进运动相比,他们已成为在现存秩序基础上逐步进行改革的拥护者。

与此同时,在 50 年代后期,天主教会内部开始出现了重大变动。这些变化预示和反映了 60 和 70 年代席卷西半球和欧洲的宗教诸说混合运动。二战后欧洲宗教信念的沦丧,导致了天主教会内的重新自我评估,特别是重新考虑天主教在战前拒绝基督教普世主义的态度,并且开始与其他基督教教派建立更紧密的联系。这种趋势随着 1962 年教皇约翰二十三世召集第二次梵蒂冈宗教会议(又称梵蒂冈第二次大公会议)而达到高潮。

1962—1965 年的梵蒂冈第二次大公会议预示着天主教对现代世界的"全新开放",其动力部分源于教皇约翰弥合西方基督教和东方基督教(东正教)裂隙的愿望。但这次宗教大会也涉及了其他方面的问题,从人权问题到教士在政治中的作用,到穷人的苦难和个人的权利。约翰二十三世已经发起了旨在推动教会现代化的改革,他建立了一个教廷电视和新闻办公室,以利用这些新科技为天主教会服务。梵蒂冈第二次大公会议将全球的教会领袖集中到一起,这不仅受到教皇约翰的支持,也得到他的后继者教皇保罗六世(1963—1978 年)的支持。

梵蒂冈第二次大公会议深刻地影响了全球千百万天主教徒的生活。60 年代后期,教皇保罗颁布了这次大会的政策,并且在英国和伊斯坦布尔分别会见了坎特伯雷大主教和东正教牧首,由此东西方基督教象征性地和解了。天主教的礼拜仪式得到了改革,教士在促进和平、谴责宗教压迫和独裁方面起了更加积极的作用。但是,教会不可能包容 60 年代西方文化的所有方面:它不赞成广泛采用口服避孕药方式,也不赞成揭露传统政府、社会和家庭组织的激进政治运动。与政治领域的基督教民主党一样,天主教会赞成温和的改革,反对激进的革新。

但是,教会所言与教士所为并不总是统一的。在拉丁美洲,一些教士严格遵守罗马的诫令。阿根廷的教会一直支持胡安·庇隆(1946—1955 年)的统治,直到庇隆 1954 年发起反教士运动以将公众的注意力从他的统治中转移开来为止。当 1955 年出现大规模的反教会游行时,梵蒂冈的反应是将庇隆逐出教会。而在后来的几十年中,阿根廷的教会很少对统治阿根廷的军政府提出挑战。

然而在拉丁美洲其他地区,教士们经常为民主而奋斗,并充当反独裁斗争的先锋。在智利,基督教民主党 1964 年当选执政,爱德华多·弗赖任总统。在其他国家,教士从认可保守政治秩序的立场转向主张改革,有时甚至是反政府的立场。1957 年 5 月,加拉加斯大主教宣布谴责委内瑞拉独裁者。在危地马拉,教会在 1954 年帮助推翻马克思主义者阿本兹之后,于 60 年代开始远离政治事务,关心起印第安人和穷人的困境来。在 1971 年的一份教士公开信中,危地马拉教士声称反对暴力和压制。到 80 年代,埃弗拉因·里奥斯·蒙特领导下的危地马拉军事政权,将天主教会看作叛乱的盟军和政府的敌人。里奥斯·蒙特本人不是天主教徒而是一位福音派新教徒,这绝不是巧合。

在拉丁美洲联合反对传统社会秩序的斗争中,个别教士有时将满腔怨愤归咎于教会权力机构。60 年代后期,秘鲁神学家古斯塔沃·古铁雷斯和其他教士们进一步发展了著名的解放神学,它是马克思主义和传统天主教神学相互折衷的产物。古铁雷斯反对将世界分为精神和物质两个王国的观点,宣称真正的救赎只能依靠尘世正义社会的创建。解放神学成为激进主义的、政治化的拉丁美洲天主教士们的先锋:在萨尔瓦多,大主教奥斯卡·罗密欧认为,以暴力反对压迫性的政权是合理的,1980年他被谋杀了;在附近的尼加拉瓜,大主教米格尔·奥万多·布拉沃远离索摩查独裁政权,1979 年他宣布支持稍后不久当政的桑地诺革命阵线。

这些激进的高级神职人员并非总能得到教会的支持。一些国家的教会当局并未坚决反对这些国家对人权的践踏,虽然许多地方上的教士确实在这样做。1979 年,教皇约翰·保罗二世谴责了他认为的解放神学的过分行为,其实解放神学只是对传统教会当局的众多新挑战之一。当梵蒂冈第二次大公会议采取改革的主要措施时,教会当局并不支持对核心家庭的破坏、离婚和堕胎的盛行、性关系的散漫。如何满足妇女在世俗和教会生活中发挥更积极作用的要求,这是难以确定的。天主教会主张教士必须是男性和独身者,而全球的新教教派自 70 年代起就开始委任妇女担任圣职了。

在 60 和 70 年代的美国和欧洲,不仅传统社会道德态度变得松弛,还形成了折衷的宗教。这些宗教常被描述为融合了西方心理分析思想、印度教和佛教的神秘主义以及兼信犹太教和基督教的新时代运动。自19 世纪晚期开始,欧洲和美国一小部分受过教育的精英分子沉迷于东方的宗教,到 20 世纪 60 年代,一些年轻、受过教育而且有钱的人开始转向佛教禅宗、超在禅定派、巫术和水晶疗法。禅宗在二战后穿越太平洋到达美国,超在禅定派之所以声名大振,是因为 60 年代后期极为流行的"披头士"摇滚乐队曾来到印度,并与超在禅定派的大师马哈伊什·马赫希·约基进行过探讨。新时代运动相信人类的神性,许多人强调内在真理是所有真理的基本源泉。新时代运动从 60 年代起在反主流文化中初露端倪,其后它们在西方世界里继续蓬勃发展。

当反主流文化的美国人正在学习怎样苦思冥想时,第三世界的居民却发现独立和世俗的民族主义倾向于侵蚀宗教。50 和 60 年代,穆斯林中东地区都处于诸如贾勒·阿卜杜·纳赛尔这样的民族主义者的主宰之下。纳赛尔对穆斯林兄弟会这样的政治化伊斯兰教不能容忍。在整个中东地区,伊斯兰教在私人生活领域随处可见,而在公众政治中几乎看不到。在印度和巴基斯坦,印度教复兴运动组织、全国志愿者联盟、其政治盟兄"人民同盟"以及"伊斯兰神学者协会"仍然活跃在各个国家的政治生活中,但总的趋势是世俗的现代化,不论是 70 年代齐亚·哈克将军在巴基斯坦的改革,还是尼赫鲁及其后继者在印度的改革,都是如此。

但是,当这些国家的独立和民族主义的诺言多数不能兑现时,宗教却常常向人们提供政府所不能给予的东西。在满足穷人以及政治上被剥夺公民权者的需要方面,宗教领导人常常成为政治权力的有力竞争者。在 50 年代后期和 60 年代的东南亚,越南的佛教僧侣领导了反对专制政权的斗争。在越南,佛教僧侣联合起来反对信奉天主教的吴庭艳独裁政权。1963 年夏季,一名西贡的佛教僧侣因对政府的不满而自焚身亡,这使美国减少了对吴庭艳政权的支持,并间接导致吴庭艳政权后来被推翻。

这些运动暗示了 70 年代政治性宗教的兴起。第三世界的民族主义和欧洲、北美第一世界的世俗现代主义未能使这些国家的人民感到充实,即便富裕国家人民的精神需求也未得到满足,于是人们转而求助宗教,这种转变的重要表现是现在为人所熟知的宗教原教旨主义的兴起。随着第三世界经济遭受挫折,以及第一代充满魅力的独立领导人的统治纷纷被那些热衷于维持政权和威信,而不是解决经济社会问题的军人政权或接替的政权所取代,人们开始将传统的宗教作为一个替代性的选择。

原教旨主义的兴起只是这种宗教普遍复兴的一个表现,也是对冷战和核武器对国际政治造成的影响作出的诸多反应之一。"原教旨主义"一词的内涵极其宽泛,不仅包括运用暴力达到政治目标的运动,也包括那些基本目标在于促进个人虔敬的教派。

当巴基斯坦的"伊斯兰神学者协会"和印度尼西亚的"达拉伊斯兰"这样的团体,还在鼓吹回到早期伊斯兰教不切实际的宗教纯洁上来时,这种伊斯兰教原教旨主义却成了促成 1979 年伊朗革命的国际势力。国王逃出国门后不久,阿亚图拉·鲁阿拉哈·霍梅尼重返伊朗,并且在两年内排除了所有对手。霍梅尼和伊朗什叶派教士将伊朗改造为一个现代的宗教神权政治国家。霍梅尼还宣称将在整个穆斯林世界展开伊斯兰教革命。

伊朗革命的一个特征是将西方妖魔化。在霍梅尼看来,西方文化强调实用主义,企图将宗教从公众生活中剥离出来,因而会导致伊朗腐化堕落。伊朗革命努力将从西方音乐到西方服饰在内的所有东西清除出伊朗,但未成功。这种反西方的革命理念也被中东和中亚的其他伊斯兰教原教旨主义者所采用。从某种程度说,伊斯兰世界的原教旨主义把对西方殖民主义和帝国主义的积怨引向新的方向。在其他方面,伊斯兰教的政治化是一场激进的革新运动,它为国家统一提供了前所未有的模式,即通过宗教——甚至通过从属于宗教来达到国家统一。原教旨主义者为复归早期伊斯兰教时代辩护,事实上他们创造了一种想像出来的过去,正如他们所指责的民族主义者那样。

80 至 90 年代,原教旨主义教派在大多数伊斯兰教国家里变得非常突出。在阿尔及利亚,伊斯兰拯救阵线和伊斯兰武装教派(GIA)在一场激烈的内战中威胁要推翻军事政权,这场内战是在 1991 年的一场军事政变取代民选政府后全面爆发的。在苏丹,一个原教旨主义的军事联盟建立了除伊朗之外最激进的伊斯兰教国家。在沙特阿拉伯,有清教倾向的瓦哈比教派自 20 年代以来一直臣服于沙特王权,如今,众所周知的沙特石油经济的萧条和皇室奢侈、非伊斯兰教的生活方式,使它再次获得力量。在埃及和约旦,穆斯林兄弟会过去是、现在仍是政府的主要反对派,而在以色列及其被占领区,哈马斯和一些更小的教派以伊斯兰教的名义向任何与以色列和解的阿拉伯国家宣战。甚至在已经世俗化的土耳其,90 年代在大众文化和政治生活领域也出现了伊斯兰教的复兴。至于阿富汗,该国在美国的支持下抗击苏联入侵的宗教联盟,在苏联撤退后转而以伊斯兰教的名义征服了整个阿富汗。

在穆斯林世界之外,犹太教、佛教、印度教和基督教新教中也一直存在着原教旨主义运动。以色列的"虔诚教徒组织"和"凯奇派"都是宗教政治化的体现。"虔诚教徒组织"是信奉极端东正教的犹太人,在 1967 年后努力在宗教框架内保存犹太复国主义的结果。该组织信仰犹太救世主义,号召重建犹地亚和撒马利亚的古代犹太王国,并带头推动以色列兼并被占领区。

在印度,印度人民党继承了"人民联盟"和"全国志愿者联盟"的遗产,在印度鼓吹极端形式的印度教民族主义,他们在 1991 年大选中获得重大成就,在北印度政治中仍是一支强劲的力量;位于印度南部的斯里兰卡,激进的信仰佛教的僧伽罗民族主义者在 80 年代和 90 年代初,既反对政府也反对盘踞在该岛北部的信奉印度教的泰米尔叛乱分子。80 年代,日益工业化的环太平洋地区也出现了研究儒家思想和积极参与佛事的热潮。而日本的新教派,尤其是创价学会吸引了空前规模的追随者。

在美国,自吉米·卡特 1977 年当选为总统后,新教原教旨主义者更加积极地参与国内政治。在罗纳德·里根担任总统期间,新教原教旨主义的许多动议被政府机构所采纳。他们反对合法堕胎,认为传统的、基督教的家庭观念的衰落已经成为国内问题的核心。

80 年代末,各种派别的原教旨主义吸引了千百万追随者,天主教会和东正教会的宣传在东欧和苏联激起了人们对共产主义的反对。波兰天主教会一直是波兰反抗苏联控制的核心。1978 年,波兰籍的教皇约翰·保罗二世的当选激活了波兰人的反抗运动。这些运动同时采取社会连带主义运动形式和那种不为人所知但很重要的反抗形式。同样,乌克兰东正教会在 1989—1991 年期间成为乌克兰从苏维埃联盟中独立出来的堡垒。1989 年欧洲范围内的革命和 1991 年苏联的解体,导致了前苏联东欧阵营内广泛的宗教复兴。

在 20 世纪行将结束之际,宗教开始日益明显地参与国际政治。在即将结束的 1/4 个世纪里,原教旨主义和各种宗教机构的活动,都是这一时期的重要因素。宗教从来没有"消失",尽管有一个时期,宗教在与世俗的民族—国家的斗争中似乎是败北了。但随着世俗主义和民族—

国家被证实并不像他们原本看来的那样稳固,宗教再一次成为公众和私人生活的中心。

对这些变化的解释正如宗教经历本身一样多样化。也许启蒙运动及其 19 世纪的尊崇者的想法是错误的,他们认为,世俗国家能够满足教会所能够满足的精神愿望。也许两次毁灭性的世界战争,加上由殖民主义、帝国主义和工业化造成的损害,暴露了世俗主义的弱点和民族主义的危险性,因而重新唤醒了宗教,并使它成为国际社会中日益具有竞争力的力量。现代人认为,人类历史的变幻莫测能得到控制,并且在现代专家治国的社会中,人的需求能得到满足,但这种信念忽视了人类刚刚萌发的、日益增多的但又不容否定的精神需求。

无论如何,宗教已经回到政治领域。在某些情况下,还进入了它以前从未涉足的领域。从过去的 100 年来看,如果世俗民族主义不能满足人类对自身安全和精神等方面的需求,宗教将会兴盛起来。1900 年,许多人预言宗教将像瘟疫一样一去不复返了,但随着千禧年的到来,空前庞大的人群虔诚地信仰世俗社会所否定的东西、现代科学所不能解释的力量、现代技术所不能考证的神灵,以及现代国家所不能包容的思想潮流。

宗教消亡的预言可能被夸大了,而某些群体将公众生活限定在宗教戒条之内的企图,正如民族—国家将宗教从公众生活中完全排除出去的企图一样,也注定是要失败的。具有讽刺意味的是,现代性的工具,尤其是大众传媒使得宗教传播今非昔比,当然它们也散布了直接抵制和间接损毁宗教主张的信息。

现在许多人预言宗教和世俗民族主义的斗争正处于胶着状态,并且只有一方能够获胜。当哥伦比亚出版社出版 21 世纪的历史时,这种预言当然可以付诸证实。但如果考虑别的可能性的话,比如宗教和世俗民族主义的混合,物质和精神领域共通的主导原则,这只是为历史之磨盘提供了一些谷物而已。一个新的词汇正等待诞生,它将是这种混合物的概括;并且,在下一个 50 年的某个时候,它将像世俗主义和原教旨主义在本世纪的经历一样,进入公众的词汇中。这种世俗民族主义和宗教之间的斗争,正如肯尼思·布那拉哈在 1991 年的电影《再死一次》中所说的那样——"远远没有结束"。

（梁远、刘金源　译　陈祖洲　校）

第五章　体育：比赛和政治

让-马克·兰·奥本海姆

导　言

在人类历史上,体育运动以及由体育运动产生的绝大多数体育比赛,反映了开展这些运动的社会的结构和目标。以往是如此,20 世纪依然是如此。就体育运动而言,1896 年现代奥林匹克运动的诞生可以被看作本世纪的起点。之所以这样说,是因为本世纪人们在社会上进行竞争的方式已经历了深刻的变化:他们既通过政治学、经济学、文化、心理学和技术进行竞争,也通过体育运动进行竞争。现代技术和社会动力的内在革命决定了这些变化的速度。实际上,体育运动与 20 世纪的社会有一种共生的关系。

20 世纪开展的大多数运动起源于较早的或传统的比赛,是一种我们认为能代表我们返祖冲动的当代体育运动仪式。因此,与古代的体育运动一样,20 世纪的体育运动也具有抽象的或象征性的一面。但与之不同的是,古代的体育仪式大多用来表达集体的宗教狂热,20 世纪的体育运动则主要是世俗活动,尽管它们在运动员和观众身上也孕育着强烈的感情。根据诸如智力、技能等这些平等的因素,20 世纪的体育运动规则以一种理论上公平的方式适用于所有的合格参赛者。同开展体育运动的社会一样,20 世纪的体育运动通过官僚机构发挥作用,而这些官僚机构的目的在于确保对既定秩序和规范的严格遵守,并且在必要时对不可抗拒的变化实行控制。例如,现代科学技术已经影响到体育训练的大多数方面,并且为 20 世纪的体育运动带来了一种理性化的因素。正如整个社会包含着各种统计资料一样,体育运动也产生出衡量体育成绩的测量体系,虽然作为成就和名声的一种形式,打破纪录绝不是纯粹 20 世纪才有的现象。同今天我们为获胜运动员颁发奖金以示敬重一样,在古代,希腊的城邦国家也通过为获胜的奥林匹克运动员在公共场合塑像以示敬重。

体育运动至少在以下三个方面受到本世纪主要社会动力机制的深刻影响:西方对世界其他地区的影响基本上是通过现代奥林匹克运动的体育比赛反映出来的;传媒对公众直觉的广泛影响是通过媒体对体育仪式的渲染表现出来的;最后,在很大程度上,民族主义者的政治化和绝大多数民众努力的商业化明显地被包含在体育活动中。

由于现代奥林匹克运动起源于权势处于顶峰时期的欧洲,因此,包含在奥林匹克运动会中的体育比赛规则,很自然地反映了普遍被认为是"西方"或欧洲的传统和法则,尽管其中不少活动已经并继续依照传统的本土方式在全世界开展。实际上,在本世纪,那些原先由欧洲人垄断的一些体育项目,现在除了欧洲创始者的继承人参加外,有更多的非欧洲运动员参加,比如足球就是如此。

由于现代新闻传媒的发展,到一战前夕,对体育名星及其成就的集体认同成为民族娱乐和文化现象的基本要素。体育作家自觉地成为文化记录者,而不仅仅是体育事件的报道者。到 1919 年以后,这种集体认同的意识被政治化了。出于对大众心理学的依赖,极权主义运动特别欣赏体育运动的政治化对其公民的影响。意大利法西斯主义者和德国纳粹分子很快利用体育运动作为宣扬其奉为圭臬的种族优越论的一种工具,而苏联则通过其运动员创造的好成绩来表明一个理想社会的种种益处。然而，以体育运动为基础制造民族神话并非极权统治所独有——任何一个看过美国电视台对最近奥运会新闻报道的观众都能证明这一点。

事实上，在体育运动中，政治化的民族主义已经成为一种世俗宗教。有的时候，它有助于——尽管是临时性的——修补由不稳定因素所造成的社会中的政治、经济或种族文化的裂痕。举例来说，在世界杯足球赛中，当一支南美球队击败来自西欧的对手时，整个南美引以为豪。另一方面，体育运动也能造就名义上处于和平状态的国家之间的敌对，比如20世纪70年代著名的拉美足球战就是如此。与体育运动能创造政治神话的用途相关联，在国家乃至国际的层面上，由于百万富翁们对体育巨星的奖赏，体育运动实际上已经成为一种极其有利可图的活动。

现代奥林匹克运动

皮埃尔·德·顾拜旦的梦想是：使古典比赛具有现代形式，即在参赛各选手中引入亲密的兄弟般的情谊，使比赛成为一种带有绅士风度的竞争。这个梦想从一开始就注定要失败。奥林匹克运动从一开始就隐含着政治化，并且充当了本世纪民族主义热情的先锋。

要顾拜旦不这样想是不现实的。19世纪的最后30多年经历了以下一系列事件：意大利和德意志的统一，以及由不同民族构成的奥匈帝国的瓦解；在全球范围内各国对殖民地的争夺；美国在西半球和太平洋地区势力的增强。以上仅仅是三项标志性的政治发展。

事实上，奥林匹克运动并非是第一个将思想和比赛融为一体的场所。始于19世纪20年代旨在重建被拿破仑挫伤的德意志民族性的特纳运动，把体操和具有浪漫主义色彩的民族主义有力地结合起来。此外，到19世纪末，德国社会主义工人运动已确定了体育运动、比赛和其他节日的具体时间，以培育一种融政治和社会活动为一体的同一性。到19世纪末20世纪初，无论是对浪漫主义、社会主义还是对民族主义而言，体育运动基本上已不仅是运动员之争，更重要的是他们所代表的事业之争。

与其古典先驱不同,现代欧洲人甚至根本没想到在战争期间暂时停火以便于运动员们聚会。当1914年8月幻想中的短期战斗演变成实际的长期血战时,1916年的奥运会被取消。当战争结束以及1924年巴黎奥运会恢复奥林匹克运动时,在1912年斯德哥尔摩奥运会中已经出现的那种民族激情丝毫未减。相反,来自前中欧体育强国和新兴的布尔什维克俄国的运动员被彻底禁赛。前者后来被获准参加1932年洛杉矶奥运会,后者则直到二战结束后才被解禁。

第一次毫不掩饰的政治化体育运动会是1936年的柏林奥运会。与此相联系,这也是媒体首次特别关注的奥运会,最引人注目的是电影制片人勒尼·里芬斯塔尔。她在其杰作《奥林匹克》中捕捉到了纳粹运动会的所有肃穆与光荣,这颇具纪念意义。1933年希特勒上台时,美国和欧洲官方曾号召抵制这届奥运会。他们指出,纳粹的种族政策违背了奥林匹克章程。1935年,当时美国的奥委会秘书埃弗里·布伦戴奇在德国官方的安排下,对德国进行了私人考察和旅行,后来他提交了一份倾向于参加的报告,美国这才同意参加这届奥运会。这届奥运会的非纳粹德国组织者仍满腹狐疑,因为德国统治阶层提倡的民族和种族优越论,显然与奥林匹克所宣称的国际主义和平等精神背道而驰。

尽管彼此见解不同,比赛还是得以如期进行。正如纳粹主办者所希望的,这届运动会展示了德国的谋略、效率和说服力。例如,布伦戴奇同意美国犹太运动员不参赛。而当其他国家的非日耳曼民族运动员,特别是美国黑人运动员杰西·欧文斯获得胜利时,"杰出种族"夺金掠银的势头得到扭转。欧文斯不仅成为国际报刊上的焦点人物,也成了第三帝国宣传家里芬斯塔尔关注的重点。

当时的另一个独裁国家日本也在公然宣扬民族优越论。它被授权承办1940年奥运会。在现代奥林匹克史上,这是西方国家以外的地方首次获得承办权。这届奥运会默认普遍性原则,因而显得特别重要。但1931和1937年,日本军国主义分子先后在中国满洲和中国内地实行扩张的暴行,激起国际社会的强烈反对。只是由于日本仍坚持其军事扩张活动而放弃承办奥运会,才使得国际奥委会避开了一场内部潜在的危机。

国际奥委会和许多其他有特定宗旨的机构一样,鼓励它的成员增进友谊。组成奥委会的大多是有钱人,或有贵族背景的人,或两者兼而有之。他们具备实现顾拜旦奥林匹克之梦的技能,能把外交活动和地球村盛会相结合。从这个意义上说,我们能理解奥委会为什么忽视社会意识形态和政治上的侵犯性而让日本承办1940年的奥运会。国际奥委会的日本成员都是有封号的贵族,而他们的欧洲同僚则倾向于私下尊重其俱乐部的各个成员,而置政治现实于不顾。

这种态度并没有因为第二次世界大战而立刻有所改变。战前德、意法西斯集团的贵族成员在战后又作为德、意代表被获准重新加入国际奥委会,这惊人地重申了国际奥委会当时重志同道合而不重政治道德的许诺。苏联在1951年之前一直遭到排斥,可能——至少部分原因——在于它没有能作为其代表进入这个孤傲排外社团的贵族或富有的实业家。作为替代,苏联针对奥运会设计了无产阶级形式的"国际红色体育运动会"。实际上是第一次世界大战前德国社会主义工人体育比赛活动的延续。

不过,在政治因素的驱动下,国际奥委会态度终于发生了变化。自1948年起,冷战及其相连的非殖民化现象和第三世界的地方主义,赋予了奥运精神及奥运管理体系新的活力。1951年,奥林匹克运动接纳了苏联及其东欧周边国家,有效地恢复了以奥运会作为停战机会的概念。这意味着跨集团表决,即公认的政治性将成为奥委会会议的固定特征。

整个东西方对峙阶段,美苏两大集团运动员之间紧张的比赛成了衡量冷战的一个重要尺度。计算各方所得奖牌数在双方阵营间具有重要的象征意义。各方都培养了一批运动精英,他们控制了这一时代的奥运会,确保了政治不偏离田径赛场。

二战前,通过排斥某国运动员参赛从而实现在政治上对该国责难的事偶有发生,最主要的是拒绝苏联选手参赛,而那些原本受欢迎的参赛者被抵制参与某些赛项则是出于社会和文化的原因,不是出于政治原因。例如,抗议穿泳装的妇女参加游泳比赛,即使穿着得体的女运动员也不该参加抵制者认为在传统上属于男子的比赛项目。在两次世界大战期间,虽然奥运会偶尔会面临抵制的威胁,但最终都避免了这种对立的行动。一旦冷战被引入奥委会,抵制或威胁抵制的事件就会时常发生。在1945年后的世界政治格局的支配下,大多数参赛国不是与这个就是与那个超级大国结盟,体育场变成随时可以派得上用场的代理战场。

结果,自1951年起,几乎每次奥运会都面临抵制或其他政治示威行动。导致这种情况发生的原因包括地缘政治上的争端,如全非洲乃至全世界都大肆鼓动,要求在奥运会比赛中排斥南非以及与之保持体育交往关系的国家,原因是南非坚持不废除种族隔离政策。

甚至明显的国内政治也在奥林匹克运动中找到了象征性的声音。最令人难忘的是1968年墨西哥奥运会。两位获得田径奖牌的非洲裔美国人为抗议国内的种族偏见,在演奏美国国歌庆贺他们胜利时,举起紧握的拳头,行"黑人权力运动礼"。

截至1980年,出于政治动机参加抵制的通常都是超级大国的代理者。1980年,情况发生了变化。美国为反对苏联入侵阿富汗,领导了抵制莫斯科奥运会的运动。作为回敬,苏联又立刻抵制了1984年美国洛杉矶奥运会。苏联入侵阿富汗之前,美国和一些西方国家曾担心,苏联会利用莫斯科奥运会颂扬其马克思主义理想,淡化西方就苏联对待持不同政见者的方式提出的抗议;但美国似乎不太可能抵制奥运会。侵略事件一发生,美国就有了抵制的借口,许多怀着各自目的的国家则紧随其后。维护世界穆斯林斗争的阿拉伯人惊奇地发现,因为冷战,自己竟在这个问题上和以色列人站在了一边。以色列和美国的密切关系支配着以色列人参加抵制运动。1980年奥运会最终有81个国家参加,62个国家抵制,形成了现代奥运史上最大的政治抵制运动。

虽然冷战的结束使两大对立的超级大国中止了意识形态之争,却没有减少各个国家之间的争夺。事实上,像中国这样有自己的政治或思想目标的国家,继续利用奥运会来实现它的国际目标,即展示其在体育及其他领域比较杰出的技能。以市场经济为基础的美国和其他国家也继续利用奥运会来展示自由企业体制的优越性。而那些较小的国家,如果他们的运动员成功地战胜较大的国家或更先进国家的运动员,或甚至仅仅是有幸和他们一同参赛,他们也会因此获得极大声誉,即便这些运动员是在与他们竞争的国家中接受训练。传媒(包括商业影片制作人)使这一点成为今日奥林匹克最明显的特征。

不仅运动赛场或奥委会评议中不能排除意识形态或民族主义的感情因素,而且这些因素还常影响到评分。公众通常在不公正的报界怂恿下,把得分看作意识形态竞争的反映,根本不顾事实。此外,有时裁判显然因自己的民族主义倾向而影响了裁决。1988年汉城奥运会上这种现象引起了极大愤慨。体操比赛中出现了公然的评判不公现象,裁判被戏称为"黑手党裁判"。另外,调查表明,两名拳击裁判赛前被南韩主队请去大吃大喝了一顿,结果他们把金牌判给了比赛中明显被他的美国对手击败的一名南韩运动员。为此,这两名裁判被终身取消裁判资格。

奥运会在政治方面最富戏剧性、最悲惨的一幕,是巴勒斯坦恐怖分子在1972年慕尼黑奥运会上的行动。这场斗争从纯象征性上升到动真刀真枪的地步。为了引起全世界对巴勒斯坦政治问题的关注,武装的巴勒斯坦恐怖分子潜入奥运村,将以色列队运动员扣作人质。德国和以色列都不打算接受巴勒斯坦人的要求,他们并不诚心谈判,在谈判中对恐怖分子采取了一贯表明的政策。当德国狙击手在以色列政府同意下,试图制止巴勒斯坦恐怖分子挟持人质登机的过程中,以色列运动员和三名巴勒斯坦绑匪死亡。受到震惊的全世界通过电视直播看到了全过程。随着媒体对奥运赛事的广泛报道,运动项目本身也因此变得更为真实。

这起悲剧事件的直接政治影响是引起了全世界人们对以色列人更大的同情,巴勒斯坦人得到的是事与愿违的结果。就奥林匹克而言,它标志着顾拜旦重建古典时代的天真梦想最终破灭。运动员死于恐怖分子之手,恐怖分子死于真正的士兵之手,这从根本上违背了奥运会所宣称的目的,并且证明虚拟的战斗不可能完全取代实际的致命冲突。这种创伤使奥委会无言以对:慕尼黑举行了一天葬礼,然后奥运会继续进行。在其后近 24 年的各届奥运会上,官方再没有提过这一悲剧。1996 年,亚特兰大奥运会也遭到明显的恐怖活动的破坏。一枚自制炸弹爆炸,炸死了一名参加奥运会举办的音乐会的观众。联邦调查局错误地怀疑歌剧院的一名卫兵,使他的生活成了穷追不舍的媒体追踪的目标。

现代地区性运动会

随着世界政治和文化日益向地区化方向发展,出现了一些模仿每四年举办一次的奥运会的地区性运动会,如亚运会、地中海地区运动会、泛美运动会和非洲运动会。早在 1923 年就有人建议奥委会举办地区性运动会,奥委会对在欧洲以外举行限于本土运动员参加的比赛进行了讨论。

举办拉美运动会的可能性最初出现在 1922 年。后来,在第二次世界大战爆发以及东京奥运会被取消之后的 1940 年,这种可能性又出现了,但泛美运动会直到 1951 年才首次成功举办。随着卡斯特罗共产主义政权的建立,以及美国和古巴各自在西半球争取影响,导致泛美运动会成了美—苏奥运会之争在西半球的翻版。

其他地区举办的运动会也存在奥运会日益政治化的问题。第一个例子是 1948 年提出动议、1951 年正式举办的地中海地区运动会。阿拉伯国家拒绝同以色列或其他一些它们认为是其意识形态敌人的阿拉伯国家一起参加,加上奥林匹克运动未能坚持要求其成员遵守让所有成员参加地区运动会,否则不能参加奥运会的规定,这就导致了最终的失败。

亚运会是由印度第一任总理尼赫鲁推动的一个奥委会项目。它于 1954 年首次举办,是真正的全亚洲的运动会。但在 1963 年,承办 1964

年印度尼西亚雅加达亚运会的组织者甚至未能邀请到以色列队和中国台北队,结果奥委会取消了他们的承办权,这导致印度尼西亚首都发生骚乱,奥委会暂停印度尼西亚奥委会职权。印度尼西亚总统苏加诺将本次赛事改名为"新生力量运动会",建议在失去国际奥委会支持的情况下继续举行。奥委会则以取消参加此次赛事运动员的下届奥运会参赛资格相威胁。到 20 世纪末,亚运会仍然是尖锐的政治和外交活动的演练场。

早在 20 世纪 20 年代,非洲就受到极大关注。奥委会邀请法国和意大利殖民当局征询召开非洲人运动会的可行性。尽管这种非欧洲人的运动会早在 1925 年就开始筹划,但直到 1965 年非殖民化运动发展得如火如荼之时,非洲运动会才真正诞生。当时称为"非洲人娱乐赛"的全非运动会排斥仍由白人或欧洲人控制的国家,如南非、罗得西亚、安哥拉和莫桑比克的运动员参加比赛。随着这些国家的独立和南非种族隔离政策的取消,它们现在也被获准参赛。不过,白人仍在南非、津巴布韦和安哥拉这样的前殖民地代表队中占相当大的比例,这主要是由于过去接受训练的运动员多为白人,而非黑人。

20 世纪末,亚洲运动会和非洲运动会这类地区运动会也产生了与奥运会大体相同的政治分化。但举办者一方面争取体现参与者的文化特色,一方面争取达到世界级运动大赛水平。主办国——尤其是非洲国家——为举办比赛不惜花费重金。为使来访者对他们迎接和举办比赛的工作质量留下深刻印象,有时他们在基本服务设施上投资很大。但这种努力大多由于缺乏资金、组织不力或缺少甚至是非洲本身最好的选手参赛而失败。非洲的优秀选手更喜欢参加欧洲和美洲的运动会,因为这些运动会水平比较高,奖金也很丰厚。事实上,虽然非洲产生了无数世界体育明星,尤其是田径项目的优秀选手,但几乎所有这些运动员都在外国大学,特别是美国大学受训,并且几乎完全在国外参赛。他们只在参加奥运会时才换上祖国代表队的运动服。

传统的体育运动正在复兴,至少在欧洲是这样。20 世纪 80 年代中叶,一些欧洲小国——包括摩纳哥、列支敦士登、卢森堡和马耳他——为避开奥运会或其他世界性运动会的浮夸和商业主义作风,开始了"欧洲小国娱乐赛"。几乎与此同时,也出现了由格恩西岛、冰岛和圣赫勒拿岛选手参赛的第一届岛国运动会。同样在80年代中叶,第一届少数民族奥运会召开,旨在召集属于不同民族群体的在本国居民中处于边缘地位的欧洲运动员参加,如英国的威尔士运动员或法国的布列塔尼运动员。早在1895年,为联合现代犹太复国主义者,欧洲犹太人创办了马卡比体育组织。自1948年以色列国成立后,那里每四年举办一次各国犹太人马卡比运动会。

由于奥运会逐渐沦为商业主义和媒体赢利的竞技场,不同文化、国家和地区的人们越来越倾向于举办他们自己的较小规模的体育集会,来纪念他们独特的传统和文化财富。

女子体育运动

进入20世纪,伴随着妇女社会地位的普遍提高,越来越多的妇女开始参与体育运动。随着20世纪接近尾声,我们可以追溯一下妇女在社会、政治和体育方面持续而不完全的进步历史。影响女运动员地位改变和她们在各种比赛中纯收入的因素,其实也是普遍改变妇女社会地位的因素。它们包括:妇女在非家庭经济中越来越大的贡献,由于政治进步和革命造成的较先进的社会价值观使妇女获得解放和公民权。女子体育从维多利亚时代上层社会妇女或她们的无产阶级姐妹单独比赛的运动形式,发展到高收入的职业运动员和媒体炒作的世界记录保持者的活动,在这一过程中,妇女们为争取运动员资格经受了许多考验和磨难。

和男子体育一样,女子体育的进步也反映在现代奥运会的发展上。与男子体育在奥运会上的发展不同,女子体育的进步是逐渐取得的,这在很大程度上跟顾拜旦的观点有关。顾拜旦坚持认为,妇女只能在非公开场合开展任何她们所喜欢的体育活动,因此他力图将女性拒之于奥运会门外。不过,他的这种努力很快就失败了。早在1900年的巴黎奥运会上,妇女就参加了高尔夫球和网球比赛。在1912年的斯德哥尔摩奥运会上,她们又参加了游泳和跳台跳水比赛,尽管当时那些顽强反对男子观看女子比赛的人提出了抗议。美国女游泳运动员未能参赛,因为美国运动员联合会也持有上述观点。

第一次世界大战后,欧洲出现了全国性的妇女体育组织,部分原因是基于战争期间妇女所作出的经济贡献。这些群体模仿1914年前存在的工人阶级组织,为那些仍被奥运会或其他世界大赛拒之于门外的女运动员提供参加各种体育活动的途径。为了将这类组织的成员集合在一起,1923年摩纳哥首次举办了世界妇女娱乐赛,并延续到20世纪30年代,主要是由欧洲妇女参加的田径、游泳和篮球赛。

随着社会上进步的组织和妇女体育组织要求奥林匹克给妇女一席之地的呼声越来越高,高高在上的奥委会成员的态度开始缓和下来,并将击剑这种他们认为符合他们妻女意愿的体育项目引入1924年巴黎奥运会,这当然不能使女权主义体育组织完全满意,这些组织鼓动妇女参加更平民化的田径比赛。最终,她们利用自己的影响说服了诸如控制了国际田径界的国际业余运动员联盟这类有影响的大组织承认妇女的组织,并促使他们劝说奥委会也这样做。这样,基础广泛的女子体育(包括体操和田径)才得以纳入1928年的阿姆斯特丹奥运会。妇女们的努力终于达到顶峰,并获得了正式的奥运会参赛权。

在两次世界大战之间出现的极权社会中,女子体育具有舆论宣传上的重要性。这类政权关心的是制造国内国际消费假象。意大利法西斯强调妇女是种族的繁衍者,不愿意让妇女公开参加体育活动,以防止妇女参赛将危及这种具有战略重要性的社会急务。极端保守的教会势力又推波助澜,甚至宣称女子参与体育运动近乎于放荡。

除了生儿育女之外,"国家社会主义"对妇女另有安排,即通过她们推行植根于德国人生理特征的雅利安主义。纳粹对雅利安主义的痴迷达到令人捧腹的地步。德国官员夜里把德国妇女送入奥运村陪伴北欧运动员,希望他们能传播雅利安人优良的生理特征。

从两次大战的间隔期直至冷战结束前,苏联阵营口头上讲公民平等,但在体育联盟中却偏向男子,只有在出于宣传需要的情况下,才给予苏联女运动员单个或集体展示其才能的机会。导致这种结构的经济原因是男女都外出工作,而只有妇女承担生儿育女的义务。无可回避的结论是:如同它们所做的其他一切一样,左的或右的极权政治都利用妇女参加体育运动来达到自己的目的。

思想意识形态的问题决定了女子体育在欧洲极权社会中的地位,而文化习俗和媒体的结合决定了女子体育在欧洲和北美民主社会中的地位。20世纪20年代,美国广告重塑了妇女形象及其社会作用,表明妇女不仅是家庭秩序的象征,而且也是独立的人——生理上有男子气、同男性一样参与了"爵士时代"生活的人。虽然这反映了社会上特别是男性对女性角色看法的转变,但女子体育仍受到限制。事实上,女子被严禁参加任何有利于男女平等的比赛。

大学间的体育比赛改变了20世纪美国的体育运动,但在两次大战间隔期,妇女无权参与这类活动。"游戏"和"电报运动会"是妇女喜欢的比赛形式:前者近似于自发的校园聚会,以其他社会活动为背景展开比赛;后者指女运动员单独记录下她们获得最好成绩的次数,然后通过电报和其他学校的比赛者交流。普遍的看法仍然是妇女不应该在公众面前抛头露面,以防"忘乎所以"。即使1928年奥运会上引入了女子田径比赛,国际业余运动员联合会妇女委员会还是请求奥委会放弃这种公开比赛的"危险试验"。

此外,绝大多数美国妇女在两次大战间隔期未能接受大学教育。她们以产业工人联盟的形式参加由企业家组织的体育运动。一些企业家利用女子体育来实现自己的目的:工人从体育活动中获益自然对雇主有利;一个优胜队的资助者自然会在地区或全国出名等等。产业工人联盟的各种体育运动在美国中西部尤为成功。

媒体在女子体育的转变中所起的作用怎么说也不为过。两次大战间隔期，几个意志坚定、身体强壮且特别上照的女子，经过流行报纸的吹捧，成了体育界和投机界的名人。游泳运动员格特鲁德·埃德勒、女飞行家阿米利亚·埃尔哈特和网球选手海伦·威尔斯尤为引人注目，这是因为她们所从事的是非常独特的和具有历史意义的事业。她们吸引公众不仅在于她们大胆——埃德勒游过英吉利海峡，埃尔哈特独自飞越大西洋，威尔斯赢得了所有重要的国际网球赛——还在于她们有着坚实的中产阶级背景、不屈不挠的精神和美丽的容颜。20 世纪 20 年代法国网球手苏珊娜·朗格朗是这种现象的代表。除了参加一项难度很大的比赛，朗格朗还善于用至少其后 50 年内被男性运动员认为不宜的情感和滑稽行为来吸引记者和观众。她的公开形象既是自我设计的结果，也是追求轰动效应的媒体严重夸大的结果。由于媒体对这种形象的传播，千万公众心目中的女运动员首先是妇女，其次才是运动员。直到这个世纪后期女权主义运动兴起后，上述评价才有所改变，人们才开始为纯体育的原因尊重像网球明星马丁纳·纳夫拉蒂洛娃这样的妇女。

对于西欧和北美的妇女来说，二战结束是个分水岭。战争期间，她们在军队和工厂中发挥了重要作用，战后，工业经济改变了传统女性角色，这意味着她们不会再被拒之于运动场外，妇女参加体育运动开始受到重视。1948 年的伦敦奥运会首先引入新的女子田径项目，尽管奥委会反对妇女参加仍由男军官把持的马术比赛。到 1952 年苏联人首次参加奥运会时，妇女占参赛者的 10％。虽然在纪录上和奖牌上都有了进步，女运动员还是被期望像女性一样行动，并因此受到严格限制。随着参赛者年龄的提高，男女参赛者在体育上的差别也在加剧。工人阶级妇女比资产阶级妇女参赛的机会少得多。不过，由于新的女子奥运项目和女子的突出表现直接结合，六七十年代女子体育已确立起来。这种期待已久的现象由于迫切关注重大社会、文化和经济趋势的媒体的宣传而广为人知。

这一时期美国的妇女解放运动积极深入地影响了女子体育。它始于各个方面，包括各种比赛，特别是比利·琼·金和博比·里格斯之间的一场网球赛中,职业超级明星十分引人注目的滑稽举动和一种新信条的传播:女性完全有能力在她们的比赛中击败男子。一旦禁忌被打破,妇女就反对被排斥在各种体育运动之外。虽然女孩子试图参加其兄弟们的棒球小联盟一事引来媒体的极大关注,可根本的变化还是来源于高中和大学。由于联邦立法禁止对接受联邦基金者(包括几乎所有的公办和民办的教育机构)采取歧视政策,法庭的挑战使女子体育基金有了明显增加。

同时,公众对女子参加职业体育比赛的兴趣也不断增长。其后,在媒体的关注下,越来越多的女子参加了各项体育运动,而不仅仅局限于传统项目,如网球和高尔夫球。就连时装用户至上主义也开始被应用于体育服装的设计上。通过男女皆宜的在街上穿的运动服的普及,满足了公众对体育运动的兴趣。男男女女都用运动队的名字、标识或运动衫号码装饰帽子、毛衣、衬衫和夹克。事实上,在八九十年代健身热潮的刺激下,设计者制造出类似于运动衣的服装来迎合更时髦女性的健美标准。

在奥运会和其他世界级田径赛事中,当代女子的表现和男子一样受到媒体关注。这表明运动会观众对女子比赛越来越感兴趣。根据商业市场调查,到世纪末,观众仍然主要是男性。自 80 年代初开始,美国进行的各种研究表明,男女对女运动员的接受率稳步而持续地上升。不过,关于女子体育的流行话题既有根深蒂固的传统女性主义文化概念,也包括女子体育运动本身。这种对女子体育的关注有时通过追求轰动效应的媒体对个别女运动员实际或声称的性别的关注表现出来。同样,这种关注也能从媒体倾向于展现女运动员在运动场以外作为妻子与母亲的生活中窥见一斑。而对男运动员这方面的关注则少得多。

很难估计美国女权主义者的思想对其他社会是否有同样的影响。西欧妇女在参与体育运动和比赛方面肯定取得了同样的进步。北欧妇女引领了南欧和伊比利亚半岛妇女的体育运动,因为后者相比之下更为固守传统的宗教价值观及性别角色。教育、就业情况、社会经济地位等因素仍然显著影响着体育运动的参与性,在这些方面居于上层地位的妇女仍然要比她们不太走运的姐妹们更能坚持参加体育运动。和男子一样,女子的年龄也影响她们对体育运动的参与,越接近学生时代的妇女参加体育运动的可能性越大。

在拉美,跟在南欧一样,传统文化的禁忌在某种程度上遏制了女子体育运动的发展。甚至在卡斯特罗统治下貌似平等的古巴,妇女偶尔在国际比赛中获得好成绩就被用来标榜社会主义结构的优越性,但这种成功仍并不多见。

第三世界国家妇女对体育活动的参与还未达到欧美的水平。传统的价值观和男性为主的社会结构妨碍了非西方社会妇女在这方面的解放。最近,在前苏联教练的帮助下,阿拉伯世界的妇女跻身于田径上游。她们由国家资助训练,所取得的成绩被广泛宣传,在回国后会获得丰厚的奖励。然而,那些受到原教旨主义压力或影响的伊斯兰教社会的女运动员则必须在回国后尽力去洗清污名。

妇女现在也参与了体育政策的制定。在世纪之交,奥委会规定 197 个负责各国奥运事宜的各国奥委会必须有女性参加,至 2000 年女性至少要占 10％,2005 年应达到 20％,同时敦促国家和国际的体育联合会制定同样的目标。如果这些努力成功的话,下个世纪的女子体育运动无疑将会受到更大的关注,女子体育也会给妇女带来更多商业广告资助的机会。

帝国主义

前几节谈到的奥运会和非欧洲地区奥运会式的比赛,都包含源于欧洲或美国的体育项目,这一事实当然是 19 世纪和 20 世纪殖民主义所特有的文化控制的产物,并将继续影响后殖民文化。虽然奥运会不是惟一受到帝国主义,尤其是英美帝国主义的推动和对这种推动的反应才传播开来的体育比赛,但这种殖民影响可以从现代体育界对非奥运传统项目的许多英文称谓中得到印证。如足球、踢足球、射门、得分、被罚下场、中场休息等普遍使用的足球用语就是这种语言垄断的一个例证。

不管人们怎样把帝国主义理论化,也不管人们是否强调把殖民主义本身或这个时代的其他现象,如资本主义的发展、工业化、城市化甚至反殖民的民族主义等作为理解帝国主义的最重要的因素,显然,殖民者对体育的传播和他们的文学与艺术传统的影响一样,是文化帝国主义的一个方面。由于英国和美国(特别是美国)是 20 世纪最有影响的帝国主义势力,他们的体育项目成功地流传开来,而传统的本土体育项目常常遭到灭绝或濒临灭绝,也就不足为奇了。

一些学者认为体育比赛是一种特殊文化,因而殖民时期体育运动的传播,取决于体育固有的特征和参与者的群体特质的结合。但是,他们这样做就低估了那些特别符合一种民族气质的体育项目对其他文化的魅力,比如棒球对美国或柔道对日本民族精神的吸引也同样适用于其他文化。日本人、墨西哥人和古巴人对棒球的热衷及荷兰人和以色列人对柔道的喜好是人们有目共睹的。看来,体育活动的转移更多地取决于输出这些活动的国家相应的政治、经济和文化势力,而非任何天生的文化倾向。因此,较富有、较发达国家的娱乐活动更容易传入相对弱小的国家,而不是相反。虽然有一些特例,但在总体上从现代世界史上的殖民初期开始,文化影响的向量已沿着和政治、经济的向量相同的轴线前进,且常常在速度上完全成正比。

尽管日本从未直接殖民化,但 19 世纪后半叶的日本实际上存在着英美的商业渗透。结果,典型的美国项目——棒球和典型的英国项目——板球一起输入日本。不过,后来棒球在日本高中生和大学生中更为普及以致替代了板球。尽管日本在两次大战间隔期建立了职业联盟,但日本的军事领袖在珍珠港事件前夕宣布禁止棒球比赛,直到 1945 年后美国占领期间才恢复。一些分析家和历史学家试图解释棒球吸引日本人的原因,他们指出,棒球运动需要耐力、风纪和自我克制,加上它固有的和谐,这些都反映了日本传统活动的特征,因而棒球比赛特别符合日本人的精神。更明显的是,现代化和工业化的进程以及战后日本对美国优势了解的增加，可能有助于使棒球赛更富吸引力。一些分析家预测，随着美国工业和政治势力在日本的衰落，棒球可能最终失去对日本人的吸引力。但考虑到大众文化和商业的日益全球化，这种情形不可能很快发生。事实上，关贸总协定可能会使日本队在某一天成为美国主要联盟的重要成员，并且国际比赛将常规化，使"年度棒球冠军联赛"真正具有全球性。

在非洲和亚洲殖民地，欧洲殖民者把鼓励采用西方体育项目作为一项政策来执行，尤其是参与者在集体项目中所表现出的气质，常常成为选拔本土英才担任地方行政官员的最好依据。

在殖民扩张时期，与政治刺激同时产生作用的还有宗教热情，即人们常说的"强大的基督教信仰"。它导致传教士以及他们在整个英帝国建立的教育机构积极参与体育活动。虽然法国人在国内推行严格的世俗教育法，但也倾向于在他们的帝国计划中，特别是在开拓殖民地和同化土著的过程中与教会结盟。整个法国和英国帝国主义势力范围内的学校，积极提倡西方形式的比赛和体育运动，甚至要求学生必须参与其中。参加者通常要恪守西方体育运动较为专横的规则、规定、用语和训练，接受西方精神，适应其心理和文化上的要求。

板球是游戏（比赛）传播最明显的例子之一。它由英国传教士传入印度，并很快被殖民者用作拉拢当地统治精英进入亲英思想轨道的工具。板球的普及必须克服本土文化和宗教信仰的对抗。例如，印度教徒反对使用皮革做的球。但是，信仰印度教、伊斯兰教和天主教的印度学生板球队在自己的土地上虽不完美却忠实地再现了伊顿公学运动场的情景，最终证明了板球运动是把英国文化传入次大陆所有民族文化群体精英的理想工具。和其他许多帝国文化的产品一样，板球在1947年印度独立后被保存了下来。在后殖民时代的印度和巴基斯坦，这项最初由上层人士垄断的运动已成为跨越社会与经济等级的民众化运动项目。

足球是殖民环境下体育传播的另一个例子，且比板球传播得更广。它最初由英国士兵、传教士、商人和外交官传播到世界各地，随后在其他欧洲国家殖民地也流行开来,并像板球那样同化着土著,只是足球的规模更大。和板球一样,足球在殖民和后殖民时代一直是社会整合的重要文化工具。

殖民者为了提高其国家队的水平,有时也从他们的殖民地中挑选有才能的属民。1936 年法国人在柏林运动会上的失败促使法国在非洲殖民地中寻找有田径才干的黑人,试图再创杰西·欧文斯的辉煌。这个计划因土著居民的健康状况普遍不佳而搁浅了。此外,法国殖民当局对他们负责的休闲活动漠不关心,接着又爆发了第二次世界大战。

与法国人不同,英国人鼓励其殖民地运动员以他们祖国的名义参加比赛。通过定期组织比赛和运动会——如始于 1930 年加拿大埃德蒙顿的英帝国运动会,他们加强了帝国内的这种国际主义。许多帝国运动会上成绩斐然的运动员在更正规的国际大赛中继续代表他们的祖国参赛。

除利用教育机构在帝国内培养英国式的竞赛精神之外,英国人还引进了另一种有生命力的机制:体育俱乐部。最初,建立俱乐部是为了给殖民地职员提供英国文化的绿地,后来它成了文化共生的地方。土著中的上层人物被吸纳为俱乐部成员,英国殖民者教育并希望他们顺应英国体育运动的方式和结构。当土著居民没有资格参加英法帝国主义势力范围内的许多欧洲人的俱乐部时,土著上层人物常模仿殖民者建立同样排外的俱乐部。到非殖民化运动前夕,这些团体成了滋生反殖民情绪的温床。他们欢庆在欧洲人运动会上取得的对欧洲运动队的胜利,辩驳欧洲优越论。具有讽刺意味的是,当初为了反对作为社会过滤器而存在的孤傲排外的殖民者俱乐部,被殖民者根据民主、平等的原则建立了自己的俱乐部;而今,很多此类俱乐部的会员资格在大部分后殖民世界中被视为声望和社会成就的标志。这类俱乐部中有些在非殖民化不久构成了一些新独立的亚非国家奥委会的核心。

虽然绝大多数体育传播都是从殖民者传向被殖民者,但有些形式的体育运动和比赛则是反向传播。例如,人们所熟悉的马球运动早在英国人建立东印度公司之前就已在亚洲次大陆展开,更不用说帝国直接统治的时候。当圣公会传教士向印度上层人物传播板球时，马球则被复员回国的军官传入英国。现在马球一般和王族及富翁相连，成了世界上有钱有势者的运动。柔道是另一个明显被西方人接受的土著人的体育活动，它是19世纪末由日本武术大师为了替代较复杂和传统的武术而发展出来的，1945年日本战败后开始为美国人和欧洲人所熟知，并在他们占领日本后传回国内。虽然日本人仍在国际柔道比赛中占有优势，西方选手已成功地向这种霸权发出了挑战。

体育天生具有辩证的特征，这种特征影响了它的历史变迁。1945年后的体育历史记录上，满是第三世界代表队战胜其西方对手的事例，而这些比赛最初却是作为殖民统治和文化支配的工具由西方引入第三世界的。印度、巴基斯坦、西印度群岛和其他前"殖民地"板球队在伦敦的草地上将英国队击败已不鲜见。世界杯足球赛上拉美和其他非欧洲足球队打败欧洲队和他们被欧洲队打败一样频繁。

这种体育比赛的胜利常常会加强胜者的自豪感，造成政治、经济或外交领域少见的欣喜。事实上，有人认为，在运动员的比赛中，被视为政治上的弱国能够获胜对于维持国际关系中的和谐是有必要的。此外，即使在殖民时期由宗主国引入的体育项目（如足球或网球）取代了传统运动项目（如土耳其人的角力、苏格兰人的扔斧头或中国的"功夫"）的地方，由于参与者和全球社会的其他各种成员一样具有共通性，因而具有融合作用，由此而带来的地方文化损失在某种程度上得以抵消。在这一点上，殖民时代的体育现在发挥着包容或战胜前排外团体的作用。

科学技术

运动员总是不仅挑战他人，也挑战自己和其他对手先前的成绩。自古代奥林匹克比赛以来，速度就一直是运动员们关心的问题。这也是传统的非工业化社会里所举行的包括赛跑在内的比赛所共同关心的一个因素。但是，直到1912年斯德哥尔摩奥运会引进电子计时器之后，精确记录时间和准确保存运动员的成绩才成为可能。从此,复杂的激光计时技术的到来,使人们可以计算小到 1/100 秒的时间,因而进一步精确和缩小了胜负之间的差别。它也使时间记录可以立刻显示出来,因而也增加了运动员的焦虑和观众的兴奋感。运动员在比赛中能监视自己和对手的进程,而观众则会比观看比赛本身更专注于电子计时牌上闪烁的数字。

想像一下诸如静物摄影、激光摄影和运动摄影技术的发展吧。这些在 20 世纪发展起来的技术不仅大大改变了运动会信息的传播手段,而且还使运动员能更真实地模拟比赛场景并组织训练。这种技术辅助手段导致了运动员从业余消遣向专业化方向的转变,并带来了与体育相关的从公共关系到运动心理学等一系列辅助职业的发展。虽然西方运动员通常有现代技术训练作后盾,其他地区的选手也越来越得益于现代方法。

运输和通讯技术的进步也有助于体育运动的全球化。即使在 1896年雅典的第一次现代奥运会上,大多数参赛选手都来自与古代运动会参赛者相比更远的地区。今天,喷气式飞机则使运动员可以在他们选择的任何地方居住、训练和比赛。

早在 1899 年,无线电就被用于从赛场传递信息和激发公众的兴趣。此后,旅行和通讯的革命性发展极大地推动了大众对体育赛事的参与。今天,四年一度的世界杯足球赛通过卫星转播到世界各地,数十亿观众围坐在电视屏幕前,为各个球队喝彩。这些球队的胜负对他们中的所有人来说都具有实际和象征的意义。

体育器材、运动服甚至运动场的技术变化也改变了体育运动。轻型合金和塑胶的采用使选手能有更好的发挥,也为提高成绩提供了机会。这反过来促使训练者和教练运用现有的设备,力争在比赛中获胜。

这种对成绩的关注一直是体育比赛的一个特点,但自第二次世界大战以来,这种关注因经济报酬的原因而特别被重视。这种关注也产生了一个新现象:使用兴奋剂来改变运动员自身的实际生理和代谢结构。

　　今天,比赛中非法使用类固醇类药物的现象已远远不是个别业余选手的问题,因而受到体育界的特别关注,尤其在奥运会上。虽然国际奥委会早在1962年就禁止运动员服用某些药物,但直到1976年蒙特利尔运动会上,东德女游泳运动员和田径运动员广泛使用兴奋剂的谣言四起之后,这个问题才受到公众的重视。1990年10月,德国统一后公布的官方文件证实了当时的谣传。相当一部分苏联举重运动员也因为在那时或在其后的运动会上服用兴奋剂而被禁赛。1988年汉城奥运会上,媒体对加拿大田径明星本·约翰逊违禁事件给予了前所未有的关注,并证实了违禁药物在西方和在东方阵营中一样被广泛使用。世界一流的运动员为获得高报酬而常常签署产品赞助合同,这种压力加上获胜的欲望使他们冒险使用兴奋剂。1976年蒙特利尔奥运会上出现了提高成绩的回输技术,包括让运动员在高海拔地区训练以增加红血球的含氧量,然后抽掉运动员一部分血并将它保存到赛前最后一刻再重新输入体内,以提高运动员的耐力。虽然回输血液不需添加外来物质,但仍然被视为违背了奥运精神,因为它造成选手“不自然不公平的优势”。

　　由于参赛者及其政府和民众都认为体育成绩的好坏与地缘政治有着紧密联系,因此,从1936年奥运会上纳粹提倡优生学开始,国家一直鼓励努力利用科学创造或重塑优秀运动员,这一点并不令人奇怪。

　　一些国家公开利用社会或生物工程技术使运动员获得好成绩。北朝鲜尝试在三四岁的幼童中寻找有潜力的运动员,然后负责他们的培养和教育,以保证发挥他们的潜能。解体之前的苏联和周边国家也曾采用过这种做法。即使在其政府无权对男女交配实行控制以遴选有潜能的幼儿,或由于道德和伦理的原因而回避为特殊目的培养人的观念之国家,支持有抱负的运动员发挥其才能的教练员、训练者、观摩者和父母也急于采用一系列广泛领域内的科学研究成果,希望运动员能给他们国内的资助者带回奥运金牌和荣耀。

商业主义和职业化

现代奥运会的奠基者最初关心的是阶级的差别而不是有报酬的行为,这一点反映在它的业余性上,他们排斥那些靠体力活挣钱的运动员参赛。职业运动员的定义是在 1912 年奥运会后伴随吉姆·索普的辩驳而产生的。因为他在学生时代曾参加过职业棒球赛,他在这一届奥运会上所获的奖牌被收回。不过,国际奥委会总是具有阶级意识,他们忽视军官在训练和比赛时获得各种职务津贴这一事实,认为他们是业余者因而给他们参加奥运会的资格。直到 1952 年,在第三世界民族主义、非殖民化运动和苏联阵营进军奥林匹克运动甚至影响了奥委会的社会观点后,军官和士兵才同样可以参赛。世界上其他出身低下的运动员受益于这一进步和其他主要在苏联阵营的国家中使用的方法,即给享受津贴的职业运动员以业余运动员的身份。由于政治敏感性及其利害关系,这种方法很容易被奥委会忽视。

经过若干年的演化,运动员的业余性有了更实际的界定。现在业余选手可以和其他世界一流的运动员一样领取薪水、奖金、补贴,以及因他们的运动成绩而获得的其他各种报酬。这种情况始于 1968 年格雷诺布尔冬奥会上为滑雪运动员提供的商业资助,后来又迅速蔓延,此后大多数滑雪运动员都公然违背他们与组织机构的协议,公开为资助者做广告。到 70 年代末,奥委会修改了章程,允许运动员公开展示资助者的标识和用其他方法为他们的俱乐部挣钱,但仍不允许私人获得好处。1982年,奥委会再次修改章程,允许为运动员个人建立托管基金,这些基金表面上是用于运动员的训练和比赛开销,可实际上现在这些基金都成了运动员过了事业巅峰期后收入的来源,并且充当各种退休金,同分红或任何其他商业企业的津贴难以区分。

事实上,当代给予运动员的报酬更让人想起古时候勇士(如荷马时代的英雄)所获的报酬,而不是古典运动会上给予运动员的报酬。后者在获胜后只能收到橄榄枝做的花圈和桂冠。荷马笔下的勇士则根据他们在战场上的技术和在社会军事统治集团中的地位瓜分金、银、铜、女俘等战利品,现代迈锡尼英雄则用天文数字般的薪金、商业赞助利润和高价小汽车取代了那些战利品。

体育的职业化和不断增长的商业主义超越了国界、文化和传统,在某些项目中不同的种族和性别融合在一起,它对奥运会从排外的特权团体的独占领域转变为社会各阶层人士积极参与的活动具有积极的影响。非奥林匹克国际比赛如足球和板球比赛也明显经历了同样的转变过程。当殖民者撤退以后,为了参加国内特别是国际的大赛,当地野心勃勃的运动俱乐部不分民族和种族招募有才能的运动员。

国际奥委会本身也不可避免地受到经济的压力。1960年罗马奥运会开创了给予个别制造商和提供服务者"官方"许可的先例:从"官方"计时器到"官方"旅店连锁、信用卡或薯片,无所不包。电子媒体也被索取一笔资金,以获得对比赛的转播权。事实上,随着奥运会越来越成为商业获利的对象,一个最富戏剧性的结果是电视网为获得奥运会转播权所付的金额越来越高。

1976年,美国广播公司仅花了2500万美元就获得了蒙特利尔奥运会的转播权。到1980年,美国甚至都没竞标,莫斯科设法以8500万美元把转播权卖给了美国广播公司。其后每届奥运会的资助金额越来越高,这在评论家公开批评商业标志泛滥现象的前几年还无法想像。重要的是,电视网络开始改变他们对运动会的报道方式,以迎合观众的习惯和作息时间以及资助者的销售要求。由于大部分奥运会的报道权通常由美国电视网络获得,这就保证了最近几年以美国为定位的奥运会转播。

结　论

虽然20世纪的体育转变是许多因素作用的结果,但所有的变化都是伴随着城市化和休闲时间的延长而产生的。随着农村冗长工作日的逐渐消失和现代生活节奏的产生，人们能够更方便更认真地参加有组织的体育运动，从而为体育的普及铺平了道路。随着严肃的比赛现象首先在欧洲和北美传开，组织者为这些活动和有关的规则进行了合理的构架。

如同 20 世纪社会的许多方面一样，体育也获得了严格的组织和规范的参数。这个过程造成的最重要结果是，它有利于一个世纪的前景——全球化。它是欧洲殖民主义和各种形式的帝国主义的结果。由于殖民者把他们的文化要素传播给了被殖民者，这就确保了比赛及其伴生的民族精神的传播。这个过程既明显又微妙，因为欧化的代理人采用了各种手段传播他们的社会和文化急务，由此开始了现代体育和政治的交融。

由于现代奥运会一开始就受到意识形态因素的影响，它也反映了国际政治的变化。民族主义宣告了其政治化进程的开始。经历了两次世界大战、许多次革命和许多新国家的诞生，冷战及其后的一段时间，所有的政府仍有增无减地利用体育来为努力实现各自特有的目标而宣传。这种过程在第三世界国家尤其明显，特别是那些仿效奥林匹克的地区性比赛。除了政治方面以外，体育的全球化实际上已使运动场上实现了人人平等，尽管还不十分彻底。富裕和贫困社会的代表都可以在运动场上相遇。

20 世纪体育运动最积极的要素之一可能是它已成了社会的晴雨表。妇女在体育方面取得的进步反映了她们已被吸纳到各自社会的社会和经济结构中。这一点对于西方和北美已解放了的妇女来说无疑是真实的，对其他地区的妇女则不那么适用。但是，她们也取得了明显的进步。

起初，别说是参加国际水平的运动会，就连参加国家水平的有组织的运动会都是由特权阶层垄断的。全球社会经济转变带来的不断变化，使不太有权势的人也可以参加正规的体育运动。同时，体育比赛的意识形态因素和提供资助的政府也有助于这种解放。随着本世纪的结束，商业化和职业体育的传播已替代了政治资助,创造了第一次世界大战前夕闻所未闻的杰出的运动员事业。

信息技术革命保证和扩大了上述大多数因素的影响。归根结底,由世界媒体炒作出来的比赛的刺激性和戏剧性,鼓舞了世界上几代崭露头角的运动员赶超受到专业训练或成为竞争目标的获胜运动员。

(梁远、刘金源 译 陈祖洲 校)

第六章　种族与种族制度

J.保罗·马丁

　　没有什么比我们称之为种族和种族关系的错综复杂更能说明人类为何经常遭遇自相残杀的痛苦。当基督教、伊斯兰教、西方自由主义、马克思主义等形形色色的宗教与政治意识反对种族主义并欢呼自己的胜利时，基本上由遗传下来的人类生理和承袭而来的文化上的差异而激起的族群意识和仇恨，却再三表明了种族主义的存在。20世纪末，媒体每天连篇累牍地向我们报道来自亚美尼亚、斐济、危地马拉、印度、伊拉克、黎巴嫩、卢旺达、南非和斯里兰卡等国种族冲突的消息，还有更多的发生在全球城市街头的各种偶发事件。

　　在美国，这些被称作种族偏见，在印度被称为种姓制度。事实上，每个民族国家在种族和宗教意识层面上都存在着深刻的社会分野。这种现象已经存在了一个世纪，比较突出的有纳粹德国大肆屠杀犹太人，南非种族隔离地区实行的合法种族制度，最近在前南斯拉夫地区实行的"种族清洗"。随着世纪末的到来，我们深切地感受到全球许多日趋恶化的种族紧张关系。20世纪早期到中期特有的殖民主义和意识形态的力量，经过一个世纪的历程而消亡了，这种力量摧毁了本世纪初的社会内聚模式，也为种族分离和原始民族主义打开了大门。20世纪里，种族既是争取自由的强劲动力，也是导致压迫的力量。前者使人类受益，后者使人类受困。

与 20 世纪许多其他现象一样,种族和种族关系问题业已全球化了。现在它们在世界舞台上演,并吸引了以国家政府和政府间或非政府为形式的国际演员的参与。我们不仅全部了解全球的种族问题,而且我们也能看到在东西方的紧张消除以后,日渐旺盛的种族战火如何成为主要暴力和战争最危险的引发点,这也是 20 世纪末战争为数不多的几个因素之一。《纽约时报》1993 年 2 月 7 日的报告列举了 48 次大大小小的种族战争:欧洲 9 次、中东和北非 7 次,非洲 15 次、亚洲 13 次、拉丁美洲 4 次。种族差异所导致的问题的普遍性由此可见一斑。

整个 20 世纪,联合国及其前身国联一直致力于建立法律机构和制度,如联合国大会、消除种族歧视委员会和人权委员会分会。这些机构始终关注土著居民和少数民族的问题。各国政府也创设了专门的行政和司法机构来处理种族歧视问题。尽管如此,但很少有迹象能够表明这些问题正在被消除,或在中东那样的关键地区不太可能再出现重大冲突。

在过去一个世纪中,民族问题一再显示出多发性。在前南斯拉夫,直到最近人们还普遍认为,国际社会面对恶性的种族冲突无能为力。这个今天人们在那里看到了脆弱和平的地方,也是 20 世纪初由奥匈帝国衰亡而引发种族冲突,并激起第一次世界大战的地方。20 世纪初,布尔人或南非白人与英国人展开斗争,以获得发展以自己种族为基础的社会权力。差不多 100 年后的今天,这里的种族隔离正在被消除,但种族冲突却在其他地方爆发了,特别是在布隆迪和卢旺达。在 20 世纪上半叶的美国,种族歧视仍然受到 1896 年最高法院对普莱西诉弗格森案的判决所设定的标准的保护,该标准允许黑人和白人分离但享有平等的公共服务。从 1954 年布朗诉托皮卡教育局案将其推翻以后的近半个世纪里,公众舆论、行政条例和司法行为都在力求纠正过去的做法,阻止种族歧视行为的继续。这使得美国既为全力改善非洲裔美国人状况的巨大努力而感到骄傲,同时也为与种族问题相联系的社会底层的存在而感到尴尬。总体上说,到 20 世纪末,全球日益意识到种族歧视问题,但又缺少远见卓识和解决办法。

我们所说的种族和种族关系的现象大部分是承传而来的。它是先辈给予的,是每个个体自己也难以驾驭的特性的一部分,而不是后天习得的。这些自上承传而来的特性,不论是自然的还是文化的,都与历史和现实的社会构成有关。也就是说,这种传承导致霸权的定型、分类和模式,并最终导致证明种族屠杀正义性的理论基础。

由于种族主义是承传而来的,因而也被赋予了许多特性。在将人类归为两重意义上的建构时,这些特性起了重要的作用。我们能够选择别的特性如智慧或财富,并且我们在日常生活中常常将高度主观的属性作为种族的特征。尽管目前关于种族关系、种族和种族制度的学术和大众化的论述极其广泛,但从这些论述中我们很难发现新的真知灼见,而且这些论述也没有超越对概念的界定和分析性理论的争论。在街头巷议中,由种族与不和睦的种族关系引起的歧视问题依然存在。摆在我们面前的问题是:我们必须从这个世纪的经历中学到些什么? 我们又将从这里走向何方?

国际意识的增长

19 世纪末在柏林召开的两次会议,标志着 20 世纪种族和种族关系进入了国际化的阶段。欧洲大国在 1878 年的会议上就巴尔干国家的安排问题达成一致意见,在 1884 年的会议上商定了对非洲的瓜分,因而建立了全球霸权的"规则"。从表面上看,这是欧洲国家的规则,其实也是其他一些有殖民野心的国家尤其是日本的规则。大国随后奋斗的历程充满了当时所达成的事实上的种族主义原则。它们把其他的种族当作不能照看自己的孩子,结果使得许多国家,尤其是黑非洲的国家,面对现代世界经济竞争,因为完全没有准备而手足无措。

本世纪初,欧洲国家的领导人认为,自己的国家在伦理道德上、政治上和经济上全都优越于世界其他地区,因此应该控制这些地区。从这种意义上说,他们于1914年和1939年发动的两次波及世界各地的战争,是真正意义上的世界性战争。在第一次世界大战后关于巴黎条约的和平谈判和建立国联的过程中,大国都特别注意欧洲的少数民族问题,将其视为过去甚至将来引发战争的原因。与会大国签订了许多条约,其中包括和平总条约的四个特别章节、五个宣言和两个协定,并规定14个国家有遵守特别规则的责任。这些规则的设立是为了保护全世界各国中总人数约为3000万,在他们各自国家内属于少数种族、宗教和语言的个人权利。这些条约当中体现的原则旨在解决战后领土主权重新划定所引起的民族问题,保证这些少数群体的个人和宗教自由,使同一国家的所有国民在法律上和事实上享有同等待遇。这些国家也一致认可某些少数族群的语言权,包括用一些少数族群语言进行基础教育的权利。大国的这一总的构想以为,这样一来少数民族就将最终融入到各自国家统一的政治生活中去,民族问题将因此消亡。

国联设立了一个以国联行政院(与全体会议相对的国联行政主体)主席为首,并在其他两个专员协助下开展工作的少数民族委员会。两次大战间隔期间国联行政院召开会议处理来自不同国家的申诉,但其行动温和——因为它的权力尚未确立。战后对欧洲少数民族的安排,以及用以解决前德国殖民地和奥斯曼帝国领土,包括巴勒斯坦的托管体制,强化了这种双向的世界观念:一些国家掌握着强权,而另一些国家需要保护。不久,国联的这些条款就被德国纳粹主义所释放出来的强大种族主义和其他力量所破坏,接下来便是另一次战争,尔后通过创建联合国,再次致力于创建一种维护全球和平的体制。联合国的创建者们创立了一个以由民族国家和个人组成的世界为基础的机构,但他们完全忽视了各国少数民族和其他介于两者之间的社会群体。全球因此开始了一段淹没在冷战以及由于冷战而引起的错综复杂的国际政治关系时期。然而,种族冲突问题依然不容忽视,例如南非问题、巴勒斯坦问题等。联合国因此通过了一些文件,并设立了一些机构,以确认种族歧视不可容忍的原则。随着 20 世纪的结束,除了南北关系外,种族紧张关系也很可能构成联合国面临的主要挑战。

殖民遗产

20 世纪到来之时,欧洲各国和日本正忙于巩固各自的政治和经济帝国。这些帝国几乎是全球性的。另一个惟一真正意义上的国际群体是包括从西方的摩洛哥到东方的荷属东印度群岛的伊斯兰教国家。但这些国家在政治上不统一,其中一些被纳入了欧洲的殖民体系之中。它们共同的伊斯兰教传统在西方国家看来是一个强烈地显示其特质的因素,对于寻求殖民势力保护的基督教传教士来说肯定也是如此。整个 20 世纪,这些帝国主义和宗教力量的互相作用,造成了众多的政治和宗教紧张,更不必提以色列国家的建立以及其后的历史了。

欧洲殖民主义对非洲的影响尤其巨大。欧洲人不仅作为外部力量统治非洲,培育了非洲现在普遍盛行的高压政治权力和社会组织形式,而且创造出了根本不考虑当地人文地理或历史的松散的政治单位。殖民主义将新的种族关系强加给非洲的传统社会。例如,在乌干达一个名为巴干达的占优势地位的集团以亚帝国主义的方式巩固其政权。其他地区的弱势集团则利用西方的资助,不仅在自己的地区,还在新划定的殖民地中获得新的地位和重要的政治权力。不同的社会集团都对西方的介入作出反应,以使自己的生活方式适应新的经济和政治机遇,在这种情况下,传统民族的分裂呈现出新的意义。当欧洲人在 20 世纪下半叶从非洲撤出时,他们几乎没给其前殖民地留下什么政治结构和训练有素的行政人员,以便管理他们如此专断地建立起来的国家。他们很少对这些国家内部的种族差异采取相应的措施,也没有为被在柏林划定的界线分割开来的种族群体的具体情况进行补救。

如殖民政权所做的一样,冷战既压制了民族群体,又强化了民族分离。在前南斯拉夫这样的国家中,共同的意识形态和强大的中央集权抑制了民族紧张和民族暴力的出现。另一方面,在非洲之角这样的地区,由于西方和共产主义世界都将武器输入到各自代理人的一方,种族的相互冲突不断出现。由于复杂和不同的原因,首先是殖民势力的消失,接着是冷战的收缩,使得许多国家无法采取行动以缓和种族关系的紧张,因而在全球产生了数百万的难民,人们由于不同的民族认同而被赶出家园。殖民势力强加给殖民地一套完全忽视了殖民地更早的更本土化的社会秩序的政治秩序,并强调现代化的力量将产生新的超越民族和部族敌对的秩序——当然仍在殖民国家所代表的先进文明的指导下。欧洲和日本殖民主义及其所采用的各种手段,将全世界的各个民族更加紧密地带到了一起,但并没有提供承认文化和政治差异的认同所需的结构。而且,隐含在整个殖民过程中的是殖民者对被殖民者的支配,这种支配地位又完全是建立在种族优越感基础之上的。

种族与国家政治:美国和南非

在全球种族问题上扮演重要政治角色的许多国家中,没有哪个国家的经历比美国和南非更受世界瞩目。种族问题已成为美国和南非历史上经久不变的主题。在这两个国家中,从殖民地建立之时起,殖民先民们便逐渐呆了下来,他们不仅是商人,更是渴望建立新家园的定居者。这两个社会都逐渐包含了不同文化和经历的人民。这两个国家的移民群体最初都必须面对大量的土著居民,都从第三世界带来了成千上万的劳动力,这使民族和文化的混合更加错综复杂。从一开始,殖民者和被殖民者之间的关系就是一种强制的关系,在所有关键时刻都是通过殖民者先进的火力决定下来的,迫使土著种族臣服。当然这两个社会也有许多不同点,最明显的是从欧洲各地来到美国和南非的移民群体的数量和质量。在南非,移民以一种保留他们文化传统的方式将自己组织起来,并采用一种与其新家园相称的生活方式。对于美国来说,较早的政治独立和许多训练有素的移民释放出巨大的经济和政治能量,使之在20世纪开始以前就成为世界强国之一。另一方面,南非则严重依赖采矿业和廉价的黑人劳动力来取得财富,并建立不仅仅满足少量人口所需的不同规模和产业的工业。

由于美国在整个 20 世纪的全球政治和经济强国的地位,美国的文化娱乐和大众信息传媒逐步上升至主导地位,以及美国对自身行为更明显的自省态度,因此美国的历史经验特别是种族关系方面的遗产将不可避免地成为全球的参照点。南方的形象和奴隶制遗产,对西部的拓殖和在此过程中对土著美国人的处置,亚伯拉罕·林肯的功绩以及本世纪马丁·路德·金博士和马尔科姆·艾克斯的成就,都是全球遗产中不可或缺的部分。这些都通过文学作品,特别是通过美国影视的发行传播到世界各地。

自建国以来,种族关系一直是美国政治中倍受关心的问题。美洲殖民地是在新的社会流动时期建立起来的,在此之前不可能有如此大、如此快、如此远距离的社会流动。在过去几个世纪里,各民族以不可想象的方式被胡乱拼凑在一起。欧洲的政治野心加上技术力量,首先使得对这片大陆的控制成为可能,接着便千方百计地征服原先就生活在这里的土著居民。到本世纪初,人们从世界各地涌向美国,并通常聚集在乡村或城市中的种族飞地里。企业家、重要职员、经理都是欧洲人,那些较卑下的工作则由黑人和新移民们去承担,而处于穷人和富人之间的一大块中间地带最终被工会和各个经济部门的小企业主所支配。与其他许多国家相比,美国的经济增长使人们相信能够提高大多数移民的生活标准。大众传媒总是在灌输这样一种印象,现在仍然在这样做。例证之一是,目前几乎所有以非洲裔美国人为主角的电视剧,实际上都描写了他们设备齐全、富足的生活条件。其实,在现实生活中,只有很少一部分人能达到这样的生活标准。

本世纪初,美国主要关心从欧洲吸引移民——意大利人、波兰人、北欧人、匈牙利人和其他欧洲人,他们几乎都是基督教徒或犹太人。这些移民最初被吸引到各自的种族社群中,并在那里获得适应美国式生活所必需的帮助。他们在同胞的帮助下找工作，将自己的孩子送到当地的公共学校或教区学校读书。教区学校热心于通过调教移民孩子的宗教忠诚和公民社会伦理，帮助他们融入到新国家当中去。工会在提高移民的生活水平方面起了重要作用。但只是在本世纪后期经过联邦政府的广泛干预之后，非洲裔美国人才从加入主要工会中获益。

美国工会运动的发展与移民活动以及移民对共同的宗教、国家来源、语言和文化社群的需求紧密相关。种族社团利用自己对工会的控制，为新来的成员提供工作，并由此提供独立感、稳定感，推动他们融入美国社会。19世纪时，有大量详尽的例证表明对非洲裔美国人的排斥。《美国有色人种》杂志在1903年的一篇评论中写道："白人移民登上陆地，克服晕船后所做的第一件事就是组织起来，将有色人种排除在矿区、工厂、工会和美国各种各样的工业之外。"①工会运动的种族性质在19世纪中叶就已初现端倪。因此，到20世纪初，人们就可以看到非洲裔美国人在各种行业中的数量如何减少，他们和亚洲人被排除在工会之外，不能获得工资较高的工作和向中产阶级下层靠拢的机会。许多工会——特别是强大的铁路工会——在其规章中都有特别的排斥性条款，如只有"文明国家生而自由的白人男性公民"，"有良好道德品质的白人"或"高加索种族白种人"才能入会。② 这些工会常常从雇主那里获得只雇用本工会会员的特权，将非白人完全排除在外。甚至当这些条款在本世纪初被明文废止后，其他类似机构仍在使用。直到本世纪中叶，一些设法加入到美国劳工联合会（AFL）工会的人，也被隔离到各自的"附属性"的单位里，被排除和隔离在技术工种之外。1925年，A.菲力浦·伦道夫当选为铁路卧车工人兄弟会主席，开始将黑人铁路卧车工人组织起来，这一举动在当时明显是个例外。直至国家机会均等行动计划法和许多诉讼出现以后，这些工会才不得不勉强接受种族平等原则，并在法庭和法律

---

① 赫伯特·希尔："有组织劳工中的种族与种族关系：抵制机会均等行动计划"，载《族群关系期刊》12(4)，1984年，第11页，全国人权工作者协会成立于华盛顿特区。
② 同上，第22—23页。

监督下逐渐改变雇佣方法和资历政策。

以外国人的眼光看,非洲裔美国人的经历起落不定。越来越多的成功的美国黑人名利双收,如著名作家詹姆斯·鲍德温和玛雅·安鲁,运动员乔·刘易斯、杰西·欧文斯、奥尔瑟·吉布森、杰基·乔伊纳-克西和迈克尔·乔丹。像小马丁·路德·金博士、杰西·杰克逊、戴维·丁金斯等黑人政治领袖,则逐渐成为闻名全球的人物。他们都来自既有传统又有革新意识的非洲裔美国人社区。他们的先辈之一马库斯·加维,是一位特立尼达的移民。加维在两次大战间隔期间试图鼓励非洲裔美国人为自己的文化和哲学而感到骄傲,并故意用了一个带有种族主义倾向的表述:"黑人要忘掉和抛弃对其他种族英雄的崇拜和信仰,立即开始创造并信仰自己的英雄。这样的时代到来了。"正如加维所阐述的,这将要求他们不再接受白人种族的思想观念,"自动地接受其他种族思想的任何种族终将成为其他种族的奴隶"①。加维在肯定黑人和白人平等的同时,敦促非洲人和非洲裔美国人为了使自己从对其他种族的崇拜中解放出来,必须信奉一些本源的东西——他们自己种族的东西。加维将之定义为非洲原教旨主义,即黑人种族的信条。这种生活观强调非洲是文明的摇篮,并用黑人的伟大领袖和英雄来激励黑人的后裔。

20 世纪后半叶社会运动的主流是所谓的民权运动。它以 1954 年最高法院对布朗诉教育局案的判决为开端,到 60 年代约翰逊总统提出"伟大的社会"概念时达到高潮。接下来便是几乎长达 20 年所谓"机会均等行动计划"的壕堑战。总体上说,种族歧视政策失去了基础,下层阶级的相对地位受到争议。但种族歧视现象依然盛行,例如许多空载的出租车在等待租车的黑人乘客身边一闪而过,拒不提供服务,黑人在全国各法庭上被判有罪和死刑的可能性在上升。与社会上其他人相比,非洲裔美国人在收入、受教育程度、卫生、住房、工作地位和政治选举方面已有收

---

① 罗伯特·A. 希尔编:《马库斯·加维和全球黑人促进会文件》,伯克利:加利福尼亚大学出版社,1983 年,第 7 页。

获。这不仅应归功于反种族歧视的法律和人们贯彻该法的决心,而且也归功于国民经济的持续增长、"机会均等行动计划",以及有助于消解冲突的个体和组织网络的作用。但20世纪80年代,由于经济的削弱,民权的实施不力,社会保障计划被削弱,非洲裔美国人所获甚少。美国的社会问题仍以黑人青年的高失业率为特征。黑人青年的失业率比白人青年要高三到四倍。90年代经济增长到底将会产生什么影响,我们将拭目以待。

"机会均等行动计划"在80年代停滞下来,因为种族数量限额逐渐被视为不公正的、反向的种族歧视,即为了提升"不太胜任的"非洲裔美国人、土著美国人和妇女而排除了白色人种和从表面上看来最胜任的人。里根和布什的12年执政在贯彻"机会均等行动计划"方面作为寥寥,其间政府甚至支持削弱其影响的法律行动。最近,尽管有一个"无所不包"的内阁,克林顿总统表述的民主党新议事日程集中关注的是经济,而将广大美国黑人视为自己日常生活主要方面的种族和种族主义降到次要地位。试图为世纪末非洲裔美国人的地位划一条底线,超出了本文的主题。但从总体上说,一方面,许多美国黑人已经获得了一定的社会地位和社会认同;另一方面,其中的大多数人仍过着下层阶级的悲惨生活(当前资料表明,西班牙裔美国人也同样如此)。他们以贫穷、犯罪、健康不佳、社会保障差为特征,同新近经济地位超过这两个群体的亚洲移民形成鲜明对照。实际上,在过去两个世纪一直处于政治边缘的是美国另外一个重要的种族群体即土著美国人。他们努力在根据他们与联邦政府的条约圈定为他们家园的荒凉乡村地区,保留自己种族的同一性和社会。只不过在全球大舞台上演出的是对非洲裔美国人,而不是对西班牙裔和土著美国人实行种族歧视的闹剧。

尽管美国的种族歧视一直在蔓延,但与南非下层非白人的经历相比,其影响就黯然失色了。虽然这些人现在都称自己为黑人,却是来自许多不同的地方,包括中部非洲迁移而来的群体、更早的土著居民和欧洲人驱使来的马来西亚和印度的工人。尽管奉行种族主义的南非国民党直到 1948 年才上台执政,但从荷兰来的第一批欧洲人 1652 年首次在这里定居时开始,种族歧视就随着南非社会的分裂而愈演愈烈。那时,包括法国胡格诺教徒和荷兰人的定居者进一步深入内地探险,并建立农场和小镇。1702 年他们与当地居民发生了第一次军事冲突。到本世纪初开普殖民地在英国统治下刚好 100 年时,在那里形成了布尔人的两个独立国家(特兰士瓦和奥兰治自由邦)和另一个英国殖民地纳塔尔。围圈起来的农场迅速遍及高原,非洲人要么充任当地的劳工,要么生活在非正式的保留地里。

19 世纪后半期,钻石和黄金矿藏的相继发现,无可避免地改变了南非在世界上的地位。尽管钻石和黄金蕴藏量极其丰富,但开采代价高昂,白人和黑人都很难独自开采,白人是矿场的所有者和管理者,矿区形成了一个按肤色划分的二元的劳工模式。黑人工资极低,他们被招募来作零工使用。由于当地缺乏熟练工人,最初从海外招募白人工人,到本世纪初,已产生了足够的白人劳工储备,致使南非黑人被排除在所有晋升机遇之外。技术工种和高薪成为白人在南非经济中当然的特权。种族分离是工作场所的一个基本原则,早在它取得全国范围的合法性以前就已存在。当地的廉价劳动力使得南非的矿业、农业和其他产业可以在世界市场上竞争,并为白人提供较高的生活水平。

控制在特兰士瓦发现的巨大金矿,取得对独立的布尔共和国的政治主权,这些无疑是英国发动布尔战争(1899—1902 年)的主要原因。在这场战争中,英国士兵和布尔游击队进行了两年的流血冲突,留下了一片片荒芜的土地。这次战争当然不是因种族关系而爆发的,但当战争结束时,对英国政府而言,十分明显,以南非后来的土著政策形式出现的种族问题,就像将所有四个殖民单元合并为单一政治结构一样重要。英国激进的人道主义努力关注殖民者如何处置非洲人,而殖民者,即布尔人和有英国血统的人,则寻求像以前美洲殖民地一样以地方自治形式进一步掌握自己的生活。随着对这场英国以巨大代价赢得的战争记忆的消逝,英国政府日益决心创造出一个政治解决办法以与布尔人和解。英国开始给布尔人提供大量拨款和贷款以重建经济。在这场导致 1911 年南非联邦建立的谈判中,对土著居民的保护被摆到次要的位置上。联邦法令的主要保障条款是为白人而设的,而留给土著居民的是本土政策。在法令中有一个"保护性"条款保护开普殖民地有色人种或混合种群的选举权,但不是被选举权。这个条款一直存续到 1956 年国民党政府废除它为止。与美国一样,南非白人工会也与雇主展开斗争以争取自己的权利,并将非洲黑人排斥在技术性工作之外。

非洲人立即组织起来对联邦法令进行抵制,并形成非洲人国民大会。泛非大会从非洲人国民大会中脱离出来,稍后又出现了黑人觉醒运动。非洲黑人抗争的漫长历史超出了本文涉及的范围。只要说从种族分离到非种族主义国家的和平过渡已经开始就够了。由于南非人寻求给种族认同一度抑制了政治和经济活力的社会带来平等和补偿,这一过程在世界范围内仍然普遍存在。

在世界其他地方,各国回应种族紧张关系的措施各不相同,从试图同化、整合、隔离少数民族,向少数民族提供特别保护和特殊身份,鼓吹国家多元到采取机会均等行动计划,应有尽有。不太为人称道的措施包括迫害、让少数种族代人受过、种族灭绝,以及其他一些旨在压制少数民族文化和政治要求的强制性措施。当人们对法律的合法性及其确保公正的能力表示怀疑,而被剥夺公民权的公民又将其视为强权者的工具时,法律通常就不可能成为一种有效的整合力量。近些年来,有关"机会均等行动计划"的法律遭到选民的抵制。在法律不再是一种引导力量,许多政治意识形态又普遍丧失信誉的今天,问题便成了哪一种社会力量能在意识形态上确保具有不同利益的不同种族团体之间保持和谐,就最为有效。在一个愈益民主的世界中,被统治者的同意变得更加重要。现在联合国各机构都认为,少数民族群体的利益是合法的,并要求各国加以调解,而不能再继续维持 20 世纪那种典型的种族间的关系——从属关系,因此在这样的范围内立法保障种族和谐对当权者来说就更加困难了。只有为数不多的国家机构意识到了种族群体意识的重要性,并且致力于推进各种解决冲突的立法和行政进程。

种族主义和国际法:联合国

从整个冷战期间到刚刚过去的十年,反种族隔离运动在联合国种族问题议事日程中一直占主导地位。1948 年,《世界人权宣言》签署,南非丹尼尔·弗朗西斯科·马兰博士领导下的民族主义南非白人党掌握南非政权。尔后几年在国民党的领导下,南非进行了细致的立法工作,这些立法旨在保护南非不同群体的种族特性。南非逐渐变成由两极国际政治支配的世界种族关系的陈列橱。联合国及其各分支机构在那里已经率先做了大量反种族隔离的特别工作。

由民族国家组成的联合国面对各国少数民族的吁请,总是要求维持其成员国的利益。联合国担心这些自决的请求可能导致他们正式脱离国家而独立或滋生脱离的愿望。国际法对民族自决权的界定很模糊,尽管民权、政治权、经济社会和文化权利协定的第一条款对此作了规定,但还没有一致认同的具体法律条款来表明关于少数民族自治权和国家主权间的差异所在。

联合国为处理种族主义后果所作的早期努力之一,是 1951 年召开的关于种族屠杀问题的大会。这次会议致力于界定并阻止图谋全部或部分毁灭一个国家的种族或宗教群体的行动。被禁止的行为包括屠杀或伤害各种族群体人员,强迫他们接受旨在造成他们灭绝的生活条件,阻止生育或强制买卖儿童。1965 年联合国大会通过了一个更为具体的"消除所有形式种族歧视的协定",该协定认为任何形式的种族优越论在科学上都是错误的,在道德上是应受谴责的,在社会上是不公正的,因而也是危险的。种族歧视被界定为"任何基于种族、肤色、血统或民族和种族渊源而形成的区别对待、排斥、抵制或偏爱,它具有取消或破坏在平等基础上认同、享有或行使人权,以及政治的、经济的、社会的和文化的或任何公共生活领域内的基本自由之目的和效果"。该协定也禁止基于某一种族、某一肤色、种族渊源群体具有优越性的思想或理论,或者试图证明种族仇视或歧视合理性的任何宣传和组织。

1969年消除种族歧视协定生效,目前已得到全球80%以上国家的签署。然而,由18个专家组成的负责监督其条款实施的委员会一直苦于人员配备不足,至多只能听取少数几个国家提交的报告,以便将其归档。许多国家的报告都被延误了。

1989年6月,支持性团体的压力作用促使国际劳工组织彻底改写了1957年关于土著部落民族的协定。国际劳工组织取消了早期文件中同化主义和家长主义的取向,开始"认可这些民族对自己的社会机制、生活方式和经济发展实行控制,并在他们生活的国家结构之内维持和发展本种族的特性、语言和宗教的愿望"。除了强调各国有责任保证土著部落人口的权利和消除社会经济差距外,还责成各国维护少数民族的社会特征、习惯和传统以及社会机制。自我认同、土地和环境问题、宗教和语言将在这些种族群体和他们权利的概念化方面起到重要作用。

随着世纪末的到来,联合国,尤其是人权委员会的附属机构禁止种族歧视和保护少数民族专门委员会在种族、种族制度和种族关系方面做了大量工作。1993年联合国大会批准了关于少数民族或种族、宗教、语言的权利宣言,该专门委员会从此致力于拟定土著民族权利的宣言。近期召开的一些会议表明,它对南非种族隔离以外的各种种族歧视问题也有兴趣。该委员会的分支机构土著民族工作小组也值得特别关注,这个小组正在研究新的标准,并得到土著部族几百个代表的参与,许多土著民族因为另一些人觊觎他们的土地和劳务而面临屠杀、绑架、文化掠夺和暴力驱逐。一个特别棘手的问题是种族歧视对土著民族的文化财产,如工艺制品或草药的控制和占有所产生的影响。这些部族千差万别,使得在标准与有效保护方面难以取得共识。工作组正在检验不同程度的自治权,以作为保护种族特性和文化免遭政治和文化同化的手段,并向各自政府提出新的解决办法,以及帮助专门报告起草者鉴别不同情况。像前南斯拉夫出现的这些问题和情况,已经推动联合国研究发现事实、维护和平、进行监督和实施干预的新机制。

现在联合国面临的中心问题本质上是这篇文章的主题,即划一条线来将一个民族、尤其是那些没有传统地域的民族,界定为一个需要保护的少数宗教或种族。有人可能会补充说,还包括界定——并考虑到这样的后果——各个种族特性或种族本身。但在这方面有许多模糊的地方。尽管一些种族群体领导人乐意用种族的语言来界定自身,如祖鲁人、科萨人等的领导人,但世人憎恨南非试图按特定种族群体将每个人分类,因为这意味着种族等级化。另一方面,许多种族群体寻求获得比最终能给予他们特权更多的保护。联合国不能在种族或文化少数群体或土著群体的界定上达成共识,更不用说将其作为取得自决权的基础。在对群体的界定上,包括土地的所有权和使用权、地理位置、文化、宗教、语言、经济生活方式、自我认同、共同的传统和祖先、政府的组织形式等多重因素相互交织。在界定自身时,不同的群体又着重于不同的方面,因而不可能达成共同的界定。在劳动、资本、商品没有边界且其流动日益扩大的信息世界里,没有哪个群体能够享有使其成为法律上可以限定的独特性和种族群体所需的孤立环境,甚至他们自己也会发现保持这种状态非常困难。另一方面,种族意识、种族歧视和种族制度依然存在,而且常常对世界和平产生不利的后果,因此国际社会不能予以忽视。

联合国的协定和宣言的重要性在于,在国际社会中界定共同标准和创建共识。到目前为止,其局限性在于不能诉诸武力,对纳戈尔诺-卡拉巴赫、塞尔维亚或其他地区的种族冲突作出反应。联合国对法律手段和程序的注重,如果不是在事实上经常被看作一种犬儒主义,就是一种避实就虚实行拖延的战略。随着世纪末的到来,国际社会中的行为主体成倍地增加,除了联合国及其附属机构外,欧洲安全与合作委员会以其基本文件1975年"赫尔辛基最后协议"为开端,已经稳定地转向为少数民族权利提供实质性规定的阶段,最近还集中关注东欧的罗姆人或吉卜赛人的权利问题。国内种族群体总是乐于寻求国际支持。许多较早出现的关心种族和民族问题的非政府组织迅速扩大——尤其令人瞩目的是许多土著种族组织领导人协会的加入。

对种族和种族制度的界定

有关种族的语言直到本世纪中叶才开始变化。1946 年版《不列颠百科全书》仍沿用早期的生理概念,将种族问题描述为两种形式的分类与识别问题:一种是研究头盖骨的特征,另一种是研究皮肤、毛发等外在特征。该书有关种族的条目,建议将脑容量、身高与肩宽比例,以及颧骨最突出部分与前额所成的角度等数据综合起来,以确定一个人的种族。该条目接着将世界民族归为三大类:直发、短而粗的卷发和波形卷发,而后根据其他标准再分成一些亚种。在美国政府人口调查登记表中,常可见到同样含糊的分类方式。同样,孩子出生后的出生证明往往会注明其种族归属。整个 20 世纪,用以界定种族和种族特性的定义一直含糊不清,尤其是在区分群体身份时更是如此。

许多术语迄今还在使用。"少数派"主要指民族国家中未能掌握国家机器且常在人数上居少数的任何一个种族、部族、语言、宗教、种姓或民族群体。"民族"指比较大,比较复杂但又同质的少数派群体,拥有维持一定程度独立所需的地域。"土著"指那些拥有长达数世纪的祖传领地,有独立的政治和社会结构的民族。"种族特性"指个人遗传得来的生物和文化特征。"人种"是一个定义比种族更精确的术语,人们在使用它时,开始含有一些与种族制度相关的政治、文化或至少是心理上的从属意味。这些术语在含义上具有相关性,界定了一个范畴,却又产生了对另一个范畴的抵触。竞争性和支配或被支配的特征很容易决定这类相互关系,当涉及土地资源与文化问题时更是如此,冲突发生于传统的土地所有者与外来的掠夺者之间。这种典型的殖民问题在各个时代都存在,给人影响最深的例子莫过于劫夺美洲人的土地了。但这种劫夺一直延续至今,如对巴西的雅诺玛米人、加拿大的因纽特人和苏丹南部民族的掠夺。对于如何看待这些不同群体的抗争,以及他们通过国际社会寻求法律保护的问题,联合国内一直争论不休。每一群体都以地理界限,以及语言、文化和宗教的同质性等特征作为自己同一性和要求自决的根据。甚至相似的术语也很少能反映相似的状况。在这些生与死的冲突中,界定种族团体的身份是不可能的。

除了领土,种族也许是人类各群体最经常用来界定自身与他人关系的一种方式。也许是因为种族与最显眼且最不可能急剧变化的生理特征相关联,因而成为区分群体的最"客观"的方法。这种分类以生理和文化特征为基础,但如果对这些特征细加考量,便会发现这些也是可渗透的、模糊的,或者仅仅是一种心理建构而已。群体概念通常只能反映出个人的选择,用一些公认的遗传特征来给自己贴上标签,或者给别人贴上标签,从而认定自己或他人属于哪一个特定群体。一方面,人们会考虑一个白人与黑人结婚的原因;另一方面,他们所处的社会却可能以此来标定他们的子女。

当然,除种族特征外,还有许多可以用来辨别人类的特性。这种分类行为似乎深深植根于人类心理,是导致各种种族主义社会建构的起点。它也能引导人们欣赏人类的多样性。种族认同为一些人提供了归属感、历史感和忠诚感,以及未来发展的线索。它也会为其他人大开歧视与征服之门。由于种族歧视的形态在形式、强度及持久性上各不相同,因而难以概括。受歧视的主体可能会有各种各样的感受,例如,面对优势群体感到自己不能称作人或甚至是无足轻重的人,是被极尽侮辱与仇视的对象,也是一个随时有生命危险的人。

20世纪学术界关注的一个重要话题是如何界定种族和族群(包括计算和识别他们的方法)。人们曾经估算过,全世界的种族和族群的数量,少则573个,多则5000余个,而如果将宗教和语言少数派加进来,其数目将更大。细加观察,我们便会发现,群体的认定是综合一些指数的结果,如生理特征、文化行为、语言、宗教信仰、政治忠诚等,其中的每一个指数在界定不同群体时所占的比重并不必然相同。在中国,地理位置比语言、祖先、生理特征更加重要。对其他国家来说,重要的也许只是历史上有无事实上的自决。不过,许多自我界定的群体却是以有争议的历史记录为依据的。自从殖民活动开始之后,欧洲人类学家便用不同的方式向市民传授这些被他们政府征服的民族的有关知识,人们起初感觉到的是这些民族风俗的多样性,但很快人们便理解了这些民族存在的合理性,随之而来的便是要保护这些民族及其文化的道德责任感,最后人们又要求非殖民化,反对掠夺这些民族的土地和资源。

20 世纪的遗产

对于种族和种族关系造成的问题,不论是解释其原因还是改善其状况的努力,结果都被证明难以切中要害。受政治、经济因素的推动,国际移民日益增多,例如,美国每年接受约 100 万移民。世界范围的移民潮造成千百万风俗迥异的群体,弱势群体被迫接受强势群体的道德准则,而强势群体则压制新来者的自由和文化,例如东南亚移民劳工在阿拉伯储油国的境况就是如此。当受到其他群体的挑战时,有些群体便堕落为光头族或三 K 党的种族沙文主义者。对他们和许多其他群体而言,种族有一种客观的意味,因为它体现了人们对其祖先忠诚的归属、象征和仪式的欲求,而且这些似乎也能满足他们寻求避免多变世界的不稳定影响,以及保护自己不受其他种群支配的需要。

提供特别保护(与提供给其他公民的保护相比)容易导致被认为是以牺牲其他人的权利为代价的特权,或者是令该群体难以接受的管制。因而在这个意义上,对亚民族群体的保护可作多种解释。政治家们口口声声说要保护少数派的权利,却从不明说这些权利究竟是什么。当一个文化群体生活在一个较大的强势社团中时,他们也许需要更多的支持以保护他们的语言、习俗及社会认同。要想保护某一群体就得在一定程度上承认该群体及其具体的要求,诸如土地、语言、适当的教育等。南非白人政府过去一直寻求将其公民按种族或种群分类,现在,白人作为在野群体,正努力在多数人统治下的南非维持其群体特性。然而,非国大坚决拒绝在南非宪法中加入保护种族和文化群体的条文。事实上,如果少数派种族缺乏领土限定,并且只有借助某些不太显眼的特征才能与其他种群区分开来,那么就几乎没有哪个政府会向他们提供特别保护。

国家与其内部少数派群体关系的演变,以及联合国遇到的日益增多的此类问题,不时要求重新界定现代国家与现代国家体系。不论是欧洲目前对新的国家间关系的探求,还是非洲尽力维持主要由1885年柏林会议确定的边界线的尝试,都清楚地表明迫切需要一种新的方法去承认那些有强烈认同感的群体。鉴于人们日益意识到国家的多元化及国家间关系的不平等性,继续维持世界民主——一国一票且效力相等——的幻想就更加困难了。与此同时,我们也看到了一种国际意识的增强,它倡导普遍的价值观,制定国际准则,现在甚至允许国际社会对那些严重违反普遍价值和准则的行为进行干预。民族—国家再也不能随意惩罚其公民,也无法完全控制如贩毒及银行投机等行为,这些常常发生在不受个人或集体控制的边界地带。这种情况限制了国家主权的概念,并导致了新的国际准则的出台。从经济上说,随着劳动力市场及资本流动的国际化,国家正日益丧失其独立性。

这类进程对少数民族的潜在影响是多方面的。本世纪经历了许多帝国——奥匈帝国、德意志帝国、奥斯曼帝国、日本帝国、大英帝国、法兰西帝国、比利时帝国、葡萄牙帝国、意大利帝国及最近的俄罗斯帝国的解体,也导致了许多新国家的出现,而这些新国家几乎不准备减少内部种族仇恨。同时,由于本世纪的政治体系及建国经历并没有提出解决少数派群体要求的新理念,种族冲突仍是和平与国际稳定的主要危险。另一方面,现在人们能够更自由地交往,这既促进了种族均衡,又促使人们寻求种族和宗教的认同,以对付现代"经济人"咄咄逼人的非个性化,或最起码的同一性。

在防止种族暴力,缓和种族紧张关系,弥合种族创伤方面,我们几乎没有听到过什么成功的消息。与危机相比,这些成就缺乏戏剧性,当然也就没有新闻价值。反对种族歧视的规则总体上说是清晰的。不过,佯装不知仍是实施这些规则的有效方式。

结 论

自由主义思想强调个体,其盲点在于它不承认人们的意识将人类群体结合在一起的实际程度(这种结合在基于某些遗传特征时最为显著),却又作出许多其他的假设。另一方面,在实践中我们又看到,许多民族遁入被强化了的种族认同之中,以实现更普遍的政治和经济目标,而这些目标在其他情况下是并不需要种族背景的。种族及其各种组成部分似乎是最具自发性的组织方式。随着世界上民族国家的增多及政治集团的分裂,未来的世界秩序以及民族与国家的建构,必须寻找新的政治模式。这种模式承认多样性,反对分离以及为种族纯洁而驱逐其他群体或修改边界的侵略方式。尽管当今种族冲突的数量居高不下,种族关系仍是世界稳定的关键。不过,仍有必要提到其他导致这种直接冲突并界定这些冲突性质的因素。种族主义给种族加上了另一层含义,即根据某些表面上是中性的,实际上却隐含着一个群体从属于另一群体(通常是本群体)的关系来界定某一群体。

本世纪的历史是一个任大国宰割的世界变成由分离国家组成的世界的历史。在这些国家中,政治权力的命运与群体的联合日益一致。这类群体存续的基础不是利益、阶级或地理界限,而是一些主要是遗传下来的生理和文化的特征。在本世纪中,世人更易于承认亚民族群体支配自己的机制和保护自己特性的权利。但在实践中,许多其他全球性力量——特别是经济发展、旅游业和大众传媒——正在侵蚀着他们的独立性和独特性。

普遍趋向民主与人民主权不仅给从属群体的要求带来更大的合法性,同时也迫使曾占统治地位的群体调整那些可以被称作种族制度的法律和态度。不过,从目前种族冲突的情况来看,还没有几个国家业已成功地创建了既能尊重各种族的特性又能从根本上协调今后族群冲突的机制。

(刘光华 译 陈仲丹 校)

第七章　帝国主义与非殖民化

安斯利·恩布里

　　如果联合国在 20 世纪初就建立了,那么它就只有大约 50 个成员国,而不是 20 世纪末的 180 个成员国。数量上的显著差别在很大程度上源于以下事实:1900 年,非洲、南亚和东南亚、加勒比海地区和大洋洲的大部分地区还处在欧洲列强的控制之下,这些昔日的殖民地到 20 世纪末〔原文如此〕才成为独立国家。1939 年,第二次世界大战开始时,西欧国家和美国在其本土之外控制了约 1/3 的世界领土和人口,其中大部分是欧洲列强在对外大扩张时攫取的。欧洲的对外扩张在 19 世纪末被称之为帝国主义。这一称谓有时带有贬义,有时则是民族自豪感的表达。

　　20 世纪末,欧洲国家由于非殖民化——也就是说,或是由于武装反抗,或是通常在殖民地民族主义领导人的压力下达成权力转移——丧失了它们的大部分殖民地。在 20 多年的时间里有 100 多个新国家诞生。至于这种转变对近 7.5 亿人口的生活质量意味着什么,则难以推断。

　　帝国主义和非殖民化当然不是现代特有的:人们能把这两者当做世界史的永恒主题。正如波斯帝国主义形成了西亚一样,罗马帝国主义也为西欧帝国势力的形成提供了诸多遗产。西班牙在中部和南部美洲摧毁的政权本身也是建立在被征服民族文化之上的帝国结构。在印度次大陆,从公元前 4 世纪的孔雀王朝到 16 世纪的莫卧儿王朝的帝国势力征服和控制了其他民族和文化群体。当帝国的权力中心削弱时,曾经被征服的政治实体或重新崛起,或以类似于现代非殖民化的方式,在帝国行政单位的基础上建立新的实体。因此,与其说非殖民化是对帝国主义的反叛,不如说是同一过程的一个方面。当一面旗子从行政大楼上降下,另一面旗子升起时,大楼内的工作却不能显示出任何这种象征性的转变。

把对帝国主义和非殖民化的考察限制在 19 世纪和 20 世纪显然是有问题的,因为海外领土是由欧洲列强,特别是西班牙和葡萄牙于 16 世纪初在美洲和亚洲攫取的,英格兰和法国也于 17 世纪在北美建立了殖民地。非殖民化在这时也出现了,如在 18 世纪和 19 世纪英国在大西洋海岸的殖民地及西班牙和葡萄牙在拉丁美洲的殖民地先后发生了反叛。但所有这些帝国从严格意义上来说都属于"旧"的欧洲帝国,是与后来完全不同的世界政治和经济的一部分。虽然后来的帝国与前一时期有一定的连续性,但从 19 世纪末开始的领土掠夺的新阶段建立了一种新型的帝国,这种趋势一直延续到 20 世纪初。

在 19 世纪的最后几年里,随着德国人、比利时人和意大利人在掠夺领土方面向老一辈提出挑战,特别是在所谓"争夺非洲"的过程中,帝国主义变得越来越具有戏剧性,也越来越危险。在 19 世纪行将结束之际,完成了向本土西部以及西南部的领土扩张后的美国人,又控制了旧西班牙帝国在菲律宾和加勒比海地区的大片领土。

旧帝国主义与新帝国主义的另一个根本区别在于:19 世纪的帝国主义不像欧洲扩张早期那样真正摧毁当地文明。这种文明在整个欧洲殖民时期的强劲生命力使 20 世纪的非殖民化具有特殊性。简言之,在大西洋殖民地推翻英国殖民统治的不是当地人,而是英国人自己;在印度,则是当地人推翻了英国的殖民统治。

对欧洲帝国主义的解释众说纷纭,但大都可归结为与非殖民化过程相关的四个相互关联的主题。在过去,不管是在学术论著还是通俗著作中,可能最普遍的解释就是欧洲列强掠夺海外领土是出于经济原因,攫取殖民地是为了获得西方资本主义发展所依赖的原料以及为殖民者提供现成的工业品市场。这一论断无疑是正确的,但如果忽略了其他因素,过分强调殖民地对一个国家而不是其若干部分的价值,将会影响对这一过程的理解。

与经济理由相关的是战略理由,它强调在19世纪和20世纪海外领土是保持欧洲力量平衡的重要砝码。这是帝国主义列强到第二次世界大战结束时仍然关心的问题,具体反映在1946年克莱门特·艾德礼首相和他的外交大臣欧内斯特·贝文之间饶有兴趣的互换备忘录中。艾德礼问,英国通过控制地中海和印度洋获得的利益是否值得?社会主义者贝文的回答是令人奇怪地重申了19世纪的论调。贝文答道,如果英国放弃控制,俄国和美国将取而代之,"它是我们对抗美帝国主义的伶牙俐齿和苏联共产主义极权的生存方式"①。非殖民化将不得不与新式帝国主义的声望和战略必要性作斗争。

对19世纪帝国主义扩张的第三个解释强调,经常性的扩张不是国家政策而是个人与团体活动和野心的结果。赛西尔·罗得斯在非洲的行动是个人野心推动领土征服的一个最佳例证。更为普遍的情况是,领土是由获得特许状的公司攫取的,公认的目的是为股份持有者获得利润。对于特定时期的扩张而言,母国政府在事后通常都会设法制定政策以解释"当事人"采取的行动,并为之提供合法性,如英国在印度的扩张。

第四种解释通常出现在当时的著述中,最具概括性的表述也许是美国历史中的天定命运说。在19世纪的大部分时间里,帝国主义者宣扬历史的力量需要把欧洲和北美之外的世界带入更高的文明轨道。这一解释在西方世界充满自信的时代似乎是合理的,西方凭借其科学技术日益主宰物质世界,凭借其民主和立宪主义主宰政治世界。当菲律宾被攫

---

① 首相致外交大臣备忘录,1946年3月2日;外交大臣致首相备忘录,1946年3月13日。载 A.N.波特和A.J.斯托克韦尔编:《英国帝国政策与非殖民化》,伦敦:麦克米伦,1987年,第240—247页。

取时,美国长老会管理机构"通过战舰的炮声"听到上帝"召唤我们继续掠夺土地"的声音。①

　　强调西方列强在海外帝国的帝国主义和非殖民化,并非否认在非西方国家出现的类似运动,但两者之间的差异使两者的比较存在困难。奥斯曼帝国在第一次世界大战后丧失了大片领土,并且在一些地区,如叙利亚出现了强大的民族主义运动。但即使在这些地区,西方势力特别是法国和英国仍扮演了决定性的角色。因此,20世纪叙利亚的发展显示出奥斯曼和西方帝国主义的混合特征。当西欧列强进行海外扩张时,俄国也在与其毗邻的中亚建立了一个庞大的帝国。这一帝国在20世纪八九十年代发生了巨变,但这一过程最好被描述为软弱的民族国家的解体,而不是非殖民化。我们也不应忘记,正是在19世纪末,日本在朝鲜和蒙古崛起为一股富有侵略性的、成功的帝国主义势力,这一帝国的瓦解很大程度上是由于它在二战中的失败,而不是非殖民化造成的。

　　虽然帝国主义和非殖民化可以从征服和解放两个方面来解释,但两者都表现出地域上的巨大差异,要了解这些差异,首先要弄清楚它们各自的决定因素。首要的、显而易见的、同时也经常被忽略的一点是这一地区在被帝国主义征服以前的历史经历。例如,葡属非洲殖民地的非殖民化与葡属印度领地的非殖民化毫无相似之处,原因在于两者在帝国主义征服前是两个不同性质的社会。新英格兰土著的宗教和文化结构很快就被英国摧毁了,而印度却几乎丝毫未变,与其说这是征服者的不同,还不如说是当地固有的社会性质不同。

　　因此,对帝国主义和非殖民化的概述最好按照非洲、亚洲和美洲这样辽阔的地理区域来组织,同时注意西方列强表达霸权的形式。而且,在这些大陆范围内,还应该明确区分诸如北非和中非、南亚和东南亚的历史经历。

---

① 引自 H. W. 布兰兹:《对帝国的限制:美国与菲律宾》,纽约:牛津大学出版社,1992 年,第73 页。

与强调一个地区的历史密切相关的、导致非殖民化差异的第二个决定性因素,是帝国主义统治时期发展起来的民族主义运动的性质。从越南人革命的马克思主义到对英国模式几乎全盘接受的印度资产阶级自由民族主义,再到阿尔及利亚声称以伊斯兰教为基础的民族主义意识,民族主义运动表现出巨大的差异。

索马里体现了帝国主义和非殖民化必然会给土著民族认同带来的复杂性和悲剧。20 世纪四五十年代,它的正式非殖民化过程很少引起人们的注意,但它的失败后果却随着小军阀为争夺对饥饿的索马里人民的控制权斗得不可开交,而成为 20 世纪 90 年代初的媒体焦点。这一狭长的沿海地带主要居住着一个农牧民族,如果外国观察家的描述可信的话,他们有一种将成为民族主义运动基础的共同文化意识。但到 20 世纪初,这一地区被英、意、法三个欧洲政府瓜分。1960 年索马里共和国的建立以及欧洲列强的撤退,促使埃塞俄比亚要求得到索马里地区的部分领土。因为欧洲列强遗留下来的边界争端没有解决,因此没有使这一地区非殖民化的捷径。苏联在冷战时代对索马里的军事援助使西方感到震惊,最终索马里政府被武装派别推翻,这导致美国在 1992 年底以联合国的名义进行军事干预。一名参与行动的美国军官抱怨,当每一个"汤姆、迪克、哈里"都声称对这一国家的某一部分享有权利时,不可能建立一个政府,这概括了帝国主义和非殖民化的困境。①

当然,强调本土文化和政治环境对了解帝国主义和非殖民化的极端重要性,并不是要否认帝国主义势力在这当中所起的作用,但必须牢记在不同时期帝国主义势力的政治、经济和文化环境的变化以及这些变化和当地社会之间的互相影响。我们目击了西班牙的宗教和世俗当局如何齐心协力地把以宗教和语言为代表的西班牙文化移植到被西班牙征服的新世界和菲律宾。与此相比,英国在非洲和印度的殖民官员对传教活动经常充满敌意,他们嘲讽说英语或皈依基督教的本地人"企图像我

---

① 英国广播公司《世界报道》,1993 年 1 月 10 日广播。

们一样"。贸易和行政控制几乎一直是英帝国主义的目标。对于英国和荷兰来说,"白人的负担"是统治的制约条件,西班牙、法国和美国则将它当做是"文明开化的职责"。

在相互关联的帝国主义和非殖民化过程中,欧洲移民拓居被占领地区的程度是另一个重要的决定因素。在北美,白人移民不仅在数量上,而且在文化上完全压倒了土著人。印度则恰恰相反,其欧洲移民微不足道,在统计上几乎可以忽略不计,而印度自身的前殖民文化仍很强盛,并且土著人口大增。在南美,数量众多的移民统治着殖民地区,在19世纪,他们的后代则为从西班牙和葡萄牙的统治中独立出来而斗争。在其他地方,移民扮演了不同的角色。例如在阿尔及利亚,当为数众多的法国移民将该国作为他们的永久家园并传播法国的文化艺术时,他们面对的是人口更多并拥有强势文化的土著人。非殖民化在这里不仅遇到了帝国势力也遇到了欧洲殖民者的顽强抵抗。在少数地方,如菲律宾,虽然没有大量的欧洲移民,但欧洲或至少是欧洲文化仍成为主宰。南非则是一个特例,这里的白人移民身处大量黑人之中,且许多人是从其他地方移居而来的,他们同欧洲国家没有牢固的联系,狂热地把南非当做自己的祖国。

上述这些与帝国主义和非殖民化相关的因素,在不同程度上决定着占人类1/3人口的政治、经济和文化的发展。1939年,大约7.5亿人生活在欧洲列强或美国的控制之下。但即使在各个大陆内,没有统一因素的不同地区的文化有着完全不同的历史经历。这些地区文化与因征服时间不同而各不相同的帝国主义文化结合在一起,产生了截然不同的非殖民化方式。

因此,帝国主义和非殖民化的例子最好选自几个地区,虽然这几个地区并不具代表性:东南亚(菲律宾、越南和印度尼西亚)、南亚(印度)、北非(埃及和阿尔及利亚)、中非(比属刚果)。还有近100个国家是通过非殖民化建立的,但选择的这些例子足以说明其共同点和不同之处。拉丁美洲不在考虑之列,因为它的帝国主义和非殖民化过程是在一个完全不同的时代框架内进行的。

东南亚

令人感到奇怪的是,关于非殖民化的众多研究很少提及菲律宾,可能是因为人们不把美国和欧洲帝国主义列强归于一类,但构成现代菲律宾的诸岛屿,显示了帝国主义和非殖民化的模糊性和矛盾性。1521 年,当西班牙殖民者到达该地时,他们发现与他们在墨西哥的经历不同:这里没有像墨西哥那样繁华的城市、成熟的精英文化、集权的政府或贵金属。但在随后的两个世纪里,马尼拉成为连接中国与墨西哥的一个海上贸易集散中心,西班牙人的移民受到鼓励,罗马天主教基本上取代了当地宗教。尽管西班牙人试图在当地居民中推行西班牙化,但只有极少数人讲西班牙语。19 世纪末出现了对西班牙统治的反抗。1898 年美西战争爆发时,菲律宾领导人支持美国。但当他们于同年宣布成立第一个菲律宾共和国时,美国政府却拒绝承认,并在美菲战争(1898—1901 年)中打败了该共和国。与其他绝大多数帝国主义征服者不同的是,美国许诺给予自治进而最终独立,但这一过程是漫长而又痛苦的,只有经美国政府同意才能建立一个稳定的政府。1935 年,出现了所谓的第一个自主非殖民化的例子:菲律宾建立了一个半独立的政府,从而开始了十年的自治时期,其目标是最终独立。但十年还不到,日本占领了该岛。1944 年,美国再次攻占该岛,1946 年菲律宾共和国宣告成立。菲律宾人接受了美国极为苛刻的附加条件,如允许美国货物自由进入;美国人与菲律宾人同等地获得该国的自然资源;重要军事基地租借 99 年等。与其他非殖民化地区不同,民族主义的领导人默认外国的要求,其原因之一是因为这个国家在战争中经受了巨大的创伤,愿意为得到援助而付出沉重的代价。另一个非常重要的原因是富庶的精英阶层的存在,这一点与大多数帝国主义的情况相似。在吞并菲律宾后,美国人很快与他们结盟并通过他们实施间接统治。

社会不平等导致共产党领导的农民起义。1949—1953 年,吕宋岛发生了反抗大地主的所谓"新人民军"起义。这些起义在美国的全力支持下被镇压。20 世纪 70 年代新的反政府叛乱导致费迪南德·马科斯总统在美国的支持下建立了独裁政权。还是在美国的鼎力支持下,马科斯政权被科拉松·阿基诺领导的人民运动推翻。在菲律宾和在其他地方一样,考察非殖民化需要费正清所说的"三重聚焦":考察每一个文化以及它们的相互影响。①

当我们转到东南亚,这种三重聚焦既必要又相当困难。在 1858—1893 年间法国征服老挝、柬埔寨和越南之后,东南亚被欧洲称为印度支那。这三个历史和文化各不相同的地区被西方赋予了新的认同,这正是帝国主义起作用的有力象征,正如印度支那各国把这一地区的文化归功于两个伟大的文明——印度和中国一样。这一地区的确受到过中国和印度的很大影响,但"印度支那"这一称谓对外人(当然不是对本地人)而言,抹杀了三个国家各自的特性。因此,这些国家非殖民化的一个重要方面就是重申各自的文化特性,包括彼此之间的古老仇恨,特别是越南对中国和法国的仇恨。18 世纪的老挝实际上是三个王国。在 19 世纪,老挝先后备受邻国(暹罗、缅甸)和法国的侵扰。大约从公元 800—1400 年期间柬埔寨一直是一个强大王国的中心,其国王企图通过在吴哥窟雄伟的印度教寺庙来使其伟大并永世长存。19 世纪,柬埔寨受越南的控制,后来又受法国的控制。

19 世纪初,现在的越南地区是一个处于阮氏王朝(1802—1845 年)统治之下的扩张主义国家,控制着柬埔寨和老挝的一部分。法国对这些地区垂涎已久。从 17 世纪下半叶起,法国人就在这些地区从事贸易和传教活动。19 世纪 40 年代,阮氏王朝统治者对法国传教士及数量已达到其人口 1/10 的皈依者越来越充满敌意。反法活动,包括迫害越南的基督教徒,加上拿破仑三世政府渴望在帝国主义扩张中占有一席之地,

① 英国广播公司《世界报道》,1993 年 1 月 10 日广播。

使得法国于 1858 年入侵这一地区。法国的入侵遭到顽强抵抗,直到 1883 年,越南才完全处于法国的控制之下。老挝和柬埔寨也被法国占领。1893 年后,这三个地区被合并为印度支那邦。与落入欧洲统治的其他地区一样,随后的印度支那史需要从帝国主义统治者的角度和反对帝国主义的民族主义领导者的角度两方面加以概括。法国人提到他们在这里兴建的灌溉工程使稻谷产量翻了四番,还提到修建了公路、桥梁、学校和医院,建立了中央集权的统治体系。民族主义者及许多西方历史学家则提到法国为本国的工厂而掠夺这一地区的自然资源,提到这里的农民处于赤贫状态,以及为了自身利益而与法国人合作的越南新阶级的产生。1939 年,印度支那至少有 80% 的人口是文盲,而民族主义者则声称征服前大多数人都具备一定的文化知识。这种对法国在印度支那统治的第二种阐释,使美国总统富兰克林·D. 罗斯福对法国在印度支那的帝国主义得出一个简约但合理的结论:"为什么日本能轻而易举地攻占该地? 这是因为当地的印度支那人受到了如此明目张胆的蹂躏,以至于认为,不管怎样都比生活在法国殖民统治下强。"①

对法国统治的反抗不断发生,并且在反抗斗争中出现了一位年轻领袖胡志明。他于 1920 年加入了法国共产党,五年后领导创建了越南青年革命同盟。在第二次世界大战前和 1940—1945 年日本占领印度支那期间,胡志明领导的各共产主义团体对后来复杂而又痛苦的非殖民化史至关重要。二战期间是一个很奇怪的时期,忠于维希政府的法国殖民统治者继续在日本的占领下统治着越南,直至战争结束。这种情况在殖民世界中极其罕见。1945 年 9 月 2 日,胡志明宣布越南独立,这标志着长期的非殖民化历程的开始,起先是反抗法国人,后来是反抗美国人。

战后,法国企图通过把西哈努克亲王扶持为法国在柬埔寨的傀儡,继续行使对柬埔寨的统治。但西哈努克发动了反法运动。1953 年法国承认柬埔寨独立,在老挝,政党之间互相挞伐,同时也反对法国,直到巴

---

① 引自雷蒙德·F. 贝茨:《1990 年法国与非殖民化》,伦敦:麦克米伦,1991 年,第 57 页。

特寮领导的共产党占了上风。1975 年巴特寮宣布成立老挝人民民主共
和国。不过,反法斗争主要是在越南进行,法国人同胡志明进行了艰苦
的斗争并付出了惨重的代价,直到 1954 年惨败。

　　法国领导人显然认为越南的资源仍可用于遭到二战重创的法国的
重建。同时,以戴高乐将军为化身的帝国在心理上的吸引力,也不能不
说是法国决定努力维持在印度支那权力的一个重要原因。除此以外,法
国还获得英国和美国的援助,以避免这一地区落到胡志明和他所领导的
共产党手里。

　　东南亚非殖民化需要注意的第三个地区是印度尼西亚,这是由 1.3
万多个岛屿组成,土地和海域约 5000 平方公里①〔原文如此〕,20 世纪末
人口接近 2 亿的庞大地区。现代印度尼西亚的边界主要是 19 世纪荷兰
帝国主义的产物,但整个地区在长期的历史进程中是与许多土著帝国、
商路和重叠交错的文化影响联系在一起的。关于这些影响的性质,史学
家争论较大,但有一点是肯定的,这些岛屿几千年来一直有人居住,并且
冶金术、水稻种植、航海术等技术,使苏门答腊岛的室利佛逝帝国和爪哇
岛的马打蓝帝国这样的大帝国得以发展。这些中心深受通过佛教和印
度教传过来的印度社会、宗教和政治思想的影响,婆罗浮屠的纪念建筑
和巴厘岛的印度化文化就是见证。商人积极从事与中国的贸易,把中国
的文化以及物产带到岛上。早在 12 世纪,伊斯兰教就被商人和传教士
传入岛上,几个世纪以来伊斯兰教的传播时断时续,而且发展不平衡,但
到 16 世纪已经有几个重要的王国出现了穆斯林统治者和众多的穆斯林
人口。这些外来影响与强大的本土文化结合在一起,形成了独特的印度
尼西亚文化。

　　16 世纪初葡萄牙商人的到来以及 17 世纪初荷兰人的到来,标志着
西方扩张史进入了一个新阶段。17 世纪,荷兰东印度公司通过武力成功
地驱逐了葡萄牙和英国这些外国贸易竞争对手,同时也通过武力镇压当

---

① 此处印度尼西亚的面积数字显然有误,其面积有 190 多万平方公里。——译注

地人民,如1621年镇压了欲阻止荷兰控制班达岛贸易的班达岛人。在这一过程中,成千上万的人遭残杀,以至于一位荷兰东印度公司的官员评论说:"我们必须清楚他们(指班达岛人——译注)是在为他们的自由而战,正如我们很久以来拓展人口和商品是为了保护我们自己一样。"这种评价在有关帝国主义征服和非殖民化的叙述中并不多见。①

荷兰东印度公司控制了印度尼西亚群岛与外界的贸易和商业,直到1799年才被荷兰政府的直接管辖所取代。1820—1906年,几乎所有的岛屿都处于荷兰的控制之下。1830年,荷兰在其统治中心爪哇岛建立了一种新型的经济控制,这种控制与在其他地方实行的抽税办法明显不同,但通常被看做是殖民统治的典型。这就是用所谓的耕作制代替税收的制度,农民必须用他们1/5的土地为荷兰种植供出口的咖啡、蔗糖、靛蓝等。据估计,1840—1880年间,这种耕作制获得的利润高达荷兰财政收入的1/4,这是任何其他帝国主义国家及其殖民地都不能望其项背的。

对这种经济制度的反抗成为20世纪30年代独立运动的导火索,其领导人就是著名的苏加诺(1901—1970),他以其新印度尼西亚民族主义观团结了众多派别。日本对印尼群岛的占领无形中增强了独立运动的力量,因为日本人启用包括苏加诺在内的许多本地人担任各种职务,而这在荷兰统治下是不可能的。

1945年8月17日,日本向盟军投降,苏加诺宣布印度尼西亚独立,自己就任总统,但荷兰在英国的支持下要求恢复其统治地位。荷兰提出的非殖民化方案是建立一个与荷兰王国保持伙伴关系的印度尼西亚联邦,这是印尼民族主义者不能接受的。在联合国的敦促下,1950年1月1日,荷兰同意印度尼西亚完全独立,苏加诺任总统。但建立的议会制政府却对苏加诺政权加以钳制,苏加诺声称这妨碍了他采取必要的措施以保持稳定和发展经济。如同在许多新独立国家重复出现的情况一样,苏加诺与军队结成联盟并取代议会的权力,建立了他所谓的"指导性民主"

---

① 引自 D. J. E. 霍尔:《东南亚历史》,伦敦:麦克米伦,1964年,第287页。

的独裁主义政权。1968年,苏加诺被废黜,因为他所依赖的共产党的经济政策和大规模的建设似乎削弱了国家的力量,但同情他的批评家认为他通过给予人民一种民族认同的自豪感,为困难重重的非殖民化过程作出了贡献。

南亚

南亚这一名称本身就是非殖民化的产物,是用来取代印度指称1947年英属印度帝国分裂为印度和巴基斯坦两个新国家后的整个次大陆。在帝国主义的整个漫长历史进程中,没有哪一个拥有如此庞大人口的地区曾被一个遥远的国家控制如此长的时期——前后达一个半世纪。英国东印度公司于1600年开始在这一地区从事贸易,莫卧儿帝国是当时的主要统治者。直到18世纪下半叶,大致在1765—1775年,东印度公司通过攫取孟加拉才成为这一地区有影响的势力。孟加拉是莫卧儿帝国最大和最富庶的省份,拥有约4000万人口。对于伦敦的政治家以及东印度公司的股东和官员来说,这一地区足够了。即使是用战争加诡计而获得这一巨大地区的主要人物罗伯特·克莱武也认为,"走得如此之远需要巨大的勇气,这是任何政府都不敢想象的"[1]。当然,在防御敌对邻国以保卫国家安全、排挤欧洲竞争者、希望扩大贸易,以及在印度从事公司的贸易和管理的官员的个人野心等上面提到的帝国主义动机的驱动下,他们做到了。1850年,整个次大陆都处于英国的控制下。

征服既不是轻而易举的,也不是一蹴而就的,一些印度统治者顽强反抗,如迈索尔的统治者海德尔·阿利和铁普苏丹;印度中西部的马拉塔人;旁遮普的锡克教徒。对英国统治的最后一次大的袭击发生在1857年,英国称之为"土兵叛乱",后来的印度民族主义者则称之为"第一次独立战争"。另外,在农村也发生了许多据认为是反对苛捐杂税的地方起

---

[1] J.C. 马什曼:《印度史》,伦敦:朗文,格林,1871年,第一卷,第311页。

义。如总司令基钦纳伯爵曾经指出的,与其他军队不同的是,由英国军官和印度土兵构成的训练有素的军队,主要是为了保护内部的安全而不是防御外来入侵。一个自称是"属下"的现代历史学派——因强调民众对长期的非殖民化过程的贡献而得名——指出,民族主义的领导者通常依赖英国的思想、方法和制度,而农民由于依赖"传统的血缘和地域组织",更多的是依赖暴力。[1]

对英国在印度统治的通俗描述给人一种印象,即英国人相信他们的控制是永久的和牢不可破的,但在帝国主义的浮夸之辞背后,最深陷其中的人总能意识到他们的统治是何等的脆弱,他们得到的支持是何其微弱。不过,对英国统治构成威胁的并不是前莫卧儿帝国的统治者。在把印度中部诸省纳入英国的保护中起主导作用的约翰·马尔科姆爵士早在1922年就确切地看到了危险。他写道,古代印度的最高阶层婆罗门:

> 几个世纪以来名义上是臣仆,实际上是狂烈、大胆而又无知、迷信、好战的乡民的主人。由于经常行使,他们已经懂得如何驾驭危险的权力;如果我们考虑一下由于我们施加和扩展统治使他们失去什么时,我们就不能愚蠢地期望能免于被他们颠覆。[2]

当地精英推翻英国统治的方式决不是直接的,与菲律宾、越南、印度尼西亚以及其他地方不同,印度复杂的非殖民化进程不是以武装斗争为顶峰,而是通过谈判由英国议会向根据既定宪法程序选举产生的印度政治家移交权力。但在这一过程的背后,则是英国统治者与印度精英阶层之间复杂的经济、政治和文化互动。这就解释了在印度的帝国主义和非殖民化的性质。英国人通过牢固确立的商贸活动、有效发挥作用的法律体系、庞大的城市中心和正规的财政体系成为印度社会的统治者。在上

---

[1] 拉纳杰特·古哈:《属下研究之一:关于东南亚史的著述》,德里:牛津大学出版社,1982年,第4页。

[2] 约翰·马尔科姆爵士备忘录,1922年4月12日,载《下院议会文件》,第8卷,伦敦:皇家文书局,1934年。

述所有领域内,本地精英在英国人的统治下继续从事他们的活动,虽然这些活动的形式常常会有很大的改变。

印度民族主义者最大的不满就是英国统治造成的贫困。英国为了掠夺印度的农业资源并以印度作为英国商品出口市场,阻碍印度的工业化进程。① 与此观点相反,经济史学家莫里斯·D.莫里斯认为,印度之所以没有产生工业化和经济现代化,是因为 19 世纪的印度还不具备资本、市场和政治基础等先决条件,这种观点颇具说服力。大多数经济决策是由印度及外国的私人资本家作出的,他们投资于回报率最高的地方,通常是贸易而不是工业。他们的兴趣不在解决贫困上,政府本身对经济采取不干涉政策。②

毫无疑问,由于印度是实行自由贸易的国家,没有任何保护关税,政府实际上也不鼓励工业发展,因此其工业很难与其他国家,尤其是英国工业竞争。1947 年印度独立时,其农业仍占主导地位。4 亿多人口有80％居住在农村,其中大部分仅维持温饱水平,识字率只有 15％,依靠的是低效率的技术。印度与其他许多殖民地一样应验了约翰·斯图亚特·穆勒的一句格言:"一个民族有自己的政府是有实际意义的;但由别人统治的政府则没有,而且不能存在下去。"③

在互动的第二个方面即政治互动方面,英国势力侵入印度造成的最明显后果是次大陆被统一在一个中央权威下。这是英国人不厌其烦去做的一件事,在 1930 年的官方报告中,他们不遗余力地阐明印度已作好了建立责任制政府的准备。报告指出,英国把相互攻战的王国集合起来,把它们建成一个统一的印度,如果这时有一种民族意识在成长,"那是因为英国在印度的统治使这一发展成为可能"。④ 印度民族主义者当

---

① 比宾·钱德拉:《印度经济民族主义的兴起和增长》,新德里:人民出版社,1966 年。
② 莫里斯·D.莫里斯:"1947 年前大规模工业的增长",载德哈马·库马和梅格纳德·德塞合编:《剑桥印度经济史》,剑桥:剑桥大学出版社,1983 年,第二卷,第 553—676 页。
③ 引自 R.C.达特:《印度经济史》,新德里:印度政府出版部,1963 年,第一卷,第 31 页。
④《印度法定委员会报告》,伦敦:皇家文书局,1930 年,第二卷,第 10—12 页。

然拒不承认对其历史的这种阐释,他们认为统一始终是印度历史的中心主题,英国人对印度历史的这种阐述是为他们的征服进行自我辩护。

印度与西方互动的第三个方面即文化发展,是与19世纪把印度纳入世界体系的经济和政治变革密切相联的。虽然印度的许多地区都经历了这种转变,但作为经济和政治中心的加尔各答最能展示文化方面的冲突与融合。加尔各答有充满活力与自信的知识分子阶层,他们固守自己的古老文化,并从西方吸收有益的知识。他们期望从西方得到的是如他们中的代表拉姆·莫汉·罗易(1772—1833)所说的,"数学、自然哲学、化学、解剖学及其他实用科学,欧洲人将这些发展到了尽善尽美的地步,并使他们远远超过世界上其他国家的居民"①。他和其他人认为这些实用科学以及非暴力反抗将使印度成为一个自由国家。传播这些知识的工具是英语。可能只有不到2%的印度人能够流利地讲英语,也正是这些人成为传统精英阶层的代表并行使各种权力。

1885年印度国大党的成立,标志着印度民族主义运动的正式开始。印度民族主义运动是19世纪的文化、政治和经济力量与印度复杂的历史因素相互作用的产物。几个世纪的伊斯兰统治,英国势力的入侵,语言和宗教的多样性,人民大众的贫困和愚昧,以及与之形成鲜明对比的富裕、世故的精英,使得印度自治和独立的斗争格外独特。不同点之一是印度的民族主义领导人并不是排外主义者。没有人要求恢复印度式的统治,而是坚持建立英国式的代议制政府,以保障印度人享有英国人的自由。另一个特征是其领导人不论男女几乎总是有突出成就的人,他们既受到英国人也受到本国人的尊敬,他们几乎毫无例外地来自传统的地方精英阶层。也有极少数的"新"人,其中妇女在印度非殖民化过程中发挥了重要作用。

所有这些意味着民族主义运动并不要求社会革命或社会变革,而是

---

① 拉姆·莫汉·罗易:"论教育",载史蒂文·海编:《印度传统的来源》,纽约:哥伦比亚大学出版社,1988年,第二卷,第31页。

把现存的政治、经济的控制权从英国人手中转到印度人手中。1920年圣雄甘地控制国大党后更是如此，虽然他有激进的社会观，但他期望的变革不是通过对现存体制的暴力攻击，而是通过个人精神的转变。虽然他的非暴力策略是反抗英国的有力武器，但他对民族主义运动的主要贡献在于，他使印度人相信他的非暴力方式植根于印度文明，与伊斯兰和西方的暴力文化明显不同。他使自己的思想成为用印度教词汇表达的连贯的意识形态的一部分，对社会各阶层产生了强大的吸引力。

虽然印度国大党最明显地表达了印度的政治愿望，但它建立民主选举的代议制政府的目标，在20世纪日益受到穆斯林领导人的质疑。后者主张的实际上是另一种印度民族主义，这种民族主义排斥印度国大党建立在西式多数统治基础上的宪政结构。20世纪30年代，穆斯林联盟的领袖穆罕默德·阿里·真纳开始宣传所谓的"两个民族理论"，即印度并非像国大党主张的那样是具有单一民族认同的统一国家，而是印度和穆斯林两个民族。真纳同国大党一样迫切希望印度摆脱英国的统治而独立，但他认为国大党所说的一个统一的印度是不真实的，是由英国刺刀建立和维持的。他的言论不仅对印度，而且对其他由帝国主义建立统一独裁国家的地区的非殖民化过程至关重要。他认为解决的办法是将英属印度帝国分成以宗教和种族为基础的各邦，通过一个松散的联邦维系在一起。

显而易见，第二次世界大战后，英国既不能也不想通过武力继续维持它在印度的地位。到1947年，由于穆斯林联盟的立场，如国大党要求的那样向一个具有强大中央政府的单一民族实体移交权力遇到了难以逾越的困难。印度国大党的领导人极不情愿地同意把印度次大陆分为两部分，即继承英属印度的国家和新国家巴基斯坦，这是惟一的解决办法。实际上，穆斯林领导人对领土分割并不满意，因为巴基斯坦比他们希望得到的领土小得多，而且西巴基斯坦和东巴基斯坦中间隔着上千公里的印度领土。巴基斯坦也不是次大陆所有穆斯林的家园，印巴分治时，还有5000多万穆斯林留在了印度。

1947年非殖民化的最后阶段,有50万人死亡,1300多万难民流落他乡,就人员损失而言,无疑是正式结束帝国主义统治中最骇人听闻的。日益以宗教为认同的社群之间的关系,仍然是多元社会非殖民化最棘手的问题,如真纳所言,在这样的社会,统一的国家往往源于征服者的刺刀。

北非

从古至今,各种帝国主义和非殖民化的历史总要涉及地中海南岸,但对于19世纪和20世纪的历史来说,提到埃及和阿尔及利亚两个地方就足够了。19世纪初,这两个国家都是奥斯曼帝国的行省,奥斯曼帝国本身也是其他大帝国——阿拉伯、拜占庭和罗马的继承者。

埃及也许应该被称为欧洲列强的半殖民地而非殖民地,但在许多方面它是帝国主义和非殖民化的典范。长久以来埃及就是一个地理、文化和政治单位,即使在1882年英国占领该地后,它仍在某种程度上保留了独立主权,正如它在1517年被奥斯曼帝国征服后仍保留了自己的认同一样。1798年,拿破仑及其军队的到来标志着现代欧洲势力卷入埃及的开始。虽然奥斯曼人很快就恢复了他们的权威,但从这时起,埃及卷入到法国和英国的帝国主义争夺中。奥斯曼总督穆罕默德·阿里(1805—1849年)实施的一系列经济和行政改革措施奠定了现代埃及国家的基础。但他的继任者在铁路和苏伊士运河等基础建设上开支过大,导致对欧洲国家的债务越积越多。在濒临破产的情况下,总督的债权人迫使总督于1875年把政府的财政收入和支出交由英国和法国共同管理。

反对外国干涉的民族主义情绪非常强烈,1881年,军官艾哈迈德·阿拉比试图领导建立独立的议会制政府。为防止这种事情发生,英国在没有法国参与的情况下于次年派军,从而开始了直至1922年的占领。英国人以对财政进行控制有利于欧洲列强和埃及人民为借口,来为他们的行动进行辩护。他们还强调保护经苏伊士运河到达印度的海上通道的必要性,这表明帝国主义利益的相互作用成为 19 世纪国际关系的一个主要特征。来自中东以及法国和英国的外国商人控制了埃及经济。

英国通过埃及国王控制了埃及,直到 1922 年迫于越来越强烈的民族主义压力而给予埃及独立。但非殖民化并没有完结,英国仍控制着埃及的外交政策、军队和南部大省苏丹。虽然埃及的现代官僚和众多的知识分子渴望进行经济和政治改革,但敌对力量使他们不可能组成稳定的民主政体。英国利用其影响力阻止任何威胁他们商业和帝国利益的政党上台,而埃及国王和英国控制的派别分化了主要的民族主义政党华夫脱党。

埃及民众的贫困,政府解决经济和社会问题的无能,二战期间英国日益增加的统治导致了随后发生的起义。挑战主要来自两个方面:宗教复兴运动和军事,这两者在殖民世界的其他地方都发挥了重要作用。20世纪 30 年代,穆斯林兄弟会由于其领导者号召回到以古兰经和运用沙里亚传统伊斯兰教法律为基础的伊斯兰教义上来,创立更加公正的经济秩序,因而对学生、中下层阶级市民,以及感到西化精英背叛了埃及的人产生了广泛的吸引力。另一个对英国继续统治以及统治阶级无能(特别是 1948 年埃及同以色列的战争中失败)感到不满的团体是军队中的“自由军官”派。1952 年,在凯末尔·阿卜杜勒·纳赛尔、安瓦尔·萨达特和穆罕默德·纳吉布的领导下,“自由军官”逼迫国王法卢克退位,建立共和国。由于穆斯林兄弟会具有良好的组织网络和好战的伊斯兰教义,对新共和国构成威胁,因此不久即被取缔。

在纳赛尔总统的领导下,埃及很快开始寻求长期以来一直被西方帝国主义排斥的世界地位。纳赛尔同南斯拉夫的铁托和印度的尼赫鲁一起宣布一种特殊立场,即不结盟运动,主要由新获得解放的殖民地国家组成。1956 年,埃及通过将苏伊士运河收归国有向欧洲国家特别是法国和英国提出挑战,纳赛尔对以色列和美国的抵制使埃及在阿拉伯世界具有特殊地位。最终,虽然其经济问题仍没有得到彻底解决,但 1954—1956 年基本标志着埃及摆脱了西方帝国主义的长期统治而崛起。

阿尔及利亚的西方帝国主义和非殖民化的经历与埃及明显不同。经过几年的经济渗透,英国于1882年出兵占领埃及,主要是出于财政和军事控制的目的。在阿尔及利亚,法国从入侵之初就有相当长远的政策,这就是使阿尔及利亚与作为宗主国的法国建立密切的经济、政治和文化联系。1944年,戴高乐领导的"自由法国"在法属赤道非洲的布拉柴维尔召开代表大会,大会起草的关于战后法国与海外领土关系的著名文件,体现了这一政策的指导思想。其序言写道:"法国为殖民地所做的文明开化工作排除了任何自治的思想,排除了在法帝国之外演进的所有可能性;即使在将来,也要避免最终的瓦解。"[1]这代表了法国关于殖民帝国思想的一个重要方面,通常概括为同化模式,也就是说,使法国海外属地成为欧洲法国不可分割的部分。阿尔及利亚是法国推行这一政策的试验田。

法国的入侵始于1830年,当时法国的一支政府军在阿尔及利亚首都阿尔及尔附近登陆,宣称阿尔及利亚必须对法国公民的侮辱作出赔偿。法国的公开意图实际上是要控制沿海地带,把内陆地区留给阿尔及尔人,但阿尔及尔人很快起来反抗。第一次反抗是由阿布德・卡德尔领导的,他以伊斯兰教为基础的民族自豪感成为其他伊斯兰势力强大的地方反抗欧洲征服的旗帜。但到19世纪40年代,法国占了上风并开始了拓居计划。对法国的反抗还在继续,此类反抗通常是由当地的宗教领袖领导的,最大的一次发生在1870—1871年,但被法国挫败,法国要求3600万法郎的赔款,并没收了1100万英亩的土地。

反抗的失败以及大片土地被没收加剧了欧洲人的拓居,1885年有近40万人在阿尔及利亚永久性居住,他们控制了该地的经济和社会生活,追随欧洲的生活方式,与宗主国法国保持着密切的联系。教育用语是法语,殖民者易于获得教育,但只有极少数阿尔及利亚人能够获得法国提

---

[1] 引自普罗瑟・吉福德和威廉・罗杰・路易斯合编:《非洲权力的转移:1940—1960年非殖民化》,纽黑文:耶鲁大学出版社,1982年,第二卷,第89页。

供的教育和社会服务。1870—1871年叛乱后,殖民者被允许在法国议会派驻代表。1898年阿尔及利亚拥有了自己的立法机构,但如同大多数公共团体一样,阿尔及利亚的立法机构完全处于殖民者控制之下。第一次世界大战后,法国政府采取温和的改革,如允许更多的阿尔及利亚人入选各级议会等,但这些举措遭到了殖民者的强烈反对,并在巴黎大吵大闹。

在这种情况下,阿尔及利亚的民族主义运动很难造成声势,但当它确实有一定声势时,也有强烈的伊斯兰社会思想成分,强调阿拉伯的文化遗产,日益反对法国把其精英同化到法国文化中去的企图。第二次世界大战后的1947年,作为阿尔及利亚对自由法国支持的认可,法国议会承认阿尔及利亚是"具有公民个性的一个大区"。但骚乱还在发展,尽管法国竭力镇压民族主义运动。1954年出现了决定性的变化,一个新的组织——民族解放阵线成立了,其目标是完全的非殖民化,建立以伊斯兰教义为基础的社会主义民主国家,所有阿尔及利亚居民享有完全的公民权,欧洲殖民者不享有任何特权。尽管游击战在战术上具有优势,但仍难以打败法国派往阿尔及利亚的50多万正规军。1958年,流亡的民族解放阵线领导人宣告成立阿尔及利亚共和国。阿尔及利亚战争对于戴高乐在法国上台起了决定性作用,法国国内在阿尔及利亚独立问题上争论很大,殖民者继续抵制戴高乐试图通过谈判达成协议的计划。1962年,阿尔及利亚人举行公民公决,绝大多数公民投票要求独立,直到此时,非殖民化才告结束。在90万欧洲移居者中,只有1/10决定留在阿尔及利亚。

所有殖民帝国在非殖民化后要想建立一个能生存发展的国家都不容易,阿尔及利亚也不例外。在当时及后来,人们经常问这样一些问题:为什么法国如此长久和顽固地维持其在阿尔及利亚的权力?为什么如此之多的人明显相信如布拉柴维尔报告所说的"法国为殖民地所做的文明开化工作排除了任何自治的思想",具体到阿尔及利亚,自治在何时成为一种不可避免的趋势?答案似乎是:所有政党的政治家,包括左翼和右翼的,都认同一位历史学家的观点,即"法兰西民族的存在依赖她的帝国"①。而且许多人接受了殖民者的论断,认为他们不应也不能够被遗弃。英国之所以会轻易地放弃印度,恰恰在于印度没有英国移居者,没有人认为它是英国的一部分。

中西部非洲

比利时历史学家琼·斯滕格斯这样总结比利时的帝国主义和非殖民化经历:"利奥波德二世从来没去过非洲,就在布鲁塞尔的皇宫建立了刚果殖民地。它是被一小撮政策制定者毁灭的,其多数来自宗主国。"② 虽然比属刚果(1971—1997年改称扎伊尔)的奇怪历史不论对于19世纪的帝国主义还是非殖民化都不很典型,但它在这两个过程中的扭曲却突出了其显著特点——经济强制、民族声誉、个人野心、国际竞争和民族主义。在比属刚果,我们看到了爱德华·赛义德所谓的"西方帝国主义权势的形象",这体现在小说家约瑟夫·康拉德·库尔茨身上,他孤身一人"深入非洲中部,聪颖、疯狂、沉沦、勇敢、贪婪、健谈"。③ 比利时国王利奥波德二世可能把荷兰在印度尼西亚以耕作制度代替税收制度的成功当做样板,以刚果河为贸易通道,以内陆人民作为劳动力,在中部非洲的腹地建立一个有利可图的商业公司。他建立的刚果国际协会是一个私人公司,并非是比利时的政府行为;当他声称有开发权的广大领土作为刚果自由国于1885年得到世界列强的认可时,那仅是他个人的独立王国而不是作为比利时国王享有主权的独立国家。野生橡胶成为刚果自由国的经济基础;随着需求量的增大,通过强迫劳动来获得橡胶的手段越来越残酷,关于对待当地人的方式的报道开始传入欧洲。

---

① 艾拉·M.拉皮德斯:《伊斯兰社会史》,剑桥:剑桥大学出版社,1989年,第694页。
② 琼·斯滕格斯:"急转直下的非殖民化",载吉福德和路易斯合编:《非洲权力的转移》,第328页。
③ 爱德华·W.赛义德:《文化与帝国主义》,纽约:阿尔弗雷德·A.克诺夫出版社,1993年,第10页。

这种曝光的结果是比利时政府于 1908 年正式兼并刚果,从而开始了在欧洲和美国普遍被认为是非洲较好的殖民统治。在社会服务方面,比利时人有理由宣称公共卫生计划能够泽及大多数人。教育方面的记录比较模糊。虽然基础教育相当普及,但中等教育匮乏,不能提供职业培训及人文社会科学教育。由于刚果人很少到国外学习,因此受过较高层次欧洲教育的刚果人很少。1960 年刚果独立时据说在 1400 万人口中只有 16 个大学毕业生。毫无疑问,这是民族主义运动在刚果姗姗来迟的原因,也是非殖民化开始后出现许多灾难性后果的原因,因为刚果人没有政府管理和经商的经验。同时刚果也缺乏强烈的宗教传统和本土文化,而这两者在其他许多殖民地对于民族意识的形成,以及为民族主义运动提供群众动员基础方面都至关重要。作为北非民族主义基础发展重要因素的伊斯兰教在刚果只有 20 万名信徒。民族主义运动最重要的领导人帕特里斯·卢蒙巴具有基督教背景,1958 年他公开宣布了自己的新党——刚果民族运动党的目标,让人想起在全世界动摇帝国主义制度的反殖民民族主义:

> 我们希望告别这种旧制度,这种征服制度剥夺了我们国家所有个人和自由公民获得的公认权利……非洲不可避免地要投入到反抗殖民者、争取自身解放的无情斗争中。①

1959 年初,首都利奥波德维尔发生暴动,比利时当局迅速采取行动。由于意识到越南和阿尔及利亚正在发生的事情,以及对继续控制这一地区的价值感到怀疑,比利时遂于 1960 年 1 月宣布刚果将于 6 月 30 日独立。比利时人希望以此博得好感,以便在独立后的刚果继续扮演重要的经济角色。

不幸的是,刚果的非殖民化导致了外国势力的重新干涉。独立后不久刚果发生了兵变,刚果最富庶的省份加丹加省在比利时支持下脱离刚

---

① 爱德华·W.赛义德:《文化与帝国主义》,纽约:阿尔弗雷德·A.克诺夫出版社,1993 年,第325 页。

果。卢蒙巴此时已成为总理,他的政府不能控制迅速蔓延的骚乱,不得不向联合国寻求援助,在美国的支持下,援助以联合国维和部队的形式进行,尽管这一形式遭到了苏联的极力反对。刚果由此陷入激烈的冷战中,对联合国和美国感到绝望的卢蒙巴最终向苏联寻求帮助。但他本人在同年被外部和内部集团合力废黜,不久即被不明杀手杀害。联合国部队一直维持到 1964 年,同年,曾经支持联合国行动的蒙博托将军在美国的经济和军事支持下发动军事政变,建立了一党制政府。

结语:帝国主义和非殖民化的模式?

世界史专家威廉·H. 麦克耐尔反复讲,"人类史的主题"是并且也应该是"人类战胜自然和人类相互斗争的发展"。① 这一概括特别适于总结帝国主义和非殖民化。正是通过使用新的力量控制自然和偏远地区的人民,帝国主义才成为可能;同时,正是由于殖民地控制了同样的力量,非殖民化才得以产生。殖民地在解放斗争中使用的力量不仅来自大炮,也来自现代的通讯方式、大学、工业化和新式的政治组织等所有属于现代性领域的东西。非殖民化的一个关键是新领导人能否利用这些新东西建立一个可行和稳定的政府。

关于帝国主义和非殖民化分析得出的一个结论是两者最终对于建立现代民族国家的重要贡献。这当然不是帝国主义国家的目的,帝国主义关心的是为了商业贸易方面的经济利益而扩大他们的权力,为他们的公民提供新的机遇,通过控制世界上的一些战略地带改变国际力量平衡,以及获得难以估量但实际的民族威望。但实现或试图实现上述目标意味着建立新式的政治实体。许多民族主义的领导人也许还没有意识到其人民在适应新的现实方面要为非殖民化付出多大代价。尼赫鲁在英国向印度正式移交权力时说:"经过一段时间的不幸,印度重新找到了

---

① 威廉·H. 麦克耐尔:"美国学校中的高级历史教育",不定期论文,1996 年 9 月,俄亥俄:全国历史教育委员会,第 3 页。

自我。"①这一表白经常被其他领导人复述，但即使在尼赫鲁的言谈中也没有意识到，过去的印度不可能成为民族国家时代的印度。

从领导人的著述中得出的另一个结论是他们中很少有人承认新国家在行动方面受到了严重的束缚，不是来自旧主人而是来自独立前他们很少直接接触的两个超级大国——美国和苏联。帝国主义和非殖民化的复杂性和矛盾性可以使我们得出这样一个结论。奥古斯丁在分析了罗马帝国的衰亡后才记起罗马帝国对被征服人民和罗马本身所做的好事和坏事。他认为坏人把帝国主义的过程看做是幸事，而好人把它看做是"历史的必然"。关于英国在印度的统治，马克思曾说过相似的话：他们贪婪残酷，但在无意之中带来了社会革命。②

（王海波　译　陈仲丹　校）

---

① 贾瓦哈拉尔·尼赫鲁：《独立及其独立以后》，德里：印度政府情报部，1949 年，第 3—4 页。
② 圣·奥古斯丁：《上帝之城》，第四卷，第 413—426 页；卡尔·马克思："英国在印度的统治"，载卡尔·马克思和弗里德里希·恩格斯：《1857—1859 年第一次印度独立战争》，莫斯科，1959 年。

第八章　民族主义

詹姆斯·梅奥尔

一

在 20 世纪,人们第一次有可能明确地提出世界史这个概念。① 在 1900 年以前,世界上某一个地区的政治、经济、军事和文化发展对其他所有地区的发展都会产生深远的影响,尽管这种影响有时是消极的。无疑,在一个相当长的时期内总是这样。1900 年以后,人们感到这些多重影响的速度在加快——起初是缓慢的,从 20 世纪中叶开始以指数形式增长。更重要的是,人们开始了解互动过程,尽管这种了解还非常不全面。并非每个人都同等程度地感受到世界历史各种力量的影响。人们仍然可以在亚马孙河或婆罗洲日益减少的雨林地带,发现以传统的生活模式生活、远离现代技术和时尚的地区,不过这些社会一旦同外部世界接触,就有灭绝的危险。在其他地区,大多数人朦朦胧胧地意识到他们共同的处境:如何在无情的现代化进程中繁荣或至少是幸存下来。

不幸的是,世界史的开始并不意味着人类冲突的结束或人类团结的

_____

① 参见戴维·汤普森:《1914—1950 年的世界史》,伦敦:牛津大学出版社为国家大学图书馆专门出版,1954 年,第 1—11 页。

实现。事实上,如果说世界各地的情况有所不同的话,那也是因为这种不同在被述说时总是带有一种民族偏见——尽管并非总是有意识的。借用伊利·凯德利的名言:"民族主义是欧洲在 19 世纪初发明的一种理论。"①这种理论认为,人类自然地分成各种民族,在此基础上民族"提供了决定各国适于享有独立政府、合法行使国家权力,以及合理组织社会的居民单位标准"②。这种理论未说明由谁或什么来构成一个民族——民族主义者很少对这种忽略感到担心,因为在这些民族主义者看来,民族是一个不证自明的范畴。

在大多数情况下,民族是一个拥有共同文化、居住在同一个古老家园、由和平和战争的共同经历形成(或正在形成),并且能够被责成拥有共同命运感的团体。人们不必接受凯德利消极的定义——他将民族主义视为欧洲浪漫主义的一个灾难性后果——以承认它的诱惑力。民族主义能被任何感到自己受到外来力量压迫或被土生土长的暴君出卖的团体用作战斗口号。同样,各国政府也总是专横地控制民族团结的象征以作为自己合法性的必要支柱。

因此,与其说民族主义的欧洲起源有助于我们了解它对 20 世纪历史的影响,不如说是它动员传统生活模式正在遭受侵蚀地区的人民的能力。民族主义者惯于求诸过去——越遥远越古典越好——但他们诉求的是备受他们无法控制的各种力量折磨的人民。大多数民族主义的伟大理论家如约翰·戈特弗里德·赫尔德、约翰·戈特利布·费希特、约瑟夫·马志尼、约翰·斯图亚特·穆勒、欧内斯特·勒南等均死于 19 世纪末以前,他们的思想直到 20 世纪才被奉如神明。作为一种政治理论,民族主义就其精华而言是现代的。

尽管民族主义具有普遍的吸引力,但它在两个方面背离了它的欧洲起源。历史学家们设计了几种类型和亚类型以解释其差异。最重要的

①伊利·凯德利:《民族主义》,伦敦:哈钦森,1960 年,第 9 页。
②同上。

区别在于一些人将民族限定为历史上形成的政治和公民社区,另一些人则将民族比作扩大式的亲缘家庭。这两种解释相互交叉,但前者的基本特征是公民权而不是社会或种族限定;后者则是预先决定的或无法逃脱的种族认同。这种区别接近于汉斯·科恩的西方和东方民族主义的区别①,以及休恩·塞顿-沃森关于旧的一脉相承的民族(如英国人、法国人或俄国人)和"新"的民族(如塞尔维亚人、克罗地亚人、阿拉伯人、印第安人和非洲人)的区别。②

民族主义背离其欧洲起源的第二个方面是它不能单独成为自给自足的政治意识。如果说民族主义的力量在于它对根深蒂固——即便基本上是虚构的——的传统的祈求③,那么它的弱点就在于民族主义者的理论缺乏实际内容。除非在殖民背景下才能从民族主义者的思想中获得行动计划,但即使在这种背景下,当民族主义能决定目标——即推翻外来统治——时,也没有提及应该使用什么手段。充斥20世纪的各种信条如自由主义、马克思主义和法西斯主义均来自欧洲。与民族主义不同,这些意识形态能产生大规模的社会计划,但它们只有同民族主义结合起来才具有威力。

因此,只有当民族主义同其他形成现代世界的各种主要力量结合起来的时候才能理解它对历史的影响,正如忽视这些力量在形成民族忠诚、造成对民族主义感情的诉求或激起民族主义的反应方面的作用,也就不能理解这些力量一样。现在,全世界人民都将自己同民族认同起来,而且尽管并非所有民族都已经获得国家的地位,他们还是尽可能地把自己同民族国家等同起来。但无论我们对这些认同如何看待,它们都不是最初的认同了。我们居住的国家、我们互相诉说的关于它们的故

---

① 汉斯·科恩:《民族主义思想:起源和背景研究》,纽约:麦克米伦,1961年,第572—576页。

② 休恩·塞顿-沃森:《民族与国家:国家起源与民族主义政治研究》,伦敦:梅休因,1977年。

③ 关于这一问题参见本尼迪克特·安德森:《富于想象的社会:对民族主义起源与传播的反思》,第二版,伦敦:沃索出版社,1992年;E·J·霍布斯鲍姆和特伦斯·兰杰合编:《传统的发明》,剑桥:剑桥大学出版社,1983年。关于较少虚构的观点参见安东尼·D·史密斯:《民族认同》,伦敦:企鹅丛书,1991年。

事,都是根据 20 世纪历史中较具戏剧性和深远意义的插曲来构筑的。我们考察其中的四个:帝国主义扩张和反殖民主义,战争与军事的兴起,革命与意识形态冲突,以民族自治原则为基础形成世界秩序的反复尝试。

二

民族主义和帝国主义常常被看成是对立的东西,前者是关于自治的理论,后者是关于政治控制的理论。然而,民族和帝国被紧密相连在比这种对立所显示的更为复杂的共生现象中。民族主义者也许认为他们的祖国总是属于他们的,但规划其政治地图的是帝国的建立者。一项统计表明,世界上有 8000 多个不同的语言社区,然而在 1996 年独立国家还不到 200 个。显而易见,如果政治独立是民族主义者的主要目标,他们的成功纪录并没有给人留下深刻印象。① 从 19 世纪初西班牙人和葡萄牙人撤出美洲到 20 世纪末前苏联的瓦解,大多数"民族国家"之所以在帝国当局决定的国境线内产生,是帝国撤出导致的结果。这些帝国在撤出时考虑到敌对民族社区的要求,对国界作了某些调整,就像 1919 年后的中欧或 1947 年印度大陆被分成印度和巴基斯坦一样,但更多的情况是继任政府完全接受原先存在的管理方式和地区单位。

共生现象不仅存在于民族主义者继承的结构层次上,也存在于现代国家赖以建立的更深的思想层次上。在 19 世纪,前一世纪法国革命的价值观,以及更普遍的启蒙运动的价值观——致力于自由民主、基本的人权和自治——开始被欧洲民族主义者接受,尽管后来许多民族主义者排斥它们而赞成文化特殊主义。甚至更自相矛盾的是,同样的价值观在世界各地的传播主要是英国和法国民族帝国主义的结果。在民族主义作为一种政治理论产生之前,这两个国家都在单一政治理论范畴进行政

---

① 欧内斯特·盖尔纳:《国家与民族主义》,伦敦:牛津,布莱克韦尔,1983 年,第 43—50 页。

治中央集权化和社会整合。17 和 18 世纪,它们重商主义的争夺也导致了在亚洲和加勒比海地区殖民地的建立。[1] 但正是作为民主政体国家(即在这种国家内人民主权原则牢固树立),它们从 19 世纪到 20 世纪初完成了对世界的"殖民"。

1991 年以前,20 世纪有两次创建国家的浪潮。第一次是在第一次世界大战结束后的几年,随着哈布斯堡王朝、奥斯曼和罗曼诺夫帝国的瓦解,欧洲和中东的政治版图广泛按照民族界线重新绘制;第二次是 1945 年后,随着欧洲列强的撤出,上述过程被扩大到亚洲、非洲、加勒比海和太平洋地区,这些帝国不同的性质——哈布斯堡、奥斯曼和罗曼诺夫帝国的王朝性质以及英国与法国帝国的民族性质——意味着他们激起的反帝民族主义模式也不同。但值得注意的是,两者具有一些共同的结构特征。

第一,尽管民族主义是一种人民主权的理论,主张动员公民保护其自古就有的权利,但 20 世纪的民族主义运动几乎无一例外都是由知识分子、律师和商人领导的。政治家需要支持者,特别是在一个敌国进行帝国统治的时期,诉诸民族被证明是到当时为止唤起支持者最强有力的手段。其原因不难理解:其他争取人民政治忠诚的人——只是为了保护财产和个人权利而联合起来的个人以及社会和经济阶级——同国内的社会分裂相联系,而诉诸民族是超越这些分裂的一种团结形式。由于各帝国习惯上利用社会和种族分裂作为维持秩序的方式,自由派人士和社会主义者在对付帝国主义时处于同样不利的地位,除非他们能成功地垄断民族主义运动。在这一方面,欧洲王朝帝国的对手民族主义者同后来的非洲和亚洲反殖民民族主义者的共同点比一般认为的要多。

第二,仅凭民族主义不足以打破帝国统治的控制。在 20 世纪的两次创建国家的浪潮(1919 年后和 1945 年后)中,民族主义者被赋予了一个由战争打开的机会窗口。在这两次世界大战前,民族主义者的鼓动不

---

[1] 参见 C. A. 贝利:《帝国全盛时期:英帝国和世界》,伦敦:朗文,1989 年。

断发生,至少在获得一定政治自我意识的欧洲和海外帝国地区是如此,这些鼓动也许减少了帝国的合法性,但未能最终破坏它。在这两次大战后,民族主义者甚至在最远的帝国边境都赢得了国家独立。这里的传统社会很少受到现代意识和技术的触动,人民的民族意识几乎还不存在。

第三,同它面对的帝国主义国家相比,民族主义不仅在政治上软弱,在思想上也具有依赖性。诚然,推翻外来统治为民族主义者提供了一个清晰的目标,但他们并不清楚如何去实现这种目标,或一旦实现这种目标,他们的民族国家将以何种原则为基础。由于这个原因,他们在那些声称拥有满足现代社会需求和愿望之计划的人中寻求意识形态联盟,不管这些人属于唯理论者还是历史循环论者。在这种意义上,尽管欧洲和第三世界的民族主义者在完全不同的背景下活动,但都是同一传统的继承人。

整个 19 世纪,民族主义者都在参与反对特权、贵族统治和传统权利的进步斗争。那些反对英国、法国和其他欧洲海外帝国的人不一定非得同王朝主义进行斗争,但他们必须同种族主义进行抗衡,这显然加强了欧洲民主人士证明他们在世界扩张权力合理性理论的适应性。不管它是用病理学的形式表达为自然种族等级的信念,还是根据欧洲各国有义务将自己文明的好处扩展到"没有法律的较小人种",即拉迪亚德·吉卜林在他的诗中所写的"衰退"的信念,欧洲帝国主义都为当地政治参与设置了令人害怕的障碍。

尽管具有上述相似性,民族主义者在对欧洲乃至更早的帝国的反应方面有两个明显的不同。第一个不同集中于种族与民族认同之间的相互关系,第二个不同集中于实行权力转移的手段。传统帝国是个人的或王朝性质的,不管其统治者强弱如何,当这些帝国最终瓦解时,这些统治者也随之消失。它们的土地或成为战争掠夺物而被分割,或在新的帝国分配中被吞并。除了王朝原则本身是第一次世界大战的牺牲品(哈布斯堡王朝、奥斯曼和罗曼诺夫帝国的消失即遵循这种模式),没有一个根据征服权声称所有权,根据世袭权声称合法权的新帝国能够在欧洲产生。

旧帝国瓦解,形成不同的种族部分,或像南斯拉夫那样瓦解成即使对立但仍有联系的种族社区的不稳定联盟。

在伍德罗·威尔逊总统的新世界秩序观中,由旧帝国继承而来的国家将以民主原则为基础。威尔逊的思想(在大战期间)被广泛传播,并构成美国在巴黎和会主张的基础。事实上,他的想法是,一个能使民族国家安全的世界,也是一个能使民主安全的世界。但众所周知,这种假定是错误的。它过高地估计了东欧和中欧的融合程度,认为只要不触犯每一个国家少数种族的利益就不可能导致欧洲版图的改变。这一地区许多国家的政治文化也是高度非民主化的。早在1861年,约翰·斯图亚特·穆勒就提到用民主的宪法将两个国家联合在一个国家内的困难。[1]他的远见卓识不仅在20世纪20年代仍是正确的(就像在20世纪90年代仍有争议一样),而且由维也纳以东农民人口所占比例增加这一事实也减少了公民民族主义生根的基础,至少在短期内是如此。

寻求支持者的民族主义政治家在别无选择的情况下宁可求助于种族感情而非民主原则。1918年之后,在民族构成比较复杂的地区举行的公民投票中,有时会出现惊人的结果,如波兰人决定留在德国而不是新生的波兰,斯洛文尼亚人宁愿留在奥地利而不是新南斯拉夫等。[2]但英国和法国拒绝检验爱尔兰人或阿尔萨斯人的国民感情,剥夺了公民投票的普遍适用性。实际上,正如阿尔弗雷德·科班辛辣地指出的,一旦民族自决的原则被提高到国际规范的地位,它就会被随意地解释为民族宿命论决定的原则。[3]在这种新的阐述下,选择的因素就有效地远离一个人的政治认同。

许多欧洲殖民地在种族上也是混杂的。仅举最极端的一个例子,1884年柏林会议一致同意对非洲进行地区划分。边界——为防止相互

[1] J. S. 穆勒:《代议制政府》,伦敦:1861年(此后多次再版),第14章。
[2] E. J. 霍布斯鲍姆:《1780年以来的国家和民族主义》,剑桥:剑桥大学出版社,1990年,第134页。
[3] 阿尔弗雷德·科班:《民族主义和民族自决》,伦敦:牛津大学出版社,1969年,第53—54页。

对抗的帝国主义者的冲突,大多数按直线绘制政治版图——常常将约鲁巴人这样的种族社区一分为二,将达荷美(今贝宁)和尼日利亚分开;将埃维人分属多哥和加纳;五股列强势力的瓜分使索马里人分属索马里保护区、埃塞俄比亚、肯尼亚和吉布提。但最初反对种族意识的种族团体在非洲民族主义中只起很小的作用。亚洲也大抵如此。

欧洲帝国是由强大的民族国家建立的。在1945年后当英国和法国撤出其海外殖民地时,它们甚至仍然比其继承国中最强大的国家还要强大。对亚洲和非洲的民族主义者来说,这无疑是一个问题。如果如历史学家以赛亚·伯林所指出的,"民族主义的兴起是外国统治无意识的心理伴随物——是对压迫和羞辱一个拥有民族特性的社会的一种自然反应"[①],那么权力易手只有部分疗效。皇帝们不会像在欧洲那样轻易消失,成为怀旧电影和传奇小说的合适主题。英国和法国仍然非常有影响,尽管同新的超级大国相比,它们在权力和声望上都有所下降,但仍在联合国安理会的五大常任理事国中占了两席。大国既引起人们的兴趣也招致人们的反对:事实上,以前的宗主国既是人们竞相仿效的榜样,又是民族主义者愤怒的目标或民族衰败的替罪羊。

到20世纪末,在亚洲、非洲和大洋洲的许多地区种族冲突激增。冷战结束后它们在欧洲卷土重来,对欧洲进行报复。从20世纪90年代的角度来看,难以重现同非殖民化相联系的乐观主义,以及在亚洲和非洲几乎是普遍的信念即民族主义是一种解放的理论。一些运动——如萨勃哈斯·钱德拉·博斯的印度国民军和南非的布尔人国民党——都按照化敌人的敌人为盟友的古老原则支持第三帝国。但大多数反殖民民族主义政党同作为纳粹和欧洲法西斯主义代名词的非理性主义鲜有共同之处。

法西斯主义是欧洲浪漫主义运动中排斥法国启蒙运动和英国古典政治经济学普遍主义的那个派别病态的继承者。用伯林的话来说,德国

---

① 以赛亚·伯林:"弯曲的小树枝:民族主义的产生",戴亨利·哈第编:《弯曲的人类木材:思想史的篇章》,伦敦:约翰·默里,1990年,第251页。

在 1918 年战争中耻辱地失败后,就像一个世纪前拿破仑侵略失败后一样,"他们的反应就像诗人席勒所说的像弯曲的树苗一样,拒绝承认他们所谓的劣等性"①。国家社会党(纳粹)感兴趣的是他们之前的浪漫主义者感兴趣的东西:不是他们同人类其他部分共享的东西,而是他们区别于其他人并使他们处于更高地位的东西。相比较而言,英国、法国和荷兰帝国大多数反殖运动都充满同情地接受人类团结和普遍价值观的思想。如果说他们也反对欧洲的支配地位,却很少是因为某些前殖民时期的种族或政治认同,而是抗议他们被排除在殖民社会之外。

伊利·凯德利生动地记录了这一过程。根据他的描述,一旦传统领导人最初的抵制被克服后,第二代显要人物和知识分子就富有同情心地赞同他们征服者的职业、抱负、生活方式和世界观。② 他们的愿望是世界主义的而不是民族主义的。只有当他们从伦敦、巴黎或柏林接受教育回到国内,并发现他们不能像欧洲人那样充当工程师、教师、律师或医师时,才改变了态度。甚至直至那个时候,他们的文化世界主义仍然常常挥之不去:据说印度第一任总理的父亲莫蒂拉尔·尼赫鲁在他成年以后自始至终将衬衫送到巴黎去洗烫,而塞内加尔的第一任总统、"黑人哲学"的发明者利奥波德·桑戈尔是惟一愿意为了赶上 1963 年 8 月非洲统一组织部长理事会的开幕式,而将他一年一度在诺曼底的度假延期的人。

人们也许认为,这些人不是"真正的"民族主义者,他们由帝国主义国家推选出来,以便帝国主义国家在正式交出权力后继续实行控制。这是斯大林的观点,有时第三世界的激进分子如加纳的克瓦姆·恩克鲁玛、埃及的盖梅尔·阿勃杜尔·纳赛尔、古巴的菲德尔·卡斯特罗也赞同这样的观点。他们决心坚持以不结盟运动为中心的反帝斗争。但这些领导人都不是文化民族主义者,他们对其政治敌人的进攻是以他们同西方的联系而不是以他们的世界主义为基础的。

---

① 以塞亚·伯林:"弯曲的小树枝:民族主义的产生",戴亨利·哈第编:《弯曲的人类木材:思想史的篇章》,伦敦:约翰·默里,1990 年,第 251 页。
② 伊利·凯德利:《亚非民族主义》,纽约:世界出版公司,1970 年,第 71—91 页。

欧洲、亚洲和非洲的民族主义是对外国统治者强加给他们的耻辱的反应。然而在欧洲,这种民族主义是在民族文化层次上展示出来的,其中大多数有共同的语言限定,但在前殖民地世界的大部分地区,人们在种族而不是民族或语言基础上感受到政治排斥。为鼓动独立而形成的大众政党不难接受殖民国家确定的民族国家的结构和限定。当然民族关系和宗教问题有时也会显现出来——印度尼西亚基本上是由爪哇人构成的国家,就像印度是由印度人构成的国家一样——但对他们社会多样化的认识,促使大多数非洲和亚洲政府表面上致力于世俗现代化和人权的唯理主义价值观。不管他们选择自由主义的还是社会主义的发展战略,或是两者的结合,一旦民族主义者获得权力,他们需要"建立"很少或没有原本就存在的社会现实的国家,尽管反殖民主义者遵循他们的国际主义和唯理主义的信条仅仅是为了获得国际上对这种计划的支持。

至少在欧洲定居者人口不多的地区的反殖民主义者都这样做。欧洲帝国力量的迅速瓦解部分是宗主国社会内殖民问题受到民主压力的结果。在不涉及他们自己公民利益的地方,英国和法国不仅面对着殖民地要求独立的民族主义者,还面对着国内支持共和政体的第五纵队。但在有 100 多万法国定居者或欧洲"白人后裔"的阿尔及利亚,在定居者夺取了最好耕地的肯尼亚,以及 1922 年后定居者对英国实际享有独立的南罗得西亚,第五纵队则站在定居者一边。在两种强硬的民族主义相互对抗的地方,定居者求诸他们国内亲属的努力起初被证明比当地民族主义者求诸自由派对殖民政策更有影响。在每一种情况中,移交权力后都有一段冗长的暴动时期。

葡萄牙帝国也同样如此,就像葡萄牙人本身在 1974 年 4 月革命前一直被剥夺民主权利一样,非洲民族主义者不求诸武装叛乱就没有实际可行的机会实现他们的目的。在南非,一个相似的白人和黑人民族主义的全面敌对发生了,1910 年起,南非实现了从英国统治下的独立。1948年起,由南非布尔人国民党根据剥夺大多数非白人选举权的宪法进行统治。1962 年,政府迫使非洲人国民大会背井离乡。它的许多领导人包括纳尔逊·曼德拉被投入监狱,而那些得以脱身的领导人遍布世界各地。

非洲人国民大会是非洲资格最老的民族主义组织,但直到 1960 年,它一直实行和平抗议的政策。当它最终改变策略转向武装反抗时,政府将它连同泛非主义者大会和南非共产党一起加以禁止。

在所有这些情况中,反殖民民族主义者的公民特征较早成为牺牲品。定居者富有激情地保卫自己的利益,但也常常妄断自己的权利,经常在残酷镇压对手后掩饰自己代表优秀文明的主张。(这种动员宗主国亲属支持的容易程度也揭示了种族和文化认同甚至加强法国和英国牢固确立的民族主义的程度。)非洲民族主义运动的反应,也揭示了其领导人点缀他们计划和主张的世俗唯理主义是如何空洞!

以大量的人员伤亡来换取不确定战果的游击战依赖于士气和纪律。忠诚是必不可少的,但常常难以获得。这是民族主义力量常常在他们活动的当地人中诉诸"非理性"的迷信、或使他们担心报复而迫使他们就范的原因。在肯尼亚,茅茅叛乱的目的包括收复土地、废除基督教,以及恢复古老的习惯(如叛乱得到秘密结社的支持,其成员加入时歃血为盟以强制服从等)。在罗得西亚,两个民族主义运动中比较成功的津巴布韦非洲人民联盟广泛利用当地的巫术师。在阿尔及利亚,双方常常诉诸严刑。在定居者和土著民族主义者的这些冲突中,种族认同问题也比其他地区更早出现。茅茅运动是一种吉库尤人叛乱。1962 年全国解放阵线刚促使法国人撤出阿尔及利亚就面对来自柏柏尔人的叛乱。津巴布韦非洲人民联盟的成员基本上是脱离恩德比利人为主的津巴布韦非洲人民联盟的绍那人。1975年,安哥拉政治继任权受到三个基本上以种族为基础的政党的角逐。

除了说布尔语的南非白人外,各地定居者民族主义运动的失败不是在战场上,而是宗主国放弃权力和国际压力联合作用的结果。尽管这些冲突导致了过分举动,但欧洲帝国力量的撤出却是以西欧国家本身赞同的公民民族主义形式进行的。到 1960 年,联合国大会规定,所有殖民地人民有权独立,不能用缺乏自治准备作为延长殖民统治的借口。[1]

---

[1] 联合国 1514 号决议,纽约:联合国,1960 年。

因此,非殖民化产生的新世界秩序是一个民族国家的秩序,是从地区上而不是从种族上加以限定的。实际上,当各国政府的民族主义受到广泛欢迎时,东西和南北很少一致赞成地区现状。在整个 40 年的冷战期间,分离主义的民族主义者发现国际环境不利于他们愿望的实现。1991 年传统社会主义的瓦解导致了前苏联和南斯拉夫新国家的创建浪潮,尽管这一次和在 1919 年以后的那一次一样,基本上仍是以种族为标准。1993 年 1 月捷克斯洛伐克平静地分成各个组成部分,同年 4 月,同埃塞俄比亚进行了长达 30 年斗争的厄立特里亚在公民投票中赞成独立,国际观察员判定投票是"自由和公平的"。这些事件的示范效果在多大范围内被感受到仍需继续观察,它们是否将替代官方民族主义成为国际秩序的基础亦然。

三

官方的、在理论上属于公民形式的民族主义的胜利,基本上是 1945 年后两种发展的结果,一是帝国的民族化,二是支配世界政治的美国和苏联的意识形态冲突。关于前者,法国和英国拥有庞大的民族计划,在社会内得到广泛支持(即使在两个国家内部也存在帝国主义的强有力支持者),并为所有阶级提供职业和各种机遇。

自从拿破仑引入全民总动员后,现代国家用武装力量保卫其人民及其利益成为公理。1914 年第一次世界大战的爆发也表明全民武装思想如何深深地扎根于欧洲社会:爱国热忱是如此之高以至于没有一个交战国起初采用征兵制度。这种在众多居民中广泛传播的民族自豪感是职业武装力量信念不可或缺的一部分。再者,他们的爱国主义同帝国密切地联系在一起。阿尔及利亚和印度支那在很大程度上是法国军队的产物,这是法国难以从中解脱开来的一个原因,就像英国民族的思想同印度文官和英国驻印军队的历史不可分割一样。尽管如此,帝国中心的民族主义激起了其殖民外围的反民族主义。

反殖民民族主义通常声称是反军事的。尼赫鲁的军队在 1962 年中印边界冲突中被中国打败前一直缺乏装备,坦桑尼亚首任总统朱利叶斯·尼雷尔起初希望完全没有军队,但拥有一支军队(虽然不总是海军和空军)被证明就像中央银行和国歌一样是现代国家不可缺少的。

在许多新国家,公民爱国主义感在权力易手后很快消失。与早期的拉丁美洲一样,在亚洲和非洲,文官政府常常被军队推翻。一旦掌握权力,军政府发现难以超然于本社会的社会和种族分裂之外,但阴谋者通常的做法是用解救民族的名义证明其获得权力的合理性。在他们看来,军队是惟一能扭转腐败和中饱私囊的政治家的危害之国家机制。因此,盖梅尔·阿勃杜尔·纳赛尔上校于 1952 年推翻了君主制;费尔德·马歇尔·阿尤布·汗在 1958 年通过一场不流血的军事政变夺取了巴基斯坦的权力;加纳首任总统克瓦姆·恩克鲁玛在 1966 年被推翻。1971 年,在一场滑稽可笑的模仿的军事清洗中,伊迪·阿明将军驱逐了乌干达总统米尔顿·奥博特,并使其国家陷入了长达十余年的镇压、残酷统治以及广泛的种族冲突之中。

坚持这样做的官员接过了他们所替代的欧洲军队的形象,但他们也继承了另外的遗产,即具有现代风格改革者的遗产。在 20 世纪 50 年代和 60 年代,推翻埃及君主制的政府、阿尔及利亚的阿迈德·本贝拉政府、印度尼西亚的苏加诺政府和加纳的恩克鲁玛政府等的军官希望实现穆斯塔法·凯末尔·阿塔图克 20 世纪 20 年代在土耳其试图实行的社会变革。如同维持帝国一样,建国是武装力量感到自己特别适合的任务。

从 20 世纪 50 年代中叶起,新国家的建国计划也受到美国和苏联的鼓励,尽管美苏都主张反对帝国主义,但在它们之间发生的冲突是各种世界主义而不是民族主义之间的冲突。自由主义和共产主义的奠基者们都非常反感民族主义,自由派认为它是非理性和浪漫主义的,马克思主义者则认为它是一种虚假的意识——和宗教一样,是资产阶级用来阻止大众了解他们真正阶级利益的鸦片。

因此,不管是公民的还是种族的民族主义,它们维持的国际主义体系能否为民族主义提供安全保障并非不证自明,这种明显似是而非的结论基本上是由社会主义民族化以及自由主义社会化造成的。社会主义的民族化是应保卫布尔什维克革命反对周围资本主义国家和随后反对纳粹德国的需要产生的;自由主义社会化则是保卫自由主义在经济不景气时不受内在矛盾影响、使它适应现代战争经济的需要的结果。在这两种趋势中,社会控制的思想都同民族主义结成了联盟,并在后来带入了两个超级大国的外交政策。

在 1917 年十月革命后不久,列宁得出结论:如果布尔什维克要取得胜利,就必须安抚民族主义者。相当一部分对沙皇俄国的反对来自被压迫的民族,那些已经获得自由的民族——阿塞拜疆人、亚美尼亚人、白俄罗斯人和乌克兰人——反对帝国中心重新强加的统治,不管其意识形态结构如何。列宁指出的解决办法是创造以"民族为形式,以社会主义为内容"的信条为基础的联盟结构。这种退让是过渡性的,因为最终所有民族都将被并入新社会主义社会。与此同时,联盟按民族认同来限定,甚至在没有证据表明具有民族主义感情的地区如中亚也是如此。尽管在宪法中包含有分离权,但实际上布尔什维克能够接管沙皇帝国并完整无损地维持了 70 年。历史学家伊恩·布伦纳解释了它能够成功玩弄这种宪法花招的复杂原因:[1]

> 尽管给予分离权,但各共和国将发誓充分承认和参与苏维埃领导下的联盟;作为对这种决心的回报,各民族将不会选择实施自己的分离权。人们普遍感到国家机制是自由达成的契约安排因而具有约束力,这就为作为苏联民族政策基础的帝国的存在提供了合理的理由。

随着 1989 年传统社会主义的瓦解,显而易见,通过将社会主义民族

---

① 伊恩·布伦纳和雷·特雷斯合编:《苏联后继国家的民族与政治》,纽约:剑桥大学出版社,1993 年,第 10 页。

化,列宁及其继承者将一切交给了命运。但从外部来看,这一点在当时还不清楚。约瑟夫·斯大林追求比列宁更残酷的政策,将俄罗斯视作最伟大的民族,而对其他民族加以惩罚——特别是车臣人、日耳曼人、卡尔梅克人、克罗米亚的鞑靼人,他们被以莫须有的罪名流放到中亚和西伯利亚。同时,苏联长期实行教化政策,并辅以将俄罗斯移民广泛地迁移到非俄罗斯地区。在第二次世界大战期间,斯大林在号召苏联公民为祖国而战时求助于大俄罗斯民族主义而不是社会主义。萨奇·爱森斯坦的电影先前颂扬十月革命,现在却以惊人的历史想象力转向俄国光荣的过去。没有人能认真怀疑他的电影《恐怖伊凡》是受斯大林的启发而写的。

就其本身而言,民族政策并不是完全不成功的。在某一种族占支配地位的共和国中,必须选出当地的精英以保证各共和国的总书记普遍是全国性的,即使其下属几乎完全是俄罗斯人——就像克格勃的地方长官一样。在中央计划经济体制下,边远地区的经济依赖于俄罗斯,尽管它们同沙皇时期相比也吸引更高的投资水平。整个苏联时期,分离主义被成功地抑制,如果不是20世纪80年代苏联经济体系的灾难性失败,仅靠民族主义鼓动是否会对苏联国家产生严重的影响还值得怀疑。

对1949年的中国共产党来说,它所面临的民族主义与布尔什维克在1917年以后面对的民族主义不同,部分因为汉族在中国人口中占支配地位,因而中国所面对的主要威胁一般是由华人本身分裂而不是由于少数民族的不满而形成的。但也因为从一开始共产党就在明确的华人文化框架内追求自己的目标。与布尔什维克不同,他们没有国际主义义务,事实上,他们之所以热衷于社会革命是因为社会革命是解决民族问题的一个办法。1919年[原文如此]共产党和孙逸仙博士创建的国民党都由年轻的知识分子领导,后者为西方自决的民主思想吸引,布尔什维克革命给他们留下了深刻的印象。1927年,当两个党派的联合阵线最终分裂时,以蒋介石为首的右翼政府得到西方国家的承认,并在第二次世界大战后获得中国在联合国安理会五大常任理事国中的席位。

　　然而,以毛泽东为首的共产党在策略上和动员中国人民方面显得更成功。在内战期间,毛泽东追随列宁采用民族自决作为同国民党政府争夺少数民族的手段,1931 年,在中国南方召开的第一届中华苏维埃全国人民代表大会的决议中详细阐述了少数民族自决的问题:[1]

　　　　……在蒙古、西藏、新疆、云南、贵州和其他大多数人口为非汉人的地区,这些民族的劳苦大众将有权决定自己是否愿意离开中华苏维埃共和国,并建立自己的独立国家或加入苏维埃共和国联盟,或在中华苏维埃共和国内形成自治区。

　　1949 年,被从大陆赶到台湾的蒋介石政府在美国的保护下建立了自由企业经济。毛泽东在获得权力后的第一篇演讲题为《中国人民从此站起来了》。[2] 限制将成为新中国的特征。毛泽东通过赞同孙逸仙的中国五大民族(汉族、藏族、维吾尔族、蒙古族和满族)理论来实现这一点。共产党也将这一概念融入中华人民共和国的国旗中,它的一颗大星代表汉族,四颗小星代表其他四个民族。

　　美国坚持台湾政府是中国的合法政府。在美国的怂恿下,台湾的民族主义者直到 1972 年[3]一直怀有收复故土返回大陆的梦想。但在世界的其他地区看来,中华人民共和国似乎更有可能收复台湾。最终,北京政府成功地抵制了西方关于两国在联合国都派代表的建议。1979 年[4],中华人民共和国获得联合国安理会的席位。

　　苏联和中国实行社会主义民族化的成功是对西欧公民民族主义社会化的鼓励。在 20 世纪 30 年代前,西方民主国家认为国家公民忠于自己是理所当然的。民族主义在战争中是有用的资源,并且事实上在 1914

---

[1] 引自沃尔克·康纳:"种族学和南亚和平",载《世界政治》第 22 卷(1),1969 年 10 月,第 51—86 页。

[2] 1949 年 9 月 12 日谈话,见《毛泽东选集》,第 5 卷,北京:1977 年。

[3] 1972 年 2 月发表的《上海公报》体现了美国态度的变化:"海峡两岸的中国人都承认只有一个中国。美国不对这一地位表示异议。"

[4] 年代有误,应为 1971 年。——译注

年对他们有好处,但在和平时期这种激情有可能会发展成对既定秩序的威胁。法国和英国政府显然没有想到,一旦和平到来,在 1914 年曾经如此英勇地响应武装起来号召的人民——因而证明了马克思关于国际无产阶级团结的预见是理想的——会感到被出卖了。他们被当做单纯的劳工,就像自由市场上其他被交易的商品一样。

在 1919 年,经济学家约翰·梅纳德·凯恩斯曾拒绝参加巴黎和会以抗议对德国强加的报复性惩罚。他感到了如果自由社会不改革自身将可能招致的危险。[①] 作为唯理论者,他看这一问题的视角基本上是技术的,即没有合适的信贷供应,就不可能有一个和谐的国际经济。其他人如西班牙共和国哲学家、文化部长奥尔特加·加塞特坚持认为,传统联系和职责的瓦解不仅唤起了大众,而且也使欧洲社会面临着认同危机。[②] 他认为从短期来看,前景黯淡;从长远来看,惟一的解决办法是在整个国家引入精英的上层文化和用自由文明的价值观教育大众。凯恩斯的分析和奥尔特加·加塞特的警告都不能动摇自由民主派的自满。然而,不是因受到知识界的刺激而是对 20 世纪 30 年代大量失业的反应,使他们逐渐在原则上接受在 1945 年后成为福利国家基础的积极干预概念。

为了将自由主义从其意识形态的敌人中解放出来——传统的社会主义为追求平等原则牺牲个人自由和人权;法西斯主义要求自由和平等让位于其领导人任意解释的国家需求——西方各国政府对民族主义作出了重大的妥协。同共产主义和法西斯主义相比,他们较迟才认识到其权力的维持需要人民的忠诚,但最终他们与前两者得出了相同的结论。回顾 20 世纪上半叶,历史学家戴维·汤普森在 1954 年总结了新民族主义的逻辑:

> 因此,德国的希特勒运动死死抱住国家社会主义称号不放,并

---

① 参见 J. M. 凯恩斯:《和平的经济后果》,伦敦:麦克米伦,1920 年。
② 乔斯·奥尔特加·加塞特:《大众叛乱》,伦敦:艾伦和昂温,1932 年。

且努力通过公共工程和重新装备计划解救失业,这不是偶然的。需要社会主义的主要动机是德国在 1923 年通货崩溃中以及其他大多数国家在经济危机中发现的,个人或家庭面对经济萧条无能为力。[①]

当战后福利国家在英国和西欧出现时,这可能更多的是民族主义者而不是其奠基者原先所希望的。现在公民能指望从免费中学教育到健康照顾到失业补贴中获得巨大的权利。这种昂贵的传统特权的扩展后果是可预见的。在 20 世纪下半叶,所有西方民主国家都实行严格的移民政策,尽管只是获得不同程度的成功。他们的解释是直截了当的:在决定谁有权去获得新的好处时,最容易的区别原则是区分国民和外国人。

美国是惟一成功的工业国家,它只部分受到其他工业国家比较突出的社会化民族主义的影响。1945 年,美国经济是如此的强大,对自由企业的依恋是如此的深切,以致美国政府认为按照欧洲模式构建福利国家既没有必要也不值得向往。

尽管如此,美国民族主义对 20 世纪下半叶有决定性的影响,部分因为其他民族普遍认为美国通过工业和技术创新以及创造经济机会,设计了独特的"建国"规则。这种观点也被美国人自己广泛分享,并在相当程度上影响了他们对亚洲和非洲的外交政策。美国民族主义也是维持冷战的一个积极因素:事实上,有时反共产主义实际上同美国意识和认同是同义词。在 20 世纪 60 年代越南战争期间,对美国的认同是如此接近,以至于阻止了美国政府对反政府民族主义力量或战争在美国激起的政治危机深度的了解。对主张自由主义的美国人而言,越南战争不仅象征着美国凯旋论的愚不可及,而且也象征着其他各地民族主义的合法性,尽管常常没有充分的证据表明这一观点。全世界特别是第三世界有许多人对此表示赞同。美国将其触角伸入全球以及热诚追随资本主义自由市场的举措,导致美国成为众多反西方的恐怖分子的主要目标,因

[①] 汤普森:《1914—1950 年的世界史》,第 142—143 页。

而也成了反殖民民族主义充满活力的积极媒介。

许多新亚洲和非洲国家所谓的"人为性"更多的是与殖民经历的特征和持久性有关,而不是同多种族性有关。帝国主义的短暂统治——在非洲为70余年——破坏了传统的前殖民社会,但未给新国家提供形成公民政治文化的办法。在这一方面印度比较幸运,尽管它由于宗教、种族和语言区等因素而彻底分裂。印度商人和职业阶级在过去100多年成长起来,到1947年印度独立时,他们在数量上颇为可观,而且致力于自由主义价值观的实现。

诚然,这种说法具有某种虚幻性。印度国民大会采用世俗的意识和现代化的发展策略,但它的群众基础——在1947年,印度7亿人口中90%是农民——仍主要是印度教的和传统的。再者,圣雄甘地利用传统文化和意识形态来实现民族主义者目的的做法获得了显著的成功,但这不仅模糊了印度国民大会对英国传统管理结构的继承性,也模糊了印度国民大会对于英国政府的继承态度。

在独立后不久,当东北边境的那加族人起而反叛德里时,帝国的态度变得强硬起来。尽管政府宣称,一旦国家的领土统一被接受,它就准备允许较大程度的地区和种族自主。但叛乱还是遭到强有力的镇压,叛乱领导人被囚禁。这种在联盟内自主的规则成为印度当局处理无数离心压力的先例。印度在抑制分离主义方面的成功对其他地区的模式有影响;不是文化而是那个地区较早确立的东西决定着国家认同,惟有政府能够接近国际社会,并利用国家认同垄断和宣传官方关于第三世界民族主义的观点。大致说来,这等于反殖民主义斗争通过国际手段延续到独立时期。

因此,国际环境有助于形成前殖民世界的民族主义。除了地方敌意造成不同的情况如巴基斯坦外,大多数新国家政府决定置身于冷战之外,它们认为冷战威胁它们新的统治形式。在20世纪50年代下半期,这些国家在印度、埃及和南斯拉夫领导下建立了不结盟运动,以此作为第三世界团结的机制。

不结盟运动对亚非民族主义者有一些好处。它使他们在某种程度上独立于西方的军事联盟网;同时,由于接受冷战双方的经济资助,他们能将用于建立民族和国家的资源最大化,将政治代价最小化。它有时也为它们之间的冲突提供干预手段。

非洲民族主义者发现不结盟运动在这方面特别有用[①],主要是由于偶然的原因——第一代非洲政治领导人与北美和加勒比海泛非运动"脱离部落"奠基者在欧洲的接触——非洲民族主义的语言总是欧洲大陆的语言。在 20 世纪 60 年代初独立之际,所有非洲领导人都致力于维护团结,在实践上,这一原则被证明就像法国大革命时期的博爱一样莫名其妙。它听起来不错,但实际上指什么呢? 一些非洲国家的政府在加纳的克瓦姆·恩克鲁玛的激进影响下,认为它们的独立需要欧洲大陆的政治和经济机制。前法国殖民地的第二个派别(激进派对其独立有争议)主张继续同法国保持密切的经济、军事和政治联系,而第三个派别则既排斥操法语国家的欧非联系,又排斥激进派的一体化。

除了这些争论外,还存在其他争论,如关于非洲社会主义的性质、非洲与新形成的欧共体之间的相互关系,以及致力于反对南非种族主义的泛非运动。1960—1963 年间各国政府相互从事泛非主义的艰苦政治战。不久,随着反对派政治家逃离祖国,并不断向他们的亲属或向本国不同派系掌权的政府寻求支持,各国政府开始承认他们都具有被颠覆的脆弱性。除了团结的花言巧语外,他们需要公众认可的非洲民族主义,结果产生了非洲统一组织。它的宪章宣布这三个团体一致同意共同致力于反种族主义、民族解放、领土完整和不结盟。这种对激进派作出的妥协,未对反对派造成任何损失。正如阿尔及利亚杂志《年轻的非洲》社论中评论的,非洲政府建立了领导人工会,从而保证非洲民族主义将暂时与亚洲的民族主义一样,仍然是一种精英而不是大众的现象。

[①] 参见詹姆斯·梅奥尔:《冷战及其后的非洲》,伦敦,1971 年;L. W. 扎特曼:《新非洲国际政治》,恩格尔伍德·克利斯夫,1966 年。

四

在 20 世纪 70 年代末,冷战强度的相对减弱使亚非民族主义的重心从东西冲突转为南北冲突。对已经获得政治独立的许多第三世界的精英来说,这种转变反映了他们对在经济上继续依赖于工业西方的憎恨。因此,敌人仍然在国家本身之外。在大多数情况下,此起彼伏的种族叛乱在对国家当局或对既定世界政治模式进行挑战方面不如冷战高潮时成功。

第三世界各国政府在这些年里采用的建国策略与西欧 1945 年后采用的建国策略表面上极其相似。就像欧洲政府发现要实现充分就业就必须管理经济一样,在后殖民世界,第三世界各国政府则以殖民经济的现代化作为他们的中心政治任务。但在欧洲,大多数国家由于自下而上的群众压力采用自由主义的社会化,而第三世界民族主义的社会化则是自上而下的——政治精英强加给他们国家的人口,其中一些国家缺乏具有企业家气质的中产阶级,并且所有这些国家在物质生活标准方面远远落在富裕的西方后面。

在使用国家权力帮助产生国家统一和经济发展方面没有什么新内容:在 19 世纪,美国、德国和日本——在 20 世纪它们成为最成功的国家——就采用这种方法。再者,在第二次世界大战以后的 30 年,西方主要国家、世界银行和国际货币基金组织这样的国际财政机构,以及苏联(尽管公认具有不同的意识形态目的)的援助政策鼓励第三世界政府实行国家经济计划。问题是到 20 世纪 70 年代,除了一些在种族上同质和文化上一体的国家,特别是东亚国家外,几乎没有证据表明这些策略奏效。

官方的民族主义习惯上同其他一些意识形态计划结合起来。自 20世纪 60 年代初以来,第三世界的民族主义者一直试图使用国家权力,不仅是出于发展国内经济的目的(在这方面效法亚历山大・汉密尔顿和弗雷德里克·利斯特),而且更新的目的是为了改变国际贸易规则以有利于自己。① 这一在关贸总协定(GATT)、联合国贸发会议(UNCTAD)和联合国本身框架内进行的运动宣告失败。西方强国进行象征性的调整,但拒绝进行重大的结构变革。如果说好战的民族主义常常由觉察到的伤害或排斥引发,则第三世界应引 1973—1974 年的事件为戒:即必须为经济失败付出代价。但他们没有这样做。阿拉伯产油国将世界油价提高四倍的做法,的确在第三世界产生了民族主义的反动,但从中获得的教训是错误的教训。原油市场紧张的供应形势连同 1973 年阿以战争引起的崩溃,使产油国政府控制了私人石油公司的市场,其中七个最重要的公司是西方的公司。

世界舞台上的戏剧已经谢幕,但有关政府同他们人民之间关系的戏剧还在继续。甚至对新石油价格可能对大多数亚非拉国家造成的影响的粗略估计也将表明,这次提价对阿拉伯国家和其他石油生产国的发展前景会造成更大的伤害。这些国家当中很少拥有石油储备或独立的炼油能力,大多数国家已面临长期的支付平衡问题,但它们并未估计到这一点。事实上,当工业国家因担心它们将进入一个同样由民族憎恨,而不是由经济理性驱使的受制于其他商品生产者的新时代而紧张地作出反应时,大多数第三世界领导人则同情阿拉伯国家的突然袭击。这就像 1905 年日本对俄国的胜利在整个殖民世界受到欢迎一样,因为它提供了欧洲并不是不可战胜的证据。阿拉伯在明显影响世界财政资源的重要转变方面的成功,也被整个第三世界当做对西方的胜利。②

这种欣快并未维持多久。工业世界的衰退很快揭示了石油是独特商品这一事实。尽管阿拉伯石油生产国成为主要援助的赞助人,但它们追求自己的民族利益,并且并未显示将其新获得的财富随意地给予其他发展中国家的倾向。面对传统的国家认同形式,可以预料第三世界集体

---

① 詹姆斯·梅奥尔:《民族主义与国际社会》,剑桥:剑桥大学出版社,1990 年,第 7 章和第 8 章。
② 参见肯尼思·戴德佐:"联合国与经济发展问题",载亚当·罗伯茨和本尼狄克·金斯伯里合编《联合国:分裂的世界》,牛津:克拉伦登出版社,1988 年,第 144 页。

自力更生的思想将不断消退,其直接后果是大多数亚非国家甚至比以前更牢固地融入西方占支配地位的国际经济中。到 70 年末,许多国家令人绝望地欠债,这是 20 世纪 80 年代国际财政机制能够行使巨大财政影响的一个条件。甚至起初由于憎恨被支配或担心国内可能的叛乱而抵制国际货币基金组织改革压力的国家,如同尼日利亚、坦桑尼亚和赞比亚政府在不同时期所做的那样,它们随后也引入同新国际正统几乎没有二致的改革。

经济力量对官方民族主义的侵蚀到了除训练有素和自信的政府外都无法控制的地步,国际上对 1974 年葡萄牙革命的反应暂时掩盖了这一点。同年 4 月,葡萄牙刚给予剩下的殖民地安哥拉、莫桑比克和几内亚比绍独立,就发生了推翻马尔赛洛·卡埃塔诺独裁的军事政变。安哥拉和莫桑比克继任政府宣称自己是马克思列宁主义国家,同苏联签订了友好合作条约,这一事实似乎表明非洲民族主义者仍有可能结成其他的意识形态联盟。然而,尽管苏联当局试图对他们有重要军事投资的国家施加意识形态的正统观念,但到 20 世纪 70 年代中叶,国内的困难使苏联人无法支援他们新盟友的经济。[1] 事实上,他们拒绝支持非洲国家加入经济互助委员会,就像他们早期对古巴和越南所做的那样。相反,他们鼓励非洲国家签订《洛美协定》,使他们能获得欧洲贷款,因而有效地将他们推给了欧共体的势力范围。

到 20 世纪 80 年代中叶,前殖民地世界的许多地区陷入严重困境之中,有些国家如乍得、黎巴嫩、索马里几乎不能作为一个国家运转。其他国家包括前葡萄牙殖民地则被拖入灾难性的内战,使其政府代表所有人民的主张落空。许多国家迫于国际货币基金组织和世界银行的压力,采用致力于减少国家在经济管理方面直接作用的结构性调整政策。特别是,这种调整也减少了政治阶级能够使用的表面上用于"建国",更多的

---

[1] 参见马戈特·赖特:"莫斯科从非洲撤退",载阿诺德·休斯编《马克思主义从非洲撤退》,伦敦,1992 年,第 21—40 页。

用于寻求庇护以保证自己地位的资源。20 世纪 70 和 80 年代的危机未能像 20 世纪 30 年代的大萧条那样破坏国际经济,也没有导致法西斯意识的全面恢复。然而,它为亚洲、非洲,还有 1989 年后欧洲的种族和宗教冲突的加剧创造了条件。

事后看来,苏联未能主宰社会主义国际经济,也许应被看作它自己的体系——总是帝国体系多于真正的民族体系——即将瓦解的早期警告。当苏联瓦解时,几乎每个人都感到惊奇。[①] 在某些方面,苏联的解体是与第三世界官方民族主义灭亡相似的现象:在这两种情况中,中央政府及其自认正当的意识形态公开遭到蔑视。

在受到威胁的第三世界国家中,只有很少的国家反对真正的国民。厄立特里亚和斯里兰卡北部的泰米尔叛乱例外。在大多数情况下,对那些掌权者的憎恨不局限于社会内的某一部分。相反,在东欧和苏联的西部(中亚各共和国同第三世界其他部分有更多共同之处),苏联经济和政治权威的瓦解伴随着民族派别组织的产生,这些组织同时要求他们的民族(主要是种族)自决权力,恢复民主政府和建立开放的市场经济体系。

这些表面上矛盾的要求有颠覆新的民族主义政权的危险。在 20 世纪上半叶,自由主义被其社会化所拯救。到 20 世纪 50 年代,这一过程导致西方政治转入关于社会民主的辩论——即关于私人和公共权力适当结合的争论,社会主义得到民族化的挽救,它在国际上的吸引力也因此扩大。由于这些措施,群众民族主义要求推翻政府的呼吁受到限制。民族感情能从诸如奥林匹克运动会、世界杯足球赛和其他类似于罗马角斗士比赛的现代体育运动中,不断找到发泄的渠道,但直到 20 世纪 80 年代中叶,对世界划分成两个组织不同的经济体系,以及不同的政治和地区版图的区分似乎被彻底地固定下来。

随着 1991 年苏联的解体,这些必然性让位于更为混乱和更似是而

---

① 两个值得注意的例外是丹尼尔·莫伊尼汉和海伦·卡雷尔·德恩考斯。参见 D. P. 莫伊尼汉:《大混乱:国际政治中的种族关系》,伦敦:牛津大学出版社,1993 年;H. 卡雷尔·德恩考斯:《帝国的衰落:反叛的苏维埃社会主义共和国》,纽约,1979 年。

非的观点。在经济方面,民族主义者一般承认市民社会和开放市场的重要性。我们还不清楚一旦民族主义者认识到这也将导致国家控制的减少,他们对自由主义的热情还能存在多久。在政治方面,冷战的结束不仅意味着民族主义者能公开地活动和争夺权利,而且还意味着地区问题将不可避免地重现。如果说在过去,国家是从帝国废墟上产生的话,它们在 21 世纪的后帝国世界又将如何建立呢?

五

随着 20 世纪最后十年的接近尾声,令人感到沮丧的是,很少有证据表明国际社会已设计了令人满意的解决这一问题的办法。在历史上,国家的兴衰通常是征服或王朝联姻的结果。一旦人民主权——同王朝主权相对——思想获得上风,国家就会从帝国的瓦解中产生。但继承了 1919 年国际体系的民族主义者本身不能揭示他们遗产中的困境。

主要负责起草《国联宪章》的威尔逊自由派起初认为,对民族自决的要求是民族现实的准确反应。不幸的是,事实证明并非如此。整个 20 世纪,不管我们如何限定民族,民族主义者总是多如牛毛,而真正实现民族自决的寥寥无几。当事实证明不可能重新绘制同国家版图一致的政治版图时,调停者试图通过在国联的监督下签订保证少数民族权利的条约,将国家和民族调和起来。这种限制主权的企图是不成功的,在希特勒利用少数民族或团体权利的思想来证明德国侵略中欧和东欧的合理性后更是名誉扫地。

第二次世界大战结束后,获得胜利的国家得再一次决定什么民族有权建立国家。它们再一次无法回答这一问题。事实上,从少数民族或种族的角度来说,《联合国宪章》是一种倒退,因为它并未试图对这些民族和种族提供法律保护。宪章依赖主权和不可分离的人权这双重原则——后者成为人权宣言的普遍主题,涵盖了所有民族自决的原则。但决定哪一个民族有权行使这种权利就像决定谁或什么是一个民族一样难以捉摸。

政治学家沃尔克·康诺曾经指出,这是一个错误的问题,我们应该问:"一个民族形成于何时?"①甚至在西欧,自我意识、集体的民族认同意识也比一般想象的要迟得多才出现,欧洲和第三世界在这方面的差异也被夸大其词。如果形成民族的过程果真如同康诺的理论所表明的那样被拖延和不完整,小心翼翼的各国政府不肯赞同建立民族国家的实质性标准就不足为奇了。

1945—1991 年间,国家的实践而不是哲学或法律理由导致了通常的对民族自决原则的解释。民族自决原则很迟才被定义为类似于欧洲非殖民化和在南非建立黑人多数派的统治。这种不仅将国家等同于民族,而且将民族—国家等同于殖民地的做法是一种合理的妥协,至少对于那些基本兴趣在于维持国际秩序的人来说是如此。就欧洲殖民国家创造新国家以被引入国际社会的政治和经济结构而言,通常的解释也反映了非殖民化时期的政治——如果不总是文化——现实。

再者,在大多数后殖民社会,只能通过西方的(尽管是殖民方式的)教育和掌握宗主国的语言来获得现代世界提供的好处。那些不仅视独立为从外国统治中解放出来,而且也是扩展他们对世界的体验的人没有理由同习惯观点发生争执,至少只要他们未觉察到自己在种族、民族或宗教方面受到系统的歧视。对于争取国家权力战的失败者——包括席卷印度的那加人,尼日利亚的伊博人,土耳其、伊朗和伊拉克的库尔德人,印度尼西亚的帝汶人,缅甸的克伦人等团体——来说,这种自决的定义显然是一种虚构,以至于他们只要有机会就进行挑战。② 并不是所有潜在的民族挑战都存在于第三世界。到 20 世纪 70 年代末,在欧洲铁幕两边甚至在北美都普遍出现了种族复兴。③

------

① 沃尔克·康诺:"何时是一个民族?",载《民族和种族研究》,第 13 卷(1),1990 年 1 月。
② 梅奥尔:《民族主义和国际社会》,第 4 章。
③ 关于多元文化国家政治和国际政治中的种族关系,参见莫伊尼汉:《大混乱:国际政治中的种族关系》。

然而,除了在1947年印巴分治和1990年两德统一之间的一个强烈的挑战外,习惯的解释幸存了下来。在这期间,分离被制止。在一个威胁要将冷战引入非洲中心的危机后,联合国于1964年将加丹加重新并入刚果(前比属刚果,1971—1997年改称扎伊尔)。1970年,长达三年的尼日利亚内战结束,分离的伊博人的比夫拉共和国投降,联合国秘书长吴丹予以欢迎,并许诺联合国将不会支持任何成员国的分离。

一年后,孟加拉国被印度军队"解放",随后联合国予以承认。尽管联合国秘书长的这一行动被证明是错的,巴基斯坦分裂后并未接着发生其他成功的民族分离,甚至也没有接着恢复对自决和国际认可标准的讨论。在苏丹和埃塞俄比亚,内战持续了30多年,其间只有短暂的停息,并且国际上只进行了简单但基本上无效的调停。1971年印度在破坏民族自决规范方面起了推动作用,却在20年后仍坚决反对存在于本国旁遮普和克什米尔的军事分离主义者。除此之外,我们还可举出许多其他类似的政府面对种族或宗教叛乱不妥协的例子,如从巴布亚-新几内亚的布干维尔岛人到欧洲的巴斯克人或爱尔兰分离主义者。

但是,冷战的结束和传统的社会主义的瓦解,重新产生了前景难以预测的民族问题。西方国家继续拒绝承认声称自决的新国家。直到1991年8月苏联政变的流产,它们更关注并支持苏联的改革过程,而非承认波罗的海各共和国,因为它们从未正式承认这些国家被并入苏联,更不用说饶恕它们。同样,直到1992年它们仍一直鼓励南斯拉夫在联邦现存的边境内进行民主改革,尽管越来越多的证据表明,形势已经演变为塞尔维亚和克罗地亚的地区冲突。

此外,随着传统社会主义的瓦解,国家对民族主义的垄断也随之破裂。由于没有一个政府——并且很少有观察者——预见到这些发展的第一步,各国政府对第二步缺乏准备。20世纪90年代初的一系列戏剧性的事件迫使它们匆忙采取行动:德国的统一;苏联的政变;苏联解体为各独立的共和国;德国坚持国际社会必须承认斯洛文尼亚和克罗地亚;随后致命的是被迫承认波斯尼亚。波斯尼亚的地域为塞尔维亚人、克罗地亚人和波斯尼亚穆斯林占领和(或)觊觎,不幸地卷入塞尔维亚与克罗地亚的冲突中而未能形成地区联盟。

冷战的结束导致短暂的凯旋论,这在西方尤甚。[①] 一个保证民主、开放经济和集体安全的世界终于出现了。当伊拉克总统萨达姆·侯赛因在 1990 年 8 月以边界争端作为兼并科威特的借口时,被美国领导的联盟击退。该联盟根据安理会决议采取行动,大多数阿拉伯国家积极参与。不幸的是这种乐观主义昙花一现,刚刚形成就开始消退。人们认识到,一方面,在一个四分五裂的世界里,维持世界新秩序的代价可能甚至超出了美国的意愿和资源许可的范围;另一方面,在 20 世纪末和在 20 世纪初一样,民族主义仍然拥有解放和破坏的力量,这种认识使乐观主义黯然失色。

支持这些结论的证据坦率地说是模棱两可的。有时希望与绝望并存。1993 年 4 月,在为期三天的选举狂欢中,厄立特里亚人在一种欣喜的气氛中进行了公民投票。99.8％的居民赞成从埃塞俄比亚独立。一位国际观察员记录道:"厄立特里亚人从未失去种族认同,即使他们 40％是穆斯林、60％是基督徒,即使他们同邻居蒂格里亚人通婚,但他们仍保留了自己的蒂格里亚语和独特的文化。"[②]

这是作为解放理论的民族主义。人们感到,假如约翰·斯图亚特·穆勒活着的话,他也会给新国家以祝福。厄立特里亚公民投票也表明,承认一个新国家的问题能同国际秩序的要求调和起来。实际上,厄立特里亚在公民投票前两年即已独立。但人们一致认为,在推翻埃塞俄比亚共产主义政权时,国际承认将依赖于对舆论的民主检验。目前还不清楚厄立特里亚是否能维持公民民族主义。不仅仅是好挖苦的人,可能会对厄立特里亚人民解放阵线政府剥夺按种族或宗教组建的政党的动机提出问题。他们主张改革的逻辑值得怀疑,但胁迫的因素表明政治愿望和

---

① 特别参见弗朗西斯·福山:"历史的终结?"《民族利益》,1989 年夏,第 3—18 页。
② 科林·利格姆:"厄立特里亚:最新主权民族国家",《第三世界报告》,1993 年 4 月 28 日。

社会现实之间存在着鸿沟。

另一方面,在前南斯拉夫和前苏联的大部分地区,希望让位于绝望。随着旧的政治体系的瓦解,这些地区的生活日益印证霍布斯的观点,以前共存的社区——即使不是充满友好至少也是相对和平——转向没完没了的暴力和残杀。据说,1991年,有10%—25%的人口是南斯拉夫人即混合婚姻的产物,然而这些人被迫撤入少数种族集中居住区。外界并不知道究竟发生了什么。基本问题是,联合国能够维持已经缔结的和平,甚至有时也有助于缔结和平,但该组织不是为在公民和种族冲突中强施和平而设计的。

在这方面,海湾战争的意义在于揭示了1945年后国际体系的局限性。由美国领导的联盟执行的决议被仔细起草,以避免一旦科威特的主权被恢复,就会威胁伊拉克的主权。诚然,西方领导人随后号召伊拉克人民推翻萨达姆·侯赛因,但由于没有付诸实施,它纯粹是鼓励萨达姆无情镇压什叶派和库尔德人叛乱。舆论而不是任何官方关于自决和少数民族权力观点的变化,迫使西方国家为库尔德人和什叶派少数派提供避风港。① 甚至在这个时候,他们也不准备承担地面部队的义务。同样,在克罗地亚和波斯尼亚,舆论迫使各国政府派军队保护给予塞尔维亚遭受"种族清洗"者和在所有这三个社区所犯暴行的受害者的人道主义救济物资。不可避免地,联合国在光天化日之下当着世界观众的面主持的强制人口迁徙的行为必然会招致公愤,因为这在先前是同极权主义专制联系在一起的。

21世纪的民族主义政治是否将遵循厄立特里亚或波斯尼亚的模式?换句话说,选择公民民族主义的民族主义政党和运动是以所有公民的权利和职责为基础,还是坚持建立排外的种族社区?无疑,如同过去100年一样,随着时间和地点的不同,答案也不同。然而,我们必须承认这样

---

① 参见詹姆斯·梅奥尔:"不干预、自治和新世界秩序",载《国际事务》第67卷(3),1991年7月,第421—429页。

一个严肃的事实：波斯尼亚有深深的种族和宗教分歧却没有占支配地位的政治文化，像它这样的国家如果要从国内错综复杂的种族激情和邻居掠夺中幸存，必须拥有以前在类型和规模上所没有的国际保障，甚至要有军事干预。有一点似乎是肯定的：我们不能回避归属的需要，以及将自身置于其认同可以向前和向后追溯的社区的需要，特别是在困难的时候，尽管由于世界技术和经济一体化——也许甚至是由于这种一体化——利弊参半的民族主义将继续支配 21 世纪的世界政治。

（陈祖洲　译）

第九章　社会主义与共产主义

希拉·菲茨帕特里克

社会主义有许多含义。《牛津英语词典》①对社会主义定义如下："一种旨在或赞成生产资料、资本、土地和财产等由整个社会拥有和控制,其管理或分配有利于大众利益的社会组织的理论或政策。"但什么是"社会"(民族—国家?地区或市镇?还是由志同道合者自我选择而构成的团体)?如何拥有和控制生产资料?社会主义是人类社会发展的必要阶段吗?它是由大众共识而形成的自由道德选择吗?如果是的话,这种选择可否逆转?谁决定"大众的利益"?谁来裁决由互相冲突的个人和团体利益产生的要求?如何"管理"公共资产?社会主义社会其他成员如何对管理者加以控制?社会主义者对这些问题有不同的回答。再者,社会主义理论所给予的回答常常不同于社会主义实践所给予的回答。

在本章,我的任务是描述 20 世纪作为实践的社会主义在整个世界范围内被赋予的各种含义。对这种内容的陈述需要强调几个方面。首先,我将集中于社会主义实践而不是社会主义理论。本文并不把注意力放到在许多马克思主义团体中盛行的理论争论上。其次,在描述社会主

---

① 1989 年,第 2 版。感谢乔纳森·博恩在我写作本文时在研究方面所给予的不倦和富有想象力的帮助。

义实践的"不同含义"时,我采取这样的立场,即对历史学家而言,没有也不可能有"正统"的社会主义实践,比较而言,所有其他社会主义实践都是偏离或不能算作"正统"的社会主义。我是指没有"原始社会主义"。本章将加以讨论的社会主义包括从 20 世纪上半叶的德国社会民主到苏联共产主义,从战后英国和北欧的"福利国家"到这个世纪下半叶毛泽东所激发的第三世界民族解放运动。

　　一般来说,这种兼收并蓄的方法意味着我将把那些自认为是社会主义者和被其他社会主义团体(但不一定是所有社会主义团体)视作社会主义者的那些社会运动、政党和国家政权都看作是社会主义者。当然,认识总是渐进的。有些马克思主义者的通常做法是稍受挑衅即互相谴责对方是"叛徒""变节者""离经叛道者"或"资本主义的走狗";但在我看来,这种谴责可以理解为对他们之间亲缘关系的间接证实。按照我的标准,德国国家社会主义工人党存在比较复杂的问题,因为它的名字将他们认同为"社会主义者"。但我将它排除在外,因为纳粹本身并没有认真追求这种主张,并且他们实际上被所有派别的社会主义者看作是异己的(不是"变节者"或"离经叛道者")。在当时的人看来,声称认同社会主义的政权似乎是值得怀疑的,或是机会主义的。诸如 20 世纪 50 年代阿拉伯联合共和国的纳赛尔政权或 20 世纪 60 年代印度尼西亚的苏加诺政权则提出了另一个问题。在社会主义实践史上,我给它们以一席之地,但这种地位是微不足道的。

　　在开始进一步阐述之前必须解决的另一个定义问题是"社会主义"和"共产主义"的相互关系问题。我再次声明对基本含义不感兴趣①,而只是对 20 世纪的习惯用法和实践所确立的含义感兴趣。在某些情况

---

① 《牛津英语词典》第 2 版(1989 年)对共产主义的定义如下:

　　a. 一种主张在社会中没有私人所有权,所有财产都属于社会,劳工被组织起来是为了所有成员的共同利益,公认的原则是每个人都各尽所能,按需分配的理论。

　　b. 以马克思主义为基础并且在后来得到列宁发展的寻求通过无产阶级革命推翻资本主义的政治学说或运动。

下,"社会主义"和"共产主义"两个词在使用时几乎是同义的。在其他的习惯用法中,"社会主义"和"共产主义"的差别是程度上的,"共产主义"被认为是更高级或更先进的"社会主义"。但"社会主义"和"共产主义"在20世纪最明显的差别仅仅在于两次世界大战间隔期间大多数欧洲国家(随后在世界其他地区的许多国家)存在两个互相竞争的左翼政党,一个是社会主义政党(以民主和议会为基础的改革主义者),另一个是共产主义政党(至少在口号上是革命的,并隶属于以莫斯科为基础的共产党或第三国际党)。

尽管20世纪存在着形形色色的社会主义理论和实践,我们仍然能对此作一些概括。尤其值得注意的是,尽管大多数社会主义者赞成国际主义原则,民族—国家基本上一直是20世纪社会主义实践的核心。社会主义政党渴望通过革命获得的或通过议会手段赢得的正是这种"国家权力"。因为国家官僚机构(或共产主义政权中的党—国—体)是社会主义政党赢得权力后执行社会变革的机制。在所有社会主义和共产主义政权中,中央国家官僚机构的各个部门成了公共占有和管理、经济计划、财富再分配以及社会福利管理的工具。

马克思主义(包括马克思—列宁主义和毛泽东思想这样的派生物)无疑是20世纪最有影响的社会主义形式。当然,马克思主义本身也不是一致的现象。"古典"马克思主义的重要特征包括:

1. 将社会主义理解成资本主义的对立面(意味着在社会主义者看来资本主义是一种"异类");

2. 相信资本主义将不可避免地瓦解,社会主义将取而代之的历史理论;

3. 认为政权代表占支配地位阶级的统治,剥削与被剥削阶级之间的冲突提供了政治发展的基本动力;

4. 认为工业无产阶级是一个以社会主义为自然利益的阶级。

在20世纪的进程中,上述一些特征经历了巨大的转变。第一,第二次世界大战前的资本主义"异类"在战后变成了帝国主义"异类"。马克思主义者将帝国主义理解为资本主义的高潮或最后阶段,这是社会主义争执的中心领域从工业化世界转向经济上落后、政治上脱离殖民统治的第三世界的结果。第二,由于同一转变的后果,马克思主义的社会主义失去了同特定社会经济阶级——工人阶级及其城市劳工运动的认同,而这曾经是第二次世界大战前欧洲社会主义理论和实践的核心。第三,在大萧条时期被广泛接受的社会主义是正在瓦解的资本主义指定继承人的思想,在第二次世界大战后西方经济繁荣时期失去可信性。到20世纪90年代,只有很少的社会主义者仍坚持历史站在他们一边的思想。

社会主义曾是20世纪国内和国际政治中占支配地位的一种现象。但在大多数观察者看来,它不是一种占支配地位的现象。20世纪很少像19世纪被标榜为"自由主义时代"那样被标榜为"社会主义时代"。这无疑反映了这样的事实,即在西方看来,社会主义/共产主义在特征上很少被理解为一种现实,而只是一种强有力的替代物——从外部来说是一种威胁或模式;从内部来说常常是反对党而不是执政党。然而,如果说20世纪的社会主义在某种程度上"总是一个女傧相而不是新娘",社会主义的话语肯定应受指责。它坚持认为未来属于社会主义,意味着(也许不正确)目前还不是这样。

下面将要叙述的戏剧可以分成两幕。在第一幕中,以工业欧洲为背景,社会主义运动的发展同劳工运动密切相连,其高潮是第一次世界大战,1917年俄国革命即由此产生。在第二幕中,第二次世界大战是序幕,许多活动发生在欧洲以外,其背景是战后的非殖民化以及世界分裂成社会主义和帝国主义(或极权主义和民主的)阵营。在第一幕开始时,俄国本身代表着无产阶级革命发展成熟的发达国家,在第二幕中却以不同的形象出现,它的历史经历根据它同欠发达国家普遍问题的相关性来重新解释,即如何摆脱外国经济的支配地位并迎头赶上发达的西方国家。但到第二幕中场,第三世界的原型日益转向中国——1949年以来的共产党,并且也是20世纪50年代末以来争夺世界共产主义领导权的中心——和以不同形式出现的古巴。在第一幕中几乎未出场的美国在第二幕中扮演中心角色,成为社会主义的主要敌人以及世界范围内反共产主义运动的领导人。全剧的高潮和收尾是 1989 年东欧共产主义政权的突然瓦解和 1991 年末苏联的寿终正寝,后者与 1917 年 10 月世界"第一个社会主义革命"的爆发相距 74 年。

20 世纪初的社会主义

20 世纪初,社会主义运动在西欧逐渐增强。大多数国家在产业工人阶级和工会的支持下,刚刚成立或正在成立社会主义(劳工)政党。当时已经出现了赞成马克思主义的社会主义原则(尽管马克思主义对英语世界工党的影响不如对大陆国家工党的影响大)的国际组织——第二国际。德国社会民主党支配着第二国际并且是欧洲最强有力的政党,英国和瑞典的劳工(社会主义)政党在议会中也拥有较强的地位。诚然,还没有一个欧洲社会主义政党赢得议会多数并组建政府。(只有遥远的澳大利亚,其工党在 1914 年前赢得全国选举的胜利并组建政府。)同它的近亲英国工党相比,澳大利亚工党与社会主义的关系更为模糊。

一战前几年,在社会主义运动内的许多人以及在它之外日益增多的人看来,社会主义在未来似乎会成为一种浪潮。这种看法是同过去几十年里社会主义者迅速上升到政治主导地位,支持社会主义政党和工会的产业工人的数量和不满不断增长,以及与正在到来的欧洲大战危险相联系的危机感有关。对社会主义的支持者来说,社会主义明显不可抗拒的进步证实了其事业的绝对正义性:除少数特权者之外谁能否认这样的论点,即在社会中,财富、特权和机会被不平等地分配;这些错误难道不应该得到纠正? 对于社会主义的敌人来说,社会主义在组织上和在议会中的成功增加了对既定秩序的威胁,这种威胁比战争(即革命的威胁)还要大。

根据马克思形成于半个世纪前的分析,资本主义使社会两极分化,产生了越来越贫困和越来越庞大的无产阶级,他们最终将认识到自己的力量并用社会主义革命推翻资产阶级。在 20 世纪初,工人革命的必要性仍是第二国际的信条,但与此同时,社会主义者自身的成功正在破坏这一信条。如果社会主义政党能通过议会手段赢得权力,为何不能利用现存的政府结构来纠正社会不平等? 德国和英国甚至在社会主义政党赢得多数党地位前不就取得成功了吗? 难道工人阶级的生活状况不是出现了改善的迹象而不是像马克思所预见的那样日益悲惨吗? 当埃狄特·伯恩斯坦在 19 世纪 90 年代提出这些问题时,德国社会党人斥之为异端。但随着越来越多的证据支持改革者的主张,革命对欧洲社会主义领导人来说已成为一个日益抽象和遥远的概念。

在 20 世纪初,社会主义基本上是欧洲的现象,尽管其成员包括来自美国、日本、澳大利亚、南非和拉丁美洲几个国家的政党。第二国际主要是欧洲社会主义政党的联合。尽管印度、中国和其他地区的一些知识分子正对社会主义日益感兴趣——通常他们最早接触到社会主义是在欧洲留学时——却没有产生直接的实际后果。经济落后——缺乏工业发展、缺乏城市化、缺乏强大的城市无产阶级和劳工组织——似乎是社会主义发展不可逾越的障碍。不过俄国是个例外,它是一个庞然大国,同欧洲相当一部分地区接壤,仍然是落后的农业国家,但从 19 世纪 90 年代以来在一些主要城市和地区经历了迅速的工业增长。

自 19 世纪中叶以来向西看、与本国疏远并倾向于社会主义的俄国知识分子,在 19 世纪 80 年代开始阅读马克思的著作,而这时俄国还没有马克思所描写的任何革命的先决条件。一个同俄国知识分子民粹主义主流相分离的马克思主义团体认为,资本主义工业化在俄国是不可避免的;民粹派的社会主义潜能所依赖的农民公社在它的影响下必然要瓦解。马克思主义者刚刚预言,工业化在俄国即将成为一种事实,尽管它比马克思在西欧所观察到的资本主义工业化过程拥有更大的国家支持和外国投资。工业化产生了不稳定和无根的新的城市产业工人阶级,马克思主义知识分子同他们保持暂时的联系。产业工人阶级的力量在 1905 年席卷俄国城市和农村的革命中得到展示,这种力量几乎推翻了旧政权。19 世纪末 20 世纪初形成的俄国社会民主工党在几年后分裂成孟什维克派和布尔什维克派。它的领导人托洛茨基(在战前是孟什维克)和列宁(强硬的布尔什维克派的领导人)是第二国际政治理所当然的主要参与者,尽管占支配地位的德国社会主义者以居高临下的姿态对待骚动不宁和具有宗派倾向的俄国人。

在国际社会主义的背景下,美国也是一个例外,尽管它同俄国刚好相反。美国是一个发达的工业化社会,拥有强大的资本家阶级和庞大的城市工人阶级,甚至工会运动——也就是说,它是一个拥有社会主义所有先决条件的社会——但它还顽固地拒绝朝社会主义方向发展。德国社会学家沃纳·松巴特在 1906 年发表的一篇被广为阅读的文章的标题即为《为何美国没有社会主义》。[①] 松巴特的答案是美国的工人与欧洲工人不同,他们未被社会主义吸引是因为在美国资本主义制度下其阶级结构具有更大的灵活性,工人阶级有更多向上流动的机会,其边界更开放,给予工人的物质好处更大。此外,松巴特不无惊讶地评论道:"我认为在感情上美国工人更同情资本主义,我认为他们喜欢资本主义。"[②]

第一次世界大战与俄国革命

第一次世界大战的爆发对国际社会主义运动是一个沉重的打击。不同国家的工人未能认识到工人阶级利害攸关因而应拒绝互相交战,几乎所有的工人都卷入了 1914 年 8 月席卷交战国的爱国主义浪潮中。同样的情况也发生于主要的社会主义政党,他们突然放弃了自己的国际主义和反战立场,全力支持自己的政府。社会主义领导人如法国的朱尔斯·盖德、比利时的埃米尔·王德威尔德和英国的阿瑟·韩德逊都被选

---

① W. 松巴特:《为何美国没有社会主义?》,帕特里夏·M. 霍金和 C. T. 赫斯本兹译,纽约:怀特·普莱恩斯,国际艺术与科学,1976 年。自此以后,几代美国社会学家和劳工史学家一直在试图解决这一问题。参见约翰·M. 拉斯勒特和西摩·马丁·利普塞特:《梦想的失败?美国社会主义史论文集》,纽约:加登市铁锚出版社,1974 年。

② 松巴特:《为何美国没有社会主义?》,第 20 页。

进战时内阁。一些其国家还未卷入战争的社会主义者抗议战争的爆发，但交战国的反战分子寥若晨星，列宁是其中的一位。他领导的布尔什维克党不仅反对战争，而且声称俄国被打败有利于俄国的革命运动。

战争的大规模屠杀行为和壕沟战的艰辛造成了交战国士兵和平民极大的厌战情绪。但首先垮台的是俄国，即托洛茨基所说的"帝国主义链条中最薄弱的环节"。1917 年 3 月（旧儒略历 2 月，俄国一直使用到1918 年），革命爆发，导致沙皇尼古拉二世被废黜和临时政府的形成。临时政府起初由自由派人士领导，但得到大多数社会主义者的支持。它被欢呼为协约国阵营民主力量的胜利。临时政府幸存了几个月，直至在 10 月革命中布尔什维克在人民的支持下（实际上未得到俄国其他社会主义团体的支持）推翻了它并宣称"无产阶级专政"为止。这场革命将导致存在于资本主义和社会主义过渡期的新苏维埃共和国的诞生。

布尔什维克革命使西方各国政府极为震惊，它们担心革命将引发其他地区的兵变和叛乱，导致俄国单方面撤出战争。欧洲社会主义领导人也同样感到震惊，不仅因为他们站在协约国一方致力于战争并且在感情上倾向于临时政府，而且还因为他们认为布尔什维克的行动是一个不负责任的暴动，因为按照正统马克思主义的说法，俄国仍然不够发达，不足以赢得社会主义革命的胜利。列宁和托洛茨基（刚刚转向布尔什维克）自然反对马克思主义的这一解释。但早年的布尔什维克理所当然地认为他们革命的长期幸存依赖于它为欧洲社会主义革命提供火种。他们认为德国革命的成功具有特殊的重要性，因为德国是先进的工业化国家，历史上曾为国际社会主义运动提供领导作用。

和 1848 年一样，在 1918—1919 年，革命的浪潮的确有可能横扫整个欧洲。随着欧洲战争以德国、奥匈帝国的失败而告终，威廉二世和新哈布斯堡皇帝卡尔被废黜，政府秩序瓦解。按照俄国苏维埃模式建立起来的工人和士兵委员会在德国许多城市涌现。巴伐利亚在几个月后宣称自己为苏维埃共和国。随着新独立的波兰、捷克斯洛伐克、奥地利、匈牙利和南斯拉夫的产生，奥匈帝国分崩离析，处于混乱之中。在奥地利首都维也纳,社会主义者占据了支配地位;在匈牙利,左翼社会主义者贝拉·库恩领导了短暂的苏维埃共和国。取得胜利的协约国成员英国和法国尽管在它们的军队中发生了零星的兵变,但未像其他国家那样革命一触即发,不过政府极其担心会出现这样的结果。

在这些年的骚乱中,当时已名存实亡的第二国际许多领导人发现,他们本能地基本赞成法律和秩序,反对"不负责任的"革命意图,尽管他们在原则上都赞成马克思主义的社会主义革命理论。这在德国表现得特别明显。德国的社会民主党被卷入对革命的镇压,并建立起新的议会政权,即魏玛共和国。

在西方列强积极支持其对手的内战中,布尔什维克千方百计地争取生存。他们恐惧地看着革命的生命线被切断。在他们看来,旧第二国际的叛徒领导人出卖了社会主义事业,并同资本家一起葬送了他们的命运。当欧洲社会主义领导人谴责他们支持专制,出卖民主时,他们的不幸加剧了。卡尔·考茨基指责布尔什维克在内战期间的恐怖行动是世界文明进步的倒退,这一指责引起了托洛茨基的愤怒回击。托洛茨基回击道,作为资本主义制度拥护者的资产阶级(或任何其他统治阶级)不会轻易交出政权,"历史(表明)除了系统和有力地使用暴力以外没有其他办法可以破坏敌人的阶级意志"[①]。

在 1917—1919 年事件后,欧洲改革主义者和革命的社会主义者之间的持久分裂几乎是不可避免的。布尔什维克尽力促成这种分裂,他们先是创立新的共产国际(1919 年在莫斯科召开第一次大会),然后要求任何希望加入共产国际的政党都要通过同其温和派的彻底决裂或将其驱逐以证明其革命性。几乎没有一个欧洲社会主义政党能够逃脱这种创伤性的和苛刻的决裂,这通常导致大量成员留在"改良主义"的社会民主党内,少数成员留在"革命的"附属于共产国际的共产党内。改良主义政

---

① 列昂·托洛茨基:《恐怖主义与共产主义:对卡尔·考茨基的回答》,1920 年重印,密歇根大学出版社,1961 年,第 55 页。卡尔·考茨基同名著作写于 1918—1919 年。

党形成了自己的以伦敦为总部的劳工和社会主义国际,但它从未获得第二国际那样的声誉或影响。以莫斯科为基地并由苏联共产党占支配地位的共产国际①引起了欧洲政府的极大担心,但被证明是虚惊一场,不久以后,共产国际就对在西方发动革命失去了信心。

两战期间(1918—1939 年)

对欧洲的社会主义者来说,两次大战间隔时期是令人失望的时期。尽管这一时期社会主义者和劳工政党在几乎每一个西欧国家、大洋洲和拉丁美洲的一些国家都是重要的政治力量,但鲜有选举成功的,其成就也不大。② 社会民主党和共产党之间刻薄的争吵几乎遍及每个地方,但也许以德国最为严重,这里左派内部的纷争削弱了它对来自右派的威胁作出有效反应的能力。在 1933 年希特勒夺取政权以后,社会民主党和共产党都被禁止活动。随着右派专制的激增,特别是在东欧,社会主义政党在越来越多的国家被禁止或限制活动。

尽管 20 世纪 30 年代的大萧条似乎证实了马克思主义的预言,即资本主义有不断发生危机的倾向,并将最终毁灭资本主义,但对大萧条最具决定性和最有效的反应,如德国纳粹政权和美国新政,不是来自社会主义阵营。在 20 世纪 30 年代的欧洲,德国和意大利法西斯主义政府支配了政治舞台,继承了社会主义者在战前的铺路人和创新者的角色。人民阵线是社会主义者和共产主义者为抵制法西斯的发展而建立的过时的联盟,它对左派提供了感情上的安慰,但不能改变战前年月最重要的冲突核心即西班牙内战的方向。

20 世纪 20 年代在政治、外交和经济上都被西方孤立的苏联,到 20 世纪 30 年代部分被重新纳入欧洲和国际外交的网络,但与此同时它也关闭了国门,并退回到甚至更深的经济、文化和心理—政治孤立中。苏

---

① 布尔什维克在 1918 年采用俄罗斯(后来的苏维埃)共产党的名称。
② 瑞典和新西兰社会主义劳工政府在 20 世纪 30 年代下半叶颁布的社会福利立法应视为例外。

式社会主义的一些特征到布尔什维克革命后第一个十年结束时,已经初露端倪——尽管并不易于辨别。苏维埃已变成官僚机构,失去了起初作为基层民主模范的重要性。"无产阶级专政"的所有内容和目的就是政党专政,只是由于该党热忱征募工人为其成员,以及将他们推上管理岗位而同无产阶级联系在一起。这一政权不能容忍政治反对派或内部持不同政见者。内战为已经发展了好战特性的共产党留下了烙印。他们强烈地怀疑"阶级敌人"(从富裕的农民和教士到以前的贵族和"资产阶级"知识分子),这种好战的特性远远超过对外国憎恨的特性。

20世纪20年代末,苏维埃政权通过"第一个五年计划"开始了雄心勃勃的工业化。它禁止私人商业和贸易;强制实行集体农业,同时流放数百万富农;关闭国内约一半的教堂;以叛国者和怠工者的名义逮捕许多"资产阶级"工程师和其他旧知识分子。这是以马克思列宁主义的"社会主义建设"理论为特征的苏维埃发展新阶段的开始,但也许最好将其看作以国家为指导、强制经济现代化的试验。随之而来的是城市和农村生活标准的突然下降和强制罪犯劳动的古拉格劳改营制度的确立。集体化不言而喻是一个灾难,但斯大林用俄国只要在经济上仍然处于落后状态就易于受到敌对国家的进攻这种观点,为这种代价的合理性进行辩护。

尽管欧洲社会民主党领导人仍然表示怀疑,普通社会主义者和工会会员却倾向于对俄国革命和苏联采取更同情的态度。苏联政权尽力助长这种态度,不厌其烦地公布苏联在经济、技术和文化领域的成就;强调苏联致力于和平、裁军、教育、妇女权利以及反对法西斯主义、殖民主义和种族主义;为外国游客提供受到高度监督的到各种波将金村庄①的旅游。法西斯主义的威胁变得越惊人,左翼就越强烈地认为苏联正在成功地进行社会主义试验。许多欧洲和美国著名的知识分子,包括乔治·萧

---

① 波将金村庄:本指俄国国务和军事活动家格里戈利·亚历山德奇·波将金为取悦女皇叶卡特琳娜二世,而下令在她巡游经过处搭建外观悦目的假村庄,后引申为矫饰的门面或气度不凡的虚假外表。——译注

伯纳、罗曼·罗兰和约翰·杜威都到苏联旅行,以赞许的笔调报告他们的所见所闻。这种"享受资助的旅行者"通常不报告苏联的饥荒、劳动营、清洗,并将其斥之为苏联敌人提供的假情报。①

　　托洛茨基也陷入左翼知识分子的困境中,正如他的传记作家所称的,他是"被放逐的预言家",在经过同斯大林的斗争并于 1930 年被逐出苏联后,托洛茨基就像以实玛利②一样在世界各地流浪。尽管只有少数左翼知识分子支持托洛茨基的事业,或接受他关于斯大林政权是新官僚统治阶级的胜利,以及俄国革命是法国的热月政变的论断,但许多人对 1936—1938 年莫斯科公开审判中针对他的莫须有的指控,以及斯大林主义者在指控时对他在语言和身体方面的摧残感到疑虑不安。在有一定群众基础的欧洲共产主义政党中,一些托洛茨基分子的背叛几乎未产生什么影响。20 世纪 30 年代,美国纽约的知识分子之所以被社会主义吸引,或许是因为托洛茨基主义作为"非美国"信条的历史地位,托洛茨基主义在这些知识分子中起较大的作用。当托洛茨基在 1938 年建立第四国际时,它的美国分支机构是最大的团体。托洛茨基在墨西哥也有支持者,墨西哥总统拉扎罗·卡德纳斯予以他政治避难,托洛茨基在这里度过了余生。③

　　共产国际(莫斯科领导的第三国际)继续虚以革命的口惠,西方各国政府仍然对此极为恐惧。20 世纪 30 年代的共产国际实际上是一个不幸的组织,因为它采取间谍活动并与苏联的安全和刺探机构有涉。但与其说共产国际对欧洲各国构成了威胁,不如说对共产主义的"叛国者"以及

① 参见西尔维亚·R.马古利斯:《朝圣俄国:1924—1937 年苏联与外国人的论述》,麦迪逊:威斯康星大学出版社,1968 年;保罗·霍兰德:《政治朝圣:1928—1978 年西方知识分子在苏俄、中国和古巴的旅行》,纽约:牛津大学出版社,1981 年。
② 以实玛利:《圣经》中的人物,为亚伯拉罕和使女夏甲所生之子,后来与其母皆为其父所逐。——译注
③ 艾萨克·多伊彻:《放逐者的预言:托洛茨基在 1929—1940 年》,伦敦:牛津大学出版社,1963 年。托洛茨基对斯大林主义的特性描述参见列昂·托洛茨基:《被出卖的革命》,纽约:加登市,1937 年。

前共产国际和苏联有关人员构成了威胁,他们实际上处于被暗杀的危险之中,如托洛茨基 1940 年在墨西哥被暗杀。1935 年共产国际采用的所有左翼政党联合起来以扭转战争和阻止法西斯主义传播的"人民阵线"政策与革命(或与社会主义)无关。苏联决定了该政策只能服务于其外交利益,即牵制纳粹德国、避免战争,特别是德国对苏联的侵略战争。

但在欧洲之外,共产国际在欧洲的亚非殖民地和半殖民地起着不同的作用。从一开始,共产国际和苏联领导人就对随后所谓的"第三世界"感兴趣。这是与列宁的帝国主义理论相联系的①,列宁认为,殖民地人民同帝国主义国家的工业无产阶级一样,都是资本主义剥削的牺牲品。同时这也是与第三国际试图将注意力转向欧洲以外,以建立一个比旧的社会主义国际更好的国际的愿望相联系的。再者,俄国有其复杂的帝国遗产,在马克思主义者看来,它既是西方经济帝国主义的牺牲品,也是东方俄国帝国主义本身的牺牲品;并且苏联将俄罗斯帝国在 19 世纪掠夺的中亚和高加索的主要伊斯兰民族包括在自己的版图内,他们在某种程度上必须被纳入马克思主义的理论框架。1920 年在共产国际监督下召开的巴库东方劳工会议,是为了表明苏联同全世界殖民地人民从资本主义大国的帝国主义中解放出来的事业具有一致性。

尽管从帝国主义中解放出来是共产国际在殖民世界活动的最后目标,但马克思主义者并未提供多少这种解放将在不久将来发生的希望,相反,共产主义者所能做的是给殖民地制造麻烦。在共产国际产生后的一年里,它派遣密使到中国、印度、荷属东印度群岛、新加坡、墨西哥、南非、埃及和拉丁美洲等有可能产生这种麻烦的地区。它的一些密使如年轻的印度社会主义者 M. N. 罗易,甚至在他们成为"第三国际代理人"之前就单独从事类似的活动——就罗易而言是在墨西哥。

20 世纪 20 年代共产国际在非欧洲世界的伟大希望在中国。中国在严格意义上不是政治帝国主义的牺牲品,而是经济帝国主义的牺牲品,

---

① V. I. 列宁:《帝国主义是资本主义的最高阶段》,写于 1916 年。

其中央政府体系在 20 世纪初就已经瓦解。许多中国知识分子欢迎并受到俄国革命的鼓舞。20 世纪 20 年代共产党组织被建立起来并在城市中获得了很大的进展,尽管它同以蒋介石所领导的国民党一争高低。在 1927 年,共产国际在共产主义运动中犯了极其恶劣的错误。它命令中国共产党同国民党结成同盟,而国民党在上海和南京迅速对共产党采取行动,处死了数以千计的共产党人,有效地破坏了共产党。

在这一灾难后,中国共产党逃离城市,在农村地区组织游击队。毛泽东成为共产党的新领导人,他不顾共产国际执行委员会的反对,在农民的支持下建立了红军,并建立了第一个根据地,后来在国民党的围剿下经过著名的长征到达北方即以延安为中心的另一个根据地。这些经历为毛泽东的理论奠定了基础,并随后在第三世界产生了很大影响,即共产主义解放运动可以农村为基地,依赖对农民的动员。在 20 世纪 30 年代,尽管中国共产党同国民党和日本占领军的斗争取得了胜利,但未引起世界其他地区的注意,后者视蒋介石而不是毛泽东为中国民族解放运动的关键人物。

共产国际绝不是两战期间殖民世界社会主义思想的惟一源泉。从印度、中国或几十个殖民地前哨往大都市留学的当地精英中的任何一个年轻人,在伦敦或巴黎形成的激进圈子也采纳这种思想。[1] 尽管这些学生的基本兴趣在于民族独立,但他们几乎无一例外地接受社会主义的原则,这部分是由于欧洲社会主义者最同情他们民族独立的愿望,部分是由于他们对商业和资本主义居高临下的蔑视。印度的贾瓦哈拉尔·尼赫鲁、斯里兰卡的 S. W. R. D. 班达拉奈克、越南的胡志明、肯尼亚的乔莫·肯雅塔、坦桑尼亚的朱利叶斯·尼雷尔,都是众多曾作为学生在英国或欧洲大陆学习社会主义的未来民族独立运动的领导人之一。伦敦

---

[1] 参见爱德华·希尔斯:"新国家政治发展中的知识分子",载《世界政治》第 12 期,1960 年,第 3 页。

经济学院在这方面获得了特别的声誉,其中较为突出的是社会主义学者哈罗德·拉斯基。但任何在西方学习的经历对年轻的殖民地居民都有相似的影响——后来的印度共产党领导人 J. P. 纳拉扬是 20 世纪 20 年代在威斯康星大学学习时成为革命的马克思主义者的。除少数人外,20世纪 20 和 30 年代在西方影响下成为社会主义者的殖民地知识分子,在自己的国家很少有直接的影响。他们的影响要到第二次世界大战和非殖民化以后才显示出来。

第二次世界大战和冷战

1939 年 8 月,德国和苏联签订了互不侵犯条约,规定任何一方都不得侵略对方,并且(在未公开的秘密草约中)互相约定,双方在他们认为合适的时候有对两个国家即波兰和波罗的海各国家之间各自影响范围内采取行动的权力。在得到这一条约的消息时,整个世界的社会主义者和共产主义者都觉得难以置信,因为它背叛了 20 世纪 30 年代末许多人逐渐看作是社会主义本质的对反法西斯主义的承诺。当德国直接占领它的波兰部分并导致英法宣战时,他们更为痛苦。在几周的时间里,还没有发动新战争的苏联悄悄地效法德国占领了波兰的东部。苏联国内和国外的社会主义者对这些事态的发展有不同的看法:苏联共产主义者希望(实际上并不相信)通过这种手段,斯大林将成功地避免战争,或至少为准备战争赢得时间。

苏联设法置身于战争之外几乎有两年时间,直到德国于 1941 年 6 月对苏联发动大规模军事进攻时才进入战争。这使世界社会主义者松了一口气,尽管不是使苏联公民松了一口气。一旦苏联成为站在盟国一边的交战国,社会主义者就能再一次视战争为民主国家(包括社会主义)和法西斯主义之间生死存亡的斗争,而盟国领导人——甚至英国首相温斯顿·丘吉尔这样顽固的反布尔什维克主义者——在战争期间也中止了对共产主义的敌对,强调俄国在面临德国进攻时的英勇无畏和因此所遭受的苦难。在战争期间,斯大林本人也放弃了社会主义的词藻而转向更普遍的俄国爱国主义和保卫本国领土反对外来入侵者的口号。作为对同盟国(1941年12月起包括美国)的一种姿态,1943年,令人畏惧的共产国际正式解散。假如不是1937—1938年的大清洗刚刚清除了该党1/10的高层人员,包括旧布尔什维克和内战中的人物,因而破坏了该党对过去革命的集体回忆和延续感,这些动议在苏联共产党中可能会引起更大的不幸。

到1945年战争结束时,战时联盟逐渐失效,这部分是由于同盟国不能在战后东欧特别是波兰的解决办法方面达成一致。实际上,这一问题是因苏联的单方面行动而得到解决的(至少在随后的40年里是这样),它的军队在1944—1945年将这一地区从德国的控制中解放出来并一直占领着该地区,这意味着苏联处于决定战后政治果实的地位。在斯大林看来,胜利的同盟国自然应将自己的社会制度强加给它们所控制的地区,因此,西欧和日本将实行英美式的民主,东欧将实行苏联式的共产主义。战争结束以后不久,斯大林对战后世界正在出现的"两个阵营"重新引入马克思主义的定义,即一个是由美国领导的"资本主义"和"帝国主义"阵营,另一个是由苏联领导的"社会主义"阵营,这使西方领导人感到心烦意乱。

这两个阵营之间敌对但并非交战的状态逐渐被通称为冷战。每一个超级大国都视对方为狂妄自大,在意识形态上顽固不化的危险的扩张主义者,因为它们具有十分强烈的十字军东征式的使命感。战后西方对克里姆林宫国际共产主义威胁的看法和克里姆林宫针对自由世界的计划已广为人知,这里毋庸赘述。只要考虑一下1946年苏联驻华盛顿大使尼古拉·诺维柯夫送回莫斯科的文字(几乎是西方形象的写照)就足够了。"美国的外交政策反映了美国这一垄断论鼓吹者之都的帝国主义倾向,它在战后时期的特征是努力争取世界霸权的地位(他对"争取世界霸权"几个字加了着重号)。"诺维柯夫在给苏联外交委员莫洛托夫的信中写道:"杜鲁门总统及其美国统治圈内其他代表的许多陈述的真实用意,是美国有权领导世界。"①

在战后东欧建立苏式的政权为判断苏联如何看待他们的社会制度提供了一个机会。② 在苏式的社会主义中,工业和商业的国有化是基本因素,就像集体化(在一些拥有小农场农业的国家)也是其主要因素一样。旧精英必须被镇压,新精英必须通过"提高"工农及其子女的地位加以确立。宗教被限制,有时还受到迫害。民族主义被污蔑为"资产阶级的东西",学校试图灌输国际主义原则。公民被鼓励向国家机构告发违法者。国家筹办并实行免费的教育和医疗。与苏联本身一样,新东欧政权是福利国家,尽管其社会服务的开支水平(教育部分例外)比西欧较富裕的国家低得多。

在战后的西欧,社会民主党和共产党都获得了群众巨大支持。后者引起了美国的极大震惊。作为西方(资本主义、民主)阵营领导人的美国和斯大林一样关心维持其固有的社会制度。但在我们看来,最值得注意的发展也许不在这里,而在于整个西欧战后向福利国家政策和其他干预形式(包括有选择的国有化)的转变。这种政策是战前社会主义政策的一部分,在某些情况下,特别是在英国,它们是由社会主义政府引入的。但也有例外的情况。甚至非社会主义政府也不知不觉地引入广泛的社会保险和国家健康计划,扩大教育投入,建立低成本的公共住宅。

随着福利国家原则在欧洲,当然也在许多工业化国家被接受,它在很大程度上失去了许多早期同社会主义的认同,但美国除外。美国尽管在新政时引入福利政策,但它的"社会化医疗保障"仍然是意识形态方面的堡垒。然而,一般来说,国家保证所有公民基本福利水平的职责(当然意味着国家官僚的巨大增长以及用以支付其费用的税收增加)在战后未受到严重挑战,甚至直到 20 世纪 80 年代撒切尔主义和新右派的意识出

① "诺维柯夫电报(华盛顿,1946 年 11 月 27 日)",载《冷战的起源:诺维柯夫、凯南和罗伯茨的1946 年"长电"》,华盛顿特区:美国和平研究所,1991 年,第 3 页。
② 对强加苏式体系第一阶段的杰出研究参见简·托马茨·格罗斯:《来自国外的革命:苏联对波兰的西乌克兰和西白俄罗斯的征服》,普林斯顿大学出版社,1988 年。

现后才受到保守党的挑战。

在战后的美国,对国内外共产主义的担心在政治言论中占据主导地位。美国公众和政治家认为,苏联的共产主义意识形态意味着它不惜一切代价寻求世界支配地位。东欧是苏联扩张主义企图的最好例证。中国共产党(美国视之为莫斯科的代理人)在1949年的胜利提供了进一步的佐证。1950年6月北朝鲜进攻南朝鲜,同样被解释为由克里姆林宫指导的全球共产主义侵略策略的一部分。在冷战期间双方都将对方贬为妖魔:在美国战后的构想中,国际共产主义的概念成为一种阴谋理论,苏联对帝国主义的看法也是一样。

美国对共产主义颠覆的担心在20世纪50年代初的"红色恐慌"中达到了登峰造极的地步,集中体现在参议员约瑟夫·麦卡锡和参议院非美活动委员会在公众的一片骂声中对共产主义阴谋活动进行的调查。这一插曲不同于1919—1920年的"红色恐慌",因为这一次基本上是针对精英分子,特别是知识分子和联邦官僚机构的成员,所涉及的公开自我批评的戏剧性因素,同苏联共产主义清洗的做法何其相似乃尔。这一时期镜像的特征之一是,美国反共产主义的政治迫害同苏联"反世界主义运动"不相上下,后者的目标是犹太人、受西方文化影响的知识分子以及其他"美帝国主义的代理人"。

冷战时期,"极权主义"这一形容词进入美国的新闻界和知识界的言论中。[1] 极权主义政治体系的最初(战前)模式——希望用富有号召力的政党、明确的意识形态和高度戒备的秘密警察完全控制其公民的独裁政府——是纳粹德国。将极权主义模式用于苏联,既有理性的原因,也有冷战的政治原因(就像苏联分析战后美国是帝国主义一样)。极权主义的标记使苏联被置于同最近遭人憎恨的战时敌人一样的范畴。在排斥战前左翼和右翼政治分野的分析组合中,极权主义成为民主的对立面。这为非莫斯科共产主义趋向的社会主义者在将来从旧的"左翼"统一体

---

[1] 参见阿博特·格利森:《极权主义:冷战秘史》,纽约:牛津大学出版社,1995年。

（将改革主义的社会主义同共产主义联系在一起）中解放出来提供了可能性。但在战后紧接着的年月，在美国的通俗用法中，"社会主义"仍然是像"共产主义"一样的贬义词。

第三世界社会主义和民族解放运动

在战后世界的大国看来，社会主义（共产主义）在它们的对抗之外几乎没有实际意义，但在世界的其他地区，特别是在二战后随着英、法、荷帝国的瓦解而摆脱殖民地地位的国家看来则完全不同。在几乎所有这些第三世界的新兴国家中，一些通常在西方受教育的土著知识分子为将民族主义、反帝国主义和社会主义联合在一起的新后殖民国家政权提供了意识形态。在这种背景下，"社会主义"基本上意味着争取独立斗争的反帝意识，在独立以后则是广泛的国家控制和干预经济的意识。

从第三世界非殖民化的角度来看，苏联社会主义的价值基本上在于提供了一种落后国家不依赖外国资本迅速实现经济现代化的模式。在许多方面，这是一种比战前欧洲社会主义圈子里盛行的解释更为现实的对苏联经历的解释，后者认为1917年的俄国基本上同欧洲其他现代工业化国家处于同等地位，并且在表面上接受布尔什维克关于俄国无产阶级力量及其所谓成熟的主张。在一些西方学者看来，这是对马克思主义作为现代化意识的历史重要性的再解读。①

然而，作为一种第三世界的发展模式，中国比苏联具有更大的吸引力。它是由国家指导的社会主义现代化的最新例子，并且与苏联不同，中国既未纳入欧美的地缘世界中，也坦率承认自己是以农业为主的国家，其经历同亚洲和非洲殖民地非常相似。除了该国在19世纪末20世纪初较早经历西方帝国主义的相互争夺外，1949年夺取政权的中国共产党人刚刚从反对日本的民族解放斗争中崛起，他们急于鼓励其他国家走

---

① 参见亚当·B.乌拉姆："马克思主义的历史作用"，载《苏联极权主义新面貌》，坎布里奇：哈佛大学出版社，1963年。

上同样的道路。

第三世界社会主义的共同背景可以总结如下：殖民遗产；低水平的城市化、工业发展水平以及劳工组织（这使经典马克思主义对无产阶级的强调无关宏旨）；为数不多的本地精英，包括一些受西方教育的知识分子，他们倾向于用怀疑的眼光看待私营企业，认为国家在经济生活中以及在建立民族认同中应起主导作用。

对于大量从前基本上处于英国的统治下，第二次世界大战后才出现的国家而言，独立是由于帝国力量决定离开的结果。在这种背景下——例如尼赫鲁的印度、S. W. R. D. 班达拉奈克的斯里兰卡（从前的锡兰）、克瓦姆·恩克鲁玛的加纳、朱利叶斯·尼雷尔的坦桑尼亚——新政权的社会主义很少有革命性内容，并且集中于国家经济计划、有选择的国有化、控制外国投资和社会福利政策。

在必须为独立而战的第三世界国家，社会主义被赋予了不同的含义，具有更强烈的反对帝国主义和革命的性质。最众所周知的例子是越南胡志明领导的越盟。他的马克思主义可以追溯到大约 1920 年的巴黎，其革命经历始于共产国际。越盟先同法国斗，然后同美国斗，斗争先后延续了 30 余年。"民族解放运动"一词在 20 世纪 70 年代开始使用，是指强调武装斗争，强烈反对西方和西方帝国主义，利用类似于中国共产党在革命时代使用的动员技巧，赞成以某种形式的社会主义社会变革为革命目标的独立运动。除了阿尔及利亚的民族解放阵线（少数不是明确马克思主义的民族解放运动之一），这种运动还包括安哥拉的安哥拉人民解放运动、莫桑比克的莫桑比克解放阵线、西南非洲（今纳米比亚）的西南非洲人民组织和南非的非洲人国民大会。

"民族解放运动"也指已经取得政治独立，但寻求推翻国内反动政府，摆脱外国经济帝国主义的拉美国家的游击运动。这些运动赞成不同形式的社会主义，从尼加拉瓜的桑地诺分子到秘鲁的"光辉道路"，但反对"美国佬帝国主义"是共同的线索。菲德尔·卡斯特罗领导的古巴对这种运动是一种鼓舞（尽管直至 1959 年革命后卡斯特罗才具有强烈的社会主义意识和保持与苏联的密切联系），就像在阿根廷出生的古巴革命英雄切·格瓦拉一样。1967年，格瓦拉在领导玻利维亚游击运动时遇害。

第三世界的社会主义，特别是以革命假象出现的社会主义同冷战时期超级大国的敌对密切相关。它的反帝国主义分支有强烈的反美倾向，因为第三世界国家认为美国接过了欧洲国家由于衰弱而交出的"白人负担"；许多年来美国一直将民族解放运动纯粹看作莫斯科向全球推行共产主义的工具。

甚至在斯大林（斯大林几乎完全忽视它们）之后对民族独立运动都不是十分感兴趣的苏联，从20世纪50年代下半叶也开始试图利用这种形势可能会带来的机会。两个早期的著名例子是与埃及的纳赛尔和印度尼西亚的苏加诺的虚与委蛇，但结局不佳，导致苏联对第三世界民族主义领导人的社会主义主张持怀疑态度。然而到20世纪70年代，苏联开始热心利用第三世界附属国，不是因为相信其社会主义潜能，而是因为苏联感到这将促进苏联作为超级大国的地位。在20世纪70和80年代第三世界的大多数冲突中，冲突的双方都将自己变成超级大国的附庸（例如印度和巴基斯坦、索马里和埃塞俄比亚、以色列和中东的阿拉伯国家），采用取悦保护人但同现实联系不大的"社会主义"和"民主"的词汇。①

中国和古巴在意识形态上热情支持民族解放运动，它们倾其人力和物力帮助这些国家，特别是非洲国家。这两个国家和苏联也为第三世界的同情者和革命家提供包括从莫斯科卢蒙巴"友好"大学这类机构的普通教育到游击战术在内的各种形式的训练。

---

① 关于苏联对第三世界社会主义的态度，参见杰里·F.霍夫：《第三世界的斗争：苏联的辩论和美国的选择》，华盛顿特区：布鲁金斯学院，1986年。

"社会主义成为老一套"

在20世纪60和70年代,社会主义在第一和第二世界有着不同的发展轨迹。在共产主义阵营,尼基塔·赫鲁晓夫在1956年苏共二十大上对斯大林的谴责引起了世人的震惊,尽管他的批评主要是针对大清洗和斯大林的个人崇拜,未触及斯大林时期包括集体化在内的基本机制,并宣告共产党不对斯大林的罪行承担任何责任。1956年匈牙利叛乱被苏联军队镇压,但对整个东欧而言,这是战后初期特有的逐渐摆脱苏联文化控制和经济剥削过程的开始。当1968年苏联派坦克到捷克斯洛伐克镇压亚历山大·杜布切克的"人道社会主义"试验时,这种自由化的局限性得以显示。但在20世纪80年代初,来自波兰团结运动的更大挑战没有受到军事干预。

在苏联本身,恢复经济发展以及使臃肿的中央计划机构变得更灵活的尝试被证明基本上徒劳无益;生活标准有所上升,但没有期望的那么快;许多有学识的俄国人一直等待的文化解放和重新向西方开放未能实现。正如中国人在20世纪50年代末中苏关系破裂以后不厌其烦地指出的,社会主义的信念在苏联已成为匮乏商品。共产党对马克思主义只是空喊口号,但实际上在苏联比在世界上任何其他国家更难找到真正的马克思主义。列宁仍是民族英雄,但到20世纪80年代,第二次世界大战在国家的神话中几乎取代了十月革命,曾经支配苏联政党的年迈的战争老兵同1917年布尔什维克的共同点,还不如受西方影响的穿牛仔裤的未来一代多。持不同政见者一出现即被镇压,但以并不热心的方式,有关他们的消息先是在西方高度曝光,然后通过地下出版物和外国电台的广播慢慢地传入苏联。

在西方的左翼知识分子中,对苏式社会主义的幻想随着赫鲁晓夫1956年的秘密报告而破灭,在1968年苏联入侵捷克斯洛伐克后进一步破产。到20世纪70年代末,亚历山大·索尔仁尼琴的《古拉格群岛》成了苏联社会主义占支配地位的形象语言——甚至(或许特别是)在巴黎,像让-保罗·萨特这样著名的知识分子先前也相当反常地迷恋苏联。但与此同时,第三世界的社会主义通过 1968 年的学生革命、新左派的产生以及美国日益高涨的反越战,悄悄地回到了第一世界。尽管新左派无疑在很大程度上得益于旧左派[1],但提供许多英雄和理论家的是第三世界,如切·格瓦拉、菲德尔·卡斯特罗、毛泽东和弗朗茨·法侬。

20 世纪 70 年代中叶,当意大利、西班牙和法国共产党领导人决定摆脱莫斯科的监护,抛弃革命必要性和无产阶级专政等"过时"概念,并寻求"社会主义的民主道路"时,欧洲共产主义一度在历史舞台上亮相。它伴随着对苏联社会主义的批评,在许多方面是对托洛茨基在《被出卖的革命》(1937 年)和南斯拉夫共产主义者密洛凡·吉拉斯在《新阶级》(1957 年)中对苏联批评的回应。[2]

冷战的消失,福利国家的逐渐扩大,与越战相联系的政治上的重新评价,最后还有欧洲共产主义,所有这一切都有助于美国改变对社会主义的看法。正如《纽约人》评论家在 1978 年所写的,旧北美人对社会主义的反感现在看起来似乎是一种特有的偏见,因为在欧洲,社会主义不是千年梦想而是一种现世的现实。该文写道,在西欧,"没有人抵制社会主义。没有道德上的反对。社会主义和民主制度一样,变成了一种陈腐的东西"[3]。

社会主义的终结?

在 1989 年,米哈尔·戈尔巴乔夫充满活力地复活苏联体系并使之

---

[1] 参见莫里斯·艾泽曼:《如果我有一把锤子……旧左派的死亡和新左派的诞生》,纽约:基础读物,1987 年。

[2] 密洛凡·吉拉斯:《新阶级》,纽约:普雷格,1957 年。西班牙共产党领导人关于欧洲共产党原则的经典论述,参见圣地亚哥·卡里略:《欧洲共产主义和国家》,西点,康涅狄格州:L. 希尔,1978 年。

[3] 威廉·普法夫:"欧洲左派",载《新纽约人》,1978 年 8 月 7 日,第 58 页。

民主化的努力,导致他向东欧表明:东欧也可以进行激进的改革。其结果是戏剧性的:在几个月内,整个东欧的共产主义政权瓦解,柏林墙被推倒,两德重新统一。在苏联,共产党正式放弃对权力的垄断。随着中心控制力的削弱,共和与地方自治的要求(既来自地方精英也来自普通的百姓)激增。波罗的海各国紧随东欧成为最早实现独立的苏维埃共和国。1991年底,戈尔巴乔夫下台,长达74年的苏维埃社会主义共和国联盟寿终正寝。俄罗斯和其他继任国家领导人迅速放弃社会主义,并宣布忠于资本主义、民族主义和民主制度。

到1997年3月,社会主义阵营(即共产党执政的国家)的成员寥寥无几:中国、古巴、老挝、北朝鲜和越南。① 人们普遍同意冷战已经结束。再者,在许多人看来,冷战的结束也标志着资本主义和民主制度在意识形态上的决定性胜利,等于社会主义的终结。一个兴奋不已的黑格尔信徒将其称为"历史的终结"②。捷克斯洛伐克第一位后共产主义领导人维克拉夫·哈维尔称之为"现代时代——即相信科学方法能使人类取得自动进步的时代——的终结",在这种时代,真理可以客观地加以认识,人类的发展可以合理地加以计划。③

1989—1991年惊人的地缘政治动乱是最近各国纷纷宣布社会主义结束的主要原因。但几个次要的原因也应该提到。在20世纪70年代末,自第二次世界大战以来,整个工业化世界福利国家的发展第一次由于衰退而中断。社会服务费用和官僚化的急剧上升受到广泛批评。在英国,在20世纪80年代大部分时间执政的撒切尔政府开始放弃克莱蒙特·艾德礼工党政府在40年前实施的政策。在这十年里,国家干预的整个原则遭到美国、英国和其他地区"新右派"的持久进攻,私有化成了"新右派"的套话。目前的经济思想强烈支持市场经济,反对政府干预。

---

① 引自《1996年世界年鉴和事实记录》,纽约,1996年。中国被列为"共产党领导的国家"而不是共产主义国家。阿塞拜疆和波斯尼亚以及黑塞哥维那都被列为"过渡"政权。
② 弗朗西斯·福山:《历史的终结和最后的人》,纽约:自由出版社,1992年。
③ 维克拉夫·哈维尔:"现代的结束",《纽约时报》,1992年3月1日,第15页。

愿意为公共所有权,甚至道路、邮政服务和公共设施在经济上的合理性进行辩护的经济学家寥寥无几。不仅在北美和西欧,而且在日本、土耳其、新西兰、马来西亚、阿根廷、新加坡、墨西哥和巴西等各种各样的国家,其公共资产都由政府迅速出售,这基本上是由于意识形态的原因造成的。①

如果说有许多理由可以支持"社会主义结束"的假定,也有许多理由可以驳斥它。首先,这基本上是第一和第二世界的情形,与第三世界的社会主义状况关联不大。在拉丁美洲游击战士看来,苏联的瓦解不是一个意义重大的事件,尽管它的重要性无疑要超过北欧福利国家预算的削减。对拉丁美洲以及大多数第三世界非伊斯兰地区的知识分子来说,马克思主义仍是占支配地位的论题。

第二,尽管社会主义已寿终正寝的观点明显普遍流传,但应部分狭义地理解为美国学术界冲突的产物。不管马克思主义在世界其他地区的情况如何,在过去的10—15年时间里,它在美国大学校园里,主要是在人文和社会科学的研究人员中,一直呈现出前所未有的繁荣。在这种新的"后现代"的马克思主义观中,一个关键的概念(来自意大利社会主义者安东尼奥·葛兰西而不是直接来自马克思)是文化霸权。它常常用于性别或种族背景而不是传统的阶级背景。"阶级斗争"的核心转向抵制男性白人在学术界和整个社会的支配地位,主张"社会主义已死亡"的观点至少部分是对这种现象作出的反应。

社会主义已经死亡的观点显然具有党徒政治的特征,但它的吸引力不止于此,基本上是因为标志着一个时代结束的1989—1991年的一系列事件已人尽皆知。② 当然,"一个时代的结束"和"社会主义的终结"是两个不同的概念(正如在本文前面提到的,如果考虑到西方很少有人将

---

① 参见约翰·D.多纳休:《私有化决定:公共目的,私人手段》,纽约,基础读物,1989年,第6页。
② 参见埃瑞克·霍布斯鲍姆:《极端的年代:1914—1991年世界史》,纽约,1994年。他的"短暂的20世纪"的概念给苏联瓦解赋予了重要性,将其视为可同第一次世界大战爆发相比的继往开来的事件。

20 世纪看作是社会主义的时代,则更是如此)。但启示特别易于被那些刚刚经历这一过程的人综合,并且启示情绪易于使之过于概念化。例如,如果人们能够合理地断言,国家拥有生产资料是实现社会公平的手段这一信念已被广泛怀疑,那么,希望社会公平本身也受到怀疑这一更为广泛的观点,就必须更慎重地加以对待。

历史学家埃瑞克·霍布斯鲍姆所说的"短暂的 20 世纪"的结束,是否标志着作为一种广泛拥有的理想和实践创造者的社会主义的最终瓦解? 这个问题没有简单的答案。社会主义是一种强大的但又难以名状的现象,能够发生复杂而又巧妙的变化,它的死亡倾向常常被宣称,但通常不是十分令人信服。一般所注意到的是其中一个部分的衰落,而不是整体的消亡。然而,死亡——或变化能力的枯竭——的确会发生,例如,宗教也许会消失,或君主这样的机制会失去其生命力。这也许是逐渐发生的,或可能是由于灾难性事件而发生的,就像一些科学家认为类似于大陨石的东西毁灭了恐龙一样。社会主义在 20 世纪可能遭到了那样的大规模进攻,但也有可能再次夸大了它已经死亡的消息。这些判断最好留给 21 世纪的历史学家。从历史中所学到的伟大教训是历史比我们想象的更丰富,并且还可能暗藏一两个玄机。

(吴天仪、陈祖洲　译)

第十章 国际秩序

阿基拉·艾里伊

国际秩序和地区秩序

20世纪初,国际秩序基本上被界定为欧洲列强的角逐。20世纪末,全球秩序的整体性日益减弱。它在一个层面上由发达的工业国家(总体上称为三极世界,即美国、西欧和日本)所构成;另一个层面则由日益独立自主的第三世界和直到最近仍构成社会主义集团的国家组成。哪种秩序更有助于世界的稳定?是早期由欧洲人主导下的国际秩序抑或当今多样化的格局?目前尚难断定。但至少应当承认,20世纪对国际秩序有不同的界定。追溯这些含义,也就是去认识那些形成既定世界共同体,或削弱这一共同体并建立一种替代秩序的力量。本文首先概述本世纪出现的有关世界秩序的不同定义,然后集中考察国际主义的发展。国际主义是有助于形成一些更为持久的国际秩序定义的力量。

20世纪国际事务的历史是从后来被证明是欧洲霸权时代的最后一个阶段开始的。在当时,欧洲大国不仅通过其军事力量而且还通过经济和文化手段来确定世界秩序。这些国家提供了世界2/3的工业产品,近3/4的世界贸易,以及几乎所有的资本输出。欧洲大国将世界其他地区瓜分为自己的殖民地和势力范围,并在政治和经济上将这些地区与欧洲联系在一起。源于欧洲的科学发现和技术革新以铁路、越洋电缆、照相机、自行车以及现代学校和医院的形式向世界传播。欧洲的民族主义、平等、人权和社会正义,以及其他无数观念也对世界其他地区的民众产生了影响。无论是在战争抑或和平时期,欧洲列强都主导着国与国之间的行为方式:军事策略、国际法、仲裁、调停、缔约以及外交礼仪。世界其他地区的人们都向欧洲学习专门的科目,去接受培训以成为艺术家或音乐家,去游览和瞻仰现代文明的成果。

欧洲霸权时代随着第一次世界大战中大国的兄弟阋墙而终结。在这次大战中,列强都倾其全力投入战争,在相互屠杀和毁灭中元气大伤,直到美国干预战争才得以结束。这恰恰标志着美国霸权时代的到来。诚然,美国一直是西方世界的一部分,并且在经济和技术上都已赶上了绝大多数发达的欧洲国家。然而在战前的国际事务中,美国一直充当小伙伴的角色,仅仅在创建加勒比地区秩序中采取过主动姿态。第一次世界大战改变了这一局面,美国不仅支持一方取得军事上的胜利,而且积极倡导战后国际和平会议,成为世界上举足轻重的债权国和贸易国。但这并不意味着欧洲在国际舞台上销声匿迹。尽管遭受战争创伤,一些欧洲国家仍保留了其殖民帝国,重建了军事力量,并继续对世界其他地区施以巨大的文化影响。只是它们现在得与美国分享世界秩序规划者的角色了。

一战作为其后世界发展的某种先兆,也将日本推到国际舞台上来。战前,日本所扮演的角色,基本上是顺应由欧洲主导的大国政治体系。战争使日本扩展了在亚洲和太平洋地区的势力范围,导致其试图取代欧洲确立对这一地区秩序的主导权。值得注意的另一点是,随着欧洲影响的下降以及俄国新生布尔什维克政权激发的激进反殖民主义情绪的高涨,一些殖民地或半殖民地国家(中国、朝鲜、越南、印度、印尼、土耳其、埃及等)开始要求更大程度的自主权,对强国的控制提出挑战。在此意义上,一战也预示了未来的发展趋势。

战前盛行的全球秩序可以说在大战的余烬中变得日益地区化。如果美国加入国联,如果大萧条没有暂时削弱美国的金融实力,从而发展起相互依赖的全球经济体系,美国可能早就成为世界霸主了。但实际上在两战期间(1919—1939 年),出现了一种建立地区秩序的趋势。欧洲国际关系发展的轨迹是:先是 1925 年签订洛迦诺公约;然后是 1933 年纳粹在德国上台导致这些条约的失效;紧接着是法西斯集团和反法西斯集团(以苏联为首)之间的对抗;最后是 1939 年苏联与德国和解导致德国入侵波兰,第二次世界大战爆发。在这一时期欧洲地区秩序的演变过程中,美国几乎没有直接卷入其中。然而美国在西半球却非常活跃,它倡导一种新的地区秩序原则(即睦邻政策)。在太平洋地区,美国维持地区稳定的尝试曾经产生了 1921—1922 年和 1930 年的一系列裁军协议,然而在 30 年代由于日本的背信弃义而瓦解。与此同时,在亚洲大陆,日本试图确立一种新的地区秩序,以集合亚洲的人力和物力对欧洲构成有力的挑战。地区主义趋势的产生有其经济背景,至少在 30 年代,每一地区都倾向于发展成为一个内部密切联系的贸易集团,在欧洲甚至进一步发展出一些亚集团;在文化上,也出现了一种强调地区性、民族性和种族性的趋势,如德国的雅利安种族主义,苏联的俄罗斯民族主义和日本的泛亚主义。这一局势与其说是一种国际秩序,不如说是一种国际混乱。惟一可能的"秩序"或许是两大对立集团所构建的一种世界格局,一方是轴心国集团(德国、意大利、日本和西班牙),另一方是民主国家集团(美国、英国和西欧),而苏联可能加入前者。

在这样的背景下,第二次世界大战的爆发标志着这一潜在秩序的瓦解。苏联不仅没有加入轴心国,还与其作战,同时反轴心国力量也逐渐演变为一个联合国家同盟,这预示着一种新的国际秩序结构的诞生。于是同盟国的胜利决定了战后国际事务格局,尽管实际上当时的世界仍与 30 年代一样分崩离析。苏联此时再次扮演了关键角色,苏联最终没有与美国及其战时盟国一起建立新秩序,而是置身其外,与西方大国保持着一定距离,并试图巩固自己的势力范围。

于是，两大国家集团的对抗或冷战主导了战后国际关系。这是一种非战非和的状态。我们或许可以争辩，两极体制究竟导致了全球的动荡和不安，抑或发展起一种稳定机制。毕竟世界出现了某种稳定状态——至少第三次世界大战不会爆发，这部分是因为美苏同时拥有核武器。由于两大对立阵营间可能爆发战争的惟一形式是核战争，而两个超级大国都不愿在一场核战争中毁灭自身及其盟国，因此"恐怖的平衡"就变为"长期的和平"。

从二战到冷战的国际事务演变过程中，欧洲（除苏联外）和日本不可避免地失去了影响力。欧洲国家再次转向美国寻求结束战争，并在美国的帮助下开始战后的重建和安全工作。而日本试图在亚洲建立由其主导的地区秩序的野心也被彻底粉碎。1945年后，日本成为美国主导的亚太同盟体系的小伙伴，这一体系是针对中国成为共产党国家之后出现的苏中同盟而建立的。

同早期一样，演进中的国际秩序一直包含着经济与文化层面的内容。当然，在二战中，两大集团动员了其一切经济和文化资源。联合国的胜利意味着它们的经济利益和文化影响将决定着战后秩序的本质。由于美国在战争期间和战后占主导地位，这意味着，未来的世界将是一个有力地推行美国的开放、相互依赖的经济交换和跨文化交往政策的世界。事实上，《大西洋宪章》(1941年8月)已经阐述了这些原则，并且在战争期间美国就不遗余力地推动战后建立一种自由的经济交往和文化交流机制。为促进文化交流，美国专门建立了富布赖特学生和学者交流项目。另一方面，冷战的开始意味着这些旨在建立统一的世界秩序的手段不可能被广泛接纳。以苏联为首的国家集团没有参加国际货币基金组织或世界银行这样的全球性经济组织。它们也没有参加由美国发起的文化交流项目，相反，它们发展自己的贸易关系，并通过欧洲共产党情报局组建国际意识形态战线。

冷战形成的这一国际秩序持续了近1/4世纪。1970年前后，一系列因素促使它发生重大变化。两极对峙局面仍旧影响着国际事务中的一个基本方面即地缘政治,然而它已不再是国际秩序中的惟一制约因素。事实上,由于两个超级大国不再愿意动用武力投入战争,两极格局本身也发生了变化;它们迟早要缓解紧张关系,裁减军备,因为这消耗了它们大量的金钱。自70年代以来,华盛顿和莫斯科签订了各种协定,旨在限制各自的核武器和常规武器的发展。随着冷战紧张气氛的缓和,苏联逐渐丧失其世界超级大国的地位。到90年代初期,美国成为惟一的超级大国。与此同时,无情的经济力量正在创造一个更加一体化的世界秩序。贸易、投资以及其他各种超越冷战界限的活动,将世界各地区比以往任何时候都更加密切地联系起来。西欧国家和日本的经济运行状况尤其引人注目,其不断扩大的贸易和投资活动具有真正的世界性。

60年代末以来也出现了地区秩序。当然,世界不同地区一直产生与冷战很少干系的独特的地方问题,但在70—80年代期间,在两极格局之外开始出现明显的地区秩序。在欧洲,欧共体的成功发展显示出促进地区一体化的强劲动力。在一战后失去国际事务中心地位的欧洲似乎正重振昔日雄风。与此同时,亚洲也第一次发展起自己的地区认同。与日本在30年代寻求强加的地区秩序不同,这种新的亚洲秩序更大程度上是中国(包括大陆和台湾)、韩国以及东盟成员国经济强劲发展的产物。尽管亚洲的政治和民族凝聚力较欧洲要弱,然而亚洲的崛起显示出这一地区除日本之外的其他国家也正在确立它们在世界事务中的地位。亚洲国家具有自己的独特文化传统,这一事实非常重要,因为它意味着,国际秩序正日益呈现出文化多样性。这一特点在中东更加明显。在这一地区,伊斯兰教规范着文化、石油,主宰着经济、阿以对抗,影响着政治,而这些特点都与美苏冲突没有直接关系。事实上,面对伊斯兰原教旨主义的挑战、石油价格的攀升和阿拉伯世界对以色列的仇视,两个超级大国常常回天乏力,束手无策。

然而,这种地区主义的发展并不能掩盖另一重要现象,即随着冷战紧张状况的缓和,自二战结束以来首次出现了一种全球统一和秩序的意识。这体现于中华人民共和国、两个德国和两个朝鲜先后加入联合国;

联合国的维和行动得到安理会所有成员国的大力支持；许多国际组织的行动如国际原子能机构、世界知识产权组织、斯德哥尔摩人类环境大会(1972)，以及还在进行的海洋法大会(第一次会议召开于 1958 年，在1973 年后比较定期地举行)也得到联合国的保护和支持。正如下文将要提到的，这种推动国际合作的力量在 20 世纪一直存在着，只是在最近几十年才变得更加显著和有效。

以上的概述表明，本世纪经历了各种不同的国际秩序模式：欧洲大国主导的模式；两战之间的地区体系；世界划分为两个对抗的集团(轴心国对协约国；美国及其盟国对抗苏联及其盟国)，以及最近出现的特征尚不明显的冷战后的体制。在后一种体制下，美国作为惟一超级大国的军事实力和在许多地区的经济扩张与第三世界日益增强的自我意识并存。在上述所有这些转变过程中，趋向于超越国界的国际主义力量起了明显作用。下面我们来检验这些力量。

民族主义和国际主义

国际秩序概念本身假定民族国家预先存在。因此，最原始意义上的国际秩序就是一个由众多国家构成的既定的世界体系，其中每一个国家都在寻求自己的权力和利益。这些不同追求的总和就构成一个既定的国际事务体系，这就是自 17 世纪现代民族国家在欧洲出现以来，民族主义为何常常似乎是理解国际关系惟一持久框架的原因。但与此同时，国与国之间为稳定彼此关系也相互缔结协定，言外之意，这有助于建立世界秩序的某些表面的东西。没有这些协定，国际关系中将只会存在"弱肉强食的法则"。正是意识到这一点，17 世纪欧洲的政治家和法学家们发展了国际法的概念，即一系列在战争与和平时期指导各个国家行为的原则和规范。至于国际法究竟应被看做是与自然法(因而是广泛适用的)对等的抑或仅仅是在特定环境下服务于具体目的的权宜之计，这一争议一直存在着，但至少到18 世纪末，国际法高于国内法的思想已在原则上被人们接受。也就是说，即使主权国家在保护和扩大其利益时,也应遵守一些制约国家间行为的规范。接受这样一种承诺,也就是承认了一种世界观,即这个世界并非是混乱一团,它包含有秩序的因素。国际秩序并不意味着任何既定的主权国家间的互动状态,它是一种有意识的创造,一种民族国家间相互关系的规范状态。这就是国际主义的起源。显然,国际秩序的观点来自于国际主义者的主张,并以国际主义者的存在为前提。

20世纪国际关系的一个显著变化是国际主义思潮的发展壮大。乍看起来这似乎有些奇怪,因为本世纪灾难性的世界战争夺去了数百万人的生命,而耗资巨大的军备竞赛一直威胁着整个人类的生存。然而,或许正是因为这些悲剧使得人们努力倡导国际主义,使之成为替代战争、毁灭和混乱的较好选择。按照定义,国际主义旨在超越国家利益,成为国际关系的惟一框架,并试图将各民族国家联合起来,共同推动整个世界或至少是国家联合体的发展,而非仅仅是促进单个国家实体的发展,基于此,国际主义的最佳表述是民族国家间为追求共同目标而缔结的协定,以及服务于成员国共同利益的国际组织和机构。在20世纪,这两方面都获得了长足进步。

然而,必须指出的是,无论国际协定还是国际组织都不是20世纪所独有的。即使我们排除本质上是属于旨在调解主权国家间分歧的和平协定和商业协议,我们还能够举出许多19世纪存在的国际主义的例子,如1856年关于中立国权利的协定,克里米亚战争期间国际红十字会的创立,大量的国际展览或世界博览会,1899年海牙军备控制大会,以及各种旨在推广现代服务和活动的国际组织(前者如邮电、电报通讯等,后者如科学家和医生协会)。除此之外,还有联合了几个国家的宗教和平主义的各种和平机构,如总部设在伦敦的世界和平大会;同样具有宗教色彩但社会色彩更浓的基督教青年会(YMCA)和基督教女青年会(YWCA);商人慈善组织如扶轮国际①;工人组织如社会党人国际——

---

① 1905年创建于美国芝加哥,为商人和企业家的一个国际性联谊组织。——译注

这是一个马克思主义者的国际机构,他们相信只有全世界工人团结一致,战争才能避免。

我们可以看到,国际秩序产生的早期阶段就存在着各种各样的国际主义。首先是法律上的国际主义,它强调旨在推动更稳定的世界秩序的国际协定;其次是传统的宗教和平主义,它旨在继续倡导全人类团结,超越狭隘的地区性分歧的理想;第三是经济国际主义,无论是资本主义的还是社会主义的,都旨在推动国家间各社会阶级的团结;第四是所谓的"文化国际主义",其一系列机构都基于这样一种理念,即国家间在科学、医学、通讯以及其他领域内的文化交流,都将增进不同国家人民间的理解,从而有助于建立更加和平的世界秩序。

20世纪继承了这些遗产,并将其发扬光大。应当指出,一战前的国际主义本质上是一种欧洲现象。大多数国际协定、组织和活动都是由欧洲国家政府或个人发起的,其他地区或是被邀请者或仅是旁观者。国际合作常常意味着欧洲内部的合作。诚然,美国人是其中一员,但大多数国际组织与合作的倡议权属于欧洲。美国国际主义者首先想要建立的是致力于推动世界秩序的全国性组织,如1905年成立的美国国际法协会,1910年成立的卡内基国际和平基金会。很少有国际组织的总部设在美国。至于世界其他地区,无论亚洲、中东还是拉美的绝大多数国家甚至都未被邀请参加过国际大会。一些国家的确参加了世界博览会,但主要是为了展览他们奇特的制成品和手工艺品。一战前的最后一次博览会(1904年圣路易斯博览会),主要是一次欧洲和美国的盛会。同时在圣路易斯举行的世界艺术和科学大会,世界知名艺术家、作家和学者汇聚一堂,但在数百名与会者中,除一人来自日本外,亚洲、中东和非洲没有一名代表。

一战后,国际主义开始向更加综合的方向发展,因为经历了战争创伤的欧洲列强深刻意识到,要使世界避免悲剧重演,就必须超越19世纪国际主义遗产的范畴。1919年后,国际主义不再仅仅意味着欧洲内部的合作。美国开始扮演核心角色,其他国家也被逐步吸纳进来。国联就是最生动的例子,这不仅因为包括来自拉丁美洲、亚洲、中东和非洲等地在内的 45 个成员国使国联比过去的任何机构更像一个世界组织,而且还因为虽然美苏未加入其中,但美国至少参加了国联附属机构的一系列活动。这些机构包括国际劳工组织、常设国际法庭和知识合作组织。

在这些组织中,国际劳工组织和知识合作组织尤为重要,因为它们反映了当时普遍存在的一种看法,即劳资关系、医疗、科学、艺术和其他文化追求没有国界;在这些领域内的国际合作,构成战后世界秩序的重要组成部分。这种广义上的文化国际主义被视为稳定的国际体系不可或缺的组成部分。正如国联行政院 1921 年所宣称的,"若成员国之间没有相互的思想与文化交流活动,任何国际组织都不可能存在下去"。用法国诗人保罗·瓦莱利的话来说,国联在一定层面上必须是知识分子的联合,其中各国知识分子将彼此合作相互影响,从而有助于相互理解。知识界的合作意味着,学者、医生、艺术家、文学家、记者、电影制片人、音乐家等能够而且应该为共同的目的而工作,充当国际化(当时通用的一个词汇)的代言人。具体而言,他们将组织国家间文化会议和展览活动;发表针对当时紧迫问题的公开信;增强不同国家大学间的教师和学生交流;收集国际关系研究和教学方面的信息,联合制作教育片,并试图影响每个国家的教育以促进各国人民间的理解。这些都是雄心勃勃的计划,在世界各地有许多个人和集团投身知识界的合作事业,以至于 20 年代的国际秩序显示出了独特的文化色彩。

举一个最突出的例子。国联知识合作组织成立了一个知识合作委员会,以发挥世界多国文化交流中心的功能。该委员会每年都在日内瓦举行会议,每次都安排了丰富的议事日程。许多国家都建立了自己的全国知识合作委员会,这其中除了西欧国家外,还包括美国、墨西哥、委内瑞拉、巴西、日本、中国、印度、埃及、波兰、捷克斯洛伐克和匈牙利。事实上,知识合作组织的会议记录表明,诸如印度、巴西和波兰这样的国家对这一组织的事务最为热心,其政府都给予了相当的财政支持。它们真诚地认为国际秩序的发展需要有文化基石,因而,在 1932 年的世界裁军大会上,它们成功地将"道德裁军"问题纳入大会议事日程。在它们看来,除非一个国家的政府和人民对争取和平有了充分的心理和道德准备,否则任何军控协定都难以持久。因此裁军协定必须伴有相应的教育计划,以改变民众对国际事务的态度。虽然当时在武器控制和道德裁军方面都没有取得具体成果,但这个例子表明,在两次大战间隔期间,国际秩序的文化基础已受到相当的重视。

当然,国联只是国际组织中的一员,它得到了许多国家由知名人士组成的辅助团体(国联协会)的支持。涉及文化事务的国际组织蓬勃发展,除了早已出现的医疗、科学和技术学会以外,还产生了数以百计的新组织。从世界民间艺术家大会到当代音乐学会,涉及各个领域。它们经常召开世界会议,且都拥有一个共同的理念,即这种知识合作应为国际理解与和平提供一个坚实的基础。我们还应注意到,在这方面,学生交流项目作为战后国际主义的组成部分开始得到推动与发展。在个人努力下以及政府和新成立的文化交流组织的倡导下,来自各个大学甚至中小学的学生被派往国外,以把他们训练为"世界公民"。"世界公民"一词由此流行开来。重要的是,虽然美国传统的开放移民政策在 20 年代发生逆转,但它比以往更加欢迎留学生,尤其是来自东亚和拉美地区的学生。这些地区也积极接受美国留学生,交流网络明显在不断扩大。

一战后还有另一种国际主义,即以莫斯科为中心,在世界各地设有分支机构的共产国际。无论欧洲工人情报局的活动对国际秩序产生了怎样的影响,都应当承认,至少它们的最初目的是削弱巴黎和会所确立的世界秩序。它们可被视为广泛的构建网络现象的一部分。正如国联和其他机构试图建立更加密切的国家间的关系一样,欧洲工人情报局通过地方共产党组织和同情者,也试图建立起一种超越国家的国际安全感。至少对于许多国家的知识分子而言,欧洲工人情报局似乎提供了一种颇具吸引力的替代传统世界政治的选择,它旨在超越(事实上是消灭)国家界限,把各国的革命者和大众联合起来。然而到了 20 年代末期,已经可以明显看出,全世界革命者所期待的新的世界秩序,其实并不比国联所倡导的世界秩序更容易实现。通过宣扬"一国社会主义",以及签署1928年巴黎协定即凯洛格-白里安公约,宣称战争是外交政策的工具而加入资本主义阵营,约瑟夫·斯大林统治下的苏联事实上已向国联倡导的国际主义靠拢。

国联不是被苏联而是被日本削弱了的。1931年日本侵略中国东北(满洲)地区,公然违背凯洛格-白里安公约,在受到国联谴责后又退出了这一国际组织。30年代的国际主义比前十年更不稳定,先是日本,继而是德国、意大利和法西斯统治下的西班牙,都相继中断了与国联的联系。世界明显地分裂了。这些"要打破现状的"法西斯主义国家公开挑战20年代形成的国际秩序,并宣布了各自的地区秩序:日本在东亚,德国在中东欧,意大利在地中海地区。这些地区秩序通过要打破现状的意识形态联为一体,后者强调种族和民族统一以对抗个人主义,以社团主义对抗民主;以国民精神对抗物质主义。这种联合的新秩序遭到西方民主国家和欧洲工人情报局的反对,它们采用人民阵线的策略联合两大阵营以共同反对要打破现状的世界秩序。但当苏联改变立场,与德国(1939年)和日本(1941年)建立伙伴关系时,世界似乎被分为两大阵营:侵略性的集权国家和民主国家。国际主义成为这种可怕发展的牺牲品。

但是,如果说国际主义在30年代纯粹屈辱地消亡也是不正确的。相反,国际主义者在许多国家和地区,包括日本和德国仍保持他们的信仰。当然,在集权制国家里,他们的事业尤其艰难,许多人被迫保持沉默,处于地下状态,或者流亡国外,加入到30年代司空见惯的大量避难者队伍中。然而十分有趣的是,国联一直坚持的一个活动就是安置这些难民。国联通过与其他救济组织合作,为难民寻找新的安居地。但是,这还不是国联所做的一切。甚至迟至1937年,国联的知识合作组织还在开会讨论"文学的未来",似乎要向世人展示,虽然战争阴云笼罩世界,但文化的追求不能放弃。在这次会议上(日本也派代表参加,以显示日本退出国联并不意味着与后者文化交往的终止),与会者草拟了一份文化合作协议。协议草案称,签署者意识到在"保护人类文化遗产和推动科学艺术文化进一步发展方面具有共同利益",相信"通过具有普遍性、永久性和独立性的知识团体推动人民间的文化交流,将有助于和平事业的发展"。当然这些协议实际上并未被批准,文化国际主义的这些崇高表述仍旧只是一种梦想。然而正是这样的集会和草案的存在,反映出人们仍在努力继续保持这种文化的合作,一旦和平回归,他们将重新开始。

这一切最终都实现了。在很大程度上正是由于 30 年代国际主义者的努力,人们才有可能在二战期间就为战后世界的政治、经济和文化交流制定详细的计划。这种战时形成的国际主义或许比威尔逊式的国际主义更加"现实":30 年代的经历使得人们在构建持久的世界秩序时必须考虑军事实力的因素。地缘政治在任何国际主义的界定中都会扮演一定的角色。然而,与此同时,正是因为必须深刻关注军事实力、力量平衡和侵略所构成的现实威胁,只有加倍努力才能保持在非军事领域内的合作。值得一提的是,战后新的世界组织——联合国在促进国际合作方面比国联向前迈出了一步,它不仅仅防止战争和侵略行为,同时还积极促进各国的经济发展和社会正义事业。一个具体的成就就是 1944 年的布雷顿森林(新罕布什尔)会议的召开,这为战后经济合作奠定了基础。这一会议倡导建立了国际货币基金组织和世界银行。国际货币基金组织是史无前例的合作性金融组织,其成员国将遵守有关汇率和货币兑换的一系列规定,与此同时,世界银行也是一种革新的产物:一大笔资金(最初为 100 亿美元)被专门用作发展资助。这样的国际项目还是第一次出现。在过去,世界未独立地区的经济发展一直靠宗主国来支持。而二战后的世界新形势是殖民地纷纷取得自治地位,许多独立国家在经济上都是非常落后的。在一个国际体系内去帮助它们,就成为发达国家的一个主要任务。应当指出的是,在这方面,中国加入联合国安理会是战后国际事务中非西方国家重要性日益增强的象征。当人们意识到这个世界有更多的非西方国家存在时,随之而产生的一个核心问题是,如何使其民族主义适应新的国际主义的发展。

一个最根本的途径是承认人类对自由和人权追求的普遍性。20 年代目睹了跨文化对话充满希望的开端,三四十年代则见证了人类大屠杀的悲剧,两者之间鲜明的对比使人们意识到,国际秩序除非是建立在对人类统一的根本关注上,否则将无法保持下去。如果战后世界要成为一个真正国际性的世界,诸如种族平等、宗教宽容、言论自由和民族自治等原则就必须被广泛接受。这一思想体现在联合国人权普遍宣言(1948年)和联合国教科文组织的建立(1945 年)上。战争期间,包括中苏美欧在内的同盟国政府的教育部长在伦敦定期举行会议,以重建教育和文化交流项目,并且这些会议的代表与知识合作组织和联合国教科文组织会议的代表有大量重叠。另外,联合国还建立了世界卫生组织(1948 年)、世界气象组织(1950 年)、联合国国际儿童基金会(1953 年)和世界粮农组织(1945 年)。

然而,1945 年后的世界秩序并非完全是按照这些战时计划和战后组织的设想来发展的。国际秩序受到冷战时期地缘政治的制约,后者基于两大集团的军事平衡。要将两大集团的成员国纳入国际合作非常困难。冷战的爆发意味着新国际主义的失败。现在的世界不是一个政治上合作、经济文化上相互依赖的国际秩序,而是在经济、意识形态和地缘政治上都日益分裂的世界。不过,冷战所界定的世界秩序仍然容纳了大量不是十分融洽的地区。战后时期是第三世界在国际舞台上崛起的阶段,它主要由欠发达国家和地区组成,其中大多数曾经是殖民地。因为它们先后实现独立并开始担起国家建设的重任,印度、埃及和印度尼西亚等国家开始在冷战框架之外发展自己的国际秩序概念。它们批评超级大国没有运用资源援助亚洲、非洲、中东和拉丁美洲的国家建设,而是将其消耗在昂贵的军备竞赛中。1955 年万隆会议之后,这些发展中国家开始形成了作为第三世界一员的自我意识。它们都寻求经济发展,但希望在冷战中保持不结盟地位。这些国家的团结意识以及在国际事务中的合作,成为战后国际社会的一道特殊风景。因为在国际关系史上,欠发达的非西方国家首次构建了一种不同的世界体系。一些国家还建立了亚体系,如东南亚国家联盟(1967 年)、石油输出国组织(又称欧佩克,1960 年)以及其他许多机构。每一个国际组织都以自己的方式试图通过限制国家主权的某些方面(如"欧佩克"1973年决定削减石油产量)来推进国际合作,因而成为一种新的国际主义的范例。这与美国或苏联所倡导的世界秩序极不相同。

在文化上,第三世界的崛起也增加了国际秩序的复杂性。在一个在意识形态上早已分裂为"自由的"和社会主义国家的世界中,第三世界又增加了自己的诸如"反殖民主义"和"文化自治"等众多词汇。一些词汇与西方是一致的,如民主、人权、平等,所有这些概念均起源于西方。但其他概念都是有意反西方的,无论是社会主义还是资本主义的。例如,印尼的苏加诺所说的不同于西方的亚洲发展模式,中国毛泽东领导的"民族解放战争",埃及纳赛尔领导的伊斯兰复兴运动。所有这些国家都赞同联合国的人权宣言,但同时又指责西方垄断人类文明——因为西方长期主导非西方人民对世界和自身的认知,以致这些民众丧失了文化自立感。他们声称,非西方人民从西方文化控制中独立出来的时候到了。随着这种"第三世界思潮"的出现,一个新的紧迫问题是:新的文化力量如何适应在本质上仍由冷战所造就的世界秩序?

随着70年代冷战所确立的世界秩序开始瓦解,这一问题变得更加突出。如果这一秩序不再延续,世界将如何重新组织?超级大国对抗的结果是否会导致更多国际合作的出现,而其中有些又将彼此对立?如果没有有效的合作模式,世界是否将退回到民族主义者对自我利益的极端追求中去?当冷战对抗的压力让位于以自我为中心的个人和集团利益的追求时,作为独立实体的民族国家是否仍然还是一个充满生机的实体?

70年代以来的国际关系史对这些问题提供了矛盾的答案。一方面,由于没有冷战的限制以及新问题的挑战,国际主义者的努力获得了一些重要成果。70年代,美苏两大集团共同发起欧洲安全与合作会议。1975年,于赫尔辛基召开的欧安会上,成员国一致通过了一项人权宣言,其中包括言论、宗教和移民自由。虽然宣言没有立即付诸实施,但由于它是自 40 年代末以来首次将冷战双方联接起来的宣言,因而具有特殊意义。
还应当指出的是,宣言采用了自由国际主义这一措辞,这在很大程度上
是苏联集团的让步。然而,不久后当东欧和苏联国内许多个人和集团要
求更多自由时,这就不仅仅是一个措辞问题了。在这一意义上,80 年代
末 90 年代初,东德、匈牙利、罗马尼亚等社会主义独裁政权的倒台和苏
联的解体,则是战时国际主义者早就预测到的结果。战争期间规划而在
冷战期间未能实现的国际秩序,现在似乎再次成为一个现实的目标。同
样,资本主义和社会主义国家的教育和文化交流重新获得恢复和发展。
例如,在中美外交关系正常化后不到 15 年的时间内,在美国大学学习的
中国大陆学生就超过 3 万人,在美国的外国留学生中人数最多(1992 年
的总人数是 40 万)。苏联与西方学者的交流也十分普遍,西方的各种学
术会议经常邀请前社会主义集团国家的学者参加。

　　70 年代以来,经济上的国际合作也日益发展。工业国家对第一次
"石油冲击"(1973 年)的反应非常强烈。然而这些国家并未回复到 30 年
代的那种经济民族主义,而是试图通过合作来解决"欧佩克"带来的挑
战。它们中的六国(美国、英国、法国、西德、意大利和日本)于 1975 年在
巴黎郊外的朗布依埃举行会议,以协调彼此的政策,并保证不放弃合作
精神。这些国家(加拿大后来加入)就构成了所谓的"七国集团"。七国
集团每年召开一次会议,成为决心维持国际合作框架的象征。尽管七国
之间经常在贸易和货币政策等问题上发生冲突,但至少努力彼此协调,
在能源、汇率及其他问题上采取共同战略。最终,七国集团也开始讨论
其他的全球问题,如自然环境的保护、难民以及对前社会主义国家的援
助。1992 年,当俄罗斯总统被邀请参加七国集团会议时,其他一些国家
也想参与其中,这说明由富国组成的七国集团会议最终会演变为一种更
加全球化的行为。

　　同时,地区经济合作也不断发展:除了欧盟和东盟外,还有南美 13
国组成的里约集团,加拿大、美国和墨西哥组成的北美自由贸易协定。
然而与 30 年代世界分裂为僵化的地区经济集团不同,这些组织在推动

地区经济发展的同时，也促进了全球经济活动的发展。因此当欧盟成员国增强彼此间的贸易活动时，也扩大了和亚洲及北美的总体商业关系。此外，各种为增进地区贸易而将东盟扩大为一个更大组织的计划，常常预示着一个更大的包括美国和加拿大在内的亚太组织即将建立。

然而，在过去的 1/4 世纪中，最明显的发展是在广义的文化领域。冷战的结束使得过去受到压抑的力量被释放出来，这不仅仅改变了国际关系的形式，而且也改变了其理念。可以毫不夸张地说，当今世界一个最明显的现象是国际秩序观念的不断强化。首先，最近几十年来，对环境的关注日益增强，这最早体现在 50 年代末到 60 年代兴起的反核试验运动；人们日益意识到大气层正受到空中核试验的污染，水银会导致中毒，煤炭燃烧和汽车二氧化碳排放带来负效应以及生态平衡遭破坏，所有这些引起了全世界对工业废物和环境恶化的关注。值得注意的是，这一问题已经纳入国际框架，因为空气和水源等污染往往是超国界的。因此，1972 年，联合国倡议举行了人类环境大会，这一努力一直持续到今天。与自然环境保护有关的问题也提出来了，如对濒危物种和森林的保护，对使用陆地、海洋和空间的调控。事实上，在这些涉及全人类利益的问题上，只有采取国际合作的方式才能获得丰硕的成果。

与保护环境同等重要的是保护人权活动。尽管联合国人权宣言早已开启了这一进程，但只是在最近几十年，这一名词才通过各种地区性或国际性的组织和会议成为现实。毫无疑问，通讯技术的革命性变化，增强了全世界民众对这一问题的认识。卫星电视转播、传真、电子邮件以及其他各种发明与创新，已经打破了国界，使得各地的人们都能知道在其他地区发生的事情。因此，过去很少向外界报道的对自由的压制行为，现在常常成为新闻。在这种世界环境下，由于国内事务的国际化，传统的国家主权被修正。中国在改善与美国关系后加入联合国及众多其他国际组织的事实，反映出北京承认国家间的合作也是必不可少的。

难民救济和国际移民问题也是一个日益突出的需要国家间进行合作的问题。尽管难民早在 30 年代就成为一个非常严重的问题，但当时主要是德国和其他法西斯国家种族政策的产物。最近几十年来,除了种族歧视外,又增加了其他因素:民族间的摩擦、宗教迫害、政治迫害和经济灾难。各种问题结合在一起,造成一种十分动荡的局势,导致数百万人背井离乡,四处流浪。尤其值得注意的是,还存在着一个持续不断的试图由欠发达国家涌向发达国家的移民潮。这种人口迁移也是一个需要采取国际措施方能解决的问题,联合国难民署在这方面发挥着积极的作用。

由于这些问题必须通过国际手段来解决,也可以说文化事务因推动了国际主义的发展而变得日益重要。这就从根本上意味着,国家主权的一部分应当被放弃。如果地缘政治和经济问题经常造成国家间的冲突,则至少在文化领域,我们可以期望,民族主义的力量将减弱,民族国家将学会不仅仅考虑其各自的国家利益,还要考虑整个世界的福祉。

留给 21 世纪的遗产

如果说,20 世纪为下一个世纪留下了某些遗产的话,国际主义便是其中之一。1900 年前后的世界是以欧洲为中心的,那时的国际主义意味着欧洲内部的合作。然而,20 世纪发展到今天,国家间合作的网络在不断扩大。一战结束时,国联的一位中国代表提出了一个在当时是十分大胆的建议,他说,即使国联委员会的大多数代表来自欧洲和美洲,但至少也应邀请一名亚洲地区(他是指从中东到远东的广大地区)的代表参与其中。这一早期国际主义的坚定行为并未被接受。但国联在其他许多方面一直努力使非西方国家参与其事务,尤其是知识合作组织的活动。

从那时以来,国际主义又经历了漫长的发展道路。历史再次目睹了世界性灾难、种族屠杀、宗教狂热主义和集权暴虐在世界各地普遍发生。"人类境遇"在此种背景下是恶劣而无望的。然而,与此同时,人类对所有人获得自由的渴望也在不断增长。有时人们认为,种族、宗教和其他少数集团的存在,以及它们日益增长的自我意识是使世界动荡不定的因素。其实未必尽然,这种现象恰恰可以作为某种事实的证据:尽管本世纪发生了一系列战争和悲剧,民族国家的主权还是逐步地受到制约。如果这种观点站得住脚的话,它实际上又支持着另外一种观点,即现当代历史并不完全是消极的。况且国际合作活动的日益增多,业已显示出多样化和国际主义并非势同水火。下个世纪,这两种力量是否会在某种程度上彼此加强,并将根本改变主权国家和国际秩序的本质,现在作出结论还为时尚早。

（王勇　译　陈仲丹　校）

第十一章　战争：无秩序的机制

罗伯特·L.奥康奈尔

约翰·刘易斯·加迪斯最近将历史进程喻为推动世界运转的巨大潜在力量，这种力量除了在剧变中爆发之外，"在相当长的时间里不会有明显的结果"①。20世纪初的战争亦然。许多人认为，那种认为像战争这种显然十分基本的机制已经不再发生作用的观点，与他们所观察到的发生在他们周围的情况完全不同。

社会达尔文主义者认为，城市工业生活使人厌倦，这种看法已得到人们的普遍认可。受他们的影响，许多人将战争看成是对单调乏味、动荡不安的日常生活的一种缓和与平衡。1870—1871年的"普法战争"和1898年的"美西战争"之类的冲突，更使各个阶层的公民确信，战争为过于文明的世界提供了冒险的可能。战争是一个短暂的插曲，年轻男子可以通过它检验自己是否符合传统的武士标准，然后再回到自己以前的生活中，他们由此而变得更纯洁、更坚强、更优秀。战争伤亡常常是令人遗憾的，却是这个过程的必然结果。尽管现代武器加快了军事行动的速度，但人们普遍希望将杀伤人数保持在最低点，并主要限于那些"不合适的人"。当这种呼声在一些边缘人物如德国将军冯·伯恩哈迪、英国人

---

① 约翰·刘易斯·加迪斯：《国际安全》，第173期，第40页。

J. A. 克拉姆和法国人查尔斯·莫拉斯的作品中越来越高时,人们绝对可以相信,不仅是像温斯顿·丘吉尔和西奥多·罗斯福这样的主流政治家(两者都掌握了"治愈疾病的疗法"),而且工业化世界中的大部分人都已接受了这种观念。

这一时期发生的一些事件,如 1899 年和 1907 年在海牙召开的两次裁军大会,标志着当代反战主义的起源,或至少反映了相当一部分高层次的人对现代战争潜在后果的忧虑。不过,这个群体人数不多,也没有十分敏锐的洞察力;虽然有些人提到战争不利于经济发展,但反对战争的公开理由仍主要停留在对它的道德谴责上。这种反战倾向很可能确实反映了更深切的恐惧和洞察力,但没有被清楚地表达出来。1914 年 8 月,当欧洲各国宣布参战时,聚集在这些国家首都的人群欢呼雀跃。由此看来,实际上人类并不真正反战!

在 1939 年以前,人们从未使用过"第一次世界大战"这一术语。这场冲突被简单地称为"大战"。这是一个具有历史意义和极其恰当的称号,因为在历史上从来没有一场冲突和它类似:从瑞士边境一直到北海,在两条并行的蛇形壕沟的封锁下,两支庞大的地面部队互相围攻。直到 1918 年 3 月,没有一次进攻能成功地将自己的防线向对方推进哪怕是十英里,但数以百万计的人却在两条防线之间的狭窄地带丧生。

海上战争的开始似乎更加离奇,两支由大型战舰组成的庞大舰队虎视眈眈地巡逻在北海上,但实际上它们对这次影响深远的战争并不起多大作用。这两支舰队本身就是有助于战争产生的军备竞赛的产物。在当时迫使海军武器淘汰的过程中,曾在英国海上贸易中风光一时的潜水艇的发展最终受到遏制。最后,德国潜水艇道义上的保留比有效的抵抗对策所起的作用更大。

基奇纳勋爵抱怨说:"我不知道该怎么做——这不是战争。"他曾是英国军队的象征,但很快死在一艘被水雷击沉的军舰上。在这场战争中新出现的军事技术和一系列武器加深了这种困境。在战场上,许多武器是如此新奇,以至于敌对力量根本不知道该怎样对付它们。更有甚者,武器不仅起支配作用,还践踏了战士们的伦理标准。技术、力量、灵敏、狡诈、勇敢几乎成了无关紧要的东西。战士们被毒气杀伤、被鱼雷袭击、被地雷炸死、被看不见的大炮轰击,或是被看上去很小的机关枪胡乱射死。在这种血腥的表演中几乎没有英勇的死亡。这里的教训是:当武器转而对抗战争本身时,除非付出比潜在利益大得多的代价,才能发动战争。这也是 20 世纪出现的重要现象之一。第一次世界大战之所以铭刻在我们的记忆中,不仅是因为它所屠杀的人,同样也因其屠杀的性质——战争造成了无谓的伤亡,且受害者均是对社会有价值的人,而不是如 18 世纪法国指挥官孔德·圣日耳曼所断言的"不可避免地由人民中的渣滓组成"的军队。① 大战几乎没有造成可用以生产的土地和劳动力所有权的转移,而战争造成的绝对死亡人数(大约 1000 万)——尽管对公众来说十分骇人听闻——仅占交战国总人数的一小部分,对各国未来的人口数量影响甚微。这与将战争视为调节人口杠杆的学说是完全矛盾的。

要了解这些因素的重要性,人们必须对早期人类社会中战争的基础有清楚的认识。如今,许多考古学家、人类学家和政治理论家都认为,人类文明大约出现于 5000 年前,它经历了一个自我强化的过程,而人口的增加、农业的进步、社会的分层、官僚机构的出现以及战争的发动,则是这一过程中关键的驱动因素。正是这个过程将纯朴的新石器时代的农夫变成了庞大的等级社会中的成员,并在此基础上继续发展,直到环境的容纳能力和技术的发展,导致它进入另一个更发达的阶段。

在这个过程中,社会体系里出现了几个造成不稳定的主要根源。庞大的人口,以及随之而来的对种植少数几种作物的劳动密集型灌溉农业的依赖,使这样的社会会因周期性的庄稼歉收和饥荒而显得十分脆弱,而流行病的传播又常常与之结伴而行。在欧亚大陆,最初来自游牧民族的威胁和继而来自力量较强的农业组织的进攻,导致了定居方式的逐渐

---

① 孔德·圣日耳曼:《回忆录》,阿姆斯特丹:M. M. 雷伊,1779 年,第 178 页。

形成和由城墙包围起来的城市中心区的出现。这正是传染病的发源地，特别是在营养不良时期，它会如野火般蔓延开来，导致人口曲线出现大幅度的波动。疾病是人口统计学中无法预料的因素，它使社会周期性地出现严重的紊乱，甚至面临瓦解的危险。

更有甚者，也即战争和军队要解决的传统问题是：它们不仅是为了维持对社会的控制，更是作为有可能产生这种后果的社会的稳定力量而出现的。在人口过剩时期，军队可以去征服新的土地。在最坏的情况下，军队让人自我毁灭，不再消耗资源。当人口减少时，军队又可以通过战争去掠夺新的劳动力。需要强调的是，战争仅仅是一种残酷的平衡力量，并且只是一个在特定情况下最有效的力量。尽管如此，战争和军队的这种作用有助于对奴隶非法贸易和总体人群的重复迁移，以及军事的无用性和帝国间频繁的灾难作出解释。如果说士兵是劳动力和土地易手的媒介，那么战争则因一方面会导致自己士兵死亡、被俘和沦为奴隶，另一方面又能带回更多劳动力或土地这种双重作用，而成为传统农业社会中资源从一个政治实体向另一个政治实体转换的主要途径。

从战争的角度来看待市场，人就成为一种可交换的代用货币，这种现象成为整个体系的象征。如果农业文明是靠强制力量推动的，而且对绝大多数人来说，除了饥饿或被征服之外别无选择，那么强制就成为一种必然。众多的人口和原始的技术根本无法为广大民众提供真正的选择机会。因此，对人类中的绝大多数来说，历史注定了要在接下去5000年左右的时间里重演。如果将历史喻为粗糙的钟表装置，那么战争则作为它粗陋的平衡轮继续发挥自己的作用。

如果"第一次世界大战"这一意味深长的短语是指"一次结束所有战争的战争"，那么，一战将彻底改变战争作为一个机制的预测，则几乎无法与《凡尔赛和约》后的政治形势相吻合。历史学家们注意到了这种表里不一的战争现象[1]，他们认为，伯罗奔尼撒战争和最早的两次迦太基战

---

① 参见阿诺德·汤因比：《汉尼拔的遗产》，伦敦：牛津大学出版社，1965年，第一卷，第1—12页。

争都是规模巨大、影响深远的冲突，以至于在战斗重新开始和问题最终被解决前需要一段缓冲时期。两次世界大战似乎也陷入了这样的模式，1918年到1939年的这一时期不过是工业化国家准备投入战斗前的一个喘息阶段。然而，大战带来的震动足以造成思想和行动的彻底分裂，这种分裂对未来有组织的暴力和决定正在改变人类生存状况的一整套经济、技术、政治变化的内容，都具有重要意义。

在某种程度上，自由民主社会中比较理性和最明显的做法是排斥战争，认为战争越来越不适合正在形成中的不再把农业作为基本生存手段的那个世界。但是，从长远来看，20世纪二三十年代的反战主义和控制军备的努力也是与当时的形势脱节的，理智与道德的实践在其时其地都遭到排斥。但这种努力并不一定只是徒劳无益的空想。尽管1925年的《日内瓦议定书》在颁布禁止战争中使用毒气规定的同时还附加了保留条件，1928年宣称战争为非法的《巴黎条约》只是一纸空文，然而它们表明了一种正在增强的意识：总体战正在过时，而某些武器则由于太恐怖而不能被使用。此后不久，核武器的出现使这种意识得到了验证。

然而，在不久的将来，一种极端不同的思想方式将占据统治地位。通常，在大变革时代人们总是向过去寻求躲避。大部分工业国家因大战日积月累的影响和经济的周期波动而遭到严重破坏。因此，它们寻求恢复农业专制机制并重新应用到工业环境中，并由此产生了现代极权主义。这并不是一种完全不合逻辑的调整。如果此时机器技术是向规模经济、集中管理、巨大劳动力储备的严格控制方向发展的，那么我们完全有理由得出这样的结论，即那种曾经统治古代世界农业河谷的巨大金字塔形的等级制度，也可以附加在由机器主宰的环境之上。专制独裁至少能保证一种永久的稳定和与军事机构的协调一致，适合于极端不稳定的时期。这种极权主义倾向实质上是借用了农业社会的准则，却得出了相反的结论。它不是排斥战争，而是主张战争。侵略性战争正是这类社会达到自身目的的关键途径。因此，与农业专制主义对土地的贪婪相似，极权主义者为了维持工业机器运转，也要求对矿产和其他资源实行控制。在通过暴力手段获得劳动力(迁移或消灭国内外的全部人口)方面，二者也有同样的嗜好，其中隐含了一种滥用大量军队去追逐这些目标的意愿，和一种认为军事技术明显能实现这些目标的观点。

上述结论并不是背离事实的，而是从许多人认为是符合实际的见解中得出的合理推断。在这种背景下，人们应该记住，这种思想的重要根源在于自由民主政治，正如个人主义、资本主义和反战主义情绪，继续存在于所谓的法西斯主义和共产主义的堡垒中一样。极权主义终将被证明是一个时代的错误，是在对人类本性、技术和有组织暴力的作用完全误解的基础上产生的。但这一点在当时尚不明显，我们还应当加上一句，即迄今，它仍不能做到尽人皆知。

于是，工业化世界又投入到另一番天翻地覆的战争较量中。这次战争的死亡人数大约是第一次世界大战的五倍。与其说这是很少为人知晓的技术发展的意外后果，不如说是对战争机器有意识的应用。由于第二次世界大战的主要参战国都暗中完善和发展了一战中出现的武器，特别是坦克、飞机和潜水艇，因此当机会到来时，所有这些武器都被有效地使用了。

除了毒气之外，在前一次冲突中使各国备感震惊的武器装备，往往在这次战争中成为它们的特长。在第一次世界大战中，英国的城市在德国"哥达"和"巨型"轰炸机的轰炸下遭到破坏，而在第二次世界大战中，英国对纳粹德国的居民中心进行了其他交战国无法望其项背的残忍轰炸("夷平")。同样，1918年德国军队被协约国的坦克从他们的防线上赶走，而在二战中德国却第一个掌握了机械化战术，这集中体现在1940年横扫法国的德国装甲部队上。美国人对无限制潜艇战的恼怒驱使他们加入第一次世界大战，在第二次世界大战中美国却发动了最无情和最成功的针对贸易的潜艇战，大致消灭了日本商船吨位的3/4。

但最后，正是极权主义本身给二战定下了基调，也正是在苏联前线才使极权主义问题得到了最终解决。在这里，现代专制政权的两个典型——纳粹德国和苏联——进行了一场全面的较量，使工业化战争的所有可能性得以实现。战斗在几百平方英里的范围展开,参加者数以百万计,结果血流成河。毫无疑问,双方都认为这场战争及其结果将为人类未来提供一个蓝图。但事实并非如此。

第二次世界大战的一个重大事件发生在 1945 年 7 月 16 日。当天,世界上第一枚原子弹在美国新墨西哥州阿拉莫戈多被引爆,它将一团蘑菇云连同其他物体送入 4.1 万英尺高的同温层,并震碎了 125 英里以外的一扇玻璃窗。当原子弹的主要设计者 J. 罗伯特·奥本海默注视这一切时,他用印度教经典《薄伽梵歌》中的句子来概括这一时刻:"现在我是世界的毁灭者,正在走向死亡。"①作为一个世纪前开始的大发展的结果,这是小型武器的第一次重大进步。原子弹具有如此的威力,以至于在第一次试验之后约 30 年内,它将主要大国间无限制的战争减少到不合逻辑的地步。

但是,在这个时间段里充满了一种最根本的不稳定性。由极权的共产主义和民主的资本主义之间的对立斗争导致的冷战,标志着人类最初对全新的生存方式的努力已达到顶点。这场战争关系重大,其结果则根本无法把握。如果处置不当,其结果不仅意味着胜利或失败,而且有可能使文明本身终结。这当然是愈演愈烈的军备竞赛的结果,而军备竞赛则是整个对抗中决定进程的事件。

回顾这段历史,双方的军备竞赛始终是为了威慑对方,但双方对威慑的理解则大相径庭。苏联似乎完全接受罗马军事理论家韦杰休斯的理论,即"让那些希望和平的人做好战争的准备"②,因此,必须制造出在实际战争方案中行之有效的足够多和足够好的武器。但是,这种战略使其对手无法清楚地区分它是要为战争做好准备,还是要发动战争。对于西方政治家中深受"慕尼黑综合症"影响的一代人来说,这是一种极端危

① 引自莱恩·焦万尼蒂和弗雷德·弗里德:《投放原子弹的决定》,纽约:科沃德-麦坎,1965 年,第 194—195 页。
② 弗雷维厄斯·韦杰休斯·雷纳图斯:《论战争》第三卷序言,见 T. R. 菲利普斯编:《战争的根源》,宾夕法尼亚州:军事机关出版公司,1940 年,第 14 页。

险的模棱两可。所谓"慕尼黑综合症"，是一种对战争制造者实行绥靖的恐惧，如同 1938 年《慕尼黑协定》中英国首相尼维尔·张伯伦对阿道夫·希特勒实行绥靖那样。与此同时，另一个关键竞争者美国的做法，则更清楚地表明了美国所理解的核时代的基本使命：一场东西方大战将是一次十足的灾难。因此，美国军备政策的主旨就是进行威慑，以使这样一场战争化为乌有。尽管该政策经常是以一种不明言的、甚至是无意识的方式进行的。为了追求这个目标，并猜测对手的意图，美国人利用他们更具活力的技术和金融机构，稳步提高武器性能；相应地，苏联也动用庞大的科技间谍网和极权主义计划经济的核心拼命地提高武器性能，尽管其举措不如美国有效。正是这种态势使军备竞赛不断升级，达到了一个令人难以置信的高度，并为冷战政治定下基调。

谨慎成为当时的口号。双方都很自然地关注冷战几次危机潜在的灾难性后果。事实上，双方不断表现出的明显缓和，肯定是因为双方都非常清楚核武器的制造完全改变了国际政治的规则。很显然，无论在理性或实际操作上，苏联都比美国更不情愿接受这个事实。日益剧增的核储备和更为可靠的发射手段，使战争的策划者无法规避相互确保摧毁核武器的残忍逻辑。因此，冲突双方的最高层已经逐渐清楚，大规模的战争实际上已被阻止。尽管小范围的冲突和疯狂行为仍有可能发生，但由于发达国家中核成员国之间有计划的、理性的政治举措，大规模战争已不可能发生。

但是，僵持对冷战参与者在低层次使用武力的试图所造成的令人窒息的影响却很少被认识。美国人的经验尤其具有启发性。在朝鲜和越南，美国不愿动用足够的军力来获取胜利，即不愿调动它储备中的所有武器，这源于我们对引起全面战争的担心。在越南战争中，对于美国逐步升级战略和拒绝进入越南北部的批评，轻易地忽略了这样一个事实，即这两个行为都源于我们的忧虑：中国的加入和第三次世界大战爆发的可能。这种担心或许是多余的，但在当时却十分真实。这种做法希望被认为是谨慎的，而且总想给对手可以接受的选择方案，它已超出了对胜利的追求。与此同时,电视将人们闻所未闻的战争的残酷无情直接暴露在公众面前,从而进一步削弱了这种交战状态的危险性。越南战争最初是对一个地区进行调停的小规模的战略干预,后来却演变为一场全国性的灾难。这一结果是由许多因素造成的,但对现代战争本身的无效性估计过低不是其中的重要原因。不过,所有迹象都表明,公众对屠杀的反感和武器的极大破坏性,但却无法确切地说明从战争中能获得什么。苏联人利用它在第三世界国家的代理人,如尼加拉瓜和马来亚发起所谓的"民族解放战争",较为成功地摆脱了战争。但是,当苏联 1979 年入侵阿富汗时,他们的军队也很快陷入了与美国在越南同样的困境中,这成为导致苏联解体的一系列不幸事件中的第一个事件。

不管以什么标准来判断,传统的社会主义的失败和苏联的解体都是极其重要的事件,特别是它们揭示了战争的未来和军国主义日积月累的后果。苏联不顾一切地优先发展军事工业,用以苦苦支撑军备竞赛。这一做法不仅挤占了许多急需品的生产,而且还遏制了工业系统必须提供的技术创造力。因此,当美国人用制造电子游戏机和个人电脑的同一工业系统制造先进武器时,俄国人对高科技的尝试却毫无收获。相反,他们在其与国民经济分离的、毫无效益的国防工业中仿造西方武器。这种努力不仅是徒劳的,而且注定要花费更大的代价。到 80 年代初,经过几十年的牺牲和努力,苏联在军备竞赛中确实失败了,而且这种失败正是这些牺牲和努力造成的。

对苏联的整个体系来说,这是一个教训。这种将基本上是传统的专制农业机制加诸现代工业经济之上的极权主义的做法,本是为了产生大量的水泥和钢铁,但这些产品中真正有用的并不多。这种专制机构只能统治以一些变量为基础的简单社会。只有能让人们自由发挥主观能动性的制度,才能有效地对付真正发达经济的各种复杂性。

但考察失败发生的方式与实际后果,和考察失败的性质一样重要。全副武装,并与传统上奉高压政治和战争的有益作用为圭臬的意识紧密结合在一起的统治阶级不战而降,这一事实充分说明了有组织的暴力已经过时。因为即使是最玩世不恭的人也必须承认,冷战的和平解决是一个几乎没有历史先例的事件。如此重要而危险的对抗能够不经过一场大战就结束,这清楚地表明形成事件的机制已有了根本的改变——这或许不是历史的终结,而完全可能是一个新的开始。

冷战的结束似乎特别加速了国际化,在发达世界中更是如此。自从1648 年签订的结束 30 年战争的《威斯特伐利亚和约》形成了"国际化"的概念以来,国际化趋势构成了对稳定的民族国家最富意义的一次挑战。最为明显的是,它不是单纯地由国家自愿放弃自己的一部分主权,交给超国家的机构——尽管这也是一种重要的进步。由于世界贸易的惊人增长(自 1970 年以来增长了 10 倍)和跨国公司的出现,发达国家正朝着创造真正无国界经济的道路顺利前进;与此同时,电子媒体的革命力量集中起广泛的民众意识,有组织的宗教传统上超越国界的呼声似乎在某种意义上得到了复兴。发达世界中的国家体制不可能会消失,但它将由其忠诚和依从更为分裂的人民和机制构成。这将不排除某种有组织的暴力,但在这些趋势得到进一步发展的多样化和复杂的背景下,我们所限定和传统上所理解的战争将日益被证明是一种太迟钝,以至于不能有效地发挥作用的工具。那么,究竟什么能结束这种战争呢?是仅仅让他们拥有基本上无用的土地或资源而袖手旁观的国际金融机构?是残酷地对待那些罪魁祸首使之受到世界谴责?是说明人口问题通过经济和健康的途径解决会好得多?还是摧毁对手,反过来又被他摧毁呢?在发达国家中,这实际上仍无定论。

然而,确实存在对欠发达国家进行干预的现象。可以肯定地说,1982 年的"福克兰群岛之战"和 1991 年的"沙漠风暴",提供了发达国家不仅能够发动战争,而且能取得成功的范例。但这里忽视了更重要的一点——发达国家之所以诉诸武力,原则上主要是为了纠正赤裸裸的侵略行为。特别是在"沙漠风暴"中,发达国家表现出特别的克制。事实上,打个比方,这次战争是一群白细胞对一个传染病毒的围攻和歼灭。但意义深远的是,发达国家没有做任何尝试去消灭传染源——萨达姆·侯赛因本人和他的帝国。相反,海湾战争中盟军在使用武力上有所保留和克制的态度,不仅打破了传统的军事逻辑,而且表明了战争的指挥者对使用武力所持的强烈怀疑态度。

并且有迹象表明,不管战争在什么地方发生,动机是什么,战争的范围进一步缩小,要求发达国家利用军事武力去制止战争的呼声日益强烈。事实上,维持和平的逻辑变得更为明显,它声称,结束战争不仅是军事大国的责任,而且也是为了它们自己的利益,这使维和行动具有了更强的说服力。这是一项艰巨而且在许多方面都是吃力不讨好的任务,我们的军队和武器都不是特别适合去完成这项任务,但事实上,目前要求我们这样做的理由却是很充分的。

与此同时,战争仍在继续,因为我们生活在一个四分五裂的世界中。在世界 53 亿人口中,多达 85% 的人口仍在低效率的农业经济中生活,或正在努力摆脱农业经济。后者拥有 30 亿人口和像印度、中国这样的大国,它们在政治和经济上都有许多发展的迹象,折射出当今发达国家早期曾走过的道路。今天,在这些处于过渡时期的国家中,战争尽管不一定被优先考虑,但仍被看做是一种提高国家地位的切实可行的工具。当它们的战略家讨论战争的未来时,基本上是持军事行动的观点,他们很少——如果曾经有过的话——对战争的未来提出质疑。

但是,这并不意味着那些处于过渡时期的国家,注定要像当今发达国家在两次世界大战中所遭遇的那样,经历恐怖战争的轮回。首先,如果大战在这些国家发生,那么注定要使用那些先进武器,而在发达国家中,这些武器的过度破坏性已经使战争臭名昭著;其次,在武器方面,现在和过去的最大区别在于核武器的出现。诚然,这些武器在处于过渡时期的国家中只是逐渐得到扩散,但核武器的扩散也使人们对由此必然带来的核交换的巨大代价更加了解。在美国,不同领域的政治科学家们越来越确信,在和平结束冷战的过程中,核威慑扮演了一个重要的角色;并且这种逻辑完全有理由继续延伸,对过渡性国家的军事计划发挥重要的制约作用。

与此同时,民主原则得到逐步而稳健的扩展,对民主原则表示认同的政府也在逐渐增多。尽管民主原则不是医治类似战争行为的灵丹妙药，但大量有力的证据表明：长期以来，民主国家很少——如果有的话——对其他的民主国家发动战争。因此，在处于过渡时期的国家中，民主政治的扩大最终能够缩小战争的影响。尽管不是所有的过渡性国家都能迅速地或平稳地进入发达世界的行列，并且由于发展不可避免地要求更多的资源再加上这些国家众多的人口，必定会产生暂时无法解决的生态问题。但处于过渡时期的国家仍是一个充满希望的地方，战争的支配作用也有望减弱。

不幸的是，在占全球土地面积的 1/3、拥有 15 亿人口的不发达地区，战争的危险信号仍很强烈。长期以来，这里一直战乱频仍。如今，仍有 65％ 以上的人口为了生存而从事直接的粮食生产。在这里，战争继续扮演着解决农业社会周期性人口扭曲的古老角色，只是现代的扭转力消解了它的作用。来自发达国家的先进药品和紧急食品供应，使这些地区的人口存活率急剧上升，以至于在许多地区都存在导致社会慈善救济事业的崩溃、政府责任的转移，实际上违背所有人权的危险。在这种情况下，早期人类经常遭受的暴行和屠杀越来越频繁。它们大多是由于军事首领间的敌对、古老部落和种族间的仇恨引起的，但也隐含着长久以来消灭多余人口的需要或愿望。这种杀戮一般被认为是愚蠢的，但它并不是无目的的，只不过隐藏的逻辑过于残酷，多数人不愿承认它的存在罢了。但不管怎样，这种逻辑仍然存在并将继续存在下去，直到支撑它的条件被有效地改变。这不仅需要为停止杀戮而进行周期性的军事干涉，而且还需要在经济模式和社会、政治行为上的根本改变。这将是一个具有历史意义的重任。如果它能实现，支撑战争存在的最后力量将迅速崩溃，战争机制将骤然瓦解，直至消亡。[1]

（路育松　译　陈祖洲　校）

---

[1]《国际经济统计手册》，华盛顿特区，1992 年，第 15 页。

第十二章 工业与商业

威廉·N.帕克

前 言

20世纪初,美国社会评论家索尔斯坦·维布伦在他那本名为《工程师和价格体系》的书中,提到了现代经济社会中的一个根本性冲突。在他看来,"工程师们"就是现代社会中的工匠,他们凭借自己在制造方面的天才而辛勤工作着,生产出人类生活所需的所有物质产品。维布伦认为,"价格体系"是商人、银行家和企业家活动的结果,他们行为的目的就是从有用的工业产品中榨取财富。如果将工程师比作中世纪的工匠,维布伦认为企业家就是现代社会中的强盗领主。①

在历史学家看来,作为现代文明中相互联系的两个方面的科学和资本主义是两个颇具光彩的术语。在20世纪,科学和工业的联系日益密切,它表现为出现了许多不同类型的技术人员。与此同时,商业企业形式和组织的发展与变化在价格体系和大型的等级体系结构——即国有或私营企业——的作用下,已经形成了一种德国社会学家称之为"后期"

---

① 指中世纪对路过自己领地的旅客进行抢劫的封建贵族。——译注

或"组织型"资本主义的社会现象。以技术形式表现出来的现代科学和在现代金融与企业管理制度中体现出来的资本主义,已经共同形成了一种特别强大的人类文化形式,在 20 世纪,它的吸引力远高于任何特定的地区、种族、国家或先前的社会组织。

欧洲现代资本主义的发展始于 16 世纪的意大利城市国家。当时,银行业和簿记法已经随着贸易的增长出现了。17 世纪,北欧对不断产生的贸易机会作出了反应。结果,中世纪的庄园农业体制遭到渗透,手工业和工匠作坊日趋商业化。在随后的 18 世纪以及 19 世纪的大部分时间内,这些资本主义方式迅速扩展开来,以适应、利用和鼓励工业与农业生产活动中的技术变革,通过推广机械发明和使用蒸汽机来谋取利润。同样,在文艺复兴和第一次世界大战之间的几个世纪里,在那些阶级意识和民族主义不断高涨的欧洲社会以及欧洲人的殖民地中,科学和许多应用技术都开始发展并繁荣起来。在 19 世纪,民族国家以各种形式发展起来,世界市场日益扩大。在这样的政治背景下,具有扩张性和竞争性的"高级资本主义"取得了巨大成功。在这种巨大的成功之下,作为基督教的一个分支、在政治上处于弱势的新教——从约翰·加尔文(死于 1564 年)所处的时代起,北欧从这种宗教中发展出一种完整的资本主义文化——的威信消失了。在 20 世纪,科学、工作和商业似乎畅通无阻地在"资产阶级民主"社会中自由支配人们的生活。尽管在民族国家的社会背景中隐含着对帝国主义的热情或记忆,但国际市场和商业实践扎根更深。

在 20 世纪,以一种共生关系紧密结合在一起的现代技术和资本主义组织,也表现出一种类似于富有进取心的世界宗教所具有的能量,这种能量能够离开它们最初的社会环境,漂洋过海,渗透进其他具有不同语言、习俗和价值体系的地区。在本世纪早期,这两种形式似乎还具有欧洲色彩,即通过西方的坚船利炮、移民和殖民活动被带向整个世界。但在 1950 年以后,传递信息和思想观念的先进方式,即由科学发现、电子技术以及资本主义投资和组织所构成的方式成了对西方武力的一种补充。

亚当·斯密认为,随着贸易的增长、市场的扩大,以及资本、货币和思想的自由流动,一种世界范围内的劳动分工将得以出现,这种分工将摆脱自私政府的野心和束缚,摆脱战争、政治压迫、阶级仇恨和种族仇视。如果历史进程按照亚当·斯密所推崇的模式在这样一种世界里运行,那么,人们对 20 世纪想当然的描述就可能会显得表面化和过于乐观。事实上,这些发展只有在遭遇存在于传统或新建的社会和政治结构中更强烈的反向社会运动的情况下才会展开;这些社会和政治结构——既指许多不同形式的独裁政体,又指不那么刺耳但甚至更有效率的以"资产阶级"或"人民"民主为中心的代议制——包括"国家"和民族。超越这一政治界限,穿越由地方、种族、地区和阶级效忠所构成的厚实的植被,越过国家主权和情感的排他性意识形态之墙,20 世纪的科学和国际贸易正在为继续发展并扩大它们的社会生活和影响而努力。

科学知识的技术化

现代技术对世界上所有国家和文明都具有渗透力,这种力量依赖于对自然的利用,也即为了满足人类的需求和欲望而利用其可见的基本特征、能量和物质。为此,技术的发展必须在两方面取得巧妙的平衡:一方面是大自然的潜力和极限;另一方面是生产出人类必需的东西和希望拥有或由于人们劝说而希望拥有这些东西的愿望。

20 世纪不仅从 19 世纪继承了以往的知识结构,也继承了使知识能够在一代又一代科学家、技术人员和工厂工人的观念、思维方式和技艺中得以保持、再现和发展的社会组织和机制。20 世纪的工业发展史,也许是从科学尤其是从 17 世纪末起就趋向成熟和综合化的三门学科——它们在当时不过是有条理的思考与观察的松散联合——开始的。到 1900 年,它们被称做物理学、化学和生物学。在随后的 60 年中,它们就像振荡器中的小冰块一样被加以搅拌、溶化然后结合在一起。所谓的科学对元素周期表中诸元素的分子结构进行探测,发现了将这些分子结合在一起的亲和力以及能量的来源,并在三四十年代战争期间不顾一切的狂热中,最终将研究深入到原子核。这一史无前例的技术突破证实了物理学家们争论不休的原子能爆炸性释放的公式,预示着原子能将转向和平用途。

通过发现新能源和新的无线电通讯方式或化学合成的新物质,各门科学力量的综合最终打破了生物学(生命科学)的封闭领域。无机与有机之间的区别已被打破,作为生命物质原材料的细胞的化学和物理特征被揭示出来。到 1990 年,科学虽然尚不能制造或复制生物体的复杂组织,但已经能够控制并改变它们生存和繁殖的最深处和细微之处。

自 18 世纪的发明家兼技师詹姆斯·瓦特和约翰·斯米顿以来,一代又一代的技术人员就像两端之间的电弧光灯一样,在他们各自的领域内照亮了纯科学及其在农业、采矿业、建筑业、制造业、运输业和通讯业中实际应用之间的空间。正是在令人鼓舞的科学思想的激励下,发电机、内燃机和新的塑料制品开始登上舞台。每一项新发明的出现都会导致一种新型技术人员的产生,以及新能源、新材料和新的传送方式的运用和推广。

随着农业中有关自然的生物化学和采矿业中有关矿藏分布的地质学开始得到应用,人类努力的成果开始具有更大的稳定性,并能得到更高的产量。在工业社会(除非是在它们最高和最低的层次上),木材不再被用作燃料,而是在建筑业和化学工业(被用作原材料)中继续发挥作用。后来,有机的矿物质煤和石油也同样重复了这一过程——煤曾经是 19 世纪工业生产的一种燃料,石油则很容易被提炼、输送并转化成热量和能量。这些有机矿物和金属矿产的数量仍然相对丰富:尽管在 19 世纪,那种高度集中的富矿脉已经被开采殆尽,但现有矿藏仍然可以满足工业国家扩张的胃口。随着矿物利用率的提高,以及更加强劲和灵巧的用于挖掘和移动土块工具的出现,正如一个国家的经济社会组织所能得到的机械和化学技术能够使该国的食品供应更加便宜一样,生产成本也随之降低了。

20世纪下半叶，人们已经获得了对自然和合成材料进行再加工——仍然被越来越不恰当地称做"制造业"（字面意思是"手工制作"）——的各类具有强大动力、灵活性和专门性的工具。这种作为工业体系机器制造基础的机器工具，几乎具备了人的自我意识、自我调适和自我控制能力，能够以更快的速度、更好的耐久性和几乎臻于完美的自动化来工作。在当今世界工厂的某些部门，机器人已经在常规工作中取代了工人。

所有能量传递技术成就中最杰出者，或在某种意义上的新技术的标志，应该是微型集成电路和电子计算技术以及印刷品的复印和通讯。早在20世纪的头十年，在长距离有线传送声音的技术出现之后，高能量、高频率的发送机作为无线电报机和收音机的先驱也已经出现。到20世纪20年代末，出现了第一台传送视觉形象的无线发送机。不久，直接传送世界各地音像的电视机时代就开始了。这样一来，在书籍、报纸、照片和动画片之外，人们又增加了一种直接获得视觉和听觉的方式，通过这种方式，人们可以身临其境地看到正在发生的事件或剧场里的演出，尽管人们所看到的内容已经过高度控制和选择，并且是单向的。通过这些方式，依赖于文字、图像和信息的一些人类行为——如教育、娱乐、政治和商业等"服务性"产业——同农业、采矿业、运输业和制造业一样，人们能期待着对"高科技"的使用。

需求：一个变动的目标

知识范围的扩大以及它与科学技术各个分支的职业性结合为发明提供了广泛机会，随着技术变革的进步，发明也正逐步受到已被证明有用和有价值的东西的影响。尽管各国政策之间存在着很大冲突，各地区和社会的差异性决定了各自不同的偏好和口味，但在1930—1945年间的大萧条和战争期间，使用者需求层次和需求结构演变中的某些模式，明显表现出了脆弱性和不稳定性。相对于可供选择的技术种类、材料、

式样和具体的产品特征而言,需求以及产生需求的社会文化决定了 20
世纪工业体系实际演变的大致格局。

在整个 20 世纪,随着新技术不管如何不完整和无效地被应用于农
业和制造业的生产中,任何由于结构和机器老化或自然资源与就业机会
不足而导致的劳动生产力、设备功能或原材料供应水平的下降,都可能
因新发现的丰富的原材料、技术和方法而得到最大程度的缓解、避免甚
至克服。在 19 世纪,世界生产力水平已经得到提高,这不仅是由于对地
理和下层土壤的新发现以及工业和运输技术的变化,也由于没有爆发世
界范围的毁灭性战争,这就使远距离贸易和对资本设备的大量投资有可
能大幅度增加。工业和商业——作为世界资本主义日益灵敏的网
络——曾经出现过周期性停顿,经历了一系列危机,诸如财政损失、商业
失败、工业失业以及经济作物和原材料的价格过低等。在这个世纪,资
本主义的地域扩张和技术革新是由持续的价格飞涨所激发的,它常会打
破长达数十年的通货紧缩或相对稳定。但是,对 1873—1896 年"大萧
条"时期价格过低的最好解释应是:国际黄金和白银本位制决定了相对
紧缩的货币基础,它限制了急剧增长的剩余产品从农田和工厂中流出的
速度。与欧美在下一个世纪第二个 25 年中发生的另一次大萧条相比,
第一次大萧条没有真正揭示任何投资机会的周期性衰落,或不同寻常的
畸形需求无法与增长潜力保持一致的原因。

从 19 世纪初开始得名的"世界经济"在 1896—1914 年间的急剧扩
张中达到鼎盛时期,但在此后直至 30 年代的 25 年中,由于国际范围内
的结构混乱,工业国丧失了 19 世纪资本主义发展的动力。在 1923 年德
国爆发恶性通货膨胀后,世界各地都出现了反复无常的资本流动、通货
不稳,以及国内社会各阶级的政治斗争——这导致了 1930 年以后普遍
的通货紧缩和长期的严重失业,并最终导致了世界大战的再一次爆发。
在促成 1914 年以前经济迅猛发展的诸多因素中,只有不断发展的技术
潜力仍然存在。这一因素本足以创造日益增多的财富和收入,但整个资
本主义体系的混乱以一种奇特的方式表现出来,30 年代的人们认为这是

由于总需求不足。有人认为,拥有巨大潜在财富的社会同非常富有的个人一样,将很难花掉他们的全部收入,但这两者之间存在以下差异:当整个社会不再消费时,没有人能够挣到钱,收入和财富也将随之而枯竭。当国民经济过度甚至是盲目倾向于把积蓄储藏起来时,银行贷款的投资开支、政府赤字开支甚至外国借贷都必须部分用来充作收入。

在这个由国家经济构成的世界里,私人资本主义的发展处于两难之中,我们对此进行的综合分析可以进而提炼为两点。首先,为了取得持续繁荣,投资构成和需求构成必须相互适应。这正是自由市场所试图解决的那类问题。但是,破产、放弃所有权、刺激不足以及总需求的减少都表明市场没有达到这一目标。其次,真正的商业性投资机会应该被分割为适于单个企业和财团承担的恰当份额,这一点非常重要。在19世纪的铁路发展中,这曾经是一个令人头痛的问题,而汽车内燃机和飞机喷气式发动机的推广也面临着同样的难题——需要全国性的道路网、桥梁和机场。人们在推销20世纪的耐用消费品——如电冰箱、洗衣机和吸尘器等——时也遇到同样的困难,为了使用这些产品,既需要把电力输送到乡村地区,又需要人们在城市中拥有车库和住房空间。

甚至在第二次世界大战开始前(至少在德国是如此),各国政府就通过军队的重新装备和军企雇用量的增加所造成的"增值效应"暂时减轻了需求不足的压力。然后,在1945年,所有工业资本主义国家都开始面临着战后重建的任务,随着国家开始扮演一种新的、更强有力的角色,随着新社会福利政策和新劳工在和平时期的出现,随着新技术被抑制力量的突然迸发,需求出现了。没有人会再提及周期性经济脆弱、衰退或经济潜力过剩。令人满意的国际金融协议被订立出来,各国国民经济都出现了短暂繁荣。欧美一些大都市周围兴建起了广阔的近郊,失业率被维持在低水平上。从1950年到1975年,大多数发达工业资本主义国家的平均收入(扣除通货膨胀因素)增加了一倍。

与此同时,劳动生产率的全面提高产生了由需求结构造成的混乱。就农业而言,收成的不断增长证实了亚当·斯密的断言,即食物需求的增长"受到人们有限的消化能力的限制"。在很长一段时间内农业劳动生产率每年增长 3%—4%,农业生产者在总劳动人口中所占的比例也随之下降到几乎微不足道的程度,甚至在东欧和南欧的传统农业国家,农业生产者所占的比例也从 1950 年的 35%—45% 下降到 1980 年的12%—15%。到 20 世纪 80 年代,制造业部门也发生了同样的变化。与其说这种变化的原因是需求的减少,倒不如说是机械化、电气化以及灵敏和大功率精密仪器出现的综合结果。在这些情况中,也应该考虑到生产者技能的不断提高导致了生产的多样化,以及推销术(通过有时巧妙有时露骨的方式)越来越善于在普通产品中添加想象中的优点等因素。高收入国家出现了前工业化社会曾具有的特征,即"服务业"生产者在劳动力中占据了可观的比例,尽管这些服务业生产者拥有各种工具、房屋和设备。毫无疑问,办公室中的微机操作员、旅行代理商、银行职员、饭店服务员以及艺术表演者要比古埃及法老的奴隶和家庭仆役享有更高的社会地位和更加自由的生活。

商业的商业:1900—1970

技术发展和需求变化决定了世界工业体系的轮廓。这个体系的任务就是把技术和市场的总和划分为适合于个人及其公司的小块份额,调整市场和阶级结构以便提高效率,制定行为规范并使之能够被顺利而灵活地遵行,接受并利用由市场参数变化和竞争所提供的机会。

1. 技术的机遇和局限

在工业发展史中,某些趋势似乎具有普遍性。在对生产或服务业的技术要求的大量细微差别中,在商业所涉及的地区或世界历史和文化中,这些趋势都昭然若揭。

19 世纪的水路、运输船和港口使矿物、粮食和原材料的集散成本变得相当低廉。因此,许多城市如纽约、利物浦、鹿特丹、新奥尔良、上海、

马赛、孟买和里约热内卢都成了巨大的货物集散地。各种加工业麋集于
这些运输点和矿物燃料——工业体系的血液——较为便宜的矿区附近。
运河和铁路为内陆地区大宗货物的进出提供了廉价的运输方式,但这种
运输方式缺乏灵活性,这是因为其运输线路只通过一定的地区,并只在
诸如芝加哥、巴黎或伦敦等中心城市交汇。铁路就像是人工河道,可以
为沿途地区提供廉价的运输,但在距离火车站台几里以外的地区,就只
能由马车在泥泞难行的道路上进行陆地运输。原材料和燃料的种类与
分布地点同样受到自然条件的限制。19世纪的技术在少数地区内为工
业和商业活动创造了大量的机会。在英国的中部地区、靠近莱茵河的
法、比、德煤田区以及匹兹堡-克利夫兰地区,兴起了各种使用煤炭、制造
钢铁以及生产钢铁制品的工业企业。一种也许更加普遍的模式是,大的
纺织中心产生于水力和当地劳动力资源相对丰富的地区,如曼彻斯特、
里尔、阿尔萨斯、西里西亚、新英格兰以及美国的南皮德蒙特。

同样,在1920年以前以及1950—1970年间,出现了许多使交通和
通讯联络更加紧密、快速和廉价的技术进步,它们使用了更多、更昂贵的
大功率装备,对规模庞大、拥有众多分支机构并实行集中管理的大型生
产组织和制造商、工厂工人以及商业性服务业集中的城市都同样有利。
拥有众多分支机构的大型组织具有技术上的优势。在这里,原材料和半
成品能够畅通无阻地通过更加复杂、连贯的制作程序和一系列的加工工
厂,在质量和时间上都可以得到保证。大型工业组织如同一个有着等级
制、多层官僚机构并类似于机器的人类组织。这样一种类似于机器的物
质和人力结构节省了时间、原材料和能源,降低了产品运输和出售的成
本,并保持了产品质量的一致性,从而能够在竞争中击败许多分散和小
规模的生产组织。事实上,有人赞成由思想精英进行统治的中央集权式
社会主义(列宁主义或共产主义),或由管理精英掌权的专家治国理论
(理想化的法西斯主义),其依据之一就是:这两种类型都声称它们比一
个由唯利是图而短视的私人生产者构成的体系更优越。这两种类型都
主张消除竞争机制下无用的重复生产。本尼托·墨索里尼甚至宣称可

以使意大利的火车准点运行。最后一个影响工业分布的因素是研究和开发的需求,即适合工业集中发展的地区,不仅需要有高明的技术人员和设备来支持新技术,同时还需要有关基础科学的系统知识。

20世纪的技术极大地改变了19世纪工业分布和组织的技术基础。卡车,当然还有飞机,在选择路线和终点站以及处理小宗货物方面远比铁路灵活。石油和电力的使用,极大地扩展了能源和燃料成本较低的工厂的分布区域。塑料、合成化纤和有色金属合金扩大了原料的来源,减少了工厂对矿藏分布或耕作状况等自然条件的依赖性。随着对原料和燃料利用率的提高,以及对种类繁多的副产品的利用,制造业可以远离原料产地。简言之,1940年以后,自然条件已经不再是单个企业选择最佳成本位置时的决定性因素了,更重要的是能否获得技术以及训练有素或具有训练潜力的劳动者。这些劳动者不同于土地、矿藏、港口、河流或山隘,他们能否在一个地方长期扎根仅由其文化程度、工作机会和个人偏好决定。

地理和地质条件在工厂的最佳布局,以及在工厂和人口的工业化聚集过程中仍然起着某些制约作用,尽管这种作用已经有所降低。但我们应该看到,在某些情况下,工厂与其同行或竞争者们仍然倾向于聚集在原料供应地区和能够提供辅助性服务的地区。部分小工业城市衰落了,但大都市工业区却一直扩张到邻近的乡村地区,这些大都市工业区数目和种类的增长构成了20世纪城市地理的一大特征。

在关于技术变化如何影响工厂或众多工厂组织的经济规模和范围这一问题上,我们可以得出一个类似的复杂结论,至少在1970年以后是这样。即使在19世纪的黄金时期,许多工厂的手工操作者仍像机器的零件一样被集中在以单一能源为中心的一组机器周围,正如在纺织厂或自动装配流水线(或肉类加工业中的分割流水线)上一样。但即使在当时,工业生产也为小厂提供了一些空间,使它们可以通过购买半成品和出售将送往其他地方进行装配的零配件而得以生存和繁荣。1900年以来,电能的使用也注定了大规模的发电厂和电力输送网络的建立。一旦这种系统启动,电力就可以被输送到千家万户和无数个小生产作坊。德国一些经济学家声称,电动机的到来为中世纪工匠作坊的再生铺平了道路,因为电力被证明要比水力或蒸汽机更适于小型生产组织。

20世纪末的新技术和材料真的可以使制造业或服务业中的一部分由独立的小型企业来承担而又不会出现重复浪费吗?新的通讯技术创造了一个可以广泛传递信息的网络,但信息和指令真的能够被发送出去吗?单个生产者、消费者和资本家被赋予了对其经济生活更大的控制权,但这些被赋予控制权的人有能力来实施这种权力吗?抑或这些电子技术只会使中央集权的决策体制更加有效率?如果说科技知识已经使人类生产活动有了更多的组织形式,那么,决定生产力的更重要的因素将是工人—经理对企业文化的心理调适,而不是技术或经济的最佳条件。

2. 企业的股份制组织形式

在早期资本主义时代的商业、制造业、自耕农业,甚至在租地农场和奴隶制种植园中,经营贸易或组织生产都是由个人或单个家庭来完成的,有时,根据非正式的、非常简单的契约或代理关系,他们也会有一个合伙人或少量的学徒。19世纪出现了另外一种经营组织形式,在经过国家特许后,这种组织可以为大型工程——如运河或铁路——筹措资金。这种被称作"股份公司"的组织形式源于中世纪,并逐渐成为城市、贸易和移民公司、银行以及拥有自己领主的殖民地的法律基础。这些组织都由一群经王室颁给特许状的有产者或股份持有者组成,他们从事明显带有公众(或王室)意图并经过仔细规划的事业。在英国和美国,1846年通过的《合股法令通则》规定,任何富有创业精神的手工业者,只要他愿意投入数额确定并被划分为一定股份的资金,就可以采取这种组织形式。有关组建公司的条款和先决条件,以及股份持有人对公司活动和债务的责任,在欧洲大陆国家间略有差异,但大规模、以谋利为目的生产活动基本上都可以通过这样的手段进行资本积累。毫不奇怪,铁路作为最早的大规模、需要系统合作的技术经济项目,从一开始就是以这种法律方式组建起来的——开始是在当地修筑较小的线路,后来则通过收购和合并而形成地区性的大系统。

　　除了可以把大款项的资本分解成小份额以便作为单股出售外,股份制作为工业企业的一种组织形式还别具众多优点。它提供了一种内部控制体制,实际上是形成了一个双重漏斗。大量股票持有人在名义上的所有权可以通过这一漏斗聚集到人数较少的"董事"手中,在他们下面是一些高级职员和经理,而他们又位居大量可能随时被雇用或解雇的领取年薪或工资的雇员之上。这种半军事化、等级制的管理结构是为了使铁路或工厂能够顺利和高效率地运转——在这里,采购、生产和市场营销按照自动程序进行,机器确定了生产的节奏,一系列规定使得各种活动规范化,或者形成惯例。既然这种结构取消了雇员和股票持有人之间单独讨价还价的交易,那么,七八十年代美国保守的经济学家发现它"使交易成本降到最低点",并以完全中立的方式解释了作为一种工业组织形式的股份制企业为何能逐渐占据支配地位,这就不足为奇了。这种组织形式使一个或一些经理设计的"策略"能长时间地被实施,并且经理们可以自由支配正常收入(即用于支付股票持有人的部分)之外的利润。为了让企业家们适应他们的不同角色,如发明家、商人、经理、苛刻的讨价还价者、耽于空想的公众人物以及勤奋的男女政治家等,这种组织同时给予他们控制权和灵活性。只要充作这一组织核心的老板或一些紧密团结的同事向股票持有人提供令其满意的利润,这些老板或同事就能以这种利润为基础出售公司股份——用足够高的价格阻止贪婪的金融资本家们买断对企业的控制权、扰乱市面以抛售股票等举措。这种安排使普通股份的利润得到保证。上述措施加上股份公司的规模,能够减少投资者的风险,或阻止风险的产生。

　　这种股份制度对于幸运而雄心勃勃的企业家来说还有其他优点,如可以使他们的活动在同等条件下更容易展开:无论是针对供应商或市场,买断或挤垮竞争者,或同竞争者签订协定以共同对付其他因素——工人、供应商、消费者、专利持有者、银行家或政治家。这种组织能使制造业的内在结构适应企业主变化的各种策略：它能够控制小供应商和批发商、抵制工会或者制造各种条件使少数公司要么直接行动，要么动用它们非正式的经济、政治和法律权势（通过国家）来实现对价格和市场的控制。

由于它的千变万化和灵活性的特征，这种古老的组织形式完全适合起源于欧洲并于19和20世纪初扩展到世界其他地区的以工程和技巧为基础的技术。这种组织形式持续发展到20世纪五六十年代。在这一时期，世界资本主义在经历了20多年的萧条、政治混乱和战争之后重新复苏。事实上，一些评论家会认为，股份制企业通过提倡技术发展乃至科学研究，影响了这些技术的发展方向，并扮演了科学发现的"聚光器"的角色。

哈佛经济管理学教授阿尔弗雷德·D. 钱德勒对三个主要工业国家即英国、德国和美国所做的大量调查研究，揭示了20世纪上半叶股份制企业、工业资本主义发展的有关情况。股份制企业在1930年以前以及经历重大变化后，在1950—1975年经济增长中所扮演的中心角色不应该被忽视。在以上三国中，新技术的发展总是与股份制企业有着密切的共生关系；在两者相互独立发展的地方，它们也会很快地融入股份制的生产体系中。在这三个国家中，经理的职能变得职业化，尽管英国工业对于这种非人格化趋势的抵制被认为是英国在工业国家之间竞争中"落伍"的原因。在20世纪，大公司像一个多足动物一样在世界四处延伸，以弥补原材料和市场之间距离扩大的不足。特别令人吃惊的是，这种组织形式能够适应各国独特的法律体制、教育和占主流地位的价值观念，并且适应不同类型工业的不同外界和市场环境。毫无疑问，这种灵活策略——既保证了领导者确定并维持惯例的作用，又允许出现革新和发展；既满足了不同的市场要求，又努力取得效率、业绩和利润——解释了钱德勒所研究的三个国家的大公司为何极其顽强地渡过了世界历史上变动最为剧烈的一个时期。众多的小公司就像短命的昆虫，其成功与否取决于由它们能否逃脱高出生率和高死亡率这一规律。大公司则不同，它们可以通过对所处环境的一种有限控制来掌握自身的演变，并在自己原有的框架内努力顺应结构和功能上的重大变革。

1930 年以来股份制资本主义的边际条件

工业国家国民经济的核心部门发展如此迅猛，会不可避免地带来负面影响。自 1930 年以来，政治和知识界围绕着商业和经济问题的绝大多数争论，可以根据它们对股份制企业垄断地位的看法而加以分类。其中的一个观点主张在构成股份制活动的边缘阵线中实现权利平均，这一条件由工人、自由职业者、农场主、农民、消费者以及小商人组成；或主张思想意识上的平均，即社会主义运动，主张在一个意识形态和政治权力精英的领导下，主要使用武力强行在苏联和几个东欧国家中建立工业社会。在经济混乱和战争的压力下，实行议会制或立宪民主制的国家政府夹在资产阶级和工人之间，在政治上处于不利地位。

在欧洲大陆，1925 至 1945 年意大利、德国和西班牙式的法西斯主义相继出现，它们将工人和资产阶级团体组织结合进总体国家之中，而躲过了法西斯主义的国家如英国、瑞典、美国以及比利时、荷兰、卢森堡和法国（德国占领期间除外）等在经历了这场战争之后进入了一个已经发生深刻变化的环境中。组织起来的工人已经形成一支更加强大的力量，各国政府正在制定或者加强以旧德国模式为基础、旨在促进经济稳定并实行社会扶助计划的政策。各国政府也扩大了它们的调控职能。特别是在美国，由于那里缺乏 19 世纪那种强大的重商主义传统而使经济活动比其他地区具有更大的自由。所谓的"中间路线"在瑞典发展最为深入。与此同时，随着社会主义在英国的突然兴起和重商主义在法国的盛极一时，一些主要工业行业——煤、铁和铁路——被收归国有。最终，巨大的国家战争的作用和国家推动的研究项目把政府置于一个主要工业消费者的位置上，并且政府合同不可避免地涉及到一定程度上的政府监督。

从 1950 年起,发达资本主义社会中具有高度活力的股份制企业继续增长并扩展。作为对已经变化了的环境进行调整的一部分,它们似乎有意或无意地实施三种策略——这些策略不仅仅是为了求得生存,也是为了扩大企业的规模和范围。这些策略是:① 调适和参与;② 公开的政治斗争;③ 部分或全部脱离国家生产体系而进入世界金融和(或)国际贸易之中。

第一个策略是调适,特别是调适与有组织工人的关系,其内容包括改变态度和个人管理的技巧。家长制的封建制曾经控制了 19 世纪的许多企业,尤其是那些为它们工作的劳动者的处境与其前身的农奴身份没有太大区别的企业。当 20 世纪非人格化的股份制企业试图把工会转变为一个公司的联合会,或者通过提供不同形式的培训和额外工资补贴计划来激发工人对公司的忠诚时,它们不可能重新采用家长制的做法。工会以罢工相威胁,迫使公司的老板们坐到谈判桌前。但是,随着 1950 年以来工人地位的加强,一个奇特的现象出现了。早在 1900 年,德国学者罗伯特·迈克尔斯就在德国社会民主运动过程中发现了这一现象。随着工会规模和管理职能的扩大,以及同行业和各行业间工会的关系日趋复杂化,职业化的工会组织者和管理者阶层与工人们形成了一种类似于股份公司经理和他们的股票持有人之间的关系。在不损害任何一方利益的前提下,谈判能在分享股份制文化特有的问题、野心、价值观念和领导才能的人之间举行。这种劳资关系的和解在战后德国进展最为迅速,在这里,一些重要工业的工会领导人与银行家一道进入董事会。在英国和美国,工会领导人和控制着工人力量的政治团体领袖们跻身国家权力精英集团,尽管此时工人阶级内部仍然存在着教育和种族以及白领与蓝领工人的差异。

企业管理部门和政府机构中的对应部门之间出现了一种更加显著的调适——不仅仅存在于社会化的企业中,而且也存在于政府的不同组织和管理结构中。在法国,由私营部门管理公共事务的做法与大革命前旧制度中的包税制一样古老,政府机构中的高级技术人员与采矿、钢铁制造和电力等大型私营企业之间的交流是很常见的。技术和管理精英构成了一个富有凝聚力的职业社会团体,他们大都毕业于远在现代商业学校出现之前就已经存在的皇家学校,并无所偏倚地散布在政府和私营企业中。除了对金融资产的再调整外,西欧各国的国有化热潮并没有导致真正的变化,如果有,也只是提供了一种缓和或控制劳工问题的途径,并在一些工业中引导并鼓励合理化经营和更新设备。当资本主义已经进入到后期或有组织的阶段时,它在组织上的社会化并不能算是一种非常革命化的行为。这一现象可能会影响私人经营者的权利和利润,但它只是将其他帽子和头衔加在企业管理骨干们的头上。

美国的政府管理机构在一定程度上也出现了同样的情况。从 1880 年到 20 世纪 20 年代的美国进步运动形成了工业管理结构,特别是在州和国家的层面上分别建立了铁路和公共事务的管理结构。在美国,人们偶尔也努力实施 1890 年的《谢尔曼反托拉斯法案》,并制定其他意义明确且能付诸实施的法令。在 20 世纪 30 年代,随着罗斯福新政的出台,新一轮制定这类法令的高潮又出现了。但在上述两个时期,这类法令的合法性因法庭态度的摇摆不定而无法确定。根据一些相当复杂的观点,联邦和州法庭似乎应该明确制定股份制章程和一揽子契约,以便据此建立合法的商业公司或"法人"制度,公司被授予保护自己的财产不受国家侵犯的权力,除非这种侵犯是根据法定程序进行的。后者也被认为是违背了美国宪法第十四条修正案下的国家法律,这些法律旨在保护内战结束后自由黑人的权利和财产。在不同情况下,政府机构和公司管理者之间的差别正随着时间的流逝而日渐模糊。在英国和美国,这种管理的程度最终要由在国家政治结构上层中占据主导地位的意识形态来决定。

正如一个主要政党的宣传标语所言,政治行为构成了允许股份制经济在西方民主制度下不受干扰地生存和繁荣的比较直接的手段。在这种努力下,主张财产私有和放任自由的右翼政党通过一种奇特的辩证法增强了自身的力量。1950—1970 年,工业世界高级资本主义的黄金时期形成了,这是因为 19 世纪大公司所具有的活力与 1930 年以来各种社主义的和社会福利的立法被结合起来,且美国在国际经济中取代了英国在19世纪的角色并确立了自己的霸主地位。在经济方面,政府与企业的合作被证明是成功的:混合经济体制发挥了作用。随着收入的增加和在分配过程中大体实现了公正,财富更加广泛地分散开来,经济的恢复和重建引发了繁荣和增长,联合与合并促进了许多部门内部的技术变化,从而使更多的工人群众进入中产阶级的下层。大约在70年代中期,随着繁荣的、长达20年的"美国世纪"临近结束,政治平衡开始向右倾斜——脱离政府并倾向于财产。随后,在80年代末90年代初的东欧,同样的意识形态和物质第一主义给这些建立在财产社会化基础上的腐败的中央集权政治体制以致命一击。在这种反对国家干预所引起的政治混乱中,大公司逃脱了这种不利处境并且继续扩展和繁荣。人们认为,这种发展势头会一直持续到21世纪。在世界市场上获得竞争优势,并为国家工业政策择定正确目标已经成为政治关注的核心问题。迈克尔·波特的巨著《国家的竞争优势》,对1991年的展望进行了极为生动的描述和深入的研究。该书是钱德勒那本奠基之作的出色续篇,并沿袭了哈佛大学经济管理学派的历史编纂传统。

但与此同时,正如波特所言,到1980年,股份制企业能产生另一种保护手段即国际经济的原料和市场来防止国家权力机构的干预。当然,资本主义是以资本在贸易中的自由流动为基础的。货币如同可以自由传播的科学知识一样是一种力量,它不可能被长期有效地束缚在任何仅以军事或宗教信条为权力基础的政治单位中。从19世纪早期开始,许多工业股份公司都是在吸收外国资本和自由流入的外国劳工后形成的。半成品制造厂之间的交易普遍存在,而且自19世纪90年代起,一些公司就开始在国外开设工厂。同样,一些大公司为了接近燃料和原料的产地而跨越国界进行生产。始于20世纪60年代并贯穿本世纪剩下时间的新现象是,人们在系统地安排推销和生产时不再考虑国家的边界,物资在国与国之间的调配都是在一个大公司——即所谓的跨国公司的所有权下进行的。

当然,这种发展在由欧洲 12 国组成的欧洲经济共同体内似乎最有前途,在这里,部分国家主权被融会进一个共同的实体之中,在其范围内将不存在贸易、资本流动或生产者流动的障碍,并最终可能使工业成本条件在各国政府所能产生影响的西欧版图的每一点上实现平等化。在某些耽于空想的评论家看来,把这些在传统上是世界上相互竞争和争吵最为激烈的国家的经济政策统一起来肯定会带来希望。或许,在所有影响实际财富创造的国家政策方面,世界其他地区也可以联合起来形成第三个千年盛世。这被有趣地称做一种真正经济上的基督时代,在这个时代,人们对在保持地球自然环境稳定基础之上的人均收入的增长持长期乐观的态度。在这样的体制下,世界东西和南北之间的经济差距甚至会进一步缩小。一个单一技术知识发展实体和扩展到世界范围的单一价格体系,难道不会因此最终为人类事务的和平秩序打下基础吗?尽管科学、技术和股份制资本主义得以在世界范围内传播,在 20 世纪晚期的政治和思想史中,还很难发现产生上述奇迹的任何希望。

亚当·斯密的经济学描述了任何大型非调控公司,不管其工程技术人员如何具有独创性,其管理如何富有活力,同世界福利的自动增长联系起来的两个互为补充的障碍。在一个没有政府进行经济干预的世界里,股份制资本主义强大而复杂的控制机构增加了实行垄断的危险,即关闭竞争市场。随着在生产和销售领域内大规模和广泛的技术经济的出现和更多新技术的涌现,最可能的结果是出现高价格、不劳而获的租金、利润不断增加以及销售权的分配不均,这一点已为人所指出。但正如老加尔文派认为灵魂得救中的确定性是死亡一样,在公司行为这些纯粹的经济特征外,利润的确定性就是商业精神的死亡。甚至连最不确信的人,也可以从半垄断地位中发现确定性、貌似公正性和心安理得。

尽管 20 世纪 80 年代有上述发展,竞争之风仍然从两扇洞开之窗吹遍整个股份制世界,其中之一就是金融市场。证券市场存在着激烈竞争,新花样层出不穷,进入金融资产市场的途径有股份债券、较少控制的银行、保险公司和托管基金。有人会认为,这种市场——即 19 世纪 80 年代和 20 世纪 20 年代末出现的那种金融企业——通过扰乱市场以出售股票、对企业进行接管与合并,以及向股票持有人提供更多的收入,或通过许诺企业经过重组后会增加效益等方式安抚公司的管理者。正如从 20 世纪初到 20 年代的金融资本主义时期,股份制世界中的经营活力在这种本质上毫无结果的追逐中被吮吸出来,只不过后者是在一个更广泛的舞台上,并且积累了更广泛的操纵手段。的确,不确定感产生了,但这种不确定不是生产技能的提高、新技术的增加、新市场的扩展、广告宣传的巧妙或公司管理技巧的灵敏,以及促成忠于公司的劳工政策等所能减轻的。一个对实际生产过程感兴趣的企业管理者难道不应该更偏向于政府机构的松散管理,而不是由管理者阶层中的另一部分通过掠夺而进行管理吗？这一部分管理者不懂生产,他们惟一的优势在于能够飞快进行财政核算的微薄技能,以及在概不关注技术或个人因素的情况下进行最具毁灭性的冒险。

同样,在 80 年代,由于采取了相对保守的自由贸易政策,一个国家的企业可能会受到来自国外的竞争。但在一个垄断国际商品供应和国际金融的世界中,这种竞争会消失,工人、专业人员、有产者和除管理精英以外的所有人,都必须遵行国际机构的有关条例,以便保证公司行为的诚实。但问题仍然存在,谁将监督这些监督者本人？在上帝之国降临地球之前,这个问题将始终是困扰政府的一个难题。

就算人类事务中能够出现那样一种理性的和富有激励性的法则,仍然存在着最后一个障碍。这样一种成功会不会不仅减少经济差异和政治主权,而且也将侵蚀所有种类繁多、色彩斑斓的人类文化——价值观念、信仰、地方自豪感、种族认同——从而形成单一的、千篇一律的、灰色的、事务性的和股份制的现代社会？生活在一个理性化组织世界中的人类,将不得不重复罗马基督教誓约宣言中所记载的罗马异教徒对"苍白的加利利人"发出的痛苦呼号：

你已经占领了,哦,布鲁塞尔和联合国组织!

世界因为你的呼吸而变得苍白!

完善人类事务的法规是西方文化中最后的浮士德式冲动,是它不可能实现的梦想,是它最终的帝国主义。历史学家提出这样的难题,并确信它们永远不会被解答,而只会在经过一段漫长的历史时期后被下一个世纪中的其他问题所替代。

(唐昊　译　陈祖洲　校)

第十三章　货币与经济变化

威廉·C.麦克尼尔

货币几乎可以是任何一种东西。它可以是小块的金属、成扎的纸片、一串珍珠、一张塑料卡片,乃至计算机集成电路中的电子脉冲。对一个经济学家而言,货币必须担当一种计算单位的角色——我们应当能够用货币来衡量我们可以购买多少东西;货币是交换的媒介——我们应当能够现在就用它来购买东西;货币也是价值储备的工具——我们应当能够把它节省下来,以便在将来购买东西。但货币的重要性远不止于它在经济运行过程中所扮演的角色。它同时具有丰富的心理学上的内涵。它是一个反映社会基础结构的标志。它在 20 世纪的演变为我们提供了一个有力的工具,使我们能够了解创造了现代世界的经济、政治和社会转变。

金本位制

到 1900 年,世界上绝大多数地区都已经被卷入由一种以黄金为基础的货币体系所连结起来的商业和工业经济之中。尽管黄金很早就被当做一种价值计量单位,但它的作用得以明确和规范则是在拿破仑战争结束后的一个世纪。1821 年,英国成了采用黄金作为其货币基础的第一个现代国家。在 19 世纪剩下的时间内,希望参与分享正在出现的由英国领导的世界经济利益的任何国家,都必须接受金本位制的规则,而这些国家的数目一直在增加。到 1880 年,美国和大多数西欧国家都已经采取金本位制作为它们货币的基础。到 19 世纪末 20 世纪初,俄国、日本和阿根廷采取了金本位制,到 20 世纪的头十年,随着许多拉美和亚洲国家开始把它们的货币与黄金挂钩,金本位制开始成为一种全球货币体系。

如同其他货币体系一样,金本位制也是一种复杂的社会关系网络中的一个组成部分,用来确定可以接受的行为,并构筑社会的道德规范。当金本位制这一概念开始出现时,有关个人行为和政府职责的根深蒂固的信念就已经出现在"游戏规则"中。金本位制所体现的价值观源于 18世纪末和 19 世纪初在英国、法国和美国出现的新型社会。这种新型社会强调把个人权利置于社会需求之上,并且试图在约束政府权力的同时扩大公民的自由。约翰·洛克、亚当·斯密和约翰·斯图亚特·穆勒等哲学家在其著作中表述了古典自由主义,而金本位制则是这一思想在经济和货币领域内的反映。他们鼓吹自由贸易,主张维护个人自由,认为政府应该由人民选择产生,政府在保护公民权利之外不应承担过多的其他责任。①

金本位制是开始主宰古典自由世界的工业、商业社会在货币领域内的对应物。由于金本位制纯粹是从个人和竞争的角度来评估经济成就,因此,随着它的扩展,它促使各国接受诸如个人创造性和有限政府等价值观。当这些社会价值观发生变化时,金本位制也将随之变化。在我们研究货币的演变时,我们也将同时研究社会用以判断个人与社会合适关系的准则的演变。

每一个接受金本位制大部分基本原则的国家,都承诺可以自由地把

---

① 美国公民很少使用古典意义上的"自由主义"一词。在欧洲,"自由主义"仍被用来指称亚当·斯密的价值观,而美国人则用它来指称后来的约翰·梅纳德·凯恩斯的福利国家理论。

本国货币兑换成一定数目的黄金。既然每一种货币都可以兑换成黄金，那么所有货币都可以有效地成为黄金的对等物，所有以金本位制为基础的货币都可以按照固定的比率相互兑换。尽管在日常生活中实际使用的货币可以是金币、银币或纸币，但每个国家的中央银行都把黄金作为准备金来储备，并且理应按照与黄金持有量固定的比例发行纸币。如果黄金储备量增加，就应该发行更多的纸币用于经济发展；如果黄金储备量减少，货币供应量也应该相应减少。

金本位制在理想状态下的这些简明特征具有平衡世界经济并帮助世界经济正常运转的强大力量。金本位制在促进世界贸易的同时也在帮助各国维持贸易平衡。如果一国的出口开始大于进口，金本位制会很快起到恢复平衡的作用。当出口商增加他们在国外的销售额时，他们把利润带回国内，并且兑换成黄金储蓄在银行里。银行的黄金储备有了增加，就能够发行更多的货币，从而刺激经济并提高国民收入。由国民收入的提高而导致的两种变化一起促使贸易恢复平衡。首先，由于国内价格的上涨，外国人将减少对该国产品的购买，而该国国民将更多地购买外国的廉价商品——这被称做价格效应。其次，当国民收入增加时，人们将更加富裕，因而会购买更多的商品，包括购买更多的外国商品——这被称做收入效应。总而言之，价格效应和收入效应增加进口、减少出口，从而使贸易重新恢复平衡。

这种机制在出现贸易赤字时同样发挥作用。在一国开始流失黄金时，该国货币流通量将减少，从而引起价格下跌，这将导致外国从该国购买更多的商品，引起出口国国内收入的下降，从而使出口国国民减少对外国商品的购买。这样，贸易平衡将再次建立起来。既然在理论上金本位制能够自动取得贸易平衡，因此，人们认为它可以让每一个国家都加入到一个稳定的、自由贸易的世界经济中。

金本位制还有一个优点：由于黄金储备的数量决定了货币供应量，因此政府不得过量发行货币，或通过扩大货币发行量来弥补财政赤字。如果一个政府试图依靠过量发行货币来弥补财政赤字，将会迫使国内价格上涨(价格效应),并刺激国民经济增长(收入效应)。这些变化将导致进口增加,最终造成黄金流失。当一国开始流失黄金时,政府将不得不停止消费,否则该国将有被逐出金本位制的危险。对于一个希望限制政府权力的社会而言,这是一个重要的附带利益。

正因为有这些作用,金本位制理论提供了一个非凡的体系。它通过限制政府权力来保护个人自由,并始终推动国际贸易趋向稳定。但事实上,金本位制比其理想模式更为复杂和脆弱,它在 20 世纪经历了深刻的变化。

英国通过向国外输出巨额的信贷资本,控制了 19 世纪的世界金融体系。在 1914 年之前的几十年里,英国每年向国外输出几乎占其国民生产总值5%的资本——大多数是采取长期贷款的形式。投资人利用这些贷款去修铁路、开凿运河、采矿、设厂、组织军队以及几乎所有其他项目。与此同时,法国和德国也成为主要的国际贷款者,它们每年输出国外的资本占其国民生产总值的 1.5%—3.5%。这些贷款清楚地表明了在古典金本位制时期这些国家对国际经济负有一种特殊的责任。[①]

金本位制的核心是英格兰银行,它的信誉是如此之高,以至于它可以仅凭少量黄金储备来自信地维持英镑的价值。它的力量源于投资者的这份信任,即英格兰银行随时愿意而且也能够将英镑纸币兑换成黄金。如果投资者开始抛售英国的证券从而导致英镑遭到挤兑,英格兰银行通常能够通过在公开市场上收购英镑或提高贴现率——指它向其他银行的贷款利率——来保护英镑的价值。当利息或贴现率提高时,其他银行更愿意把它们的基金留在伦敦或自海外转到伦敦以便获取更高的利润。英格兰银行的信誉是如此之好,它几乎从不曾通过迫使英国经济紧缩来保护英镑的价值。英格兰银行的董事们喜欢夸口说,当贴现率达

[①] 彼得·林德特:《1900—1913 年间的基本货币和黄金》,普林斯顿:普林斯顿大学出版社,1969 年版,第 2 页。

到 10％时,他们可以从月亮上搞到资金。正是这份信任确保了英镑的稳定。其他主要金融中心国家德国和法国虽然无法与伦敦相提并论,但也很少会遇到本国货币遭受挤兑的危险。这些国家基本上也同英国一样,摆脱了金本位制苛刻的规律,即当一种货币处于弱势时,将会出现利率提高、货币流通量减少或收入下降等情况。

甚至在金本位制已经成为世界体系时,它仍在进行重大的变革。许多国家发现储备黄金既昂贵又不方便。积聚在银行里的黄金既得不到利息又很难转移。相反,证券、汇票和外国银行债券既可以赢得利息,又更容易转移,并且既然它们还可以通过发行银行兑换成黄金,因此它们就等同于黄金。正因为有这些优点,在 19 世纪末 20 世纪初,一些国家的中央银行开始同时储备外汇和黄金。到 1913 年,约 16％的世界准备金是外汇。由于英国比其他国家更早采用金本位制,并且对金本位制有着最强有力的承诺,因此,英镑就成了首选的准备金或"基本货币",但此时英镑在通货或外汇准备金中所占的比例不到 50％。英镑是亚洲的主要准备金,但在欧洲,法国法郎和德国马克通常是主要的准备金,在拉丁美洲,美元更受青睐。正在出现的基本货币或黄金汇兑体系使现实中的金本位制远比它的理想模型复杂。也就是说,外汇和黄金同样被当做准备金。伦敦虽然是这一体系的核心,但柏林、巴黎和纽约等重要的地区性中心也正在扩大自己的影响。就是在 1880—1914 年它的得势时期,金本位制也远非一个固定不变或长期有效的体系。

现实中的金本位制与其理想模型之间出现差异,不仅仅是因为部分银行把货币作为准备金,也是因为事实上大多数中央银行并没有自动根据它们黄金储备的增加或减少而增加或减少货币的发行。相反,它们通常是先维持相当稳定的黄金供应,然后,当它们吸引到更多的基金后,就开始以外汇作为准备金。这些基金并没有成为银行正式黄金储备中的一部分,而且银行也并未以此为基础来扩大货币发行量,相反,它们把过剩的准备金"中立化"或"封存"起来,以便用它们来弥补将来可能会出现的贸易赤字。由于持有较多的准备金,银行可以避免扩大和紧缩货币供应,从而保护其国民经济免于膨胀和紧缩,而这正是金本位制理应发挥的作用。

事实上,能够逃脱金本位制正式规则的国家,如果不是大多数至少也有不少,然而这并不意味着这一体系不再起作用或无法约束政府。例如,英格兰银行能够在如此低的储备水平上运作,这一事实表明银行家和商人绝对相信英格兰银行愿意而且能够保证英镑的价值。在真正必要时,英格兰银行能够而且愿意提高贴现率,并促使国民经济实行紧缩。

英格兰银行和其他中央银行能够促使其国家实行经济紧缩,这是因为一战前人们认为政府无须对经济繁荣或萧条负责,后者被看做是资本主义经济发展的自然结果。货币本身只能由市场而不是政府行为来加以合法的规定,这就是金本位制之所以起作用的原因所在。(银行家们在巧妙操纵外汇的同时,又老老实实地论证这一体系是自动和自然发生的,这一事实可以让我们更深入地了解人类的本性。)真正使这一体系发挥作用的原因是,当时给政府施加压力以寻求经济支持的利益集团的数目比 20 世纪少,其势力也不大。

现在,我们知道金本位制对这一体系中的边缘国家和核心国家分别起着不同的作用。当英国出现贸易赤字时,英格兰银行不会通过经济紧缩,而是通过适度提高贴现率来使大量货币涌入伦敦,但边缘国家则缺乏这种为伦敦赢得灵活性的声誉。

许多边缘国家,特别是拉美诸国,被迫陷入由金本位制决定的繁荣与萧条的不稳定循环之中。当它们的产品在国外销售势头良好时,外国投资者带着大量资本蜂拥而至,从而把经济推向一种脆弱的繁荣。但是,当萧条期来临时,外国资本被撤回到稳定的伦敦,听任当地经济陷入萧条。尽管从伦敦的角度来看,这个体系在顺利地和几乎毫不费力地运作着,但当它驱使边缘国家从膨胀的高峰跌落到瘫痪的低谷时,它却常常使边缘国家受到双重伤害。[1] 当与英国有着巨大贸易纽带关系的拉美

---

[1] A. G. 福特:《1880—1914 年间的金本位制:英国和阿根廷》,牛津:克拉伦登出版社,1962年版。

国家,因为这种弹性的资本流动而深受其害时,一些大国也会在政局不稳定时发觉自己处境不妙。

俄罗斯和美国是为由政治混乱引发的不稳定的资本外流所苦的两个重要国家。当它们面临这些压力时,它们预示了将在20世纪20和30年代困扰整个国际货币体系的问题。在美国,从1893年到1896年,西部诸州的农场主和银矿主联合起来,要求将所有在美国开采的白银铸造成硬币。这次"人民党"的叛乱是美国农场主最后一次试图宣称他们在道德和经济上比东海岸的工业和商业竞争者们更具优越性,他们旨在维持一种乡村式的简单生活方式,这种斗争的一部分是在货币领域内展开的。

作为永久的债务人,农场主们希望能自由地使用银币,因为这可以产生一种稳定的通货膨胀,从而相应地提高农产品的价格并使债务贬值。银行和商业利益者则希望维持金本位制,以确保美国的货币体系与世界其他地区联系在一起。他们对人民党获胜的恐惧导致了不止一次的货币危机,因为谨慎的投资者们试图通过把资金送出美国来获得金融安全。直至威廉·詹宁斯·布赖恩——他支持自由银币政策——在1896年的总统竞选中失败后,人民党运动的威胁才算停止,通货膨胀的威胁也随之消失。在自由银币运动的鼎盛时期,美国财政部所拥有的黄金和白银准备金已经超过了英国、法国和德国的总和,但这一事实并不足以向投资者保证美元的稳定。①

俄罗斯帝国的政局不稳损害了它与金本位制的关系,正如人民党运动损害了美元的信誉一样。当俄国在1905年与日本的战争中蒙羞并且随后于同年爆发国内革命时,货币开始从国内流失,正如货币因受到自由银币政策的威胁而从美国流失一样。这一危机因国内秩序得以迅速恢复,以及从英法私人银行和欧洲大陆银行获得的20亿法郎借款,才使俄国免于被逐出金本位制。

---

① 彼得·林德特:《1900—1913年间的基本货币和黄金》,第12页。

正如在其他时期一样,在金本位制鼎盛时期,各种政治危机如战争、革命或通货膨胀都会导致投机性资本外流,并损害货币的价值。在1914年以前,这种危机较少发生,这既是一种历史的偶然,也是金本位制特别稳定的结果。在存在政治不稳定因素的地区,如拉美、美国或俄国,金本位制所谓的"自动"稳定能力并不具有多少说服力。

在第一次世界大战前几十年间世界货币体系的形成过程中,货币本身的形式也在发生变化。在19世纪早期,银币与少量金币一起在世界货币中占有较大比例。纸币仅占世界货币量的30%,分为银行发行的钞票(通常可以兑换成黄金或白银)和银行存款。到19世纪70年代,随着金本位制的推广,银币的使用开始减少,金币成了最常见的金属货币,同样约占世界货币总量的30%。但真正的进展是纸币和活期存款的增加。到1913年,85%的世界货币以银行汇票的形式出现,货币从一个地方运到另一个地方已经不再使用武装押运车,最常见的做法是先通过电报约定,然后用银行签字的支票来转移货币。例如,在1861年的意大利,绝大多数意大利人把他们的硬币和纸币放在家中,但到1913年,他们把绝大部分钱存放在银行中——准备借贷和使用。[1] 货币的形态正在改变:农民们的床垫下藏着的不再是金币,而是银行存折。

这种纸币或银行存款在出现时几乎没有受到政府的管制。在大多数国家,许多银行都能够自己发行纸币,只要这些纸币能够兑换成黄金。在美国,尽管存在只有联邦政府颁发特许状的银行才有权力发行纸币的规定,但到1905年,政府已经给5668家银行颁发了特许状。惟一变化缓慢的是发行货币的权力,它逐渐集中到中央银行手中,比如美国的联邦储备银行、英格兰银行和德国的帝国银行。[2]

---

[1] 米歇尔·弗拉蒂安尼和弗兰科·斯皮内利:"1861—1914年金本位制时期的意大利",载迈克尔·D.博德和安娜·施瓦茨合编:《1821—1931年古典金本位制回顾》,芝加哥和伦敦:芝加哥大学出版社,1984年版,第443页。
[2] 卡尔·埃里克·博恩:《19和20世纪的国际银行》,利明顿·斯帕,1983年版,第18页。

政府的职责和不兑现货币的出现

1914年,第一次世界大战的爆发无情地结束了这一短暂而脆弱的世界货币体系。为了保护它们的黄金储备,所有参战国实际上中断了纸币兑换黄金的业务。尽管它们原打算在战争结束后恢复兑换业务,但这一行动被证明远比它们想象的要困难。战争几乎摧毁了金本位制的全部基础,甚至最好的计划也无法使它恢复原状。曾经合力促使金本位制正常运转的欧洲的经济优势,令人瞩目的国内、国际政治稳定和异乎寻常的贸易平衡,现在都不存在了。欧洲作为世界金融中心的角色随着1914年8月枪声的响起突然和令人费解地结束了。

尽管历史的界限通常是模糊不清的,但第一次世界大战无论在政治史还是货币史上都标志着一个重要的转变。尽管人们殚精竭虑地作了大量尝试,并为此付出了高昂的代价,但金本位制再也不能被恢复如初。战争迫使政府以它们从未经历过的方式管理经济和货币。为了动员整个社会的力量以应付战争,它们增加了新的权力,这些权力以后再也不会被完全放弃。控制经济和货币几乎成了所有政府生存下去的关键所在。用货币去营造一种新型社会的政治需要,促使人们认识到,货币不是自然的产物亦或上帝的赐予;显然,货币只是政府能够用来应付非常复杂和不稳定的现代世界的众多工具中的一种。

从1914年到1918年,当欧洲国家为了生存而战时,它们都出现了严重的财政赤字,为此,它们发行更多的货币、出售国债以及从国外借贷。到战争结束时,所有这些已经极大地损害了自己在战前的金融地位。战前还是主要资本输出国的法国和德国,在战后则拼命寻求国际贷款。英国为了保持其战争机器的运转和养活其国民,已经售出约1/4的海外投资来进口物资。英国也借了大量外债(主要是从美国),这样一来,它对世界经济的影响力就遭到了削弱。尽管伦敦仍是重要的国际信贷市场,并且世界仍然承认它在金融领域内的领导权,但英国再也不是国际投资的主要来源了。在这四年中,英格兰银行可以把无数基金吸引到英国的能力被摧毁了,紧接着,它不受经济紧缩压力影响的自由也被摧毁了。战后,英格兰银行不断地迫使英国经济紧缩,以试图恢复人们对英镑的信任,但它再也无法取得战前年月的稳定和增长。

这场战争不仅造就了金融上的失败者,也造就了成功者——它们有些只是短期存在,有些却在本世纪剩下的时间内一直存在。曾经处于世界经济边缘地区的亚洲和拉美国家,此时与美国一道向欧洲的经济垄断地位发起挑战。在战争期间,它们向欧洲出口食物和工业品,许多国家因此出现长足的经济增长。与这种增长俱来的是其金融力量的增强,欧洲的金融和经济力量开始向外分散。日本在1914年以后的十年间发展成一个世界经济强国,拉美比战前出口更多的食品和工业品,印度则成为棉布的主要出口国。

在20世纪20和30年代,当欧洲的农场主和制造商努力夺回他们的市场时,全世界正反复和长期地遭受着因生产过剩和国际间恶性竞争而引起的经济危机的困扰。战前国际经济的相对平衡和稳定不复存在,那些经济体系中的受害者只能逆来顺受或发出无力抱怨的现象同样也消失了。一个充满激烈的政治和经济斗争的新世界,伴随着一种新的、更富有竞争性的世界贸易体系出现了。

在欧洲内部,战争改变了政府和人民之间的基本关系。在战前,政府已经采取了为工人带来更大社会福利和保障的初步改革。战争给这种趋势以强大的推动力。在英国,政府曾经许诺建造一个"英雄的家园",以作为对士兵和工人们的奖励。为了激励人们接受对他们命运的挑战并继续战斗,政府许诺将新建住房,改善城市设施,提供更好的医疗措施,向寡妇、孤儿和伤残者发放救济金,并建设一个更加民主的社会。此外,欧洲各国政府都已经知道,为了赢得公民对战争的支持,它们必须与工会合作,这就增强了工会的影响和合法地位,并改变了各国权力的基础。战后,各国政府都通过承诺扩大社会开支来拉选票。各国国内政治的这些变化使得政府更难实施通过提高利率来抵消贸易赤字的做法,因为居高不下的失业率和持续的商业萧条可能会导致现政府在下次竞选中失败。

到 20 世纪 20 年代,各国政府意识到,如果它们不能满足民众最低限度的福利要求,它们将在投票后丧失执政地位。与此同时,随着利益集团被动员起来反对高税率,征税的难度不断增加。在德国,政府无法增加税收或减少对工业、农场主、工人或军人的补贴,这一点与停止支付赔款的决定突然结合,导致了德国马克的惊人贬值,后者直到 1923 年底才停止,当时马克已经跌到其战前价值的万亿分之一。在法国,类似的政治压力促使政府坚持是德国而不是法国人民必须为法国经济的重建付出代价。与德国一样,在法国,拒绝增加税收或削减开支是政治生活新民主化进程的一个直接结果,这损害了 20 年代前半期法国政治的独立性。财政困难使先前一度强大的国家开始依赖外国贷款,从而使货币成为国际权力在现代世界中最重要的来源之一。

一战结束后,各国政府试图减少开支,并重塑战前金本位制的条件。但它们再也无法恢复古典自由主义时期的最小化政府,战争已经改变了政府的职责和权力。战前,中央政府对经济只能施加相当有限的影响:欧洲各国中央政府的开支平均只占国民生产总值的 7%。战争期间,由于军工生产在经济活动中占据主导地位,政府预算消耗了约 50% 的国民生产总值。[1] 尽管战后军事开支急剧减少,政府也无法强行把预算降低到战前的水平。在 20 世纪 20 年代,政府开支在国民收入中所占的比例约为战前的两倍:英国达到 16%,德国的比例也不会比这一数字少多少。[2] 到 1950 年,作为对大萧条和二战压力的反应,英国和美国政府的开支都达到了各自国民收入的 25%。政府开支扩大的最后一个推动力来自冷战时期军费的不断增加,以及日益扩大的福利国家社会开支的增

---

[1] 在记录最清楚的英国,1918 年的政府开支占国民净收入的 47.6%。B. R. 米切尔主编:《1750—1975 年欧洲历史统计数字》,纽约,1980 年第二版,根据 H4 系列中《中央政府的开支》和 K1 系列中《国家预算》计算得出。

[2] 同上。

加。到 1970 年,英国和美国政府各自支出或挪用的费用占国民总收入的 34％,而这一比例与斯堪的纳维亚诸国相比还算是低的。

经济权力正在易手。政府正在逐步扩大权力,并且权力主要集中在中央政府手中。这种变化以及对社会福利要求的增加,不仅破坏了战前的经济和货币体系,而且也反映了社会道德价值观念的改变。强调个人主义和消极政府的古典自由主义似乎已不再起作用。在令人恐惧的一战和大萧条时期灾难性的失业面前,毫无疑问,个人无法保护自身免于现代世界的暴力。于是,他们要求政府在单个公民和不稳定的市场经济之间充当协调者的角色。[①]

当世界正在努力应付由金本位制的崩溃以及由一战所引发的各种经济变化时,它同样必须面对一个明显缺乏经济领袖的问题。英国已经不再是世界金融界的领航者,而美国不愿意或缺乏领导世界的政治意图。[②]

到 1918 年,美国已经积聚了世界上的大部分黄金,而其他国家则发现自己没有足够的准备金以便安全地将其货币兑换成黄金。这种黄金分布的不平衡格局对于战后重建金本位制的可能性是一种致命的打击。英国政府知道过去的金本位制已经不复存在,它提议应该鼓励各国中央银行把根据可兑换通货发行的证券和债券与黄金一同作为准备金。这意味着美元(随后是英镑——当英国重返金本位制时)能够作为准备金使用。这种"金汇兑本位制"在战前就已经非正式出现了,现在英国试图使之合法化。事实上,由于没有足够数量的周转黄金,当时并没有其他的选择,并且人们公认货币需要某种真实的支持物——即货币不应该仅仅是由一国政府发行的纸币。

到 1925 年,大多数欧洲国家已经再次建立起稳定的汇率,并无可奈

---

① 对这一过程的经典叙述是卡尔·波拉尼的《大转变》,波士顿:比科姆出版社,1985 年版(1944 年第一版)。

② 这正是查尔斯·金德尔伯格《1929—1939 年间的世界萧条》中所讨论的主题,加利福尼亚大学,1973 年版。

何地接受了金汇兑本位制。但这一体系问题重重。英国在恢复战前4.86 美元兑 1 英镑的汇率时,并未考虑到英国的通货膨胀高于美国的事实。现在,英国货物因过于昂贵而失去了在国际市场上的竞争力。当英格兰银行试图实施金本位制的规则时,它发现自己可以迫使失业率增加,却无法降低工资。结果,在 20 世纪 20 年代后半期,英国长期受到贸易和失业问题的困扰。

与英国不同,在 1926 年经济趋于稳定后,法国法郎的价格低于在国际市场上应该达到的水平。在这种情况下,法国货物比较便宜,法国因此出现了巨额贸易顺差。法国没有出现金本位制的规则所预示的经济膨胀,反而建立起了自己的黄金储备,并把膨胀率维持在低水平上。

十年的战争和通货膨胀对各国产生了不同的影响,现在,对于各国货币正确价格关系的不确定感使过去的规则失去了效用。出现贸易顺差的国家,如法国和美国,拒绝扩大它们的货币供应,这一事实使问题更加严重。

在 20 世纪 20 年代中期的一个短暂时间段内,美国、英国、法国和德国的中央银行进行了合作,通过鼓励资本从贸易顺差国流向逆差国来稳定货币体系。然而,战争曾经导致巨额的短期资金流入国际资本市场,这些资金随时可能被借出或收回。这种短期债券在战时已经成了政府财政的支柱,它能够被迅速地买进和卖出,并且必须定期展期——通常是每三个月一次。在 20 年代末和 30 年代初,这些短期资金避开了任何看上去处于疲软的通货:这些"热钱"①破坏了为稳定国际金融所作的一切努力。

到 20 年代末,脆弱的世界经济和货币体系开始全面解体。农业和基本消费品工业在 20 年代始终处于萧条之中。在德国,1926 至 1929 年政府对农业、工业和工人的补贴和扶持一度掩藏了经济中的脆弱之处,但政府因采取这些政策而引起的赤字主要是通过向国外借贷而得到弥

---

① "热钱":为了牟利从一国转到另一国的资金。——译注

补的。1928至1929年,随着可以让人在一夜之间获取暴利的纽约证券市场的崛起,美国人开始减少对世界其他地区的投资而将资本投向国内。到1929年,德国已经不能再通过在纽约出售债券来弥补赤字,而只能通过增加税收和削减开支来实现这一目的。

德国被迫采取削减开支的政策是因为它不再能应付自己的财政赤字。但各个政治派别的德国人都认为财政赤字是不道德和不负责任的。财政赤字必须停止,并且许多人认为德国将为它的错误而付出代价。尽管金本位制已经失败,但曾经是其核心的道德信条如稳健的财政、平衡的预算和有限的政府职责等并没有消失。

到1929年,德国经济陷入一种周期性商业衰退,高税收和削减政府开支的新政策又把德国经济推向全面萧条。在美国,1929年10月股票市场的崩溃,更降低了人们对这个正遭受衰退困扰的经济的信任。由于农业、其他基础产业和大多数欠发达国家都已经受到长期衰退的折磨,世界经济在1930到1931年间相当脆弱。

在1931年的春季和夏季,一场世界性的金融危机把这些地区性的危机联系在一起,触发了30年代的大萧条。这次危机的直接原因是1931年5月奥地利最大的银行国家信贷银行的破产。它的破产使投资者开始担心其他欧洲中央银行的偿付能力。中欧各中央银行很快出现了挤兑现象。然后,在6月份,有消息说德国最大的银行之一——达姆施塔特国家银行(或称丹特银行)在诺德羊毛公司有巨额投资,而该公司正在做羊毛价格的多头投机(羊毛如同其他农产品一样,其价格已经跌落到难以想像的程度)。当羊毛价格继续下跌时,诺德羊毛公司破产,并且拖垮了丹特银行。到7月初,所有德国银行都显得靠不住。早在20年代,这些银行就曾通过从国外筹措短期借款然后再以高利息长期贷出而获利颇丰。到1931年,多数德国银行的对外借款都无法按期偿还,而国外的债权人则要求它们偿还。在这种不明智的贷款和日益积累的金融恐慌的压力下,整个德国银行体系在几周之内宣告崩溃,各主要银行无一幸免,德国政府被迫接手银行体系的重建工作。

德国银行的崩溃所引起的震惊,促使投资者开始担心其他的国际投资以及疲软货币的贬值。事实上,第二个最疲软的货币就是英镑。英镑已经面临着大规模的挤兑,而当一个政府委员会(即梅委员会)报告说英国将出现巨额财政赤字时,英镑再次遭受沉重打击。1931年夏末和秋季,英镑不断流出英国,英格兰银行提出,除非政府缩减开支,它才会采取措施阻止这种流动。英国多年来因努力维持英镑价值已经精疲力竭,同时又因为大幅度提高贴现率以吸引资金流入伦敦而遭受国内一致指责。1931年9月18日,英国结束了英镑与黄金长达一个世纪的挂钩。随着英镑不再能兑换成固定数量的黄金,其价值也就转由供给和需求量来决定。它对美元以及其他仍然与黄金挂钩的货币的比价立即开始下降。

在接下来的三年中,普遍的金融危机与其他规模较小、地区化的经济问题一道,加剧、恶化和延长了30年代的大萧条,并使其成为现代资本主义所遭遇的最严重的经济灾难。英镑被停止与黄金的兑换,可以被看做是金本位制在事实上的终结。当时还没有其他的替代物。

面临着金融崩溃,各银行纷纷提高利率以便孤注一掷地吸引可以使它们保持偿付能力的基金。政府官员则认为,是不负责任的财政赤字和混乱的国际投机摧毁了政府进行有效管理的能力。许多政府官员保证将采取更加负责的、平衡的财政政策,并使他们的国家摆脱混乱的世界经济的影响。商人们把这一切都看在眼里,并断定自己将无法卖出更多的货物,于是,他们不得不削减投资计划。到1933年,美国的利率几乎降至零,但商人们仍然拒绝借贷,因为他们找不到能够带来利润的投资。

把整个世界推到一起:凯恩斯革命和指令性经济

对世界多数地区而言,一战和大萧条所引发的政治、经济和金融灾难,摧毁了人们对自由资本主义的信念。战争和政治权力的扩展,导致了政府开支的巨大膨胀,金本位制因此遭到破坏。1930年和1931年,美国和德国曾经试图扭转这一趋势,却陷入了工业国家所经历的最糟糕的萧条。此时,前景一片灰暗。金本位制不起作用,自由市场导致了失业危机,政府对这些问题却无能为力。古典自由主义关于保护个人自由却听任经济崩溃的信条似乎是最不道德的。德国、意大利和日本法西斯主义试图建立一个单供它们自己野蛮剥削的孤立的贸易区,则是另外一种更加可怕的选择。

30 年代末,随着世界逐步走向战争,美国和英国的领导人开始寻求建立一种新的国际金融和经济体系,以避免出现二三十年代的错误。要取得成功,他们必须解决一系列复杂而相互关联的问题。首先,他们认定政府必须为经济和国民的社会福利承担更大的责任,而维持充分就业和经济增长是这种责任的核心内容:这些领导人相信,政治稳定依赖于能够让人们认识到他们的政府将满足他们的基本需求。

这种积极政府所承担的责任正好是金本位制绝对要求避免的。在维护公民经济和政治自由之外,现在政府又将加上保证公民经济安全的责任,但这意味着政府将更多地介入公民的生活。对有些人,如致力于民主和维护个人自由的美国总统赫伯特·胡佛而言,大政府造成的破坏比它的促进作用要大得多。在他看来,自由资本主义已经创造了人类历史上最富裕的社会,而绝对尊重个人自由则是能够做到这一点的原因:如果周期性的经济危机是社会为了自由所必须付出的代价,那么这并不是一个过于昂贵的代价。当经济学家弗雷德里克·哈耶克警告说给予政府控制经济的权力就是把国家推向奴役之路时——他在 1944 年出版的关于这一主题的书就是以《通往奴役之路》为名的——他表达了保守主义者的忧虑。①

尽管存在这些疑惑,在 30 年代,英国和美国的政府官员都逐渐认识到政府有必要采取积极的经济政策,这使得重返金本位制不再可能。从

————————————

① 弗雷德里克·哈耶克:《通往奴役之路》。米尔顿·弗里德曼的著作实际上是对哈耶克所作分析的一种重复,是 20 世纪 70 和 80 年代最重要的经济著述。

这时起,政府必须把国内稳定和安全置于国际金融义务之前——失业要比货币贬值更加可怕。但无论是英国还是美国领导人都不愿完全放弃金本位制,他们相信,一种开放和成为一体的世界贸易体系将有助于把世界联系在一起,并且能够维护世界的和平与富裕(他们认为这两者紧密相联)。因此,必须建立一个世界经济和金融秩序,以便允许政府在对内消除失业的同时,又能够维护资本主义和世界范围内的经济一体化。问题是如何建立一种既能允许政府在经济上发挥创造性,保证通货和价格的稳定,同时又能保持个人的资本主义自由和开放的世界贸易体系。

在全世界为解决这一难题而提出理论框架的过程中,发挥作用最大的人当属英国经济学家约翰·梅纳德·凯恩斯。在一战结束后的 20 年里,凯恩斯一直致力于研究经济不稳定和萧条的根源。1936 年,他在一本书名显得有些专横的权威性著作中表达了自己的所有观点,这就是《就业、利息和货币通论》。该书宣称,为了使经济正常运转,投资必须大到足以吸引人们的储蓄。他认为,如果投资减少,收入也会随之减少,直到储蓄减少到与低投资需求相等的水平。他认为经济萧条是由过度储蓄和需求不足引起的;只有当某些人或机构开始增加投资时,萧条才会结束。只有政府拥有这种投资能力,因此凯恩斯号召政府采取赤字财政政策,以便使经济回到充分就业。

尽管凯恩斯的观点风行于英美各大学,并且改变了绝大多数经院经济学家的立场,但他却无法说服政府官员。即使一些政府在 30 年代出现了赤字财政,也没有一个政府主动选择这一做法。相反,当赫伯特·胡佛和富兰克林·罗斯福担任总统期间的美国政府和德国纳粹政府出现财政赤字时,他们都显得极不情愿,并努力把赤字维持在最低点。①

① 在美国财政政策方面最出色的著作仍然是哈伯特·斯泰因的《美国的财政革命》,芝加哥大学出版社,1969 年版。关于德国在 20 世纪 30 年代的政策,参见哈诺德·詹姆斯:"凯恩斯主义如何论述赤字财政:以两次世界大战之间的德国为例",载彼得·豪主编:《经济思想的政治力量》,普林斯顿大学出版社,1989 年版。关于更全面的讨论,参见理查德·奥佛里:《1932—1939 年间纳粹经济的复苏》,伦敦:麦克米伦,1982 年版。

1938 年,当罗斯福试图实现他在 1936 年提出的关于赤字预算的竞选纲领时,凯恩斯的霉运也走到头了。1936—1937 年,联邦财政部削减开支并提高税收,此举使美国陷入新一轮的灾难性萧条。作为一名现实主义者,罗斯福现在看到了凯恩斯理论的价值。1938 年,美国政府决定采用赤字财政作为减少失业的有力工具——这是一个政府第一次有意识地在经济中运用凯恩斯赤字财政理论来刺激需求。但在当时,政府开支增长缓慢,直到欧洲战争的爆发推动美国开始大规模扩充军备时,这一状况才得以改变。现在政府开支急剧增加,失业率也因此而下降。到 1941 年底,美国的失业问题已经显得无足轻重,凯恩斯理论已经得到了证实。战争期间,随着职业经济学家开始为政府工作,凯恩斯革命已经成为英美政府新的正统思想,尽管它有时还不那么令人满意。

日本在 30 年代的经历揭示了政府在国民经济生活中扮演的新的强有力角色具有模棱两可之处。1930 年 1 月,日本重新回到它于 1917 年退出的金本位制。同英国一样,当日本把日元固定在战前的汇率时,它很快发现本国的商品因过于昂贵而失去在国际市场上的竞争力。同英国一样,日本也试图通过采取紧缩货币政策来降低价格。最后,同英国一样,由于日本强迫其经济吞下金本位制的苦药,它遇到了严重的经济困难。

1931 年 12 月,在财政大臣高桥是清的领导下,日本放弃了对金本位制的试验(记住,英国也在那一年的 9 月放弃了金本位制)。日本允许日元浮动,停止出口黄金储备,降低利率以鼓励国内投资,促使日元贬值以使日本商品能以更加便宜的价格出口,并开始采取赤字财政来支付日本军队的重建费用。

日本的政策是在凯恩斯清晰表述自己的观点之前对凯恩斯主义经济政策的成功实施。日本的经济在 1931 至 1936 年间以每年 4.3% 的速度健康增长,但经济成功不能补偿由高桥是清的政策所引发的政治上的灾难。低日元汇率使日本得以向其贸易伙伴倾销廉价商品,后者逐渐开始加强对日本经济扩张的抵制,这就促使日本推行更加富有侵略性的政策。赤字财政因为被用来建设军队而普遍受到支持,这支军队正逐渐脱离政府的控制,并开始了对中国的侵略。

当高桥是清开始意识到赤字财政正在排斥私人投资时,他试图控制军费开支。他没有意识到,此时政治上的考虑已经替代了经济理性。1936 年 2 月,他和其他军方的反对者被决心阻止任何对军队干预的下级军官所刺杀。从那时起,军队获得了更大的权力,并把日本推向了与中国、英国、法国以及最终与美国进行的战争。当日本的经济政策成功地刺激了经济发展时,它也引发了激烈的贸易对抗、日本人生活的军事化以及最终的战争和灾难。

二战的爆发迫使英美领导人寻求实现世界和平与安全的新渠道。1944 年,当同盟国胜利在望时,英美两国领导人开始精心策划建立一个能够解决二战期间经济和货币体系中所有缺陷的新的世界秩序。1944 年 7 月,40 多个国家的代表聚集在新罕布什尔州山间疗养地布雷顿森林。在这里,经过长时间的争论,他们接受了一个由美国财政部的哈里・德克斯特・怀特和英国代表约翰・梅纳德・凯恩斯所设计的国际货币新体系。

怀特和凯恩斯都认为,应该找到一条途径,以便让各国政府在刺激经济增长和缓解失业的同时,也能维持自由贸易和民主资本主义。但凯恩斯还想走得更远,他希望设立一个新的强有力的国际银行,赋予这一银行在必要时促使世界经济膨胀或紧缩的权力。他还希望建立一种旨在取代黄金和美元,并为国际银行所控制的新式准备金。凯恩斯建议把他的新准备金的计量单位称作"班考"。如果他的计划被采纳,黄金将不再成为世界货币体系的基础。相反,所有的货币都将完全是各国中央银行和这一新国际银行人为的产物。

但凯恩斯没有取得成功。怀特和美国人不愿把他们对经济的控制权让给一个超国家的银行。相反,他们提出的一个具有更多限制的体系得到了赞同,这一体系打算放松——但不是完全放开——政府对国家经济的管理。凯恩斯希望汇率更加灵活,以便政府能够通过增加开支来抵消经济衰退并刺激不稳定的需求。但美国人担心，完全不受约束的政府将导致无限度的财政赤字，并把世界引向通货膨胀。汇率应保持固定不变，只有当贸易出现"根本性"失衡时才应加以调整。尽管新体系没有如凯恩斯所希望的那样包罗万象，但其灵活性已经远远超过了金本位制。

布雷顿森林体系的核心是两个旨在重建一个稳定的世界金融和经济秩序的国际组织。国际货币基金组织通常被称作 IMF，它接受通货准备金，以便向暂时出现贸易赤字的成员国发放贷款。这些贷款将被用于帮助各国对付短期的财政赤字，以便在减少间歇性失业的同时，不至于出现与两次大战期间那样频繁的货币危机。由于汇率固定，并且国际货币基金组织的资金有限，各国只能对付有限的财政赤字，并且在事实上将经常面临同前几十年一样普遍的通货膨胀压力。

当国际货币基金组织帮助各国解决失业和短期的贸易赤字问题时，它对二战期间不稳定的第二个根源即长期投资问题却无能为力。为了提供战后欧洲重建的资金，布雷顿森林会议建立了国际复兴开发银行，通称为世界银行。当欧洲经济走上复兴之路后，世界银行的任务是向欠发达国家提供长期贷款，以帮助它们实现工业化。

加入国际货币基金组织和布雷顿森林体系的国家，必须接受新的世界货币体系的章程，也许再也没有什么能比布雷顿森林协议的章程被接受的先决条件，更清楚地表明西欧国家对世界的影响力了。当英国接受这些章程时，它不仅仅代表自己，也代表它所有的殖民地和附属国，如果将它们的名单不空行地打印出来，这份名单将长达三页。在法国、比利时和荷兰名义下接受这些章程的殖民地和依附国的名单同样惊人。在二战结束后，帝国主义可能正在走向灭亡，但其真正的死亡还为时尚早。

当各国接受布雷顿森林协议的章程时，它们的中央银行必须持有给本国的货币作为准备金的黄金或可兑换成黄金的货币。这一重建的金汇兑本位制实际上变成了一种美元本位。除了美国，只有很少的国家拥有黄金储备，而且也没有其他大国能够在二战的创伤后恢复黄金兑换。因此，在布雷顿森林体系下，美国持有黄金作为准备金（尽管自 30 年代以来美国已经不允许其公民私下拥有金币),而其他国家则持有美元。

这一体系在 1946 年初正式运转,但没有取得预期效果。苏联曾经参加会谈,并在取得对方重大让步后同意接受英美的计划。但冷战造成了同盟国的分裂,苏联拒绝接受布雷顿森林体系所要求的开放的、资本主义的贸易体系。苏联恢复了它在二战以前的货币和经济结构——这是一个在使用货币方面与资本主义的西方完全不同的体系。

为了弄清楚货币在共产主义国家中是如何被使用的,我们必须考察迄今尚未提及的货币在资本主义经济中的一种功能。在市场经济中,商品的货币价格的变化起着资源分配工具的作用。价格决定了应该生产什么和买进什么。市场经济之所以被称做市场经济,是因为买主和卖主在市场上讨价还价直到商品交易成功。价格的变化驱使供应和需求发生变化,而这正是资本主义运转的原因所在。当人们对某一种产品的需求增加时,他们会抬高价格;当需求减少时,价格会降低,从而诱导人们购买更多的商品。当价格上涨时,更多的人愿意努力扩大生产和出售商品,因为利润会更加可观。每一种商品应该生产多少是通过商品价格变化而变化的。在现代资本主义经济中,货币事实上是促使整个体系运转的机制。

只有在国家处于危急时刻(通常是在发生战争时),资本主义政府才试图干预货币的这种资源调节器的作用。只有在二战期间,美国政府才成功地尝试了取消作为生产和消费动力的价格波动。在 1942 年 4 月 28 日,政府颁布了总价格条例,在全国范围内冻结价格。政府希望能借此购买巨额战争物资而不会导致经济膨胀,这一价格冻结政策取得了巨大的成功。尽管政府开支和就业率有了惊人的增加,消费品价格在战争期间几乎始终保持稳定不变。

经济学家约翰·肯尼思·加尔布雷斯认为,这种战时价格管制的经历并不像美国人宁愿相信的那样少。他指出,在高度集中的经济部门——如石油、钢铁、汽车、电力以及许多消费品的生产中——价格经常是由主要生产者协商确定的,有时政府也被牵涉进来。同样,工人工资经常由工会谈判或职业联合会能否建立一种供给垄断而确定,例如美国医疗协会就曾经垄断了医生的业务。在过去的 20 年中,美国和欧洲的一些先前受到保护的市场被国际竞争所打开,但对市场的保护仍顽强存在,在日本和法国尤甚。

苏联和东欧共产主义政府把这种对市场经济的拒绝发展到极致。共产主义经济使用货币,但拒绝让货币或市场来决定应该生产什么。与之相反,国家负责决定需要什么,缺少什么,并命令生产者满足它的全部要求。在这些"指令性"经济中,货币最多只起到一种配角作用。

既然苏联以扩大国民生产总量作为其基本目标,它就必须减少消费以便获取进行投资所需的资源。在苏联的体制下,工人们的工资是以货币形式支付的,他们用货币来购买商品,但只能按照由国家控制的价格在国营商店购买。在理论上,货币越多,可以买到的商品也就越多。但问题是,由于国家对消费品的生产不感兴趣,因此,在大多数时间里,生活必需品都缺货。商品实际分配的依据不是一个人拥有的货币量,而在于他愿意花多少时间去排队购买稀缺物品。

只有在剩余农产品市场和黑市上,货币才在苏联经济生活中扮演资源分配者的角色。黑市(俗称"次类经济")在苏联经济生活中起着重要的作用,它依据由供给和需求确定的市场价格而运作。在二战结束后的几十年里,汽油、酒类和许多对于一个消费社会来说至关重要的服务,通常都可以在次类市场上买到。苏联人大约 10％的收入可能来源于这一非法渠道。

在 80 年代末戈尔巴乔夫改革以前,整个苏联经济生活中只有农产品的生产和销售存在合法的市场经济。从 20 年代末起直至整个苏联时期,农民们被允许支配小块土地,并将其产品在集体农庄上按市场价格出售。集体农庄的价格要比国营商店高一些,但对于苏联消费者来说,它们因质量更好和便于获取而显得不可或缺。苏联公民吃掉的 60％以上的土豆、50％的鸡蛋和 35％的肉类源于集体农庄市场。

尽管次类市场很重要,但苏联大多数产品的价格却是由复杂、重叠和相互竞争的官僚机构来确定和管理的。苏联的政策制定者们试图确定价格，以便平衡供需，同时置国家需求于所有其他需求之上。价格是通过预先测算赢余和亏空，同时努力考虑到需求变化和供应问题而确定的。生产有关国计民生产品的工厂在价格上得到保证，以便它们能够继续运作——为了能够同效率更高的工厂竞争，设备陈旧的工厂和企业获准制定更高的价格。在这种程序下，不存在对革新或提高生产效率的刺激因素。

在缺乏能够反映供给过量或极度短缺的金融信号的情况下，指令性经济成功地满足了国家的需求（毕竟，这正是指令性经济的意图所在），但它却无法根据消费需求的变化进行灵活的调整。由于不能通过价格上的变化来反映某一商品的需求程度或生产效率，工业和农业的效率都会恶化，而消费需求也将继续得不到满足。

在这种情况下，共产主义经济到 60 年代末就开始停滞不前。在 1989 至 1991 年苏联和东欧传统的社会主义相继崩溃之后，缺乏市场经济的传统导致经济调整困难重重。当新的俄罗斯共和国和其他前共产主义国家努力提高经济的灵活性和效率时，它们最终转向世界银行和国际货币基金组织，并试图接受它们在半个世纪以前曾经拒绝的布雷顿森林体系。

苏联甚至在斯大林时代都还存在少许市场经济，中国却在 1949 年共产主义革命后几乎完全停止了对货币的使用。占人口绝大多数的农民实际上并不知道货币为何物。农民们在集体农场上劳作，其收获中的大部分被征收，然后国家向他们发放基本生活口粮。农民手中的少量纸币必须被用来向国营商场购买极其短缺的工业制成品。在城市中，虽然工人们获得了工资，但如果没有根据工人在生产中的地位以及对党和国家所作贡献而发放的配给证，他们什么也买不到。直到 80 年代的改革以前，中国不存在与苏联集体农庄相类似的农业市场。货币主要是早期资本主义社会的遗迹，在这个实行高度管制和国家控制的社会中并没有多少实际意义。

1947—1992年间的系统秩序和无序

在二战结束后的最初几年中,并非只有苏联感到布雷顿森林体系无法接受。1947年7月,在美国的坚持下,同时也为了承担它在新货币体系中的责任,英国试图重新使英镑成为可兑换货币。但是,投资者们因确信英国不可能维持贸易平衡而撤回他们的英镑投资。在数周之内,英国就被迫终止了英镑的自由兑换。它们(英国和苏联)与其他西欧国家、日本以及事实上世界其他大多数地区一样,都坚持由政府调控货币汇率。加拿大和拉美诸国等少数国家则与美国一道,维持其货币与黄金的挂钩。

布雷顿森林体系曾经设想其成员国将允许各自的货币自由兑换成黄金或美元,但美国经济是如此强大,它的黄金储备是如此充裕,以至于其他国家无法积累起充足的准备金。与欧洲、苏联和亚洲许多国家的毁灭形成对照的是,在30年代为逃避欧洲危机而出现的资本流动和战争期间美国神话般的经济增长,已使美国成为世界上最富裕的国家。

从1945年到1958年,美国向国外输出大量资金以资助世界其他地区的重建。起初,当欧洲和日本利用美国的援助重建其经济基础时,美国也向国外输出商品。在50年代早期,美国的贸易顺差开始减少,而资本输出仍然势头强劲,从而使世界其他国家通过向美国借款或出售商品而建立起自己的金融储备。

到1958年,英国、法国、西德以及大多数其他西欧国家都已经建立起相当充足的准备金,因此,它们能够结束汇兑管制,允许本国货币自由兑换成黄金或美元。从1950年起,上述国家中的大多数同属一个被称作欧洲支付同盟的货币清算体系。许多国家,包括英国、法国、荷兰和葡萄牙,仍然与它们从前或现在的殖民地保持广泛的经济联系,这就使得欧洲支付同盟几乎成了美元区之外另一个世界范围的货币体系。当欧洲国家和它们的联系国在1958年12月宣布其货币可兑换时,它们把布雷顿森林体系变成了一个国际现实。在新罕布什尔州山中精心策划的战后秩序花费了13年,才使金本位制取得了在上一个世纪末曾享有的世界影响。

当欧洲,然后是日本,以及其他大多数非共产主义国家参加国际货币基金组织,并接受布雷顿森林体系的章程时,它们将自己的货币与美元挂钩。美国承诺按每35美元兑1盎司黄金的汇率将美元兑换成黄金。尽管部分国家,特别是英联邦国家以英镑作为准备金,但其他多数国家的中央银行都以美元作为准备金。

在50年代的大部分时间内,由于美元紧缺且美国持有巨额黄金储备,美元与黄金同样坚挺。但从1958年初起,美国的对外投资和援助开始造成海外持有过量的美元。到1958年,当外国人把他们的美元兑换成黄金时,美国的黄金储备开始逐步流失,尽管在1956至1973年间(除了1972年)美国每年都能实现贸易顺差。到1961年,黄金储备的流失令人如此担忧,以至于美国开始敦促其盟国合力把美元维持在35美元兑1盎司黄金的水平上。根据这种"黄金共享"原则,所有中央银行都同意按照固定的汇率买进和卖出黄金,以确保美元不会贬值。但是,随着美国人继续对外投资和外国人继续把美元兑换成黄金,美国的黄金储备持续下降,到1964年,美国开始限制资本出口。作为布雷顿森林体系核心的汇兑制度也遇到了麻烦。

1968年3月,参加黄金共享的各中央银行商定,在它们相互之间以兑换黄金清偿的同时,将不再从市场上购进或售出黄金。事实上,此举意味着西方主要国家已经停止了它们的货币与黄金的挂钩。从1968年起,正如我们所知,货币价值是由我们对它的信任程度决定的。对单个公民而言,西方工业国家的货币已经不能够再兑换成黄金,它们的价值逐渐由供应和需求,而不是由政府行为确定的固定汇率来决定。尽管1968年不再出卖黄金的决议本应该清楚地表明规则正在起变化,但直到五年以后人们才搞清楚,一旦货币不再与黄金挂钩,国际货币体系将怎样运转。

尽管在 60 年代末人们一再尝试维护美元的价值，美元仍处在残酷的压力之下。美国经济学家罗伯特·特里芬认为，美元衰落的根源在于货币体系本身，只有进行根本性的变革才能挽救美元。特里芬指出，随着西方经济的持续增长和繁荣，它们需要越来越多的货币来维持体系的运转。由于黄金的供应有限，各国中央银行只好增加它们的美元持有量。最终，外国人拥有的美元超出了美国黄金储备所能担保的数量。当这种现象发生时，关于美元与黄金同样坚挺的信念受到了侵蚀，而对于美元可能会贬值的恐惧也就随之增加了。当这种恐惧开始扩散时，美元被兑换成黄金，当黄金储备减少时，这种恐惧变成了现实。特里芬认为，为了使世界经济能够持续增长，应该创造一种既非美元又非黄金的新型准备金，它仍将是限量供应的，但能够随着世界经济的增长而增长。

在布雷顿森林会议上，凯恩斯就曾经提议创建这样一种人为的准备金，1969 年，国际货币基金组织被授权发放所谓的"特别提款权"。国际货币基金组织成员国同意授权该组织，根据每个成员国在该组织中所占准备金的份额向其发放特别提款权。以这种方式划分新准备金的决定激怒了世界上的欠发达国家，由于在国际货币基金组织中影响甚微，它们在新计划中几乎得不到帮助。穷国们认为，作为国际货币基金组织援助的一种方式，它们应该获得大部分的特别提款权，以便增加投资并提高国民收入。但是，参加所谓十国组织（包括美国、英国、法国、意大利、西德、比利时、荷兰、瑞典、日本和加拿大）会议的工业国认为，给穷国更大份额的准备金只会鼓励不负责任的开支和更大的贸易赤字。这一决定导致了不断增长的"南"与"北"或世界工业国与非工业国之间分裂的加剧。最终，因特别提款权发放量甚少以及金融僵局以一种意想不到的方式被打破，这一提议最后被束之高阁。

在 20 世纪 60 年代末和 70 年代初，出现了一种新的令人不安的货币市场，它将大量的短期资本带入国际金融领域。当 50 年代中国和苏联政府开始在美国控制之外的欧洲银行储蓄其持有的美元时，这一被称做"欧洲美元"以及随后被称做"欧洲货币"的新市场就开始萌芽了。到 50

年代末和 60 年代,美国私人银行和商人加剧了这一现象。这些基金,或者称欧洲美元,是留在欧洲银行而不是像通常那样返回美国银行的短期美元储蓄。在欧洲市场上可以获得的高额利息吸引了银行家和商人把他们的海外美元留在欧洲银行,而欧洲银行又将这些美元在欧洲市场贷出,以便获取更高的利润。在 60 年代,当美国政府试图通过向美国对外贷款征税来阻止美元外流时,国外对美元的需求增加了。另外,由于美国调低利率,从国外获取利润的商人和银行家就有强烈的动机把资金留在能够获取高额利息的欧洲银行。政府控制货币的努力促成了欧洲美元市场的建立,投资者发现了摆脱政府控制的新途径,并通过计算机联网把他们的资金不停地投向地球上能够获取最高利润的地区。最后,不仅仅是美元,而且还有其他货币(主要是欧洲货币)进入了这一市场;这一市场也因而被称做欧洲货币市场。

1971 年,随着美元承受压力的增加,理查德·尼克松总统在他准备参加第二次总统选举时,面临着一个必须提高利率并可能出现经济衰退的前景。为了能腾出手来刺激国内经济,他必须摆脱由固定汇率所施加的限制。1971 年 8 月 15 日,当尼克松宣称美国不再买进或卖出黄金以兑换美元时,美国迈出了取消把黄金作为货币价值衡量标准的最后一步。美元从每 35 美元兑换 1 盎司黄金的固定汇率中解脱出来。到 1975 年,在几次重新建立固定汇率体系的试图失败后,世界上所有的货币都可以自由浮动,而不再与黄金有任何联系。甚至连虚拟的金本位制也最终消失了。

欧洲美元市场一度使人担忧它会重现二三十年代破坏世界经济稳定的那种短期、易变的资金流动。在美元和其他货币与黄金保持固定汇率时,只要出现可能会导致这些货币贬值的贸易或资本流动赤字,这种担忧就会成为现实。但是,当货币被允许自由浮动时,这一资金市场开始进行自我调整。货币的轻微贬值都常常会使人产生一种期待,即货币的贬值已经到底了,对货币的稳定进行投机将会带来利润。这就促使基金向期货市场回流,从而稳定了货币,并在很大程度上结束了对于疲软货币的巨大压力,而这正是固定汇率制度的致命伤。

另外,由于借贷是以一种保护银行利益的方式进行的,欧洲美元市场要比战前的短期资本市场更加稳定。尽管银行以非常短的期限(不超过三个月)接受存款,并进行中期贷款(五年以内),但由于这种贷款采取浮动利息,因此如果存款利息提高,银行就能够相应地提高贷款利息。只要贷方能够偿还,银行的收入就能得到保证。但从 70 年代末起,这一状况逐渐改变了。

欧洲美元市场之所以对银行具有吸引力,是因为它不受任何政府的控制,并且能够比常规市场提供更加丰厚的收益,这意味着欧洲美元通常招引那些没有信誉担保而无法从便宜市场上获得贷款的借贷者。当石油输出国组织在 1973 年至 1979 年再三提高石油价格后,这一情况变得重要起来。尽管工业国在石油冲击中遇到一些麻烦,但它们很快就开始向欧佩克国家增加出口,并接受这些国家的投资,从而恢复了相对稳定。但穷国不具备这种灵活性,油价上涨促使它们竭力寻求资金以平衡其贸易赤字,正在出现的欧洲美元市场正好符合它们的需要:由于第三世界国家开始遭受贸易赤字和政府贷款不断上升之苦,这些最穷的国家,对欧洲美元市场的依赖性大大加重了。到 70 年代末,政府贷款占据了这一市场的 50%。[1]

从 1974 年到 1980 年,欧佩克组织的石油利润达到 3000 亿美元,其中有 140 亿美元经国际货币基金组织和世界银行贷给欠发达国家。欧佩克国家自己向发展中国家贷出 470 亿美元,并把剩下金额中的大部分存放在西方银行,后者又向发展中国家贷出 1470 亿美元——大部分是通过欧洲美元市场来完成的。

起初,灵活的欧洲货币市场是一种天赐之物,它在大量财富向石油生产国转移之时提供了大量的基金,以维持世界的资本流动。这一灵活的体系在很大程度上是美国无力维持美元价值的结果,它比原先的固定

----

① M. S. 门德松:《流动的资本:现代国际资本市场》,纽约:麦格劳-希尔,1980 年版,第 80 页。

汇率体系更能适应由石油冲击而引发的经济发展失衡。但对于欠发达国家,这一体系的优点很快就变成一场恶梦。在 1980 年,这一市场的利率开始上升并达到一个前所未有的高度,在欧洲货币市场上获得的短期贷款很快就必须以让人破产的价格来偿还。到 1985 年,第三世界国家的债务已经达到 1 万亿美元,许多国家被迫在经济彻底紧缩和不履行国际债务之间作出选择。在 1969 年至 1978 年间年均经济增长率曾达到 6% 的国家,在 80 年代早期开始出现收入下滑,直到 80 年代后半期才略有恢复。对于众多拉美国家以及大部分撒哈拉沙漠以南的非洲国家而言,80 年代是 20 世纪历史上史无前例的经济和社会危机的十年。

成熟的消费社会和信用卡经济

不兑换纸币的出现反映了 20 世纪上半叶政府权力的增长,同样,信用卡作为一种货币形式得到推广,也是消费社会走向成熟的不可分割的一部分。第一次世界大战标志着政府控制经济的开始和不兑换纸币的诞生,这种说法有些武断,但不无道理。同样有道理而多少有些武断的说法是,第一个成熟的消费社会首先出现于二战结束后的美国,并且从那时起扩展到世界许多其他地区。信用卡和电子汇兑已经完全改变了货币,正如消费开支完全改变了工业社会一样。

在 20 世纪早期人们已经开始习惯使用纸币和银行账户时,一种新的、更加灵活的货币形式被引入他们的生活。允许本地知名人士赊账购物并由商店保留交易簿,是许多商店很早就已经实行的惯常做法。在 20 年代,美国大城市中的部分商店开始改革这一制度,它们向受到优惠的顾客发放赊账卡以便赢得后者更多的惠顾。同一时期,当汽车工业试图进入大众市场时,它开始鼓励人们分期付款购买汽车。这种新形式的借贷使信贷消费变得令人尊敬,并且改变了美国人对于债务的看法。借贷不再是穷人最后的出路,赊账卡和汽车分期付款已经把这种形式的借贷变成了富裕阶层社会地位的象征。

在整个 30 年代，特别是在二战以后，随着美国人流动性的增大，石油公司为信用卡创造了第一个大众市场。为了赢得忠实的顾客，它们鼓励信贷购物，并向从未赊账购物的顾客发放信用卡。这些早期的汽油信用卡与商店信用卡一样，是一种旨在引导顾客只从一家公司购物的促销手段。这一情况在 1949 年发生了变化。

1949 年，三个纽约商人构思了一种"通用卡"的设想，该卡可以使商务旅行者不带现金而获取食物和住宿。他们发明的客人俱乐部卡不是个别公司的促销工具，而是第一个允许在众多零售部门中购物的信用卡。这是一种只能在一个具有高度流动性并有着大量收入可供自由支配的消费社会中才会出现的新型货币。在 50 年代，只有美国能够创造这样一种环境。但在随后的几十年中，当消费社会在欧洲、日本以及世界其他地区出现时，通用卡成了具有新的价值、优点和便利性的重要新型货币。

、1958 年，以提供旅行支票而发财的美国运通公司开辟了信用卡业务，其信用卡具有国际通用的优点。在仍然以美国消费者为主的同时，信用卡第一次被引入世界其他地区，尽管它只为富裕的商务旅行者服务。

在 60 和 70 年代，通用卡已经出现在大众市场上。当信贷消费的潜在利润变得明显时，美国大银行开始发行自己的信用卡。最常见的两种是由美洲银行发行的美洲银行卡和由一个银行集团发行的万事达卡。大众信用卡真正的突破性发展出现在 60 年代，当时，相互竞争的各家银行竞相向全美成千上万的大学毕业生主动邮寄信用卡。到 1986 年，55％的美国家庭拥有一张通用卡，人们越来越多地通过"记账"购物。①

这场在美国开始的货币革命很快传播到世界各地。1966 年，美洲银行开始向国外发行信用卡，到 1972 年，它已经在 71 个国家建立了分支机构。到 1976 年，它的国际业务已经如此庞大，以至于它把信用卡的名

_____
① 刘易斯·曼德尔：《信用卡工业：一种历史》，波士顿：特沃尼，1990 年版，第 13 页。

称改为"维世〔Visa〕卡"①——一个具有国际认同的名词。

维世卡和万事达卡通过与先前经常建立自己的信用卡体系的地方银行建立起联系,从而获得通向国际新市场的途径。美国银行把地方市场与国际体系联结起来。日本建立了除美国之外最大的信用卡业务,法国紧随其后,并且两国经济中与信用卡体系相关的部分在国民经济中所占的比例都超过了美国。在这两个国家,地方银行在很大程度上已经控制了地方信贷业务。

美国拥有的信用卡已经超过 10 亿张,或者说,这个国家中几乎每一个男人、妇女和小孩都拥有四张卡。近来,日本在持卡方面已经表现出同样的热情,在1992 年,有 2 亿张信用卡被投入使用。② 信用卡在日本比在美国更受青年人的青睐。这里允许随意赊购——个人破产也随之而增加。信用卡使用的增加是二战以后几代人新道德标准中的一个组成部分,他们要求更高的生活水平,却尚未形成他们前辈的那种自我奉献精神和传统美德。

尽管信用卡似乎得到了普遍使用,但它们在消费开支中所占的比例仍然较少。即使在政府有意鼓励使用信用卡的法国,它也只占消费开支的 5%,银行支票占据 11%,而现金支付仍然是购物的主要方式——占所有消费开支的 83%。③

与现金或支票相比,信用卡是一种昂贵的购物方式。信用卡造成了大量的计算问题,因为成百万的个人交易必须被加以准确记录并制成表格。到 70 年代末,由于实现了结算程序的计算机化,运行成本得以降低。结算程序计算机化的下一步——即在每一个零售点与中央计算机之间实现电话联系——继续降低了成本,从而使整个结算过程不需要纸上运算和支付工人工资而只需通过计算机来完成。

预付卡是另外一种常见的支付方式,它被用来支付多种服务业消

---

① "维世":签证的意思。——译注
② "节俭在日本遭到围攻",《纽约时报》,1992 年 6 月 16 日。
③ 彼得·哈罗普:《未来的支付中介》,伦敦,1989 年,第 7 页。

费,如乘坐火车和公共汽车等。在日本,它甚至进一步发展到可以用来
支付在麦当劳用餐的费用。此外,日本人已经接受了以预先授权支付作
为支付其账单的主要电子方式。在这一系统下,消费者授权其银行每月
自动支付特定的账单。付款是由程序化的计算机通过减去一个账户中
的基金并转入另一个账户来完成的。到 80 年代,在世界范围内,使用预
先授权支付的次数要比使用支票支付多出六倍。然而,当美国人开始同
时使用这两种新型货币时,他们仍继续偏向于用支票支付。

结　论

在 20 世纪的发展历程中,货币、经济理论、政府和其人民之间的关
系已经经历了并将继续经历深刻的变化。在一战前实施金本位制的年
代里,这一体系被认为能够不经人的干预而自行运转。在一战中,为了
追求国家目标,政府被迫管理经济和控制货币。针对这种政府全面干预
所进行的变革为 20 世纪私人银行权力的出现确定了框架。这些平民金
融家们无法解决作为经济混乱根源的政治难题,这就迫使政府在 30 年
代再次进入这一领域。布雷顿森林体系在金本位制的限制和政府的自
由之手中间提供了折衷方案,而这种自由之手是政府在面临现代资本主
义中可能出现的政治与经济不稳定时所必须具备的。布雷顿森林体系
是美国为了寻求避免二三十年代的不稳定而创建的,此后它又因美国人
不愿继续承担固定汇率的经济约束而遭到破坏。70 年代的石油危机把
私人银行家再次带回到历史舞台中,但这一次他们是处在这样一种场景
之中,即政府的权力更加强大且不愿看到自己的需要遭到阻碍。至于自
由市场和政府的政治需要在 21 世纪将如何产生新的互动作用,我们正
在拭目以待。

布雷顿森林体系的目标基本上实现了,但并不是按照约翰·梅纳
德·凯恩斯和哈里·德克斯特·怀特所设想的方式。政府仍然要对其
国民的幸福负责,但它们已经痛苦地认识到自己没有确保经济增长的工

具。在 60 年代,人们期待经济能够通过实施财政和货币政策得到微调,结果却出现了似乎不可遏制的财政赤字。国际货币体系开始接受允许政府出现财政赤字的自由浮动汇率制,早先人们认为赤字财政是非道德的并将导致货币危机,现在人们则担忧由国际贷款弥补财政赤字的做法,只会导致国家主权被奉送给国外债权人。

我们有关货币以及能够正当地做些什么的观念的确已发生了变化;但随着世界变得更加复杂,我们并不清楚是否已经真正学会了控制自己的命运,或摆脱了在 1900 年曾显得如此强大的束缚。

(唐昊 译 陈仲丹 校)

第十四章　技术与发明

克里斯托弗·弗里曼

导　言

　　许多有关发明与技术的著作(如拉森,1960 年)都在开头与结束时列举、描述和说明最伟大的发明以及最著名的发明者。如果这篇评述与其他著作的起点和结构不同,这肯定不是因为 20 世纪缺乏伟大的发明,而是因为利用不同的方法可以更深刻地了解这些发明。20 世纪在实际发明方面和发明的方式方面都与以前诸世纪不同。这些不同是这篇评述第一部分的主题。

　　这篇评述不同于以前各种著作的第二个原因是,随着 20 世纪的发展,历史学家、工程师、经济学家和社会学家们日益认识到,将各种发明作为孤立、个别的事件加以阐述越来越难以令人满意。相反,它们必须被看做是相互关联的技术变革的一部分。各种技术在性质上是系统的——它们的特征常常能决定发明活动的方向以及成功的发明和创新的传播速度。这是本评述第二部分的主题,即检验 20 世纪新技术体系的主要变化。

　　最后,新技术的产生(以及一些旧技术的衰落)是与各种社会机制密切联系在一起的。美国能在19和20世纪成为世界技术的领头羊,不仅是因为有伊莱·惠特尼或托马斯·爱迪生这样的大发明家,而且也是因为其机制变化模式——一个"国家的创新体系"①。同样,日本能跻身于世界技术强国之林以及其他东亚国家的成功,与它们国家的创新体系的独特性是分不开的。这种新技术与社会机制变化的相互作用是这一简短评述的第三部分,也是最后一部分的主题。

发明活动与技术发展的规模和组织的变化

1. 研究与开发实验室的产生

在20世纪,发明活动的重心由单个发明家转向职业性的研究与开发(R&D)实验室,无论是工业、政府还是学术界概莫能外。19世纪是发明与企业家的鼎盛时期,它以铁匠、制钉匠、纺织业与机器工具发明家和创新者伊莱·惠特尼这样"能做一切事"的人物为特征。现在,亨利·索罗在人们的印象中是一位寂寞的哲学家,但当人们问及他大学毕业后十年的职业时,他是木匠、石匠、玻璃管制造者、房屋油漆工、农夫、测量员,当然还是作家和制笔商。事实上,制笔方面的许多发明都是由他完成的,他一度除了改进其小铅笔厂的工序之外什么也不考虑。② 在19世纪美国和欧洲的发明家中,惠特尼与索罗极为典型,英国19世纪工业革命的成功应归功于像他们这样的人。

由于托马斯·爱迪生的发明生涯延续到20世纪,他体现了从"伟大的个人主义者"到帮助建立大规模的研究与开发实验室者的转变。他有大量的发明,并获得了比专利史上其他任何一个发明家都要多的专利(1093项),但这部分应归功于他先在新泽西的纽瓦克,后来在加利福尼

---

① B-A.伦德维尔编:《国家创新体系》,伦敦:平特出版社,1992年。
② H.佩屈斯基:"工程师H.D.索罗",载《美国发明和技术遗产》,纽黑文:耶鲁大学出版社,1989年,第8—16页。

亚门洛帕克建立的庞大的合约研究实验室。在爱迪生这些研究室工作的助手中不乏杰出的工程师与科学家,此后他们在美国、德国和英国建立了隶属于上述实验室的研究与开发实验室。

到 20 世纪第一个十年,尽管爱迪生仍然不断进行各种发明,但发明活动的中心已经从门洛帕克实验室、尼古拉·特斯拉实验室或爱德华·韦斯顿实验室为代表的合约实验室,转向柯达(1895 年)、通用电子(1900年)、杜邦(1902 年)等企业建立的附属工业实验室。正如托马斯·休斯在 1989 年对 1870 至 1940 年美国发明"狂潮"所做的经典性研究所显示的,到第一次世界大战期间,企业的研究与开发已取代合约实验室成为美国发明活动的中心。美国海军对工业研究的赞助,特别是斯帕里·奇洛斯科普在军事和工业之间建立的密切联系,使军事与工业复合体开始萌芽。

将技术变革作为其分析重点的经济学家约瑟夫·熊彼特[①]指出,在世纪之交,欧洲电子技术的产生也导致了发明活动在德国两个大型企业通用电气公司和西门子公司的集中。早在第一次世界大战前,美国的通用电气公司与德国通用电气公司就签署了共享专利和市场的协定,这一协定实际上囊括了电子技术在世界主要市场的所有主要发展。尽管一些经济学家对企业为何宁愿在其附属机构从事绝大多数研究与开发,而不愿将其像广告与其他服务那样订立合同包出去仍有争议,但对社会学家与经理们来说,其答案总是显而易见的。在稳定的内部环境中从事研究与开发,无论在研究与开发、生产和市场营销之间的相互信任方面,还是在相互交流方面都有明显的优势。合约研究和开发的份额变得相对不重要。目前,该份额在主要工业国家研究与开发开支中所占的比例一般不到 5%,这也是历史事实。各国政府更多地利用与工业或大学的合约来进行安排。

19 世纪 70 年代,德国的化学企业如贝尔公司、赫斯特苯胺公司建立

① J. A. 熊彼特:《经济周期:理论、历史和统计分析》,纽约:麦格劳·希尔,1939 年。

了自己的附属研究与开发实验室,电子工业紧随其后,几十年后,其他的工业企业也都建立了这样的实验室。这种主要社会创新的传播是一个相当缓慢的过程:直到半个多世纪以后,属于各公司的专利数才开始超过单个发明家们获得的专利总数。

19 世纪后期,比较传统的工业如印刷、制衣、家具和制笔等企业继续设计、制造和销售它们的产品,而没有进行任何正式的研究与开发活动,直至今天它们中的绝大多数也仍然如此。但如果我们问什么是 20 世纪中最典型和增长最快的工业,那么答案显然是那些研究与开发密度(即研究和开发开支在净产量或销售额中的比率)相对比较高,并以相对大的规模从事研究与开发的工业,如电子、制药、宇航、塑料和其他先进材料、医学与科学仪器、汽车等。在 19 世纪,这些工业几乎不存在;两个研究与开发密度最大的工业(宇航与电子)则完全不存在。它们纯粹是 20 世纪的工业,其研究与开发规模巨大。在第二次世界大战后的美国与英国,这些 20 世纪的工业约占所有工业研究与开发开支的一半,在政府的研究与开发的开支中所占的比例甚至更高。这两个国家与其他欧洲国家以及日本的许多企业,在研究与开发方面的开支高于工厂与设备的固定投资。

显而易见,如果没有重要的研究与开发渠道,设计与开发集成电路(现在是将数以百万计的元件组合在一起)、数控开关、雷达系统、计算机、飞机和宇航设备、由计算机控制的机器工具或机器人将变得很难。这些工业共有的看法是,发明活动与新工序和新产品的开发,与其说是个别天才的产物,不如说是有组织的团队使用昂贵的工具与设备进行工作的结果,这一看法并不奇怪。然而,在一本有关 20 世纪发明的最有影响的著作《发明的来源》(1958 年)①一书中,这种观点遭到强烈的反对。我们有必要详细考虑这一争论。这也将有助于澄清"发明""创新"与"创新的传播"等概念,为我们随后对 20 世纪技术的其他主要发展的讨论奠

---

① J. 朱克斯、D. 索尔斯和 J. 斯蒂尔曼:《发明的来源》,伦敦:麦克米伦,1958 年。

定基础。

2. 发明的来源

朱克斯等人先是引用了几个作者的看法,即个人发明的时代已经过去;20世纪的发明是大企业职业人员大规模的合作所形成的特有现象。然后,他们又通过检验20世纪60个主要发明(在该书的第二版又增加了6个),对这种观点加以驳斥。他们从包含在该书附录中大多数发明的简短个案史中得出结论:大多数发明(33个)实际上是由单个发明家创造的,这种发明常常是独自进行或在小企业中进行的,没有可资利用的大企业的研究与开发设施。在他们主要归之于个别发明家在20世纪的重大发明中包括烤箱、圆珠笔、直升飞机、电子显微镜、收音机、胰岛素、复印机、空调、喷气式发动机、青霉素、安全剃刀、快速冷冻、拉链和(在第二版中增加的)电子计算机。

显然,这一名单囊括了20世纪最独特和最重要的一些发明。但作者的看法对于了解20世纪的技术是如此重要,以至于有必要进行更细致的思考。在作者讨论的其余发明中,有24个基本上可归入企业的研究与开发部门,其余的则属于政府实验室、工业和个人都涉及的复合范畴。作者承认,有时难以将发明分成"个人"的或"企业"的,但如果我们承认他们的分类大致是合理的话(在量化比较难的领域他们未要求过于准确),那么,尽管归入企业发明的名单也颇为壮观,但他们的论据乍看起来是非常具有说服力的。

但我们必须采取历史的观点。由于这一名单涵盖了1900—1956年整个时期,将其抽样分成两个时间段——即以这一时期的中点1928年为界,分成1928年前和1928年后两个时段——不失为一个好方法。显而易见,在20世纪早期,个人发明的数量超过企业发明的数量(20:8),在1928年后的时期,企业的和"复合的"研究与开发的发明数量超过个人发明的数量(19:13)。企业的发明包括尼龙、聚乙烯、电视、滴滴涕(DDT)、日光灯、晶体管、丙烯酸纤维和热轧钢。因此,在他们自己抽样的基础上,我们可以说,实际上证据表明20世纪正由个人发明转向企业发明。有必要记住的是,企业的研究与开发实验室于19世纪末发轫于美国与德国的化学与电子工业,在20世纪最初25年里仍为数不多。工业的研究与开发的绝大多数增长是在第二次世界大战以后开始的。1901年,美国所有专利的82%被颁发给个人,18%被颁发给公司;1928年,个人发明数仍占总发明数的55%。直到1932年,公司的专利数才超过国家颁发的专利总数的一半。

3. 创新的渠道

作者们对20世纪发明的分析还有第二个同时也是更重要的看法。正如他们的书名本身所表明的,他们的书是关于发明的,而不是关于开发与创新的。但显而易见,从经济和社会的角度来看,创新是一种更为重要的现象。目前,人们普遍承认这种区别的必要性,但它基本上应归功于熊彼特。[1] 熊彼特指出,许多发明实际上从未进入市场,许多专利还未被使用就过期了。发明是新产品或新工序最初的概念或想法,但如果没有进一步的开发,发明就不能成为一种创新,而这种开发是一种既耗时间又费钱财的活动。这个开发阶段对于将设计的新产品投入商业用途或(在军事和医药方面)有效地运用于武器体系和医疗设备是必不可少的。在开发过程中常常会涉及进一步发明的问题。

因此,创新不仅需要发明活动和研究,而且还需要设计和开发工作。"研究与开发"中的"开发"通常要占到财政总开支的2/3以上。如果我们检验一下朱克斯等人所列出的60项发明,我们将发现许多被归于单个发明家名下的发明,实际上是在大型企业附属的开发与研究实验室中开发的,这在其"开发"一章中得以确认,其中最好的例子是由两名学音乐的大学生发明并由柯达经过多年的开发加以改进的彩色摄影术,以及

---

[1] J. A. 熊彼特:《经济发展理论》,莱比锡:邓克尔和洪堡,1912年;《经济周期:理论、历史和统计分析》。

由弗兰克·惠特尔发明但由罗尔斯·罗伊斯公司开发的喷气式发动机。因此,即使个人对发明作出了更大的贡献,但作者的抽样本身实际上已经表明了大企业的创新约占 20 世纪创新(更准确地说是 20 世纪上半叶的创新)的 2/3。

最后,我们必须看到,被作者们归于"个人"的一些发明家实际上不仅在大学实验室从事研究工作,还享有这些实验室提供的便利设备和支持。事实上,一些批评家将会强调,试图将发明归于各个发明者名下的整个做法是误入歧途。美国社会学家吉尔菲兰①可能是对有关发明的社会学作出贡献最大的学者。他强调,任何重大发明都是由无数(并且常常是匿名)细小的贡献构成的,并接近于《经济学家》甚至在 19 世纪中叶(1851 年)就提出的看法:"几乎所有有用的发明都很少依赖于任何个人,而是更多地依赖于社会的进步。"发明史上充斥的谁先谁后的争论部分是由于这一原因,在不同国籍的发明者之间更是如此。

这一点直接导致了在任何创新的传播过程中的"次要性"发明问题。我们再次将对创新与传播的区别归功于熊彼特。在他看来,第一次创新需要有异乎寻常的企业家特质,它是一种既需要毅力又富有想象力的活动,其传播主要是通过模仿先行者,并越来越多地成为一种常规行为。尽管发明—创新—传播的分类方法仍然广泛地为经济学家和历史学家所使用,但这种方法在 20 世纪下半叶受到越来越多的批评。熊彼特本人承认,在传播稍后阶段制造和销售的汽车完全不同于 19 世纪 80 年代销售的汽车。关于电子计算机、飞机或收音机,我们可以得出类似但更有说服力的看法。创新的传播一般来说要经过几十年的时间,有的常常超过一个多世纪,在这个时间段里,起初的创新被进一步改进。任何重大发明在出现最初的"主体"专利之后都会涌现出数以百计或数以千计的"次要性"和"改进性"的专利。

至于朱克斯等人鉴定为"个人"的几项发明,我们可以说,随后在传

----

① S. C. 吉尔菲兰:《发明社会学》,芝加哥:福利特,1935 年。

播期间的改进性发明与起初的发明或创新一样重要,甚至更为重要。例如,尽管玻璃纸是法国贵族的发明,但我们可以说,杜邦公司的"研究与开发部"发明和开发防湿玻璃纸的工作,对玻璃纸作为包装材料被广泛接受起了决定性的作用。同样,重石油的催化裂化工艺被朱克斯等人描述为法国百万富翁发明家豪爵个人的发明,但豪爵的成就很快就被几个主要石油公司和承包人在20世纪30年代开发的更优越的酸床催化裂化工艺所替代。在开发原子弹的曼哈顿计划前,这种联合开发是最大的一个研究与开发计划。

因此,朱克斯等人的分析存在着一定的局限性,但他们的研究工作仍是20世纪发明的基本指南。即使在某种程度上过高地估计了杰出人物的作用,但它的确毋庸置疑地表明,这些发明者以及常常是由他们建立起来的小企业,仍在继续对20世纪的发明作出不可估量的贡献。最近的研究证实,在20世纪70年代和80年代依然如此。到20世纪末,人们普遍认为大小企业的活动存在共生现象。该书证实了反传统观念的发明家和科学家的突破性发明和发现所起的特别作用。在该书中详细阐述的这些人的惊人毅力和决心,对克服那些固步自封者的冷漠和反对是必不可少的。例如,科学史专家托马斯·库恩①证实,在改变科学教条方面也存在相同的现象。

然而,综上所述,尽管个人和小企业的发明和创新无疑仍具重要性,但自20世纪以来,大规模的研究与开发的增长最为明显。这在世界历史上是从来没有过的。不管怎样,这一世纪更可能因曼哈顿计划、人造地球卫星、登月、波音747和核反应堆,而不是因安全剃刀、拉链和圆珠笔而被人记住,尽管这些发明无疑也是有用的。

广岛原子弹的爆炸和核能时代的到来改变了人类技术的面貌。许多人或许愿意回到第二次世界大战以前的日子。当时,美国农业部的研究费用远多于美国国防部。他们也许宁愿生活在一个小的、有用的和日

---

① T. S. 库恩:《科学革命的结构》,芝加哥:芝加哥大学出版社,1970年。

常的发明多过庞大的武器体系和核反应堆的世界。到 20 世纪 70 年代，人们常常对人类能开发空间却不能解决地球上特有的社会问题进行对比，如纳尔逊所著的《月球和少数民族聚居区》(1977 年) 一书[1]，但给战后时代打上不可磨灭印记的是大科学和大技术。

4. 大科学和大技术的兴起

与大众的想法相反，大科学和大技术不是从第二次世界大战和曼哈顿计划开始的：早在 1939 年之前，一些工业就开始了颇为庞大的研究和开发计划。石油和化学工业早就习惯于为非常复杂的大工厂相应地扩大设计，由此看来，杜邦公司在 1942 年应邀为曼哈顿核武器计划设计和建造橡树岭实验工厂也就不足为怪了。[2]

大学和政府机构也建立了大量的实验室。虽然"小科学"仍占支配地位，但像加利福尼亚大学劳伦斯射线实验室这样的实验室在第二次世界大战前即已存在。这类实验室数量增长的主要原因不是政府或企业规模的扩大，而是一些科学仪器和新技术的复杂性和费用的日益增加。

个人专利在 19 和 20 世纪持久存在的一个原因是，机械工程技术仍以很低的成本为个人的独创性和改进提供了很大的空间。直至 20 世纪，经改进的马蹄铁和开罐头刀仍然获得许多专利。随着 19 世纪后期电子工程和炭精化学的兴起，技术和基础科学的联系更为密切，测试设备的作用随之增加，受过职业训练的工程师和科学家通常被要求进行进一步的发明。原子加速器和望远镜是仪器费用巨大增长直接导致对大科学机制需求的两个极端例子。

正如塞德尔[3]这样的科学史专家所指出的，从 20 世纪 30 年代的劳

① R. R. 纳尔逊：《月球和少数民族聚居区》，纽约：诺顿，1977 年。
② D. A. 豪恩塞尔："杜邦公司与大规模的研究与开发"，载 P. 加利森和 B. 赫夫利合编：《大科学：大规模研究的增长》，斯坦福：斯坦福大学出版社，1992 年。
③ R. 塞德尔："劳伦斯·伯克利实验室的起源"，载《大科学》。

伦斯射线实验室中已经能看出大科学实验室的主要特征——昂贵仪器的作用,在大学以外由政府和工业提供基金的必要性,官僚管理机构的引入,跨学科合作特别是科学家和技术专家之间合作的必要性,以及绝对规模的声誉。

在第二次世界大战期间,大量的科学家和工程师因与核物理学和核武器相关的计划和许多其他目的被集中在一起。英国莫尔文通讯研究所是集合数百名来自大学和工业界的技术人员、科学家和技师,从事开发类似地面、海上和空中雷达这些先进电子系统工作的几个政府机构中的一个。许多人认为,雷达是促成盟国在二战中胜利的原因。在德国私人工业和军事机构中,也有从事雷达和火箭方面开发活动的庞大团队。

曼哈顿计划、V型飞弹和其他武器体系即便不是令人惊畏的,至少也是突出的成就。它们的出现对国际科学家和工程技术人员,对那些负责科学和技术公共基金的人以及一般舆论都产生了深远和持久的影响。甚至在20世纪50年代的冷战和朝鲜战争的紧张对军事研究和开发提出更大需求之前,欧洲、北美和日本政府就普遍认同了继续和相对慷慨地由公众致力于支持科学研究和(在某些情况下)先进技术的必要性,这既是为了国家安全,也因为人们认为这样做将促进经济繁荣。

在战前,爱尔兰信仰马克思主义的物理学家伯纳尔[1]在主张大量增加英国和其他地方有组织的研究和开发活动的规模方面,几乎是独一无二的。但在1948—1973年的1/4世纪是经济增长和技术迅速变革的黄金时代,此时二战前出现的激进乌托邦思想成为十分正统的思想。同战前相比,主要工业国家及许多小国家在事实上将其研究和开发体系扩展了十倍甚至更多。尽管经历了20世纪70年代的下降和停顿,这种扩展仍普遍持续到80年代(见表14.1),其开支在所有主要工业国家大幅度

---

[1] J. D. 伯纳尔:《科学的社会功能》,伦敦:罗特里奇,1939年。

增长的国内生产总值中占有更大的份额。

表 14.1　20 世纪主要工业国家研究与开发总开支在国内生产总值中比例的变化情况

国家	研究与开发总开支（军用和民用）在国内生产总值中所占的比例			民用研究与开发在国内生产总值中所占的比例
	1934	1967	1983	1983
美国	0.6	3.1	2.7	2.0
日本	0.1	1.6	2.7	2.7
欧共体	0.3	1.8	2.1	1.8
苏联	0.4	3.2	3.6	1.0

资料来源：作者的估计以伯纳尔（1939 年）和帕特尔与佩维特（1987 年）的估计为基础。对苏联的逐年估计以经济合作与发展组织的弗拉斯卡蒂规定为依据。

　　1941—1991 年，超级大国美国和苏联的庞大研究和开发开支中很大一部分被用于军事研究和开发，自 50 年代以来，主要用于与宇航技术有关的领域。在苏联，这方面的开支可能接近于其庞大科学和技术总开支的 3/4 强。毫无疑问，这种高度偏向以及优先考虑这种计划造成的扭曲，是造成 80 年代末 90 年代初苏联体系瓦解的重要原因之一。在美国以及像法国、英国这样较小的欧洲国家，这种扭曲尽管不大，但也足以使它们在制造和贸易方面，对那些能幸运地将科学和技术资源几乎完全集中于民用工业的国家具有比较优势。到 20 世纪末，美国武装力量在针对伊拉克的海湾战争（1991 年）中所显示的尖端技术方面的精湛，与日本的汽车、电子消费产品、自动化和集成电路等行业在世界市场上所具有的竞争优势形成鲜明的对照。

　　20 世纪 60 年代以来，工业化国家对国家科学和技术努力（包括在军事和商业方面的努力）侧重点的质疑开始增加。法国哲学家雅克·埃鲁尔[1]等指责大科学对人类文化产生了毁灭性影响。

---

① J. 埃鲁尔：《技术社会》，纽约：克诺夫，1964 年。

其他人——如经济学家熊彼特①——指出了小组织在产生更适合世界绝大多数人需要的技术方面所具有的许多社会和经济优势。这些人生活在那些被称为"第三世界""欠发达""发展中"或简称为"南方"的国家。20世纪70年代,环境保护主义者逐渐发展了他们对大众消费、在大气和海洋中无情和不负责任地倾注污染物、过快地消耗非再生性资源的批评。大科学和大技术的形象在某种程度上受到玷污。

一个由著名科学家团体所准备并由哈佛大学物理学家主持的《布鲁克斯报告》,反映了早在1971年初经济合作与发展组织的成员国对上述问题的关注。当我们开始重新考虑将世界技术纳入更清洁和更绿色的发展方向的问题时,我们将又见到这种被玷污的形象。但我们将首先从20世纪技术的系统方面来进行考虑。

20世纪技术体系与经济范例的变化

技术变革的分类

从上面的讨论中,我们可以明显地看出,对比较激进的发明和创新与通常对现存产品所作的增量改进之间进行某些区分不仅是有用的,事实上也是必不可少的。但要准确地做到这一点并不像乍看起来那么容易。一些从事研究发明工作并在其工作中使用专利统计资料的经济学家,认为这种区分是不可能的(例如施莫克勒,1966年)。②必须承认所涉及的定义问题没有明确的界限,且主要由技术变革的系统性产生。每个人都知道,电子计算机和飞机是20世纪最重要的创新,但如果说喷气式发动机和微型电子计算机也是很重要的创新,大多数人也会同意。计算机所操纵的航空订票系统或现在用来设计飞机和其他复杂的工程产品的计算机辅助设计系统(CAD)也是如此。服务于主要创新的应用性

---

① F.舒马赫:《小的就是美的》,伦敦:阿巴枯斯,1975年。
② J.施莫克勒:《发明和经济增长》,坎布里奇:哈佛大学出版社,1966年。

创新不仅量大而且极端重要。

我们需要一种在区别大小创新的同时,也能区别技术上相互联系的创新体系的分类。我们最好也能区别影响许多工业和活动的最重要体系和只影响某一领域的体系。尽管人们对这种定义没有达成普遍一致的意见,下文中将要出现的区别(有些小变动)正日益进入分析技术变革的文献。

在熊彼特(1912年)和曼舒(1975年)①的著作发表后,激进或基本的创新被普遍地定义为造成现存生产线或市场的某些中断的创新。它们不能简单地通过对现存产品或某些工序的改进来获得。不管人们如何尝试改进棉布和羊毛工厂,他们都不会获得尼龙,或正如熊彼特习惯上所说的,不管你将多少辆马车放在一起,你都不会得到铁路。举20世纪的另外一个例子:不管你将多少真空管放在一起,你都不会获得晶体管或集成电路。从这种对激进创新的定义中,人们可以明确地知道为何熟悉传统技术的企业往往没能转向新的技术,而新的小企业(正如朱克斯的例子表明的)则更易于转向新技术。得克萨斯仪器厂、费尔柴德、摩托罗拉和英特尔在计算机元件方面,都比曾经比较有实力的支配真空管制造业的企业更成功。激进创新必然会涉及经济的结构变革,因为它们需要新技术、新设备、新元件,并且有可能产生在社会和经济生活方面具有深远后果的新工业。

另一方面,增量创新是所有那些根据生产经验(被经济学家描述为边干边学)、市场经验(边用边学)、生产者和用户之间的交换(通过相互影响来学习)的结果而对现有产品和工序所作的无数小规模的改进。尽管这些被成功实施的专利中大部分都有助于企业内部专有知识的积累,但可能有更多曾对公司作出贡献的增量创新没有被记录下来。这是竞争成功的关键因素。增量创新的经济和技术重要性决不应被低估:这是整个20世纪大多数工业(尽管速度不同)生产率逐渐得到

① G. 曼舒:《技术困境》,法兰克福,1975年;英文译名为《技术困境》,剑桥:巴林杰,1979年。

提高的重要原因。职业的研究与开发实验室肯定对这种趋势作出了重要贡献,即使这些机制最重要的贡献是激进创新。它使许多企业能够更深入地了解它们现存的工序和产品,更成功地解决质量、规模和维护问题。大多数工业研究和开发实验室工作的相当部分涉及这种增量改进和"故障维修"。然而,经验研究表明,甚至在杜邦这样有较强的研究和开发实验室的企业里,许多增量改进实际上来自于其他活动,如生产工程、经营研究、市场营销和技术服务。例如,日本管理体系被广泛承认的一个贡献是通过"质量小组"这种方法进一步刺激工厂建议和发明的发展。尽管许多类似技术起源于美国或欧洲,但在 20 世纪的下半叶,它们在日本这一盛行增量改进的国家得到更系统和更广泛的运用。

迄今为止,我们对特定发明和创新的讨论似乎把它们当成了不相连的、个别的事件。这对许多目的是有用的,但实际上特定的发明和创新构成了相互联系的新知识网。"技术"总结了在特定领域(如"汽车技术"或"光电子技术")或一些领域(如高技术,这在某种程度上是一个模糊的词汇,一般是指昂贵和先进的技术)或所有领域(如"现代技术"或"石器时代"技术)积累的知识。工业中的任何一个创新也许只是主要或完全有利于某种工艺的一个特定环节,例如,英国玻璃企业皮尔金顿公司,对平板玻璃制造业中的浮法玻璃工序进行创新,然后在世界范围的玻璃业中获得了许可。在另一方面,创新可能影响技术的每一个环节,例如电子计算机。这种盛行的技术显然引起了历史学家和当代观察家的极大兴趣。要描述每一个部门的技术发展需要用几大卷的篇幅,类似于 1978 年牛津的《技术史》那样的篇幅,如果我们挑出最盛行的技术以及与之相关的激进创新,我们就有可能对这种知识进行总结和提炼。因此,这一部分将首先对新技术体系进行限定,然后判别出最盛行的体系,并将其限定为技术经济范例的变化。最后,我们将概述 20 世纪最盛行的新技术体系的传播。

不管是美国(如休斯,1983 年)①还是欧洲(如吉尔,1975 年)②的主要技术史专家都日益强调技术变革体系方面的作用。将发明和创新当做孤立的事件分开来处理,将会歪曲任何技术真正密切相关的相互依赖性。事实上,许多技术(如电力的产生和传导或通讯网络)就其内在性而言显然是系统性的。整个 20 世纪,任何工业国家的每一个这种网络的出现,都体现了数十个激进创新和数百个增量创新。这种体系内的瓶颈、"反向特征"、问题领域,常常被作为聚焦手段刺激进一步的创新。许多著作都持这样的观点,即旧收音机和通讯转换设计方面的缺陷促使贝尔实验室开始从事导致锗晶体管产生的研究计划。

发明和创新的系统方面除硬件装置网络,以及所有与之相关的配件、元件、材料和亚体系问题外,还涉及潜在的技术。例如,20 年代德国和美国高分子化学的发展不仅使华莱士·卡罗瑟斯在杜邦研究实验室发现了尼龙,而且也使其他研究和开发实验室的化学家,特别是德国化学托拉斯法本公司实验室的化学家,能够研制出许多其他的合成材料。再者,这种新产品家族的日益发展促使了挤压模塑法、喷射注射法以及其他许多合成材料所共有工艺的新机器的生产,结果,30 至 50 年代整个激进和增量创新群与这些新材料的传播联系在一起。

因此,"新技术体系"可以被界定为在技术上和经济上相互联系的激进和增量创新的集合。

新技术体系概念需要考虑技术变革的这些系统特征。通过观察它们的相互联系,我们不仅可以使发明和创新的表格简单明了,而且还能够理解一些创新迅速传播和成功,而另一些创新进展缓慢的原因。50 和 60 年代聚丙烯的推广比 30 年代早期合成材料的推广更易于为人们所接受。在 30 年代,不仅必要的技术和设备十分匮乏,而且机制设施也难以满足新合成材料在标准、市场营销、调控程序等方面的要求。这一点导

---

① T. P. 休斯:《能源网络:1880—1930 年西方社会的电气化》,巴尔的摩:约翰·霍普金斯大学出版社,1983 年。
② C. 吉尔:《技术史》,巴黎,1975 年。

致了我们最后一个分类范畴。

技术体系的某些变化只会影响一个或几个行业,其他的变化则几乎影响了每一个行业。因此,将那些具有广泛影响的技术体系同那些纯粹在当地产生影响的技术体系区分开来显然是有必要的。熊彼特[1]提到"连续的工业革命"并将它们同康德拉提夫的经济长波理论联系在一起。委内瑞拉经济学家卡洛塔·佩雷斯[2]更准确地将从高度盛行的技术体系向新技术体系的变化描述为"技术范例"的变化。她的描述具有强调技术、经济和社会变革的相互依赖,以及表明这种相互依赖的性质的特点。在她的描述中,最盛行的技术是以廉价和较大的投入为特征的,例如煤炭、钢铁、石油或最近的微电子集成电路芯片。在这方面,她的分类与考古学家对石器、铜器和铁器时代的分类有相似之处。但在 19 或20 世纪资本主义体系中,由于在这种经济中存在着减少成本增加赢利的强大压力,新技术的传播变得更为迅速。利用这种成本结构的主要变化,一种盛行的新技术的许多相互关联的应用可以在几十年内全部被开发出来。

新技术起初是以革命性的和不为人所熟知的行事方式出现的,它的经济和技术优势变得日益明显并且越来越大。到新技术成熟时,经济就被纳入新的范例。然而,这种转变是一个痛苦的过程,它导致较老的传统工业、技术、企业、技巧和其他社会机制的衰落以及新机制的产生。一个真正盛行的新技术会导致新的技术群、新一代资本设备、新的基础设施、新的管理程序和组织,甚至新的生活方式——新的看待世界的方式的出现,或借用熊彼特的话,"创造性毁灭波"的产生。大卫·奈[3]在其1990 年出版的关于 1880—1940 年美国电气化研究的著作中,指出了与

---

[1] J. A. 熊彼特:《经济周期:理论、历史和统计分析》。

[2] C. 佩雷斯:"结构变化和新技术在经济与社会体系中的同化",载《未来》15:5,第 357—375 页。

[3] D. 奈:《电气化的美国:1880—1940 年新技术的社会意义》,坎布里奇:麻省理工学院出版社,1990 年。

这种盛行的技术变化相联系的无数语言的变化。诸如"他有一个电报""他的保险丝断了""她触电了"和"他正在充电池"等表述，成了日常谈话的一部分。

在长波理论（或熊彼特所称的"康德拉提夫周期"）中，经济的繁荣和高度繁荣时期是与新技术上升到支配地位相联系的，而冗长的萧条和深度萧条时期则是与经济中的深远结构变革相联系的，而这时则由新的技术经济范例替代旧的技术经济范例。20世纪历史能在多大程度上与熊彼特的期望，以及与卡洛塔·佩雷斯的技术范例变化理论相一致？经济中的这种长周期能否恰好同盛行新技术的兴衰相一致？

第一次世界大战前的时期在欧洲一般被称为"美好的时代"，在欧洲和美国，它被肯定地认为是繁荣和扩展时期。但1950—1975年可能是世界经济所经历的发展最快的时期，甚至连共产主义国家和第三世界国家也加入了这种发展的行列。在这些经济高速增长时期的间隔期，世界经历了大萧条，并在本世纪最后25年再次陷入了所谓的"结构性调整危机"，由此造成了停滞和一些冗长的衰退。因此，20世纪的循环模式大致同康德拉提夫和熊彼特的预期一致。但这是否同新技术的传播一致呢？

在20世纪初如果有人被问及什么是最盛行的技术，许多人可能会回答是电子及其所有潜在的和实际的运用。电动机、变压器、涡轮发电机、电池、照明系统和电缆的许多关键创新在19世纪（绝大多数在19世纪80年代以前）已经完成。在第一次世界大战前十年期间，电的运用被极其迅速地传播到几乎每个工业和数百万家庭，这事实上是同经济迅速增长和繁荣联系在一起的。

在19世纪90年代，新形成的电力工业开始就电气化对工厂组织以及机器布局的影响展开辩论。到1914年，电已明显地为大多数工业带来了工艺上新的灵活性和比较好的工作条件（这是无数电气的应用与创新的结果）。具有自己的电动马达的无与伦比的机器设备，正在取代19世纪工业所特有的由庞大的蒸汽机驱动的旧的复杂的（和危险的）皮带和拉杆系统。印刷、钻石、木材加工、制衣等工业的小企业也从能源的新灵活性中获得巨大好处。大企业藉此能节省大量的能源消耗、地面空间和资本开支。所有这一切都与电子工业的增量发明和创新有关。我们完全有理由将这一时期描述为技术经济范例的一种变化。

正如豪恩塞尔[1]和钱德勒[2]这样的历史学家所生动描述的,这种变化也涉及新的管理结构。新的大型电子企业如欧洲的通用电气公司和西门子,美国的通用电气和威斯汀豪斯,不仅引入了专门化的职业研究和开发部,而且在企业的其他领域如市场营销、会计、人事、技术服务和生产管理方面也引入了同样专门化的职业功能。在许多不同部门中,新的盛行技术实际上的确拥有新一代资本设备、新技术档案、新管理结构和以生产和分配电力给全世界的工业和家庭用户的便利设施为特色的全新的基础设施。电的这种广泛适用性也导致了生活方式和社会行为的重大变革,大卫·奈[3]曾对此进行了出色的描述。

第一次世界大战前,耐用消费品的革命在美国拉开序幕,但这场革命很迟才在欧洲和日本各地展开。这场革命给工业化世界的大多数家庭带来了真空吸尘器、电冰箱、电动洗衣机、电熨斗、收音机和后来的洗碗机、电视和录像机等家电。它的潜能已经显现出来了,但在当时还只是初见端倪。因此,我们有充分的理由将电气化,连同它的巨大基础设施网络,它的普遍传播和多方面的应用一起看做 20 世纪最盛行的一种技术,即使它的根显然是扎在 19 世纪的。

如果我们在 20 世纪 50 年代针对盛行技术提出相同的问题,那么几乎任何一个工程师都将提到电气化,以及汽车、飞机和大批量生产。福特 T 型汽车生产引入的生产线被证明是 20 世纪最具革命性的创新之一,在事实上使上面所提及的耐用消费品革命成为可能,因为它被广泛应用于每个普通家庭都能够支付的各种相对廉价的商品。确实,在 19

---

① D. A. 豪恩塞尔:《从美国体系到大批量生产:1800—1932 年》,巴尔的摩:约翰·霍普金斯大学出版社,1984 年。

② A. D. 钱德勒:《看得见的手:美国经济管理革命》,坎布里奇:哈佛大学出版社,1977 年。

③ D. 奈:《电气化的美国:1880—1940 年新技术的社会意义》。

世纪已经出现了大批量生产技术的端倪,如军用器材和缝纫机制造中使用的可交换元件,或芝加哥肉类包装工业任务的分解和专门化,但福特生产线将大批量生产的哲学和实践变成了 20 世纪美国技术的一个范例。在第二次世界大战期间,美国对卡车、坦克、飞机、登陆艇的大规模生产连同为之提供能源的石油产品,是盟军在欧洲登陆与挺进意大利和德国的决定性因素。在第二次世界大战后,大众消费生活方式和汽车以及其他耐用品的大量生产不仅在美国得到巩固,而且还被迅速地扩展到欧洲和日本。第二次世界大战结束后的 25 年,是世界上有史以来最迅速的经济增长时期,它主要以石油、汽车、飞机、石油化工产品、塑料和耐用消费品的增长为基础。

然而,这种大批量生产的胜利是在经历了 30 年代非常痛苦的世界范围的结构调整后才获得的。汽车和其他产品的大批量生产能力超过了当时非常有限的市场对新产品的吸纳能力。只有在新的社会机制和消费者信贷安排、工资结构、高速公路基础设施和凯恩斯的经济管理模式也随之发展的情况下,才有可能使新的技术潜能同现存的社会机制框架和谐起来。

廉价的石油不仅为汽车和卡车以及飞机提供了极其灵活和普遍适用的能源,也为非常适合大众消费需求的庞大化学产品新家族提供了廉价原料:如塑料包装材料、工程元件、一次性容器、建筑材料,特别是为电子消费品的大众生产所提供的元件。

最后,如果我们在 20 世纪末问假想中的工程师,什么是 20 世纪最盛行的技术,毫无疑问,被问者中的每个人都会提及电子计算机以及相关的通讯和电子集成电路。各种所谓的"信息革命""计算机革命"或"微电子革命",无数相互联系的激进和增量创新正再次改变世界经济的面貌。与 30 年代一样,此时的经济必须再次经历重大的结构调整危机,因为它要痛苦地调整自己,以努力适应新工业的产生、新技术档案的需求、新的贸易安排,以及以计算机网络和数据库为基础的新的世界范围的通讯基础设施。

正如我们已经看到的,技术经济范例的变化不只是各个工业生产和加工技术的激进转变,它也是管理"常识"的变化,这是实现盈利和提高竞争力最实际的方式。20 世纪最后几十年,信息和通讯技术的传播,完全改变了许多最典型的大批量生产范例的原则和实践,这种现在已经过时的大批量生产范例总是与亨利·福特和弗雷德里希·泰勒赞成的有争议的大众生产理想和"科学管理"原则联系在一起的。

这种大批量生产的概念并非总能受到产业工人的欢迎,在查利·卓别林 1936 年主演的电影《摩登时代》中还对这一概念进行了嘲弄。但它们肯定是在本世纪大部分时间里占支配地位的管理哲学,它影响着旅游(包租公共汽车、飞机;包价标准化假日旅游服务)、伙食供应(自助餐、标准菜谱)和分配(超级市场、标准化的预先包装好的产品)这样的服务业,以及制造汽车、洗衣机或标准化元件这样的典型制造业。大批量生产的范围和能力也许最好用以下事实来说明:即使共产主义政权竭力毁灭资本主义社会和资本主义的社会关系,列宁和斯大林仍强烈主张运用福特和泰勒发展的原则。

要改变深深扎根于世界范围内实践了几十年的工业管理方式,绝非易事。但在 20 世纪最后几十年,这种管理方式的主要特征几乎全部受到挑战,在绝大多数先进企业里,这种管理方式已被舍弃,并被与信息和通讯技术传播相联系的全新原则所替代(见表 14.2)。

福特和通用汽车公司这样的企业是以各部门功能分离和多层经理管理为特征的,在 20 世纪 80 和 90 年代,它们被迫转向更有效率的一体化的结构。通过新信息技术连同它在设计、数据处理、机器控制、市场反馈等方面的运用,企业能够对以更地方化的管理体系和将更大的责任转向以地方工厂为基础的新事件作出更灵活和更快的反应。再者,泰勒制的任务分解、简单化和专门化原则必须被放弃,以有利于受过教育、拥有多种技巧的工人。像摩托罗拉这样的企业开始发现,有必要组织自己的"大学",即对他们自己的工人实行全面的教育和培训计划,使他们能应付新技术,尽管这种教育和培训是同其生产场地附近的各种大学和学院合作进行的。

表 14.2　新旧工业组织模式

新　模　式	福　特　制
1. 在全球范围内力图在最大程度上利用整个产业	1. 通过机械化使劳动进行合理化
2. 试图将研究与开发、设计和生产一体化	2. 先设计再制造和组织工作
3. 生产者与用户密切联系	3. 通过中介合同消费者联系
4. "无瑕疵"目标	4. 标准化导致低成本,质量被放在第二位
5. 对市场反应灵活迅速	5. 对稳定上升的需求大量生产,对不稳定的需求批量生产
6. 下放生产决定权	6. 集中生产管理
7. 网络和股份公司从专门化和协作中获得好处	7. 同转包承包商纵向一体化
8. 同选择的承包商长期合作	8. 用转包承包商来稳定周期性的需求波动
9. 将一些生产、维护和管理任务一体化	9. 为提高生产率,将生产专门化
10. 再训练加上普遍教育,使其竞争力最大化	10. 将技巧、训练和教育最低化
11. 用人力资源政策刺激工人的胜任和努力	11. 等级控制——同意给工作较差者以较高工资
12. 经理和工人间明确的长期妥协(通过工作期限和/或分享红利)	12. 顾问式工业关系,集体同意达成妥协
13. "积极的社会"	13. "充分就业"

资料来源:博伊(1990年)。

在各种机制变革中,日本的工业实践似乎走在整个世界的前面。当美国和欧洲企业在 80 年代引导计算机和半导体技术的创新浪潮从而使计算机革命成为可能时,日本企业则在全世界范围内引入和销售新一代设备和集成电路方面,日益起着先导作用。储存、传播和加工信息成本的迅速下降是便利所有信息和通讯技术新应用的"润滑油"。到 20 世纪末,日本和其他东亚国家在利用这种潜能方面似乎处于最佳位置。

一些美国评论家对美国的问题作出诊断,认为它的症结之一在于未能改变管理态度和实践,仍固守着旧的大批量生产范例,这是 1989 年麻省理工学院对美国、欧洲和日本公司进行比较得出的结论。《美国制造》[①]一书描述了美国经济未能适应这种变化的六个基本"症状",包括缺

[①] M. L. 德陶佐斯、R. K. 莱斯特和 R. M. 索洛合编:《美国制造:重新获得生产优势》,坎布里奇:麻省理工学院出版社,1989 年。

乏工业训练,缺乏功能的一体化,缺乏同转包承包商、政府和工人的合作关系,管理思想仍采用旧的"大批量生产"方式等。特别值得一提的是,该书是由麻省理工学院的高级工程师和社会科学家集体编纂的。这些忧虑引起了关于美国在21世纪将失去世界技术领导权的诸多争论。这一评述的最后一部分,讨论了世界技术领导权及与之相联的机制变革问题。

国家创新体系和技术全球化

对"福特制"以及与信息技术相联系的机制变革的讨论,有助于强调技术和机制变革之间密切的相互依赖。熊彼特总是将组织创新和开辟新市场作为创新潮流的基本部分。在他看来,创新潮流是资本主义社会最独特的特征。集中研究这些创新过程的历史学家、经济学家和社会学家,到20世纪最后十年才逐步认识到,国家机制这个大环境能强有力地影响发明活动的频率和方向,以及创新及其传播的效率。

在阿布拉莫维茨[①]、兰德斯[②]和休斯[③]这样的历史学家看来,技术领导权总是相当明显地存在于从一个国家或地区转移到另一个国家和地区的时期;这种变革不仅仅是自然资源禀赋及对其利用的结果。阿布拉莫维茨认为,经济史是各个国家"遥遥领先"和"紧紧跟上"的历史。英国在18和19世纪工业革命中的领导权,不仅以兰开郡的煤和铁或气候为基础,而且显然也是同当时英国机械师、工程师的发明活动以及英国科学家的活动密切相关的。[④] 同样,当美国(和德国)在19世纪下半叶至20世纪初逐渐超过英国时,美德两国的发展也是同"发明浪潮"、新研究

① M. 阿布拉莫维茨:"紧紧跟上、遥遥领先和远远落在后面",载《经济史杂志》,第66期,第385—406页。
② M. 兰德斯:《被解放的普罗米修斯:西欧从1750年至今的技术与工业发展》,剑桥:剑桥大学出版社,1970年。
③ T. P. 休斯:《美国的起源:发明和技术热情》,纽约:海盗出版社,1989年。
④ M. 兰德斯:《被解放的普罗米修斯》。

机构的工作、早期的研究和开发部以及新式的技术教育联系在一起的,这使相对业余的英国体系被远远地甩在后面。最后,20世纪最后几十年,日本对美国技术领导权的挑战以及东亚国家的迅速崛起,显然是再次同发明和创新活动的组织和管理的变化,以及同工业训练的新发展联系在一起的。

正统主流经济理论将外生的技术变革和无代价扩散的假定简单化,与这种经济理论相反,新熊彼特经济学家流派①(像历史学家和社会学家总是强调的那样),强调大多数发明和创新活动的内生性以及技术获得、积累和传播的经常性高成本。受这种批评的影响,主流经济学中的"新增长理论"开始接受"知识积累"(教育、训练特别是研究和开发的费用)是经济增长过程的关键的观点。发展经济学先前强调固定资产的"有形"资本投资是第三世界经济增长的引擎,而1991的《世界银行发展报告》则反映了对无形投资所起的关键作用的新想法。

> ……实际上,在大多数发展中国家,技术变革既不是同步的,也不是外来传播的,因为这些国家存在着进口的和其他的限制。再者,即使所有国家都能获得同样的技术,但如果各个国家的人力资本和采用新技术的激励机制不同,各国的增长率也会不同。"新增长理论"指出:技术变革是外来的,教育和知识产生积极的外在性或日益增长的回报。②

作为20世纪末对经济增长这种新思索的结果,"国家创新体系"引起了研究者的极大兴趣。特别是随着无数对日本体系的研究成果开始被出版,许多管理顾问专门对被认为是日本管理体系主要特征的方面进行推广,如库存管理"不多不少"的方法,"无瑕疵"和总质量控制,研究、开发、生产和市场营销的一体化,以及进行再训练以对付继续创新等。

----

① G. 多西、G. 弗里曼、R. R. 纳尔逊、G. 西尔弗伯格和 L. L. G 合编:《技术变化与经济理论》,伦敦:平特出版社,1988年。
② 世界银行:《1991年世界银行发展报告》,纽约:牛津大学出版社,1991年。

但不是每一个人都确信,在 20 世纪下半叶"迎头赶上"的时期被证明是如此成功的日本体系,在 21 世纪上半叶也能够使日本在"遥遥领先"方面获得同样的成功。一些观察家指出,日本的成功基本上是以技术的出类拔萃和生产的高质量,而不是最初对科学的贡献为基础的。日本人在美国和欧共体专利中所占的份额,远高于日本人在世界科学杂志中发表文章和被引用的份额。① 由于大多数先进技术,包括材料、计算机或生物技术,日益同物理学、化学和生物学的基础科学研究交织在一起,因此,既然日本已达到世界技术的前沿,它将更难保持其技术创新的速度。

其他研究者针对这一点指出,日本对世界科学出版物的贡献尽管仍然相对较小但正在稳步增长。再者,日本电子和化工方面的大公司,在 70 和 80 年代已经认识到加强他们自己的科学研究能力的必要性,并为此建立了新的研究实验室。当日本体系的批评者强调日本大学的弱点以及日本对世界科学特别是对美国大学的依赖性时,其他一些最近的研究②则对此提出了疑问。

在评价这种不同的观点时,我们必须记住,在过去,世界技术领导权并非总是与世界科学方面的领导权相一致的。1870 至 1914 年,当美国在技术和生产方面超过所有欧洲国家,在发明和创新方面也无疑引导着世界潮流时,欧洲在基础科学方面仍起主导作用。根据一些观察家的看法,这种主导作用一直延续到 1939 年。在 20 世纪,科学和技术的联系无疑更为密切。许多研究表明,大多数领域的技术创新需要更新的科学知识和一些科学家的积极参与,但这可以是同全国科学也可以是同世界科学的联系。事实上,同世界科学的联系越密切,技术成功的可能性越大。

这导致了对科学和技术的"全球化"倾向更普遍的考虑。在 20 世纪上半叶,当各公司在本国以外进行生产活动时,它们很少在国外进行研究和开发活动。到 20 世纪下半叶,这种情况越来越普遍。在 20 世纪的最后 25

---

① C. 弗里曼:《技术政策和经济运行:日本的教训》,伦敦:平特出版社,1987 年。
② D. 希克斯和 P. 艾萨德:"科学在日本的公司",载《日本科学与研究杂志》1:1,1987 年 5 月。

年里,美国、日本和欧洲公司也出现了大量不同水平和层次的企业联合、技术联盟和技术交换协议。这些协定大多数涉及电子、新材料和生物化学方面的最先进技术。一般来说,现在日本和美国的大公司可能同"三位一体"(北美、欧共体和日本)工业区内的其他企业有 100 多种类似的协定。从 1992 年起,欧洲的公司在同欧洲内部的企业达成协议方面显得特别活跃,这是因为欧洲实行单一市场,但这一前景也会导致欧洲外部各公司同欧洲伙伴建立技术和市场安排。北美自由贸易区也可能会导致相似的变化。

导致大企业在海外从事研究和开发活动的动机各不相同,但最重要的动机是为了获取世界上最强的科学和技术研究中心的研究成果。这无疑是驱使许多日本和欧洲的公司在美国特别是在加利福尼亚的硅谷,从事生物、信息技术的研究与开发和设立附属机构的主要动机。最近它还导致美国和欧洲的化学和电子公司开始在日本的筑波和其他研究中心从事研究活动。英国在生物和化学方面的基础研究力量也是促使美国的菲泽医药公司和瑞士以及德国的公司在英国开展研究和开发活动的原因之一。国际商用机器公司在欧洲几个主要国家的研究中心存在了几十年,并且是最先发展全球研究和开发网络的公司之一。

在国外设立研究和开发机构的第二个原因是,必须改变产品设计以适应当地的特别要求和规定。这对美国在欧洲,以及最近日本在美国和欧洲的汽车和工程工业跨国公司显得特别重要。据估计,到 90 年代,大跨国公司在国外的研究与开发开支,几乎为它们研究与开发总开支的10%,其中美国和欧洲公司的国际化程度最高。

这些发展导致一些评论家提出了认为现在国境和国家体系不再重要的观点。日本管理顾问小滨健一在他 1990 年与麦金西合写的《无国界的世界》①一书中认为,现在的主要跨国公司实际上是真正的国际公司。然而,尽管出现了全球化趋势,这种估计似乎显得为时过早。甚至在 90 年代初,在日本公司的主要董事会中仍鲜有外国董事,在美国的公

---

① 小滨健一:《无国界的世界》,伦敦:柯林斯,1990 年。

司中外国董事也不多见。再者,最具战略重要性的研究与开发仍然主要
在各国的国内基地进行,海外研究和开发也主要限于追踪活动或相对小
的因地制宜的活动。尽管各国的研究和开发体系不同,教育与训练、经
济刺激和其他机制在 21 世纪也将逐渐变得不重要,但它们在整个 20 世
纪肯定是起着关键作用的。

如果我们对第三世界国家的经历进行检验,这一点甚至更明显。在
60 和 70 年代,一些亚洲和拉丁美洲国家和地区似乎正在从贫困、不足的
投资、技术落后和低增长率的恶性循环中缓过气来。巴西、墨西哥、委内
瑞拉、韩国、台湾、新加坡、香港都实现了高增长率(年均国内生产总值增
长率常接近 10%)。所有上述国家和地区被经济合作与发展组织以及其
他国际组织称为新兴工业化国家和地区,以区别于第三世界国家这一总
称。银行家和各国政府对它们的前景非常乐观,并且通过公私渠道向它
们提供大量的贷款。但随着 80 年代世界经济衰退的到来,东亚和拉丁
美洲新兴工业化国家形成了鲜明的对比。

在 80 年代,东亚新兴工业化国家和地区继续甚至加快了这种高增
长率,而整个拉丁美洲大陆的发展速度则缓慢下来,其人均收入出现了
零增长甚至负增长,并且还负担着庞大的外债。在导致这些差异的许多
因素中,国家创新体系显然起了重要作用。一般来说,拉丁美洲国家用
于研究和开发的费用不到其国内生产总值的 0.5%(巴西略高,为
0.7%),但在这一时期,台湾和新加坡此项费用的开支超过 1%,韩国超
过 2%。更重要的是,东亚国家用于工业的研究与开发的费用在总费用
中占更大的比例,而在拉丁美洲,工业内部的研究和开发费用仍然很低。
这也反映在 80 年代的专利数据上:拉丁美洲的专利数字低、且呈稳定或
下降趋势,而台湾和韩国的专利数则突飞猛进。教育和训练体系也是东
亚取得成功的因素。在"四小虎"中的任何一个国家,其每 10 万人实际
拥有的具有大学学历的合格工程师数都超过了在国际上起领导作用的
国家之一的日本。根据表 14.3 中显示的 80 年代巴西和韩国不同的运
行状况,我们可以明显地看出两国技术能力的差异。韩国计算机化设备

的传播速度非常迅速,其通讯方面的基础设施则更强。

表 14.3 巴西和韩国 1988 年技术能力各种指数

	巴西	韩国
在高等教育三年级的年龄组所占百分比	11(1985)	32(1985)
学工程的学生在人口中所占的百分比	0.13(1985)	0.54(1985)
研究与开发在国民生产总值中所占的百分比	0.7(1987)	2.1(1989)
工业研究与开发在总研究与开发中所占的百分比	30(1988)	65(1987)
每百万雇员的机器人数	52 (1987)	1060(1987)
每百万雇员的计算机辅助设计数	422	1437(1986)
每百万雇员的 NCMT	2298(1987)	5176(1985)
电子设备增长率	8%(1983—87)	21%(1985—90)
每 100 人的电话拥有量	6	25
人均通讯设备销售量	10 美元	77 美元
每百万人口的专利数(美国用法)	3	39

资料来源:弗里曼(1992 年)。

事实上,这些东亚国家在迅速工业化过程中最显著的特征是他们在电子方面的极大成功。包括办公设备、计算机、通讯、元件、电子消费品在内的信息技术设备(ICT 设备),是 20 世纪最后 25 年里世界贸易增长最迅速的范畴,这也是技术经济范畴发生变化的必然结果。因此,任何一个在这些产品的制造、出口和服务方面有巨大利益的国家,在国际贸易上都有较强的比较优势。拉丁美洲和非洲国家通常只能维持初级产品出口和简单的加工业的低速增长。另一方面,东亚的"四小虎"总人口不到欧共体的 1/3,但其 1989 年信息技术设备的出口量在世界总出口中所占的份额超过美国,比法、意、德、英加在一起还要多。整个 80 年代,四小虎信息技术设备的出口在全球出口商品总额中所占的份额每年都在 20%以上。美国这些产品的出口只占全球出口商品总额的 13%,日本为 24%,欧共体只有 7%,拉丁美洲则更少。

在 80 年代,四小虎的迅速增长和繁荣也扩散到东南亚地区的马来西亚、泰国、印度尼西亚等国家,所有这些国家都出现了较快的增长,它们不仅吸引了来自日本的投资,而且也吸引了来自韩国和台湾地区的向内投资潮。80 年代日元的坚挺驱使许多日本公司增加它们对其他亚洲国家包括中国的投资,以分享这一地区的普遍繁荣。上述所有国家和地区都在某种程度上依赖于日本进口资本货物和技术,但同时又都对日本的企业不断形成竞争。尽管这些国家和地区的成功基本上取决于它们自身的"国家创新体系"以及经济和技术政策,但成功的日本体系对它们的影响也是显而易见的。不过,由于高度依赖出口,它们在世界经济的冲击面前仍显得脆弱,90 年代初世界经济衰退又对这一地区提出了新问题。在 20 世纪末,这个世界是否和如何开始同早期的高增长浪潮相类似的康德拉提夫式的高度繁荣,我们对这一点仍不清楚。

然而,20 世纪下半叶东亚各小虎的成功,使我们有理由期望其他第三世界国家在 21 世纪也会通过持续的技术变革,找到一条提高其生活

表 14.4　1965—1989 年第三世界国家国内生产总值增长率比较

年均国内生产总值增长率(%)	1965—1980	1980—1989
东亚	7.5	7.9
南亚	3.9	5.1
非洲(撒哈拉沙漠以南)	4.0	2.1
拉丁美洲	5.8	1.6
每年人均国内生产总值增长率(%)	1965—1980	1980—1989
东亚	5.0	6.3
南亚	1.5	2.9
非洲(撒哈拉沙漠以南)	1.1	−1.2
拉丁美洲	3.5	−0.5

资料来源:《世界银行发展报告》,1991 年。

标准的道路。80年代大多数非洲和拉丁美洲国家实际收入的下降(见表14.4)标志着这一世纪的一个重大失败。事实上,科学和技术的确有助于主要工业化国家的繁荣及其大多数人口生活标准的提高,但世界范围的研究和开发以及其他科学与技术活动的分布在20世纪仍然显得极不对称。除中国和前共产主义国家外,第三世界国家在世界研究和开发中所占的份额不到5%,技术转让协定、专利和许可安排甚至不到5%。东亚国家(包括在这个世纪末的几十年内发展非常迅速的中国)的教训确实是,成功的发展迫切需要自主的研究和开发能力以及其他技术服务的支持。有效地使用外国技术(任何一个国家都有这种要求),只有在产生了独立的技术能力和受过良好教育的人民之后才有可能实现。因此,进口技术和在本国进行研究与开发不是相互独立而是相互补充的活动,两者都是发展过程中必不可少的。

中国、印度、墨西哥以及巴西这些大国可能会在更大规模的基础上成功地实现工业化,这种前景在这个世纪末同时引起了希望和担心。一些环境学家(如麻省理工学院的梅多斯研究小组[①])认为,世界经济在21世纪上半叶很可能会由于非再生资源的枯竭、大规模工业化所造成的污染影响或世界人口的迅速增长而瓦解。但在《增长的限制》一书的最新版,以及该书所依赖的最近发表的计算机模拟模型中,作者坚持认为,通过技术和机制变革的适当结合,我们能够避免这些灾难。

梅多斯研究小组要下点功夫才能驳倒批评者的论点。[②] 这些批评者认为,梅多斯研究小组的模型低估了技术变革在改变最危险的污染威胁、在节约原材料(和替代原材料)以及提高农业生产率方面的作用。在21世纪,如果整个地球要实现可持续发展,就需要大的技术经济范例的变革,这一点在20世纪末已变得日益明显。一个新的"绿色"范例将在

---

① D. H. 梅多斯、D. L. 梅多斯、J. 兰德斯和 W. W. 贝伦斯:《增长的限制》,纽约:宇宙丛书,1972年。

② H. S. D. 科尔、G. 弗里曼、M. 杰霍德和 K. 佩维特合编:《对未来的思考》,伦敦,1973年。

更大的程度上依赖于再生自然能源、再利用原材料、危险污染物的逐步淘汰、工业国家碳扩散的大量减少,以及整个世界对创新和污染采取比较负责的态度。

1992 年的里约会议标志着世界朝达成这一方面共识的方向迈出了富有希望的第一步,但它也揭示了许多潜在的敌对和紧张。很明显,贫困国家不能或不愿意在没有富裕国家提供重新分配式援助的情况下,单独承担洁净技术的所有代价。同时,有一些鼓舞人心的证据表明,洁净技术对开发和使用这种技术的企业不仅有效也有利可图。这些经济优势能得到合适的征税体制和新范例锁定机制所特有的其他机制变革的支持。舆论普遍表明赞成洁净技术,即使有可能付出较高的成本也在所不惜。

在 60 和 70 年代,对大批量生产技术和污染公害的批评产生了一个富有建设性的结果,即为技术评估建立各种机制。美国建立了技术评估署(OTA),在这方面开了先河,一些欧洲国家在 80 和 90 年代紧接着也建立起相似的机制,它们通常对有关的议会负责。技术评估活动产生于下述必要性:民主机制在新的(常常是复杂的)技术创新方面充分征集专家意见,评估其可能的、可以预测的成本和好处,纠正公共辩论中不可避免地同特别提倡这种技术联系在一起的偏见。向绿色技术经济范例的转变肯定会导致这种机制的加强。

但极为重要的是,技术评估不应被简单地理解为一种技术忧虑。新技术在产生巨大危险和代价的同时也会带来巨大的好处,如果完全避免对环境产生无法挽回的伤害,未来几代人就难以维持一定的生活标准或改进生活质量。明智的技术评估将是 21 世纪议会机制最重要的功能之一。这是 20 世纪留给后人的一个沉重负担,但各种技术评估已经出现了一个非常鼓舞人心的特征,这就是荷兰技术评估组织开发的通称为"建设性的技术评估"的技术评估形式。与其他技术评估形式一样,它尽可能多地征集有关专家关于技术的证据。但它也以新的方式听取受到主要影响的利益集团的陈述,其想法是同实际或潜在的创新者继续维持建设性对话,使被察觉到的危险性在广泛传播之前被减少或消除。20 世纪打开了潘多拉之盒,21 世纪则必须对其后果进行限制和控制。

（陈祖洲 译）

第十五章　农业：谷物、牲畜与农民

B. F. 斯坦顿[①]

本章拟对农业部门在 20 世纪所取得的惊人成就提供一些探索。1900—1965 年,世界人口翻了一番,预计到 2000 年将接近于再翻一番。同 1900 年相比,目前世界上有更大比例的人口能够获得足以维持生存的粮食。20 世纪农业生产率令人叹为观止的进步是劳动力与资本的节省,这会造成世界经济的工业、技术和服务部门的巨大增长。本章试图描述使世界农业部门在 20 世纪末比在 1900 年时能多养活三倍人口,而使用的劳动力比例却更小的一些伟大事件与进展。

从 20 世纪 90 年代的眼光来看,1900 年时的大多数农民比今天的现代农民具有更多的共同点。当时,用以耕耘土地、收割庄稼和照顾牲畜的基本动力是农民及其家人,一些雇佣劳工以及家庭饲养的动物如马、骡、驴、小公牛和水牛。每个农场所生产的产品中的相当一部分被用于

---

① 本章的写作受惠于康奈尔大学农业与生命科学学院从事不同领域研究工作的同事所给予的富有见解的评论和建议。我特别要感谢伦道夫·巴克、J. 默里·埃利奥特、罗伯特·赫特、奥拉夫·拉森、埃德·奥耶、罗伯特·普莱斯特德、肯尼思·罗宾逊、丹尼尔·西斯勒、埃德·史密斯、H. 大卫·瑟斯顿和 W. G. 托梅克。他们提供了一些观点和数据的出处,并帮助我改正了一些史实和判断的错误,但疏漏之处由作者本人负责。

养活农民自己和这些家畜。来自一两个关键品种的任何剩余产品都被运往市场销售,或在他们所居住的村庄或农庄就地交易。如果他们生活在我们今天所谓的"发达"世界,就可以将剩余的小麦、稻谷、鸡蛋或黄油等农产品用来支付买回家或订购的衣服、书籍、工具或家具。欧洲与北美的农民通常都进学校学习读书写字,仅够糊口和略有剩余的差异常常微乎其微:他们与印度、中国或非洲中部农民家庭生活标准的差异,远比后来特别是 20 世纪下半叶的差异小得多。

1900 年,世界各地农业家庭所消耗的食物大部分来自他们自己的农场。他们的住宅以及农场上的建筑由他们自己在邻居或当地工匠的帮助下建造。必要的燃料基本上就地取材。那些购买了图书、报纸和杂志的农民利用白天的光线或晚上的蜡烛和煤气灯进行阅读。甚至那些非农民所消耗的相当比例的食物,也是依赖他们自己的菜园和饲养的牲畜来提供的。当时居住在城市的人口寥寥无几,那些居住在小镇的家庭与在乡村谋生的家庭并无二致。换句话说,农业是当时世界的主要职业,商业和贸易活动集中在食物和能产生纤维的物质上:例如,在 1900 年,美国的农业出口额为 9.49 亿美元,占出口总额的 65%;其粮食进口额为 4.18 亿美元,占进口总额的 51%。对世界各大国而言,获得更多的粮食以及能生产更多剩余粮食的新土地,成了驱使他们向非洲、亚洲和拉丁美洲进行领土扩张的推动力。

农业资源与生产率的挑战

日益增加的人口对农业生产率产生了特殊的挑战。在 1900 年前后,全世界约有 16 亿人口,其中一半以上居住在亚洲的广阔土地上。自那以后,统计数字的质量肯定有了提高,但几乎每个人都承认,要从人口统计中获得一个"准确"的数字,几乎是不可能的。因此,下述所有数字都是近似值,不过它们仍然对整个时期以及相对一段时间的变化状况提供了良好的全面概述。

到 20 世纪中期,世界人口增加了 50%。从绝对数字来看,大多数人口增长出现在亚洲,但增长较快的是北美与南美,非洲则稍逊一筹。从时间上来看,在 20 世纪下半叶,特别是在 1960 年以后,人口增长率出现了巨大的上升。1950—1994 年非洲人口增加三倍,提示了这里为何是世界上的麻烦场所之一。面对日益增长的人口,它缺乏生产足够的粮食以应付急剧增长的需求的内在能力。同样,类似的问题在拉丁美洲和南亚的部分地区也存在。

要想了解 20 世纪农业的成功与存在的问题,首先要了解其人多物稀的地区。1994 年,亚洲人口仍然占世界人口总数的 60% 以上。中国有 11.9 亿人口,印度 9.2 亿,印度尼西亚 2 亿,孟加拉国 1.25 亿,巴基斯坦 1.3 亿,这五个国家的人口占世界人口总数的 45% 左右。在这些地区,尽管农业取得了一些大的进展,但一些最大的挑战依然存在。在这个世纪末,人们将更多的注意力转向如何对付非洲几个辽阔地区饥饿人口的长期需求问题。但单纯从数字来看,下个世纪一些最大的挑战可能仍然出现在这五个国家。

特别是在 20 世纪下半叶,人们已作出巨大努力,不仅试图了解经济发展的过程,而且也试图了解农业在这些过程中所起的作用。显然,一些国家的经济同其他国家相比更为繁荣。20 世纪 90 年代,欧洲与北美许多地区粮食充裕,农业出口成为贸易的重要组成部分,农业在国内生产总值中只占很小的比例。这些高收入国家以及其他类似的国家如澳大利亚、新西兰和日本,常常被描述为"工业化的"或"发达的"国家。1990 年,这些国家从事农业的劳动力构成其人口总数的 2%—10% 不等,这与 1900 年的比例形成鲜明对照。例如,在 1900 年,美国的农业人口为 3000 万,占全国总人口的近 40%。对比之下,1990 年,其农业人口约 500 万,仅占全国人口的 2%。

另一组国家常常被描述为发展中国家,有时被称为不发达国家(LDCs),这是对拉丁美洲、非洲和亚洲大多数国家的总称。显然,任何这种笼统的描述都不适于反映这些国家内部以及相互之间的差异。例如,巴西的土地面积同美国相似,包括南部繁荣的工业化地区以及东北部庞大而又贫困的农业区。通常用来表明这个世纪末存在巨大反差的一种方式,是列举一些人口最多的工业化国家与发展中国家的人均国民生产总值。正如我们能看到的,南美大多数国家在 20 世纪 90 年代比非洲或亚洲国家有更高的人均收入。

表 15.1 人均国民生产总值

国　家	人口(百万)	1985[a](美元)	1993[a](美元)
工业化国家			
美国	250	22240	24580
德国	81	21500	21020
法国	58	19260	21530
日本	125	26640	34160
迅速发展的国家(或地区)			
台湾	21	6181	10460
韩国	45	4040	7370
阿根廷	34	6180	7500
发展中国家			
巴西	159	3370	3530
中国	1190	965	1738
印度	920	230	280
孟加拉国	125	175	200
尼日利亚	98	280	340
埃塞俄比亚	59	70	66

a. 按 1993 年各国货币对美元汇率折算。

在 20 世纪,特别是在 1960 年以后,各国经济状况差异的程度大大增加。发展中国家,特别是那些赤贫的国家,甚至难以维持低水平的人均收入。一些国家如埃塞俄比亚、利比里亚、扎伊尔(刚果)的人均收入在 20 世纪 80 年代略有下降,而大多数其他国家则继续增长。对人均国民生产总值的衡量不能反映贫富国家之间的真正差异,并且它显然过高地估计了两者间的差异程度——因为发展中国家经济中大量的生产与服务未进入市场——但它确实有助于表明贫富差距究竟有多大。寻找缩小差距的途径已成为富裕的工业化国家在第二次世界大战后的主要职责之一。

能否获得自然资源是发展农业生产的一个永久性前提。如果令人肃然起敬的托马斯·罗伯特·马尔萨斯在他著名的关于人口增长影响的论文[1]发表200年后能回来考察这个世界,他可能仍会对人类与其粮食供应的竞赛感到震惊。不过这种震惊可能来自对地球人口总数以及他们如何被养活的担忧,而不是对如何满足数以百万计饥饿与营养不良者的迫切愿望的担忧。无疑,他仍然会对人类的未来得出相同的结论,即人口增长快于食物供应将导致贫困、战争和人类灾难。

在20世纪的大部分时间里,人口对国内资源的压力一直是决定世界各种事件的重要因素。在两次世界大战前后的骚乱年月,亚洲与欧洲采取军事行动的理由之一是需要更多的土地来养活人口。战后,这种对土地的需求为国际上前所未有的食品赈济与农业发展基金提供了刺激。

芝加哥大学核能研究所科学家哈里森·布朗在其1954年出版的《人类未来的挑战》[2]一书中,反映了世界上许多人对这一问题日益增长的了解以及由此而产生的焦虑。他呼吁发达世界相对富裕的国家采取新的措施,为世界上4/5的人口提供更多的粮食,正如他所写的,这些人口拥有的粮食"太少"。这本颇合时宜的书反映了战争刚结束后许多人的想法与担心。威廉·沃格特在1948年出版的《通向幸存之路》[3]一书,则是另一个嘹亮的号角。面对有限的资源,国际上必须通力合作才能喂饱世界上急剧增长的人口。

土地就是这种关键的有限资源之一。在统计意义上,谷物生产是谷物种植面积、产量以及谷物种植密度的产物。这是将实际情况过于简单化,但它说明了决定农业产量的一些最重要的制约因素。布朗的著作出

---

[1] 托马斯·R.马尔萨斯:《人口原理》,伦敦,1798年。
[2] 哈里森·布朗:《人类未来的挑战》,纽约:瓦伊金,1954年。
[3] 威廉·沃格特:《通向幸存之路》,纽约:W.斯隆,1948年。

版于 20 世纪中叶,因此其关于世界农业的统计数字比 1900 年所获得的数字更准确。他能够因此报告出,世界土地总面积约 360 亿英亩,其中被耕种的不到 10%,因为其他土地太干燥、太陡、太冷或太荒凉,不适于耕种。20 世纪中叶的挑战是如何将更多的土地用于耕作,如何有效地提高产量,以及如何增加谷物的种植密度。20 世纪末给人印象最深的结果是通过人们巨大的努力,这种挑战的相当部分已经得到解决。但农业生产率方面最容易的成就已经取得,21 世纪的挑战将更难对付。尽管已取得了很大的成就,如自 1960 年以来,国际农业研究中心已提供了经过改良的、高产量的各种谷物种子,但马尔萨斯与布朗可怕的警报还没有解除。

正如世界粮农组织(联合国建立的估计全世界农业产量的组织)所总结的(最近对世界各种类型土地的使用情况的估量见表 15.2),在 1993 年,所有被耕种的农田和生长期较长的作物所占的土地,如果园、葡萄园、咖啡和茶叶种植园,合在一起约占世界无冰表面的 10.8%。在 34 年间,可耕地只增加了 4500 万英亩,基本上是来自先前被用作永久牧场和森林的土地。按百分比计算,其净增份额很小,但同可以转化为农田的土地相比,这已占可用农业土地的较大份额,其中有一些土地可能会因其脆弱性不适于耕种与放牧而很快成为"另类"土地。

表 15.2　1961—1965 年和 1989 年世界农业土地使用情况

用　途	1961—1965[a]	1989[a]	1961—1965[b]	1989[b]
永久性农田[c]	90	104	0.7	0.8
耕地	1313	1373	9.8	10.3
持久性牧场	3043	3304	22.7	24.7
森林和林地	4063	4087	30.3	30.5
其他土地	4881	4522	36.5	33.7
总计	13390	13390	100.0	100.0

资料来源:世界粮农组织 1975 年和 1990 年生产年鉴。

a. 单位:百万公顷

b. 占总数的百分比

c. 对一些国家的估计

在亚洲与北美,人均可耕地的对比最为明显。世界60%的人口分布在亚洲,但在这个大陆只有32%的可耕地被用于一年一熟和四季生长的谷物生产。北美的可耕地占世界可耕地的18.7%,但人口只占世界总人口的7%。显然,土地适于种植何种农作物、产量如何取决于许多因素,包括雨量的大小、生长期的长短、土壤的质量与结构、土地的坡度、地形状况以及灌溉潜能等。在前苏联、加拿大和美国,人均可耕地相对较多,但每英亩的产量不如印度、印度尼西亚和中国的一些每年固定种植两三季谷物的灌溉区。但对各大陆使用农田的总结(见表15.3)的确表明,在世界人口最稠密的地区,不能指望靠土地的增加来实现21世纪粮食生产的增加。

表15.3　1989年各大陆已开垦农田和永久性农田(百万公顷)

大陆	已开垦农田	永久性农田	总数	1961—1965年以来的变化
亚洲	421	32	453	+5
北美和中美	267	7	274	+17
苏联	226	4	230	+1
非洲	168	19	187	−11
欧洲	126	14	140	−12
南美	116	26	142	+59
大洋洲	49	2	51	+15
总数	1373	104	1477	+74

资料来源:世界粮农组织1990年生产年鉴。

从很早开始,获得合适的雨量或新鲜的灌溉水资源对农业就非常重要。人们普遍认为,早在公元前5000年灌溉农业就开始了。显然,随着时间的流逝,用地表水或地下水进行灌溉已变得日益重要,在热带和亚热带地区则更是如此,它使这里每年收获两季以上的作物。

集约农业中灌溉的大量增加基本上是20世纪才出现的现象。如果二战后数年内没有出现灌溉农业技术的发展、高产量的新谷物种子和相应的技术投入,马尔萨斯的可怕警告将会变成现实。1900年,世界灌溉面积为4000万公顷,1993年,获得补给水的地区增加到约2.5亿公顷。对有些国家而言,灌溉地成为其粮食生产的根本。例如,雷吉利①估计,巴基斯坦粮食产量的80%来自灌溉地。在其他大国中,中国农业产量的70%依赖灌溉地;印度、智利和秘鲁各为55%,印度尼西亚为50%(见表15.4)。

表15.4　1950年、1970年和1985年大陆灌溉面积(百万公顷)

大　　陆	1950	1970	1985
亚洲(包括苏联的亚洲部分)	66	132	184
欧洲(包括苏联的欧洲部分)	8	20	29
北美	12	29	34
非洲	4	9	13
南美	3	6	9
大洋洲	1	2	2
全世界	94	198	271

资料来源:皮尔斯(1990年),《粮食来源》。

这种灌溉农业的迅速扩展并非没有重大问题。地下水位必须低于谷物根区,否则就会发生水涝和盐渍。灌溉系统的维护与效率依赖于有效的排水系统与水控制。随着世界上建造以提供电力、水控制和灌溉的大型堤坝逐渐充满淤泥,现在人们开始更充分地了解到在大的河流体系拦截淡水可能会造成的生态影响。在世界上一些比较富裕的国家,其社会正在对水的分配体系提出变革要求。由于淡水被认为是对我们的生存至关重要的稀缺资源,人们越来越多地关注21世纪的地下蓄水层和水资源。

那么,如何生产出人们所需的粮食呢?世界农业生产可以接受的近似水平是20世纪下半叶的生产水平。这是联合国指示世界粮农组织用一致的程序收集每个国家每年估计农业产量的一个持久成就。尽管统计数据有限,但仍能清楚地显示出,从1900年直至第二次世界大战后,

---

① W.R.雷吉利:"世界的灌溉和排水",载W.R.乔丹编:《世界粮食供应中的水源和水政策》,得克萨斯:A&M大学出版社,1987年。

在亚洲、非洲与中美洲部分地区很难生产出足够的粮食以满足人口增长的需要。布朗与芬斯特布奇①列举了造成 50 万人以上死亡的饥荒,包括印度 1899—1900 年以及 1943—1944 年的饥荒;俄国 1920—1921 年与 1932—1933 年的饥荒;中国 1920—1921 年和 1929—1930 年的饥荒;东非 1918—1919 年的饥荒。日本需要额外的土地来养活其日益增长的人口,它在朝鲜、中国北部和太平洋进行的军事扩张部分是出于这个动机。

在 19 世纪科学与耕作进步的基础上,20 世纪上半叶在研究与扩展服务方面的公共和私人投资,为 1950 年后农业生产率的飞跃奠定了基础(参见表 15.5,15.6)。在 40 年的时间里,由于世界许多欠发达国家的发展颇为显著,农业产量的上升快于人口增长的速度。"绿色革命"与"农业工业化"等词被许多人用来描述这种明显的过程。首先,有必要对这一成就的广度进行评述;其次,我将寻求描述与分析一些造成这种巨大变化的因素。

表 15.5　1948—1952 年和 1990 年世界重要农作物面积和产量

	面　　积		产　　量	
	1948—1952[a]	1990[a]	1948—1952[b]	1990[b]
谷物:				
小麦	133.2	231.5	140.1	595.1
水稻	102.4	145.8	163.9	518.5
大麦	43.5	71.5	52.5	180.4
玉米	86.3	129.1	138.6	475.4
小米、高粱	87.1	82.0	54.3	88.0
燕麦和黑麦	51.9	38.4	69.0	80.7
总数	504.4	698.3	618.4	1938.1
其他作物:				
土豆	14.9	17.9	167.4	269.6

① 莱斯特·R. 布朗和 G. W. 芬斯特布奇:《人类及其环境:粮食》,纽约,1972 年。

续表

	面　　积		产　　量	
	1948—1952[a]	1990[a]	1948—1952[b]	1990[b]
甜土豆、山药	9.3	11.9	70.2	131.7
木薯	5.9	15.6	52.0	157.7
豆类	37.1	68.9	22.5	59.4
大豆	15.5	56.3	16.4	107.8
总数	82.7	170.6	328.5	726.2

资料来源:世界粮农组织,1959 年和 1991 年生产年鉴。

a. 百万公顷

b. 百万公吨

表 15.6　1948—1952 年和 1990 年世界农作物产量的增加

(每公顷产量)

	1948—1952[a]	1990[a]	1990 为 1945—1952 的百分比
小麦	1050	2570	245
水稻	1600	3560	223
玉米	1600	3682	230
大麦	1210	2520	208
小米、高粱	620	1070	173
燕麦和黑麦	1330	2100	158
土豆	11240	15100	134
甜土豆、山药	7550	11060	146
木薯	8810	10090	115
豆类	610	860	141
大豆	1060	1910	180

资料来源:世界粮农组织,1959 年和 1991 年生产年鉴。

a.每公顷公斤

在 1950—1994 年间,世界粮食产量翻了三番,但种植谷物的农田面积只增长了 36.7%。大多数粮食总产量的增长是与平均产量和谷物密

度的增加联系在一起的。供应世界一半以上人口的主要谷类食物小麦
与水稻产量的增长是农业的主要成就。许多发展中国家的食用粮食,以
及世界其他地区畜牧业的主要饲料玉米和大麦的产量同样取得了很大
的发展:大麦产量比1950年增长了两倍,玉米产量增长了三倍多。但
1994年用于生产小米、高粱、燕麦、黑麦的土地减少,因此其产量未能出
现同样的增长。

在同一时期,用于种植块根作物的土地面积有很大的增加——土
豆、山药、木薯是许多人口对土地资源明显产生压力地区的主要热量来
源,但其中增长最快的是豆类,这是蔬菜蛋白与油的主要来源。

20世纪下半叶农业生产率提高的相当一部分来自平均产量的巨大
增长。现在,三个主要谷类粮食即小麦、水稻与玉米,每单位面积土地的
产量都比40年前增加了一倍多。绿色革命在很大程度上与上述三种谷
物产量的提高有关,特别是在发展中国家的灌溉区。1990年每个农民实
现的平均产量常常是1970年的三到四倍。尽管最初的高产量使进一步
发展比较困难,并且农业科学家实际上很少致力于改良块根作物的品种
并提高其产量,但这些作物的产量仍取得了较大的增长。

在人口压力巨大的灌溉地区,种植密度也在迅速增长。在中国和印
度一些条件较好的地区,一年种植两至三熟。蔬菜的生产在城郊也特别
重要,这里通常采用与动物饲养和商业肥料相结合的多种经营和集约
农业。

产量增长是如何实现的

在第二次世界大战结束时,世界各地农民与农业所面临的挑战是巨
大的。即使在最好的情况下,任何类似论证战后农业成就重要原因的努
力也是不全面的。许多国家、组织和机构基本上都对农业的发展作出了
自己的贡献,这些贡献汇集起来就变得更大。随着个人与各个国家为了
自己的最大利益设法消除饥饿,增加农业产量,这种个体努力就成为一

种真正国际性的努力。

在第二次世界大战结束后缔结历史性和平时,胜利者开始帮助失败者重建其经济,也就是说提供重建更稳定与更和平社会所需要的粮食与资本,同时为以前的一些殖民地和保护国提供建立新的独立国家的可能性。1946—1948 年的马歇尔计划建立了发展国际合作的成功标准,教会组织与私人组织调配新的人力和物力,支援身处发展中国家和海外属地面对饥饿、饥荒与剥夺的人民。大众通讯的传播使得第三世界问题成为世界范围听众关注的核心,各国的领导人接受了在国际援助中起更积极作用的挑战。在 20 世纪 50 和 60 年代,随着国际上致力于帮助世界上处于下层的人们开始成为富裕国家的职责,这些国家建立了特别的机构和组织,以协同联合国与世界银行采取共同行动。现在,为援助机构提供基金基本上成为几乎所有富裕的西方国家外交政策不可分割的部分。输送紧急救援食物和为农业发展提供技术援助成为这些计划的基本内容。

农业科学与技术经历了重大进步。19 世纪下半叶,农业化学家尤斯图斯·冯·利比希、博物学家查尔斯·达尔文等人的研究开始改变大学教育的面貌:农业化学、自然科学、土壤研究成为大学课程的一部分。农业试验站在欧洲各地的建立,农业社团和农学院的形成,研究和教育公共基金的分配(尽管起初数量不多),有助于新的农业科学与技术的发展。各种科学杂志报道热带与亚热带地区庄园管理者与植物园主的试验结果,他们开始在当地培育各种有前途的植物种子,并在各种土著庄园试验繁殖和耕种技术。现代农业的时代开始了。

表 15.7 　1948—1952 年、1970—1971 年和 1989—1990 年农业
使用的拖拉机数[a](百万台)

大陆	1948—1952	1970—1971	1989—1990
欧洲	0.99	6.10	10.38
苏联	0.60	1.98	2.69

大陆	1948—1952	1970—1971	1989—1990
北美	4.04	5.57	5.73
南美	0.09	0.41	1.10
亚洲	0.04	0.76	5.35
非洲	0.09	0.37	0.58
大洋洲	0.16	0.43	0.42
世界总数	6.01	15.56	26.24

资料来源:世界粮农组织生产年鉴。

a. 动力耕作机和园林拖拉机未计入

然而,机械化是一个关键因素,并且在本世纪仍将是一个关键因素。到 19 世纪下半叶,工业化国家开始建立机械化农业,诸如收割机、脱粒机以及钢铧犁这样的发明使一个农业工人能做更多的事,同时又减轻了农业劳作的单调。随着 20 世纪的到来,利用电和汽油而不是马或牛作动力的机器不仅节省了人力劳动,而且也节省了耕畜所需的饲料。不同功率和形式的拖拉机,从亚洲的电动耕种机到北美平原的联合收割机,使成千上万人从土地中解放出来,转而从事其他工作。机械化不仅节省了劳力,而且也减少了耕种的单调乏味,通过减少劳动步骤,加快重复劳动的速度,减少了没完没了的提、运、弯腰等人力劳动(见表 15.7)。仅就美国而言,将以前用于生产马和耕畜饲料的大量农田用来生产粮食就可节省大量的土地:当汽车、卡车和拖拉机等代替马匹后至少节省了 6000 万英亩土地,或全国农田的 15% 以上。如果每英亩土地生产 1.5 吨粮食,根据平均热量消费标准,这些土地将可以养活亚洲的 6.3 亿人口。

拖拉机基本上是 20 世纪的产物,源于 19 世纪末的蒸汽犁和第一代内燃机。最早将拖拉机固定地用于耕作以及动力输出装置的想法——即将拖拉机的动力用来操纵它后面的机器如收割机等——出现在 1910—1920 年,在 1940 年以前,我们今天所知的标准拖拉机已经出现:

其主要组成部分包括橡胶轮胎、动力驱动和高压缩机。在战后紧接着的几年里,世界上2/3的拖拉机出现在北美。到1970年,欧洲的拖拉机数量已超过美洲。到1990年,如果算上动力耕种机和履带拖拉机,亚洲的拖拉机数量最大。

农业的机械化不只限于拖拉机、卡车和电力,但这些动力在新机器中的使用,连同其他领域的技术进步,使过去40年的许多重大进步成为可能。例如自我推进式机械收割机使用电子感应装置和压缩控制改进收割的速度,减少了对手工劳动的需求。从有机械头脑的农场主和工程师的独创性中,大多数种植谷物与饲养牲畜的活动获益匪浅,他们找到了运用机械原理并用机械执行重复劳动的实际方法。接下来几十年的挑战是将机械化推广到发展中国家的小农场,并提高其生产率和减少其操作的危险,这种可能性在日本等东亚国家已经被证实。

农业科学的发展也对粮食产量的增加产生了明显的影响。1900年,在荷兰、德国与奥地利各自独立从事研究工作的三位科学家,重新发现了奥古斯丁派修士格雷戈尔·孟德尔神父在奥地利对豌豆所做的历史性工作。他们开始报告各自的研究成果。尽管孟德尔的基础研究的重要性在其生前未被承认,但他现在被承认是"遗传学之父"。从他的研究中,种子改良和植物培育获得了比较坚实的科学基础,这也是农业科学与技术得以发展的另一块基石。

在20世纪上半叶,农业科学有了重大发展,它包括公共和私人科学研究基金的扩展,以及从植物学与生物学中发展出植物病理学、昆虫学、植物生理学、作物学、遗传学和微生物学等专门科学。随着自然科学家开始需要系统的程序以解释他们试验的结果,统计学与生物统计学也就成了独立的学科。对于越来越多的科学家来说,其职业追求是更好地了解自然的运行规律以造福人类。

出生于1900年的巴巴拉·麦克林托克就是这些早期试验者之一。她是一位植物学家兼植物育种学家,毕生在康奈尔(1927年获博士学位)、冷春港、长岛等地从事谷物研究工作,1941年加盟华盛顿的卡内基研究所。她坚持认为,基因不一定按染色体永远固定在一个地方,而是可以"变换的",并引起基因表达方式的变化。对她的开拓性工作的承认在 1983 年最终到来,她成为第一个作为个人而不是团队一员获诺贝尔奖的美国女性。她获奖后在《科学》杂志上所作的评论体现了她一生中一种不可思议的进步观:

> 我很高兴目睹和亲身经历了过去 60 多年基因概念革命性变化所产生的激动,我认为我们目前正再次经历这样一种革命,它正在改变我们对染色体组的看法,包括其构成部分、组织、流动性及活动模式。①

在战后时代,随着一个发现有利于另一个发现的产生,基础生物学和农业科学的领域迅速扩展。在詹姆斯·D. 沃森 1968 年出版的描述本人单独研究工作以及与法兰西斯·克里克联合发现 DNA 结构的《双螺旋》②一书中,人们能感受到生物学的激动。该书读起来就像悬念迭出的小说。加利福尼亚理工学院的莱纳斯·波林和剑桥大学的沃森小组争着解决神秘的 DNA 之谜,并抢着出版自己的成果。他们的大推进——了解生命最基本的机制如何并为何运转——使其他人能依赖他们所积累的知识在 20 世纪农业方面继续取得大的进步。

这种进步之一体现在 20 世纪 60 年代绿色革命所依赖的"奇迹种子"。诺曼·博洛格这样的开拓者最早开始这方面的工作,他选择并建立了先进品系得以建立的近亲现代培育品种。组织培养始于 20 世纪初,第一个成功的试验于 1907 年完成。这一技术在 20 世纪 60 年代成为农业科学的基本技术,人们能够利用它将单个细胞培养成为整株植物,这使起初未曾料到的基因控制成为可能。20 世纪下半叶的科学与试验为生物技术的发展提供了基础,使之成为改善生物组织基因构成的机制。正如全国研究委员会在 1987 年定义的,基因工程——即"识别特殊

---

① 巴巴拉·麦克林托克的引文参见《科学》第 226 期,1984 年,第 792 页。
② 詹姆斯·D. 沃森:《双螺旋》,纽约:科学协会,1968 年。

基因(这种基因将组织内理想特征进行编码)并将它分离出来,研究其功能与调节机制,将它修改后重新植入自然受体或其他组织的能力"[1]——已成为现实。现在,如何利用这些进展引起了世界上公共和私人部门成千上万科学家的高度关注,但现在对植物育种学家、植物病理学家、农学家和其他人的需求依然存在:这些具有新的潜能且基因已经改变的植物仍须经受检验,以适应它们生长的许多不同环境。

　　1960—1980 年改变了许多发展中国家农业面貌的绿色革命,是新种子、新技术、新耕作实践、大量肥料的使用和新灌溉水供应的联合产物。供应必要的植物营养物是这种成功的关键因素,它建立在 19 世纪尤斯图斯·冯·利比希在吉森大学研究工作的基础上。大多数农业科学家认为冯·利比希是农业化学之父,因为是他证实了在土壤中不同矿物元素的重要性,并研究和开发了化合肥料以作为对植物残根和动物肥料的补充。

　　一些承认氮、磷、钾在植物营养中的作用,并最先研究镁、钙、硫磺、铁对植物生长作用的基础科学也在 19 世纪初出现。随着发达国家农业工业化的开始,对氮-磷-钾资源的寻求不再囿于其科学上的价值。第一次世界大战的一个副产品是发现制造炸药的过程也适用于硝化肥的基本成分即氨的生产过程。在第二次世界大战前几年,检验土壤酸性与肥力的实际方法得到发展,氮-磷-钾复合肥料的供应渠道得以建立,获得了廉价能源的渠道。结果,商业肥料工业得以扩展,以满足国际需要。

　　按照 1990 年的标准(见表 15.8),在战后紧接着的几年里,世界上使用的商业肥料并不多:在每年使用的 430 万吨氮肥和 630 万吨磷肥中,3/4 被用于欧洲与北美;在 460 万吨碳酸钾中,85％被用于这两个大陆。在接下来的 20 年里,供应必要养料的能力得以扩展,商业肥料的使用在全世界更为普遍,在亚洲尤甚。1970 年,亚洲农民使用的商业氮肥为

---

[1] 全国研究委员会,1987 年。

1950 年的 12 倍,与 1950 年的肥料用量相比,1970 年全世界消耗的氮肥增加了 7 倍,磷肥为 3.16 倍、碳酸钾为 3.26 倍。磷肥和碳酸钾的主要用户仍然是发达国家的农民,但用商业肥料补充现存土壤养料的好处正在被世界越来越多的人所了解。

到 1993—1994 年,亚洲使用的氮肥数量超过欧洲、前苏联与北美的总和。能够生产所需肥料的植物分布在亚洲主要国家。尽管用以传送肥料的分配体系正在扩展,但其基础设施——特别是在远离主要运输体系的农村——仍需进一步的改进。在许多发展中国家,其检验土壤、了解养分含量以及将商业肥料同种子合适地联系在一起的能力,仍处于早期阶段,然而,在为世界范围内的农民制造和传送基本植物营养物方面已取得的进步是最近 40 年的重大进步之一。

表 15.8　1948—1952 年、1970—1971 年和 1989—1990 年
世界每年消耗的商业肥料数(百万公吨)

大陆	1948—1952	1970—1971	1989—1990
氮肥:			
欧洲	1.92	9.67	15.37
苏联	0.28	4.61	10.04
北美	1.25	8.29	11.24
南美	0.07	0.59	3.88
亚洲	0.63	7.44	37.20
非洲	0.14	0.85	0.90
大洋洲	0.04	0.16	0.45
世界总数	4.33	31.61	79.08
磷肥(磷酸盐):			
欧洲	2.64	7.82	7.44
苏联	0.44	2.21	8.14
北美	2.11	4.92	4.56
南美	0.09	0.65	2.46

大陆	1948—1952	1970—1971	1989—1990
亚洲	0.32	2.57	13.35
非洲	0.18	0.57	0.65
大洋洲	0.49	1.07	0.75
世界总数	6.27	19.82	37.35
钾肥(碳酸钾):			
欧洲	2.51	7.48	8.17
苏联	0.42	2.59	6.36
北美	1.34	4.26	5.08
南美	0.03	0.43	2.08
亚洲	0.19	1.33	4.57
非洲	0.04	0.24	0.34
大洋洲	0.03	0.20	0.25
世界总数	4.56	16.53	26.85

资料来源:世界粮农组织,1959 年、1971 年和 1990 年生产年鉴。

发展农业杀虫剂,减少谷物在收割前后由于疾病和虫害感染而造成的损失,是 20 世纪农业的另一项重大成就。在世纪之交,组织培养与生物控制是可行的基本选择。在 20 世纪末,人们正在作出较大努力以再次使用它们。尽管全世界都强调一体化的虫害管理(IPM)的重要性,但是,把由大自然和农民提供的生物控制与化学控制的方法结合起来仍是必要的。

在 20 世纪初,在西方世界普遍使用的是一些相对粗糙的化学杀虫剂,如硝酸、砷,特别是除草剂和其他的机械控制杂草方式。在第一次世界大战后,在德国发展起来的基础化学科学生产出了滴滴涕、狄氏剂和阿氏剂,后两者是根据合成这些化合物的科学家的名字来命名的。战争年月相似的增长产生了开发类似苹果酸与硫磷这样的杀虫酸代磷酸盐的化学。在同一时期,人们所熟悉的除莠剂 2,4-D 和 2,4,5-T(橘剂)

被合成。

试验表明,这些化学创新也付出了代价。战后时代,出现了更复杂的、在生态学上可以接受的杀虫剂。雷切尔·卡森是美国渔业和野生动物服务机构的科学家,1952年因《我们周围的海洋》一书获全国图书奖,并引起了全世界特别是生态学家与化学工业界的注意。她的最后一本书《寂静的春天》(1962年)①中的第一章"明天的寓言"全面描写了滥用化学杀虫剂的后果。她呼吁我们要善待地球。该书作为结论的一章"其他道路",建议使用生物的、基本上是非化学的方法来控制虫害。由于20世纪70和80年代的巨大努力,使得商业化农业沿这一目标发展,并且现代化学、生物工程、农业生态学与农业科学仍继续朝这一主要目标发展。这条路的尽头是什么还不清楚,但这种值得实现的目标仍然是21世纪应该追求的目标。

与此同时,随着谷物产量的增加,牲畜的数量与产量也随之增加,20世纪动物科学领域也由此取得了自己的长足进步。可以获得的某些国家准确的牲畜产量数据非常有限,但自20世纪60年代以来,其向上发展的趋势是明显的(见表15.9)。最大的增长在于家禽(通常这是将粮食转化为肉与动物蛋白最有效的办法),其数量在过去30年里增长了150%。随着收入的提高,对牲畜产品的需求也随之增长:发达与发展中国家的高收入者从穷人那里夺得牲畜生产所需的粮食。但在许多发展中国家,饲养牛、山羊、绵羊是将牧场与草地转化为当地食物重要部分的惟一有效办法。

表15.9 1961—1965年和1990年世界牲畜数和世界粮农组织的产量

类　别	1961—1965	1990	增长数(%)
世界总数(百万头):			
各种牛	988	1279	29
绵羊	1015	1190	17

① 雷切尔·卡森:《寂静的春天》,纽约:福西特,1962年。

续表

类　别	1961—1965	1990	增长数(%)
山羊	377	557	48
猪	531	857	61
水牛	112	141	26
鸡	4297	10740	150
鸭	89	573	544
火鸡	74	257	247
类别	1961—1965	1990	增长数(%)
产量(百万公吨):			
牛奶	324	476	47
各种奶酪	7.28	14.65	101
黄油和酥油	5.57	7.76	39
鸡蛋	16.25	35.76	120

资料来源:世界粮农组织 1975 年和 1990 年生产年鉴。

随着从生物科学借鉴而来的试验与应用在农场实践中被检验,在 19 世纪被恰如其分地称为动物的科学管理——强调是由农民的经验中学到的——成为动物科学。对动物的营养、喂养、生育生理学、疾病控制、管理等的科学发现取得了进展,对人类及其进化的科学发现也同时得到发展。总之,许多有关人类健康和行为的知识都是以对实验室动物进行的实验为基础的。

人类与动物营养方面的一大进步来自英国生化学家弗雷德里克·霍普金斯,以及波兰科学家卡西米尔·芬克在 1906—1911 年的独立研究与工作。他们发现蛋白质、脂肪、碳水化合物、矿物质不是食物中全部的必要成分。他们认为人与动物都需要"至关重要的胺"——这种物质很快被命名为维他命。这一发现导致了随后的维他命 A 以及其他脂溶性和水溶性维他命的发现。在随后的几十年里,人们不断地识别出许多必不可少的氨基酸、微量元素和脂肪酸。到 1917 年,关于动物营养的第一批著作,如亨利和莫里森的《饲料与喂养》等开始出版。①

20 世纪下半叶,人类与动物的营养要求被更详细地加以定量;分析饲料营养成分的方法得到发展;细菌在食草动物体内的消化过程中所起的作用得到详尽阐述;尿素在牛和其他反刍动物喂养中的地位得以确立;对营养成分新陈代谢的生化和生理过程的了解也取得了进展。现在,科学家的研究逐渐地集中在细胞内营养用途的调控上,他们期望通过生物技术的运用所获得的有关这些基本过程的知识,在生物效用方面取得更大的进展。

俄国的伊凡诺夫和米兰诺夫有关人工授精的试验最终导致了这一技术于 20 世纪 30 和 40 年代在欧洲与北美的实际应用。随着抗菌素的发明、父本选择群体遗传学的发展、冷冻和保持胚种能力的提高、再生生理学知识的丰富,农场和牧场的动物饲养在世界范围内取得了大踏步的进展。战后,内分泌学与生理学的发展导致成功的胚胎从被选择的母牛转向受体,使选择优良亲本成为可能。将优良胚胎培养成纯种细胞以及生产转基因动物正处于试验阶段。牛奶生产效率的提高很大程度上取决于父本选择方法、人工受精、营养的改进、畜群的健康、制奶设备与管理等因素的共同作用。1900 年,美国每头奶牛年均奶产量 3600 磅,到 1950 年增长了 59%,达到 5300 磅。在接下来的 25 年里,产量基本上翻了一番,达到 1.05 万磅。到 1994 年,产量再次增加,平均每头奶牛达到 1.61 万磅。

养殖业的另一个巨大变化发生在家禽业。1900 年,欧洲与北美典型的农业家庭都饲养一些鸡鸭,以提供禽蛋和用于特殊场合的晚餐。农场妇女倾向于积少成多,用积攒的禽蛋到市镇换回供应品。二战后,情况发生了很大的变化。由于家禽从孵化到发育成熟的周期比其他动物短,对基因、营养和动物健康的研究方面的重大进步在得到检验后更迅速地转向家禽业。在 1950—1980 年,随着室内气温的控制、食物抗菌素的使

---

① W. A. 亨利和 F. B. 莫里森:《饲料与喂养》,迈德森:亨利-莫里森有限公司,1917 年。

用以及喂养与禽蛋分拣的机械化,全世界家禽肉类与禽蛋的生产发生了革命性的变化。在西方世界,农场散养禽群已基本消失。禽类生产目前可能是所有农业企业中最工业化的,其技术传播到世界上能不断获得食物、水、电力和技术管理的各个地区。

在 20 世纪最后 20 年,消费者对食品安全的关注使农业生产新技术的使用标准又增加了一项条款。富裕国家的公众在对饮食、人体健康、食品安全日益关心的同时,对更瘦但含有更少胆固醇肉类食品的需求也随之增加。加快将饲料转化为牛肉、猪肉、鸡肉、蛋和牛奶过程的饲料添加剂和抗菌剂的使用现在也日益受到监督。问题在于,如何保证禽肉类消费品中不存在动物使用过的药物或添加剂的"残留物"。在撰写本章时,使用动物生长激素——由使用重新合成的 DNA 技术发展而来——来生产比较瘦的牛肉和提高牛奶产量的做法正在受到检验与公共监督。在家畜大量集中的地方,管理的浪费现在是一个重要的担心。

保存食品的需要对食品保存业自身提出了挑战,也导致了食品科学领域的产生。19 世纪,热加工和机械冷冻技术在西欧得到发展,在整个世界被当做理所当然的食品保存方面的大多数进展,是在这个世纪通过公私研究的联合来实现的。包装方面的进步——包括基本营养、色泽和味道的保持、微生物和食物腐败的控制——是微生物学家、食品化学家、技术专家以及广大产业工人共同努力的结果。食品加工者和制造商为了自身利益严格遵守食品安全与质量标准。他们这样做不仅是因为市场竞争,还因为如果他们的食品被指认引起健康的损害,他们将会受到公共调查并承担受审费用。在 20 世纪,各国政府建立和扩展了调控重量和度量的机制,建立了卫生和审查的标准,规定了应当清除和可以保留的食物添加剂的程序。由于这些步骤,高质量的新鲜和经加工的食物更加固定地出现在国际贸易中。食品工业中从农场到市场各个环节的相互依赖变得明显,因为种子、种植与收获的时间、营养方法等都要同食品加工者一致起来,后者反过来又与购买者和消费者的市场要求相一致。

一些新的机制对农业也有明显的影响。建于 1945 年的联合国粮农组织,源于 19 世纪和 20 世纪初的一系列国际努力。1891 年,总部设在海牙的国际农业委员会公布了这样的计划:"检验农村经济,提供公众感兴趣的技术信息,促进国际上农业产品生产与销售组织的产生。"[1]类似的会议和机构也重申了这一意见。在 1905 年意大利国王主持召开的 74 国会议后不久,国际农业机构在 1908 年成立了。该机构开始出版有关农业交易商品、价格和植物疾病的资料,后来因世界粮农组织的建立而被解散。

世界粮农组织的前身是 1943 年罗斯福总统主持召开的联合国战时食品和农业会议。1945 年 11 月,该机构开始活动,此时正是世界许多地区的食物严重匮乏的时期。该机构的成功和幸存受惠于其第一任总干事、苏格兰的约翰·博伊德·奥尔。他使新组织打上了被国际学者公认的烙印。《纽约时报》称他在 1936 年出版的《食物、健康和收入》一书,是该年度最重要的著作。奥尔主张改进人类的营养,增强国际合作,并凭借此书于 1949 年获诺贝尔和平奖。在第一届粮农组织执委会主席、来自法国的安德烈·迈耶教授,以及欧洲和北美领导人的支持下,后来各国都参加的有用的国际组织建立了。该组织的宪章不如其最早的领导人所寻求的那样充满进取心,而是集中于持久地收集、分析和传播农业资料;在饥荒、饥饿和不幸时建议采取国际行动;为成员国的农业问题提供技术资助等方面。[2] 20 世纪末,它向世界各国发布粮食平衡信息,为发展中国家提供短期技术援助,充当国际农业数据交换中心。

其他新机构也得到发展。在二战期间,人们普遍承认,有的人有足够的食物来维持生存,而另一些人则严重匮乏,这种情况在许多地方常常被交织在一起。例如印度和中国人民严重的艰辛和饥荒问题,远不是仅靠富裕国家农业使者、私人基金、慈善组织和政府温和的努力就能改

---

① A·迪布雷斯·S. 马切锡奥:《粮食与农业组织》,多德勒克:马蒂纳斯,1991 年。
② 同上。

变的。尽管在第二次世界大战前发展中国家就已经出现了试验站和农业科学，但令人遗憾的是，它们的努力收效甚微。

战后，国际社会以前所未有的规模发起帮助各国社会自食其力的国际援助项目。这种技术和财政的援助来自包括公共和私人的各种渠道，每种渠道都有其侧重点，如使人们开始承认对其同胞的职责。

两个私人基金会——洛克菲勒基金会和福特基金会——在对国际农业研究院进行大规模的机构改革方面起了重要作用，并因此受到全世界的广泛赞赏。洛克菲勒基金会在20世纪40年代建立了自己的农业科学部，并在墨西哥(1943年)、哥伦比亚(1950年)、智利(1955年)和印度(1956年)等地分别建立国家水稻科学研究项目。1951年，福特基金会为增加印度的粮食生产能力，在这里开始了农村发展项目。通过实践，在两个基金会海外机构工作的农业科学家认识到，就农民所获得的技术而言，他们所耕作的土地产量低不是因为他们无知。相反，作为生产者，他们需要适合他们所面对的特殊条件的新种子和技术。

国际水稻研究机构第一任总干事罗伯特·钱德勒在1982年出版的有关该机构的书[1]中，描写了洛克菲勒基金会的J.乔治·哈拉和福特基金会的福里斯特·弗罗斯提·希尔是如何富有远见地在亚洲创立了致力于水稻研究的国际中心。他们在向各自的基金会报告了自己的想法后，建立了一个能够开展工作和实施研究项目的机构，它不仅能为种植水稻的农民提供服务，而且还建立了保证该项目生存的机制。该项目(通过它的"一揽子计划")是建立在现存农业技术基础上的教育方案。许多人都参与了这种成功机构的创设，但几乎所有人都将之归功于哈拉和希尔，因为是他们将农民的福利放在首位，并决心使这种伟大想法在增加亚洲的粮食供应方面发挥作用。

这些机构确实发挥了作用。正如钱德勒从世界各地提出申请的科

---

[1] 小罗伯特·F.钱德勒：《应用科学的奇遇：国际水稻研究所史》，马尼拉：国际水稻研究所，1982年。

学家中招募杰出的人员一样,哈拉和希尔也对外开放门户,设计研究项目,为在菲律宾洛斯巴洛斯开展的研究活动提供所需的支持,并在与亚洲所有其他国家的水稻科学家和领导人的合作等方面提供了帮助。由此产生的国际水稻研究所(1960 年建立,1962 年改组)到 1966 年开始分配其第一个广泛采用和改进的 IR—8 基因。在墨西哥洛克菲勒基金会科学家对密植和矮茎的小麦种子突破性研究的基础上,国际水稻研究所的科学家借助于在灌溉区使用氮肥发展了农业经济实践和水稻多样性的结合。人们谈论颇多的亚洲绿色农业正在起步。

直接的成功经验导致两个基金会开始考虑创立其他机制的可能性。洛克菲勒基金会于 1962 年正式停止了其墨西哥农业项目,并代之以新的带有国际使命的同墨西哥政府合作的玉米和小麦项目。最初,在洛克菲勒基金会和福特基金会的资助下,国际玉米和小麦品种改良中心在 1966 年诞生。在墨西哥洛克菲勒基金会人员 20 余年的研究基础上,该机构在世界范围分配短生长期、密植、抗病和肥料显效性强的小麦种子。1970 年,国际玉米和小麦品种改良中心小麦项目主任诺曼·博洛格因这些重要的贡献被授予诺贝尔和平奖,国际水稻研究所和国际玉米和小麦品种改良中心也因成就突出获得联合国教科文组织颁发的科学奖。

1970 年前,两个基金会还创立了另外两个中心,即尼日利亚伊巴丹的热带农业国际研究所(IITA)和哥伦比亚卡利的热带农业国际中心(CIAT)。但因洛克菲勒和福特基金会难以对其提供足够的资金,在经过 1969 年至 1971 年的协商之后,国际农业研究协调小组(CGIAR)产生了。在世界银行的支持和领导下,来自福特、洛克菲勒和凯洛格基金会的代表,来自非洲、亚洲和泛美开发银行、世界粮农组织、联合国开发计划署、经济合作与发展组织的代表,以及来自澳大利亚、奥地利、比利时、加拿大、丹麦、芬兰、法国、德国、意大利、日本、荷兰、新西兰、挪威、瑞典、瑞士、英国和美国的国际援助组织的人员一起共同合作。借用钱德勒的话:

尽管洛克菲勒基金会的哈拉和沃特曼以及福特基金会的大卫·贝尔、希尔和哈丁在最初获得整个发达国家其他对外援助机构的兴趣方面起了重要的作用,但这一运动的基本动力是由世界银行的麦克纳马拉提供的。[①]

截至撰写本文时,国际农业研究协调小组扶持着五大洲18个国际中心的工作,所有这些中心都旨在加强国际农业研究对世界欠发达国家经济发展的影响。它宣称的其20世纪90年代的两个活动是:第一,继续提高粮食生产率;第二,为保证未来可持续农业发展,改进自然资源管理。用该组织的话来说,预期的受惠对象将继续是"世界的穷人和不利者"[②]。

在国际农业研究协调小组和其他组织支持的许多开发项目中还包括国际基因库。在20世纪,随着时间的流逝,农学家们越来越注意到,农业和维持人类生活必不可少的动植物种质是地球最重要的自然资源之一。大自然的基因资源是运用生物技术提高生产率的基石之一,所有遗传工程的潜力集中于基因,基因是遗传工程的物质基础。这些遗传资源越多样、越完整,发现固氮的方法就更多,发展植物对疾病和昆虫的抵抗力以及对飓风和寒冷的承受力的潜能就越大。上述均为目前农业的主要目标。

俄国的植物学家兼遗传学家尼古拉·伊凡诺维奇·瓦维诺夫是一位研究基因多样化的先驱,在今天,他被认为是历史上最多产的植物标本采集者。到20世纪30年代初,为寻求许多重要粮食的亲系,如小麦、黑麦、大麦、小扁豆、鹰嘴豆、玉米和土豆,他的足迹遍布全世界。他在苏联建立了400多个研究中心,雇员总数近2万人。从1920年到1940年,

---

① 小罗伯特·F.钱德勒:《应用科学的奇遇:国际水稻研究所史》,马尼拉:国际水稻研究所,1982年,第161—163页。
② 国际农业研究协调小组:《国际农业研究协调小组年度报告(1990年)》,华盛顿特区,1991年10月。

他一直担任设在莫斯科的全苏列宁农业科学院的院长。除了收集种子以及在不同地区进行培育外,他最大的贡献是庞大的"基因宝库图"。在图中,他指出了基因多样化的关键中心——即现代农业和世界粮食生产所必不可少的茎质最集中的地区。新老世界的这些中心大多数没有受到间歇冰期的影响,因而能从中发现大多数陆地物种,即现代商业种类的野生亲系。[①]

瓦维诺夫最初所称的 9 个"起源中心"后来扩大到 12 个,但他最初的工作以及对基因多样化重要性的认识是现代众多努力的基础。1940年,正当瓦维诺夫在乌克兰征募考察队员时,他不幸被捕并被送往监狱,1943 年 1 月,他因营养不良死于单人牢房。俄国其他科学家保留了他的庞大收集物,25 年后,他被苏联平反昭雪。他的收集物和基因库成为N. I. 瓦维诺夫全苏植物工业研究所的中心部分。

开发植物园是与从外国土地征集植物相一致的一个古老的习惯,植物园不仅为公众提供日益增多的植物、鲜花和水果,而且具有公认的医学价值。这些也是人们征集植物的强烈动机。在长达两个世纪的时间里,位于英格兰基尤的皇家植物园(1761 年)征集了 5 万种不同的植物,并同其他植物园交换种子和种子来源的准确记录和资料。这些植物园组织的征集队是由各国政府、私人以及组织提供资助的,它们的活动对现代基因库贡献颇多,特别是自国际农业研究中心和国际农业研究协调小组创立以来更是如此。

1970 年,南方玉米叶病袭击美国南部,该地区玉米产量因此减少了15%。它提醒全世界的植物育种专家和谷物科学家,过多依赖少数关键基因会造成什么样的后果。结果,在 1974 年,国际农业研究协调小组和世界粮农组织同意建立国际植物基因资源委员会,协调保护全世界谷物基因的努力。

这种发展随之而来的另一个问题是:由于私人企业介入使用转基因

---

① 史蒂尔·C. 威特:《生物技术与基因多样性》,旧金山:加利福尼亚农业土地计划,1985 年。

技术进行的商业种子的生产,非工业化国家对同世界其他地区特别是同私人企业分享本国的基因日益关注。专利和知识产权(包括农业发明的所有权)成了国际贸易谈判中的重要话题。国际中心应对自然资源的保护进行领导并保持其稳定性,这一点获得了大家的一致认可,尽管为这种基本活动筹措的资金仍然少得令人惊讶。

有关最好耕作方法的信息交换和实际试验同农业历史一样悠久。当农民聚集在一起时,他们自然会谈论他们谋生的手段。在 1900 年以前,距离较远的人通过农业社、农民协会、交易会和展览会聚集在一起,他们观看其他人在做什么,察看各处的产品与牲畜,分享信息,并开展贸易和农业活动。农业报纸和期刊也起着积极的作用,就像农民组织为力图改善农民在市场中的命运所做的一样。

20 世纪初,农业开始扩张。公共事务部门开始努力传播农业研究和集体试验的结果,以改进农村社区的生活和生产水平。在美国,这在某种程度上是 1860 年以来在赠地学院①建立“人民农学院”的自然结果。在实验站和示范农场,应用农业科学在回答农民的急迫问题方面取得了缓慢但稳定的效果。农民协会提供了一个分配这种信息的机制,但在地方层次上还面临更大的需求。

1903 年,美国农业部雇员西蒙·A. 纳普博士在得克萨斯组织了田间指导队——后来通称为县特派员——以帮助农民对付棉铃虫的侵袭。他们乘火车或骑马到达各地,同与他们合作的农民一起示范新的方法,并召集会议分享其成果。1911 年,纽约第一个县特派员接受了由宾万厄姆顿商会、美国农业部和拉卡瓦纳铁路公司提供的资助;一年后,布鲁姆县田间指导委员会也同意为该计划提供资助。地方示范的成功以及第一批特派员的工作导致 1914 年全国性的史密斯-利佛法的通过,该法建立了华盛顿合作示范协调办公室,由联邦为每个赠地学院的推广部提供

---

① 赠地学院是 19 世纪美国根据国会立法在各州建立的高等学校。由于规定各州须拨给学院一定土地作为其部分经费的来源,故名。这类学院大多设有实用的农学、工业类专业。——译注

基金。

在西欧,19世纪下半叶在地方上也出现了与农场示范、农民顾问以及合作项目相类似的试验,这些试验通常是在农业社的监督之下进行的。20世纪早期,每个国家都发展了自己的体系以及与学院和试验站的关系。在20世纪最初几十年,公共机构为受过职业训练的顾问提供基金。二战后,在世界大多数发达国家,由公共机构提供基金的推广项目正在进行之中,这些推广项目将应用研究的成果带给农民和农村人口。

这些项目在增加农业产量和提高农村生活质量方面的相对成功,导致了在战后岁月将类似的项目作为农业发展和技术援助的重要部分引入发展中国家的巨大努力。早期的推广工作者自视为教育者和社会工作者,他们通过教育农民如何减少劳作的步骤和单调乏味以及解决技术问题来改进农村生活。推广工作者将他们在田野中观察到的问题带到实验室,并将农场和家庭的解决办法带回田野。随着时间的流逝,他们通过这种方法同大学和应用科学建立了良好的联系;这种推广的概念也被作为国际援助项目的一部分而引入大多数发展中国家。

只要还能对有关土地和水的使用权的分配作出决定,只要征税还能支持政府的运转,政府就能在农业中起作用。政府通过关税调控贸易和保护生产者的做法可追溯到几百年前。在20世纪,不同之处在于整个世界普遍承认国家政府在支持耐储藏农业产品的价格,控制其生产方面所起的日益增加的作用。政府对价格和生产的市场干预开始于20世纪20和30年代世界农业的不景气时期。一方面,世界上许多地区存在饥馑现象;另一方面,诸如小麦、稻米和玉米等农业储藏品因没有买主,其剩余产品不断增加。市场本身不能解决资源配置问题。北美和欧洲政府必须对市场进行干预。通过反复试验和从失败中吸取教训,国家政府发展出了在支持和调控粮食生产和农业方面的复杂作用。这种演变远未随着20世纪的结束而止步不前,更多关于价格、生产和分配的决定将由市场力量作出。

正如 K.L.罗宾逊在其 1989 年关于农业价格和生产政策的一本书中写道的:现在,人们能将政府干预农业的行为视为对"粮食问题"或"农业问题"的一种反应。[①] 当产量超过有效需求并导致价格迅速下降时,粮食问题就产生了。实际上,产量的增长率很难同需求的增长率同步。欧洲农业生产在第一次世界大战后的 1920 年得到恢复。除短时间外,大多数工业化国家面临着生产能力过剩的问题,这是导致农民要求在储藏品价格以下的保护价的原因。日本和西欧没有忘记第二次世界大战以及战后年月的粮食匮乏和饥馑,并在 1960—1990 年制定了保证基本粮食供应高度自足的农业政策。这产生了以下情形:为鼓励增加全国产量而支持较高水平的农业价格;为阻止其他国家低成本生产者进入国内市场而采取广泛的保护措施;由于实行保护价,国内农业产量增加。这些举措产生了累积的剩余,导致各国以较低价格在世界市场上"倾销"储藏产品。尽管这种简短的总结将过去 30 年间所采取的复杂行动过于简单化,但它的确概括了一些事件以及所采取的某些行动的理由。

在富裕国家,对粮食的总需求基本上受消费能力的限制。因此,当气候或技术变革导致基本储藏农业品的供应出乎意料地增加时,其农作物价格的下降幅度按百分比计算远远超过其数量的增长幅度。反之亦然:谷物的短缺将导致价格不成比例地增加。正如经济学家所说的,这种弹性需求现象在国际贸易中需要灵活处理。当农业产品的国际贸易相对自由时,储藏品可以被运往缺粮地区,随着时间的流逝,生产能通过国际价格得到调控。但是,在世界范围内对价格和生产进行大规模政府干预将产生价格的扭曲。欧洲小麦和大麦的国内价格就远高于加拿大、阿根廷和澳大利亚等出口国家的价格。当国内剩余产品在国际市场倾销并缺少硬通货主顾时,贸易战就开始了。在 20 世纪末的国际贸易谈判中,大多数人同意政府必须减少对农业的干预,市场在决定生产和价格方面应起更大的作用。现在的问题是,何时才能解决这一问题以及须

---

① K.L.罗宾逊:《农业和粮食政策及其后果》,埃格尔伍德·克利夫斯,1989 年。

采用何种支持政策,才能保护农业家庭和消费者不受价格变化的影响。

在工业化国家中国家政府对农业产品生产和价格的积极干预始于20世纪20和30年代。20世纪50和60年代,发展中国家政府开始干预消费者和农业生产,寻求能鼓励更大的粮食产出同时又使大宗产品的消费价格处于"稳定和可承受"水平的方法。对农业投入——如肥料和灌溉——的资助已是司空见惯。政府机构常常充当诸如小麦和大米等大宗商品的买主,以及这些产品在消费市场上的分配者(如中国和印度)。

政府机构在粮食和农业政策方面的积极作用得到欧洲、北美、世界银行和世界粮农组织的支持。市场在决定关键商品的国内市场价格方面的作用,受政府本身的稳定、城市对农村的压力、国际援助机构的技术和财政支持等因素的影响。

尽管公众对保护自然资源的兴趣可以追溯到许多年前——例如对森林的保护开始于17世纪的法国和英国——但在美国,土壤保护直到20世纪30年代才成为大家关心的问题。1934年和1936年,美国大平原发生的大飓风和大规模尘暴导致东部城市上空漆黑一团。1936年,美国通过立法成立以黑格·贝内特(美国土壤保护之父)为首的全国土壤保护机构,并设立了2950个土壤保护区,其面积可覆盖全美22亿英亩土地。国家为建立防护带和资助农民采取保护措施提供的基金给土壤保护提供了动力。随后,农业保护成了农业价格和生产立法的一部分,这些法律承认,为未来几代保护土壤和水资源是国家的头等大事。

世界其他地区对北美诸如过度放牧、砍伐森林和屠杀水牛等滥用自然资源的做法感到吃惊,也开始采取行动保护自然资源。1924年,苏联建立了广泛的保护区制度。东非和南非建立了狩猎公园。欧洲实行对其森林土地进行保护性管理的计划。在第二次世界大战后的几年中,国际上的注意力转向人类特别是发展中国家人口的迅速增长对其自然环境的压力。土壤、水和森林保护正得到国家政府和国际机构越来越多的关注。

在 20 世纪,正在进行的公共机构对道路、桥梁、空港和通讯体系的投资是农业发展成功的一个重要因素。1900 年,世界各农场之间的农业供应主要是通过水路、铁路和动物运输三种途径进行的。随着公共机构对直接将农场同市场联系起来的高速公路投资,农业生产率也因此增长。农场到市场的全天候道路仍然是农业进步的一个关键。在发展中国家,建筑和维护这种道路同提高生产率不可或缺的新种子和技术的传播密切相连:必须采取稳妥的方式进行投入,并向市场提供有销路的产品。在许多非洲国家,由公共机构投资兴建基础设施,并且一旦建成就致力于对道路、桥梁和通讯体系的维护——这一举措是为了满足增加农业产量、在任何灾难发生时将粮食救济送到人民手中的最迫切的需要。

人力资本投资也同样重要。20 世纪,世界上创建和发展农学院和大学的投资大多数来自公众事业部门。为世界各地的农村人口提供公共学校和教育机会是 20 世纪的另一个成就。但在发展中国家仍然有许多未尽事宜。改善公共健康和环境卫生以及保持社会稳定都是实现粮食生产的提高和农村生活质量改善过程的一部分。真正的挑战在于,在 21 世纪,如何才能使这种投资泽及仍处在这种公共投资轨道之外的农村人口。

同时,农业部门也逐渐地发生了变化,不再是那种在很大程度上由小规模家庭农业占支配地位的产业。在小规模家庭农业中,生产的粮食大部分供家庭消费,并将积累的剩余产品出售以改进生活水平。粮食工业的其他部门也发生了深刻变化,将农业部门看做由五大部分构成的较大的粮食工业中的一部分也很寻常。这五大部分是资金投入、耕作、加工和制造、食品零售、食品消费。这种相互依赖是与大多数工业化国家的发展过程联系在一起的,在这些国家,较大的粮食工业的一体化变得越来越复杂。在这五个部分的实体中,私有企业占大多数。

粮食工业经济权的集中程度不如汽车和航空运输工业。例如,除非土地资源集中在国家或主要家族手中,否则农业和粮食生产部门就不可能行使垄断权力。从历史上看,有时,食品加工者和生产者在短时间内会对价格行使一定的权利,但在这一产业内的替代品是如此之多,以至于维持任何程度的垄断几乎都要借助于政府的干预。在 20 世纪行将结束之际,食品零售商在工业化国家获得了巨大的销售权,但从长远来看,工业内部持续的富有活力的竞争对消费者是有利的。

几乎在所有的社会,政府都对保证市场的粮食安全和秤准量足负有责任。在一些发展中国家,中央政府建立专营委员会或企业,以获取和分配粮食产品,指导某些商品的国际贸易,以及为一些大宗商品制定价格。在大多数情况下,随着时间的流逝,政府在特定价格和分配方面的作用,随着执行这些功能的私人部门机制的发展而日渐减少。在 20 世纪,政府制定基本食品的价格和分配方面的大多数"社会试验"证实,从长期来看,市场竞争比仔细规划和国家控制的活动更有效。

在过去的 20 多年里,在世界范围内逐渐形成农业生态学和发展可持续农业体系的呼吁,是伴随着生物科学中的生态学、保护运动和农业体系分析的发展而产生的。农业生态学意味着农业对环境和社会可能会造成的影响更为敏感,不仅要关注生产,而且要关注所使用的生产体系的生态持久性。[①] 农业生态学的核心是:认为生长庄稼的田野是一种生态体系,当人们对这种体系了解得更充分时,就可以可持续的方式产生更大的产量而不会危及环境。对建立可持续体系的关注随着人口的增长以及伴随的自然资源的减少而增加,特别是在一些世界上最穷的国家如尼泊尔、卢旺达和海地等则更是如此。

一些比较好的可持续农业体系几乎同农业本身一样古老。几个世纪以来,亚洲许多地区的灌溉稻田和梯田基本上是自我维持和更新,就像非洲一些人口压力不大的热带地区从事的"刀耕火种"农业一样。概

---

① M. 阿尔提尔里等:《农业生态学:可持续农业科学》,博尔德:西方视点出版社,1995 年。

括要比详细说明容易,可持续农业至少应使可再生自然资源保持目前的状态甚至有所改进。应尽可能避免消耗非再生资源,特别是矿物燃料、磷酸盐和钾盐以及生产性农业土壤的消耗。这种描写的真实意图是要致力于维护可以接受的社会结构,以便于农业人口分享他们周围社区的敌意,并以合理的方式回报农业工人和资源拥有者。

生态农业和生态农业体系领域包括不同形式的农业生产:相对原始的刀耕火种、四季生长的作物(包括葡萄和果树等)、放牧体系、多雨的耕作农业、农业森林体系以及各种持久和补充性灌溉项目。单一经营和轮作既是现实的也是可持续的:大多数农业体系的设计目标是从自然资源中获得最大的产出率,但人口压力、新技术、对一些农业实践长期后果的无知,导致众所周知的环境恶化,如土壤侵蚀、农药污染和盐碱化等。到20世纪末,国际上开始强调建立可持续农业体系,号召人们注意在再生自然资源中已觉察到的问题,将世界范围的研究活动转向寻找实现既具有高产出率又能维持和改进资源基础的可行办法。

由于生态农业的需要和必然的吸引力似乎已非常清楚,人们易于夸大设计可持续体系的困难程度。即使在世界上的富裕国家,这一任务也是复杂和困难的。必须了解生态体系的所有生物过程以及化学药品、新物种或不同实践如何影响所有相关的互动,才能制定可持续体系。例如,我们知道,加利福尼亚中央河谷正在盐碱化,正如其他广泛使用的、高生产率的灌溉农业一样。问题是,如何减缓这种最终将减少产量的土壤中盐的积累。在尼泊尔人口稠密的中部山区,滥伐森林的原因仅仅是因为最贫穷的人需要做饭和取暖所需的燃料。这一地区的农民如何开发行之有效的可持续体系? 由于留给未来几代的能源不多,在今天生存仍是困难的现实。惟一的希望是农业科学家和农民自身能在未来几十年对这种努力优先考虑。

在20世纪,农业和粮食工业在对付20世纪60年代以来的人口增长方面取得了长足的进步,世界粮农组织对世界人均每天食物中卡路里摄入量的估计(见表15.10)证实了这一点。

表 15.10　人均每天卡路里摄入量

时　　期	蔬菜渠道	肉制品渠道	总　　数
1961—1963	1924	365	2289
1987—1989	2275	428	2703

如果能建立将世界上的粮食分配给最需要者的机制,并且这些人有钱购买粮食,那么今天世界上所生产的粮食将能满足世界上所有人对粮食的最低需求。

20世纪下半叶的这种里程碑式的成就,是通过科学的进步、新机制的产生、公私投资的扩大和巨大的国际合作来实现的,它反映了数十亿农民和日益专业化的粮食生产和分配的合作者共同努力的成果。不管农民是在玉米区驾驶着价值10万美元的牵引式拖拉机,在其带空调的驾驶室里进行工作,还是在孟加拉国一公顷的稻田里工作,他都得依赖这一日益复杂产业中的许多其他人,从植物育种学家和化学家到信贷代表和拖拉机驾驶员。同1900年相比,目前世界粮食生产所需的世界人口比例要小得多。从农业中解放出来的劳工所提供的商品和服务能提高世界更多人口的生活质量。

尽管如此,农业在目前和未来仍面临巨大的挑战。在许多方面,农业生产最容易的增长已经实现。在人口压力大的地方,绝大多数耕地和可用于灌溉的水已被开发。不可能指望引发绿色革命的科学和技术能在相同的土地上以同样的速度增加产量。为了维持目前的生产率水平,必须解决水涝、盐碱化、土壤和地表水污染、病虫害及昆虫对杀虫剂的抗药性等问题。必须发展同人口增长的需求直接一致的可持续农业体系。在许多情况下,人口压力最大的地方也是自然资源基础最薄弱和当地对科学的接受能力最小的地方。没有政治稳定,农业很难取得必要的进步。在不久的将来,这最后一个限制也许将成为许多地方最大的一个限制。

在应用农业科学方面,世界上比较富裕的国家已对人力资本提供了巨大投资。世界上的农学院和农业实验站在很大程度上是20世纪的产物。国际援助计划和国际农业研究协调小组的设立，是因为人们已经意识到世界上存在许多饥饿人口，并致力于寻找养活他们的办法。即使寻找新解决办法的困难会不断增加，也不能失去这种决心。"挽救环境"和"维护我们的自然资源基础"的呼吁，只有在世界农业人口能吃饱穿暖时才有意义。在21世纪，最贫穷的人口要想做到这一点仍非易事。

在20世纪初，几乎每一个家庭都与农业密切地联系在一起，或与之没有太大的分离。今天，在世界上的富裕国家中，农村人口所占比重甚微。在城市和郊区长大的人对我们日常食品供应很少有实际概念。但农民是自然资源最基本的使用者和管理者。在一个日益工业化的世界，人们担心，随着农业人口的减少，尽管农业生产仍然是人类生活中必不可少的部分，还会有谁来捍卫这种基础产业的需要。在21世纪，农民的政治权利将不可避免地转入消费者手中。对可持续性、全球气候变化和利用生物技术的潜在好处作出最后决定的，将是世界的消费者而不是生产者。帮助更多的人去了解农业和粮食体系的必要性，可能是21世纪对农民最大的挑战。

（陈祖洲 译）

第十六章 通 讯

杰汉·塞勒希   理查德·W·布利特

通常人们按照各种有特色的技术来称谓不同的时代。青铜器、航海、火药、挂钟以及印刷术都对各个时代的社会和经济的许多方面产生了革命性的影响。按照这一习惯,20世纪可以被恰如其分地称作"通讯时代"。这个词现在正在向"信息时代"演变。但确切地说,不论是"通讯"还是"信息"都不是一种技术,相反,它们是指一连串相互关联的技术发展,前者集中于电报、电话和无线电,而后者则以电脑为主。

通讯时代是随着电报、电话的发明以及无线电通讯联系的初步进展在19世纪初见端倪的。信息时代的出现则要晚一个世纪左右。在第二次世界大战之后,它随着电脑的开发而出现。但是,这些重叠的变化在技术上的累积作用,促使人们能够以更便宜的方式互相联络,而不必顾虑距离的远近或信息量的多少,因此可以将其看成是一种变化。同时,它们的社会和心理影响从一开始就显现出同样持久和矛盾的特征:(1)它们都增加了隐匿性,但同时又侵犯了隐私权;(2)它们降低了地理距离的重要性,却使人们更易于避免面对面地打交道;(3)它们高昂的费用、广泛的涵盖面和错综的复杂性,要求私人垄断或政府调节的介入,或二者兼而有之,但这种假私人之手的手段,却又提供了前所未有的破坏现存经济和政治秩序的潜能;(4)它们通过将高层建筑网络化对推动城市生

378

活的高度密集化等起了不可或缺的作用,但同时又使在地理上分散的业务
成为可能,到 20 世纪末,它们还将使远距离工作的现象成为可能,到那时
雇员们完全可以通过使用与雇主连接的电脑终端在家里进行工作。

鉴于这些矛盾的特点,我们有必要将 20 世纪通讯和信息技术的革命
性进步与 18、19 世纪的工业革命作一个比较。对于早期大多数的技术进
步而言,其利远远大于弊。例如,印刷术使成千上万的抄写员丢掉了饭碗,
却使数百万有读写能力的人受益;火药造成了骇人的破坏,但也造成了国
家权力的集中,从而大大减少了私斗。直到工业化来临,诸如相对于随之
而来的物质环境的损害,"黑暗、糟糕工厂"令人窒息的心理影响以及养成的
适应批量生产商品的消费心理,批量生产与廉价制成品价值何在等严肃的问
题才开始产生。然而,200 年后回顾历史,很少有人会认为,今天在工业化社
会中的生活会明显不如佃农或城市手工业者在非工业化社会里的生活。

要对通讯和信息作出公正评判仍然是不可能的。曾创作由电脑控
制的未来暴力社会科幻小说的作家如威廉·吉布森和布鲁斯·斯特林,
对不远的将来技术的反面乌托邦处境作出了令人不安的描述,在这样的
社会里,大公司投资上百万美元对信息加上电子保护装置,人们没有隐
私,其身份被数据化,并且未上网的人注定要成为被排斥的下层而生存。
1995 年在众议院电信和财政委员会作证时,布鲁斯·斯特林站在 2015
年的角度回顾过去,给人们描绘了如下一番景象:

> 另一个主要问题是私自加密行为的增加,这已被证明是不可阻
> 挡的。今天,大约有 75% 的因特网档案库是当权者无法阅读的资
> 料。试图控制和调节网络通信的国家因数据处理流向海外而失去
> 了市场份额及服务收入。由于世界各国有许多人因我们的网络相
> 对自由而蜂拥而至,美国因此获利颇丰。不幸的是,这些实际上的
> 电子移民多数都不仅是寻求言论自由的持不同政见者,事实上他们
> 也是有组织的罪犯。[1]

---

① 艾蒂斯·福特斯:"2015 年网上生活:实话实说",有线网页(4),1993 年。

当 2015 年真的到来时,这种观点可能会显得可笑,但现在它似乎蛮有道理,其原因在于:现代电信业从一开始就存在着同样的悖论。

像许许多多事情一样,电报和电话系统是由许多人在几十年的时间里发明出来的。美国人普遍认为塞缪尔·莫尔斯在 1837 年发明了电报,尽管英国人查尔斯·惠特斯通爵士和威廉·库克爵士当时也在从事同样的工作。此时,克劳德·查普早在 1793 年就倡议的全国塔上信号系统,已经给法国政府提供了事实上的电报系统。(用于通讯的视距信号塔随着 20 世纪 50 年代微波通讯的到来而重新投入使用。)法国可能是第一个强调政府控制信息流动重要性的国家,其必要性到 20 世纪后期随着技术进步已经逐渐过时,虽然它对于独裁政府来说仍具有诱惑力。

电报线在大陆很快就铺成了,然后通过海底光缆穿洋过海。加快专用通讯的发展、使帝国政府与其殖民地保持联系的愿望,与报纸编辑们竞相用特快消息压倒对手的做法并行不悖。1848 年成立的联合报业公司将林肯 1862 年的就职演说作为独家新闻传送给加利福尼亚的两家报纸,后者一共向西部联合电报公司支付了 600 多美元的费用,这在当时可不是小数目。当 1866 年横越大西洋的电缆铺设成功后,所发每份电报的前 20 个单词收费 150 美元,超过的部分每个单词收取 5 美元。作为大不列颠通过电报将英帝国所有部分联系在一起的政策的一部分,第一条穿越太平洋的电缆于 1902 年铺设完成。

电话的发明可以追溯到 1876 年,它的发明应归功于亚历山大·格雷厄姆·贝尔,尽管人们对此存在争议。西部联合电报公司起初拒绝了购买贝尔专利的要求,但三年后,公司考虑到电报与处在上升势头的电话越来越明显的潜在竞争,终于和贝尔公司达成互不涉足对方领域的协议。消息传开后,贝尔公司的股票每股由 50 美元狂涨到 995 美元。

1885 年成立的美国电话电报公司利用新技术架设远距离铜线。起初该公司只是美国贝尔公司的长话部,1990 年被美国电话电报公司兼并。由此产生的贝尔系统也包括西部电气公司,该设备制造公司是在

1881年从西部联合公司购得的。贝尔系统的另一个组成部分贝尔实验室成立于1924年,它是由1907年将研究部门合并后组成的西部电气工程部演化而来的。

1892年,美国7000万人口拥有24万部可供使用的电话机。私人电话每年大约花费250美元,公用电话每次收费15美分——在那个时代头等邮件仅需一美分。到了1907年,电话用户骤增至600万。到1911年,西部联合电报公司全日开通八条横越大西洋的电缆线,每个单词收费25美分。

激烈的商业竞争,加上在西奥多·罗斯福总统支持反托拉斯立法之前的几年里,政府对于干预企业的小心谨慎,阻止了为发展中的电信业制订规则的努力。但许多人认为它是"自然垄断",是一种类似于供水供电的经济行为,铺设铜线(自19世纪80年代的雪暴灾难后,大城市纷纷将其埋在地下)的庞大费用,使那种认为大多数用户可以自由选择电话公司的说法显得难以置信。结果,从1907年起,各州委员会强行规定各电报电话公司应以公平合理的费用为所有用户服务。它们还规定了平均费用,即在高成本(比如乡村)和低成本市场之间的平衡价格,并以后者有效地补贴前者。

美国电话电报公司创始人西奥多·N.韦尔(阿尔弗雷德·韦尔的堂弟,他制造了莫尔斯的第一台设备,并设计出以他的名字命名的电码)于1908年提出了"一项政策,一套系统,普遍服务"(韦尔还造出"公关"一词)的目标。对美国以外的大多数国家来说,这意味着新电信技术的使用将被政府正式垄断,而这一技术在一战后的几十年里通常是邮政业的一部分。但无论电信垄断是私有还是作为政府的机构运作,都会阻碍技术革新的步伐,并导致许多新的发展被搁置到二战后。政府的主要目标是拉线、铺设电缆和增加用户。

然而,大多数用户对这种技术上的停滞茫然不知。电话用户数量的增加是如此的明显,以至于电话日益被视做一种不断变化的有力工具。到1936年,美国电话电报公司所经营的电话机达3400万部,约占世界总数的 93%。美国和电话拥有量位居世界第二的加拿大,正处于由电话所引发的变革前的阵痛时期。

人们起初并不清楚这种变革将向何方发展。一些企业家从贝尔本人所公布的早期电话说明中得到启示,将这种变革描绘成一种播音设备,电话用户可以通过它收听音乐会实况、布道或新闻简报:由贝尔的一个徒弟在布达佩斯创办的泰利芬-赫蒙多电话报纸,从 1893 年到一战期间定期提供新闻报道和特别新闻快报,但很快电话广告便以商人同顾客交谈和家庭主妇向屠夫订肉的形式出现,换言之,即从事对话活动。能够这样使用电话的主要原因是由于交换系统的不断改进,从而使用户的电话线能与通向中央交换机的任何电话线连接,或与通向中央交换机的长途电话线联接。

然而,线路的交换与合用使人产生了对接线员和邻居偷听自己电话的担忧。在贝尔的专利权到期后,成倍增加的一些小型地方营业系统内的接线员被想象为流言蜚语和各种消息的主要传播者,但最终,对电话交谈进行严格监督的措施和法律对严禁电话窃听的规定,给电话用户带来了更多的安全感,这就加速了电话作为娱乐和个人用途——而不是商业性用途的发展。

到 1890 年,女性已普遍取代男性成为电话接线员,她们比男性更勤奋、更彬彬有礼,也更易遵守交谈纪律。她们在工作时,必须连着几个小时坐在长长的交换台前。与电报发报员(通常是男性)不同,她们不需要过多的训练。因此,接线员这个职业成了以女性为主的最重要的职业之一,也是工资不高的年轻女性们乐于从事的短期工作。

妇女也越来越多地成为电话用户。电话不仅便于购物,使家庭主妇能够打电话预约送货上门,而且也能够通过电话进行各式各样的交谈;因为可以在电话中进行社交通话,妇女们因而减少了出门访友梳洗打扮的烦恼,也不必为接待来客打扫房屋。的确,它第一次把许多妇女从其家庭的社会限制和父亲、配偶的监控中解放出来。少年儿童也得到解脱,结果年轻人独占家庭电话成为可信的幽默来源。电话的这一作用在世界各地被屡屡重演,到 20 世纪 90 年代,电话交谈成了沙特阿拉伯的年轻人乐于采用的抵制男女不能在一起这一清规戒律的一种办法。

  当美国的电话线开始纵横交错,世界各地也已经被电报电缆线相互联接在一起时,无线通讯技术开始悄然登场。1909 年,美国电话电报公司总工程师约翰·卡蒂倡导全力推进无线电话。六年后,贝尔公司的工程师们在埃菲尔铁塔上第一次听到由大西洋对岸传来的声音。然而,无线电话的实施仍需大量的技术改进。1927 年,美国电话电报公司开始开展从纽约至伦敦的定期业务,每 3 分钟收费 75 美元。到 1936 年,也就是美国电话电报公司总裁首次通过环球长途电话线打电话给在隔壁房间副总裁的第二年,这一价格已经降至 25 美元。美国电话电报公司所拥有的 3370 万部电话机均可通过电话线或无线电相互接通。

  然而,无线电传送增加了电话被偷听的可能性,因为只要同接电话的人在同一范围内,以特定的频率传送的内容别人都可能听到。尽管这并不影响人们进行无线电话交谈,无线电话的这一特征的确使广播——它并没有被认为是电话学的一种特征——成为一种吸引人的单向交流方式。第一家公用无线电台于 1920 年在费城开播。三年后,美国人费拉基米尔·K. 兹沃尔金和菲洛·T. 法恩斯沃思解决了电视传播中关键的技术难题。1927 年,英国首创公共电视传播。美国持续性的公共电视传播于 1936 年在纽约世界博览会上开始进行,但因二战的爆发而中断。除北美和欧洲之外,无线电广播远比电话扩散得快,这是因为传送器和接收器显然比连绵数千英里的铜线便宜。仿效电话服务模式,多数政府作出了无线电应为国家公共事业而非私人事务服务的决定。

  然而,在美国,私人企业的竞争是铁的规律。当 1927 年威廉·S. 佩利建立哥伦比亚广播系统,并与前一年成立的国家广播公司竞争时,美国已经有 733 家私营广播电台在进行广播。当美国电话电报公司鼓励使用其长途线路以联接同属一个网络的电台时,刚刚兴起的无线电业的巨头们为了自己的利益强烈反对该公司进军广播业的做法。

1927年,电台成倍增加而引起的无线电信号频谱的拥挤,促使国会成立了联邦无线电委员会(1934年改为联邦通讯委员会)。这些机构旨在整顿无线电传播市场,通过无线电报帮助美国企业建立一套由美国人控制的世界通讯系统。

一战时英国和德国相互破坏海底电缆,这种做法也有助于提高通过无线电发报联系的重要性。这种手段第一次引人注意是在1912年,当时被撞的豪华巨轮泰坦尼克号发出紧急求援信号,喀尔巴阡号轮船在收到信号后前往营救泰坦尼克号巨轮上幸存的乘客。由于担心英国在1919年战争结束后获得这项新的通讯手段,当时的代理海军部长富兰克林·D.罗斯福命令通用电气公司中止执行出售关键设备给英国马可尼公司的计划,并成立了美国人独资的无线电公司,其结果导致了美国无线电公司的成立。起初,该公司与通用电气公司、威斯汀豪斯公司和美国电话电报公司三家合作。25年以后,新的联邦通讯委员会又将许多关键性的无线电电传线路赋予美国无线电公司,此时它已经与母公司脱离关系,并获得了事实上的垄断权。

从二战前那些年电信的社会影响来看,美国无疑是第一个经历变革的国家。到1909年,纽约市100家旅馆已经拥有2.1万部电话,比整个西班牙的电话总数还多,差不多接近非洲大陆的电话总数。仅沃尔多夫-阿斯托利亚旅馆一家就拥有电话1120部,年均打电话50多万次,超过世界上任何一家同类旅馆。建筑物越高,电话就越显得重要,即使是正在兴建中的建筑物也是如此,施工者将电话线从底层拉到高空的施工层面。援引工程师约翰·卡蒂1908年说过的话(虽然这话有些夸张):

> 以辛格大厦、平顶脊大厦、百老汇交易所、海务局大厦,或其他办公大楼为例,你能想象每天有多少信息进出这些大楼吗?设想一下,在没有电话的情况下,每条信息都必须由信息员亲自递送将会怎样。你能想象出这些必需的电梯将占去多少办公室空间吗?这

样的结构在经济上是无法实现的。①

郊区之所以大受欢迎应部分归功于电话。当然,有轨电车和随后私人汽车的出现功不可没。现代建筑师兼幻想家约塞·刘易斯·萨特在1942年写道:

> 我们城市的规模将发生变化。它们会分裂成小块,因为在最近几十年里像寄生虫一样迅速发展起来的大片郊区,可能会与严格意义上的城市分离,给空地和绿化带让出地方。这种城市面积的减少或对必要成分的限制并没有使城市消失……随着这些变化,城市将收缩为由网络系统(包括街道和公路、电话和照明服务等)联接起来的各个主要部分,以形成适合国家和地区重大需要的不可或缺的核心。②

打电话成了美国人的癖好。在20世纪20年代中期到1950年这段时间里,美国每年人均打国内电话次数翻了一番,到1970年又翻一番。对比之下,在同一时间段内,每年人均邮寄一类邮件和航空邮件的数量仅上升了2/3,国内电报业务从1930年全国总量达2亿多份降至1970年的不足8000万份。迟至1975年,美国和加拿大平均每人打电话次数是日本、丹麦、瑞士的一倍,是西德、意大利、英国和希腊的四倍。在欧洲和日本之外的其他国家,电话使用率则更低。据估计,截至2000年,世界上超过一半的成年人从未打过电话。

无线电以及后来出现的电视也同时成了人们的癖好,尤其是在美国。美国的私营广播电台制作的节目数量,甚至超过了别的国家国有电台所制作的节目数量。曾在1945年聚精会神地收听收音机并想象由《是黑影还是暗室》中发生怪诞的声音,或是《弗雷德·阿伦展示会》中发

---

① 约翰·金伯利·芒福德:"充满机会的国度",载《哈珀斯周刊》第52期,1908年8月1日,第23页。
② 约塞·刘易斯·萨特:《我们的城市还能生存下去吗? 城市问题ABC,对它们的分析和解决办法》,坎布里奇:哈佛大学出版社,1942年,第212页。

出滑稽声音的那些人长相的家庭,十年后仍会观看电视上米尔顿·伯尔或是爱德·苏里万清晰的形象,但已经不如从前那么聚精会神了。

尽管许多人都曾针对有线无线电信的利弊发表过意见,但他们并没有对此达成一致意见。对电视和收音机有害影响的猛烈抨击远远超过对电话的抱怨,但电话会带来其特有的种种麻烦,如线路不通(特别是长话),接到下流电话,强行推销商品,接到恶作剧电话,干扰睡觉就餐,误传(即当事双方后来对所传内容有不同理解),打电话上瘾导致电话费付不起等等。电信分析专家马歇尔·麦克卢曾在60年代说过一句令人惊讶的话:"手段即信息",这句话似乎无所不包,但几乎没有人清楚它到底意味着什么。

在二战期间有线和无线通讯技术得到了充分利用,从战略指挥部到部队,到间谍秘密发报,到国家领导人之间的个人通讯,战争的方方面面几乎全都受其影响。既然在战争爆发后,大多数情报都使用密码或代码,对密码的破译也就成了一种战略武器。英国设在布莱奇利公园的密码分析机关雇用了1500人,每月窃听德国军队的情报达4万次。

带有无数暗码(比如德国暗码)的译码机的发明,刺激了通讯数据自动处理技术的发展。1923年,海军通讯密码和信号部研究室新任主任托马斯·H.戴尔少校,安装了国际商用机器公司生产的数据处理器以加速密码分析。1943年,丁当作响的机械卡片处理机破译出的关键情报,使美国战斗机得以藉此击落载有日本海军最优秀的指挥官、联合舰队总司令、海军大将山本五十六的飞机。尽管电子计算机的时代——始于电子数字积分计算机,该机器于1946年用1.8万个电子管制成,重达30吨——在设计师们的眼里仍处在萌芽状态,但作为通讯一部分的大规模数据的时代即将到来。

战争更直接的结果是美国在电信领域的霸权地位得以大幅度提高。尽管美国在电话开发和无线传播方面领先了一步,成为长途通讯世界中心的却是伦敦。意大利实用无线电通讯的发明人古利莫·马可尼为自己的发明申请了专利,并于1896—1897年在英国创建了无线电公司。

到 1927 年，无线电短波的拓展给历史悠久的东部联合公司带来了竞争压力，后者在 1870 年之后成了大英帝国内部广阔地区电报电缆的首要铺设者和经营者。为解决这一问题而特地召开的大英帝国无线及电缆会议，建议将所有英国通讯行业合并为一家名为大东电报局的股份公司，该计划保证继续用昂贵的电缆将大英帝国各部分联系在一起。

无线电通讯远比电缆电报更易于被窃听。到参战时，英国已经拥有了无可比拟的世界性的通讯网络。1940 年，大东电报局总裁提出的一个战争目标是控制德国、法国和意大利的电缆，加强英国电信的全球地位。在美国，联邦通讯委员会主席兼国防通讯局局长詹姆斯·劳伦斯·弗莱试图说服英国，允许美国用海底电缆直接与南非和印度进行通讯联系。他的某些动机（如避免线路遭战争毁坏）是符合实际的，但他也希望，在未来美国能直接与大英帝国的各部分进行通讯联系。美国在珍珠港事件后宣战，此时英国无法拒绝与其最重要的盟国共享通讯系统。到 1943 年，美国与从西非黄金海岸到新西兰的英国殖民地取得了直接联系，并开通了通向伊朗、法属赤道非洲、比属刚果、阿尔及利亚、中国和苏联的线路。

大东电报局提醒英国政府，该公司正受到美国通讯公司的侵犯，但温斯顿·丘吉尔无法拒绝美国的请求。1945 年，英联邦国家获准将大东电报局在当地的资产国有化，虽然英国仍为战后德国对外通讯业的命运忧虑，但以伦敦为中心的旧的世界通讯体系已不复存在。美国成了世界电信的主导力量。

但在战后头几年里，一般的美国人对此并不清楚。长途电话仍然未得到普及，国内的消费者也嫌其过于昂贵，一般的情形是，几家人围在电话机旁轮流给在远方的亲戚说上两句话，而掏钱的人则打手势让他们别说得太多。1921 年开通的当地电话直拨业务此时已很普及，并取代了当地交换器上的人工接线。但贝尔系统的女性职员（1946 年为 22.3764 万人）在其后的 30 年里仅仅减少了 40%，这是因为贝尔系统仍需要长话接线员。按钮式拨号业务于 1963 年开通，但一般消费者仍继续使用直拨或脉冲电话,直至 90 年代后期这种情况才有所改观。

战后初期最重要的变化发生在基础技术方面。在 30 年代,通讯科学家们就已经开始试验超高频、超短波的电磁波谱。贝尔系统致力于开发大容积共轴电缆,并于 1941 年第一次投入商业运营,这种电缆能提供双向电视频道或者可以同时容纳 600 次电话通话。西部联合电报公司则选择使用在中继塔之间直线流通而不受干扰的微波,并于 1948 年用该公司拥有的 21 个网络将纽约、费城、华盛顿和匹兹堡联接起来。美国电话电报公司则致力于完善自身的微波系统以及在电视信号传输方面取得主导地位。1953 年 1 月,74 个城市的 7500 万名观众通过美国电报电话公司的微波塔和共轴电缆,收看了德怀特·艾森豪威尔总统就职仪式的现场直播。尽管西部联合电报公司在微波战中失利,但这并未妨碍它于 1958 年开始成功地经营用户直通电报业务。用户直通电报可在类似打字机的电报两端之间提供自动直拨通讯业务,从而闯入长途商业电话市场。

必须在海洋中央建立 400 多英里高的中继塔,才能使微波波束环绕大西洋。利用环绕轨道运行的卫星,或无源反射器(基本上是一个外表涂上铝粉的庞大氢气球),或有源接收器和转播器,这一奇迹不难实现。1960 年,这两种实验模型通过在美苏军备竞赛过程中开发出来的火箭发射升天。科幻小说家阿瑟·C. 克拉克于 1945 年写道,与地球旋转同步的轨道能防止卫星逸出地面接收站的接收范围。1963 年,美国同步通信二号卫星在巴西上空进入了这样的同步轨道,当时赤道成了这颗卫星的最佳位置。同年,在认识到有必要对国际通讯这一全新的领域进行某种程度的管制之后,美国国会设立了通讯卫星公司。它成为美国在国际通讯卫星组织的代表和国际通信卫星组织的系统管理者,后者是由 100 个国家组成的共同体,很快便拥有了一套全球性的卫星网。

在贝尔实验室,约翰·巴丁、沃尔特·布拉登和威廉·肖克利利用 1947 年发明的晶体管,对改变通讯杂乱无章地向前发展的状况作出了贡献。晶体管使大多数的真空管显得过时,并且能使 1946 年开发的 30 吨重的电子数字积分计算机缩减成今天具有同样计算能力的细小硅片。它几乎对所有电子通讯设备都有类似的影响,不仅减小了它们的体积,而且还使它们变得更可靠。

举国一致防备当时被看成是国际共产主义的威胁是美国几乎所有这些进展的推动力。大公司从 30 年代开始向美国电话电报公司或西部联合电报公司租借线路,以建立专用通讯网。这一做法在战后很快被普及,从订飞机票到银行之间的资金周转,无所不包。然而美国军方为专用线路系统提供了迄今为止最大的市场。

早在 60 年代,当数据输入仍依赖于穿孔卡片时,国防部由电脑控制的自动数字情报网(AUTODIN)后勤系统就能够对 2700 个分站进行网络分析,每天处理的卡片可达 4000 万张。这种系统以及其他一些政府系统都是由西部联合电报公司设计的。美国电话电报公司为空军战略司令部和弹道导弹预警系统提供系统,也为美国气象局、联邦航空署、国家航空署、退伍军人管理局和社会保障部提供网络。

在 60 年代,国防部的一项旨在将一些研究实验室和五角大楼的电脑联接起来以共享研究信息的项目导致了因特网的出现。该项目旨在设计一种系统,通过这种系统任何一台电脑都能直接与网上其他电脑联接而不用通过中央控制的电脑或主机。这样的系统能够将大批信息通过不同线路送到因特网上的任何地方,即使因特网的某一部分停止操作,通讯仍可保持稳定可靠。该系统的另一个潜在好处是,即使遭到核攻击或破坏,它也能免受损害,因为大量可能的数据线路能保证信息到达目的地。

管理因特网上通讯的一套规则被称作网际协议(IP),在 70 年代和 80 年代,有兴趣上因特网的大学和公司日渐增多。该系统通过数百个按网际协议相互联接的小电脑网络的作用,产生了新的尖端软件工具,并能使对网络的使用更加便捷。

根据网际协议开发出的最重要的软件是万维网(WWW),即因特网图案接口,它能保证无专门技能的人易于上网,除普通的文字外,万维网还能展示图案、声音和动作。随着万维网软件的出现,学生、商人、教育工作者及娱乐公司认识到,新的通讯手段将进入千家万户,使用因特网的人数因而大大增加。

家用和办公电脑的急剧扩散(它始于1977年苹果电脑公司推出苹果二号个人电脑)是因特网急剧扩张的主要因素。第二个因素是90年代早期,适用于在电话线上转移大量信息的高速调制解调器的出现。结果到1994年,因特网用户每六个月就翻一番。到1996年,因特网在全世界已拥有5万个小网络和4000万用户。世界上每块大陆以及几乎每个国家都有联网。

通过电话或90年代后期常用的数字线路来传递声音、数据和视频信号的因特网,有望成为第一个真正全球性的完整通讯网络。由于因特网不是由政府或大公司拥有或控制的,而是由像因特网新兴工业国家这样的一些组织来指导的,因而因特网缺乏约束力,它只能告诫用户遵守网际协议标准,因此,因特网也被描述为通讯的荒凉的西部边疆,是一条没有路标和交警的高速公路。因特网无国境可言,因此政府很难限制思想和信息在网上传播。促使因特网开发和扩散的那些因素也使得它实际上无法被控制,致使有些观察家将这一刚出现的电信业时代称为因特网时代。

与电脑和电信功能相关的一个领域是"在线服务"。它在私人拥有的网络上以易于接受的方式将信息提供给上百万用户。像美国在线公司、计算机服务公司和非凡公司每月向用户收取接通各种各样的信息和在线活动的费用。到1996年底,1500万在线用户平均每个月花六小时看杂志、写电子邮件、从事研究工作、购物或通过鼠标和键盘与其他在线用户闲聊。随着因特网越来越受欢迎和越来越易于操作,这些相同的在线服务开始从其特有的电子购物广场转向因特网提供的其他各种形式。

电信业巨头如美国电话电报公司和微波通讯公司逐渐注意到这一现象,并开始探索不仅利用因特网,而且也利用日益增加的想连接到互联网的公司和个人来赚钱的办法。1996 年 3 月,美国电话电报公司宣布每月让所有用户免费上网五个小时,或者每月交 20 美元即可无限制上网,以此对完全靠打着论分钟计算上网时间招牌发展起来的行业进行挑战。最负盛名的在线服务公司美国在线公司当即作出反应,提出每月固定收费,从而使因特网用户大增。

早期因特网基础设施的提供者(包括大学、研究实验室和研究所)同意根据联网,即与因特网联接的电子"管"的规模,来确定在因特网任何地方产生的所有信息传播的固定收费标准。这意味着上因特网的人只要交给因特网服务站固定的月租费就可以在世界上任何地方发邮件,不受时间限制地上网,也不用缴纳额外费用。长途通讯领域的这种新的竞争方式具有重大意义。

更惊人的是,到 1995 年,人们可以在因特网上传送声音和图像。"因特网电话"在广告中被宣传为取代昂贵的长途和国际电话的一种固定收费的方式。只要每月付 20 美元,纽约的因特网用户可以每天 24 小时往内罗毕打电话,24 小时不间断地与巴黎开电视会议。无疑,地方和长途电话公司也在密切注视着事态的发展,考虑对自己收入可能会产生的影响。

但除上述变化之外还有其他变化。1984 年美国政府打赢了对美国电话电报公司的反托拉斯诉讼官司,并最终强迫它解体,这一消息震惊了电信业。美国电话电报公司曾是世界上最大的公司,靠着对各电话电报公司的"自然垄断"的信条而成长起来。作为现代电信业发展的必要条件,这些公司是在 20 世纪早期建立起来的。1934 年的通讯法确认了这一政策,认为"自然垄断……如果管理得当,能比相互竞争的公司以更低的成本提供更优越的服务"。与此同时,由于对不受约束的垄断危害性的担忧,人们主张采取公共控制。美国电话电报公司不得从事电报业务,西部联合电报公司不得从事电话业务,并由联邦通讯委员会对州际通讯加以监督。

联邦通讯委员会成立 40 年来对有节制的竞争政策的管理和执行,

促使美国发展了世界上最有效的电信系统。国会和联邦通讯委员会通过反托拉斯诉讼和限制性立法,多次限制了美国电话电报公司的权力和扩张,但美国电话电报公司在当地和长途电话业务方面所起的主导作用仍有增无减。1949 年,美国电话电报公司被迫放弃它的设备生产部门西部电气公司,从而结束了司法部认定的不正当商业行为和电话设备行业令人窒息的垄断局面。

更重要的是,在 60 年代末和 70 年代,联邦通讯委员会开始对美国电话电报公司施加压力,以迫使它同意让其竞争对手如微波通讯公司同美国电话电报公司的长话线连接。美国电话电报公司则抵制所有这些会结束其在电话业方面统治地位的做法。1975 年,联邦通讯委员会响应微波通讯公司和其他公司的法律诉讼,责成美国电话电报公司同意其长途电话竞争者同该公司的长话线接通线路。在上一年,美国司法部提起的范围更广的反托拉斯诉讼导致了对电信业前途长达十年的争论。

到了 80 年代初,美国电话电报公司每天的电话业务量为 2000 亿次,每年利润达 70 亿美元。司法部认为该公司在当地和长途电话市场享有不正当的优势地位,应当强迫它更公平地与对手展开竞争。政府认为,它已不再需要享用"自然垄断权",并且还在抵制退回到自由市场竞争中去的做法。美国电话电报公司立即对此作出反应,认为它只是在向美国和世界提供电信服务方面胜过对手,而微波通讯公司和通用电话电子公司于 1983 年成立的美国司普林特公司,以及为利用前者在光导纤维方面的领先地位而设立的联合电信公司,正在利用法庭和联邦通讯委员会来搞垮一个优秀的也是更有效率的竞争对手。

这场诉讼以美国电话电报公司的败诉告终。1984 年,"贝尔母公司"这个电信巨头被分成七个地区性股份公司(RHCs)(称为"子公司"),从事当地和地区性业务。美国电话电报公司本身从此仅限于做长话业务。地区性贝尔系统在当地业务上继续享有垄断权,但美国电话电报公司被迫允许竞争对手们进入其长途接线台和电话线领域。在被强制分割的时候,美国电话电报公司辩称如果公司解体,对用户的服务及该行业各部门的利润都将会大幅度下降：许多拥有运营公司股票的人因担心股票下跌，纷纷抛掉手中的股票。但这一预测后来被证明是完全错误的。

美国电话电报公司和新独立出来的地区性贝尔运营公司，以及它们所属的那几家地区性股份公司，非但没有垮掉，反而进入了疯狂发展和扩展阶段。尽管地区性贝尔公司不能再做长话业务或制造设备，但其竞争对手却无法阻挡它们兼做外国市场的生意。于是，美国技术和贝尔大西洋公司兼并了原先为国有的新西兰电话公司，西南贝尔公司、法国电信公司和墨西哥一家矿业公司则共同兼并了墨西哥电话系统。

之所以会出现以上机会，是因为世界各国政府或担心在电信革命中错失良机，或是急于靠出售政府资产来筹资，因而对国有系统私有化兴趣浓厚。1984 年，英国电信公司实行私有化，被迫与信使电信公司一争高低。1985 年，为追求灵活性和多样性，日本电报电话公司也被变为私有。1992 年，加拿大广播电视和电信委员会建议电话公司在长途电话市场开展竞争。同时，微波通讯公司和美国司普林特公司开始从国外寻找投资商，以帮助它们与美国电话电报公司展开竞争：司普林特公司向德国电信公司和法国电信公司出售了 20％ 的股权，微波通讯公司也出售大致相同的股权给英国电信公司，并有可能最终完全受控于英国电信公司。

随着新业务的激增，机会也大量存在。由地区性的贝尔公司或纯粹的移动电话公司提供的无线手提电话或移动电话结果都大受欢迎。截至 1994 年底，美国有 2400 万电话用户，市场占有率为 10％，面对众多的市场选择，这些用户简直有些眼花缭乱。BP 机业务、呼叫等待、追查恶意呼叫，还有多种优惠服务项目，弄得移动电话和普通电话用户无所适从，不知道自己的电话费是降了还是涨了。他们更因迅速成长中的有线电视业的任意收费和各种服务而感到困惑。早在 1974 年，从沿轨道运行的卫星上接收信号的中心台站就已经达到 4000 家。

起初，由美国电话电报公司的解体所引发的机遇不可避免地使人们增加了对竞争限度的担忧。行业巨头们早已认识到，通过传送数字信号而非电子信号,一般的电话线路可以同时打上百次电话,要是使用共轴电缆或光纤电缆的话,其容量还可成倍地增加。不管是有线电信业务还是无线电信业务,只要正式同政府的管理所分开,就不能充分挖掘出电信革命的潜力。在公司解散后的几年里,由于对这一基本约束有切肤之痛,人们希望建立起一个完全统一的国内商业通讯系统,并不断要求政府撤销对该行业许多方面的管制。

民众的要求导致了1996年1月美国电信法案的出台。该法案消除了使得各电信公司60多年来各自为政的管理障碍。贝尔子公司、长途电话公司和有线电视公司现在都竞相提供一连串新的服务项目,打进了过去独家垄断的市场。

毫不奇怪,长话业巨头如美国电话电报公司和微波通讯公司的首要目标是在本地电话市场立足。贝尔子公司和地区性有线公司争先恐后地抓住本地的老顾客,并努力从美国电话电报公司、微波通讯公司和美国司普林特公司手里每年730亿美元的长话业务中分得一杯羹。电信业和其他各部门都相信,兼并大公司会给它们在服务范围和提供服务方面带来竞争上的优势。

各家公司一边提出将当地电话、长途电话和移动电话甚至因竞相提供优惠而打成一团的有线台联合起来;一边又为用户争得你死我活。甚至在电信法案出台之前,提供综合性节目并涵盖未来所有可能通讯销售基地的努力就使得一系列不同行业的公司迅速合并。它始自1994年美国电话电报公司与麦考移动通讯公司的合并。此后不久,美国电话电报公司于1995年自愿兼并它的两个分公司,即本地和长话公司使用的交换设备的制造者网络系统部(以前属西部电子公司)和全球信息解答公司。

美国电话电报公司和麦考移动通讯公司的合并,使得世界上最大的长途电话公司与世界上主要的移动电话公司得以联手,使人担心会回到1984年贝尔子公司被分离出去前美国电话电报公司在市场上所享有的广泛的统治地位。美国电话电报公司竭力为自己辩解,指出两者都未垄断市场,但批评者认为,它们在各自行业收入上都具优势地位。其他公司会很快效法美国电话电报公司,因为 1996 年美国电信法案的出台预示着公开大兼并时代的到来。

该法案还有其他的影响。它允许各个公司拥有比以前任何时候更多数量的电台、电视台,并且似乎要放松对外国人拥有美国电信公司的限制。不过该法案有一个领域寻求加强管理,即寻求取缔因特网上的色情内容,但 1997 年最高法院依据保护言论自由原则以技术上不可行为借口推翻了这条规定。

总的来说,该法案的目的是为了促进竞争,从而在改进服务和产品质量的同时降低服务费用,但这些目的能否实现目前尚不清楚。到 1996 年 3 月,贝尔子公司已经控制了几乎百分之百的本地电话市场以及连接用户的交换机和线路。对其竞争对手来说具有挑战意味的是,获得进入这些交换机行业的权利或是开发其他通往用户家庭或办公室的管线。无线和有线公司指望在大城市向贝尔子公司提出挑战,因为那里用户密集,能保证所需的基础设施的投资到达那里,但涵盖整个市场的铜线和光纤电缆可能仍然被地区性贝尔运营公司垄断。

在 20 世纪最后几年可能出现的结果是产生不受管制的垄断,它由当地的有线、无线和长话公司结成的大的联营公司组成,并根据拥有接通家庭和商家线路或信号的多少来划分地盘。在这样的情况下,用户在购买电信服务时没有多少选择权,这是与赞成 1996 年电信法案的议员们的希望和意愿相悖的。

经过 150 年日渐加快的通讯革命,通讯时代刚开始时存在的似是而非的问题迄今仍未得到解决。隐匿与侵犯隐私权的矛盾具有特殊的意义。未经审查的因特网使得任何人只要有电脑存取能力和一些专门技能,就可以就任何话题传播他(她)的观点,而决不可能因此招致任何惩罚。当然,只要被明确裁定为将错误的或是剽窃来的东西付梓出版,作者就可能被推上被告席。但不署名与署假名是很容易做到的,这就像从计算机上下载外国的东西一样容易。就在冒牌的管理者们抱怨淫秽资料泛滥成灾、随处可见的时候，公民自由权利捍卫者及大众文化倡导者们却对此前还难以想象的个人言论自由欢呼雀跃，认为从此可以不受商业报刊编辑们的恣意删改了。

但是，无论一个人如何自由地从相对隐匿的角度表达他（她）的愤怒、欲望、仇恨或是轻蔑，被授权的电脑网络还是将大量的数据库相互联接起来，这些数据库能够瞄准他（或她）生活的几乎每个方面，从信誉良好到犯罪记录，无所不包。即使在人们要求对因特网的迅速增加加以管制的呼声越来越高的时候，被电脑所侵犯的个人隐私仍成了1995年的电影《网》的一大主题。在该影片中，一名妇女的一生被彻底从电脑网络中删除，从而使别人对她一无所知。

用一家主要的政策研究机构电子新领域基金会的话来说：

尽管信息的自由传播总体来说是件好事，但它也会产生严重的问题，比如如何避免儿童和无兴趣的成人看到带有色情和隐含暴力内容的资料；如何保护知识产权，如何确定哪个国家的法律对无处可见又无处不在的媒介有管辖权；如何才能很好地保护隐私同时又允许对伤害加以补偿；如何确保立法者、电脑公司和网络用户不压制不合己意的言论？①

本章开始时概述的第二个悖论，即将人们分开的地理空间显得无关紧要，同时又轻易地避免面对面的接触，这在使用移动电话和其他双向无线通讯设施，以及在使用因特网时表现得更为强烈。自动交换和卫星转播在一段时间内可以立即将信息从一个点传送到另一个点，但如果预期的接收器不在固定接收点上，就无法接收到信息。无线通信业在1996年电信放松管理的浪潮中开始大规模扩展，它承诺接收点将随着普通人的移动而移动。

① 电子新领域基金会，因特网网页，1997年7月17日，hffp：// www. eff. org/EFFdocs/about-eff. html♯INTRO。

同时,富有幻想力的因特网设计者们又在试验化身——在电脑化空间里代表电脑用户的电子人像,正如他们在酷似现实的描述由电脑网络控制的未来暴力社会的科幻小说,如莱尔·史蒂芬森的《雪崩》(1992 年)和威廉·吉卡逊的《艾多诺》(1996 年)中所做的那样。除了用"托尔"或"阿芙洛狄特"作为荧屏名称进行匿名对话,人像概念还设想出托尔像与阿芙洛狄特像并排坐下的图像,使进行这样交谈的双方搞不清楚对方是男是女。

至于第三个悖论,即私人垄断和(或)政府管制与破坏社会经济秩序的巨大潜能,前者是无法预料的。通讯业正在重新进入与前一个世纪并无二致的残酷竞争时期,与此同时,许多政府对调节(且不说控制)信息流动的兴趣仍然很浓厚。沙特阿拉伯和伊朗严禁在国内设卫星接收器,但其努力迄今毫无收获。不过,比世界上其他国家领先二三十年进入通讯革命的美国却走上了放松管理的道路。

无论下一个世纪通讯业所面临的是新的垄断、政府重新调节,还是激烈和无约束的竞争,信息技术的破坏力都是到处存在的。电脑黑客们的恶作剧和电脑病毒传播者在整个电脑化世界里传播病毒,在一段时间内为大众娱乐提供了消遣。更可怕的是表面上的公开政治说教变成了干巴巴的只言片语和付费的电视广告。有些历史学家认为 1979 年伊朗革命的成功要归因于通过盒式录音磁带秘密传播霍梅尼的布道。试想要是他当时能将发动革命的消息安全无误地传给每个上了无所不在的因特网的人,那又该会是怎样的景象啊!

第四个悖论虽不那么令人惊讶,但可能对本世纪人们生活于其中的社会生活更具破坏性。部分由电讯业促成的特大城市的蔓延在世界许多地方已是既成的事实。其对立面,即通过自动电路耦合在遥远的地方做生意、上学、娱乐、社交,对大多数人来说仍然是一个梦想。然而其吸引力仍然存在:想一想你悠闲自在地看着太阳落下了弗蒙特的青山(或者,看看阿曼、利比亚或是其他有青山的地方);确信你几分钟前刚刚写就的东西现在已经到了老板(出版商、代理人)的电子信箱里;你所爱的人随时可以联系上；一旦在外面站得太冷，你就可以在家里从成千上万张电子娱乐片子中挑着看，这些片子都是立体声、大屏幕和高清晰度的。也许在下个世纪这些梦想将会实现吧！

最后，20 世纪末的一个通讯业悖论在 100 年前是无法想象的，但它很好地体现了革命确确实实地发生了这一事实。正如美国商业部长罗纳德·布朗在最近的一篇文章中所写的那样，"你怎样创造一个环境以便我们一旦建造了信息基础设施，而又不会因此导致一个富人和穷人的社会"？忘忧果发展公司的创办人之一、电子新领域基金会总裁米奇·卡普尔进一步发挥了这一思想，他指出，无法进入以电脑为基础的新兴通讯网络的人"与普遍贫穷密切相关。下个世纪初，网络将成为我们安排自己生活的主要手段。任何特许权的取消都将会造成很严重的后果"①。

成为信息"穷人"到底意味着什么？它类似于以印刷物为主要基础的社会中的文盲。当电话通讯是精英的独享权利时，绝大多数人靠口头传话。当电话像本世纪中叶的美国那样无所不在时，没有电话就被认为是穷人。接下来的一步意义更为深远：把个人与培训网连接起来的电子脐带将对日常生活的各个方面进行大规模重组。是否那些缺乏教育、基本技能和财力因而不能参加重组的人，不论是个人还是整个国家，都将陷入信息匮乏的状态？不上网就相当于聋瞎一样的感官残疾吗？

这些比拟似乎显得有些过激，但信息时代仍处在其幼年期。世界上 71％的电话线路为仅占世界人口 15％的国家所拥有，在亚洲和非洲大部分国家，只有大约 1％的人口能拥有自己的电话，而美国则是 56％。拓展世界通讯的前途不可限量。1988 年，全世界的人们所拨打的海外电话总长度达 230 亿分钟，在接下来的十年里，这个数字翻了一番多，长话每分钟收费为 1 美元。

---

① 时代公司网页，1994 年 3 月 14 日。

问题是,高质量电信分布不均的现象是否仍将像整个 20 世纪那样突出,或者说随着时间的推移和通讯公司不停地寻找新的市场,通讯业会逐渐得到公平利用? 与 20 世纪特有的内燃机等技术不同,电信注定要对 21 世纪产生决定性的影响。21 世纪才是真正的信息时代。

(何章银　译　陈祖洲　校)

第十七章　运　输

约翰·C.斯派切尔斯基

　　运输技术在经历 19 世纪的革命性进步之后,到 20 世纪进入了一个渐进的发展阶段,由于运输技术的应用而引发的经济、管理、金融、社会和政治上的变革已深入人心。蒸汽对包括市际铁路、内陆水路、海洋和输油管道在内的大部分交通和传播起了推动作用。电被用于电报和电话通信,对控制运输系统的运营起了不可或缺的作用,并成为行驶在市区和刚刚诞生的市际短距离范围的有轨电车的主牵引力。

　　从运输方式来看,铁路运输是欧洲、北美、拉丁美洲大部分地区、亚洲和非洲部分地区市际货运和客运的主要形式。内陆水运(湖泊、江河和运河)占据从属的、在空间和作用上都很有限的地位。海上运输在大陆与大陆之间的越洋线上占有优势,在一些大陆的海岸或海岸与海岸之间的贸易线上也具有重要地位。在铁路和水路四通八达的国家,公路运输(几乎专指畜力运输)主要限于在当地载客运货。在其他地方,它承袭数世纪之久靠马车、雪撬、驮畜作为长短途运输方式的传统。输油管道作为市际运输方式(不包括当地的气、水配送系统)只运输原油。但是,运输业正在酝酿着更加惊人的变化。

　　运输业的广度、深度和复杂性为我们考察其历史提供了许多有利的视角。在常人看来,革命性变革主要或全部是与包括新运输方法的采用在内的技术进步联系在一起的。但是,一种现有运输方式的技术革新,也会对其性能、运行和影响造成巨大的渐进变化——即使称不上是突破性的变革。而且,运输方式的命运和影响发生深刻变化,也取决于非技术性的革新如管理行为、理财方式、劳资关系、政府控制和促进。运输方式变化的影响可以是相对小的——比如仅限于消费者、雇员和设备供应商,也可以是大的——对社会、军事、环境、政治和(或)公共安全产生重大影响。本章旨在围绕每个领域的主要事件和情况对 20 世纪的交通运输作一全面论述。

航空运输

奥维尔和威尔伯·B. 莱特兄弟于 1903 年 12 月 17 日,在北卡罗来纳州基蒂霍克附近基尔戴维尔山区的四次成功试飞,证明了比重大于空气的载人引擎飞机在技术上是可行的,并成为 20 世纪运输业第一个革命性的事件。但这一非凡的首创是否能名列所有此类事件之首仍存在争议。在不到十年的时间里,随之而来的一系列发明和创新——包括机架的设计和制造,飞机发动机和其他部件——引起了攻击性和防御性军事能力和方法的重大变化,并开始减少平民百姓与战争行为的联系。在 20 世纪中叶之前,出现了一种民用的私人或商务航行的运输方式。这最终导致了在地球大气层以外空间飞行技术的产生。

电子工程师 P. E. 范斯勒与飞机制造商汤姆·B. 本内斯特、早期飞行员托尼·简纽斯合作创建了世界上第一个定期航空公司。1914 年范斯勒使用本内斯特制造、简纽斯驾驶的水上飞机,开始在佛罗里达州的圣彼得斯堡到坦帕之间穿越坦帕湾的一条 22 英里的航线上飞行。此次飞行因财力不足,且缺少赞助来源,数月后即告结束。

但在同一年,由于战争的作用,飞行技术进入了为期四年的急剧发展时期,第一次世界大战使飞机的军事用途得到认同和利用,如侦察、追逐、空战,以及对地面目标进行机枪射击和轰炸。英国、法国、德国、美国和俄国政府拨巨款加快研制飞机的结构和推进系统。飞机机身、机翼和尾翼表面设计和材料的变化,加上发动机马力更大,速度更快,重量更轻,使飞机最高飞行速度从 1914 年的每小时 60—70 英里增加到 1918 年的每小时 130 英里以上。政府购买军用飞机也加速了飞机制造、配件供应,以及其他辅助材料和服务业的形成。还有一点,军用训练和实战使得成千上万的人员精于驾驶、修理和保养飞机。

随着战争的结束,军事上过剩的飞机设备和人员转为民用。1919年,欧洲已有数家航空公司使用包括转为客运和货运的战斗机等各种飞行设备开始定期飞行,其中最有名的是总部设在荷兰的荷兰皇家航空公司。75 年后,它成了世界上最古老的连续飞行的商业航空公司。到1939 年,它在飞行里程总长达 2 万多英里的各航线上飞行,并与泛美航空公司、英国海外航空公司、法国航空公司、萨比纳航空公司、德国汉莎航空公司和瑞士航空公司等刚刚诞生的既相互竞争又相互联系的公司,一同成为新兴的国际航空业的成员。

许多前军事飞行员购买美国政府议价出售的过剩战机,他们自己做起生意来,当起了特技飞行表演师、旅游观光飞机驾驶员、飞行教练、空中摄影师和撒药飞机驾驶员。在美国,飞机定期运送邮件始于 1918 年 5月 15 日。当时,邮政部在纽约、费城和华盛顿之间开始这项业务。两年后,邮政部航空邮件线路扩大到纽约至旧金山。但在定期客运服务方面,北美洲从 1919 年至 20 年代后期一直落后于欧洲,这是因为在经费自给(即不予补贴)的情况下,提供定期客运存在技术方面的障碍以及政治上政府支持对其进行补贴的程度不够,也就是说,经费自给的定期航空业务的主要障碍是缺乏有成本效益和适当规模的飞机。要想在政府不对飞行费用加以补贴的情况下求得生存,正在出现的商业航运业需要这样的飞机,即其运输成本低于以可接受的座位利用率(能产生收入的乘客占总座位的百分比)所得的收入。直到 1936 年引入道格拉斯 DC-3 飞机,这一要求才得以实现。

1919 年到 1939 年期间,欧洲出于多种考虑,在政治上强烈要求政府对定期航空服务予以补助。第一,欧洲希望同遥远的殖民地保持更快的人员和邮件联系;第二,它想在国际上更有力地凸现国家利益;第三,它需要一个新的东西来生动地体现民族自豪感,标有国旗、拥有最新运输技术的飞机担当此任是再恰当不过的;最后,它需要有一种手段来执行与军事配套的任务,如同德国汉莎公司在1933年以后在纳粹授意下配合军队调动,免费运送军官一样。

对定期航运提供资助的方法因航空公司的类型、所属国家和飞行时间的不同而有所差异。比如,荷兰皇家航空公司最初是一家私人航空公司,直到1923年才每年得到荷兰政府的资助抵消亏空。1926年后,政府每隔一段时间购买该公司的一部分新股票,对其资产需求提供资金支持。政府以付费给装载航空邮件的形式对航空公司飞往殖民地的主要线路即阿姆斯特丹到巴达维亚(1949年改名为雅加达)的航线提供补贴。与荷兰皇家航空公司不同,成立于1926年的德国汉莎航空公司是一家私人和政府共有的航空公司。德国政府和州政府分别购买这家公司26%和19%的股份,其他投资商购买剩下的股份。中央和地方政府共同向汉莎航空公司提供直接补助,直到1934年才改由中央政府独家提供。汉莎航空公司还得到政府的各种间接补助,包括免缴机场降落费以及使用政府提供的无线电通信设备和气象服务。

随着1925年航空邮件合同法案(通常称之为凯利法案)的通过,美国对定期航空客运的政策跨出了一大步。该法案授权邮政部与私人企业订立递送航空邮件的合同,并由此逐步结束1918年开始的由政府承担的航空邮件业务。作为签约一方的航空公司把邮政部的付款作为负担飞行开支的主要手段,而把搭载乘客作为补充收入的来源。西部航空快运公司于1926年4月17日首次开通洛杉矶至盐湖城的邮件和乘客混合运送的定期航班,成为凯利法案出台后第一家开展此项业务的航空公司。同年,国会通过了航空商务法案,在美国商务部内成立航空局,负责通过增加和扩大对航运业的援助和其他形式的资助来促进航空业的发展。

政府的巨额资助促进了私人商业航空运输公司的出现,加快了飞机的技术改进。一些不以营利为目的的飞行员的试航成功,如查尔斯·林白 1927 年首次不间断地飞越北大西洋,也有助于创造出一种易于接受拓展航空业的氛围。

到了 1930 年,美国突然抢到了欧洲的前面。38 家国内航空公司在 30293 英里航线上飞行,搭载乘客 374935 人,较之 1926 年的 5782 人有了大幅度提高。此外,五家标饰美国国旗的航空公司(并入美国或用美国名义登记)在国际航线上运送了 42570 名乘客,航空邮件运输量达 800 多万磅,比 1926 年增长了 10 倍。定期公共航空货运业务始于 1926 年,当时运送货物 170 万磅,到这时也有了巨大增加。专为货主特别要求提供服务的航空货运业务最早出现于 1925 年。当时亨利·福特的福特-斯托特航空公司为福特汽车公司在底特律、布法罗、克利夫兰和芝加哥之间运送货物,第一年运送货物 100 万磅,五年内增加了三倍。1927 年 9 月,美国铁路快运公司开始从事航空快运业务,以运送加急货物为主,加收运费。美国铁路快运公司(1929 年起改为铁路快运代理公司)在其形成的地面运输网内开展航空快运提送货业务,并与航空公司签约做市际货运业务,其运输量从 1927 年的 45859 磅增加到 1929 年的 257443 磅,到 1931 年超过 100 万磅。

美国航空业出现的另一重大的多用途的部门是私人或通用航空业,包括观光飞行、执法飞行、空中测量、空中救护、应急货运和商务旅行。到 1929 年,许多行业的不少公司为了拓展自己的生意而使用飞机,其规模从 1—2 个座位的单引擎双翼机到单引擎可载 6 名乘客的洛克希德·维加机,以及 10 座的福特三引擎飞机(也是由定期的商业航空公司驾驶)不等。一些私人商务飞行员则从事非法勾当:禁酒时期空中酒类走私是 80 年代和 90 年代飞行员在南北美洲非法贩运毒品的前兆。1929 年美国通用航空业各类乘客人数估计在 300 万左右,差不多比同年定期国内航空公司运送的乘客总数多 19 倍。

飞行无论是对飞行员还是对乘客来说都意味着冒险、有魅力和极时髦的事。世界范围的大萧条也未能阻止航空业的发展。到 1939 年,美国国内航线的乘客人数是 1930 年的五倍。欧洲的航空公司继续增加,特别是在国际航线上。各航空公司发展最引人注目的是泛美世界航空公司。它除了进一步利用现有的美国至加勒比海至拉美的航线,还率先成功地开拓了全年定期飞越太平洋和大西洋的客运和邮运航线。

支持这一进步的是国家和地方政府不断发展机场和航空设施,以及飞行技术的快速进步,这些极大地提高了飞行速度、安全系数、舒适程度、可靠性能和经济效益。20 年代制造的传统的飞机,如时速 100 英里10 座的福特三引擎飞机与福克和琼克斯制造的德国飞机,连同 6 座的时速 135 英里的单引擎洛克希德·维加机和 1933 年生产的 10 座波音 247飞机,被 1936 年制造的双引擎道格拉斯 DC‐3 飞机所取代,这种飞机最多可以搭载 21 名乘客,时速 170 英里。DC‐3 容量更大,双引擎更有力量也更耐用,金属外壳改为流线型设计,硬壳式结构代替金属或木制机架和帆布,用外壳围起来的引擎减少了空气阻力,所有这些都得益于国家航空咨询委员会和加利福尼亚州技术研究所古根海姆航空试验室的研究成果。道格拉斯 DC‐3 飞机客运里程的飞行成本比先前各机种低1/3 到 1/2(客运里程成本是通过将飞行一次总的费用除以客运里程的总数计算出来的)。

在多数美国航空公司和其他国家一些航空公司机群中,道格拉斯DC‐3 飞机很快成为中坚力量。但漫长的越洋飞行要求更高。当时,大多数外国机场或中途加油站都还没有供大型轮式飞机起降的地面跑道。解决的办法是采用机身不漏水、可漂浮的水上飞机。1935 年泛美航空公司开始开发旧金山至檀香山的水上飞机业务,使用的是绥考斯基飞机制造公司制造的 32 座 S‐42 型飞机。一年后,它开通旧金山至马尼拉航线(经过夏威夷、中途岛、威克岛和关岛),使用的是格伦·L. 马丁飞机制造公司制造的"中国大剪子"四引擎 48 座的 M‐130 水上飞机,其航程可达 3200 多英里。泛美航空公司很快用 74 座、时速 183 英里的波音 B‐314 大型远程水上飞机取代了这些飞机。这种飞机可航行约 4000 英里,机舱内空间相对宽大,带有餐厅区等便利设施,在 1939 年泛美航空公司开通的纽约至英国南安普敦、纽约至里斯本和马赛航班中起了重要作用,整个航行只需大约 36 个小时(包括南安普敦线在纽芬兰,以及里斯本线在百慕大和亚速尔群岛停机加油),而当时最快的远洋客轮至少也需要 5 天。20 世纪 30 年代英国主要的国际航空公司皇家航空公司在长途航线上也大规模使用四引擎水上飞机,如 1937 年开通的南安普敦至南非德班的航线、1938 年开通的南安普敦至澳大利亚悉尼的航线。美国和英国水上飞机为航空业第一次提供了与汽轮争夺如商务旅行这类高收益市场的真正有效的工具。二战爆发后,水上飞机的大负载量和远程飞行的能力,对于在敌对海域上维持重要的战时旅行具有不可估量的意义。

　　1936 年到 1941 年是商业航运技术发展的一个分水岭。尽管首次全年定期飞越北大西洋是由泛美航空公司重于空气的水上飞机完成的,但季节性的定期飞行早在三年前即 1936 年就已开始。当时,德国拥有比空气轻的硬式飞艇"兴登堡"号。德国人齐普林-里德雷曾驾驶该飞艇十次往返于法兰克福和新泽西州的莱克赫斯特之间。但航行仅限于春末到秋初这段时间,因为飞艇体积(800 多英尺长,直径 100 英尺)和浮力极大,极易受到北大西洋冬季常见的飓风的侵袭。甚至更早一些的 1931 年,其姐妹号"齐普林伯爵"号飞艇就开始在南大西洋气候条件更为适宜的情况下定期在欧洲与巴西之间航行。然而,1937 年当"兴登堡"号抵达新泽西的莱克赫斯特时,蒙布盖着的外层表面和氢气升降器突然着火,机上 36 人全部丧生,用轻于空气的飞艇进行商业客运因此一度中止。即便没有发生这一惨剧,这种飞艇也会由于相对于 1939 年至 1940 年出现的更先进的水上和陆上飞机来说,其时速有限(70—80 英里)、生产率低下和易于受恶劣气候条件影响而很快被停止使用。此后,它被改作军用和民用。民用飞艇要求超低、慢速飞越和翱翔的能力,比如著名的固特异轮胎和橡胶公司小型软式飞艇。

　　远程水路航线上的飞船时代产生于这样一种要求,即飞机既能在中途出故障迫降时适于航海,又能在机场有广泛的适于大型远程轮式飞机的跑道之前使用港口和其他受到保护的水域作为升降地面。新的一代增压远程四引擎飞机的出现,将飞船时代划上了句号。它们最初是在30年代中期开发出来的,其中一些最早型号的波音307同温层客机,于1940年到1941年在美国环球航空公司和泛美航空公司开始航行。1945年,新型飞机如洛克希德星座号、道格拉斯DC-4、DC-6、DC-7和波音同温层飞机,吸取了军用飞机的技术发展成果,成为在北美洲、欧洲和其他地区主要航空公司中占有优势地位的机种。

商业航空技术在1952年又经历了一次大的转折,从活塞引擎时代进入喷气式飞机时代。当时英国海外航空公司(BOAC)在伦敦至非洲和远东的航线上引进了世界上第一架喷气式飞机哈维兰德彗星一号。这种四引擎、36座、时速500英里的飞机很快便大受乘客欢迎,并且也有利可赚。令人痛心的是,两年后成功的喜悦变成了一场悲剧。三架新彗星飞机机身在飞行过程中破裂,其余的彗星飞机在原因调查出来之前被停止飞行。后来经过检查,原来是金属疲劳所致。接下来商业喷气式飞机航行出现于1956年的前苏联,那年苏联国家航空公司在莫斯科至伊尔库次克航线上引入图波列夫图-104喷气式客机。1958年加强型和加大型彗星4号喷气式飞机由英国海外航空公司投入使用,但很快就在两种美国制造的四引擎新型喷气式飞机面前黯然失色,首先是约200座时速为570英里的波音707飞机,同年在泛美航空公司纽约至伦敦航线上首次飞行,然后是道格拉斯DC-8飞机,1959年由三角洲和联合航空公司投入美国国内远程货运航线飞行。

喷气式飞机几乎同时进入欧洲和美国短程货运市场。当时法国航空公司和联合航空公司开始使用法国制造的小型拉威尔飞机,其显著特点是引擎悬挂在后面,机身两侧一边一个。英国、美国、苏联飞机制造商们很快模仿其引擎后悬构造,诸如BAC1-11、驯鹰者-锡德利三叉戟、波音727、道格拉斯DC-9和图波列夫图-134飞机的设计。它们能在相对短的跑道上升降,使得喷气式飞机可在中等城市使用,从而加速了活塞引擎飞机的退役,也更一步加强了空中运输对地面运输的竞争优势。

20世纪50年代还出现了涡轮螺旋桨式飞机,即由喷气式引擎驱动螺旋的飞机,它始于英国制造的四引擎维克斯子爵号飞机。同样,汽油活塞发动机驱动的旋翼为直升飞机上喷气式发动机驱动的旋翼所取代。

1940年,伊哥尔·西科尔斯基开始驾驶由他自己设计出来的被公认为世界上的第一架直升飞机。这种飞机具有垂直起飞降落和翱翔性能,在已有的运输工具中具有最大的空间。这些性能很快被广泛运用于军用和民用航空业,并获得成功,但没有用于定期市际客运业务。比利时国家航空公司萨比纳50年代在布鲁塞尔和邻国城市间航线上引入定期的直升飞机业务,但由于经济上不合算被取消了。

60年代后,商务飞机有三方面的进步。首先是大型喷气式飞机,其代表是1970年引进的四引擎500座时速600英里的波音747客机和1994年第一次试飞的双引擎波音777客机。中型飞机于70年代和80年代投入运营,包括洛克希德1011、道格拉斯DC-10、波音767和欧洲空中客车工业公司制造的各种型号的飞机。其次是适应空中定期短程航线经营者需要的多引擎涡轮螺旋桨式飞机。第三是时速1350英里144座的协和式飞机,1976年1月由英国海外航空公司和法国航空公司投入使用,是惟一一架持久飞行的超音速客机。世界上第一架也是惟一一架非军用超音速客机苏制图波列夫图-144,于1968年进行试飞,70年代中期用于航空货运十个月,但从未从事过定期航空客运业务,原因不明。

对空中运输的竞争者和使用者来说,这一连串技术进步的结果都是激动人心的。尽管空中运输在20世纪50年代后期仍处在活塞时代,但已在很大程度上取代铁路和水路运输,成为陆上和越洋远程商务旅行的主要手段,在高收入团体个人旅游方面占有较大比重。但在1960年,即便是美国这样以航空业为发展方向的国家,18岁以上的人也只有10%坐过飞机。

30年后,喷气式飞机造成的生产力的提高和客运里程成本的相对下降,使得飞机变成了几乎每个有广阔边境线的国家大众运输的工具。在美国,18 岁及 18 岁以上的人 70％以上至少坐过一次飞机。美国国内航线乘客总数从 5680 万上升至 4.288 亿人次,总客运里程从 317 亿英里增至 3459 亿英里。这种增长部分源于政府对航运价格解除管制和非卡特尔化,以及减少阻碍新的竞争者出现的政策。航空公司只是根据对市场状况的判断自由定价,并且主动开辟新航线,而不是听从政府对其经济活力的评价。

使得远程航行不仅是可以承受的,也是可以行得通的喷气式飞机,扩展到了许多国家人口的各个阶层,旅游业也随之迅速成为国际贸易的一个重要组成部分。在体育和表演艺术方面,航空业能够组织从时间和距离来说铁路、水路和陆路都无法做到的旅行。国际学者交流和专业研讨会的激增,如同国内和国际商务旅行一样。此时还出现了航空包裹快运网,提供国内国际包裹 24—48 小时内送达服务。大机场附近地区理所当然地成为商业中心,靠着出行和货运便捷,引来了写字楼、旅馆以及制造和买卖活动。

但是,喷气式飞机时代空中运输的激增,也付出了噪音和由于发动机排出的废气造成空气污染的代价。占用机场附近土地和机场出入口路段引发了许多抱怨,有时导致晚上飞机禁飞。一些国家还限期停止使用装有陈旧且噪音大的喷气式发动机的飞机飞行,从而加快使用低分贝设备。但总的来说,这些代价加上缓和这些代价所花费的费用,远低于喷气式飞机给客运和货运带来的巨大益处,在发达和发展中国家,空中运输已走到了 21 世纪的门口,作好了继续发展的准备。

公路运输

1901 年城镇的街道上充斥着马和骡子拉的两轮和四轮运货车,它们将城市间的火车和轮船终点站与工厂、工场、仓库和零售商号联接起来,并同出租马车、旅馆马车和四轮马车一起在街上争夺空间。但是,市区内主要的客运交通工具是无轨电车和有轨电车。它们运行于北美和欧洲几乎所有较大的城市和许多中小城市以及世界许多地方。由于它们主要是在街道行驶,英国官员们将它们看成是一种公路运输,但由于它们也能在铁路轨道上行驶(承重路面和地基不同于街道路面和地基),北美洲人则把它们看做是一种铁路运输。

在较大城市的主要街道上,道路交通工具在坚硬的车道表面上行驶。用钢做轮箍的市内运货车载有净重多达18吨的货物,要求在厚实砂砾或混凝土地基上再铺上一层坚硬的砖或花岗岩。为了使马车和货车行进时响声更低,与路面的摩擦更小,同时也为马和骡子提供更好的落脚点,常常在石子路上铺上厚厚的沥青。在不太重要的商业大街和居民区,沥青常常直接铺在碎石和砂砾上面。但是,1901年典型的乡间小道是土路,常常没有筑平和开沟,雨天通常不能通行。在一些欧洲国家如法国、英国,情况有些例外。那里路面经过改造的市际公路已有一个多世纪的发展历史,只是由于1825年后的修筑铁路热潮其流量才被铁路夺去。

然而到了20世纪20年代,公路交通打破了城市内和乡间短途运输的界限,进入了19世纪铁路扩张时所退出的领域。这场回击的第一个推动力是产生了经济上可行的机械推进方法。依靠蒸汽、电和以汽油为燃料的内燃机驱动的交通工具在19世纪90年代被证明在技术上是可行的,在商业上也是可以利用的,但由于其制造成本和销售价格高,又极大地限制了它们的使用。的确,早期的汽车仅仅被当做供富人们娱乐的工具。1901年美国率先打破成本过高这一障碍,在这一年,兰塞姆·E.奥尔兹首先使用生产装配线:用这种方法,奥尔兹汽车制造厂到1903年底总共生产了9175辆汽油发动机汽车。亨利·福特公司在1908年10月最先制造出有名的T型发动机小汽车,给世界提供了第一批大众消费汽车。T型发动机小汽车最初定价850美元,1925年降为260美元,使中等收入者都能购买。1901年后,随着东部得克萨斯丰富石油储量的发现和开采,汽油的供应大大增加,从而降低了汽油的价格,汽车的行驶费

用日益为多数人接受。美国的汽车拥有量从 1905 年的大约 7.8 万辆跃
升到 1918 年的 550 多万辆。

美国汽油和电动卡车的数字也在增长,从 1904 年的大约 700 辆增
至 1918 年的大约 25 万辆,由于其一流的运输能力、速度和耐用性,在市
内货运和市际短途运输方面都远远超过畜力车。到 20 年代中期,卡车
每英里费用要比马车每英里 26 美分以上的费用至少节省 10 美分。卡
车还明显有利于环境,因为汽车废气似乎要比马和骡子的粪便更卫生,
至少不令人讨厌。

1904 年英国的伯明翰,1905 年的纽约、巴黎和伦敦最先开通公共汽
车专线并取得成功。伦敦起初只有 20 辆公共汽车,到 1908 年 7 月其数
量上升到 1066 辆。公共汽车所有权分属伦敦通用汽车公司、伦敦公共
汽车公司和伦敦公路汽车公司等三个互相竞争的公司。它们一般是装
有 25—30 马力发动机的汽车,车上可乘 34 人:16 人在下面密封层,18
人在上面的敞开层。在爱丁堡,1905 年 6 月成立苏格兰有轨电车公司,
一年后改为双层车,到 1914 年形成了市际短途客运网。

公路运输夺回市际客货运输量的第二个基本手段是提供合适的基
础设施,如车道、桥梁、提供汽车的销售和维修渠道,为司机和乘客提供
伙食、娱乐和休息设施。美国开始寻求提高市际公路网的质量和地区涵
盖面。

随着美国拥有和使用汽车数量的激增,联接城镇的公路里程也从
1904 年的 2151379 英里增加到 1914 年的 2445760 英里。路面不再光是
泥土的公路里程从 153530 英里增加到 257291 英里,但其中只有 32180
英里(大多在东北部几个州)是由砖、混凝土和含沥青的碎石等铺成的结
实路面。总体来说,在一战前的那些年份里,美国公路质量仍然落后于
一些欧洲国家,而且经济效益相对较差。1915 年 1 月国会联合委员会发
表的一份报告中指出,1912 年前后,美国将农产品从农场运到当地市场
或火车站换车的平均费用是 1 吨/英里 21 美分,而法国是 8 美分。

通过这样的比较,有助于联邦和州议员、行政管理人员、商业团体、

汽车联合会促使联邦政府扩大对公路运输发展的参与程度,不是像早期那样仅仅是采取教育、研究和提倡的做法,而是在公路设施的计划、资助和管理上起主要作用。由此产生的 1916 年联邦援助公路法授权拨款给各州用于公路改进,联邦政府和州政府各出一半,每英里最高达 1 万美元,并规定凡是没有建立公路署管理公路建设工程的州不能获得资助。到 1919 年,当时所有的 48 个州都达到了上述要求,从而启动了沿用至今的由联邦和州共同开发和维持国家公路网络这一基本机制。

但随着美国加入第一次世界大战,新法案由于重心的突然改变而中止执行。和航空业一样,战争极大地推动了公路运输业的发展。同盟国军队在西部战场使用成千上万辆卡车运送部队和军需品,卡车生产迅猛增加。与此同时,由战争引起的火车货运业务极其繁忙,市际卡车货运行业应运而生。为扭转铁路系统的瓶颈现象,拥有卡车进行当地提送货业务的制造业和商业公司,开始用卡车将货物运到邻近地区,有的还买了新卡车,开始从事距离更远的运输,如纽约至波士顿、阿克伦至波士顿和阿克伦至底特律。市际商业汽车货物运输也出现了。先期进行这项业务的是比姆·弗莱彻公司,它拥有一个由 22 辆载重量 5 吨的卡车组成的车队,于 1917 年 11 月开始往返于费城和纽约之间。几个月后,自由公路公司在托莱多和底特律之间每天提供货运服务,它使用载重量 5 吨的四轮卡车,后面还挂着三个载重量 5 吨的拖挂车辆。每天的行驶时间是 7.5 到 9 小时不等,这取决于天气和全程中一段 12 英里长的土路的状况。

尽管战时卡车运输的费用为 1 吨/英里 12—25 美分不等,而火车在主干道上 1 吨/英里运费是 0.0025 美分,支线上是 2—3 美分,但货主们很快就认识到卡车运输的实际费用通常可以降得更低一些,特别是短途货运。卡车运输公司加快开展降低成本提高服务质量的活动,如免收马车来往火车货运站的运费,减少易破碎物品的损坏,降低包装要求,减收存货运费等。这些颇具吸引力的措施促使许多国家的汽车运输在 90 年代持续向前发展。

　　战争的结束在两个方面迅速推动了公路运输。它使大批战时学会卡车驾驶和维修技术的人员回到就业市场,也使数量庞大的卡车相对于和平时期的军队需要成为多余。这种情况有助于战后初期个人从英国政府购买多余的车辆,开始自己开车做生意,从而使英国出现庞大的商业性公路运输。在美国,联邦政府将 2.2 万辆过剩的军用卡车随同零部件和修理设备分给各州公路署以备公路养护和建设之用。

　　汽车的重大改进发生在两次世界大战期间。外观设计成了汽车制造商们的市场销售工具,流线型设计风格和多种多样高光泽度彩色油漆增加了汽车的外在美感,1919 年美国仅有 10% 的汽车有封闭的驾驶室。到 1929 年,对更加舒适和更好的设计风格的追求使全封闭型号汽车增加到汽车总产量的 90%。其他方面的改进包括车身全部用钢材、安装防弹玻璃、内装收音机和散热器、水压四轮制动机、动力刹车、低压轮胎、独立车轮悬架、密封光束前灯、变速杆、同步啮合手动变速器和自动变速器。随着发动机规格及压缩比的增加,新型汽油和润滑油的出现,汽车的功率和速度都在提高。20 年代豪华型汽车具有八缸发动机。凯迪拉克汽车公司 1930 年制造出一种新型的 185 匹马力的 V-16 发动机,福特公司 1932 年制造出 V-8 发动机,使低价位汽车具有高功率。20 年代蒸汽和电动汽车的生产已逐渐衰弱,此后以汽油为动力的汽车雄霸天下。30 年代在德国有一个小小的例外,德国梅塞德斯-奔驰公司采用一种柴油发动机汽车。梅塞德斯-奔驰公司还率先把增压器用到汽油发动机上。

　　两次大战间隔期间的这些进步大多为卡车和公共汽车共同享有,特别是那些涉及内燃机、变速器和轮胎方面的进步。20 年代早期的固体橡胶轮胎为低压轮胎所取代,从而大大增强了汽车底盘的反冲力,减少了汽车底架以及车上货物和乘客的震动。这一缓冲作用,加上低压轮胎表面和地面之间有较大的接触面积,也减少了对道路和桥梁结构的损坏,从而使卡车能装载更重的货物。

　　有争议的是,商业货运卡车最重要的基本设计变化是第五个轮子的连接器,基本上是卡车驾驶室后装的打孔圆盘。半拖车的前端就靠圆盘支撑,拖车底部装的钢转向节主销嵌入并与圆盘啮合,使得拖车能以圆柱为中心旋转。这项发明貌似简单,掩盖了其经济影响。在直排式卡车里,90％的货物重量靠后车轴支撑着。相反,在带半拖车拖拉机中,约43％靠拖拉机后轴支撑,其余的靠拖拉机前轴支撑。通过将重量分散到更多的车轴车轮上,带半拖车的拖拉机能增加货物负载量两到三倍,而没有超过发动机的负荷,也没有超过车轴和整辆卡车的法定负载量。而且因为拖拉机可与拖车分开,拖拉机可以得到更好的使用,在装卸货物时不需要等候,就如同直排式卡车那样。

以上这些改进是与美国市际公路的扩展与改进相辅相成的。1921年美国投入使用的市际公路长 38.7 万英里,1940 年是 130 万英里。几条世界闻名的隧道和大桥,包括位于泽西市和纽约市之间的哈得逊河下面的霍兰隧道(1927 年)、旧金山至奥克兰湾大桥(1936 年)和旧金山与加利福尼亚州马林县之间的金门大桥(1937 年),也都相继投入使用。

两次大战间隔期间还出现了许多其他变化。1921 年到 1938 年期间,主要工业化国家注册的汽车总数有很大的增加,美国从 1050 万增加到 2940 万辆,英国从 46 万增至 142 万辆,法国从 23 万增加到 225 万辆,德国从 9000 增至 182 万辆。汽车数量的增加,加上规格型号、载重量和速度的增加及越来越多地用于市际运输,说明需要大大改进车辆密集的线路的设计标准,包括更严格控制进出,每个方向至少有两条车道,中间隔有草坪分车带或障碍物,公路铁路交叉不得在同一平面,车道和路肩更宽,斜面和弯曲处更适度。到二战爆发,只有很少的国家拥有大部分或全部这种具有高速公路特色的公路。德国在萧条时期创造就业机会的需要,以及摩托化军事部署计划的驱使下,于 1933 年至 1940 年建立了著名的长达 4200 英里的高速公路系统。相比之下美国的成就不大,主要包括 20 年代中期完成的纽约布朗克斯河林园式干道,1934 年至1940 年间修建的康涅狄格州梅里特林园式干道,以及 1940 年动工修建的宾夕法尼亚州收费高速公路的前期工程。

第二次世界大战期间,由于战时需要将重要物资如钢材、橡胶、汽油转为生产军需品,民用公路运输的增长势头停止了。1945 年年中,随着战时对汽车生产、替代零部件和燃料限制的取消,民用公路运输的增长在美国得以恢复。

民用公路运输很快就得到迅速发展。尽管这些限制的影响还未完全消失,1945 年用于个人旅行的私人小汽车和小卡车的行程就已占美国市际客运里程总数(2200 亿英里)的 63.8%。50 年后,其比率上升到80%,客运总里程是 1.7 万亿英里。到 90 年代中期,汽车还为 98%的市内个人旅行提供了方便,从而使当地大众运输业在许多地区降到了可有可无的地步。这反映出美国在人均拥有汽车方面占据领先地位。确实,据预测,到 2000 年,美国 20—46 岁的公民每人都将拥有一部小汽车,这比西欧预测的汽车拥有量高 25%,是日本的两倍。

像早期的意大利和西班牙等国家那样,摩托车和低座小型摩托车在许多发展中国家成了公路运输机械化的先驱。但在八九十年代,汽车(包括轻型货车和轻型卡车)的使用在许多欠发达地区有了较大的发展。大多是用于新兴的小规模商业运输业。小汽车和货车不仅能使车主自己开车到处跑,还提供了靠运送乘客和(或)其货物挣钱的门路。

1946 年美国卡车占市际货运总吨英里数的 9.7%(819 亿),1993 年为 28.6%(8800 亿)。根据花在市际卡车运输上的钱来衡量,其市场份额的增加也是很显著的,1960 年到 1992 年间,从占每年用于各种车辆运输货物总费用的 37.5%(179 亿美元)增加到 47%(1768 亿美元)。如果将卡车在当地运输的花费也计算进去,其市场占有率 1960 年为67.5%(322 亿美元),1992 年为 78%(2928 亿美元)。其他地方的情况也差不多。到 80 年代,除了中国和前苏联集团,卡车实际上在所有国家货物运输中都占有主导地位。1989 年后,卡车运输在中、东欧也逐渐占统治地位。由于向市场经济转变,货主们的需求也发生了变化,转而提出对比较灵活、对顾客负责以及其他方面的货运质量要求。

汽车运输的复兴给公路改进和拓展带来了新的推动力,其中以美国最为迅速和广泛。1947 年至 1957 年期间,20 个州修建了约 2600 英里长的收费公路,后来大多纳入 4.25 万英里长的州际公路系统。在 1956 年联邦援助公路法案批准下,并且经自 1957 年开始的长达 40 多年的修建,该系统形成了一个高速公路网,将 90% 以上人口超过 5 万人的城镇连接起来。西德二战前的高速公路系统也很快得以全面恢复和发展,但东德直到德国重新统一后才得以恢复。到 90 年代,法国、意大利、英国、西班牙、奥地利和日本,也用高速公路将其许多或绝大多数主要的人口集中地区连接起来。许多其他国家,从澳大利亚到加拿大到委内瑞拉,高速公路的里程要相对少一些,主要是将大城市与附近地区连接起来。墨西哥在 80 年代建造了许多收费高速公路,但由于收费过高,卡车司机们宁愿继续走较差的老路。

1945 年后美国公路基础设施的改进包括明显地克服地区障碍,比如于 1956 年和 1969 年分两阶段完成的路易斯安那州 29 英里长的庞恰雷恩湖堤道,弗吉尼亚州 17.6 英里长的切萨皮克湾桥隧道(1964 年),以及密歇根州 5 英里长的麦基诺大桥(1957 年)。随着 1965 年 7.5 英里长的布兰克山隧道的开通,法国和意大利之间穿过阿尔卑斯山的交通流量加快。欧洲和中东的长途公路运输,还有伊斯坦布尔区间上下班乘客,到 1973 年便不再依赖渡船。那一年连接欧洲和亚洲的土耳其博斯普鲁斯海上大桥建成通车。

总的来看,90 年代机械化公路运输的成功,其结果是喜忧参半。空前的流动性导致社会交往和买卖方式的极大变化,向公路建设投资成为有关地区即便不说是主要的也是重要的推动经济发展的手段。这些特点和作用几乎被普遍认为大有裨益,伴随着世纪末人们争相提供汽车和卡车给那些由于政治上闭关自守致使其使用受到严重制约的国家,这一点再次得到强调。然而与此同时,无论在发达还是发展中国家,汽车运输业已取得即便不是占绝对优势的、也是极为重要的发展,并一直在努力消除其负面影响。在许多地区交通拥挤似乎难以克服,因为交通的发展一直超过可利用的空间和扩展道路所需的资金。其他问题也需要引起注意,包括空气质量、噪音、市区和郊区土地使用模式,以及那些住在不通公共汽车的地方又不能任意使用汽车者的交通问题。

铁路运输

铁路运输是作为一个发展行业进入 20 世纪的。在许多国家,这种发展一直延续到大萧条时期。1901 年到 1930 年期间,拉丁美洲市际铁路里程从大约 3.75 万英里增至 8.44 万英里,亚洲(不包括苏联)从 3.65 万英里增加到 8.25 万英里,非洲从 1.25 万英里增加到 4.24 万英里。俄国在 1916 年建成穿越西伯利亚的铁路,在叶卡捷琳堡(后来称做斯维尔德洛夫斯克)和符拉迪沃斯托克之间绵延 600 多英里。澳大利亚的铁路里程从 1901 年的 1.26 万英里增至 1920 年的 2.41 万英里,包括 1919 年开通的一条横跨大陆的铁路。加拿大在 20 世纪头 20 年里的铁路总里程由 1.79 万英里增至 3.9 万英里。

在西欧和美国,铁路系统已经占了它们道路里程的较大部分,并在继续增加。它们大多是分支线路,但有几条是主干线。大的工程如修建位于盐湖城和洛杉矶之间的圣佩德罗、洛杉矶和盐湖铁路;位于盐湖城和奥克兰之间的西太平洋铁路;位于南达科他州莫布里奇和普吉特海峡之间的密尔沃基铁路的太平洋海岸分线,以及佛罗里达州东海岸从迈阿密到基韦斯特港的水上分线,所有这些工程均有助于推动美国的铁路里程在 1916 年达到 254037 英里的最高纪录。

更能说明铁路业发展的是铁路轨道里程,包括多轨道主干线上的附加轨道以及所有岔道和调车场轨道的长度。1900 年至 1915 年期间,美国总的铁路轨道里程数增加了 50%,从 25.9 万英里增至 39.1 万英里。在这段时间里,几家大的铁路公司承担了拓展主干线终点站的大工程,以试图应付货运和客运急剧增长的局面。轰动一时的事例是纽约市宾夕法尼亚铁路公司的宾夕法尼亚车站工程,它不仅要建车站本身,而且还要在哈得孙河下面建造两条单线隧道,在东河下面建四条单线隧道,建地狱门大桥和添置主要客车维修和停车设施。同时与其竞争的中央铁路公司在城市附近新建了一个大型的中央车站,还扩展和改进了其纽约工农业区。在西部,南太平洋铁路公司通过在横跨大盐湖的高架桥上修建新的铁路,减少其在加利福尼亚州的奥克兰至犹他州的奥格登之间铁路线上的迂回。圣菲铁路公司以每年差不多 250 英里的速度将其主干道变为双轨道。

为了防止服务于新的宾夕法尼亚火车站和中央大车站长长的隧道发生火灾,美国加速了向全钢客车的转变,钢身结构和全钢的货物列车也成为一种规范,结果容量和载重量也得以增加。欧洲的铁路并没有亦步亦趋,在客货列车全部车辆和相对小的两轴货物车箱广泛使用木材的做法,在欧洲大陆和英国一直持续到 20 世纪中叶以后。

1901 年世界上的市际铁路机车都是靠蒸汽发动的,并在 20 世纪 40 年代末之前一直发挥着主要但逐渐减少的作用,在这之后蒸汽机车的数量急剧下降,到了 20 世纪 90 年代,已趋于消失。尽管往复式活塞发动蒸汽机车的基本特点自其 19 世纪 30 和 40 年代开始使用以来基本上没有发生大的变化,但作为对客货列车在长度、重量和速度方面不断增加的回应,它在规格型号、重量、动力和速度方面稳步向前发展,尤其是 1901 年到 20 世纪 40 年代期间。例如,美国 1902 年建造的用于客运的一种 4—6—2(意思是前引小火车头或转向架/导轮组合件上的四只轮子,六只驱动轮和后车架上的两只轮子)太平洋型号机车(蒸汽机车是按轮子排列以及与此相关的常用名称分类的)及煤水车重 145.1 吨,能产生 2.56 万磅的牵引力,而 1930 年制造的轮子同样排列的机车重 309 吨,能产生 5.13 万磅的牵引力。联合太平洋铁路公司 1941 年制造的用于山区运货的著名的"大家伙"机车重 603.5 吨,牵引力达 13.54 万磅,时速 75 英里,马力 6000 多匹。

电力牵引最先构成对蒸汽牵引统治地位的威胁。到 1901 年,在北美和欧洲,电力牵引已取代马和缆绳牵引,以及市区铁路及早期铁路快运线上的小型蒸汽机车,引发了发展市区电气铁路和市际电气轻便铁路的热潮,后者主要行驶按市内电车技术设计的车辆,但它们更重、更快,也更舒适,能够单开也能用多机组火车运行。客运是其主要目的,但市际铁路也搞货运,特别是包裹快运及不满一车箱货物的托运。尽管在几个欧洲国家和日本能看到市际电气铁路,但这些电气铁路大多是在美国和加拿大建造的。1916年美国和加拿大电气铁路最高里程达1.6万英里,其线路在城镇常常使用街上轨道,在郊区和乡村使用私用通道。这种常常不尽如人意的基础设施,加上短途运输过于集中,使得美国市际电气交通线路较早地变成了汽车运输竞争的牺牲品,鲜有到1940年之后还能存在下来的。

市区和市际铁路成功的电气化还不能满足大规模的主干道蒸汽式铁路电气化的规模和容量,必须解决另外的技术难题,才能展开主干道电气化,而当它们得到解决之时,电气化也就实现了,并且是在相对短的时间内。1902年意大利首先使用三相3000伏交流电高架电线系统。下一个重大成就出现于1906年,其时纽约中央铁路公司开始启动650伏直流电第三轨系统,作为其大型中央车站重建工程的一部分。一经完工,电动机车牵引的火车就驶向位于中央车站以北32.6英里的纽约的哈芒,然后换上蒸汽动力机车。紧接着,纽约、纽黑文和哈特福特铁路公司也在纽约至康涅狄格安装了长25英里的1.1万伏交流电线路。该线路选用高电压和高架线输电方法,因为这对长途主干线用电会大有优势。与纽约中央铁路公司不同,纽黑文铁路公司并未打算将电气化限制在纽约终点站地区,它的目标是纽黑文、康涅狄格和波士顿。最终纽约实现了电气化,但波士顿的电气化却留待90年代由全国铁路客运公司来完成。

本世纪首次真正意义上的长途线路电气化是在1915年至1919年间完成的。当时密尔沃基铁路公司在其新近开通的太平洋海岸650英里铁路分线上,用3000伏直流电电气机车取代蒸汽机车。新的电气机车具有刹车后再启动的特色,这是一项尤其适用在高山峻岭上行驶的非凡发明。当火车下坡行驶时,机车的牵引车能变成发电机,将电力回输进高架电线,产生拉力,从而有助于火车减速,减少制动刹车和轮子的磨损。这样产生的电不是被在上坡和平地轨道上运行的其他火车消耗掉,就是被输回铁路的商业性供电器上。

第一次世界大战后,瑞士、德国、奥地利、挪威和瑞典开始了范围广泛的主干道电气化工程,它们都使用 1.5 万伏 16.66 赫单相交流电。交流电实际上早已用在了 1913 年在瑞士和意大利之间开通的 12.5 英里长的辛普龙隧道上。到 1939 年,差不多每个欧洲国家至少有几条主干线轨道实现了电气化,澳大利亚、新西兰、印度、印度尼西亚、南非、日本也是如此。两次世界大战期间,两大引人注目的电气化工程涉及英国的南方铁路公司和美国的宾夕法尼亚铁路公司。南方铁路公司在通往布赖顿、朴次茅斯和其他地方的主干道上,以及伦敦地区多数的郊区运营网络安上了 600 伏直流电第三轨;宾夕法尼亚铁路公司将其纽约至华盛顿、哈里斯堡至费城铁路改造为电气化铁路,在大约 671 英里的线路上,安装了 1.1 万伏 25 赫交流电高架线。

利用中央发电站输出的电进行电力推进,在操作和环境方面远远胜过蒸汽推进。但由于配电设施需要大量的资金投入,它最适合于交通繁忙的线路,或者是狭长的隧道,因为那里其他发动机发出的废气实在令人难以忍受。这促使人们探寻价格比较合适的蒸汽内燃机的替代物。使用机械变速器的汽油发动机早在 1905 年就被用于交通量较少的客运中,但变速器不适用。1908 年,一种燃油电力铁路机车(在这种机车里,燃油发动机给发电器供电,后者又将电输送到牵引车上)出现了。它大获成功,被成千上万地购置用在支线上行驶和在一些主干道上跑当地生意。1913 年至 1915 年期间,该技术被用于轻量货运。当时明尼阿波利斯地区的一条短线铁路购买了三辆燃油电力机车。

1923 年,一战时大量使用潜艇而造成的柴油发动机的改进,导致了两辆柴油电力机车的试制,一辆在德国,另一辆在美国。美国由此制造出第一辆商业上可行的柴油电力机车,1925 年在新泽西州中央铁路公司编组场用于编组服务。在此后十年内,在 20 条美国铁路线上有 87 辆小型柴油电力调配机车在工作。1933 年德国在高速主干道使用柴油动力机车首次获得成功。当时德国国家高速铁路公司引进所谓的芙涅根德汉堡包或"飞翔汉堡包"。它是一种两节车箱的流线型柴油电力火车,行驶在柏林和汉堡之间,按预定计划需要达到平均时速 77 英里,最高时速100 英里。其后这种火车被扩大为三节车厢,德国高速铁路公司利用它建立了一个范围广泛的快运网。法国、匈牙利和其他国家也努力开发类似的设备。到二战爆发时,柴油机车和柴油机车车组在不少欧洲路线上用于客运,但战争造成的燃料短缺不久便迫使其中相当一部分停止运行。

在 20 世纪 30 年代,为了遏止(如果不说完全改变)客流量越来越多地流向公路和空中运输的现象,美国铁路公司开始引进快运业务和流线型设备,主要是空调设施、隔音设备、更舒适的座位以及其他改进措施。1934 年,联合太平洋铁路公司以其萨利纳城市号、芝加哥号、伯林顿号,昆西铁路公司以其开拓者西比神号领先一步,密尔沃基铁路公司、海湾铁路公司、莫比尔和北方铁路公司、圣菲铁路公司、罗克艾兰铁路公司和巴尔的摩以及俄亥俄铁路公司则紧随其后。到 1941 年,其他的铁路公司纷纷效尤,且通常成就斐然。大多数流线型火车确实吸引了大量的乘客,赚取了可观的利润。这种火车通常具有明显有吸引力的外观和颜色,反映了那个时代著名的工业设计家如亨利·德赖弗斯、雷蒙德·洛伊和奥托·库勒的设计天才,给这一本来波澜不惊的行业带来了现代气息。

柴油动力在这一方面起了重要但不是独有的作用。一些铁路公司遴选经过改进的蒸汽机车,这种机车固定时速为 100 多英里。但当柴油发动机设计上的两项重大技术进步产生后,蒸汽机车在各类火车里的命运就变得前程难卜了。1935 年人们制造出了一种柴油动力机车(有别于轻量运输有轨机动车或列车机组中的推进车),这是一种具有足够动力和耐力来取代高速铁路主干道上由普通规格车箱组成的列车蒸汽机车。1939 年人们又制造出了一种柴油电力机车,它能产生出与动力最大的蒸汽货运机车同等或更大的总马力和牵引力。新机车的大量实例证明了柴油电力远胜过铁路长途运输列车使用的蒸汽动力,并大大节省了运行和养护的费用。由于经济上明显具有优势,到 1960 年,铁路运输中全部用上了柴油电动机车。

由于二战期间交通运输需求量空前增大,各地的铁路运输几乎全都开足了马力。许多欧洲大陆铁路系统由于轰炸和地面战争而遭到严重破坏。由于维修跟不上,紧俏物资匮乏,严重限制了机车和全部车辆的生产。战时生产限制取消后,美国铁路公司的订单立即像雪片一样飞到客车机动车制造商的手中。

这些订单中包括价值上亿美元的流线型客车。多数铁路公司的管理者们相信,战前流线型火车的成功会持续下去,铁路运输在战后客运市场会得到有利可图的份额。但他们的愿望未能实现,火车客运总收入从 1947 年的 7.32 亿美元下降为 1970 年的 2.838 亿美元。在工资比重上升和工会规定的乘务组人数与工作规则协定没有效果的双重压力之下,劳动力成本逐步上升。火车客运设备需交纳数目庞大的财产税,而大多数的公路和空中运输基础设施(为政府部门所拥有)却不要交税。在 50 年代,邮政部开始将越来越多的邮件交由航空公司和公路运输公司来运送,而历史上,邮件都是火车的"行李车"运送的。1971 年,大多数铁路公司不再愿意(在许多情况下不再能够)承担尚存的市际客运列车因数量减少而造成的财政亏损,而将其转让给新成立的部分由政府拥有的全国铁路客运公司。乘火车上下班的乘客运送业务转到了地区性公用局手里。于是铁路公司便丢下了客运亏损的包袱,主要从事货物运输,因为货运业务有利可图,这是各铁路公司能够在没有补贴的情况下得以生存下来的关键所在。

全国铁路客运公司和市郊往返列车管理机构设法稳定住剩余的客运量,运送的乘客总数从 1971 年的 2.728 亿人增加到 1993 年的 3.403 亿人。由于有政府的补助,市郊往返列车在机车、火车车辆、车站和其他设施方面都有了较大的改进。全国铁路客运公司也替换了从现在的铁路货运公司那里继承下来的大部分设备。打着轻便火车运输幌子的市内有轨电车在 40 和 50 年代很大程度上为公共汽车所取代,但如今它们在一些城市东山再起。这些城市包括圣地亚哥、巴尔的摩、圣何塞、洛杉矶-长滩、萨克拉门托、波特兰(俄勒冈)、圣路易斯、丹佛和达拉斯。然而,90 年代中期美国政治气候发生了急剧的转变,其中心任务是减少和消灭联邦政府的预算赤字,减少政府在提供服务方面的作用,这又对铁路客运的继续发展提出了挑战。

尽管美国铁路货运也受到了战后兴起的公路、水路和管道运输的影响,但它并没有像铁路客运那样被打败。铁路货运吨数差不多一直是稳定的,1947 年为 15 亿吨,1993 年为 16 亿吨,而运送货物的吨英里数在同一时期内却由 6547 亿增加到了 1.14 万亿。这在很大程度上要归因于技术革新而带来的生产力不断提高,最大的单机组柴油电力机车的马力,从 1950 年的 1500 匹增至 1995 年的 4000 匹,驱动轮轨粘合的技术自 80 年代起由于微机控制而得到改进,机械化使轨道的养护和替换发生了革命性的变革:铁路线路里程数从 1945 年的 226696 英里下降到了 1992 年的 141064 英里,除了其他的因素,这也反映了这些存留下来的轨道得到了充分的利用。由于用不断焊接的铁轨替换了有接头的铁轨,运行质量得到了提高,养护费用也下降了。用双层或三层机车运输汽车、拖车和平板车上集装箱设备——包括 1980 年后引进的运送双层集装箱的业务——能够将落入长途卡车运输手里的活儿又抢回来。用火车长途运输含硫量低的煤炭大大增加,因为用煤者要遵守更为严格的空气质量标准。当这种强劲的增长势头在 90 年代初期受到控制时,圣菲和联合太平洋铁路公司在其铁路系统的某些线路上设置双轨道,这种做法很像 20 世纪初的做法。雇员工作规则和劳资协定某些条款的变化,也对 80 和 90 年代美国铁路货运状况的改善起了一定作用。

与北美洲的铁路不同,在公路运输和传统的依赖铁路的行业如煤炭和钢铁业不景气(特别是在 50 年代之后)的双重打击之下,英国的铁路货运几乎全军覆没。西欧大陆国家多数铁路公司的铁路货运,也都比其美国同行们遭受了更大的损失,日本也不例外。1989 年以后由于向市场经济过渡,中、东欧国家铁路货运下降了 50% 甚至更多。这些损失令欧洲各国政府大为震惊,它们认为铁路货运要比公路货运对环境的危害小,于是纷纷制定政策以改变这种状况。瑞士和奥地利在这方面尤为积极,它们强迫卡车司机使用铁路联运从事过境过山(阿尔卑斯山)货物运输。欧洲铁路货运公司的管理人员在推销业务方面也更加主动积极。在英国,英格兰、威尔士和苏格兰铁路公司在 1995 年后从英国铁路上接手了大部分货运业务,并开始在从卡车手里夺回货物运输方面获得成功。新的基础设施如英吉利海峡隧道也提高了铁路货运的竞争力。但直到 90 年代中期,西欧和日本铁路自 1945 年之后的相对和绝对成功,主要是在客运而不是货运方面。

这种成功的最主要标志是引进了高速列车,它开始于日本东京—大阪的铁路新干线。1964 年干线开通时,高速列车运行速度最高为每小时 130 英里,后来速度进一步提升,并增加了铁路线路。法国国家铁路公司自 40 年代后期开始,便为普通客运列车的提速进行了不懈的努力,这期间又得到了铁路电气化大面积铺开,以及重大研究和开发项目的支持。50 年代,在经过多次试运行之后,法国国家铁路公司的列车时速已超过 200 英里。

1981 年,法国国家铁路公司在巴黎至里昂之间开通了第一条高速列车线路,列车在新的特制轨道上运行最高时速达 160 英里,在通往其他地方的普通轨道上的运行速度有所下降,最高时速为 125 英里。另外两条线路,即高速列车大西洋线路和高速列车北方线路于 90 年代开通,运行最高时速为 186 英里。1990 年 5 月 18 日,在大西洋线路的一次运行中,创下了铁路运行时速 320.2 英里的世界纪录。北方线路连接巴黎和里尔以及新英吉利海峡隧道,给 1994 年 11 月 14 日开始运行的伦敦至巴黎和伦敦至布鲁塞尔欧洲之星列车提供了部分线路。这样便使欧盟筹划中的一条长 1.8 万英里的欧洲高速铁路网上首批重要国际线路之一得以通车运营。

德国从 1991 年 6 月 2 日开始将市际快速列车组用于商业运行,在铁路线上最高时速可达 135 英里至 175 英里,在普通轨道的上坡路段时速为 125 英里。同高速列车的设备一样,市际快速列车组也是设计用来在国家铁路网中的专用和部分线路上运行的,其目的在于减少在地价高昂的建筑区使用车站的费用,以及增加直通车的市场范围。西班牙于 1992 年开通了马德里至塞维利亚的线路,采用的是经过改制的法国高速列车公司式样的列车。韩国也在 1994 年为正在建设中的汉城至釜山的铁路选择了法国高速列车公司的技术。

铁路高速列车无论进入哪家市场,都从空中和公路运输业那里夺得重要的运输区段,并创造出不可或缺的包括旅行在内的新的交通方式。因此,从 1901 年到 90 年代的铁路运输就像电影中的蒙太奇一样,经历了从占支配地位、发育、成熟、衰落到复兴的变化过程。铁路运输的新技术特性已为其在 21 世纪的继续运作作好了准备。

管道运输

就最广泛的意义来说,管道运输包括所有用来运送气体、液体和悬浮在液体中的固体管道系统,包括专用的饮用水供应和卫生服务系统。不过,就传统观点而言,商业管道运输业是指运输石油、天然气和煤浆的行业。

到 1901 年,石油管道运输在美国已经存在了 39 年,与从事大宗货物运输的公路和铁路运输相比,石油管道运输具有无可置疑的经济优势。它们主要集中在东部几个州,连接着宾夕法尼亚州、俄亥俄州、西弗吉尼亚州和肯塔基州的国家主要原油产地和东海岸炼油厂。有三件事迅速扩展了管道的地区涵盖面:其一,1901 年至 1905 年间,在东得克萨斯、堪萨斯州、路易斯安那州、俄克拉荷马州和加利福尼亚州发现大油田;其二,东部原油产量的下降迫使东部炼油厂从新大陆的中部获取原油来源;其三,当时的人口增长——因此提高了中西部和西部对石油产品的需求——促使人们在五大湖区、密西西比河沿岸、得克萨斯湾和加利福尼亚海岸兴建炼油厂。由于上述原因,原油主干管道被建造起来,用于连接新的石油产地、现有的东部管道、新的炼油场所和水路运送终点站(通过油轮或驳船运到炼油厂)。数英里长的集油管道也随之出现了,它将油井旁的仓贮油罐与距离甚远的主干管道连接起来。在 20 世纪的头十年和 20 年代,管道继续增加,到 1931 年,已经有 50020 英里的原油运输主干管道和 53640 英里的集油管道投入使用。

20 世纪初期,一些精炼油就通过管道运输了,不过,直到 1928 年后才广泛利用管道从事石油产品的运输。当时,生产 40 英尺无接缝线路管道和电弧焊管道接缝技术已趋于完善。在此之前,接缝是用螺纹箍拧到一起的,这足以堵住原油,却会导致汽油这类低粘性的液体渗漏,造成经济损失以及对安全和环境的危害。到 1931 年年中,3210 英里的石油产品管道被投入使用。当时输油管的直径通常在 14 至 16 英寸之间,并且大多数管道穿越 200 英里长的距离或稍短一些,但有一条从得克萨斯狭长地区到芝加哥的管道长达 1000 英里。通过同一条管道运送不止一种类型的精炼石油产品已是司空见惯。

起初,往复式蒸汽发动机给早期的石油管道泵提供动力。它同发动机、蒸汽锅炉、泵以及其他设备一起被置于建筑物内,沿管道每隔一段就有一个建筑物,在这里操作和维修人员提供 24 小时服务。后来有了不同式样的柴油发动机,接着是电动机和燃气轮机。这些推进力的进步,辅之以新的电子通信和控制技术,能够远程和自动控制,使管道网络从一个地区跨越数千英里成为寻常事。

在美国之外最早的一条管道是于 1905 年建于里海边的阿塞拜疆的巴库和靠近黑海的格鲁吉亚的巴统之间。这是一条约 800 英里长、直径 8 英寸的原油管道。规模在 10 英寸—16 英寸之间的原油管道于 1926 年在哥伦比亚,1932 年在墨西哥,1939 年在委内瑞拉出现。

第二次世界大战加速了美国管道线的发展,并引起其他方面的改进。由于德国潜艇袭击美国沿岸的油轮，美国不得不实施两大著名的工程，一个是从得克萨斯州的朗维尤到费城和纽约地区直径 24 英寸、总长 1341 英里的"大口径"(Big Inch)原油管道，另一个是得克萨斯海湾沿岸炼油厂通往纽约地区的直径 20 英寸、总长 1475 英里的"次大口径"(Little Big Inch)石油产品管道。在亚洲，建造了直径 6 英寸和 8 英寸、延伸 3000 英里的印度缅甸石油管道，为盟军在中缅印前线作战运输燃料。盟军越过法国攻入德国的汽油供应由直径 6 英寸、总长 2380 英里和直径 4 英寸、总长 1440 英里的预制管道提供。英国在海港和空港之间建造了一个管道网络来运送航空汽油。同样，在诺曼底登陆行动之后的冥王行动（管道在海底）中，英国在英法之间的英吉利海峡海底铺设了 20 条直径 30 英寸的水下管道。

战时铺设类似"大口径"原油管道验证了大口径管道在经济上的优越性。战后很多 6 英寸—12 英寸的管道被 16 英寸—26 英寸的管道替代。安装直径 36 英寸的长距离管道始于 50 年代后期的一条 1643 英里的天然气管道，它连接得克萨斯州和东海岸各处。直径达 40 英寸的管道出现于 60 年代早期；64 英寸的管道出现在 70 年代。随着供需状况的改变，美国的有些管道从运输原油转为运输石油产品，从运输石油转为运输天然气，偶尔还回到先前的用途上。有些管道也开始运送液化气和无水氨。由于发现了大量的石油和天然气，加拿大、北非、中东和前苏联的管道里程有了新的增加，用以运送精炼石油产品的管道分别出现在荷兰和德国之间，法国和德国之间以及意大利、瑞士和德国之间。

本世纪最大胆也是最有争议的管道工程，也许是连接普拉德霍湾北坡油田和阿拉斯加瓦尔迪兹远洋油轮终点站、直径 48 英寸、总长 800 英里、贯穿阿拉斯加州的管道系统(TAPS)。TAPS 最初计划投资 9 亿美元，在 70 年代早期完工，但对环境的忧虑和安全问题，导致其延期建造并变更原计划，1977 年修通时最终费用达到 77 亿美元。TAPS 部分铺设在地面有特殊耐热功能的支架上，以保护脆弱的永久冻土不被热油通过时的热度破坏。假如不加热，粘滞的原油就不能在寒带寒冷的气候里流动。同样独特的是这条管道呈"之"字型,这种设计使管道能够适应在气温剧烈变化时的热胀冷缩。

50年代至80年代期间,人们提出过许多建造煤浆管道的建议,但只有两条此类管道得以实施。一条是位于俄亥俄州东南部的一个煤矿和克利夫兰附近的一家电厂之间铺设的108英里长的管道。这条管道1957年开通,1963年铁路通过降价重新夺走其运输量后被束之高阁,在此之前该管道已运送了670万吨煤。另一条是黑台地管道,位于亚利桑那州一个矿井和内华达州一个发电站之间,全长273英里,1970年开始投入使用。

整个20世纪,管道运输取得了重大成功。它的成绩反映出了石油和天然气的主要消费群体、生产者和市场销售商们的业绩。然而,它在处理煤浆和其他矿产品方面的作用仍是微不足道的。

水路运输

20世纪早期,在复杂的商业水上运输的竞技场上,远洋客运服务以其迷人的魔力区别于其他水上运输方式。远洋班轮——以速度和豪华为主要特点,特别是在北大西洋上——的伟大时代刚刚露出曙光,就受到了刚开发出的海上汽轮机的推动。这种汽轮机在功率和效率上大大超过了甚至是最好的专为海上使用而设计的往复式蒸汽机。另一项改进即改燃煤锅炉为燃油锅炉大约出现于1920年。到二战爆发,涡轮机驱动的轮船成了世界主要海上航道上定期客运、邮件运送和加价货运的基本运输工具。

远洋班轮的设计和工作性能随着30年代在法国注册的诺曼底号轮,以及在英国注册的玛丽女王号和伊丽莎白女王号轮,还有50年代在美国注册的合众国号轮的下水而达到了顶峰。前三艘船的长度超过1000英尺,后一艘为990英尺。这四艘巨轮横越北大西洋都只需四天多一点的时间。合众国号在下水的头一年就在横越大西洋的远洋班轮中成为最高速度纪录的保持者。它向东航行达到 35.59 节①,向西行驶达到 34.51 节,然而空中运输很快就使这种荣耀失去了意义。1952 年,北大西洋海上运送乘客总数是 84.2 万人,占市场份额的 66%,而飞机(不含包机)运送乘客 4.33 万人,也即市场份额中剩下的 34%。到了 1965 年,空中运送乘客人数上升到 360 万人,占市场份额的 84%,而轮船运送乘客人数已下降到 65.2 万人,仅占市场份额的 16%。其他海上客运航道也出现了类似的衰落现象。玛丽女王号、伊丽莎白女王号和合众国号轮分别于 1967 年、1968 年和 1969 年停航。

到 90 年代,只有伊丽莎白女王二号轮(通称 QE2,简直是 30 年代制造的伊丽莎白女王号的缩版)提供定期的横越北大西洋的海上客运业务,并且主要限于夏季。冬天,它到旅游市场找事做,这也是当初建造时计划好了的。到西印度群岛、地中海和其他冬季度假中心的航游,在 60 年代至 90 年代期间迅速增长,每年的客运量使得以前航道上最好年份的客流量也相形见绌。专为航游设计的轮船不断出现。具有讽刺意味的是,许多航游旅客乘飞机到港口,再坐船出港。

水上客运在世界不少短途航道上也很繁忙。40 年代后汽车和卡车的增多,使得开上开下式渡轮在英吉利海峡、爱尔兰海、波罗的海、亚得里亚海、皮吉特海峡和其他一些水域上投入运营。到 70 年代,交通繁忙的航道都有开上开下式渡轮,一次能运送 800 多名乘客和 350 辆汽车。

对缩短航行时间的愿望,促使水翼船用于商业运输业。水翼船能够保持每小时约 50 节的固定航行速度。首批水翼船中可坐 22 名乘客的信天翁号,1963 年在纽约港从事曼哈顿至长岛的定期短途航运业务。更大一些的水翼船开始在世界各地众多的河流、湖泊、港口和短途海上航道从事定期客运和货运。著名的例子有俄国伏尔加河上的货物运输以及地中海上法国和意大利之间的旅客运输。另一种新型的高速船是水陆两用气垫船。气垫船的运行靠卧式鼓风机打气并由飞机型螺旋桨推

---

① 节为航速和流速单位,1 节等于 1 海里/小时。——译注

动。气垫船能够以最高约70节的速度掠过水面或地面,规格大一些的包括SRN-4气垫船,能够一次装载250名乘客和30辆汽车。这种气垫船于60年代后期开始从事横渡英吉利海峡的业务。

从20世纪初直至50年代,一般货物,从食品、衣服、饮料和耐用消费品,到包装好的化学物品、汽车、钢铁、机械,以及其他各种货物,都是用所谓分装船运输的。货物是一件一件地从船上装卸的,因而需要大量的体力劳动和更多的泊港时间。随着50年代中期所谓的集装箱革命,这种效率很低的做法不复存在。这场革命基于一条简单的信念,即用标准尺寸(宽和高各8英尺,长20或40英尺)的远洋货物集装箱送货上门。集装箱都是用钢材或铝材制成的箱子,一端有多扇门,每个顶角和底角上的角柱子用止动装置加固起来。在地面运输时,可把集装箱缚牢在有轨机动车或卡车车架上,也能够同时堆放在集装箱码头。在海上运输时,它们被放入特制的集装箱船内像网眼一样的货舱里面。到了90年代,分装船已经基本上从工业化国家之间的商路中消失,而代之以最长约1000英尺、能够容纳大约4000个20英尺集装箱(标准箱,或称为TEUS)的集装箱船。6到7艘集装箱船能够完成大约80艘分装货船的工作量。蒸汽轮机推动了早期集装箱船的发展,但70年代至80年代期间燃油价格的急剧上涨,加快了向能够提高燃料利用率但会导致速度略嫌缓慢的柴油动力转化。到了60年代后期,内燃机已占全世界商业化船队动力的大约60%。

在60年代,还出现了滚装滚卸式集装箱和纯粹的滚装滚卸相结合的货船(它有别于渡轮),能装运所有类型的车运货物。另一项引人注目的革新是轻型载驳船,专为装卸大约70艘370吨容量的驳船而设计。拖船将江河或运河上的驳船拖进港口,然后用船尾上安装的起重机将其装上载驳船,再从可航行的河道运往另一个港口,在那里卸掉货物后拖到指定地点。

在60和70年代,远洋轮的规格随着1000多英尺长的超级油船(包括巨型油船)的出现达到巅峰,其装载量约在120万—210万桶原油之间,超巨型油船能装载 300 万桶原油。由于此类油船规格、宽度或船幅巨大,港口和码头设施要加以改进才能装卸货物。

　　液体和固体散装商品需求的周期性波动,造成了像油船那样的特制船经常会有一段时间无事可做,代价很高。为此,人们在 50 年代后期建造了所谓的矿石和原油(O/O)两用船,既可装运矿石又可装运原油。60 年代出现了多用途的 O/B/O 船,除了用于装运铁矿石或煤炭,还可用于装运少量的散装货物,比如粮食。

　　在基础设施方面也有重大改进。1914 年巴拿马运河的开通,使各类船只往返大西洋和太平洋的时间、距离和风险全都减少了。对深水船来说,其他的改进措施包括 1914 年建成的科德角运河和豪斯顿隧道,20 年代扩建的切萨皮克和特拉华运河,以及 1932 年建造的韦兰运河。1950 年圣劳伦斯航道的开辟使五大湖各港口对长度约 730 英尺、船幅 76 英尺的远洋货轮开放。1968 年坡水闸接通苏水闸引发了新一代大湖铁矿石船纷纷下水。它们的长度为 1000 英尺,船幅 105 英尺,能够装载约 6.5 万净吨(2000 磅＝1 净吨,或称 1 短吨)铁燧岩颗粒。同多数五大湖地区本世纪中叶以后建造的散装干货船一样,它们能够自动卸货——装有内部传送系统和当船停靠码头卸货时可延伸到船翼的穿梭吊杆,这样就不需要岸上卸货设备了,从而加速了船舶的周转。新型超级大湖轮船也有专为全年在冰封水面上航行而设计的船身。传统上五大湖在最寒冷的月份就停止航行了。

　　到本世纪初,在各地河流和运河上的商业浅水运输已经失去了大多数的客流量。无论哪里只要出现火车竞争,驳船的高价运输也就消失了。剩下来的主要是运送像煤炭、粮食、矿石、化肥、化学品和石油这样的散装商品,以及像钢材、大机器这样的工业品,此类物品几十年来一直靠水运,但其数量和相对重要性随着地点和时间的不同而有所变化。

　　除了在孟农加希拉和俄亥俄河上的煤炭运输外,美国浅水河流和运河上的运输相对不重要,在 20 年代末前一直处于下降态势。在那个关键时刻,一战引起的火车拥挤促使联邦政府很快便制定了恢复内河水路运输的计划。到了80年代,联邦政府修建闸坝系统,疏浚河道,安装从浮标到电子设备的导航设施,将2.3万多英里的河道、2242英里的海湾和大西洋海岸之间的水道改造成运河。联邦政府还拥有和经营着一条驳船航道,1924年前直接由行政当局管理,1924年后则由内河水路公司管理。1918年至1953年期间,联邦政府利用它来说明商业水上运输是可行的,鼓励货主们使用商业水上运输。早在1905年,纽约州已完全重建了著名的旧伊利运河和几条连接水道,从而形成了纽约州驳船运河系统。

基础设施的改进是与驳拖一体技术的发展相辅相成的。驳拖是由大约40艘用钢缆牢牢捆在一起的船组成一个单位,再由固定在这些驳船后部的一条拖船来推动。尽管有几艘蒸汽发动的船尾轮拖船在二战后幸存了下来,柴油发动的螺旋桨船在早期仍一直占据着显赫地位。经过不断改进,螺旋桨船能够将装有5万吨以上货物的拖船推至水道宽度允许的地方,比如在密西西比河下游。以柴油作动力的驳拖一体船在改造为运河的江河上航行较为经济,结果内河船只总计运输货物的吨英里数从1950年的520亿增加到了1993年的3740亿,其中1950年占全美市际货运吨英里数的4.9%,1993年占12.2%。

同改造为运河的江河不同,90年代纽约州驳船运河系统的商业运输量差不多丧失殆尽,部分原因是因河道相对较窄,因而大的拖船不能使用,它们变成了主要供内河客运游船和私人观光游船使用的水道。50年代后,英国绝大多数运河也遭受同样的命运。

内河运输在中国和欧洲部分地区,特别是莱茵河这样的河流上仍然生机勃勃。一些外国水运公司在考察了美国的做法后也采用了推拖法和驳拖一体的做法。尽管政府不断地出钱,比利时、法国、德国和其他欧洲国家四通八达的运河网的市场份额,仍被其他运输方式特别是卡车运输抢走了。

结　语

20 世纪期间,运输业在其整个发展过程中很快从一个逐步展开的小插曲发展成一个革命性的阶段。由航空业带来的旅行时间的减少,以及机械化公路运输带来的无可比拟的流动性,远远超过其他所有的发展。战争引起的技术革新加快了运输业的发展,但并非运输业赖以产生的必要条件。1901 年,在铁路、水路、管道运输方面可称得上盛极一时的蒸汽动力,被内燃机和电气挤走了,到 90 年代后期几乎销声匿迹了。柴油电力机车、远洋集装箱船、液体和固体散装货船、驳拖一体船和管道大大地提高了货物运输效率。这在 1901 年几乎是不可想像的。

相反的情况也大量存在。在 19 世纪铁路运输面前黯然失色的市际公路运输,后来随着机械化和新的基础设施的出现东山再起,并取得了较其他运输工具更为重要的经济社会地位。飞机击败了定期远洋客运业,但又对载客量比其前身客轮多的海上游船船队的诞生起了重要的推动作用。传统上争得死去活来的公路和铁路货运,开始通过提供多种运输方式间联运业务互为补充。市内有轨电车到 50 年代后期已从许多城市消失,如今又卷土重来。在本世纪中叶以后受到空中和公路运输严重冲击的市际铁路客运,如今又开始重振雄风,在速度上也有了质的飞跃。种种迹象表明,21 世纪将会是铁路的新时代。

（何章银　译　陈祖洲　校）

433

第十八章　科学思想

埃里克·霍尔茨曼

19世纪重要的"自然科学"在知识和机制上获得了很大的发展势头。这里所谓的"自然科学"是指物理学、天文学、地球科学、化学和生物学，尽管这样说显得有些武断。到20世纪，基础（纯）科学——其研究没有短期实际目的——同应用科学继续保持富有成果的辩证关系。两者都为相互的发展提供了动力和思想，同时也都从以科学为基础的大量新技术中受益匪浅，这些技术为它们提供了研究工具和面向市场的产品。我的兴趣在于这种辩证关系中的基础科学。本文从下述假定开始，即现代基础科学在其演化过程中，最容易被理解为各个社会通过激发和利用人类的好奇心，调动大量的知识分子与相关技术工人而解决生产、解释和合法化等问题的工具之一。由此看来，科学家的行动既反映了有关社会的需求和财力，也反映了持续发展中的科学学科史。

20世纪基础科学发展到目前这么大的规模，在某种程度上得益于私人企业和基金会的计划和投资，但越来越多地得益于各国政府旨在维持军事和工业力量，以及医学和农业发展的计划和投资。这种努力在富裕的工业化国家最为明显。在一定程度上，科学的进步是以国家的类型和竞争为特征的，有时这种竞争是非常危险和激烈的。这种进步也源于国际科学界的广泛交流与合作。另外，尽管不少杰出的科学家来自欠发达国家,但由于物质和文化上的原因,许多这样的科学家不得不迁居到比较发达的国家。

　　基础研究活动的发展需要征募、教育和激发大量的科学家和技术工人,并为之提供不断完善的试验和观察设施。基础研究活动的发展也导致了工业、军事、农业和医疗体系内研究内容的改变。在 20 世纪中,这一进程的具体情况因时期和地点不同而有所差异。在第二次世界大战后的黄金时期,英国,特别是美国,曾经尝试综合利用研究型大学和公私研究机构的各种大大小小的实验室进行试验。这一时期,美国的研究基金主要来自联邦政府,并遵循让大量从事研究的科学家参与设计和管理的程序。欧洲大陆和日本在某种程度上采用更为传统的模式,较少依赖于各个研究者的创造性,而是更多地交由政府大臣、部门负责人和研究所负责人集中控制。然而,特别自第二次世界大战以来,科学生活的实践明显趋同,这与国际上日益增加的学术合作基本一致,同时也反映了经济和现实迫切需要模仿成功的计划,并采用英语作为一些关键学科的国际语言。

　　在对科学家更专业化压力日益增加的同时,相关的信息和研究费用也不断增加。只有为数不多的科学家能够不将自己的研究课题局限于眼前的问题。后者常常是根据团体领导人的正式或非正式的建议而确定的,而他们在这些团体中则处于从属的地位。大多数人只拥有极其有限的技术资源,但人们最终找出了部分解决专门化问题的办法:新学科如生物化学、地球化学、天体物理、地球物理等,在老学科的夹缝里得以繁荣;在相互竞争的团体之间进行合作研究、分享信息和技术的习惯在许多领域得以确立;成功的科学家可以主持几个研究不同问题的团体,参与多个集体研究活动,甚至从一个领域转到另一个领域。例如,现代生物学就得益于那些原来被培养为物理学家或物理化学家的学者的参与。

　　下面简单评述自然科学的几个门类,并集中于 20 世纪其主要观点发生变化的方式。我的看法是一个研究科学家、一个具有其他科学背景的生物学家的看法。

物理学

原子

以 19 世纪化学的成功为顶点的漫长历史,导致了原子是物质的基本组成部分的观点。19 世纪的科学将原子分成不同的类型,认为其特性是不可改变的,并且在理解这些特性如何影响各种原子的联合体,如分子,以及我们日常生活中遇到的更大的物质集合体的特性方面取得了进步。在对以热能、电能、磁能和机械能等以不同形式存在,但又互有关联的能量作出概念性定义方面,也取得了进步。科学家从实践和数学的角度,探讨了能量由一种形式向另一种形式的转变。电能和磁能被描述为从能量源传播,并能在距离源头较远的地方产生力作用的场。光和其他形式的辐射逐渐被描述为从一个地方传到另一个地方的电磁波。到 19 世纪末,物理学家已发现了一些迹象表明原子本身包含有带电粒子,如电子,并开始研究这些"亚原子"粒子的特性。1896 年法国人安东尼-亨利·别夸雷尔发现了放射现象,即一些原子自动地发生裂变,释放能量并转化为其他原子形式。这一发现预示了 20 世纪人们在观念上将要发生的重大变化。

20 世纪的物理学广泛使用从早期的回旋加速器到现代超级碰撞器的各种装置,藉原子或亚原子微粒的高速(接近光的速度)碰撞剖析原子结构。这种碰撞产生的裂变以及释放的各种能量,为了解原子结构提供了线索。这方面的一个结果是,发现一些特定的原子会自然地转变为另一种形式——这在某种程度上实现了炼金术士的梦想。另一个结果是,人们发现某些碰撞会使某些原子分裂(裂变)并释放巨大能量(澳大利亚人利斯·梅特勒和奥托·弗里奇,1939 年),如铀的裂变,或其他原子如氢原子的聚变(德国人汉斯·贝特,1939 年)。

亚原子世界

在 20 世纪初,人们熟悉的类似太阳系的原子模型(英国人欧内斯特·拉瑟福德,1911 年;丹麦人尼尔斯·玻尔,1913 年)开始逐渐形成:电子被认为是围绕由其他亚原子粒子即原子核和中子构成的核运动,这种体系被带负电的电子和带正电的质子之间的引力结合在一起。然而,悬而未决的问题很快产生。一方面,19 世纪物理学的知识预示这种体系将是不稳定的,其本身将会瓦解,或者当无数质子凝聚在一起,就像它们处于许多原子的核中时,正电的彼此排斥会将它们分离开来。另一方面,人们发现,碰撞能产生许多种亚原子物体,其中一些粒子型物体非常奇特。与质子、中子和电子不同,很多这种粒子型物体只有极短暂的生存期,在"衰变"前只能存在零点几秒的时间,然后就自动转变为其他的粒子,并常常伴随着能量的释放。

人们花费了许多努力将这些粒子分成不同的家族,并探索其相互联系。许多物理学家追随历史趋势,认为他们现在正趋近于揭示出相对更小的、不可再分的一系列基本实体(基本粒子),而我们这个世界可观察到的多样性,正是由于这些基本粒子的各种组合所构成。目前,关于原子的结构和行为的理论只涉及少数类型的基本粒子,其中有些粒子如电子可以很容易地作为独立的粒子型物体而加以研究。然而,一个关键的类别,即夸克也许从未有过这样的存在,或者只是在十分特殊的试验条件下在极短时间内存在过。在自然界中,夸克是作为构成复杂粒子如质子和中子的稳定成分而存在的,后者各包括三个夸克。目前的争论主要涉及是否应继续扩大研究范围,把原子物理学家到目前为止研究过或假设过的、稳定或不稳定的、作为基本粒子衍生物的物质都包括在内。

原子结构和行为的"大统一理论"的另一特性在本世纪最后 25 年特别流行,这就是将原子内主要的力作用概括为三种类型:电磁力,如质子和电子之间的引力;将原子核聚集在一起的强相互作用力;在特定的亚原子行为特征中显现的弱相互作用力。(一些人认为所有自然力,包括上述三种加上在原子中很弱的重力,将最终被发现仅仅是一种更为基本的力的不同形式。)这种理论将力描述为粒子型实体在相互作用物体之间的转移,而不是由无形的场传导的或神秘的远距离的吸引与排斥作用。"载力粒子"被理论家描述为具有扰动不安特性的粒子,后者使得对它们的观察变得异乎寻常的困难。其中一些粒子被说成是"虚拟"的,即它们几乎在产生的瞬间即消失,并且不受制约普通物体的一些法则的支配。其他粒子如作为夸克间互动媒介的胶子,只有在把它们或同其他类型的实体结合时才能观察到。

量子理论

认定准存在的粒子型物体其行为具有看上去反复无常的特征,这种看法是同 20 世纪物理学的基本思想方式联系在一起的。这种观点——量子理论或量子力学的观点(主要代表人物有德国人马克斯·普朗克,1960 年[①];奥地利人欧文·薛定谔,1926 年;法国人路易斯·德·布罗格利,1923 年)——主要源自物质和能量的一些复杂特征,包括原子的稳定性和不稳定性。"量子"一词来自下述观察,即光和其他放射形式的能量其行为方式就似乎它是由与物质粒子有些相似之处的分立光包构成:光能的分立光包或量子称为"光子"。一个与之相关的认识是,特定类型的原子和亚粒子的不同存在状态是以间隔式的差异,而不是以平稳、连续的形式相互联系的。一些状态是"允许"的,另一些状态则被禁阻。例如电子的转动行为的特征用包括"自旋"值的数学表达方式表征,而任何电子的自旋值只能是正负 1/2。然而,尽管自然界不存在具有其他自旋值如 0 或 1 的电子,但其他种类粒子的旋转确实有这种值,不过后者的自旋值决不会是 1/2。

---

① 此处应为 1900 年,恐原文有误。——译注

模糊性、不确定性和任意性

被 19 世纪物理学看做波的光,如在合适的试验中进行检验,也能显示出类似粒子的特征,下述事实可以看成这一点的"对称表现",即像电子这样的物质——在传统上被当作是类似弹子的粒子——在某些观察条件下也显示类似波的特性。我们不能说,能量或亚原子物体实际上是波或实际上是粒子,在检测或度量中,它们可以通过特定的控制而显示上述两种特征中的任意一种(德国人沃勒·海森堡,1927 年)。自然界有一种令人难以捉摸的倾向,即我们在检验时使用的方法不同,所检验的对象也随之改变,自然界的这种倾向的另一表现是内在的不确定性,它使我们不能测定在某一瞬间特定亚原子实体在何处存在及运动的速度。阐述这种窘境的一个方式是:不管我们如何测定这个实体,都会使其位置或速度或两者同时改变。但一种等价的观点则认为实体实际上并没有像传统上所认为的那样有确定的位置和速度。当我们大量探讨这种实体的大数量群体时,我们能够借助统计学和相关的概率数学工具相当准确地分析粒子的集合行为。然而当我们试图深入地描述时,我们又遇上了潜在的不确定性。我们可以选择探索这种粒子群体行为的表达公式,就好像它是在数量、速度和位置等方面有着明显差别的分立物体的集合一样——类似于那些行为古怪的粒子,诸如突然出现在我们未能想到的地方。但其他的数学处理把同一粒子群体的成员表示为那些没有固定界线、与波相关的实体,每一个都有某种分散和不确定的位置,也许在某种意义上甚至可以扩展到无限。后几种处理方法被设计来有效地处理亚原子性质的难以捉摸,其代价是我们无法具体想象这种"物质",它们可能具有这些特性,并在实验者适当的刺激下仍然像是粒子。

放射原子或亚原子粒子的衰变过程具有无规则的特征,从这一观测中引出了某种多少有些不同的问题。人们能预见在一个既定的时间某种特定原子种类的群体其多大比例将会衰变,但无法预见某个特定原子究竟在何时会发生这种衰变。尽管在概念上将几种形式的衰变分解成几种已知或未知的亚原子相互作用形式的工作已完成,但如同对粒子位置不确定性的考虑一样,所看到的无规则使人们认为潜在原因是不可探测的,例如有一种观点认为,通常的因果关系链对所说的现象不再有用。

相对性

20 世纪物理学的另一条主线是相对论与量子理论同时被构筑。尽管这两条途径起初的着眼点和内容看起来不同,但它们相互之间的交流却极富成果。事实上,阿尔伯特·爱因斯坦(1879—1955)同时是相对论与量子理论的奠基者之一。

在历史上,相对主义的观点源于认识到了光和其他形式的放射是我们所获得的有关自然信息的极其重要的载体,同时也是源于 19 世纪理解光波传送的困难。这一途径基于熟悉的经历,例如在缓缓移动车辆内的观察者很难确定究竟是车辆在运动,还是车辆不动,只是它的周围环境在运动,从而使环境中的物体也在运动。爱因斯坦将这种思考发展为两组设想:关于恒速运动的狭义相对论(1905 年),以及考虑由于受地球引力或其他加速影响而改变的运动的广义相对论(1906 年)。他从以下似乎简单的假定开始,即在以不同速度运动实验室中从事研究的科学家会发现物质和能量遵守同样的法则;当这些科学家度量光的速度时,他们也将得到相同的值。由此产生的对宇宙的相对主义描述对想象充满了挑战。尽管它的某些结论乍看起来与直觉不符,动摇了因果关系和预测的确定性,却与大量的实验和观察一致:在很大程度上这种信息探讨的是天文现象或极端速度和能量,但该理论被作为普遍的论点提出来,为的是澄清和统一我们关于整个自然的观点。

时空

令人惊奇的是,按照相对论的观点,时间和空间失去了作为提供概念背景的框架的地位,后者由直尺、钟表等具体体现出来,而我们则可藉此观察物体的运动和其他现象。这种取向认为,对时间和空间特征如长度的度量是"相对的",因为它会受到被度量对象与度量者相互运动的影响。例如,不管使用什么手段,度量处于静止状态的物体三维的观察者与他在度量处于运动状态的同一物体时会得出不同的结论。相似的考虑也适用于对现象的时间测定。人们随之得出令人困惑却可以证实的结论,如断言当参加太空旅行的双胞胎中的一位,在一个围绕地球运动的太空舱里度过他或(她)生命的一部分时,其衰老程度同其在地球上的另一位不同。同样,由于运动条件的不同,观察者对一系列事件时间顺序的看法也会不同,即一个观察者也许会视既定事件比第二个事件发生早,而其他人也许视两者同时发生或发生的顺序刚好相反。

在相对论中,解决这种似是而非产生的问题的办法,是放弃我们表面上似乎是明显和直觉的时空概念,也即把时空概念看做某种程度上绝对的东西,而将时空设想成宇宙的"框架":为描述这一框架内的物理事件(物体或现象),人们必须同时指出这些物体在三维空间和时间中的位置和行为。在数学上,时间代表第四维或第四个坐标,从而时空"几何学"——对相对性宇宙的数学描述——常常被描述为四维的,而不是人们所熟悉的三维空间几何学。

物质和能量

相对论也推翻了从古典物理学那里继承而来的物质和能量间的严格区分。这种分界的消失由著名的方程 $E=mc^2$ 得到表述(能量$[E]$与质量$[m]$一样,都是经典物理学的基本物质特性;两者在数学上通过光速度的平方$[c^2]$而联系在一起)。原子能通过物质湮灭而释放出来,例如核爆炸,是上述关系最熟悉的实际表达。量子理论也利用了这一点:原子或粒子在加速器中裂变后出现的各种令人迷惑的粒子,表明了亚原子层次上物质和能量的可塑性。这种裂变不再简单地被看做是将预先存在的粒子相互分离,而是一种原子构成被分离和改变的创造性过程,伴随着质量转化成能量,能量转化为质量。

另一方面,相对论和量子理论以完全不同的方式看待引力。尽管这两种理论都试图避免将引力视为在遥远的地方发生作用的神秘力量。量子理论设想了引力子的存在,这是一种与中子一样具有模糊的类似粒子和波的特性之实体。引力子在两个物体间的转移造成了引力相互作用。另一方面,相对论提供了一种数学表达公式:在其中物质影响时空几何学,"扭曲"框架,结果曾经被人们描述为彼此吸引的物体,在这里被重新描述为相互影响了对方通过时间和空间的轨迹。这两个理论都可以用来解释这一事实,即甚至光的行为也受引力影响,尽管对光受引力影响的最初试验性论证是以相对论关于这种影响的预测为基础的。

评论

相对论和量子论以某种不同的方式,将比较古老和比较易于理解的关于观察者与现实的关系,以及感性认识局限性的那些哲学"发现"包括在内了。"现实世界"并没有被放弃,对这两种理论的判断最终要看其能否预测或解释在试验结果中所观测到的东西。但它们提供的对自然的解释,还是使我们逐渐远离从日常经历中所获得的直觉,不管这种远离程度是大还是小。这两种理论代之以这样的数学公式,后者既不易具体想象,也不易借助于类似那些人们在日常生活中遇到的或借助显微镜、放大镜等工具观察到的物体、机制和相互作用来设想。我们选来形容量子物体和特性的名称,如"奇异粒子""粲数基粒"和"夸克"(这是从爱尔兰作家詹姆士·乔伊斯处借用过来的无意义的词。准确地说,夸克是极短命的不稳定的基本粒子),都强调了这种转变。旧的物理学词汇如"力""物质""电子"等看起来似乎更令人舒服,因为它们同看起来比较简单的经验如肌肉的力量相关联。然而,当处于无奈之时,"力""场""引力"和"斥力"等,都被披上了神秘的面纱。

维持我们关于"现实世界"如何运动常识的是这一事实,即量子世界或相对论世界中古怪的事物很少在日常生活中找到,因为其中绝大多数只有在极大和极小的情况下才变得明显。物理学家、工程师以及数学家正协力将自己从这些理论的特殊性中解脱出来,他们利用数学方程对原子的行为、亚原子的结构和能量等作出有用和准确的陈述及试验性预测,由此也产生了大量的实验装置,从激光、晶体管、超导,到利用电子获得原子和微小粒子图像的电子显微镜。化学家对原子结构进行理论调整,发展了将原子同分子联系在一起的相关的化学键概念,后者扩大了人们描述与掌握分子结构与行为的能力。同样幸运的是,物理学家和数学家也致力于改进对与日常生活密切联系的复杂现象的控制,如气候的改变或潮流。混沌理论和分形理论(法国人贝努瓦·曼德博洛特,1975年)帮助人们了解表面上任意和不规则的现象,正是这种开始从科学和数学圈中渗透出来的类似努力,多少还带有一定神秘性结果。

　　然而,尽管我们已经拥有能够应付现实特定性质的部分模式,如为一些目的将电子看做粒子,为另一些目的又将它们看做波——但人们对科学的信心消退,因为科学家不能提供使非专家掌握物理学家所描述的关于宇宙实质的常识性图景。科学在对自然的看法,包括对自然的结构和有助于人们了解世界可预见性的因果链的看法上,似乎遇到了迄今为止尚未能克服的限制。正在将世界的准确性质理论化的物理学家承认,在相互竞争的理论中进行选择的基础现已转移到了数学上的雅致、协调性和简洁性。这种充满严谨意味的情况当然不完全是新近才出现的,但其刻板性似乎有了增加。

宇宙学

　　原子物理学和相对论强有力地改变了物理学的概念取向。新思想连同宇宙飞船测定光以外放射形式(放射波)的望远镜,以及其他先进的观察装置,促使 20 世纪宇宙学研究朝着激动人心的方向发展。

外面是什么?

　　天文学家关于物体的类型、距离、排列,以及散布于宇宙中的能量形式的范畴已经大为丰富。发生在 20 世纪前 30 多年的最初的重大进展

(美国人埃德温·哈布尔和哈洛·沙普利)使我们地球不再成为万物中心,从而达到了几个世纪以来的进步顶峰。人们不仅最终接受太阳系坐落在银河系的边缘——银河系是一个由数十亿个星球构成的星系,我们的太阳只是其中之一——而且还确认银河系只是大量类似的多星球体系中的一个。许多星系有与银河系相类似的涡旋星云,而其他一些星系中星体的排列则不同。一些其他类型的庞大的天体加入到了旧的星体中来,有些我们已了解清楚,有些还茫然不知,有些被相信存在但还没有得到确认,这包括最近引起大众兴趣的黑洞。物理和天文学理论认为,黑洞产生的引力效应甚至足以阻止光的逃逸,并能产生其他许多非同寻常的后果。

空间本身似乎不是像曾经认为的那样是将有趣的宇宙物体分开的真空,它充满各种各样的能量形式,并包含从迅速移动的亚原子粒子到尘云的各种各样的物质。目前的一些理论甚至认为,宇宙的绝大多数物质还没有被发现,而是作为暗物质而存在,对此目前的天文方法尚无法辨别,而是通过引力效应推测出来。

宇宙的过去、将来和范围

我们宇宙史的范围和结构也发生了变化。宇宙学曾经主要是哲学和玄学思考的领域,现在则由于科学测量、推理和推测而成为完全合法的研究对象。首先,星球的生命周期——它们的能量来源及其从产生到消亡的变化历程——现在已经能够根据原子物理学中质和能转化,以及相对论的引力效应进行描述。(如英国物理学家斯蒂芬·霍金在 70 年代推断的那样,衰退星云经历一种引力瓦解,将产生某种类似黑洞的东西。)人们正在提出各种建议,相对详细地解释太阳系的各个星体是如何由太阳系借以形成的气云所凝聚产生的较小物体聚合而成的。由各种原子如氧、氮、金属等构成的人们所熟悉的物质,则被认为是源于诸如在星球内部发生的原子反应。人们还提出了各种现实的理论以解释对地球生命必不可少的各种分子如碳化合物和水的形成与积累。

　　但宇宙史学家并未完全局限于这类琐事,他们对整个宇宙史作了更为广泛的描述,并从过去寻找证据。他们揭示光或其他来自遥远天体的可以探测的辐射,几百万年前就已开始旅程,从而就提供了有关遥远过去的证据。这种研究依赖于所专门设计的用来测定十分遥远物体的距离和估算其运动的观测手段。例如,速度是根据迅速远离我们而去的天体所发生的光的"红移"估计出来的。这种光颜色的变化源于类似迅速运动的车辆造成声响变化的效果:在车辆驶向我们时,车辆噪音变大,在经过我们面前时达到最大值,在离开我们时减弱。

　　从这些努力中,既产生了许多真知灼见,也产生了许多有争议的概念。最有争议的科学史描述认为,宇宙开始于 100—200 亿年前,它起初只是一个只包含基本粒子和放射物的体系,随后通过一系列变化逐渐发展,并将在未来的几十亿年中死亡。目前被广泛认同的大爆炸模式描述宇宙迄今仍在继续其开始时的扩展。这种看法来自于以下观察,即银河系正在迅速分离。但这一观念也融入了宇宙学的如下倾向,即将宇宙的物质范围看做在一定意义上是有限的,尽管后者不是那种具有物理学边缘的通常意义,并且有限性本身也许会随时间而改变。相对论将空间看做是由引力效应扭曲的:任何沿笔直道路运动的物体,包括光波和其他构成了我们关于宇宙信息最终渊源的辐射,都将最终回到起点,有关局限性的某种看法与相对论的这一信条联系在一起。

时间与方向

　　类似的看法也将时间视为有开始和结束的。目前的物理学和宇宙学致力于了解时间和空间的"方向性"这一附带任务:作为这项工作的一个方面,物理学家们尽力解决所谓的"对称问题"。例如直到最近,人们一直认为,适用于向左"旋转"的基本粒子的基本行为法则,也适用于向右"旋转"的粒子。普通物质粒子如带负电的电子,也被认为服从那些支配类似正电子这样的"反物质"粒子——正电的电子——的法则。这些预测已被证明是错误的(中国人李政道和杨振宇,1950 年),这种情况只有在一些复杂原子现象中才存在。

有关时间的问题更引人注目。一方面,在已知的描述基本原子事件的法则中,没有什么可以使我们就如同在将亚原子粒子行为的电影同反方向放映的电影相比时坚持时间的两个序列中的某一个是"正确的"。另一方面,主观的时间——人们日常经历的时间——显然朝着一个方向发展,这是因为经验告诉我们,许多事件序列如年龄是不会倒转的。科学家观察到的许多自然现象,也展示了长期时间具有方向性的证据,这种方向性集中地表现于如下的热力定律,它预测随着时间的转移宇宙将倾向于更"杂乱无章"。因此,绝大多数科学家将时间看做是本质上不可逆转的,但这种支撑方向性表象的物质现实和心理偏见的混合仍有悬而未决的争论,同时关于时间在宇宙结束时将发生什么也存在争论。

在尽力解决宇宙时间、空间和方向这些困惑时,必须记住,在宇宙学家看来,我们的宇宙只代表可以用合理的直接手段观察到的东西,或从我们的观察和试验中能作确定推断的东西。在这些方面和在其他许多方面一样,20世纪的物理学扩大了此前已经存在的趋势。人们承认——尽管不总是得体地、或完全情愿地——科学的"实在",也许不像我们所想象的形而上学的实在那样广泛,也就是说,关于"所有的东西都在这儿",关于无限与永恒的古老困惑尚未被解决,它们仅仅因为被宣称在科学范围之外而加以回避。

地球科学

19世纪,人们开始广泛地勘测当时还不为西方人知晓的地球陆地表面,这种动力与殖民渗透、对美洲控制的重新组合、军事活动、持续寻求矿产资源密切相关。20世纪,地质学、海洋学和气象学等地球科学广泛使用航空、卫星、钻探设备、改进的潜水艇和测震仪等多种手段,使勘测的范围和目的进一步多样化。物理学、化学、生物学概念和方法的应用也变得更为复杂。结果,我们对地球的陆地表面、大气层和海底等的空间特征和地形特征描述得日益精致,并随着时间的推移逐渐深化。对矿物、石油和其他矿藏的形成机制,我们也知道得越来越多。

最近几十年地球科学发展的一个重要特征是对各个地区和全球相互影响的了解日益深入,如气候模式、地震或火山爆发的起因和影响等。地球科学的预测层面也开始走向成熟,例如,气象学家对小范围预测的内在限制,以及对下个世纪全球气候特征进行的辩论日益接近现实主义。这种进步部分来源于知识的积累,在很大程度上也得益于通过利用能够处理所需要的大量信息的计算机,我们已能建立地球、大气层、庞大大陆架和海洋的数学模型。数学模型的适当运作能够检验各种假设。这种使用计算机建立模型的"实验"方式,弥补了地球科学家用实验槽和密封室之类装置从事物理试验的不足(在这种试验槽中设立人造浪,或在密封室中模拟地球内部的压力和温度)。计算机模型也是 20 世纪其他多种科学的重要特征。

地质时间

20 世纪初,地质学家(英国人约翰·斯特拉特,1905 年;阿瑟·霍姆斯,1911 年)解决了由 19 世纪的猜想而产生的恼人问题之一。这种猜测部分以圣经的启示为基础,认为地球的历史肯定比先前认为的要悠久。问题是,鉴于仅仅依靠太阳而变热,古老的地球应比今天更寒冷,并且其核心应更坚固。科学家发现,地球的物质中包括放射性物质——内部能量的供应——这一发现提供了"失踪"的热原。实际上,地球已形成了几十亿年这一结论,也已由利用放射性元素来确定地质构成年代的方法得到了证实。

19 世纪地质年历基本是相对的,尽管我们较为清楚地了解过去事件的许多后果,但对它们的绝对时间并不清楚。对地球年龄的科学猜测常常从只有几十万年到几百万年不等,但这样的持续时间太短,以致不能解释已知的和被设想的生物进化过程。20 世纪建立了可以相当准确和可信地确定地质时代和古生物(岩石)记录的绝对地质年历。

板块

板块构造学这一关于地球结构的整合和统一的理论,可能是 20 世纪主要科学成就之一。这一重要理论起源于人们逐渐认识到,仅仅把侵蚀、火山爆发、沉淀、冰河等认定为形成地球表面的力量,那是远远不够的,地球表面的形成理当有更为令人惊异的历史。板块构造理论成熟于 20 世纪下半叶(德国人阿尔弗雷德·贝格勒,1912 年;美国人哈里·赫斯和罗伯特·迪茨,60 年代;加拿大人 J. 图佐·威尔逊,60 年代)。这一理论形成的部分原因是受到目前的各个大陆曾经是一块大陆,只是后来分离和飘移开来这一假说的启发。这一观点的提出,有助于解释现代大陆形态和地质学的相互联系,也有助于解释以化石形式保留下来的各种有机体在分布上的交叉。这一理论的另一关键起因是海洋大陆架上的巨大壕沟、山脉和固定模式的磁力特征等发现。关于地球分层(地核、地幔和地壳)知识的积累,特别是关于地壳表层下的地幔层温度、密度、弹性和化学的差异,则是促成这一理论产生的第三个方面的原因。

现在人们相信,地球表面是由一系列相互交错的部分或板块组成的,其中的一些板块如各个大陆的板块都很大,其余的则较小。它们的总体模式在长时期是相对稳定的,但每一个板块的结构都是动态的。在各板块的一些边界,板块从地球深处比较有弹性的区域获得新物质,这平衡了它在其他边界的物质损失。补充和损失的某些过程可能是断断续续的,但从几千乃至几百万年的地质时间来看,又是稳定而延续的。随着从地球深处产生新物质,它们逐渐固化,并同板块表面结合,然后缓慢地被带离它所出现的板块边缘,这种移动是由于相对固定板块向较深地层漂移的结果,这种漂移要过几千万甚至上亿年才使物质通过板块到达其他边界,并在那里(壕沟)与更深的地层重新汇合——这些物质在那里再次被高压和高温所软化。

地球表面地质学的许多戏剧性特征,如易于地震的地质断层、海洋山脉、多火山海岛链等,都可以用板块的特性和行为,特别是板块的形成和互相分裂,或一个板块将其邻近板块挤压在下面等临界状态进行解释。绝大多数表面物质的产生或消失发生在海洋层,伴随着大陆在板块上漂移或随板块而移动。大陆边缘的板块行为,大陆之间周期性的相互碰撞使地球表面产生了皱褶和隆起,这有助于解释大陆火山爆发和山脉链结构。

生物学

在遗传研究中,20世纪的生物学也形成了一致的观点,解决了长期存在的重大问题,并对截然不同的观察结果作出了令人信服的解释。

19世纪的生物学以其对现存有机体的历史的令人信服的演进解释最为著名,不过,在分析生物的微观结构方面也取得了决定性的进展:细胞被逐渐承认为生命的基本单位,就像物理学中的原子一样;描述了细胞通过分裂形成亚细胞的再生产过程;受孕和早期胚胎发育这样的过程作为细胞现象得到了分析。此外,生物学家和化学家也为用化学和物理方法分析生命体系奠定了基础。

基因

遗传学的诞生发端于20世纪初(我是作为一位生物学家才这样说的)。首先,1902年对先前未得到重视的19世纪研究者戈里尔·孟德尔(1822—1884)工作的再发现(德国人卡尔·科雷恩斯、奥地利人埃里克·查奇曼克、荷兰人雨果·德·弗里斯),以及随后的延伸研究表明,许多生物特征传给下一代的模式能够用简单的数学公式加以预测。这些公式及由此推导出的解释可以使普通的观察系统化和得到理解。例如,尽管后代从总体上看常常是亲本的综合,但当人们研究亲本不同的特征时——眼睛和鲜花的颜色是传统的例子——后代常常只是像两个中的一个,这种遗传模式可以用亲本传给后代的遗传单位——基因——来解释。

起初,基因纯粹作为未知结构的假设实体,被认为是生命组织显性特征的决定因素,并能无变异地从一代传给另一代。特定交配产生的后代只显示其亲本中的一个的眼睛色彩,但另一个亲本的眼睛色彩能在随后几代中重新出现。这种观察可以通过以下概念解释:即后代所继承的不是眼睛的色彩本身,而是导致眼睛颜色产生的基因。一个由亲本继承而来的基因在后代的特征中也许没有明显的表征(用生物学家的话来说,没有被表达),但它仍能完整地由这一后代转递到它可能得到表达的下一代,这就意味着在特定的生物个体发育中的基因表达,是一个不同于基因代代传递的过程。

尽管基因传递有其保守的一面,基因很快被发现也会变化或变异。一旦人们认识到这一点,遗传学就填补了生物进化理论中仍然存在的主要裂缝,那就是进化逐渐被理解为自然选择如何影响基因在生物群落中出现的频率和分布;变异和随后发现的由其他过程导致的基因变化;新的基因联合通过有性生殖而产生:那些能适应最普遍环境特征的基因构成的个体,比其他个体留下更多的后代,并因而对以后几代的基因构成产生了更大的影响。

遗传学也深深地渗透进生物学的其余绝大多数领域,为生物有机体的试验和实际操作提供了基本的概念、工具和手段。对"家族遗传"的疾病和畸形等病态的遗传研究,推动了有关人类基因的最初研究。到本世纪最后 25 年,当遗传化学被相当了解后,基因分析帮助揭示了先前不可思议的过程,如对感染或接种的潜在免疫反应。如今,人们正在人类研究的不同领域中寻求或界定基因的机制或影响。分析已不再限于基因学开始时的是或否,全有或全无,棕色或蓝色和一个基因表征一个特征这种认识:许多特征显示多个基因的协调影响,许多基因已知影响到多种特征。人们对基因对生理功能、行为和社会结构(已知的、假定的和想象的)的影响表现出了很大的兴趣,与此相关的进化和"社会生物学的研究"(这就是指生物学决定社会行为和结构,美国人 E. O. 威尔逊,70 年代)在与生物学相近的领域如人类学和心理学中非常盛行,甚至与生物学距离甚远的美学、经济学和政治学,也隐约感受到其影响。

生命化学

迄今为止所描述的遗传学在技术上相当简单,其中相当一部分是通过肉眼观察或借助使用已久的工具如显微镜建立的。19 和 20 世纪出现的统计分析的数学程序,因如何由易处理的个体样本中获得大量复杂的特征,或有机体群体的信息的指导原则得到了帮助。但生物学在 20 世纪也经历了方法上的重大变革。1933 年电子显微镜的发明和其他设备的出现,使人们能够直接感知直至构成细胞成分的分子水平。各种生命化学——生物化学——的方法以及生理学的方法也在积累。生物有机体代谢其食物、使用空气中的气体、传导它们大脑中的神经冲动,执行其他各种活动过程,所有这些或已经被揭示,或即将被揭示。处于生物与非生物之间的病毒作为一种实体已失去了其神秘性,被揭示为侵袭细胞和繁殖自己的寄生物。

可以与这些成就相媲美的是用生物化学方法分析遗传,这一任务花了近一个世纪的时间,牵涉到了大量的研究者。首先,人们认识到,基因作为特别结构(染色体)的组成部分而被传播,微生物学家发现基因是由亲本细胞转向子代的,通过卵子和精子由亲本转给后代。其次,对染色体的化学分析最终导致人们认识到,构成基因的物质是脱氧核糖核酸(DNA),每一个 DNA 分子有使人们容易误解的简单结构:由两个相互盘绕的长链构成(美国人詹姆斯·沃森,英国人弗朗西斯·克里克和莫里斯·威尔金斯,1953 年)。细胞能将这两个长链分开,各自成为与原来的 DNA 分子等同的成分。正是这种单一 DNA 的双拷贝的能力解释了基因传递。但在 DNA 化学结构中编码贮存的信息,也能被复制进其他核糖核酸(RNA)中,并且细胞能将核糖核酸中的这种信息转移到分子机制(蛋白质分子)中,并通过后者细胞执行了其功能、增长和变化。这种生产序列,即从 DNA 到 RNA 到蛋白质,解释了基因如何表达有机体的特征。全部的生命现象从病毒到单细胞生物如细菌直到人类,基因结构都基本相同,仅有很少变化。作为生物多样性前提的分子单一性对生物进化是一个强有力的证据。

分子生物学的成就现在扩展到了对基因的特殊处理已成为一种普遍实验技术的地步,后者是生物技术的关键程序,也是医学和农学未来计划的关键因素。在 20 世纪末,科学家正在绘制人类基因组草图,研究人类基因本身。

时间和河流

动量的保留

从整体上来说,当 20 世纪的物理学家正在努力使我们放弃时间、空间、现实和因果关系等概念,使观察者和被观察者的界限模糊时,其他一些科学则在描述我们的自然史包括地球和宇宙的事件和时间顺序,以及在研究自然的机制和结构方面取得了大的进展。21 世纪将与 20 世纪一样,科学将继续其强大的发展势头:物理学家在继续研究自古代开始的将我们从亚原子到宇宙的自然观统一起来的理论的同时,正在试图弥补他们在描述亚原子世界方面的不足,其中的一个任务是将相对主义的引力观(引力是时空框架的特征,能以光速像波一样传播)同依赖量子动态交换所作出的各种力的解释和谐起来。关注我们遥远的过去和我们遥远的未来的天文学家和宇宙学家,正在探索可观察宇宙的边缘,试图估计物质和能量的全部内容并由此作出可能的预测。伴随着对星系、银河和可能存在的黑洞等这一不断持续的范畴,科学家们日益注意更大规模的天体结构,如最近注意到的银河系分布模式,后者将为宇宙的演进提供重要线索。地球科学家同样既改进其预测能力,也注意那些造成诸如地壳板块运动的基本机制。生物学家正在向复杂性进发,如多细胞生物体的发展,神经系统的高级功能,有机体和环境的生态关系,同时也使他们关于生物进化的描述变得更加丰富,并给出生命起源的分子图景。

方法

20 世纪领悟的一个教训是,没有一个能适用于所有现象的统一的"科学方法"。诚然,科学哲学家、历史学家、社会学家和人类学家仍在忙于描述科学活动和思维框架,要求人们注意科学家在使所有科学活动都带上色彩的社会网络中活动这一事实。通过用更为现实的社会实践和标准重新阐述个体客观性和不带感情的研究这样一些传统观念,是科学界共有的知识特征。科学家通过将它们构筑为易于试验或观察真伪的可验证的假定来解决问题。但问题也会在历史和个人背景下产生和解决,这种解决办法根据共同体的标准和范式被批评、接受或拒绝。甚至像显微镜和电表这样看上去明显中性的工具,都充塞着观察结果如何被解释的由长期使用的历史中沉淀得来的社会假定。

20 世纪自然科学的一个力量是其流动性——能依据问题调整它的策略。旧的归纳法致力于将复杂的体系分成更易于分析的简单个体,这种方法目前仍然有较大的吸引力,但努力面对复杂性和变化的整体论和辩证的传统也有其影响。几个世纪以来,许多简化论者揭示的自然法则描述重复的现象:化学反应,相同电荷物体的相互排斥,能量从一个物体转向另一个物体。在实验控制的条件下,这种现象正在被观察和剖析。但 19 和 20 世纪由于成功地论述了生物、地质和宇宙的演进,科学得到了扩展,这些成功基本上使这种"历史"现象是否也能通过"真正科学的方法"进行研究的辩论寂静下来,尽管它们作为完整过程只能被观察一次,甚至对史前灾难的解释,如假定的陨石对地球的巨大影响这种在科学和《圣经》对过去的解释斗争期间部分瓦解的想法,也重新获得了科学上的尊重。然而,旧的关于自然科学由什么构成的辩论还在继续,在我的研究范围之外的"软"科学领域,如心理学、人类学、社会学、政治学和经济学,则常常带上了政治色彩。

自主与共同体

批评家坚持认为,基础科学的实用主义连同科学家的调用、训练、社会化和基金模式,有助于科学家将研究活动隐隐约约和公开地集中于占支配地位的经济和政治团体的需要。这仅仅是由于基础研究规模和成本的增加,以科学为基础的技术的不利影响变得明显起来而导致与科学职责问题和责任问题相联系的一大堆问题中的一个。

基础科学家视标志其工作环境的部分自主权为他们取得成功的主要原因,如武器研究这样的试验。生物学家特洛费莫·李森科在斯大林时期的苏联由于坚持非科学的、意识形态的理论而脱离遗传学,以及纳粹集中营进行的医学研究说明了外在的政治干涉会带来不幸的后果。日常实验生活的自主是必不可少的,但科学家也认为最后由他们自己的共同体决定诸如应对什么计划予以资助,他们认为正在从事研究的科学家同管理者或规划者相比,对什么可能被证明是重要的或会取得成功能够作出更好的判断。

事实上,科学家和科学史家(美国人托马斯·库恩,1962 年)有时设想科学的发展历史几乎是完全自治的,完全取决于好奇和独创性的内在法则。当纯科学和应用科学不太发达,"业余"和"专业"、兼职和全职科学研究还未完全分开时,这种关于纯科学的昔日神话更容易为人接受。甚至在 19 世纪,研究"纯科学问题"的科学家仍寥寥无几。我们认为他们或经济状况良好足以为自己的研究提供基金,或任职于少数这样的研究学术机构、观察站和医疗机构,在其中可以自由地开展研究。他们只需一两个助手,偶尔通过书信和登门拜访,或在每月和每年召开一次的会议上提交报告彼此进行交流。

今天有成千上万的基础研究者,绝大多数是在非常庞大和广泛交流的团体中开展研究工作。研究基金几乎完全来自基础科学家社团以外的渠道。政府、基金会、军事机构、企业或许有时会承认,科学的独立从长期来看有助于提高生产率,但它们确实有自己的短期兴趣和自己的委托人,由此必然造成不同要求间的竞争是 20 世纪科学熟悉的特征。但事实上,"基础"和"应用"科学的分界线几乎总是模糊不清和具有渗透性的,除声誉或习惯以外几乎没有什么意义。人们无须对历史十分熟悉就可将目前的情形追溯到 19 世纪,当时德国化学工业、英国制造业主、法国微生物学家、美国发明家和农学家的经历以及航海家、探险家、园艺家、动物饲养员、外科医生、矿工和其他许多人的经验都促使政府、慈善家和学术计划者相信有组织研究的实际好处。

尽管科学共同体的规模、社会构成、自我意识和影响与前几个世纪相比已大大改变,其概念具有一定的现实性,但它又肯定不是高度一致和具有单一思想的群体,甚至不是一个可以准确限定和易于定义的社会实体。科学家常常在不同的环境和机构内开展工作,这些组织具有不同的、常常是冲突的计划、研究倾向和观点。在外部世界看来,科学共同体的代表是科学社团、政府专门小组、国内著名科学家组成的科学院、有声望的期刊、大众媒体的科学代言人、大学和企业的公共关系部等所组成的网络。一般认为,支配其代言人选择的是科学家的功绩及诺贝尔奖此类的荣誉,而不是他们的代表性和民主。

这是科学的黄金时代?

正如已经提到的,美国和其他地区的科学家已对整个国家科学项目规划形成了重要的影响,并对基础科学的机构和实践施加巨大的控制。然而,除了少数人为了获利目的外,他们普遍不希望对自己的研究成果用于商业或军事用途拥有控制权。当然,对基础研究的大量投资,与此相关的如大学这样的机构发展和转化为科学研究的主要中心,给予或保留一定程度的自主权都是以假定将会产生有用的成果为前提的。基于商业压力对基础研究活动进行部分筛选,被认为是保证继续发展的有效方式。这些假定得到了从军事武器到生物技术和医学的各种例子的支持,常常被寻求维持资助的现状或扩大资助的科学家及其盟友作为信条提出。

但科学家也希望获得利润,使生活确实过得更好。一些研究成果比抽象学科的研究开支高昂得多,天文学要经过很长时间才能得到经济上的回报,许多人认为近代物理学也是这样。公众对这种形势的看法,通常强调概念和技术的流行会产生难以预料的技术上的好处,况且知识本身就是值得追求的目标,维持大的科学项目所需要的基础设施和工业能产生全国性声誉或经济好处。但这些论点对应花多少钱在什么样的科学上这类具体问题未提供指导。在20世纪中,人们对学术机构的合适作用和"中立性",对劳动划分为产生知识和利用知识,以及政府赞助和私人控制的活动这一划分的观点有了很大的变化。甚至在主张科学自主的必要性时,基础学科也倾向于同工业、军事和其他有影响的力量合作和密切配合,就像它在赖以生存的政治体系内的活动一样。

科学家主要与科学家对话

众所周知,过去几个世纪科学的产生不仅有助于盛行的乐观主义,即人类通过对自然的技术操纵能解决大多数问题,而且也有助于西方生活的世俗化、自由化和民主化。例如在20世纪,科学家一直是思想在国际间自由流动的主要提倡者,科学和有关的职业如医学在许多层次提供了日益扩展的就业和事业有成的机会。但科学的这种影响绝大多数是分散的和零星的。再者,它们同其他影响相互交叉,结果使得诸如有组织的基础科学——主要集中在西欧和美国——过于强调市场机制和个人天才,认为真正的价值通常都会得到承认并获得应有的报偿,并且贬低一些次要因素和过去科学家的作用。

在过去的几十年,科学已进一步渗透进教育课程表。科学家在学术界比以前更有影响。然而对公众知识水平和普通文化的影响尽管可以感觉到,但似乎是不稳定和肤浅的。宗教肯定没有像一些人担心的那样被抑制。诚然,一些著名生物学家认为,生物科学可以通过构筑起我们关于人类起源、极限和潜能的概念使我们怀疑绝对性,从而为我们的伦理规范提供更牢固的基础。但是,甚至是在公认的科技头号大国美国,持这种想法的观众还不如反对生物进化思想的人多。尽管我们对技术的力量仍然持乐观的态度，但历经一个世纪的将先进技术用于战争、破坏环境、看起来难以消除的瘟疫，却使之大打折扣。可以预见但又令人失望的是，我们诊断和描述问题的能力仍然超过我们解决这些问题的能力。

　　绝大多数科学家在相对舒适和足以生存的孤立飞地中从事科研活动，从而许多人认为没有理由向外部看。一些人对整个社会的科学文化表达了关注之情，但这种担心是零星的和模棱两可的。它一方面志向高大地想传播关于自然世界的新见解，另一方面又有许多现实的关心，如想继续获得资助基金，反对干预，还有征募和教育下一代科学家和技术工人。20 世纪初，科学将为受过教育的人们解释整个世纪的信念曾经广为传播。下一个世纪开始时人们对科学的合适地位则更为迷惘。基础物理学家未能将自己的核心概念通俗易懂地予以表达是否有碍？决策者或选民应如何对以概率统计表述的危险（臭氧层将变得稀薄或人们将患爱滋病）的可能性作出反应？痴迷于生命遗传支柱的生物学家应如何处理那些在整个 20 世纪中不断地出现在科学界之外，有时也出现在科学界之内的各种信念，如"坏血"、种族歧视和优生政策的理想性？这些问题已转移到日益增加的关于我们的社会应如何建立和使用其技术这种混乱局面的表面。尽管基础科学家希望也许能越过这个层面，就像他们在不久的过去倾向于做的那样，脱离社会也许会被证明是不可能得到的特权。

（陈祖洲　译　郑毓信　校）

第十九章　发现的路径

尼尔·德·格拉西·泰森

引言　从发现地点到发现观念

今天的社会与昨天的社会有哪些方面的不同？与上一年、上一个世纪或上一个千年相比，又有哪些不同呢？这类比较可以列出一个令人叹为观止的表格，其中会包括众多的医学和科学成就，它们将足以使每个人相信这些被比较的时期都是特殊的时期。我们从中可以很容易地发现不同之处，但让人惊恐的却是其中保持不变的部分。技术日新月异，我们却仍然是人类——与所有有文字记载的历史中的人类毫无二致。在有组织的社会中，基本力量即使有变化也是非常缓慢的。与前几个世纪相比，当代的人类仍然表现出某些原始的行为：我们爬山、发动战争、寻花问柳、喜欢被人款待，同时也追求经济和政治权力。对社会的灭亡和"当代年轻人"的抱怨也同样有可能成为一个永恒的主题。

> 今天的世界在不断退化。贿赂和腐败大量存在。
> 孩子们不再把他们的父母放在眼里……同时显而易见世界末日正加快脚步向我们走来。
>
> ——公元前 2800 年亚述人的碑刻铭文

在列举人类经久不变的行为的表格中,我们发现爬山的冲动并非为整个人类所共有,但人类普遍具有的为寻找新事物而进行的探索,却一如既往地促成了数世纪以来社会中的众多变化。人们有充分的理由认为,人类不断探索的历史是我们能够展现的人类文明的全部内容,因为发现是惟一建立在自身基础之上的活动,它代代相传,并且不断扩展人类对宇宙的理解。无论你所了解的世界是海洋的彼岸还是银河的彼岸,这一观点都是千真万确的。

发现的本质就是将你所知的已经存在的事物与你刚刚发现的事物进行比较。先前发现的成功往往有助于支配其后的发现展示的方式。如果你发现了一种与以往不同并且你本人又未经历过的东西,一种与你自己的经验无法类比的东西,那么这就构成了一种个人的发现。如果你的发现与世界上的所有物体、地点和知识均无可比之处,那么这就构成了一个全人类的发现。

除了传统的“看,我发现了什么?”这一形式外,发现这一行为可以有多种不同的表现形式。历史上的探索者都是一些踏上漫漫旅途前往不为人知的地方探险的人。抵达目的地之后,他们便可以对从远距离无法认知的事物进行实地的观察、听闻、感觉甚至品尝。这些都是属于16世纪前并且包括16世纪在内的探险活动。但在这个世界被探索完毕,各个大陆都已被勘测完之后,人类的发现活动便开始以概念和观念的旅行而非海洋的航行为特征。

在17世纪来临之际,人类几乎同时发明了两件颇具争议、迄止当时一直梦寐以求的科学工具——显微镜和望远镜。不仅因为这是一种重要的工具,而且也因为它们在天空的88个星座中,各自拥有一个以它们的名称命名的星型:显微星和望远星。荷兰的眼镜制造商安东·范·列文虎克于1590年将显微镜引进生物学领域。与此同时,意大利物理学家和天文学家伽利略·伽利莱于1608年首次将自己设计的一架望远镜用于天体观察。他们两人都宣告了一个借助技术进行发现的时代的到来。在这个时代,人类的认识能力得到了扩展,并以前所未有的、甚至异端邪说的方式揭示自然界的秘密。只有通过显微镜才能观察到的细菌和其他简单有机体的存在引入了超越人类经验的知识。伽利略所揭示的太阳有斑点、木星有自己的卫星以及地球不是所有天体运动的中心等一系列的事实,已足以动摇统治了数世纪之久的亚里士多德的教条。伽利略因此遭到了天主教会的逮捕、审讯并被判有罪。

伽利略的众多发现公然蔑视"常识",因此,发现的本质、导致这一发现的路径便被彻底改变了:常识不再成为支配知识探索的惟一有效工具。我们的五种认识能力不仅远远不够,而且也不再可信。如果要了解你周围的世界,你就必须相信自己的测量结果,无论这些结果与你的先入之见是否一致,前提是只要这一实验是细心而又精确地进行的。科学的假设方法——客观地进行实验和反复实验——将具有前所未有的重要性并延续到20世纪。现代研究产生的一个不可避免的结果是:随着人类认识能力的不断发展,任何无法获得当时昂贵的探测仪器和实验设备的非专业人员,都几乎毫无可能进行任何发现活动。

发现的动力

在技术尚未发达到使其他的发现途径成为可能的时代,旅行曾经是历史上绝大多数探险者显而易见的选择。也许人们在潜意识里了解这种局限性,显而易见,欧洲的探险者们认为找到一种东西以宣告他们发现了那些地方很重要——如通过举行一些插旗仪式为这些发现活动划上句号——即使已经有土著居民站在岸上迎接他们。究竟是什么驱使我们去探险呢?1969年,阿波罗11号的宇航员尼尔·阿姆斯特朗和小埃德温·尤金·奥尔德林登上了月球,并在月球上行走和蹦蹦跳跳。这是有史以来人类第一次登上地球以外的地方。作为一群西方发现者,我们立刻回到了我们的老帝国主义传统上来——插上了一面旗,但这次没有土著居民欢迎我们。当然也需要在旗的顶端插入一根棍子以制造一种假象,使人觉得在这个贫瘠且没有空气的世界里,有一阵微风吹动着这面旗。

月球之行一般被认为是人类技术发展最伟大的成就,但我认为应该对来自月球的最初话语和行为作些修改。刚踏上月球的土地时,尼尔·阿姆斯特朗就说:"这对一个人来说是一小步,但对人类而言却是一大步。"然后他走向前方插上了一面美国国旗。如果他的一大步真是代表"人类",那么也许那面旗就应该是联合国的旗子了。但我们大家都知道,如果阿姆斯特朗政治上诚实的话,他就应该说"美国的一大步"了。为什么呢? 因为宇宙发现时代的财源来自美国纳税人的税款,并为与苏联军事对抗的前景所驱使。重大资助需要重大动机来驱使,因此,战争成了最好的借口。对于诸如中国的长城、原子弹以及美国和苏联的宇宙计划之类的大型项目而言,战争都在很大程度上起了作用。确实,在 20世纪的西方,发现呈加速度发展,其原因就在于将近 30 年内相互之间爆发的两次世界大战以及随后长期的冷战对峙。

与此紧密相联的对这类项目大规模资助的第二个动力是高经济回报率的前景,其中最引人注目的一个例子就是哥伦布航行。与美国的阿波罗计划一样,哥伦布当年的航行费用也占据了当时西班牙国民生产总值很大的份额。20 世纪的巴拿马运河实现了 15 世纪的哥伦布未能实现的理想——它为远东贸易提供了一条捷径。

如果大型项目主要为寻求人类发现所驱使,它们也就同时为重大突破提供了最大的机会——这也是项目设计者的初衷——但同时也使这些项目最不容易成功地获得资助。20 世纪 80 和 90 年代得克萨斯超导大型对撞机的建设,拟建的大型(同时也是造价昂贵的)地下粒子加速器将扩大人类对自然界的基本力量和宇宙早期状况的了解,但这项工程至今还只是一个地面上的大坑。100 多亿美元的造价与期望从其副产品的技术中获得的经济回报相比,得不偿失,并且还没有明显的军事利益。

如果这类工程为利己主义或自我意识所驱使,那么,它们充其量只不过是一些建筑纪念碑。想一想加利福尼亚的赫斯特城堡、印度的泰姬陵、埃及的大金字塔以及法国的凡尔赛宫——这些为个人建造的奢华的纪念物,后来却成了无与伦比的旅游胜景。同时它们也以活生生的事实表明,获得巨额资助的工程一直并将仍是成功的社会抑或剥削社会的奢侈品。

绝大多数个人都没有足够的资金修建金字塔,也不是每个人都能有幸成为登上月球的第一人,或前往某处探险的第一人,但这似乎并不妨碍他在所到之处留下自己的印记,一如动物用嗥叫和尿液划定自己的领地。如果找不到旗帜,人类的探险者一般都会通过刻下或写下自己的名字作为替代手段——不管所发现的地方多么神圣或令人敬畏。如果阿波罗号上的宇航员碰巧忘了带一面旗的话,宇航员们会在附近的石头上刻下怎样的文字呢? 下面这几个字怎么样?

尼尔和尤金到此一游

1969 年 7 月 20 日

宇宙计划的每一次航行确实都留下了许多证据。在阿波罗号的六次月球之行以后,月球表面布满了大至汽车、小至高尔夫球的各种各样的金属器件和其他废弃物。月球表面遍布的垃圾同时成了人类发现的证据和后果。

拥有以自己名字命名的东西的期望成了彗星发现者们的强烈动机。比其他任何人都更加充分地对天空进行过监测的业余天文爱好者们尤其擅长这项工作。无论你什么时候发现了一颗明亮的彗星,全世界的人们都被迫把它与你的名字联系在一起,最著名的例子包括众所周知的哈雷彗星;1966 年发现的池谷-关彗星,它拥有长而优雅的尾巴,也许可以称得上是 20 世纪最漂亮的彗星;1955 年发现的有记录以来最大的彗星——海尔-波普彗星以及已经消逝了的休梅克-利维 9 号彗星。后一颗彗星于 1994 年 7 月阿波罗 11 号登月之行 25 周年纪念日之后几天内即坠入木星大气层并发生爆炸。这些彗星都是我们这个时代最著名的彗星,然而它们既没有被插上任何旗帜,也没有刻上发现者名字的首字母。

　　但是,如果金钱是一种对成果最广泛认可的奖赏,那么 20 世纪就成了良好的开端。在诺贝尔奖得主中,我们可以发现许多世界级的颇具影响的科学发现。该奖项是以因发明炸药而积累了财富的瑞典化学家阿尔弗雷德·伯恩哈特·诺贝尔的永久捐助而设立的。在当代,这一奖额引人注目的奖项——金额约为 100 万美元——成了一种原动力,一种促使世界上许多物理学家、医学家、生理学家和化学家有所发现的奖励。该奖项在 20 世纪初开始设立是一件幸事(第一次颁奖是在诺贝尔去世五年以后的 1901 年),其时科学发现的速度恰好能以年度为单位进行奖励。但时代在发生变化。如果以天体物理学领域——我最熟悉的领域——每年发表的研究文章数量作为衡量标准,那么过去 15 年内所发表的文章数量,就相当于以往所有时期发表文章数的总和。也许在将来的某一天,诺贝尔科学奖将改为每月授奖。

　　与其他对科学成就的奖励不一样,目前诺贝尔奖所具有的声望往往已经超越了这些发现本身。也许这是不可避免的。

发现与人类的认识能力

　　如果说技术扩展了我们的体力和脑力,那么科学则扩展了我们的认识能力,使我们能超越先天的局限。认识能力得到扩展的方法之一就是使自己离被观察的物体更近些,以便使观察更精确:人类经常吹嘘自己的眼睛是最令人惊叹的器官,因为人眼能调节远近焦距,自我调整以适应不同的光线,并区分不同的颜色。但只要想一想你看不见的许多光谱,你就会被迫承认人类形同瞎子,无论你能否接近被观察的物体并使观察更加精确。听力又如何呢?蝙蝠能根据光的强弱依靠超越人类所具有的感光度来确定位置并在我们面前准确地绕圈。同样,如果人的嗅觉同狗一样灵敏,那么在机场海关嗅出违禁物品的就将是弗雷德而不是菲多。

　　如果人类发现史是以扩展其认识能力的无限欲望为特征的话,那么正是通过这种欲望,我们才打开了通向宇宙的一扇扇窗户。例如,1960年,随着早期苏联和美国国家航空和航天管理局对月球和其他星球所进行的探索,计算机控制的航天探测——我们可以恰如其分地称之为机器人——成了航天探索的标准工具。与宇航员相比,航天机器人有许多明显的优势:机器人的发射费用比较低廉,因没有笨重增压服的牵累,可以将其设计用于进行高精度的实验。同时,由于这些机器人不存在任何传统意义上的生命,因而不会在航天事故中丧失生命。但如果计算机不能模拟人类的好奇心和洞察力,不能综合处理信息,或不能在显而易见的情况下辨认出不期而遇的发现物,那么机器人就仍然只是一种用来发现我们已经有可能发现之事物的工具。然而,在那些尚未提出的问题中也许恰恰就潜伏着自然界深奥的问题。

我们能力有限的认知器官最显著的进步,就是我们已经能够观察到被统称为电磁光谱的看不见的谱带。19 世纪后期,德国物理学家海因里希·赫兹完成了有助于从概念上将在此之前被认为互不相关的多种射线联系在一起的实验。这些实验显示:无线电波、红外线、可见光和紫外线都是属于同一个家庭的成员,其不同之处仅仅在于能量的大小。完整的光谱——其中包括在赫兹之后发现的所有部分——按照其能量从大到小的顺序可依次排列:我们称之为无线电波的低能量的波、微波、红外线、可见光(包括"七色彩虹":赤、橙、黄、绿、蓝、靛、紫),紫外线,X 射线和伽马射线。

具有 X 射线般视力的超人与现代科学家相比并无特别的优势。不错,与普通的天体物理学家相比,他们确实在某种程度上要强大一些,但现在天体物理学家能"看见"电磁光谱的各个部分。如果缺少此类经过扩展的视力,我们将不但眼瞎,而且无知,因为许多天体物理现象只能通过一些窗口,而不能通过其他窗口来揭示。如果通过这些通往宇宙的窗口来有选择地观察一些已经被发现的光波,我们就会发现,从无线电波开始,每一种光波都需要不同于人类视网膜的探测工具。

1932 年,卡尔·詹斯基利用贝尔电话公司实验室和收音机天线,第一次"看见了"由地球以外的地方发射出的无线电信号。他发现银河系中心发出的无线电信号非常强大，以至于如果人类的肉眼对无线电波敏感的话，我们就能发现这些信号是天空中最明亮的光源。

设计巧妙的电子设备可以传送经过特殊编码的无线电波，并随后把它们转换成声音，这一巧妙的设备就是广为人知的"收音机"。这样，通过扩展我们的视觉，我们同时也在事实上扩展了自己的听觉。任何一种无线电波，或者几乎任何一种能源，都可以通过一定的途径使之振动扬声器的锥体，然而这一简单的事实有时却为记者们所误解。例如，20世纪70年代后期旅行者号的几次太空之行发现了土星发出的无线电波，此后天文学家们便很简单地装配了一台带有扬声器的无线电接收机。这样，无线电波便转变成了可以听得见的声波。于是，一位记者便报道说这种"声音"来自土星，还说土星上的生物正力图告诉我们一些什么。

在比卡尔·詹斯基当时所能获得的无线电探测器更灵敏、同时也更复杂的设备的帮助下，我们今天不但能够探索整个银河系，甚至还能对整个宇宙进行探索。作为对我们早先眼见为实之类偏见的实证，早期对宇宙无线电波源的探索，通常被人们认为不足为信，直至后来才为传统的望远镜的观察所证实。幸运的是，多数能发出无线电波的物体，同时也能发出某种可见光，这样便不需要人们盲目地相信一切。最后，射频望远镜引发了一系列的发现，其中包括迄今为止仍然十分神秘的类星体——这是一个由"quasi"（类似）、"stellar"（星球的）、"radio"（放射，辐射）和"source"（来源）诸词松散连接而成的首字母缩略词（quasars）——这是已知的宇宙中离人类最远的物体。

由于富含气体的银河系从其丰富的氢原子中（宇宙中各类原子总数的 90% 是氢原子）发射无线电波，通过与电子设备相连的无线电望远镜，我们能够对银河系的气体构成生成高分辨力的图像，从而显示出氢气中诸如扭曲、结团、形成洞穴和丝状等错综复杂的特征。从很多方面来看，绘制一幅银河系的地图可能会遇到的问题与 15 和 16 世纪的绘图员所面临的问题毫无二致。这些绘图员对各大陆的描绘——虽然与现实不相符——却同样表达了人类希望描述其不能亲自涉足的世界的崇高愿望。

如果人类的眼睛对微波敏感,那么光谱中的这扇窗户将使你能看见躲在灌木丛中的公路巡警用雷达枪发射出来的雷达射线,这样,微波发射的电话中继站的塔就会发出光来。但是,请注意,你家里微波炉的内部结构看上去并无不同之处,因为炉门内的网状结构会将微波反射至炉内以防止微波流失。这样,你眼球的玻璃液就能保护你的眼睛,而不致于让眼睛与你的食物一同被煮熟。

微波望远镜能使我们仔细观察凉爽而浓密的星际气体云层,它们最后分散形成恒星和行星,但直到 20 世纪 60 年代,这类望远镜才在对宇宙的研究中发挥积极作用。微波望远镜向人类展示了那些能够很容易地聚合成复杂分子的大量元素。在光谱的微波部分,这些元素的外部特征明白易见。这些复杂的分子与地球上的同类分子具有惊人的相似之处。

其中有些宇宙分子已为人所共知,如:

NH_3(氨)

H_2O(水)

而一些宇宙分子则能置人于死地,如:

CO(一氧化碳)

HCN(氢氰酸)

有些宇宙分子使人联想到医院,如:

H_2CO(甲醛)

C_2H_5OH(乙醇)

而有些宇宙分子则不会使你联想到任何东西,如:

N_2H^+(氮氢离子)

CHC_3CN(腈基二乙酰)

目前人类所了解的宇宙分子约有 100 种,其中包括甘氨酸——一种作为蛋白质构成成分的氨基酸,同时也是我们所了解的人类生命的组成部分。事实上人类归根结底是由宇宙尘埃形成的。也许安东·范·列文虎克对此会感到自豪。

　　毫无疑问，人类在微波望远镜的帮助下完成了天体物理学方面最重要的一个发现。宇宙大爆炸的余热在"绝对"温度计上现在已经下降到3°，我们完全有理由推测其可能的最低温度应为0°，这样便不再有温度的负值了。绝对零度约相当于华氏−460°，而绝对温度290°则相当于室内的温度。1965年，在贝尔电话公司的实验室里，物理学家阿尔诺·片吉雅和罗伯特·威尔逊在一次实验中意外地测到了这次宇宙大爆炸留下的碎片，并因此获得诺贝尔奖。这一残留碎片本身即说明宇宙是一片由微波所控制的无所不在的、全方位的光的海洋。当时测得的温度约为2.7°，而当微波中的光线增强并达到最高点时，它便会发射各种波长的光。

　　这一发现也许充其量不过是一种意外的收获。片吉雅和威尔逊原本只是希望能够找到干扰微波通讯的来自地球的干扰源，但他们却发现了有关宇宙起源的大爆炸理论的令人信服的证据——正如人们一心想钓小鱼，最后却钓到了一条蓝鲸一样。

　　沿着电磁波谱再向前看便是红外线，这也是人的肉眼无法看到的。迷恋快餐者对此非常熟悉，因为他们肯定已经看到过用红外线灯发出的热量来烘烤的土豆条（有时这种土豆条在他们买到手前数小时就已经烤制好）。这些灯同样发出肉眼可以看得到的光，但其中活跃的成分是大量肉眼看不见的很容易被烘烤的食物所接受的红外线光子。在孩提时代我就知道，晚上熄了灯后，红外线观察器可以找出隐藏在卧室壁橱内的温血妖怪。但人们都知道，卧室中的妖怪一般都是冷血的爬行动物。因此，只要躲进墙壁和门之间的角落，就可以不被发现。

　　如果人类的视网膜果真对红外线敏感，那么在所有的灯都熄灭了的夜晚，普通家庭所有高于室内温度的物品都会暴露在你的眼前，如家用熨斗（假如这时熨斗开关已经打开）、煤气炉指示灯周围的金属、热水管以及在那种场景下任何人裸露的皮肤。很明显，这一情景并不比你在可见光下所见更具启发作用,但你可以想象到这种观察器的一两种富有创造性的用途,诸如在冬天透过你家房子的屋顶或窗户的玻璃,来确定供热管的泄露之处。

在宇宙中,红外线探测器是探测包含星云生成因子的浓密云团的一种非常有用的工具。新近形成的恒星通常仍然为残留的气体和尘埃所笼罩,这些云团吸收从包裹其中的恒星发射出来的大部分可见光并通过红外线重新向外发射,从而使可见光窗口变得毫无用处。在由星际尘埃形成的云团的可见光变得浓密的同时,红外线穿透少量稀薄的气体,这对研究银河系范围内的星系尤其有价值——此时从银河系中的恒星发出的可见光被最大限度地遮蔽了。从卫星发回地球的有关地球表面的红外线照片上,除了其他东西以外,我们还能看到形成环绕不列颠群岛(比整个缅因州的位置还要偏北)的北大西洋暖流的路径,这一暖流使该地区不能成为一个庞大的滑雪胜地。

太阳(其表面的绝对温度约为 6000°)发出的能量在光谱的可见部分达到最大值,一如人类视网膜的敏感性,这是我们的视力在白天能发挥作用的原因。如果这一光谱情形不是这样,我们就会有理由埋怨人类视网膜所具有的一部分敏感性已被浪费。通常我们不会想到可见光有穿透力,但大部分可见光的确能毫无阻挡地穿透玻璃和空气。不过大部分紫外线立刻被普通玻璃所吸收,所以,如果人类的眼睛只对紫外线敏感,那么玻璃窗和砖窗便不会有任何区别。

比太阳还要热三四倍以上的恒星是产生紫外线的高手,幸运的是,它们同样属于光谱中的可见光部分。这样,即使没有紫外线望远镜,我们也可以发现它们。由于大气层中的臭氧层吸收了进入其中的极大部分紫外线、X 射线和伽马射线,因此只有从地球轨道或轨道以外的地方才能获得对这些最热的恒星的详细分析。光谱中这些高能窗口因此成了天体物理学中相对年轻的分支学科的研究对象。

似乎是为了迎接人类视域得到扩展的新世纪,20 世纪的第一次物理学诺贝尔奖于 1901 年被授予发现 X 射线的德国物理学家威廉·C. 伦琴。紫外线和 X 射线都能揭示宇宙中最奇异的东西之一:黑洞。黑洞本身并不发光——其本身的比重太大,光线无法射出——因此黑洞的存在一定是从围绕邻近的恒星作旋涡运动的其他物体所获得的能量推导出来的(这些恒星作旋涡运动的情形就像马桶中的水旋转着流入下水道一样)。由于其温度比太阳表面的温度高出 20 多倍,紫外线和 X 射线便成了物质进入黑洞之前释放出来的最主要的能量形式。

发现这一行为本身并不要求你事先或事后一定要对其对象了解清楚。这一发现在当时以宇宙微波作为背景,现在则是发射伽马射线。伽马射线探测器已经探明了神秘的、看上去似乎是偶然发生的分散在天空中的高能伽马射线的发射。20 世纪 60 年代,通过使用最初旨在监视国际禁止大气试验条约遵守情况的宇宙飞船伽马射线探测器,人们获得了意外的发现。但其中的原委尚不得而知。

如果我们进一步拓宽通过视觉获得的发现概念,并把对亚原子粒子的发现纳入这一概念中,那么我们就必须考虑到中微子了。这种捉摸不定的亚粒子总是在质子转化为普通中子和正电子的过程中形成,这样,正电子便成为电子的反物质。这一过程听起来极不起眼,它在太阳内部发生的速度为 10^{35} 次/秒,然后中微子便径直从太阳内部逸出,似乎根本没有进入其中。中微子“望远镜”可以直接观察到太阳的中心及发生在其中的热核聚合过程,这是电磁波谱中的任何谱带都无法做到的。但要捕捉到中微子却极其困难,因为它们几乎从不与任何物质发生相互作用。因此,实实在在地拥有一台高效的中微子望远镜如果不是天方夜谭,那至少也是一个遥远的梦。

对宇宙中另一个捉摸不定的窗口——引力波的探测,能够发现宇宙中将会发生的灾难性事件。但截至本文发稿之日,人们尚未从任何渠道发现爱因斯坦在 1916 年的广义相对论中所预言的源于任何事物在时空上所表现出来的“脉动”现象。一台精致的引力波望远镜能探测到 1 亿光年以外的星际碰撞:人们可以想象将来通过这种方式定期观察到诸如碰撞、爆炸和恒星消失等万有引力事件时会是什么样的情景。大体上我们总有一天会透过宇宙微波半透明墙的背景看到大爆炸本身的辐射。就像麦哲伦的船队第一次完成环球航行时发现了地球的范围一样,将来,我们也有可能到达和发现人类所知道的宇宙的极限。

发现与社会

一如冲浪板乘风破浪那样,工业革命同样站在 18 和 19 世纪不断向前发展的高度,并左右着我们将能量理解为一个物理学的概念和一种可以相互转换的本质。例如,蒸汽机将热能转变为机械能,大坝将水所具有的引力潜能转换为电能,以及炸药将化学能转换为爆炸冲击波,工程技术用机械能取代了肌肉的能量。通过类似的独特方式,所有这些变化的合力改变了社会。20 世纪是人们目睹信息技术控制电子领域发展的最新进展,以及微型化所形成的用计算机的力量取代人的智力的时代。在某些国家,当代的探索和发现都在硅片上完成,计算机完成的工作取代了以前需要许多人一辈子的计算才能完成的工作。但我们也许还将在黑暗中探索一段时间,因为在我们的知识面不断扩大的同时,我们所不了解的东西也在增加。

所有这些技术和宇宙的发现究竟对社会带来了什么样的影响呢?除了创造许多更为有效的杀人武器并为发动战争制造了更多的借口之外,这些发现也给社会的前景带来了其他更为持久的影响。例如,在 19 世纪和 20 世纪早期,不再依靠家养牲畜提供动力的交通便得到了发展,这一阶段新出现的交通工具包括自行车、火车、汽车和飞机,它们都得益于火箭领域的先驱罗伯特·戈达德的工作,以及来自德国的火箭工程师沃纳·冯·布劳恩在发射宇宙飞船方面所作的努力,由于他们的努力,人类在 20 世纪第一次引入了一种新型的推进器。在第二次世界大战行将结束之际,沃纳·冯·布劳恩来到美国帮助开发航天计划。

人类发现的经过改良的交通工具对于像美国这样幅员广阔(可居住面积)的国家尤其具有重大意义。交通对于美国人是如此重要,以至于不管因何种原因产生的交通中断,即便是发生在国外,也会成为美国报纸的头条新闻。例如,1945 年 8 月 7 日这一天,美国人在广岛投下了一颗原子弹,导致 5 万名日本人死亡。当天的《纽约时报》就在头版登载了这样的新闻:第一颗原子弹投到了日本的土地上,但同样是在头版,还出现了这样的小标题:"在遭到原子弹袭击的地区,火车被迫停开,广岛四周的交通被迫中断。"我虽然不能肯定,但我敢打赌,当天的日本报纸绝不会将与这一具体事件相关的交通中断作为头条新闻。

如果将电输送到千家万户,就会有人发明各种家用电器和机器来消耗这种新的能源:人类学家认为衡量社会进步的一个最主要的标准就是人均能源消耗量。但古老的传统也不可能在一夜之间销声匿迹,例如,我们至今仍以"马力"来计算汽车发动机的功率。在灯泡早已替代了蜡烛的今天,我们在举行宴会时仍然会点起许多蜡烛,甚至还购买带有蜡烛状灯泡、依靠电能发光的枝型吊灯。对电的依赖,尤其是生活在城市里的美国人对电的依赖,已经发展到了无法逆转的程度。1966 年和 1978 年发生在纽约市的两次断电事故,不由分说地将已经习惯了 20 世纪奢华生活的人们突然从这种生活中分离出来,这种情形更为这种不可逆转性提供了有力的证据。1966 年,断电事故发生时就有人认为世界末日即将到来。1978 年断电事故发生时则出现了大规模的抢劫。显而易见,我们所获得的发现和发明已经从最初给生活带来便利,发展到了今天成为维持自身生存不可或缺的条件。

纵观历史,发现活动也给发现者本身带来了形形色色的危险。麦哲伦本人和他的许多船员都没有活到 1575 年的环球航行结束,他们中的大多数人死于饥饿和疾病,麦哲伦本人则在力图说服土著居民皈依基督教时为土著人所杀害。现代探险活动中的危险与此相比有过之而无不及:1966 年阿波罗 1 号的三名工作人员被烧死在发射平台上,1986 年"挑战者号"航天飞机在发射升空不久后便发生爆炸,七名宇航员全部丧生。19 世纪末,威廉·伦琴和玛丽·居里率先进行了高能放射实验——伦琴探测出了 X 射线的特性,而居里夫人则弄清了许多放射性元素的性质。他们两人后来都死于癌症。

在某些情况下，蒙受危险的决非仅仅是发现者本身。1905 年，阿尔伯特·爱因斯坦提出了 $E=mc^2$ 这一方程式，这是一种前所未有的将质量转换成能量的方法，并最终导致了原子弹的产生。巧合的是，距爱因斯坦的著名方程式首次发表两年之前，人们发明了飞机，它成为后来在战争期间运输第一颗原子弹的工具。飞机发明后不久，《科学的美国人》杂志的编辑就收到了一封来信，作者在信中对这种新的飞行器可能被滥用表示关注。信中提出，如果这种机器为坏人所控制，那么他们就可能将"飞机"飞到村子的上空并对毫无抵抗能力的无辜者投放硝化甘油炸弹。

爱因斯坦不应因原子弹给人类带来的死亡而遭到谴责，同样，我们也不应该因人类将飞机用于军事行动而造成的死亡谴责威尔伯和奥维尔·莱特兄弟。这些仅仅是人类的发现——无论好坏——都为公众所控制，并因此受一些似乎永远都不会改变的原始的人类行为方式支配的例证。

发现与人类的自我：一个新近的例证

对于那些认为人类具有特殊性的人来说，人类关于自身在宇宙中所处位置的看法经历了一连串的挫折和失望。不幸的是，最初的印象一直在作弄我们——太阳、月球和恒星日复一日的运转似乎都在串通一气地给我们造成一种假象，并使我们错误地认为我们是宇宙的中心。但几个世纪以来，我们已经清楚地了解到，地球表面没有中心。这样，任何文化都不能声称（从几何学的角度来看）自己是万物的中心。地球不是太阳系的中心，而只不过是围绕太阳轨道运行着的九大行星中的一颗——这是由 15 世纪的尼古拉斯·哥白尼和 16 世纪的伽利略发现的。太阳距离银河系中心 2.5 万光年，它同其他数千亿颗恒星一样围绕银河中心运转，并无特别之处。银河系也许只是宇宙中数十亿个星系之一。其实宇宙根本没有任何中心。当然,随着 19 世纪查尔斯·达尔文的《物种起源》和《人类的由来》的问世,人们在解释人类的起源时便不再需要神的创造行为。

在大多数情况下,科学发现都不是人类才华瞬间闪现的结果。人类关于银河系既无特别之处,也非独一无二的发现。有关人类在宇宙中所处位置的观点得到了广泛的承认,同时也标志着人类在这方面认识的转折点。但人类获得这一认识不是在数世纪以前,而是在 1920 年。当时,设在华盛顿特区的国家科学院在今天的史密森学会自然史大楼的贝尔德报告厅举行的会议,展开了一场时至今日仍然著名的关于我们已经在多大程度上了解地球的辩论。辩论涉及两个根本性的问题。问题之一是:银河系包含了众多恒星和恒星群、气体云团以及许多模糊不清的作旋涡运动的物体,是不是这些就构成了整个宇宙? 问题之二是:那些像银河系一样将模糊不清的作旋涡运动的物体吸附在自身周围的众多星系,是不是像"外星系"般点缀在极其广袤无垠的宇宙中?

与政治冲突和公共政策不同,科学发现一般不能通过民主投票、党派政治或公众辩论产生。但在这次辩论中,两位当时的著名科学家——双方在事先都掌握了一些正、反两方面的材料以及一些尖锐的观点——就这一问题展开了针锋相对的辩论。对银河系即构成整个宇宙这一观点持支持态度的是来自威尔逊山天文台的哈洛·沙普利,他后来在担任哈佛大学天文台台长期间取得了有目共睹的颇具影响的成绩。与此相反,认为银河系并非如此重要的是来自加利福尼亚利克天文台的希伯·D. 柯蒂斯,他后来担任了阿勒格尼山天文台台长,并退出了活跃的研究领域。

这两位科学家都投身到 20 世纪早期的发现潮流之中,这些发现主要衍生于对宇宙中的物体和现象进行分类的计划。在摄谱仪的帮助下(这种仪器可以像雨滴将太阳光分解成彩虹一样,将恒星发出的光分解成组成这种光的各种颜色),天体物理学家能够不仅根据光的形状和外部特征,而且根据光谱中所揭示的详细特征对物体进行分类。即使对某种现象产生的原因及来源不完全了解,人类也能够利用一套包括从物体光谱中获得的信息在内的分类方法进行深入的推断。

夜晚的天空犹如一个包含众多物体的百宝囊,对这些物体的分类在1920年并未引起太多的异议,其中有三种观点与上述辩论特别相关:(1)恒星——被发现更多地聚集在银河系中位于混合光一带的狭窄区域。当时,这一区域被广泛(同时也是正确地)解释为我们的银河系的平面;(2)100种左右巨大的球状恒星群——在靠近平面处更为常见。它们在天空中的分布呈不均匀状态,在一个方向比其他所有方向都多;(3)模糊不清的星云的存在——包括在恒星边沿大量存在的、没有固定形状的星云,以及看上去似乎完全避开这一平面的旋涡状星云。沙普利和柯蒂斯都明白,不管是否存在任何别的争论之处,这些通过观察获得的有关天空的基本特征是不可能通过推理抹煞的。

人们常说,如果一个论点多坚持几分钟,争论双方就都错了。这是一句极妙的格言,但对于一个经长期争论而无法达成一致的不同观点而言,其中至少有两个别的原因:其一是资料的数量和质量不够,其二是其中至少有一方过于固执,不肯放弃其长期坚持的观点。在对现场记录进行了大量编辑整理后出版的沙普利-柯蒂斯辩论的书面材料中,我们可以看到双方都执意坚持各自的观点,但辩论的方式都令人钦佩。最后,双方对建立在有限资料基础上的相对信心起了关键性的作用。如果哈洛·沙普利能用这样的方式解释那些已经获得的资料,即认为与作旋涡状运动的星云间的距离使恒星位于银河系范围之内,那么对外部系统的支持就没有证据了。如果希伯·柯蒂斯在解释同样的资料时能够表明作旋涡状运动的星云是一些遥远的外星系,那么在一连串过于关注自我的发现中,人类将被带入下一重要阶段。

沙普利特别喜欢的研究课题是球状恒星团,所以他在这方面有较多的发言权。确实,他因提出了球状恒星团系统的中心与银河系的中心巧合这一明智而正确的观点而为世人所铭记。天文学家观察到的球状恒星团过分偏向天空中某一边的现象,应该显示其相对于银河系中心的方向,甚至与银河系中心之间的距离。据此,他推断太阳系并非像柯蒂斯和其他许多人所想象的那样位于中心,而是位于远离中心的银河系平面之内。有些天文学家计算过恒星的数量,结果表明太阳系位于银河系的中心,其论点非常简单:天空中所有的恒星似乎是沿银河系各个方向均匀分布的,但没有人知道银河系是一个由恒星和模糊不清的尘埃云团所构成的混合体,这些云团使人类的视线不足以看到整个银河系,换句话说,在银河系中你无法辨认自己身在何处,因为银河系遮挡了你的视线。这一点也不奇怪:当你身处密林中时,你根本就不知道自己身在何处(当然,除非你前一次到来时,已在树皮上刻下你名字的首字母):你对林子有多大一无所知,因为那些树挡住了你的去路。

沙普利注意到那些球状星团中包含了几乎所有普通的恒星,并因此假定,这些恒星代表了人类在我们自己的太阳系附近可以发现的恒星混合体,它们的性质和距离已被了解清楚。这样,沙普利始终走在其他人的前面。例如,这里就列出一些由著名的天文学家对太阳系与天仙座中被称为 M13 的一个球状星群之间距离所作的估算(包括两个由沙普利所作的估算)。

- 沙普利 1915 年:10 万光年
- 查理尔 1916 年:170 光年
- 沙普利 1917 年:3.6 万光年
- 斯考滕 1918 年:4300 光年
- 伦德马克 1920 年:2.17 万光年

不同的天文学家对太阳系与同一星群之间的距离所作估算的差别是如此之大,这一事实表明,当时的天文学家对此基本上没有头绪。沙普利强烈地感觉到,天仙座星群连同它本身的 10 万颗紧密相连的恒星及其(假想的)所有恒星中具有代表性的抽样,将使他能够把 M13 当做一块到达更遥远的球状星群的跳板:

　　　　天仙座中巨大的球状星团是一个浩瀚的恒星组织。如果我们接受这样的观点……认为天仙座的恒星现象与局部的恒星现象和谐一致……那么我们就可以推断出,比这更小的球状星团将更加遥远。

在计算了太阳系与 M13 以外球状星云之间的距离以后,沙普利最终得出银河系的长度超过 3000 光年的结论。这一估算是迄至当时为止有关银河大小的估算的最大值(同时也是空前绝后的)。对于沙普利有关球状星团中有可能包含在相邻的局部区域发现的类似恒星的推断,柯蒂斯不能指出其具体的缺陷,但他仍然对此持怀疑态度。他认为"许多人将认为这一假设是一个相当极端的观点"。

这确实是一种极端的观点。但沙普利的信心却因亨利·诺里斯·拉塞尔和亚瑟·埃丁顿爵士所从事的工作而得以加强。这两位当时著名的科学家在恒星的内部结构和星球演化方面提出了许多令人信服的观点。如果他的对手的观点正确的话,那么沙普利则直接和明确地指出了对 20 世纪 20 年代天文物理学是无情的结果:

> 我认为亨利·诺里斯·拉塞尔关于光谱演化的具有启发性的理论在很大程度上将不得不被放弃。同时,亚瑟·埃丁顿爵士关于庞大的气态恒星的杰出理论也应该作大的修改或完全放弃……(同时)相同的光谱特征(将)表明恒星(在发光度方面的)区别为 100:1,其原因取决于恒星是位于太阳系附近,还是位于遥远的星云之中。

但沙普利究竟是通过何种方式得知拉塞尔关于光谱演化的理论最终将被证明是完全错误的,而埃丁顿关于庞大的气态恒星的理论最终必须进行大的修改呢? 他是怎么知道距离太阳系最近的高发光度的蓝色恒星与球状星团内的蓝色恒星没有相似之处呢? 这些对恒星发光度的过高估计,导致了他对所有球状星团间距离的过高估计。

在沙普利看来,如果你测量出球状星云的范围,你也就测量出了银河系的范围,但柯蒂斯依然确信银河系比沙普利想象的要小得多:

　　但是,在获得比较确定的相反证据之前,我认为我们有更强的证据证明银河系比人们普遍相信的要小得多,所以应该将假定的30万光年的直径除以5,甚至除以10。

　　究竟谁对呢? 在从科学的无知到科学的发现的漫长道路上,正确的答案一般都存在于从该过程产生的极端推论之中。这场大辩论的情形就是这样:人们广为接受的银河系恒星的范围约为10万光年,大致相当于柯蒂斯所认为的3万光年的三倍,而与沙普利的30万光年相比,仅占其1/3。

　　关于银河系范围的广为人知的不同观点仍须与旋涡星云的存在协调起来,这些星云间的距离与任何其他物体相比都更为变化无常。沙普利一心想证明旋涡状星云间的距离并不比由球状星团形成的银河系的范围大。沙普利和柯蒂斯都明白,与朝银河系平面高度聚集的其他形式的星云不同,这些旋涡状星云似乎完全回避银河系平面。这一发现使银河系在夜晚天空的出现有了另一种形式,同时也有了一个多少有些怪异的名字——"隐带"(Zone of Avoidance)。这两位天文学家也都明白平面附近星云的典型速度低于10万米/秒,而涡转星云的速度则可达到每秒钟数百万公里,这就迫使沙普利作出了下列假设:旋涡状星云在某种程度上以固定的速度在银河系中产生,然后又被强行逸出其产生地。

　　在技术方面柯蒂斯仍心存疑惑。他想弄清为什么没有证据能证明在银河系内旋涡状星云会不断产生? 在银河系的平面内为什么不能至少逸出一些旋涡状星云? 这些都是沙普利不能回答的问题。

　　柯蒂斯确信旋涡状星云与银河系本身属于同一类物质。他组织了一套有说服力的推理以支持其外星系假设,同时他还观察到一团完整的旋涡状星云的光谱与银河系中恒星团的合成光谱极其相似。他通过直接观察而不是推断发现了一种相似性:

　　　　普通的旋涡状(星云)的光谱与恒星团的光谱是无法区别的……总的来说其特征与我们银河系的合成光谱极其相似。这正是我们从庞大的恒星中可以发现的光谱。

接着,柯蒂斯又注意到天空中的旋涡状星云对于观察者来说是从不同的角度面向同一方向。一些正面相对,而另一些则侧面相对。侧面相对的星云一般地沿平面显示出其黑暗模糊的部分。所有这些都为人所共知,人们对此也毫无争议,但柯蒂斯将其综合在一起,作出了另一个强有力的推断:

> 这么多从边缘向外作旋涡状运动的(星云),让人类在看到了由神秘的物质形成的外环状区域的同时,也认识到这一昏暗的环状区域是符合规律的,而并非例外。如果我们的银河系——外星系理论中的涡旋状物体具有这样一个由神秘物质形成的外环,这就会消除银河系平面中(看上去)遥远的旋涡状物体,同时也能解释旋涡状物体外观上的奇异分布。

在这个问题上,如果我是协调人,我就会结束辩论,宣布柯蒂斯为得胜者,同时把所有人都打发回家,但此时又出现了进一步的证据。众所周知,银河系中偶尔会出现特别明亮的恒星,但我们却不知其来自何处。这类新的恒星被命名为"新星"(novae),其词义源于拉丁语中的"新"这个词。在一些旋涡状星云中也已经观察到了这类新星,其中包括最著名的同时也是仙女座中特大型的"大星云"。柯蒂斯作出了这样的假设,认为"新星"形成同质的一类物体,这也使他能作出另一个更加强有力的推断:

> 旋涡状星云中的新星与我们银河系中的新星之间的相互关系,表明它们之间的距离从仙女座星云中的 50 万光年到更遥远的旋涡状星云中的 1000 万光年不等……在这样的距离,这些外星系将与我们自己的银河系同样大小。

也许通常人们援引得最多的来批驳这一解释的证据(由沙普利和当时其他一些科学家发起),是 1885 年发现的仙女座星云中特别明亮的

"新星"。如果仙女座星云像柯蒂斯所认为的那样遥远,这将意味着这一"超级"新星肯定具有将近 10 亿个太阳的发光度——这是出现在 1920 年的一种荒谬的思想。沙普利推断,如果旋涡状星云果真与银河系大小相等,那么从它们在天空中看上去显得如此微小这一事实,即可判断其间距离一定非常遥远,并且"必然推断出在旋涡状星云中出现的新恒星,其发光度不大的结论"。只是到了后来,天体物理学家们才发现确实有另外一种"新星"的发光度达到了 10 亿个太阳的发光度。我们将怎样称呼它们呢? 当然是"超级新星"。

即使沙普利不将旋涡状星云视为外星系,但他希望摆出一副胸襟开阔的姿态则是毫无疑问的。沙普利在他那篇听起来像投降书的总结性声明中承认了存在其他世界的可能性:

> 即使旋涡状星云不是一种银河系统,但在宇宙的其他地方还会有与我们的银河系相等甚至比我们的银河系更大的星系——只是目前尚未发现,或者现存的光学仪器和测量手段无法发现。但是,现代的望远镜加上诸如高能分光镜和摄影增强器等辅助手段,一定能扩展对与宇宙大小相关的问题的探索。

同时柯蒂斯也公开承认沙普利通过其假设可能已经触及到了某种东西,因为沙普利认为旋涡状星云是逸出的,特别是旋涡状星云的高速度的假设已不再有争议。在柯蒂斯让步的同时,也揭示出(虽然不知不觉地)我们生活在一个不断扩张的宇宙中:

> 斥力理论确实已通过到目前为止观察到的绝大部分旋涡状星云正远离我们而去这一事实得到了一些支持。

尽管辩论过后两人的职业道路不同,但柯蒂斯的观点最终表明比沙普利的观点更接近真理。至 1929 年,埃德温·哈布尔正式发现几乎所有的星系都在以与其距离直接相关的速度远离银河系。我们所处的银河系过去曾是宇宙扩张的中心,这是无需证明的事实。哈布尔在成为天文学家之前曾当过检察官,所以如果与其他科学家辩论,也许无论争辩什么,他都可能会赢。他明显拥有能证明我们位于正在扩张的宇宙中心的证据,但在爱因斯坦1916年的广义相对论中,地球位于中心的错误观念是宇宙朝四维扩展的自然结果,其中时间为第四维。这样说来,每个星系也都能观察到其他星系的后退,结论是:我们既不是惟一的,同时也不是特别的例子。

这一切似乎还不够,使我们自己变得微不足道的运动继续以迅猛之势向前发展。

1926年,康奈尔大学的物理学家汉斯·贝特指出太阳的能源是氢氦的热核融合。这一理论后来使他荣获诺贝尔奖。1948年,天文物理学家杰弗里·伯比奇、玛格丽特·伯比奇、威廉·福勒和弗雷德·霍伊尔通过对在高密度的恒星核中发现热核融合的详细描述,推断出宇宙中存在大量的化学元素。绝大多数恒星爆炸为新星,使宇宙中充斥着著名的元素周期表中所有的元素,其中排在前五位的是氢、氦、氧、碳、氮。如果我们看一看人类生命的化学成分,就可以精确地发现这一组成系列——氦除外,因为氦具有化学惰性。不仅我们作为人类的存在不是惟一的,而且组成生命的成分本身也不是惟一的。

既然我们有足够的证据证明我们不是由神创造的,同时也不是万物的中心,更不是由特殊成分组成的,那么就剩下了一种对于大家来说也许会是极大侮辱的事实。宇宙中90%以上的引力与看得见的事物并无关系,相反却与人类尚未发现或尚未理解的事物相关——这一窘境构成了天文物理学中著名的"黑物质"问题的基础。

宇宙发现的本质已经从为上帝争光添彩下降到为人类生命争光添彩再到损害我们的自我。

发现的前景

如果有一天宇宙成了我们最后的边疆,它将类似于一片古代的探险者们曾经寻找过的没有任何标记的疆域。人们将或受经济动力的驱使而去探险,期望从中开采出百万吨的小行星作为其矿石资源;或为求得生存空间而进行这类旅行,以期将人类尽可能地扩散到银河系周围的其他星系,从而避免因每 3000 万年就可能发生一次的与彗星碰撞带来的灾难而导致人类毁灭。

宇宙探险的黄金时代毫无疑问是 20 世纪 60 年代,但在此之前,宇宙计划的意义和重要性在许多城市中心却为普遍的贫困、都市暴动以及糟糕的教育制度所搅乱。几十年后情况仍无好转。但现在则出现了根本性的变化。在 20 世纪 60 年代,发现的前景成了人人关注的事情。

举例说来,我至今仍对阿波罗 11 号登上月球的日期和当时的情景记忆犹新。这一登陆时刻无疑是 20 世纪最伟大的时刻,但我发现自己对这一时刻多少有些漠不关心,这并非是因为我无法理解这一时刻在人类历史上的地位,而是因为我有充分的理由相信这类登月旅行将变成每月发生一次的事情。作为一名 20 世纪 60 年代的孩童,这种对未来的期望左右了我的追求、希望和梦想。这种期望始于约翰·F. 肯尼迪总统的演说。他在演说中提出,我们将在那个十年结束之前把人类送上月球,并使其安全返回地球。从那时开始,宇宙计划便一发不可收拾,同时其使命也一次比一次更加雄心勃勃。后来又出现了斯坦利·库布里克在 1967 年执导的幻想电影《2001 年:宇宙奥德赛》,片中出现了宇宙空间站和月球基地。当我将这一切串在一起时,"月球之行只不过是下一步的事情"的想法在我脑海中便变得异常清晰。当时我根本就不知道这会成为 20 世纪的最后一步。回忆起来,我现在仍为没有对 1969 年 7 月 20 日这一天投入更多的感情而感到后悔。我应该对这一后来成为惟一成就的事件感到欣喜若狂。

如前所述,宇宙计划的资金主要受防卫需要的驱使:宇宙梦和人类天生的探求未知世界的欲望变得不再重要,但我们可以将"defense"("防卫")一词重新定义为某种比军队的军火更加重要的东西。它可以指人类自身的防卫。

1994 年 7 月,当休梅克-利维 9 号彗星猛烈撞击行星时,相当于 2000

亿吨梯恩梯的能量被储存在木星的大气层上层中。如果这次碰撞发生在地球上,那么很可能将导致人类的突然毁灭。

如果我们继续将"人类的防卫"作为主题,那么我们就将有实实在在的宇宙观去挽救我们遥远的未来。达到这一目的最有效的方法是:(1)尽可能充分地了解地球的气候和生态系统,这将使自我毁灭危险的可能性降至最低程度;(2)在宇宙中尽可能多的地方开拓新的领域,均衡地降低因由一位业余天文学家所发现的每百万年就可能发生一次的彗星与地球碰撞而引起的种群消失的可能性。

化石中有许多关于种群消失的记载——这些都是比当今地球上存在的人类种群的繁荣时间长得多的种群。恐龙就是其中之一,它因不能建造宇宙飞船而在今天的世界上灭绝了。它们是不是因为得不到财政援助才无法执行宇宙计划呢?也许是,但可能性不大。也许是因为它们的脑袋太小。大家应当明白这样一个道理:如果人类灭绝,这将成为整个宇宙历史上最大不过的悲剧。它的产生不是因为我们没有建造星际宇宙飞船的智力,也不是因为我们缺乏宇宙航行的积极计划,而是因为人类自身选择了不资助这种生存计划。我们第一次认识到,在宇宙探索中找到一条发现之路已不再是一种知识上的奢侈品,而是一种必需品。即使那些因未从发现史中得到启发(或未受影响)而无动于衷者的生存也必须依靠这条发现之路。

(严幸智 译 陈祖洲 校)

第二十章　20世纪的医学

大卫·罗斯纳

20世纪,人类对疾病的体验以及医药疗效的期望发生了根本性的转变。在20世纪最初的几十年里,疾病基本上被视为一种不可避免的结果,它能侵袭不同年龄层次的人,例如,世界上生活在不同区域的人口都将传染病,特别是肺结核视为一种很容易致死的持久威胁。人们认为,医学和公共卫生界对疾病的诊断和治疗,不可能从根本上改变疾病的自然史。然而,到20世纪中叶,随着公众对科学和医学治愈疾病能力的期望大为增加,公众对现代医学能力的态度和期望也发生了根本性的转变。

对医学日益增加的信任导致了似是而非的社会后果:一方面,抗生素药物和磺胺制剂这种强有力的药物得到开发,并被证明在治疗许多由细菌引起的疾病方面非常有价值;另一方面,对科学药物治病能力信任的日益增加,有时会导致有害的社会政策和个人活动的出现。例如,尽管人们日益认识到烟草对人体健康可能导致的危险,许多人仍为自己的吸烟行为辩解,认为科学终将开发出一种治愈癌症的办法。再者,尽管就世界上大多数人口而言,主要的健康问题都能通过营养、教育、预防性公共卫生措施和住宅的改进等花费较少的办法来加以解决,但人们仍将巨大的社会资源用于高技术的医疗中心。

本文将概述 20 世纪改变公众对医学期望的一些重大变化,以及因传染病看似正在消失,慢性病、非传染病日益引起公众注意,而导致的工业化社会公众对疾病态度的变化。本文还将探索人们为何日益相信绝大多数疾病可以治愈,以及 20 世纪末的慢性病用先前支配医疗思想的药物和假定不能解决的相似但矛盾的证据。本文的核心是 20 世纪人类与环境相互关系的变化,以及这种变化对健康概念的影响。

一

在 1982 年的一篇关于所谓"结构性"疾病的文章中,历史学家查尔斯·罗森堡提到,"疾病是生物学的事件,是一代人所特有的反映医药知识和机制史的言词结构的专门技能",以及"是对文化价值观的认同"。罗森堡指出,"疾病是一种社会现象",他举例说,在很大程度上,"只有当我们同意通过观察、指称并对它作出反应而感觉到它的存在时,疾病才存在"①。不管这些疾病是 19 世纪的结核病、黄热病、霍乱这样的传染病,或是 20 世纪中叶的癌症、心脏病和职业病,还是今天的爱滋病(获得性免疫缺损综合症)和抗药性结核病,它们都是历史上特定时期特定社会的象征。我们不仅将不同征候限定为病理事件,而且也造成了导致新问题出现的物质环境和社会的相互关系。我们在创造我们的物质和知识环境的同时,也创造了疾病盛行和被限定的条件。

在世界历史的大部分时间里,不同的文化对侵袭他们的各种疾病的性质有着一些相似的基本假定。就西欧人、亚洲人和非洲人而言,疾病常常被理解为神对他们个人或社会犯罪的一种报复形式。在东亚文化中,正如席勒亚那·什格尼沙在其 1993 年的一篇文章中指出的,"将疾病视做一种惩罚可追溯到对祖先愤怒的担心,某个皇帝的道德堕落随后

---

① 查尔斯·罗森堡和珍妮特·戈尔登:《构想疾病:文化史研究》,新不伦瑞克:拉特格斯大学出版社,1982 年,第 xiii 页。

被认为是造成侵袭其人民的时疫的原因,这种情况并非绝无仅有"①。在西方文化中,瘟疫之后随之而来的是宗教的觉醒、祈祷和内省,但对个人和团体的迫害也接踵而至,因为这些人的贪食、贪婪、骄横或违反道德规范等行为有导致集体遭难的嫌疑。从天花到爱滋病,从中国到美国,人们都认为疾病反映了个人的不道德并且是对其违反社会道德规范的惩罚,这种思想在形成我们对疾病的反应方面,一直是一股强有力的力量。

在19世纪的大部分时间里,医学思想和治疗学常常反映出人们对于疾病道德基础的潜在假定。当个人的性格、行为、社会地位、宗教信仰出了问题或物质环境使他们处于脆弱状态时,一般认为他们此时易于生病。当社区受到时疫的侵袭时,社区生活刚刚发生的瓦解被视做其原因。在商业经济中,新阶级的产生、新的宗教团体获得更重要的社会地位、从农业经济向商业经济的转变,都能被用来解释传染病的出现。新的人口团体迁徙到旧的比较传统的社区会加剧古老的憎恨——特别是当这种迁徙伴随着天花、热病或瘟疫时。在不同的人口所经历的疾病发生率和死亡率完全不同的情况下,那些幸存下来的人将会把自己的经历理解为他们个人或集体优越感的表现。

在整个20世纪,将疾病与健康和罪恶与美德联系起来的潜在假定也决定了社会、机制和政治对疾病的反应模式。我们中的很多人都经历过那种将疾病用作一种个人或社会判断的微妙或不怎么微妙的方式。人们告知某些癌症病人,他或她的癌症是一些实际或想象的个人习惯的结果,不少人身边都有这样的亲人。目前,很多爱滋病患者都感受到了社会责骂和家庭指责的力量。

当20世纪前疾病观的局限性变得显而易见并继续起着令人不安的作用时,个人环境与疾病在某些方面的联系导致了医生和病人重要治疗观的产生。19世纪的医学思想认为,各种疾病基本上都是由一系列不同

①库勒亚那·什格尼沙:"东亚的疾病观",载K.基普尔编:《剑桥世界人类疾病史》,纽约:剑桥大学出版社,1993年,第55—56页。

环境或个人特性和高度个性化的因素引起的征候。正如莫里斯·沃格尔和查尔斯·罗森堡在他们1979年发表的有关美国医学社会史的著作中所指出的,"在治疗学上,身体被看做是同其环境发生能动反应的体系。健康或疾病是由个人身体天赋和环境状况日积月累的相互作用而形成的"①。

这种对个人特性和所处环境导致罹患疾病的决定性作用的强调,导致医生和病人都认为疾病得用高度个人化的方法来理解。病人及其所属社会团体的特殊环境决定了治疗的类型,因此治疗学本身得围绕着个人及其社区的特殊性来构建。在西方文化中,医生对特定疾病不是采用一致的或标准化的治疗,而是对症下药,很少开相同的药方。例如,在门诊医生看来,构成维多利亚时代妇女"歇斯底里症"和"神经衰弱"的征候因人而异。相同的征兆既能与使病人易于染病的长期道德和社会环境联系起来,又可能源于个人的特性如酗酒、社会地位、糟糕的生活条件或工作条件等。正如约翰·哈利·沃纳在其19世纪美国诊断学史中所观察的,在19世纪绝大部分时间里,"治疗不是根据疾病本身作出敏感的判断,而是根据病人的特征,如年龄、性别、人种、种族、社会经济地位、道德状况或根据地区特性如气候、地形和人口密度来判断"②。

20世纪前有关人类与疾病相互关系的观点,普遍强调健康反映了人类与其环境的平衡状态。人们认为,自然状态下的人类是健康的,只有当这种自然状态发生了精神、物质或社会方面的变动,人类才会患病。工业和非工业社会的许多医疗学实践依赖于以下假定,即医生的目的是重建人与其环境的平衡,医生和病人的许多谈话集中于疾病的"生态"概念。因此,一些医生团体视他们的作用为以康复为主,以治疗为辅。

---

① 查尔斯·罗森堡和莫里斯·沃格尔:《治疗学革命:美国医学社会史论文集》,费城:宾夕法尼亚大学出版社,1979年,第5页。
② 约翰·哈利·沃纳:《治疗观:1820—1885年美国医疗实践、知识和认同》,坎布里奇:哈佛大学出版社,1986年,第58页。

二

1860—1900年,有关人类疾病原因的医疗理论经历了深远的变化,并最终改变了世界绝大部分地区的诊断实践和与健康有关的服务组织。传统上,人们认为疾病是个人、道德或宗教越轨的结果或是个人特征和社会环境的反应,这种看法已被所谓疾病的"病菌"理论所代替。与认为不同征候的疾病可能是由不同的原因造成的理论不同,病菌理论寻求判别特定疾病的病原体——我们现在称之为细菌或病毒。黄热病、疟疾、斑疹伤寒和伤寒有时征候相同,如都存在发冷、发热、剧烈的头痛和黄疸等;但随着显微镜、染色剂技术以及日益发展的细菌培养方法的产生,它们被区分为不同的疾病。

新理论有助于提高人们的希望,即一旦发现特定的病原体,就能开发出特定的药物并制定出治疗办法,通过破坏引起这种疾病的机制来治愈疾病。在19世纪60年代,法国的路易斯·巴斯德确认微生物为发酵的机制;在19世纪80年代中叶,他研制出治疗狂犬病的有效疫苗。1877年,德国细菌学家罗伯特·科赫鉴别出同炭疽联系在一起的极细小的实体,从而"证实"了病菌理论。炭疽是一种在19世纪非常普遍的能致命的病,由农场饲养的动物传给人类。在紧接着的十年里,科赫确认了结核菌和霍乱菌,提高了他作为现代细菌学奠基者的声誉。1890年,埃米尔·贝林和希巴萨拉洛·基塔托开发了治疗白喉的有效抗菌药。白喉是一种能导致30%—50%的患者窒息的可怕的儿童疾病。在巴斯德和科赫发现之后出现的细菌学革命在医生和公共健康工作人员中都产生了对实验科学的新信念。据医学史专家伊丽莎白·菲于1987年出版的著作所言:"细菌学成为观念上的里程碑,使'旧'的公共健康完全不同于'新'的公共健康,后者属于在科学上受过训练的职业人员。"①

① 伊丽莎白·菲:《疾病与发现:1916—1939年约翰·霍普金斯大学卫生和公共健康学院史》,巴尔的摩:约翰·霍普金斯大学出版社,1987年,第19页。

20 世纪开始时,人们对医学能开发人类老年疾病治疗方法的能力充满乐观主义情绪。美国麻省理工学院著名细菌学家威廉·塞奇威克考察了发生在西欧、中欧和美国各大学的革命,菲引用他的话说:"在 1880 年前我们对细菌一无所知,1890 年后我们知道一切,这是光辉的十年。"①

在整个欧洲和美国,医学和通俗著述预示了一个时代的到来。随着人类通过现代医学、接种疫苗和治疗的保护有望达到老年,盛行的疾病将成为一个遥远的回忆,细菌学家找出任何特定疾病的"原因"只是时间问题,不管是结核、白喉、黄热、小儿麻痹症或其他任何疾病,在发现治疗办法方面惟一的障碍是实验技术的限制。

细菌革命不仅对西欧和北欧有着深远的影响,而且也影响着工业化程度较低的地区。例如,在 19 世纪末 20 世纪初,热带医学和卫生以及军事医学经历了医学史专家菲利普·柯廷所描述的"革命性变化"。正如柯廷所描述的,这种变化的核心是"罗伯特·科赫、路易斯·巴斯德和其他微生物学家的病菌理论"②。迟至 1874 年,在非洲和印度出版的有关公共健康实践的出版物,常常致力于告知地方公共健康官员如何用卫生科学和建筑来保护公众不至罹患疾病,例如,开放的结构可以让阳光照进来并杀死结核菌,适宜的排水将能预防霍乱和昆虫滋生的疾病。当时的医学出版物常常反映出传统的地方实践和习惯,但到 1894 年,更多的国际出版物开始支配整个世界的医学界,地方医学和公共卫生出版物也开始收集在伦敦和巴黎易于发现的资料。在公共卫生界,19 世纪强调水过滤这种工程技术的胜利现在能得到合理的解释。然而正如柯廷所指出的,帝国间的相互关系不仅能促使治疗和预防技术的发展,它们也可能引起疾病。人口在军队和城市地区的大量集中增大了传染病爆发

---

① 伊丽莎白·菲:《疾病与发现:1916—1939 年约翰·霍普金斯大学卫生和公共健康学院史》,巴尔的摩:约翰·霍普金斯大学出版社,1987 年,第 19 页。
② 菲利普·柯廷:《移民造成的死亡:19 世纪欧洲在热带世界的遭遇》,纽约:剑桥大学出版社,1989 年,第 104 页。

的可能性,并产生了巨大的卫生问题,它的解决所需的基金比欧洲各国愿意花在本国居民身上的基金更多。柯廷认为,细菌理论连同更好的营养在第一次世界大战后的几十年内大大地改进了英国和法国的军队。它对欧洲人也普遍有利。①

随着战争的比喻和隐喻开始支配20世纪的医学和公共卫生出版物,从1910年左右至70年代,国际医学界和公共卫生界基本上接受这样的观点,即技术和预防医学能赢得反病毒和细菌以及其他依赖人群的寄生病"战斗"的胜利。对结核、小儿麻痹和大量传染性儿童疾病的"讨伐"在各种"战役"和"零星战斗"中达到顶峰;同时,人们也使用"魔弹"对付诸如梅毒和淋病这样的性病。在20世纪20年代,通俗读物声称,X光和放射疗法连同镭疗是对付疾病的最新武器。在美国,超人用X光来阻止邪恶,就像伦琴射线疗法被用来破坏肿瘤或判别肉眼看不见的疾病一样。在英国、德国、法国和美国,游行和宣传的炮火标志着大众努力消除疾病的开始,就像它们标志着军事行动的开始一样。

正如苏珊·桑塔革在她的《作为隐喻的疾病》一书中指出的,一旦将疾病比作战争,人们对待疾病的态度也就像对待战争的态度一样,不是将疾病理解为人类及其环境的不平衡或一种生态问题,而是将细菌作为一种应该"被征服的""被击败的""被消灭的"甚至"被歼灭的""被灭绝的"或"被摧毁的"实体。② 病人得通过使用解毒剂"进攻"寻求侵入健康机体的病原体或"侵略性"的肿瘤来加以治疗。欧洲和北美社会各种不同类型的职业人员和公众都接受相同的假定:死亡和疾病是对抗的产物,它产生以细菌、毒素或癌症为形式的敌人,只有采取同样严厉的进攻措施才能加以阻止。因此,人们将巨大的资源注入外科医生治疗疾病和门诊医生分析战斗进程的堡垒——医院和制造医药武器、培养细菌、产生抗生素和识别疾病的实验室。对传染病史最好的评述之一是哈里·

---

① 菲利普·柯廷:《移民造成的死亡:19世纪欧洲在热带世界的遭遇》,纽约:剑桥大学出版社,1989年,第112页。
② 苏珊·桑塔革:《作为隐喻的疾病》,纽约:法勒、斯特劳斯和吉鲁,1978年。

道林所著的书名颇为生动的《向传染病开战：征服 20 世纪》一书（1977年），该书第一章是"战场"，最后一章是"继续战斗"。①

在西方社会特别是美国社会，将疾病视做敌人这种文化上的一致性使反对疾病战斗中的一些最令人叹为观止的进步成为可能。在 20 世纪最初的几十年里，保罗·埃利希设计的治疗梅毒的"魔弹"洒尔佛散和其他治疗性病的药物是医学和大众文学的主题。事实上，埃利希的生平被改编成由保罗·穆尼主演的电影。英国细菌学家亚历山大·弗莱明在1928 年发明了青霉素；到 20 世纪中叶，大量其他的抗菌素连同磺胺药物成为对付细菌疾病的强有力武器。在 20 世纪 50 和 60 年代，预防小儿麻痹症、白喉、哮喘、麻疹疫苗的发展，增强了第二次世界大战后对科学能改善世界上数百万人口生命的信念。结核病似乎正在减少，天花——由于它的致命性、传染性和留下的持久斑痕，最后一点也许是最可怕的——因几乎每一个国家都开发和使用疫苗而得以灭绝。

在 20 世纪 40 年代的战争年代和 50 年代，药物的层出不穷似乎继续加强了对医药和医学能最终控制老年疾病并保护我们不受其困扰的信心。世界职业阶层和统治阶层的不同部分都认为医学和技术的发展，最终能保护我们不受广泛传播的疾病的侵袭。甚至比较贫困的南美和中美国家也将稀缺资源用于预防医学，他们的卫生人员来到美国或其他国家接受高新技术的训练。

除了高技术和诊断服务之外，越来越多的巨大资源也被用于发展医院的规模和看护病人的需要，与此形成鲜明对比的是，整个世界的公共卫生机构长期以来一直基金不足，人手缺乏。在欧洲和北美国家，公共基金被用以建立医学院、研究机构和巨大的医院网络，保险公司、医药制造公司和医药供应公司则从对医疗的日益增长的需求中获得巨大利益。但在比较贫困的国家，缺乏基本的免疫服务和基本的护理——连同营养不良、未经净化的水的供应和糟糕的住宅条件——似乎注定儿童和成年

---

① 哈里·道林：《向传染病开战：征服 20 世纪》，坎布里奇：哈佛大学出版社，1977 年。

人早死。再者,一代公共健康和医疗实践者被培养了一种信念,即传统的对待疾病的卫生和社会方法已经过时,并且已乏人问津,再采用此类方法将得不偿失。具有讽刺意义的是,尽管战后几十年在扩展技术创新方面取得了成功,但医学界和世界人口对20世纪80年代和90年代初的爱滋病新浪潮实际上缺乏准备。

三

20世纪的健康与社会史可以沿着三个平行的转变来进行探索。第一个转变涉及人类社会对疾病模式和类型的物质和文化影响。城市的增长、农村和城市环境的转变、人口的流动以及工商业经济的增长都对疾病模式产生了影响,例如,迅速发展的城市缺乏纯净水或卫生系统,或政治经济变化产生的大量城市贫民窟,是造成传染病或瘟疫大面积爆发的原因。第二个转变牵涉到社会对公认的人类健康威胁的反应,以及形成这种威胁的各种力量。例如,西欧和美国的政界和公共卫生界重组城市以及重建基础设施的试图就是限制疾病传播的具体措施。在许多社会,19世纪末和20世纪初围绕健康和福利保险的社会运动以及调控工业生产的相似尝试,也是对现代国家新的经济和工业相互关系的悲惨影响所作出的反应。最后,伴随着这些广泛的社会变革而产生的知识概念化,在发展由各种职业和机构来承担治疗疾病和看护那些需要照料的病人的职责方面也是重要的。医疗思想史、医院和诊所的看护以及帮助需要照顾的病人的政治计划,都是这个时期逐渐形成的逻辑的结果。

在思考20世纪的健康和疾病史时,我们必须记住,这个世纪的开始和结束,都是以传染病和职业病的重要性为特征的,它们直接由人类与他们所生活的环境相互关系的改变而产生。在这一世纪中叶的几十年里,西欧和北美传染病的幽灵似乎正在退却;癌症、心脏病和其他慢性病和非传染病成了造成疾病、残疾和死亡率增加的主要因素。在世界其他绝大部分地区,包括前苏联国家、亚洲的大部分地区和非洲,传染病继续作为造成死亡率和非致命疾病增加的主要原因而占支配地位。慢性病、非传染疾病成为健康研究者的主要研究对象,19 世纪末和 20 世纪初发展起来的疾病模式,继续影响着研究者所发展的用来解决特定疾病(包括传染病和非传染病)的项目。

四

如果说健康的经历是由经济、社会和政治生活变化的性质决定的,那么,它也说明了一些更极端的例子,特别是时疫,不管是在妇女或男子、老年人或年轻人,还是富人或穷人中,它都受到农村社区的孤立、以商业为基础的经济的发展、大都市数量的增长、贫富两极分化的发展以及住宅和工作条件的改变等因素的影响。例如,在亚洲,城市化和商路几千年来已高度发展,但时疫仍然是其近代史上经常性的威胁。在中世纪,欧洲的城市化和经济商业化过程,导致了淋巴腺鼠疫和霍乱时疫严重和长期的爆发。在美洲,欧洲人的入侵不仅带来了疾病,而且还带来了旨在破坏土著人口及其文化的政策,导致土著人口因感染天花、结核病和其他传染病而导致的实际毁灭。具有讽刺意义的是,各种殖民地倾向于以相对孤立来限制由时疫引起的损害。例如,在殖民初期两个世纪的绝大部分时间里,英国在新英格兰的殖民者有极其健康的经历,其人口的绝大部分远比欧洲人健康;但在非洲,欧洲殖民导致了前所未闻的结核病和其他疾病的传入,这对非洲人口带来了灾难性的影响。

到 19 世纪初,北美广泛的商业经济连同日益增长的城市化和贫困的人口使传染病成为更大的威胁。由于受自给自足和孤立的农村社区相对缺乏流动的制约,传染病曾经是一种地方性的现象。但到了 19 世纪之后,传染病开始沿着著名的商路横扫各大陆,在人口拥挤的城市中心传播开来。到 19 世纪中叶,世界各地高度拥挤和日益贫困的城市中心都经历了由传染病导致的高死亡率;结核病是一种早就存在并常常是慢性的和使人逐渐衰弱的疾病,它无疑对大多数人产生过影响。但霍乱、白喉、伤寒、黄热、疟疾等可怕的和造成外伤的传染病,以及其他许多由水、蚊子、虱子以及空气传播的传染病常提醒我们,传染病会对大量涌现的城市带来巨大的威胁。在 20 世纪第一个十年,导致世界人口最普遍死亡的疾病是结核病、腹泻、黄热和肺炎;迟至 1919 年,流行性感冒——世界史上第二大严重的传染病——据称夺去了 3000 多万人的生命。

结核病是由细菌引起的疾病,通常影响肺部但也能攻击其他部位,它的产生说明了环境的变化对 20 世纪人类健康造成的巨大影响。直到城市中心和工业经济增长后,结核病所导致的死亡人数才有所减少。但在 18 世纪头十年,这一疾病开始在全世界蔓延,到 1900 年,全球每一个地区都经历了由所谓的"痨病"或"肺结核"导致的死亡。到 19 世纪 80 年代,由结核病导致的死亡远远超过由其他疾病所导致的死亡。[①] 如前所述,在整个世界历史的绝大部分时间里,痨病被理解为一种高度特定的疾病,医生认为相似的病状在不同病人身上代表不同的疾病过程。在公众和医生看来,这种疾病源于个人特性,如贫困、酗酒、生活放荡、抽烟或不道德行为,或更为普遍的"预先存在的条件",如贫困、"潮湿的土壤"或腐败有机物散发的毒气。重要的是,有些医生已经看到肺结核作为一种疾病的不同症状,两个相似的进展改变了医疗界对最终改进治疗办法和治愈所有病人可能性的看法。

第一个进展是细菌学家罗伯特·科赫在 1882 年发现"肺结核分枝杆菌"和相应的细菌学成为一门科学。这种认为特定的疾病是由特定的微生物感染一群微生物引起的理论,被广泛视为开始有效治疗一些由细菌引起的疾病的关键。通过寻找能削弱或破坏造成疾病的病原体的特殊机制,或通过开发能预防疾病的疫苗,人们相信医学最终能够消除侵袭全世界不同年龄人口的肺结核和其他传染病。通过合理和系统地运

---

① 威廉·D. 约翰斯顿:"肺结核",载基普尔编:《剑桥世界人类疾病史》,参见第 1059—1066 页有关肺结核著述的评述。

用从识别细菌发展而来的原理,曾经似乎非常神秘和不可理喻的疾病现在能被更准确地加以诊断,更有效地加以预防,一些最明显的疾病能得以治疗。第二个进展是19世纪80年代到20世纪70年代欧洲和美国结核病发病率的稳定和持续的下降。

细菌模式的解释作用确实很大,但它有时不仅能解释问题,而且也能模糊问题。例如,在工业化世界的许多地区,与结核病下降相应的对细菌理论信任的增加导致了许多人的错误认识,即细菌的发现和由疾病引起的死亡率的全面下降之间有直接的联系。例如,在美国和欧洲,人们常常将患者同其家庭和朋友隔离开来,这种陈旧的做法因保护普通居民不受细菌感染,以及新鲜空气等对病人本身的预防价值,而被证明是合理的。1921年,美国最著名的公共卫生官员之一、罗得岛卫生部的查尔斯·蔡平提到了细菌学对"反肺结核运动"的影响。他写道:"疗养院主要是为了治疗,但预防很早就被承认比治疗重要。科赫发现结核病菌这一事实唤起了公众对被传染危险的警觉,卫生官员则更多地把精力用在传播关于公认的感染模式的信息上。"[1]20世纪结核病发病率下降的原因至今仍不清楚。20世纪50年代,结核病导致的死亡率已大大下降,此时有效治疗结核病的抗菌素才刚刚产生,但在结核病最盛时,只收治世界上部分传染病人的疗养院,被认为是预防和治疗结核病的有效手段。这种在今天看来似乎是不人道的做法,在科学上被证明是一种合理的计划。

到20世纪开始时,对细菌理论的日益接受,转移了医疗和公共卫生界对疾病社会原因的注意,科赫发现结核菌这一事实对工业肺病史的影响最直接地说明了这一点。此前,论及灰尘对工人健康影响的著述已大量存在,在欧洲尤甚,但根据路德维格·塔立克(著名的工业病医生和第一部工业卫生史的作者)的说法,科赫的发现有效地结束了对灰尘的研究。正如塔立克和杰拉尔德·马科威茨在1991年指出的,在欧洲,研究

---

[1] 查尔斯·蔡平:"国家和城市控制疾病史",载马佐克·P.拉夫纳尔编:《公共健康半世纪》,纽约:尼古拉斯出版社,1921年,第147页。

者"挖苦各种水晶肺、煤肺和铁肺,认为'所有这些都是不足为奇的小毛病'",直到20世纪初,各种痨病或损害健康的疾病仍被错误地理解为肺结核病,都由特别的机制引起并像其他传染病一样传播。①

20世纪中叶起,一些学者开始对工业世界日益流行的人均预期寿命上升以及传染病威胁明显减少的医学解释作出反击。他们开始重新估价医学干预的重要性,强调改进营养,提高收入,改进环境如卫生和洁净水,以及甚至可能使生命和健康得到改进的遗传学的重要性。②

也许阅读人数最多的研究成果是勒内和琼·杜博斯于1952年出版的《白色瘟疫:结核病、人类与社会》。该书叙述了这种可怕疾病的历史,叙述了它在造成死亡、疾病和苦难方面所起的巨大作用。该书写于西欧各社会结核病流行程度和死亡率下降之时,它对新抗菌素连同一些常识预示着作为世界人民重要问题的结核病将会消失的前途持乐观态度,但与此同时,杜博斯警告医疗和公共卫生界,错误地分析该疾病明显下降的原因将导致危险。在作者们看来,结核病发病率的下降不是微生物学或医学对疾病胜利的反映,而是说明了社会、经济和文化力量在形成先前疾病盛行的环境方面复杂的相互关系。

他们说,最近结核病的急剧下降需要作生态而不是纯医学的解释。"结核病是一种社会疾病,它产生了通常的医疗方法无法解决的问题。"在引言的第一页,他们警告读者:"对结核病的理解既要考虑结核杆菌对人体产生损坏的机制,又要考虑社会和经济因素对个人的影响。"③该书由世界著名微生物学家及其配偶(本人是结核病患者)撰写,是医学史的

---

① 参见杰拉尔德·马科威茨和大卫·罗斯纳:《致命的灰尘:20世纪美国的硅肺与职业病政治》,普林斯顿:普林斯顿大学出版社,1991年;他们的《为工作而死:20世纪美国工人阶级的安全与健康》,布卢明顿:印第安那大学出版社,1987年,以及《"大萧条的奴隶":工人关于工作生活的信》,伊萨卡:康奈尔大学出版社,1987年。

② 例如,参见R.G.布朗和T.麦克科恩:"与18世纪英国人口变化有关的医学证据",载《人口研究》第9期,1955年,第119—141页和T.麦克科恩:《现代人口的兴起》,纽约:学术出版社,1976年。

③ 琼·杜博斯和勒内·杜博斯:《白色瘟疫:结核病、人类与社会》,1952年,重印本,新不伦瑞克:拉特格斯大学出版社,1987年,第37页(系重印页码)。

经典之作,它阐明了肺结核病这一 20 世纪医学的难题。一方面,在 20 世纪中叶,医学似乎乐于证明愿信守先前对严重的健康问题予以有效治疗的许诺。另一方面,随着旧传染病的明显消失,新的非传染病和慢性疾病似乎是人为环境和不为人知的疾病过程复杂的生态失调的结果。结核病是医学人员和病人尽人皆知的疾病,但它与正在产生的癌症和慢性疾病具有许多共同特征,杜博斯希望在旧的分析正在结出其最大果实的时候,利用结核病重新确定专家、政治家和病人的想法。

五

人类与他们所创造的社会之间的相互关系,在很大程度上解释了我们所经历的疾病和死亡。这一根本点的主要例证是职业在产生疾病和残废方面变得日益重要,正在经历工业化的国家更是如此。1900 年前后,同拥挤、不洁的水和其他恶劣的环境条件联系在一起的传染病,无疑是造成整个世界绝大多数死亡的原因,但与工业有关的事故也开始具有新的重要性,特别是在欧洲和美国。在各种不断发展的工业中使用的机械操作——气动工具、风镐和动力钻——为硅肺、白肺(或石棉沉着病)、棕肺(或棉屑沉着病)、黑肺(或煤矿工人的肺尘埃沉着病)等慢性肺病的出现创造了条件。日益增长的化学工业所生产的染料和有机溶剂随后成为先前不多见的膀胱癌和结肠癌产生的原因。近几年,职业病成为医疗官员、公共健康工作者、工业界和劳工普遍感兴趣的领域。自第二次世界大战结束以来,全新的医疗和公共卫生专业领域得到发展,这部分是作为对工厂中的致癌物、工人呼吸的空气中有害灰尘以及工人触摸、闻到和吸入的人造化合物认识的反应。后三种情况获得国际性的关注,职业在产生疾病中的作用得到强调。医生和劳工日益意识到从事从钢铁、建筑到石油化工等一系列工业工作中材料和原料所产生的危害。

对工业场所危害性日益增加的注意甚至使"洁净"场所的工人也开始关注职业病。办公室工作人员担心视频信号终端、设计糟糕的家具、

噪声和震动对身体所产生的危险。工作场所的紧张现在被看作是现代
时疫产生的关键,如高血压、心脏病、中风等。由于大众和医学界意识的
加强,疾病的定义已经被改变。

职业病与工业社会

对作为疾病来源的工作场所的注意古已有之,甚至古代的人也承
认,某些职业具有特别的危险性。希波克拉底描述了金属矿工中的铅中
毒症状,老普利尼描述了灰尘给商人带来的危险,尤维纳利斯提到了铁
匠面对"发白热光矿石"烟灰的危险。[①] 但是,工业革命从根本上改变了
全世界的生产方法和工作关系,将工人与其土地和家庭隔离开来的工厂
制度产生了新的危险。除了由机器造成的事故外,更快的生产速度,更
长的劳动时间,数百万从前的农业工人从开放的田野进入工厂、铸铁车
间和煤矿的有限和封闭的空间,为日益增加的劳动大军带来了新的疾
病。19世纪,英国改革家和医生计算、度量和证明了工业化和城市化对
英国工人阶级生命的影响,他们发现英国工人正遭受与他们的工作相联
系的许多疾病之苦。1832年,利兹的医生查尔斯·特纳·撒克拉撰写的
《艺术、贸易和职业对健康和寿命的影响》一书,记录了咖啡烘制工、鼻烟
制造工、碎布整理者、造纸工和棉纺厂工人与工作有关的疾病和中毒类
型。[②] 日益增长的欧洲社会主义运动认为工人健康的恶化进一步证实了

---

① 在1700年,伯纳迪诺·拉马齐尼撰写了他的经典之作《工人的疾病》,该书是他终生研究和
观察的结果,也是第一本系统阐述工作场所和疾病发生的相互关系的著作。拉马齐尼写到
了普通劳工、技术工匠、抄写员、学者、商人和在日益增长的商业阶级中其他人的健康问题。
他提醒医生在鉴别病人疾病原因时注意工作场所的重要性。

② 查尔斯·特纳·撒克拉(1795—1833),利兹医生,特别注意各种行业的疾病,1832年撰写《艺
术、商业和职业对健康和寿命的影响》一书,1932年版,1985年在坎顿重印。在本书中,撒克拉
按职业分类,列举了与各行业有关的疾病和残疾。工人、经纪人、商人、熟练制造工以及职业人
员被逐一列举。在工人中工作易于受到有害物质影响的是玉米磨坊主、麦芽商、咖啡烘焙师、
鼻烟制造者、破布分拣工、纸商、绒屑整理工和鞣革工。在这一部分列举的关于商人和制造商
的危险是"心情焦虑"和"缺乏锻炼"。尽管新工业和城市的条件对工人及其家庭的影响是显而
易见的,许多这种早期著作明显强调各个工人对消除和控制破坏其生命的各种力量的职责。
埃德温·查德威克、托马斯·珀西瓦尔和威廉·法尔是边沁主义者、托利派和社会改革家,寻
求用统计和定量分析来维持秩序,揭露同工厂制度的发展密切相关的可怕的工作和生活条件。

工业资本主义造成了难以接受的社会代价。在 19 世纪中叶,弗里德里希·恩格斯撰写了他的经典之作《英国工人阶级状况》,其中用两章的篇幅描述了各种工业的工作条件,专门提到工作条件对工人健康,特别是对童工健康的影响,并指出了儿童死亡率和伤残的相互关系:

> 在玻璃制造业,其工作也存在着似乎对成人伤害较小但儿童无法忍受的情况。劳动的艰辛、工作时间的不固定,经常性的夜间工作,特别是工作场所的酷热(100—130°F),在儿童中产生了普遍的衰弱和疾病,这包括发育迟缓,以及眼病、肠道疾病、风湿和支气管炎。许多儿童脸色苍白、患有红眼病,有时几周看不见东西,忍受着强烈的恶心、呕吐,咳嗽、感冒和风湿之苦······玻璃吹制工通常年纪轻轻即死于胸腔感染引起的衰竭。①

到 19 世纪中叶,医生、公共卫生界和社会改革家以及激进派开始承认折磨着工业人口的职业病具有广泛性。医学著述充斥着有关灰尘疾病和重金属中毒的文章,后者与早期工厂中的高温、空气不流通和灯光幽暗有关。这些医学著述与将疾病同不同人口的社会和道德环境相联系的医疗理论相一致,都指出了疾病与工作场所之间存在着明确的相互关系。② 与 19 世纪将生态失调看作疾病原因的思想一致,疾病被看做是工厂、城市、贫民窟和其他工业至上主义的表现形式而非自然环境的产物,正是它们的存在造成了失调。因此,医生和公共健康工作者在撰写有关治疗、诊断和治愈疾病的文章时,常常使用充斥医学理论的个人、道德和社会原因来构筑其论点。例如,在 19 世纪大部分时间里,空气不纯、从腐烂物质产生的疾病阴影"瘴气"以及灰尘都被看作疾病的根源。

在 19 世纪末和 20 世纪初,由于美国医疗界将其注意力集中于由细菌引起的疾病,这导致对职业病的研究推迟了 30 年。非医疗界正在发

---

① 弗里德里希·恩格斯:《英国工人阶级状况》,W. O. 亨德森和 W. H. 查洛纳译,纽约:麦克米伦,1958 年。
② 参见撒克拉:《艺术、商业和职业对健康和寿命的影响》。

展其认为广泛的工作环境和健康之间存在相互关系的观点。关心城市穷人疾苦的改革家认识到恶劣的生活条件和工作条件密不可分。例如，纽约的慈善和社会改革团体的工作人员证实，在 19 世纪 90 年代，每四个住户中就有一个人死于肺结核。在与贫困地区毗邻的地区，死亡人数显然更高，这些社区都受到疾病的侵袭。这种进步时代的分析导致改革者和公共卫生工作者强调工作与疾病的关系，就如同人们强调社会条件和疾病之间存在紧密的相互关系一样。1906 年，一名劳工代表说："凡是肮脏、污秽、灰尘满地、劳动时间冗长、空气恶臭、工资待遇差的地方，这种社区都用少得可怜的钱支付所谓低廉的代价，使许多生命因贪婪、无知和冷淡而牺牲。"

在整个工业化世界，各国政府通过实行有限的社会和健康保险计划对工业化的影响作出反应，它们旨在解决由与工作相关的残废、疾病或和家庭挣工资者的死亡而造成的新式依赖。在前工业时代，对上述人员的照顾依赖于更庞大的社会，与这种机制特有的自由放任态度不同，工业化导致人们努力解决明显的社会不平等。到 1900 年前后，德国和英国的立法规定，必须为死亡者家庭提供基金以及为残废和患病工人提供照顾。从 1912 年起，美国各个州开始通过工人赔偿法，纽约、加利福尼亚和威斯康星在 20 世纪 20 年代的最后几年里以两票的多数强制通过了健康保险立法。到 1910 年，在工业地区，个别医生和州公共健康官员参与了导致禁止在火柴中使用磷的改革运动，因为这是能够毁损外形和致人死命的疾病"磷毒性颌骨坏死"的来源。但直到 20 年代，职业病才不被看做社会改革家或公共健康职业固有的领地，此时，后者通过组织致力于工业病的专门职业如工业卫生和职业医学而引起了官方的注意。

改革家和医生对职业病的关心基本上集中于严重中毒，特别是由于接触重金属和磷而造成的中毒。在 20 世纪中期，美国的调查者对铅、磷、水银进行了详细的科学调查，而南非、英国和威尔士则组织了专门的委员会详细研究矿业疾病。1902 年，英格兰的托马斯·奥利弗率先正式研究职业病，撰写了现代最早的有关这一问题的综合性著作。但从 20

年代以来,工业卫生学家和职业病医生开始调查一些职业慢性病,包括接触铅的漆匠和电池工人,接触辐射的制表工人,以及因接触煤灰、硅尘、石棉和其他灰尘而导致的矿工的慢性病。与铅开采相联系的疾病自古就广为人知,但将铅广泛引入油漆和汽油,连同工业革命时期日益增加的矿石的冶炼,使工人和公众增加了对其危险性的了解。

随着对越来越多由工业渠道产生的疾病了解的增加,人们日益意识到,环境因素也能导致疾病。很早就有人提出现代汽车对工人和公众健康的双重影响:在20世纪20年代初,石化工厂和研究中心的工人就有严重铅中毒的迹象——幻觉、突然发病、精神错乱和死亡——这使公共卫生界对含铅汽油对环境的潜在损害有了警觉。1922年,美国公共健康机构就召开了全国性会议,讨论有关含有机铅汽油使用问题的公共政策,但直到60年代末70年代初,才开始系统地采取消除汽油和室内油漆中的铅的行动。同样,在20年代末,在工厂从事将发亮的镭颜料涂于手表表面工作的女工呈现出慢性镭中毒的症状,这才促使职业病研究者较早开始从事接触镭的危险性的研究,直到第二次世界大战以后美国政府才对这些警告采取行动。

灰尘问题与慢性病的出现

有趣的是,结核病及其与工业灰尘的相互关系最终导致了对慢性肺病的重新发现,以及对接触毒素可能要几年甚至几十年才会显示其后果之观点的发展。在20世纪第一个十年之初,在引入各种动力工具如气钻、爆破设备、气动锤、高速织机、纺轮等以后,紧接着就出现了以"硅肺"(或石末沉着病)而著名的时疫,这激起了大量寻求其原因的调查者。灰尘,实际上出现在任何一个工地上,它包括在煤矿、金属矿井、锻造厂、钢铁厂、橡胶厂出现的矿物和金属灰尘,以及在谷仓、面包房、纺织厂、制鞋厂出现的动植物灰尘,它们对工人和工厂主都造成了巨大的威胁。

由于这种更为普遍的关心,劳工、实业和工业卫生专家开始集中研究硅尘的影响。这一方面转移了对其他由灰尘引起的疾病的关注,同时也导致了普遍适用于其他慢性工业病的公共政策的产生。在第二次世界大战前的几十年里,政治家、劳工、经理、保险公司代表、医生和律师都提出了国家新工业的工作场所的职责和危险问题。总之,劳工、经理、工业和保险公司的代表对由谁来界定我们今天所谓的潜伏期(即从接触毒素到症状出现的时间)发生了争执,但他们所涉及的问题范围广泛,囊括了从责任的认定到资助受害雇员等一系列问题。什么是工业病? 如何区别职业病和由环境造成的疾病? 如何确定危险的责任? 是否要对工人由于职业病和残废造成的损害和工资损失予以补偿? 工业是否要对那些症状要在接触致病源数年甚至几十年以后才发作的慢性病负责? 应该在疾病发作的什么阶段给予赔偿? 是否单凭诊断即对申请者予以补偿,还是以不能工作作为标准? 谁来界定能否工作,是雇员、政府、医生还是公司?

英国对二氧化硅危害的系统研究进行得最早,主要是对英国工人在南非金矿的经历进行研究。像埃德加·科利斯和 H. S. 霍尔丹这样的研究者以及南非矿工肺结核委员会的研究者举例说明,肺部疾病实际上不只是一种疾病:并不是所有灰尘都会造成肺结核;有些灰尘特别是二氧化硅本身就会引起严重的肺病。布尔战争(1899—1902 年)后不久,随着在南非金矿工作的英国人回到英国,硅肺开始获得公众的广泛关注。托马斯·奥利弗描述了这些"身健力强的矿工"的命运,他们在南非金矿工作仅仅数年,"回到诺森伯兰和其他地区后就虚弱不堪"。由于从中挖掘金矿石的岩石异乎寻常的坚硬,风钻和爆破技术对土著和威尔士工人以及他们英格兰监工的身体健康产生了危害。1902 年,一个由英国任命研究这一状况的委员会得出结论:从病理学上来说,"产金高地矿工(所谓的)损害性疾病"的受害者所得的不是肺结核而是硅肺。

美国平安保险公司副主席兼统计学家弗雷德里克·霍夫曼整理了这些报告,并在 1908 年出版了题为"灰尘行业由肺结核导致的死亡率"的开拓性研究成果。霍夫曼在文章开头指出,"无须广泛考察即可证明,人类的健康深受他们吸入的空气质量的影响;空气的纯度在卫生和经济方面具有很大的重要性"①。这一研究的重要性在于,该研究的立论是以英国的资料所提供的诊断证据以及英国改革者随后发展的激进的社会分析为基础的。它也使用从霍夫曼所在保险公司的档案中获得的统计资料,以及从英国和美国获得的人口统计资料来对医学界进行挑战。尽管英国人特别是托马斯·奥利弗也使用统计和流行病学的数据,但霍夫曼是第一个采用这些方法来证明工业造成的肺病的盛行程度和范围,以及使用这种资料来解释工作环境对肺病影响的美国人。但正如将灰尘作为产生肺病的重要原因的观点一样,霍夫曼1908年的报告集中于工业灰尘对肺结核的影响。

到20世纪30年代中叶,随着整个世界处于大萧条中,硅肺开始成为一个主要的政治、社会和经济危机。在欧洲和美国,动力锤、磨床、切割工具和1900年前后引入的喷沙机,使大量的产业工人接触到能渗透进肺中的细硅尘。在大量失业造成财政紧张的情况下,许多当时已出现硅肺症状的工人开始要求将残疾补贴纳入赔偿和诉讼体系。在1930—1939年间,美国出现了大量患病工人主要起诉锻造厂和钢铁厂的诉讼,这最终导致全国性会议的举行,并最终修改了对工人的赔偿制度。通过这一过程,慢性工业疾病问题被强制纳入医疗和公共卫生界的议事日程,并开始了前面提到的有关这种危险的责任以及界定和诊断长期慢性病的技术和医疗手段的辩论。在接下来的几年里,由工业生产过程产生的非传染的慢性疾病问题成为工业医疗主要关注的对象。像威廉·丘珀、哈丽雅特·哈第、欧文·塞里科夫、洛林·克尔这样的研究者和其他人,开始把在工场接触灰尘和二氧化硅同各种癌病和肺病联系在一起。在20世纪50和60年代,医疗和公共卫生界正式承认在20世纪30年代提到的接触灰尘与癌症相互关系的重要性。在20世纪60和70年代,毁灭性的工业肺病和癌症之间的相互关系因欧文·塞里科夫的工作而广

---

① 弗雷德里克·霍夫曼:"灰尘行业由肺结核导致的死亡率",载《美国劳工局公告》,第79期,华盛顿特区:美国政府印刷局,1908年11月,第633页。

为人知。塞里科夫对石棉沉着病、间皮瘤和肺癌的研究引起了大众和医学界对这些疾病的注意。由于石棉在各种环境中的广泛扩散，职业人员和普通公众深切地感受到工业生产对国人健康的影响。

整个 20 世纪，围绕着职业健康问题展开的医疗和公共健康活动同社会、劳工和政治运动遥相呼应。在 1900—1917 年的进步时代，诸如面包工和糖果工人工会、国际女装工人工会、成衣工人联合会等工会，同全国消费者联盟和美国劳工立法协会这样的中产阶级改革团体一起，提出改善工人工作条件的要求。在 20 世纪 20 年代，像美国工人健康局这样的活跃组织支持工会对工场的危害进行调查。它们同漆工、制帽工和石化工人一起呼吁改革工厂的工作条件。在接下来的十年里，工业组织大会下属的各种工会以恶劣的健康和安全条件作为重工业工会组织呼吁改革的理由。进入 50 年代后，左翼领导的工会如国际矿山、工场和冶炼工人工会呼吁国家立法保护其成员不受灰尘危害的影响。到 60 年代，安全和健康成为美国和欧洲绝大多数工会试图解决的主要问题。

1960 年后，随着重工业的衰弱以及白领和服务业的上升，人们普遍相信职业病将退居次要地位。尽管许多人认为，职业病是工业时代的遗产，其重要性依然存在，只是它的问题以新的形式呈现出来。随着 70 年代强大的环境保护运动的出现，人们再一次将注意力集中在与工业生产相联系的危险上，扩大了曾经仅仅被看做是工业劳动力问题的范围。核能工业的出现——从核武器生产到核医学——使人们进一步认识到，射线甚至在高技术和受到高度保护的职业也会给工人造成危害。再者，工业和原子废料处理问题加强了劳工代表和环境论者之间的联系。随着国际经济竞争的扩大以及工人和职业人员因增加生产速度和改进生产质量所经受的广泛压力，职业病限定的范围进一步扩大。在加利福尼亚，曾经被认为行政人员才有的压力现在成了一个要求补偿的重要原因。以前从未成为工业健康问题的流产也被同接触来自视频信号终端的低水平辐射联系起来。

职业病的历史反映了广泛的工业生产史以及资本、劳工和国家之间相互关系的变化。涉及解决工业病问题的职业人员,如医生、工业卫生专家和工程师,也常常在有关工人生命价值的政治和社会冲突中起辅助作用。对与工业有关的疾病的控制通常是通过政治活动和经济条件的改善而不是通过医疗或工程的干预来实现的。通常,在这些问题引起了工业和环境灾难或产生了一致的政治行动而进入公共程序后,职业人员才会起到重要的技术作用。与传染病这样的疾病一样,要认识工业疾病必须了解疾病的社会根源。但随着对生产过程和拥有这种过程的人承担危险职责的要求日益增加,危险的职责问题现在变得更为重要。随着慢性非传染病演变为重大的公共健康问题,对工业病的理解不再纯粹是对"不足为奇的小毛病"的一种好奇心,而是具有新的重要性。在研究工业病的过程中,医生、政府机构和职业人员将被迫解决一系列有关该社会健康的社会和政治职责问题。最终,工业社会将被迫回答什么是我们愿意为工业进步所承担的危险水平,以及由谁来付出代价。在 20 世纪末,我们关注的焦点再次转向世界范围的时疫——即爱滋病问题以及已经具有抗药性的顽疾肺结核。

六

癌症和爱滋病这两种疾病类型反映了 20 世纪大多数时间对疾病反应的矛盾性。如前所述,工业化社会在很大程度上形成了这个世界关于什么是解决疾病的合适方式的看法。复杂的医学、治疗技术和机制的发展逐渐预示着医学治疗疾病的可能性,但在抗菌素和预防接种技术获得突破性进展以后,被用来维持和改进传统的公共健康措施的资源越来越少。因此,具有讽刺意味的是,我们在获得许多的同时也在失去许多。我们发展了通过医疗干预解决传染病的手段,但这种手段发展的时候也正是较为传统的公共健康措施——如卫生、污水处理、食物检测、住宅改革——正在降低传染病的发病率的时候。肺结核病直至其发生率迅速下降之后才能得以有效医治就是一例(参见表 20.1),这导致我们只限于根据治疗和治愈的效果而不是预防的效果来看待疾病的状况。尽管越来越多的证据表明,相当比例的癌症是由于各种环境因素,如吸烟、受到污染的空气、受到污染的水造成的,我们仅将很小一部分健康预算用于改进环境的质量,甚至首先用于找出那些可能导致癌症的致癌物。公众的绝大部分注意力和我们的绝大多数资源都集中用以寻求治疗癌症的主要医疗机制,而不是集中于改善环境。在世界最不发达地区,预防和治疗都不是很难养活其国民的国家关注的焦点。

也许最能说明形成我们疾病观的社会、知识和政治力量之间复杂互动关系的例子是当代的爱滋病病毒(HIV)感染和爱滋病。爱滋病使我们措手不及,无法作出适当的反应。首先,将个人道德同感染爱滋病联系在一起的偏见,导致了世界健康组织的无动于衷和反应迟钝。早期的观点认为,爱滋病只是同性恋者的疾病或只是海地人和非洲人才患的疾病,这似乎给美国和其他政治上强大地区的异性恋者一种安全感,导致他们不采取行动。我们只需回忆一下早期关于爱滋病患者是不道德、放荡和堕落的描述,即可认识到社会标鉴对我们所作反应的深远影响。最近将静脉注射者视为另一种"危险"人物,这可能对这些人进一步造成了心理上的侮辱。职业人员和广大公众都认为,我们应寻求治疗爱滋病的办法,而不是用大规模的公共健康教育运动来鼓励安全的性生活和注射,这一事实也许会为我们限制爱滋病的发展赢得了宝贵时间,换句话说,我们相信预防医学也许正在付出生命的代价。

现代医学的困境在颇受欢迎的有关乳腺癌的病因、影响和治疗的著作中得到生动的揭示。外科医生洛夫博士在他的《苏珊·洛夫博士的胸科手册》中,不断重复有关这种疾病的盛行程度、它的模糊病因学和比较成问题的治疗等可怕的数据,而该书最后经典地重申了现代医学的能力和问题:

尽管癌症是一种复杂的疾病,在不同器官有不同的征候……但我们已在很大程度上掌握了它的病因以及阻止它发展的方法……不管你的癌症现在如何"不可治愈",放射疗法和化学疗法能帮助你减轻疾病的痛苦,使你有可能活到我们发现比较有效的治疗办法的时候,到那时你的缓解也许会成为痊愈……我有一个美好的设想,到我年老时,我的专长将不是开业医生的专长,而是历史学家的专长,以便向拒绝相信的观众叙述乳腺癌在过去导致病人死亡的情况。① 至少在我这个历史学家看来,这种对待疾病的办法既体现了医学的能力,也体现了医学存在的问题。②

表 20.1　1900 年至 1963 年美国因肺结核导致的死亡率

年　份	死亡率
1900	194.4
1905	179.9
1910	153.8
1915	140.1
1920	113.1
1925	84.8
1930	71.1
1935	55.1
1940	45.9
1945	39.9
1950(有效的抗菌素技术得到开发)	22.5
1955	9.1
1960	6.1
1963	4.9

(陈祖洲　译)

---

① 苏珊·洛夫和卡伦·林德赛:《苏珊·洛夫博士的胸科手册》,里丁,1991 年,第 385 页。
② 对病人经历的最好描述见凯瑟琳·康韦:《普通生活:对疾病的回忆》,纽约,1977 年。

第二十一章　生态与环境

玛丽·科利斯·珀尔

引　言

　　人是自然的一部分,而非凌驾于自然之上的主宰者,这种观念是 20 世纪与 19 世纪相比人们对自然环境认识的最重要变化。这种新观念也使环境保护运动成为可能。20 世纪初,许多西方领导人将自然看做是上帝赐予人类使用的一系列资源,而到 20 世纪即将结束之际,他们逐渐达成了新的共识,即人类只不过是具有其自身内在价值的生命网络中的一部分。1900 年,绝大多数人将宗教看做是了解自然环境的知识来源,而在这个世纪末,在距达尔文进化生物学理论首次发表近 150 年之后①,达尔文的理论已被人们广泛接受。许多受过高等教育的人都认为,人和其他动物一样,也是由低等生命形式开始的随机进化过程的一部分。1900年,动物是毫无权利的,除了人以外,食肉动物都被视为应被消灭的"有害禽兽",但在这个世纪之末,给捕兽者以奖励的法律取消了,在全世界,各国法律和国际公约都反映出这样的观念,即野生动物和自然环境有其

---

① 查尔斯·达尔文:《物种起源》,伦敦,1859 年。

固有的生存权利,而且人类的未来依赖于一个健康的环境。

19 世纪 90 年代,科学技术的进步似乎为经济的无限发展提供了前提,但这种发展造成的不良后果逐渐积累,第二次世界大战后呈加速上升的趋势。在整个 20 世纪,人们对维护人类健康生存和繁荣的生态系统的广泛关注,导致了许多国际会议的召开、联合国计划的实施和各种组织的出现。过去,人们总是乐观地认为欧洲工业革命结出了许多硕果,而现在人们则开始关注其代价,那就是土地、空气和水的污染,原始土地和群落的丧失,以及工农业生产与以资源为生者对资源的争夺。具有讽刺意味的是,当我们关注生物圈的脆弱性的同时,却又面临着人口的飞速增长,这在任何制度下,都会阻碍资源的持续利用。

欧洲殖民政策的遗产

由于 19 世纪英帝国幅员辽阔,因此英国人对资源的评价和利用,对 20 世纪世界许多地方的生态事件产生了决定性的影响。欧洲殖民地成为伟大的工业革命的一部分,其资源的利用和运输方式都发生了巨大的变化,资源既可从一处运往另一处,也可被运到距离很远的地方。随着国际市场的出现,当地的资源消费限制开始变得微不足道。当英国人颂扬自己的乡村景色时,他们对野生动物的了解并不多,这可能是因为本土经过近千年的开发,自然生态系统已遭到严重破坏[1],国民财富来源于转换后的自然界。在他们看来,这种转换是在完成上帝委托的任务。[2]

相反,英帝国的殖民地却具有持续、稳定地依靠当地农业和生存系

---

[1] 休·格林·布林莫尔:"大不列颠",载克雷格·W. 阿林编:《国家公园和自然保护区国际手册》,康涅狄格州:格林伍德出版社,第 141—142 页。

[2] 小林恩·怀特:"我们生态危机的历史根源",《科学》第 155 期(总 3767 期),1967 年,第 1203—1206 页。

统的特点。① 在前工业革命的背景下,人们开采资源是为了生存,而不是为了将其转化为商品;资源的开采依靠邻里之间的长期协作,而非依靠基本上是个人自行其是的分裂的社会;同时,在这些相信万物有灵的社会中,人们对自然物的灵魂十分尊重,而不像基督徒那样对其漠不关心。由于资源的采集是为满足当地为数不多的居民的需要,加之人口增长缓慢,资源的消费仍然是具有可持续性的。

资源利用方式的冲突

千百年来,毁灭大量森林、采取轮耕方式的刀耕火种式农业,曾经是全世界各民族生产食物的主要手段。在这种方式下,小块土地被焚烧,耕作几年后闲置,再去焚烧和耕种新的土地,使闲置土地的地力得以恢复。在 20 世纪,有两个因素促使刀耕火种无法再维持下去,一是国家对森林的蚕食和将木材大规模地用于商业用途,二是本土人口的增长。随着森林面积的减少和需要养活的人口的增多,土地被闲置的时间从比较理想的数十年减少为两至三年,这不足以恢复土地在耕种庄稼中失去的营养成分。在 20 世纪,森林大量被肢解和消失,许多原本从事刀耕火种式农业的人口,要么迁入城市,寻找赚取工资的工作;要么继续留在农村从事农业劳动——换句话说,他们被迫卷入工业革命。

20 世纪上半叶,英属印度殖民地提供了在土地使用方面前工业文化和后工业文化相互冲突的例子。殖民地的统治者将轮耕看做是一种与定居农业或木材买卖相比,既原始又无经济利益的农业耕作方式,他们将当地从事传统资源采集和刀耕火种农业的村民赶走,以建立林木专用地。不出所料,这些新的专用地特别不受欢迎,时常遭受当地居民的暴力抵制。30 年代晚期,印度北部的几个索拉人部落闯入了专用地,将土

---

① 以下讨论参考"当代印度的生态变化和社会冲突",载马达夫·加吉尔和拉马钱德拉·古哈主编:《这块分裂的土地:印度生态史》,德里:牛津大学出版社,1992 年第三章,第 111—245 页。

地开辟出来用于耕种。尽管男人们被捕入狱,妇女们还是继续干下去,直到男人获释并为来年耕种而砍伐林木。在逮捕无法阻止索拉人竭力维护自身传统土地权利的情况下,林业部门被迫将树苗拔除。类似的情况在整个印度不断发生。

由于丧失了对土地的控制权和生存手段,许多部落成员被迫陷入一种依附的关系,成为新的农业市场体系中的佃农和分成制佃户,或成为砍伐和拖运木材的林业工人。当印度王公贵族仿效英国殖民者从森林中牟利时,他们也同样与轮耕者发生了冲突。1948年印度取得独立后,在贾瓦哈拉尔·尼赫鲁领导下的印度政府继续实行西方的经济发展模式。直至1993年,在印度西部山区,当地部落成员为了报复限制他们在林地上从事传统的放牧和采集,放火焚烧了林木专用地。

如今,在迈向21世纪的转折时期,传统的土地利用者(打猎采集者或轮耕者)与将资源变为商品的利用者(例如为国内和国际市场进行大规模生产的农场主和收割者)之间的冲突仍在继续。在最后几个几乎全部为森林覆盖的国家之一的巴布亚新几内亚(森林覆盖率超过70%)[①],来自马来西亚和日本的木材商正在实施大规模的木材砍伐计划,而且其中多数是非法的。

美国的环境价值观

在欧洲移民定居美洲,征服和替换美洲土著的过程中,曾经促成欧洲的工业经济和消费社会产生的土地使用实践和观念,在这个人口稀少的温带大陆被轻易地复制出来。在第一批定居者到达美洲约350年后的1900年,美国仍是一个农村的和农业的社会,在接下来的世纪中才转变成为一个城市的和工业化的社会。美国的边疆地区直到最近才被开发完毕,此时美国社会已摆脱了英国传统的重要部分,并修正了自己对

---

① 玛丽·珀尔、艾伦·阿利森、布鲁斯·比勒和梅格·泰勒主编:《巴布亚新几内亚环境保护研究重点》,纽约:国际野生动植物保护组织,1992年。

环境的传统看法。从最初定居美洲开始,移民们便将美洲自然环境看做是讨厌和危险的,而到了 1900 年,他们却以敌视和恐惧的眼光看待城市。大多数观察者注意到了城市中心区所反映出来的社会阴暗面,而没有将人类对自然环境的改造视为进步的象征或神的意志的实现。

美国边疆地区的消失和环境论的兴起

对美洲的开拓者来说,保护野生动物的想法是荒唐的,因为在他们看来,未开拓的地区一旦被保护起来,野生动物就会逐渐增多,而在许多方面,美国人的特征本身就被定义为对边疆的征服。保护野生动物,这是一种以城市为基点的看法,源于 18 世纪和 19 世纪早期欧洲的浪漫主义思潮。有关新大陆自然环境较积极的观点则源于欧洲美学概念。这些开拓者的后代们绝大多数具有北欧新教徒血统,到 1900 年,他们逐渐将研究大自然和热衷于野外生活看做是为下一代(主要是居住在城市的非北欧移民及其子女)保存其文化和美德的一种途径。在 1900 年前后,南欧和东欧的移民涌入美国的城市,成为工厂工人,这些人被早期移民视为对主流文化特征、品位及道德的威胁。"足有 95% 的学生在进入实际生活时甚至对我们自己国家最重要的野生动植物种类都不甚了了!"[1]为了对年轻人进行启蒙并改变上述状况,纽约动物园主任威廉·霍纳迪于 1904 年撰写了长篇巨著《美国自然史》。耶鲁大学教授 C. 哈特·梅里亚姆指出:"单调机械的日常工作必然导致人们精神迟钝,与此相反,自然史知识则激发了人的才智……了解一些常见的动植物,会诱发人们了解更多自然知识的内在渴望……这将促进智力的健康发展,激发一种高贵的冲动与情操,使他们成为更优秀的男人和女人。"[2]

---

[1] 威廉·霍纳迪:《美国自然史》,纽约,1904 年,第 5 页。
[2] C. 哈特·梅里亚姆:"我们大学中的生物学:呼唤更广阔、更自由的生物学",《科学》第 21 期(总第 543 期),1893 年,第 354 页。

第一批国家公园的建立

由于美学的促进、保护美丽风景的强烈愿望,以及为给美国人提供一个"乐园",1872年美国建立了世界上第一个国家公园——黄石公园。政府向公民保证,公园的建立不会影响经济的发展。[1] 十年后,为了保证纽约的水供应,纽约州颁布法令,规定阿迪朗达克山区将被"永久性地作为原始森林基地"[2]。此后,建立国家公园以保护自然的内在价值的想法很快被仿效,如1885年加拿大建立班夫公园,1890年美国建立约塞米蒂公园。1900年前后,美国国会通过法令,赋予总统在公共土地上建立林木保护区的权力,占地超过1300万英亩的15块保护区因而被建立起来了。但几年以后,1897年的《森林管理法令》又规定,森林必须被用来获得经济效益。是保护还是利用森林的争论一直通过立法的形式持续着。1908年,西奥多·罗斯福总统尊重激进保护论者约翰·缪尔的意愿,将大峡谷辟为国家自然遗迹保护地。

建立国家公园的想法在美国首先产生之后,立即在全世界得到了迅速响应。在约塞米蒂公园建立后的几十年内,澳大利亚、新西兰、南非和印度都先后颁布法令,建立国家公园。1880年,在与当地首领达成协议后,大量欧洲人定居智利温带雨林地区,以致很快就将森林资源消耗殆尽,这引起了智利政府的关注,并于1907年在这一地区建立了第一块保护区——马列科森林保护区。[3] 到1920年前后,德国、俄国、瑞典和瑞士都建立了国家公园。1919年,比利时王子阿尔伯特访问美国国家公园之后,创立了两个国家公园:一个在比利时,一个在比利时的殖民地刚果(即阿尔伯特国家公园,今天的维龙加国家公园)。

---

[1]《国会的地球》,第42届国会第2次会议,1872年,第697页。

[2] 纽约州法律,1885年,第238章,第482页。

[3] 卡洛斯·韦伯:"智利",载克雷格·W.阿林编:《国家公园和自然保护区国际手册》,韦斯特波特:格林伍德出版社,1990年。

转变中的环境保护观念：利用与保护

尽管美国较早地创立了国家公园，但并未达到原先预期的保护自然环境与完整的生态系统，或为文化、娱乐、经济开发等建立特殊用途野生资源区的目的。保护区建立后，很快便出现了截然相反的两种意见，这集中表现在作家、自然资源保护论者约翰·缪尔和 1905 年林业部首席林务员吉福德·平切尔的分歧上。前者主张对资源进行保护，后者主张对资源进行功利主义和有节制的开发。由于大多数立法支持利用论者而非保护论者，缪尔代表了一种骤然增长的保护自然环境的民众狂热。这种民众狂热后来被称为“国民崇拜”①。1913 年，为了给旧金山居民提供用水，政府决定在约塞米蒂国家公园的赫奇赫奇山谷筑坝拦水。这一决定造成了新生环保运动的利用派和保护派的决裂。尽管利用派在这场论战中赢得了胜利，最终建筑了水坝；但从另一个角度来看，保护派也同样获胜，因为他们建立了全球为了自身的利益而重视自然资源的运作框架。在整个 20 世纪，人们不断成立自然保护组织，包括 1905 年的保护野牛协会、1918 年的拯救红杉联盟、1935 年的保护自然环境学会、1949 年的保护山岭俱乐部等，动员了越来越多的人加入到保护自然环境的行列中来。20 世纪 50 年代，有人建议在科罗拉多州-犹他州边境的国家恐龙纪念地建造水库，与 1913 年决定建造赫奇赫奇水库时的情形正好相反，在保护山岭俱乐部的戴维·布劳尔和保护自然环境学会的霍华德·扎赫尼森的领导下，保护论者赢得了胜利，建造水库的议案被否决。犹他州国会议员威廉·A. 道森在承认失败的同时，坦白地说：“我们憎恨失败”，因为建水库的支持者们“既无钱也无组织去与保护组织的人力物

---

① 罗德里克·纳什：《原始环境和美国人的看法》，纽黑文：耶鲁大学出版社，1967 年，也见其第 3 版（耶鲁大学出版社，1982 年）。

力进行较量"①。保护派以这次胜利为契机,在美国发动了一场建立真正的野生环境保护体系的运动,经过七年的国会听证,终于在 1964 年让国会通过了《野生环境保护法》。这项法案列出了 109 处国家森林、公园、野生动植物保护区,印第安人居留地也成为国家野生环境保护体系中的一部分,所有这些地方都不能用于开发。这是人们首次通过自身的积极努力将自然环境划拨出来,而不只是仅仅保护其免遭开发。② 如今,公众的环保意识已经不再仅仅局限于美学欣赏或对动植物不同种类的关注,而且成为 20 世纪科学生态学中关于生态系统的专门概念。

生态学的出现

与人类是进化的产物这一观念相联系,生态学概念也出现于 19 世纪中叶。"生态学"这一术语是德国生物学家厄恩斯特·海克尔于 1866 年从希腊语 oikos 中创造并引申出来的,意为"生活的或生存的关系"。为了更好地向科学界说明查尔斯·达尔文自然选择理论的意义,海克尔将"生态学"定义为有关生物体与环境之间关系的科学。③ 换句话说,生态学实际上源于达尔文"自然秩序"的概念(植物和动物处于一个不断变化的相互关系链中),这个秩序孕育了生命形式日益分化和增多的进化过程。但是,与人们对人类可能是由动物进化而来的观点的狂热相比,达尔文理论中有关生态学的部分则相对被忽视了,直到 20 世纪生态学出现之后才发展成为一个重要的研究领域。

除了达尔文的理论,1900 年的生物学领域还从上一世纪继承了另外一笔遗产。直到 1830 年前后,对于野生动物的研究仍包括在"自然历史",即地理学、动物学和植物学的研究领域中,博物学者也被训练去画

---

① 犹他州国会议员威廉·A. 道森:《国会记录》,第 84 届国会第 1 次会议(1955 年 6 月 28 日),第 9386 页;见纳什前引书,1967 年,第 218 页。
② 纳什:《原始环境和美国人的看法》,第 220—224 页。
③ 厄恩斯特·海克尔:《自然奇观》,纽约,1993 年。

风景画和对自然进行美学欣赏。19世纪末,由于科技的进步极大地提高
了显微镜的性能,以致对微小组织进行研究成为可能。这对自然的研究
产生了巨大的影响,地理学首先分离出去了。现代生物学由动物学和植
物学结合而成,也包括生理学、组织学和胚胎学。细胞生物学在所有这
些发展中达到了顶点,如20世纪60年代脱氧核糖核酸(DNA)的发现和
描述。尽管公众和宗教对进化生物学颇感兴趣,但很少将其作为专业研
究的重点。作为回应,1893年C.哈特·梅里亚姆在一篇题为"我们大学
中的生物学:呼唤更广阔、更自由的生物学"的论文中①,要求生物学重新
包括博物学家研究的范围。他写道:

　　难道认识生物带和生物区……及其最基本的动植物并控制其
　气候条件,不比了解青蛙的细微结构更有意义吗?难道了解地球上
　主要生物带及其动植物种类,不比了解蝾螈的胚胎更重要吗?……
　钟摆已在很大程度上偏向排外的微观和生理学研究。当它摆回来
　的时候……如今单一的动植物研究就要让位于……远远超过前人
　的一批博物学家。

　　然而,在19世纪末20世纪初,只有植物学家研究生态学,如弗雷德
里克·E.克莱门茨研究植物结构和顶极植被,亨利·E.考尔斯研究植被
演变。直到本世纪80年代末、90年代初,环境保护科学的应用和对策,
才刚刚开始出现在世界各主要大学中。在20世纪中叶,生态学领域在
学术界之外也向前迈进了一大步。

　　1949年,随着奥尔多·利奥波德《沙郡日志》的出版,新的"博物学流
派"——生态学家开始出现。② 这本书使关于要了解自然,首先要了解所
有生物体的相互关系及其习性的观点家喻户晓。对具有野生生物管理
经验的利奥波德来说,生态学是将众多学科的知识结合起来的一种工

---

① 梅里亚姆:《我们大学中的生物学:呼唤更广阔、更自由的生物学》,第352—355页。
② 奥尔多·利奥波德:《沙郡日志》,纽约:牛津大学出版社,1949年。

具,而不是简单地对植物学进行理论构建。① 在其主要论文"土地伦理"
中,利奥波德认为,作为生态群落中的成员,人类与土地之间存在着伦理
关系。这一观点在很大程度上是他从事野生动植物管理经验的反映,例
如他注意到当捕食鹿的狼被消灭后,鹿对环境造成的破坏。利奥波德的
论著,使环保界认识到,环保工作的目标是保护整个生态系统的正常运
行,而不仅仅是保护个别的动物或物种。

发展的环境代价

尽管在20世纪50年代,环保狂热迅速发展成为广泛的政治运动,
环境保护主义者也取得了不少政治胜利,但许多美国人仍旧认为自然环
境和发展能够互相包容。直到1962年雷切尔·卡森《寂静的春天》②一
书出版后,公众才意识到生态学的深层含义,即生物之间的相互联系,意
味着工业活动将有可能附带地制造环境灾难。《寂静的春天》指的是由
于无限制地使用二战期间发展起来的危险化学杀虫剂,导致其进入食物
链,造成小鸟、昆虫的中毒和死亡,因而到了春天再也听不到它们的鸣叫
声。卡森揭露了化学用品制造商和政府机构鼓励人们不加选择地使用
杀虫剂的无知表现,详尽地指出了滴滴涕、狄氏剂和其他毒药对土壤、
水、野生生物、宠物、家禽,以及最终对人类造成的危害。除了对DDT特
别警觉外,她在书中还特别强调了在一个拥有生产致命化学品技术的社
会中,人类脱离并主宰大自然的观点已经越来越站不住脚。在这里,卡
森也和二战后许多世界观发生重大变化的人们一样,对科学与技术相结
合能导致人类完善和经济无限增长的观点提出了挑战。到80年代后
期,越来越多的证据表明,人类活动对地球气候和大气化学成分造成的

---

① 苏姗·L.弗拉德尔:《像大山一样思考》,麦迪逊:威斯康星大学出版社,1994年,第5—6页。
也见 W.C.阿利、A.E.恩伯森、O.帕克、T.帕克和K.P.施米特:《动物生态学原理》,费城:桑
德斯,1949年。
② 雷切尔·卡森:《寂静的春天》,波士顿,1962年。

巨大影响,是用现代科技无法预见和扭转的。胡乱使用化学制品和杀虫剂的农民并不是惟一的罪魁祸首,美国几乎每个家庭中和高速公路上燃烧的矿物燃料同样难辞其咎。战后出现的从生态学角度来考虑问题的思路——即任何一个事件都不是孤立存在的,用科技手段解决某个问题有可能又会在别处造成意想不到的后果——最终激发了本世纪后期人们对后工业社会的构想,也就是说,科学技术和大自然之间应该遵循互相依存、和平共处、互相和谐的原则。

保护环境的立法

利奥波德和卡森的著作出版后所引起的对环境的极大关注,为更强有力的环境保护政策提供了广泛的支持。1970 年 4 月 22 日,被宣布为第一个"地球日",在这一天,全美共有 2000 多万人参加了宣传活动。在这些活动的推动下,《濒危物种法案》(1973 年)和《洁净空气和水法案》(1977 年)又被相继通过,其中都包括了与生态有关的条款。《洁净空气法案》规定:超过 5000 英亩的自然环境区即被认为有洁净的空气,任何有损这一生态系统中动植物的生长和繁殖能力的行为,都将被视为是对空气的破坏,自然环境的管理者均有权采取行动加以制止。《濒危物种法案》是关于世界各地濒危物种的最全面、影响最广泛的立法,法案制定了保护濒危和受威胁物种赖以生存的生态系统的计划。[1] 然而,在该法案通过 20 年后,就连该法案的支持者也承认,规定保护的物种中许多并未得到保护,而许多已被保护的物种仍在继续减少。此项法案的重新修订也引起了极大的争议,以至于比尔·克林顿总统只好采取搁置的办法。对这项法案的争论,反映出长达一个世纪之久的利用与保护的分歧仍在继续。1995 年,一个反对该项法案的极端分子在因特网上公开宣称:"自《濒危物种法案》被通过的那个不幸的日子起,我们就从先前人类

---

[1] 迈克尔·J.比恩:"下个世纪的环保立法",载戴维·韦斯顿、玛丽·珀尔主编:《21 世纪的环境保护》,纽约:牛津大学出版社,1987 年,第 271 页。

文明的伟大中衰退了。与此同时,昆虫、鸟以及其他害虫则繁荣起来。……环保主义者利用濒危物种作为他们试图阻止发展和进步的手段。"[①]

环境保护的国际化

在过去的 100 年中,有关限制人类利用自然的国际法条文越来越多。在西方,环保的狂热情绪日益上升。随着这种情绪的进一步国际化,东方和泛灵论哲学对自然环境的狂热也上升了。这些导致了一个重要的转变,即从将人类视为自然的中心和主宰的主流观点,转变为将人类看做生物圈中脆弱的一部分的观点。这一根本观点上的重大变化,直接导致了公共政策中重大环保举措的出台。本世纪前期,国际协议仅限于将自然看成是人类日常生活之外的东西——一种消遣,或对一种神奇动物的欣赏。但到了本世纪后期,随着人类活动对环境造成的影响开始被认识,国际协议进而发展为大量的委员会、国际大会、联合国机构和其他组织,以监督人类活动对生物圈正常运转日益扩大的影响。

1900 年,第一次关于保护自然的国际协定谈判在伦敦举行,尽管这一协定未被批准,但它涉及对非洲野生动物的保护。1902 年,欧洲 16 个签约国同意保护对农业有益的鸟类,这是鸟类的捕杀者和保护者首次进行谈判,并成功地达成保护协议。1916 年,美国和加拿大同意相互合作,保护迁徙的候鸟。

第二次世界大战后,各国对恢复国际环境保护的合作有着广泛的兴趣。1948 年秋,瑞士的自然保护协会主席查尔斯·伯纳德和联合国教科文组织总干事朱利安·赫克斯利爵士,倡导并召集了有 18 个国家、108 个机构和社团,以及 7 个国际组织的代表参加的会议,并正式成立了国际自然保护协会,简称 IUPN。1956 年,"保护"一词由 protection 改为

---

① User1995FOES@aol.com,1995 年 1 月 19 日,因特网上公布的信息。

conservation，该协会也因此被简称为 IUCN。如今，该协会已改称世界
自然保护协会。世界自然保护协会仍然是一个由各国政府代表处、非政
府组织、科研机构和个体成员组成的国际机构。[1] 本世纪后期，世界自然
保护协会和联合国分别举行的一些重要的会议，成为环境保护工作的里
程碑。

1962 年，世界自然保护协会新成立的"国家公园和保护区委员会"在
华盛顿州的西雅图举行会议，这成为每十年召开一次的全球自然保护大
会的开端。这次会议提出了"海洋公园"的概念。1972 年在黄石举行的
第二次世界大会，建议设立更多的、管理更为完善的公园，以及代表更多
类型生态系统的保护区。两个月后，世界遗产保护公约得到了 100 多个
签约国的批准，人们都已意识到保护世界上最优秀的自然、文化遗址所
具有的国际意义。在随后的十年中，保护区的总面积由 5.36 亿英亩增
加到 9.79 亿英亩，但这与地球上 297 亿英亩的非冻土地相比，仍是一个
相对低的数字。[2] 1982 年于印度尼西亚召开的主题为"国家公园"的第
三次世界大会，是第一次在一个发展中国家举行关于国家公园的大会。
这次大会的重要性在于，在关注野生生物的同时，也关注经济发展与保
护区的关系。世界开始听到了来自发展中国家的呼声：如果公园要得到
保护，那么首先必须将其视为有利于人类福祉。1992 年在委内瑞拉的加
拉加斯举行的第四次公园大会的主题是"生命公园：提高环境保护在支
撑社会中的作用"[3]，再次将人类和环境联系在一起。

1968 年，联合国教科文组织在巴黎举办了一次政府间的专家会议，
讨论合理利用和保护生物圈的科学基础问题。和以前的任何一次会议

[1] 尽管世界自然保护协会具有十分重要的地位，但其经济情况却常常是捉襟见肘，虽然 1961
年建立的世界野生动物基金会曾是保护协会筹集资金的合作者，但它很快就分裂出去，成为
一个有自己独立行动议程的机构。
[2] 克雷格·W. 阿林编：《国家公园和自然保护区国际手册》，第 12 页；诺曼·迈尔斯主编：《盖
亚：星球管理图表集》，纽约州加登市：铁锚出版社，1984 年，第 161 页。
[3] 世界环境保护协会：《行动计划，第四次世界国家公园和保护区大会》，世界环境保护协会，委
内瑞拉：加拉加斯，1992 年 2 月 10—21 日。

不同,这次"生物圈会议"突出反映了生态学的价值观,而不是对被狩猎物种或公园的偏爱。会议的高潮是形成一系列特殊建议,要求联合国教科文组织和与会政府采取行动,在保护全球环境问题上承担国际责任。[1]三年后,联合国教科文组织发起了"人类与生物圈"计划,资助关于如何协调人类与野生生物需求问题的研究。1972 年在斯德哥尔摩召开的联合国人类环境大会,也许是本世纪最重要的全球环境大会,因为它已将地球的环保问题提上了国际政策和法律的议事日程,标志这方面的努力业已达到了顶点。[2] 这次大会呼吁联合国建立以环保为中心内容的国际组织,联合国大会第二年即满足了这项要求,成立了联合国环境规划署(简称 UNEP)。

1980 年,联合国环境规划署委托世界自然保护协会准备一份世界环境保护战略,内容应包括维护主要的生态过程和生命支撑系统,保护原始物种的多样性,持久地利用物种和生态系统。[3] 世界自然保护协会、联合国环境规划署、世界粮农组织、联合国教科文组织和世界野生动物基金会这五个组织参与了大量的准备工作。它们都保证共同合作,通过敦促各国政府制订本国的环境保护战略促使该战略的实施。在接下来的十年中,世界自然保护协会公布了各个国家制定相关战略进展情况的正式报告;12 年后,在与联合国教科文组织及世界粮农组织协商后,它又与联合国环境规划署和世界资源组织发起了一项最新战略计划。[4] 这份文件是为保护生物多样性公约谈判而准备的,也是 1992 年 6 月于里约热内卢召开的联合国环境与发展大会的一项重要内容。这是一次迄今为止规模最大的国家政治领导人的聚会,有 106 位政府首脑,以及政府代

① 联合国教科文组织:《生物圈的最后报告》,联合国:联合国教科文组织,1968 年。
② 林顿·基恩·考德威尔:《国际环境政策:出现和范围》,达勒姆:杜克大学出版社,1984 年,第 49 页。
③ 罗伯特·阿伦:《如何拯救这个世界:世界环境保护战略》,伦敦,1980 年。
④ 世界资源组织、联合国环境规划署、世界环境保护协会:《全球生物多样性战略:持续、公平地拯救、研究和利用地球上生物财富的行动纲领》,世界资源组织、联合国环境规划署、世界保护协会,1992 年。

表和来自重要国际机构、小部落、地方团体等非政府组织的代表约 3.5
万人参加。① 大会的直接成果包括通过一项生物多样性公约和一项气候
条约。气候条约建立了报告碳排放量的国际系统，但缺少明确的目标和
减少排放量的时间表；生物多样性公约则因缺少具体措施而显得较为空
泛。但这次会议引起了全球对环境状况的关注。在 20 年前的斯德哥尔
摩会议上，发展中国家为了发展经济，坚持拥有污染本国环境的权利；而
到了 1992 年，由于空气中二氧化碳和其他造成温室效应的气体浓度的
增加，以及臭氧层空洞引起紫外线辐射增加对生命的巨大威胁，所有国
家都对此表现出了类似的警觉和不安。

80 年代末和整个 90 年代，许多新的国际环保人士加入了保护环境
的行列。世界银行与其他地区银行同双向援助机构如美国国际发展局
（USAID）一样，也将改善环境纳入自己的目标。世界银行与联合国环境
规划署和开发计划署合作，创立"全球环境署"（GEF），为各国政府保护
环境提供巨额资金。美国国际发展局实施了大量的环境计划，1994 年甚
至设计了一个以发展中国家为基地的大型、独立、国际性的保护生物多
样性机构——印度尼西亚生物多样性机构，并为其支付了启动金。但
是，随着对环境关注的增加或为减少传统发展计划的负面影响，地区发
展银行、世界银行和大多数国际援助机构将自己的主要目标放在向短期
发展计划快速提供资金上。其实，这些主要金融机构尚未完全将环境伦
理纳入自己的基本目标。

环境和宗教团体

人们对待环境的态度和行为，在很大程度上取决于他们如何看待自
身的本质和命运，或者说，取决于其宗教信仰。20 世纪，许多人开始了解
并受到其他宗教文化的影响。万物有灵论——相信自然界的所有物体

----

① 莱斯特·布朗：《世界的状况》，纽约，1993 年。

都有灵魂的观点——在全世界有着不同的表现形式。日本最早的宗教神道教就是一个例子。神道教是一种自然崇拜,与自然界比较平静的一面相比,山脉、森林、暴风雨特别是激流,都被视为神灵的表现形式。耆那教、佛教、印度教都出现于印度,至于佛教则传遍亚洲,它们强调所有生命形式都存在内在的一致性,后者孕育了人与自然界其他部分之间相互怜悯、互相和谐的态度。

东方宗教直到本世纪才在西方得到比较广泛的研究,但在还不十分了解它们之前,一些美国人就已开始在环境保护中寻找对付无神论的办法。颇受欢迎的专栏作家约瑟夫·诺尔斯在1913年写道:"我的上帝就在自然环境中,大自然打开的伟大书本就是我的宗教,我的教堂就是森林。"[1]为了对在约塞米蒂的赫奇赫奇峡谷筑坝拦水的计划加以谴责,博物学家约翰·缪尔写道,这些开发者是"神殿的毁坏者和破坏性的商业主义狂热分子,他们蔑视和玷污大自然。他们崇敬的不是山脉这一神灵,而是万能的金钱。"[2]

在60年代末、70年代初的社会动荡时期,许多西方人开始对基督教的信仰产生怀疑。哲学家林恩·怀特在1967年发表的一篇颇具影响的论文中,向美国《科学》杂志[3]的广大基督教徒读者揭示了他们的信仰体系与他们对待大自然的职业行为之间的联系。他注意到,与亚洲和非洲的宗教不同,基督教建立了一种人和自然的二元神论,而且坚持认为人类为自己的目的而开发自然乃是上帝的旨意。他接着说,西方的科技受正统基督教对自然界妄自尊大态度的影响,以致人们不可能依靠它来解决生态危机。既然我们问题的根源主要在宗教的方面,那么解决问题的办法也应该主要从宗教中去寻求,不管我们是否将这种办法称为宗教办法,我们还是必须重新思考和重新体验我们的本质和命运。

正是为了这一目的,许多西方人越过基督教和犹太教的正统学说,

① 约瑟夫·诺尔斯:《独处于原始环境中》,波士顿,1913年,第224—225页。
② 纳什:《原始环境和美国人的看法》,引自约翰·缪尔,1912年。
③ 小怀特:《我们生态危机的历史根源》,第1203—1206页。

将目光投向了东方。佛教哲学与印度教、道教一起重新得到了详尽的研究。佛教认为地球也是一种有灵魂的物体,这一观点最终使美国信徒们意识到,在美国国内也可发现类似的哲学。一位美国信徒在美国本土传统中发现了一种共存现象,正如他所说的:

> 佛教遵循传统的迁移模式,植根于西方,形成了一个以自然为基础的带有本土文化的影响圈。美国土著人的生活表现了复杂的生态学方面的教义,它以对孕育一切生命的、活生生的大地母亲保持充满敬意的伙伴关系为基础……尽管美国土著人的宇宙论是以和谐为中心的,但其历史却充满了战争。佛教帮助美国土著人找到了通往和平的道路,而美国土著人则帮助佛教徒们使地球有灵说变得更生动,两种传统都认为,自然在所有的文化中都是一个积极的合作者。①

一些环保科学家致力于将以自然为基础的价值观吸收到他们的著作中。英国大气科学家詹姆斯·E.洛夫洛克于60年代发展了能检测出生物体内微量化学物质,如有毒杀虫剂残留物的分析技术。他进一步研究天文学、生物学、宇宙学及其他学科,以搜集对自然环境进行生物控制的证据。1979年,他发表了自己的研究成果——"盖亚②假说"③,即地球上有生命的物质、空气、海洋和土地表层形成了一个自我调节的统一体,通过控制化学和自然环境能够保持全球的正常运行。这种控制是内在的和分散的,尽管人们采取了一项重大的努力(80年代后期在美国亚利桑那州塔克森市附近建立的"二号生物圈"),但仍无法建构一个哪怕是简化了的、从生物学上进行控制的生态支持系统。在"盖亚假说"被证实以前,必须了解有关营养物的再循环和气体间的交换究竟发生在何时、何地,按怎样的速度进行等许多情形。由于这张巨大的控制网必须包括

① 阿伦·亨特·巴迪纳编:《佛法盖亚:佛教和生态学论文集》,伯克利,1990年,第15页。
② 盖亚为希腊神话中的大地女神。——译注
③ 詹姆斯·洛夫洛克:《盖亚:如何重新认识地球上的生命》,牛津:牛津大学出版社,1979年。

如此之多的过程,所以研究必定要花费很长的时间。[①]

"深层生态学"运动是一种将生态学与社会学、诗歌、自我意识以及政治运动结合在一起的西方哲学,它出现于 70 年代,在 80 年代达到顶峰。主流环境保护论的重点在于如何保护自然环境,以及如何缓和基于人类对自然的看法而形成的对环境的有害影响等主题。与之相反,深层生态学则建立在这样的前提下,即所有的生物形式都有同等的价值,人类只是生态总体中的一部分。作为一种实践,同时也作为一门哲学,深层生态学要求其信奉者学会识别大自然的千差万别。[②] 环保生物学家、历史学家戴维·埃伦费尔德提出了一种较为缓和的观点,认为人类对自然的看法一旦与自然变化相结合,就能保护环境的正常运行。他举例说明了全球经济体系中"开发性通则"(大量森林的单种栽培、遍及整个大陆的灌溉网)的灾难性后果。他断言,除非科学和社会恢复对自然变化如自然界差异性、独特性和偶然性的热爱,否则环境恶化的状况将会继续加剧。[③]

结　语

在过去的 100 年中,在科学、信仰体系和全球政治的议程中,环境问题已由无足轻重转而成为人们关注的中心。生态科学和精密测量技术的发展,使人们能够发现工业经济所造成的遍及地球上每个生命形式的毒素。对于人类正在毒害自己生物圈的认识,反过来激起了公众要求采取行动的意识,使环保组织的支持者日益庞大。这也促使国际机构,如双向援助机构、多边银行以及跨国公司将环境保护的目标纳入其议事日程,从而促成了对全球资源利用作出规定的国际协议逐渐增多。西方科

[①] 尤金·P. 奥德姆:《生态学和我们日趋危险的支撑系统》,马萨诸塞州,1989 年,第 59—62 页。
[②] 阿恩·内斯:"浅的和深的:长期生态运动概论",载《问题》,第 16 期,1973 年,第 95—100 页。
[③] 戴维·埃伦费尔德:"多样性的艰难时代",载韦斯顿和珀尔主编:《21 世纪的环境保护》,第 247—250 页。

学曾经固守笛卡尔的将整体事物分割开来的研究方法,但由于受到不再像传统的犹太教和基督教共同教义的信奉者那样将人与其他生命形式相分离的潜在价值体系的影响,如今已开始转向更加注重对大自然的综合和完整的思考了。

在20世纪即将结束之际,环保概念已像19世纪的"发展"概念一样,在人们的思想观念中占据了重要地位。1990年"地球日"的执行主席评论说:"鉴于1970年的第一个地球日已使人们开始关注环境问题,那么1990年的地球日就理所当然地使环境问题成为其他一切决定的依据。"①事实上,人们已经开始这样做了。前挪威首相、世界环境与发展大会主席格罗·哈勒姆·布伦特兰早在1985年就曾对当时领导人中十分流行的关于大自然越来越趋于一体化的看法加以评论。她说,1945年,世界上绝大多数人只看到树的经济价值,有时也将其视为一道美丽的风景,"而今天,树不仅是具有经济价值的商品,而且也是货币经济以外穷人的一种燃料,一种防止水土流失的保护物,一个遗传的资源,一道景致中的审美顶点,甚至也许是气候稳定的一个贡献者"②。

然而,尽管有越来越多的人愿意从臭氧层遭到破坏、全球气候变暖、野生物种逐渐减少等视角去看待环境问题,但在21世纪行将来临之际,我们在保护居住在地球上的人类生存这一根本问题上仍面临重要障碍。首先,工业化国家仍拒绝承认过度消耗资源在造成各地环境恶化中所起的作用;在那些刚加入全球经济活动的国家中,采集生活必需品、轮耕等前工业化时期的利用资源方式所产生的有害后果,也有进一步加强的趋势。人口增长确实会使人类的许多活动对自然造成损害,但资源商品化只有在庞大的全球背景下,那些为生存而进行的活动才会具有破坏性。

如今生活在乡村中的很多人,无论是以传统方式还是以商业的方式利用资源,都具有保护或者破坏生态系统的能力,但由于土地使用的决

---

① 引自巴迪纳编:《佛法盖亚:佛教和生态学论文集》。
② 格罗·哈勒姆·布伦特兰:"世界环境与发展大会",1985年,载1986年日志,华盛顿:世界资源组织,1986年,第29页。

定权掌握在国家甚至国际层面的人士手中,他们常常无权决定如何使用土地。如果不让附近居民了解资源管理与他们的切身利益密切相关,那么所有相关计划都不可能获得成功。

在全球层面上,国际资本向来都是追逐短期利益的,就算是耗尽任何一个国家的资源也在所不惜。世界各国和国际资本长期追求自我利益,这就决定了财富分配日益不公和全球经济难以繁荣。十分明显,要对全球资源进行管理,那就必须采取新的管理模式,否则,我们只能为环境的恶化,诸如鱼类及其他物种的减少、滥伐森林及地球变暖带来的干旱和炎热等等付出惨重的代价。如今,主流经济学家和金融寡头已经到了必须合作制定减少此种代价的计划的时候了。

我们面临的另一个问题是未能使来自各个阶层、持不同观点的政治家走出传统的政治模式,认识到在环境破坏中不同群体的协同作用。例如,厄瓜多尔的无地农民与地主或许是政治上的敌人,但作为滥伐森林的合作者,他们的利益有时是一致的。①

此外,尽管环境保护协定是出于良好的动机,但其概念仍然十分模糊,执行起来也很难取得实效。"可持续发展"是一个经常被滥用的概念,它的定义极不严格,既可以用来指十年左右也可以用来指无限期的生产持续增长。尽管如此,它还是成为几乎每个国家一成不变的目标,况且各种国际公认的协议均鲜有具体的法律措施,难以强制执行。由联合国发起的有关环保的会议、协定和委员会的不断增加,其实只表明人们对于环境保护的良好愿望不断增长。例如,1977年在内罗毕召开的联合国大会,虽然通过了《防止沙漠化行动纲领》,但筹集到的资金尚不足实际需求的万分之一。②

20世纪初,工业技术支配下的经济和社会模式对环境产生了强烈的影响,20世纪即将结束之时,信息技术革命又为新的经济、社会组织形式

---

① 托马斯·鲁德尔和布鲁斯·霍罗威茨:《热带地区的滥伐森林》,纽约:哥伦比亚大学出版社,1993年。
② 布伦特兰:《世界环境与发展大会》,第25—31页。

的出现提供了可能。但如同此前的工业革命一样，当信息革命开始时，世界上绝大多数国家均未能参与，发展中国家对此则采取了相当谨慎的态度。在印度生态学家马达夫·加吉尔和拉马钱德拉·古哈看来，西方的环境保护论者看起来正趋向于一种后工业、后物质的观点，这种观点认为森林不再是对经济生产而是对生活质量具有至关重要的作用；相反，在印度，有关森林乃至环境的争论，仍牢固地根源于对生产和利用的考虑。加吉尔和古哈认为，现在还不能断定这些争论是否会导致某种新的资源利用模式或新的信仰体系的产生，并与印度社会结合在一起。[①]无论我们处在南方或北方、东部或西部、前工业社会或后工业社会，大家都共同生活在同一个星球上，21世纪将要开创出来的一种新的人人皆可分享的全球资源利用模式，以及新的有利于环境治理的信仰体系，都将与我们每个人利害攸关。

（路育松　译　陈祖洲　校）

---

① 加吉尔和古哈：《这块分裂的土地》，第245页。

第二十二章　城　市

肯尼思·T.杰克逊

　　特大城市主导着全球。就像磁石吸附铁屑一样,大城市的灯光、节奏、就业机会吸引着新来者。尤其在 20 世纪,它们的发展如雨后春笋。1900 年,全球仅有 14％的人口生活在城市之中;到 2000 年,全球超过一半的人口将以城市为家。这种人口迁徙情况在所谓的第三世界最令人吃惊。例如,400 年前由西班牙人建立起来的马尼拉,在刚刚过去的半个世纪里,从一个弹痕累累的穷乡僻壤迅速发展为一个拥有 850 万人口的大城市,这个仅占全国人口 13％的地方,却创造了菲律宾国内生产总值的 33％。在阿兹特克人都城废墟上建立起来的墨西哥城,1900 年只有33.4 万居民,到 1995 年人口已超过 2000 万。人们普遍预言它的人口不久将超过 2500 万。被农业腹地环绕的圣保罗,也是现今南美最大的城市,本世纪初还是一个蕞尔小城,到 1995 年它的大型建筑延伸几英里长,使来访者想起纽约或香港。埃及的千年古都开罗,现今以每天增加1000 人的速度扩大。它已如此迅速地超过了供给能力,以至于公墓地区也成了理想的居所。这样的列举还可以继续下去。巴黎、伦敦、纽约和东京等城市也名闻遐迩,其他一些城市仅为那些不顾一切挤进较大地方的村民们所熟知。然而,对于所有涌向城市的人来说,城市意味着权力、财富、竞争、成就和刺激。

大约公元前1万年,无人生活在城市之中。那时的人类都是狩猎者和食物采集者。他们收获而不播种,漫游而不定居,不得已时他们才住进临时的帐篷。只有死人才一辈子住在一个地方。因此,第一个永久性的定居点是墓地——这是为了使人类在死后能回归到离其亲属较近的地方。

用作定居的城市的诞生改变了这种游牧的生活方式。的确,人类集中居住在特定的和固定的地方是历史的转折点之一,因为从那以后,不知不觉中——也没有人能确定它的具体时间——城市就早已是文明的中心。事实上,没有城市,很可能就没有真正意义上的文明,并且也就没有真正的系统而持续的进步。

最迟到公元前4000年,美索不达米亚就出现了少数几座城镇,尤其在今天肥沃的底格里斯河和幼发拉底河流域及其三角洲(即今天的伊拉克)。在接下来的500年中,许多繁荣的、圈有围墙的城市在这个地区星罗棋布,这些城市周围是灌溉农田和村庄。

美索不达米亚不是古代城市成长的惟一中心,其他的大河流域也是早期城市成长的中心,如埃及的尼罗河、巴基斯坦的印度河、中国的黄河等。在巴勒斯坦的内盖夫,当这里的居民学会打井汲水后,也涌现出大批城镇。乌鲁克、乌尔、巴比伦、尼尼微、摩亨佐·达罗、底比斯,这些古老的地名在今天并不意味什么,但在当时,它们是人类皇冠上的宝石。单个的城市随着统治它们的大帝国的兴亡而兴衰,但从整体看,人口的集中使得人类从原始的生活方式过渡到一种具有书面语言、成文法和技术成就的生活方式。事实上,"都市"一词本身来源于希腊语,意即小城市(殖民地)由以发展的母城。

直到19世纪上半叶伦敦发展到空前规模时,大概地球上还没有哪一座城市的人口曾超过100万。罗马城曾在公元1至2世纪达到那样的规模,当时它是罗马帝国的都城,并且是世界上最强大的综合性城市。公元7世纪,地处欧亚要冲的君士坦丁堡的人口差不多也达到了100万。下一个登上中心舞台的是公元765年被穆斯林统治者阿尔·曼苏尔选为新都的巴格达。公元 930 年前,它是世界上最大的城市,大约拥有 100 万人口。18 世纪以前其他重要的综合性城市还包括科尔多瓦和北京。

但是,从总体上说,耶稣基督殉道后的 1500 年里全球没有重要的城市,也鲜有城市居民。神圣罗马帝国过于分散以致不能维持单一的帝国中心。正如封建欧洲贸易和制造业的分散体系阻碍了城市发展一样,即使有所发展也非常缓慢。当奋进中的村庄有可能变成较大城镇时,灾难常常消灭了这些热望,例如 1347—1350 年的几年时间里,黑死病夺去了欧洲大约 800% 的城市人口。

近代第一批达到特大规模的城市有北京、广州、江户(东京)、巴黎和伦敦。到 1750 年,这些城市的人口都超过了 50 万,并且对广阔的腹地施加经济和政治影响。英国首都伦敦不久即超过其他城市,它的兴起意味着西欧资本主义商品经济正在赋予大都市一个新的功能——即作为远距离交换网络的协调者。18 世纪,伦敦超过了巴黎,到 1801 年英国实行第一次人口普查时,伦敦总计有 85 万居民,在随后的几十年里,它迅速成为当时世人所知的最大城市。1890 年它拥有 550 万人口。而且,作为英帝国的首都,它的触角深入全球,并在全球经济中拥有重要的地位。

1800 年,地球上不到 90 个地方拥有甚至达 10 万之众的居民,将欧洲当做一个整体,其城市化水平(占总人口的 9%—11%)恰好与 1700 年时大致相同,或者稍低一些。但 19 世纪伦敦的快速发展是重构西方世界特别是大不列颠的人口增长趋势的征兆。截至 1900 年,大不列颠成为世界上城市化程度最高的国家,其半数以上的居民生活在至少拥有 1 万人口的城市之中。欧洲大陆则稍落后于不列颠。在 19 世纪,整个欧洲大陆在人类历史上第一次迅速城市化。第一次世界大战前夕,在世界上八个超过 200 万居民的城市中,除纽约、芝加哥和东京外,其余五个即柏林、圣彼得堡、伦敦、巴黎和维也纳都在欧洲。

19 世纪,美国在迅速城市化方面也非同寻常。事实上,从清教移民的始祖们即荷兰人和清教徒一走下船时起,美利坚合众国就已经是一个城市化地区。他们立即群集在拥挤的小社区——部分原因是他们的宗教强调社区生活，同时也是因为他们惧怕印第安人。早在 1700 年，新阿姆斯特丹（后来改名为纽约）、波士顿、纽波特、查尔斯顿和费城等城市就在整合大陆经济。

但在 1800 年后，美国的城市规模急剧膨胀，虽然牛仔和农场主给大众留下了深刻的印象，但美国真正异乎寻常的还是城市化的惊人发展速度，这一速度仅次于英国。纽约当然是最令人注目的例子：1800 年它只是一个大约 6 万人的殖民前哨，到 1900 年则已成为世界上第二大城市，并且正在紧追伦敦。从统计上看，芝加哥的发展甚至更令人注目，因为 1830 年这座所谓的风城还不存在，然而到 19 世纪末其居民数以百万计，并在比欧洲还要大的美国中部地区占主导地位。到 1900 年，当费城、旧金山、密尔沃基、西雅图、丹佛、堪萨斯城、孟菲斯、亚特兰大、达拉斯、休斯顿和其他一些城市扩展开来的时候，美国事实上已经比欧洲更加城市化，比其他任何国家拥有更多的超过百万居民的城市（纽约、芝加哥、费城）。

尽管 19 世纪出现了大城市最初的持续发展情况，但 20 世纪将被证实是城市化更引人注目的时代。人口集中于不断扩展的大城市将成为最强有力的全球人口趋势，它对发展中国家的影响尤其巨大。截至 1925 年，在所谓的第三世界国家里，只有不到 10％ 的人口生活在城市之中。然而二战以来，发展中国家城市地区的扩展速度为发达国家的三倍。1950—1985 年间，整个第三世界（包括中国）的城市人口增加了 8 亿人，这个数字比 1950 年全球所有城市人口还要多。随着传统的社会主义的崩溃，城区的扩展甚至可能加速，因为这些国家强有力的中央政府倾向于限制人口进入大城市。如在中国大陆，改革开放以前的城市居民一直是供应证持有者，没有这种证件的人不允许进入城市，不管他们多么想迁入。

20 世纪各个地区城市发展的经历大不相同。例如，在发达或先进国家,1910 年以来其城市人口增长缓慢下来,这部分是统计学上的必然:一旦达到某一临界状态,城市化的步伐必然减慢,这是因为城市化水平存在着最多占一个国家人口的 100％这样一个绝对界限。一个国家的人口城市化比例越接近这个数字,就越难继续提高。

1900 年全球的大城市绝大多数集中在欧洲。在 20 世纪,人们并未见到欧洲城市化与其他地区同样速度的扩展:城市化水平仍在上升,但数量不大,有些大城市地区几乎不再扩展。维也纳由于奥匈帝国的分崩离析在 20 世纪即已衰落,它在 1910 年前后达到人口和影响力的高峰。同样,1870—1940 年世界上最美丽也是最重要的城市之一柏林,几乎被第二次世界大战毁灭了,再也没能恢复昔日的光彩。另外,伦敦也没有经历巨大的发展,在过去的半个世纪里其人口数大致没变。

19 世纪城市化速度名列全球第二的美国在 1840—1930 年间城市化特别迅速,此时纽约已成为世界第一大城市,人口超过 1000 万,相当于 1600 年欧洲 500 个城市的人口之和。1960 年前后,它成为第一个超过 1500 万人口的大城市。而其他的城市,尤其是南部和西部的城市事实上发展得更快:洛杉矶在本世纪初变成典型的汽车城,到 1960 年其人口已接近伦敦,尽管其土地面积是伦敦的三倍多。与此同时,拉斯维加斯、塔克森、圣安东尼奥、圣地亚哥、奥兰多和圣何塞等一系列新城市在 1900 年还是小城市,但到 1990 年人口都已超过了 100 万。与此同时,对整个国家来说,城市地区在本世纪末仍然占支配地位,例如在 20 世纪 80 年代,全国 90％的人口增长和 89％的就业增长都出现在大城市中。

在美国,没有哪一个群体比非洲裔美国人群体更深刻地影响城市化进程。1900 年,黑人绝大多数生活在南方和农村地区,60％以上生活在农场。截至 1960 年,自己经营农场的家庭中仍有大约 11％是黑人,但到 1990 年,只有大约 1.5％的农场主是黑人。道理很简单,非洲裔美国人在这一个世纪的大部分时间里从农场搬向城市,从南方搬向北方。1980 年以后,部分非洲裔美国人才又重返南方。

尽管东京在地理位置上远离欧洲和北美的大城市,但它也是发达世界的一部分,并且呈现出相同的发展景象。到 1990 年,它和横滨一起逐渐成为拥有 2340 万人口的大都市。这是当时地球上最大的人类集群。东京作为一个地价高得令人吃惊和迅速现代化的城市,也许是 20 世纪最后 25 年世界经济霸权转向亚洲的最好显示。

然而,同地球上任何其他国家相比,澳大利亚更能表明城市化并非必然依赖于综合人口密度。尽管该国拥有广阔的领土且大部分地区缺乏水资源和宽阔的植被,但它很久以前就是世界上城市化水平最高的国家之一,其人口主要集中于几个散处大陆边缘的城市之中——如墨尔本、悉尼、阿德莱德、珀思和布里斯班,上述城市在 20 世纪发展得相当快。

在格兰德河以南的美洲,城市化有着久远的传统——尤其是墨西哥城。这个巨大的工业和贸易中心的居民,从 1900 年的 34.4 万发展到 1990 年的 2020 万,使其成为世界三个最大城市之一。令人惊叹的是,这个在阿兹特克人首都废墟上建立起来的城市,其在国民产值中的份额已从 1930 年的 29% 上升到 1983 年的 52%。

南美最大的城市圣保罗在 20 世纪急剧发展,变得几乎同墨西哥城一样大。但是,较小的国家最能表明拉美地区城市化的重大影响,例如厄瓜多尔的首都基多,其居民 1952 年只占全国人口的大约 30%,1982 年已达 42%。据预测,到 2000 年将会达到 54%。

中国的经历不同。千百年来,它一直拥有多于欧洲两倍的人口和版图,而且许多世纪以来一直是世界上最成熟、技术上最先进的文明地区。早在 13 世纪,它的居民就已采用轮耕制、高度先进的犁和选种技术,并且建立了一套通达全国的高效运输货物的内陆运河系统。中国的一些大城市显示出了巨大的经济实力和影响:直至 1650 年,北京和广州都是世界上最大的城市之一,人口超过 50 万。

1500 年以后,中国进入了一个长时期的衰落过程,它的城市也因而深受其害,到 1900 年,其城市人口只占全国人口的大约 8%,远低于世界其他地区。1949 年共产党掌握政权后,大城市继续存在——1950 年上海有 1040 万居民,位居全国之首,北京有 670 万居民,名列第二。但在大跃进(1958—1960 年)期间和其后,有 2000 万年轻的城市居民被派遣到农村去,这个庞大的工农业发展计划希望能在一夜之间改变中国经济,但它以世界史上最大的饥荒而告终。

和中国一样,印度也在人类历史上匆匆经历过城市化,并且在后来成为世界上最大的一些人类集群的集居地。位于阿富汗边界附近的哈拉帕或印度河流域(即今天的巴基斯坦)文明,大约在公元前 2100—1750 年间的某个时候达到顶峰,它的几座城市的人口规模大约为 4 万。此后至少到 10 世纪,印度才有几座城市,并且仍然很小。20 世纪的情况明显不同,加尔各答、德里和孟买是目前世界上为数不多的超过 1000 万以上居民的城市。

非洲大陆也有拥有大城市的悠久历史,但到 1900 年为止,其城市化水平一直不超过 5%,仅开罗(65 万人)可以被看做真正的大城市。撒哈拉沙漠以南非洲的情况甚至更糟糕,伊巴丹是惟一在 1900 年居民人数超过 10 万的城市,这在某种程度上也是 19 世纪奴隶贸易急剧下降,导致许多港口城市人口下降的结果。

然而,进入 20 世纪之后,非洲的城市化速度惊人。1930—1970 年,非洲城市人口增加了五倍,平均每年增加 4.2%。1970 年以来,其城市发展更快——尤其是在黑非洲地区。据世界银行估计,这里的一些城市正以每年 10% 以上的速度增长。这是迄今最快的城市化进程。

至 1980 年,非洲大陆已有 50 多座城市人口超过 10 万。除了开罗和拉各斯这两个超过百万人口的城市外,非洲的主要城市还有肯尼亚的内罗毕、加纳的阿克拉、象牙海岸的阿比让、阿尔及利亚的阿尔及尔。扎伊尔(刚果)的首都金沙萨,则提供了由于城市不加限制的发展而造成不良后果的典型例子。四五十年前它还是比利时殖民帝国的一个相当小的前哨站,到 1955 年,人们甚至还不知道它已变得多大——估计有 500 到 800 万人口——并且它已经沿着刚果河岸延伸了数十英里。它不仅变得不受约束,而且像科幻小说描述的那样,没有足够的粮食、住房或医疗服务。犯罪现象猖獗,且从未推行过种痘防病的措施,霍乱、痢疾、伤寒、肺结核、疟疾几乎每年都到了肆虐的地步。成群结队的老鼠肆无忌惮地四处乱窜,穿过那些充斥着下水道的腐烂垃圾堆。正如一位观察家在1996年悲哀地指出的那样,金沙萨就像一个巨大而无序的蚁群。

为什么20世纪的城市具有如此大的吸引力？为什么恰恰是拥挤的街道和喧闹的市场吸引了新移民？经济学家提供了简单的答案——城市地区提供了农村地区和小村庄所没有的一份满意的收入。城市学理论家刘易斯·孟福德(死于1990年)本人并不迷恋现代都市,不过,正如他所说:"城市是滋生快乐机会的地方,也是创造绝大多数意想不到的机遇的地方。"

然而,农村的贫困是城市发展的推动力,特别是在发展中国家。来自城市的游人也许惊叹于农场的迷人和异趣,或者只看到非洲、亚洲、美洲土著村落的平和与安详。让他们惊讶不已的是,为什么有人愿意以大自然的美丽去换取城市贫民窟的悲苦？答案当然在于:作为观光者,他们没有看到农村生活的另一面——肮脏的地面、没有自来水、缺乏冲水条件的厕所、缺电以及日常生活的单调与枯燥。全球45％最贫困的居民生活在这些极小的村落,其中的大多数开始向城市移民。

他们带着信心和希望来了。

但移民们找到的并不完全是他们梦想的世界,贫穷并不会因为移民到城市就很快消失,恰恰是人口集中这一事实加重了在农村地区并不严重的问题。例如,在开罗,人们可以看到在别处可能还在上幼儿园的孩子们正在挖一堆堆牛粪,寻找其中未被消化的玉米粒来吃。金沙萨也一样,那里1990年的失业率大约为80％,年通货膨胀率为3000％。数以千计的家庭在某种程度上每两天才吃一顿饭以维持生存。即使在富裕和强大的美国,报纸上也经常有新生婴儿被吸毒的母亲扔进垃圾箱的报道。也许这是因为城市中的问题比农村的贫困更显而易见。

城市问题很多。例如,对于许多城市的新移民而言,住房和粮食一样难以获得。一般来说,城市越大,城市所在地的地价就越高,或者正如设在新德里的发展战略协会主席阿什克·科拉斯所指出的:"每个城市都包含着自我毁灭的种子,因为这个城市有吸引力,它就会吸引来越来越多的移民。"迅速的城市化常常导致城市过度拥挤,住房简陋,最终导致无家可归。

乞讨、肮脏、贫民窟和不幸对于我们这个时代或对发展中国家来说并不陌生:"贫民区"一词出现于19世纪末的西雅图,用以描写美国商业中心区无家可归、孤苦无依和失业者集结的地方。最出名的贫民区是纽约的波威里街,1900年,这个延伸一英里长的小客栈、贫民救济会、沙龙和庇护所里居住着大约1.5万人。

在20世纪末,无家可归仍然是美国的一个大问题。从曼哈顿到威尼斯海滩,从西雅图到迈阿密,居无定所者随处可见。尽管芝加哥的无家可归者庇护所可提供4000个床位,但仅在1991年的一个周末,就有两人被冻死在街头。同样,日本人、英国人、法国人最近也经常看到无家可归者露宿在东京、横滨、大阪、伦敦、格拉斯哥、巴黎、马赛的隧道里、公路下和火车站内,对此他们已见怪不怪。现在,甚至在久享富裕和高水平社会服务之名的德国的街道上也发现了乞讨的人。

然而迟至1950年,城市中无家可归的现象还并不多见,且除了被二战摧毁的地区外(包括欧洲和中国的城市),无家可归现象最明显的是与印度的加尔各答联系在一起的。当时,以"世界的贫民窟"和"死亡之都"著称的加尔各答的人口密度可与纽约或东京匹敌,但那里仅有几幢三层以上的楼房。家家户户都拥挤不堪,并且经常有几十万人睡在街头。事实上,人口的压力是如此之大,以致连垃圾堆旁都被占用了。

然而,20世纪后半叶城市人口的爆炸,已经使无家可归成为发展中国家日常生活的一个特征。加尔各答目前仍处于危机状态,惟一有自来水供应的地区是富人生活的市中心,其肮脏的程度可见于成千上万的法律限定的贫民窟（或称"棚户区"），那里的"温床"系统夜以继日地为人们提供床铺，租不起一张床或一隅屋角的移民只得在街道上终其一生。

以擅自占地或以在非正式居民点定居的方式非法占有土地常常是发展中国家的人们为自己获得栖身之地的惟一方式。在土耳其，如果一个人一夜之间在一片空地上竖起四面墙一个房顶，按传统他或她就成为这间屋子的主人，结果在安卡拉和伊斯坦布尔郊区出现了大量偷工减料建成的房屋。在南非联邦，政府长期以来禁止在大城市郊区建筑房屋，因此，在比勒陀利亚以北 25 英里处，在一个政府未认可的名叫 Winterveld 的 50 多万人的居住点，里面到处是由废料和包装材料——有时以金属条加固——建成的简陋小屋。

每个国家都有自己的有关非法定居点的术语，并且对这些术语有不同的理解。在阿根廷，它们被称为"痛苦之城"（villas meserias）；在秘鲁被称为"新社区"（pueblos jovenos）；在印度尼西亚被称为"简陋的村子"（kampung）。在巴西，阻止贫民区居民进入市中心的做法深深扎根于其文化之中，以致在葡萄牙语中他们被称为"边缘人"（marginais），而 lnvasao 则表示他们的到来。有色人种的非法定居点——根据一种长满山坡的开花的树的名字而命名为 favelas——布满了圣保罗和累西腓的四周。在里约热内卢，满载旅客驶向塞皮提巴湾海滩的长途汽车要穿过散布在该市周围的 300 个 favelas 中的洛辛哈棚户区。没有人确切地知道究竟有多少人居住在这个由里约热内卢当地人或老乡构成的棚户区，借助空中摄影进行工作的人口调查者估测，其人口大约在 10 万到 12 万之间。同样，在布宜诺斯艾利斯、圣地亚哥、墨西哥城和利马，穷人的非法定居点也存在着极端贫困的情况，这里冲水的厕所、下水道、火警和警察保护都不为人所知。

如果说非洲有什么不同的话，那就是情况更糟糕。联合国在 1975 年主持的"世界住房调查"搜集了 67 座大城市的数据，这些资料表明，平均有 44％的人口生活在棚户区，但在亚的斯亚贝巴、伊巴丹、杜阿拉、雅温德、摩加迪沙、洛美和布埃纳文图拉，这个比例超过 75％。在百万人口的大城市中,拉各斯最近成为全球最拥挤的地区,居住率为每间房屋5.8人。相比之下,印度城市平均每间房屋3人,而纽约平均每两间房屋只有1人。

城市在本质上是反自然的:它们要求将大量的食品、水和原料集中在狭小的区域,这些集中远远超过了自然界的承受能力,并且反过来生产出大量的垃圾和污水。正如自然界不能无止境地供给城市所需的资源,它也不能疏散这些城市中的垃圾,其结果是造成了城市空气污染、水污染和垃圾污染。

长期以来,空气污染一直是大多数庞大社区的特征。19世纪,美国城市发展的支持者企图利用这一点。他们说,空气中大量的二氧化碳事实上抑制而不是导致某些疾病,但是,不管他们如何诡辩,都很难使大多数人相信污浊的空气会增添城市的吸引力。重工业的主要中心匹兹堡在这方面特别令人生厌。正如一位观光作家威拉德·格拉泽在1884年所写的:

> 不是在夜晚,而是在秋日一个昏暗的白天,这位游客到了这座钢铁之城。当时,空气中充满湿气,正是这种空气使得天空看起来昏暗。所有的浪漫都消失了。在这个19世纪的白日里,神话中的众神没有栖身之所。这里仅有阴暗包裹着的繁忙城市。这里的建筑物不论原来是什么材料和颜色,现在都被烟熏成统一的、肮脏的土褐色。浓烟发出恶臭,混合着空气中的雾气,空气浓得几乎可以看得见,可以感觉得到。在昏暗的天空下,昏暗的阳光照在城市上空。中午仍点着的煤气灯在暗处发出暗红的光。这就是匹兹堡。

尽管20世纪对工厂排烟的控制比19世纪时严格,但人类的1/5——约有10亿多人仍生活在空气不利于呼吸的城市地区。20世纪90年代,大气污染有多种来源。煤仍是亚洲和东欧家庭能源的主要形式,在煤的燃烧过程中,含硫的阵阵浓烟笼罩在城市上空。1952年,"英国空气洁净法案"在 4000 人因呼吸伦敦空气而致死后通过了。在此之前,伦敦污染特别严重,人们深受冬季烟雾之苦。20 世纪晚期,伦敦的汽车、工厂、炼造厂、发电站排放出不易看见的有毒混合气体,造成许多人的呼吸系统患病。

墨西哥城现在是世界上污染最严重的城市,它的四周被高山环绕,就像巨碗一样阻止了空气的流动。城里有 3.5 万家工厂和 300 多万辆小汽车都使用含铅汽油,城市上空大片如云的烟雾迟迟不散。墨西哥城的臭氧水平已接近被认为是不安全的洛杉矶的四倍,接近世界卫生组织规定的可接受标准的六倍。然而其人口数量依然如故。

城市的用水情况又怎么样呢?一个安全而又有保障的供水系统几乎是城市化的先决条件。根据传统,大多数早期城市都坐落在大河或湖泊边,但现代城市常常建在不太合适的地方。例如,南加利福尼亚曾经是一片沙漠,它在兴建了从几百英里之外的内华达山脉的欧文斯河谷或科罗拉多河取水的管道后,迄今已成为 1700 多万居民的家园,在本世纪初,这个供水系统运行得相当好,因为当时人口少,美国西南部也鲜有与之争夺水源的城市。然而,到了 20 世纪 90 年代,拉斯维加斯、菲尼克斯、塔尼逊和几十个更小的地方都寻求分享这份总供给有限的珍贵资源。

发展中国家的问题甚至更严重,因为它们缺乏远距离供水的资源条件。20 多年前够用的水量现在经常捉襟见肘。例如,巴基斯坦的卡拉奇在 1990 年有 770 万人口,却只能提供所需总水量的不到 30%,穷人不得不饮用未经处理的经常被肝炎病毒污染的水。那些经常吃药的人有时反而病得厉害,因为那些缺德的地方制造厂家为提高利润而将汽油、锯末和根本不能抑制肝炎病毒的污浊的自来水掺进药片和药液中。

从自然角度说,根本不存在垃圾——动物和人的排泄物进入土地,补充了农田的养分。然而,在城市里,随着城市化进程的加速,固体垃圾成为一个卫生和健康问题。第三世界迅速发展的城市对它们所产生的大量垃圾束手无策:非法居住区公共设施特别差,人们被迫在大街上解手。即使是管理良好的城市也存在问题,例如,东京被它自己所产生的垃圾——每天 2.2 万吨——所困扰,尽管它有庞大的再生和焚化工程。该城市正在东京湾建一些人工岛以存放垃圾,但它不能无视这一举措对渔业和造船业造成的威胁而一直这样做下去。在本世纪末,东京将找不到一个垃圾倾卸点。

尽管存在各种问题,城市在短期内终将继续发展。在千禧年交接的某个时候,世界将进入一个历史转折点,在人类历史上将第一次出现占全球一半的人口或 30 多亿人生活在城市之中。到那时,来自农村的移民浪潮将会创造出使过去的大都市相形见绌的人口集群,全球将有大约 400 座(1900 年只有 11 座)人口超过 100 万的城市,其中 20 座是拥有 1000 万人口的特大城市。尽管这些特大城市包括纽约、伦敦、东京和洛杉矶,但其中的 3/4 将坐落在发展中国家——曼谷、北京、孟买、布宜诺斯艾利斯、开罗、加尔各答、德里、达卡、雅加达、卡拉奇、拉各斯、马尼拉、墨西哥城、里约热内卢、圣保罗、汉城、上海和天津。

随着时间的推移,城市的命运将如何发展?它们是否会变得如此无法管理,以至于像历史上的几百座城市一样衰落并从地球上消失?今天谁还曾听说过卡拉哈、蒂卡尔、吴哥或乌尔?除了到克里特的观光者外,还有谁知道克诺索斯的一些情况?除了《圣经》研究者之外,谁会更多地知道以弗所的一些情况?

即使那些幸存下来的城市也有可能会受到命运的摆布。如埃及的亚历山大城在罗马时代的鼎盛时期有几十万人口,当拿破仑 1789 年进入该城时,他发现在这个肮脏和不幸的小城里只有 4000 人,此后,它再度繁荣,人口达到近 300 万。但它现在也面临着生态环境的严重威胁。在中世纪,阿拉伯作家伊本·达克迈克曾将这座地中海边辉煌的港口城市比做"镶嵌着珍珠的光芒四射的金冠",现在它在不稳定的、被污水污染的尼罗河三角洲正渐渐地失去光泽。

或许今天的大城市也将同样遭受如此轮回的命运。例如,在启动现代化的大不列颠,像利物浦和格拉斯哥这样曾一度繁荣的地方,现在已成了萧条和衰落的象征。在美国,拆散的汽车、烧毁的建筑物、木板搭建的房子、丢满碎玻璃的街道随处可见。最近,一位联邦政府官员说:"这些城市的一些地方空无一人,看起来好像有人放了毒气。"

圣路易斯是说明这种困境的例子:它一度是美国第四大城市,被称做"通向西部的门户",但现在已无法进入前 30 名,昔日的繁荣已成了悲伤的往事。1940 年圣路易斯有 81.6 万居民,1990 年人口调查总计为 39.7 万人。随着郊区的发展和繁荣,它的许多老城区逐渐变成令人失望的空无一人的房屋和空地。尽管附近州际高速公路上车辆的嗡嗡声连续不断,人迹稀少的街道上却寂静得可怕。空气被污染了,人行道上满是污物,少年犯罪率令人恐惧,所剩下的一些工业正在凋敝。杂草丛生的空地和不常使用的调车场点缀着污秽的仓库和日渐老化的厂房。这些老城区就像一对老年夫妻——工作没了,儿女远走高飞了,不再相信生活目的——那样面临着不确定的未来。

圣路易斯或乌尔的经历会不会成为 21 世纪其他地区的先例?一些未来学家如保罗·霍金、约翰·奈斯比特和阿尔文·托夫勒通过预测几乎创造了一个"家庭手工业"。他们预言,城市注定要消亡,以计算机、传真机、电子邮件、可视电话为先导的新的通信科学,将使得面对面的人类交往成为多余。他们说,将来我们可能和丈夫(妻子)(如果婚姻本身仍然是人们乐意的选择)一起用完早餐,吻别后,就回到各自的房间或网站,而不必出家门,不必到哪怕是最近的房屋或食品店去,在我们舒适的家里,就可以做从报到上班到买蔬菜等在内的一切事情。

也许这些未来学家将被证明是正确的,我们这个时代的大城市,正如被征服的迦太基一样,在下个世纪末将举步维艰。然而,更可能的是,20 世纪 90 年代的大城市在 21 世纪 90 年代将仍然是大城市,这是因为人类集居的催化作用在产生城市问题和激化城市内冲突的同时,也激发了推动文明向前发展的创造力、创新和合作精神。大都市中心是人类最复杂思想的产品,尽管计算机能远距离联络信息,它们作为信息交换场所的作用将不可能失去。

人们发现,甚至连儿童也想知道活动的意义所在。许多人偏执地认为,适合于年轻人身心的是一个处于控制状态下的环境——最好是篱笆围起来的一个后院——他们试图让自己的孩子们远离街道。在 1970年,一个德国人的研究发现,孩子们不是以他们周围开放场所的大小,而是根据他们参与到使他们兴奋、并激起他们想像力的人或事之中的自主权来判定他们的自由程度。在一个从基普考森到古克尼茨的科学规划的德国人社区里,当孩子们在火车和工厂烟囱边玩耍时,在建筑工地废墟上闲逛时,或在繁忙的大街拐角处无所事事地溜达时,他们表现出极大的满足。在林荫道上,在篱笆围起来的游戏场所和大草坪上,他们感到孤独、拘束和厌烦。

总之,人口的高度集中仍有其优点和益处。城市不仅是具有不同嗜好和追求的人摩肩接踵的地方,也是人类大多数重大成就和思想产生的地方。乡村生活以同样事件无休止的重复为其特征,而城市依然是多样性、兴奋、创造力和机会的中心。如果说城市显示出现代社会某些最坏的倾向,它们也代表了社会中最好的方面。正如芝加哥大学教授查尔斯·梅里亚姆 1934 年在美国市长会议上所说的:"罗得之妻的麻烦在于她向后看,结果看到了所多玛和蛾摩拉。如果她朝前看,她会看到天堂也是规划成城市的。"①

（刘光华　译　陈仲丹　校）

---

① 此处用了《圣经》中的典故,圣经人物罗得之妻不听劝告向后看,看到两座罪恶的城市所多玛和蛾摩拉而化为盐柱。——译注

第二十三章　人口统计学与人口流动

乔治斯·萨巴格

1994年8月,联合国全球人口会议在埃及首府开罗召开。这次人所共知的大会为大众传媒宣传全球人口问题提供了一个良机,报纸和杂志的特写都是这样的标题:"扼住全球人口奔马的缰绳""养活膨胀的人口,不要毁灭地球""突击战:人口"和"拥挤世界的危机:全球人口的炸弹引信仍在咝咝作响"。世界观察组织是华盛顿特区的一个专事人口、环境和生态问题研究的私人组织,该组织主席莱斯特·布朗提醒人们注意因生态系统的崩溃而使人类遭受报应日子的到来。甚至连"克林顿总统也在赶新马尔萨斯主义的浪潮",正如《美国新闻和世界报道》于1994年9月12日的报道中所指出的,悲观主义者已在托马斯·马尔萨斯1789年出版的著作《论影响未来社会进步的人口原理》中找到了启示。正如在这部著作字里行间可以看到的,悲观主义者对人口快速增长意义的看法并不新鲜。所谓的新马尔萨斯主义者告诫说,必须自觉地控制人口,以便使人口生产和粮食生产取得平衡,进而避免马尔萨斯所说的不可避免的人口限制,即总是会出现的饥荒和疾病的威胁。最近,生态学家和生物学家修正了新马尔萨斯主义的基本观点,据他们说,地球上的资源是有限的,人口的迅速增长将会导致环境的进一步恶化。

由于具有这种不可避免的结局,因此必须采取紧急措施——包括绝育、人工流产等方法——以控制生育率,但这类悲观主义学者、宗教活动家遭到奇怪同盟的反对,天主教会甚至还为人口问题描绘了乐观的前景。有趣的是,在1994年开罗会议上,梵蒂冈得到了一些伊斯兰国家和团体的支持。一位天主教领导人在大会期间的联合国新闻发布会上发表的陈词提出了极其乐观的观点:

> 如果全球人口在过去两个世纪里已从10亿增长到50亿,同一时期全球资源则增长了50倍。……没有来自人口的动力,经济就不会增长。

一些经济学家也认为人口增长可能对经济发展具有有益的影响。悲观主义和乐观主义的观点对国家人口增长政策有着深远的影响,前者呼吁采取激烈的措施降低生育率,后者则反对这些措施或者主张采取比较中立的政策。两者都把科技作为一个重要领域,认为它能用以开发新的资源,但也会产生新的环境问题。

尽管存在这些激烈的争论,大多数来自第三世界的联合国代表还是一致认为:人口的迅速增长会威胁可持续发展。另一方面,来自发达国家特别是欧洲的代表们则考虑人口停滞和衰减的可能性。历史正在重演。20世纪30年代,包括法国在内的许多国家表现出这样的恐惧,有时这种恐惧是建立在极端民族主义甚至种族主义基础上的。比如在德国,尽管四五十年代的生育高峰缓解了这种恐惧,不幸的是,这些恐惧在将来还会更经常地被感到。

不论各国政府和非政府组织对人口持什么样的看法,我们必须弄清楚21世纪全球人口的走势。未来人口的变化无疑将影响人们如何看待这些变化的内涵。

因此本章的主要目的在于考察20世纪后半期人口增长和人口统计的变化,预测21世纪可能出现的人口状况和人口趋势。

我们推算全球人口在1650—1900年的250年中增长了10亿——从

大约 5 亿增长到 16 亿。在 20 世纪,出现了人口加速增长的趋势,仅在 50 年里全球人口又增长了 10 亿。1950 年世界人口为 25 亿,1970 年上升为 37 亿,10 年后的 1985 年,人口攀升到 49 亿,到 1994 年,全球人口达到 56 亿。

1950—1970 年人口年均增长率达到了历史最高点。1950—1955 年人口年平均增长率稳定地维持在 1.8%,1965—1970 年约为 2.1%。在这个历史性的高峰之后,增长的速度开始下降,1985—1990 年为1.7%。尽管人口增长率下降了,1985—1990 年人口总数仍比 1950—1955 年大得多,这一事实意味着在此期间,全球年均净增人口数翻了一番,从 4700 万增加到 9900 万。

从地缘政治的角度看,20 世纪全球人口增长伴随着全球不同地区人口重要性的重大转移。较发达国家在全球人口中所占比例从 1800 年的 21%上升到 1900 年的 1/3,随后开始下降,1990 年大约为 23%。欠发达国家则恰恰相反。为了解释这些人口增长模式,人口学家运用了人口变迁的概念。人口变迁仍然是指导我们检验死亡率和生育率趋势间关系,以及社会经济变化对这些趋势的影响的有用概念。在人口模式初期阶段,生育率和死亡率水平比较高,因此在变迁的初期阶段很少或没有人口增长,死亡率开始下降而生育率仍保持较高水平,这便产生了人口迅速增长的动力。在变迁的后期阶段,生育率开始下降,人口增长的速度也开始下降——尽管在此之前可能先是死亡率加速下降。在变迁的最后时期,生育率和死亡率水平都比较低,人口趋于稳定。西欧和北美在 19 世纪大多经历了这种变迁,东欧则是在 20 世纪上半叶。但这种模式没能预期到二战后这两个地区出现的生育高峰,也没能说明为何一些发展中国家的生育率和死亡率急剧下降,而其他国家尽管死亡率迅速下降,但生育率仍保持较高水平。

20 世纪后半期,包括中国在内的欠发达国家的人口从 1950 年的 17 亿飚升到 1990 年的 40 多亿,平均人口增长率从 2.0%上升到 2.5%,接着又下降到 2.3%。相比之下,发达国家则落在后面,人口从 1950 年的

7.5亿上升到1990年的12.5亿,年均增长率从1.3%下降了一半,为0.6%。但最剧烈的人口变化出现在最不发达地区,从1950年到1990年,它的人口翻了两番多——从1.49亿上升到大约5亿,人口增长率从1.9%跃升到2.7%,高于任何其他地区。1985—1990年,47个国家被联合国列为最不发达国家,其中33个国家在撒哈拉沙漠以南的非洲。

就全球的主要地区①而言,比较突出的是印度和中国,人口较多并且还在增加,紧随其后的是撒哈拉沙漠以南的非洲。中国和印度的总人口数几近翻了一番,1990年为20亿——占全球人口1/3强。同一时期,撒哈拉沙漠以南的非洲的人口增长了两倍,约达5亿。拉丁美洲、东南亚和中东/北非的人口也增长了两倍,比印度稍高——只有中国大约超过这个数字——为1.5亿。到1990年,印度和中国的人口远远超过欧洲,撒哈拉沙漠以南的非洲也稍高于欧洲,拉丁美洲和东南亚正在迎头赶上。1950年与拉美拥有相同人口规模的北美也逐渐丧失了人口增长的势头,到1990年,其人口密度仅为拉美的60%。

从1950年到1990年,全球的死亡率和生育率发生了深刻的变化。考虑到这些,人们才能很好地理解这个时期人口的巨大变化。1950—1955年和1965—1970年,全球出生率略有下降,从38‰下降到34‰,而死亡率从20‰显著下降到13‰——这就说明了人口增长加速的原因。然而,在稍后的20年里,由于出生率(34‰—27‰)比死亡率(13‰—10‰)下降得更快,这个增长逐渐缓慢下来。

一个更精确地衡量生育率水平的方法是考虑一个妇女一生生育婴

---

① 一些地区的范围界定如下:

北美:加拿大、美国、格陵兰岛、百慕大群岛。

拉丁美洲:美洲除上述地区以外的所有国家。

中东/北非:西亚、伊朗和北非(阿尔及利亚、埃及、利比亚、摩洛哥、苏丹、突尼斯和撒哈拉沙漠以西地区)。

撒哈拉沙漠以南非洲:除上述非洲国家以外所有国家。

南亚:(不包括印度和伊朗)阿富汗、孟加拉国、不丹、马尔代夫、尼泊尔、巴基斯坦和斯里兰卡;

东亚:(不包括中国)香港、日本、北朝鲜和韩国、澳门和蒙古。

儿的数量——即总生育率。同样地,更直观地衡量存活率的方法是考虑人均寿命,即在当前条件下新生婴儿预期的平均生存年龄。从 1950—1955 年到 1965—1970 年,生育率一直比较高,然后在下一个 20 年中从每一育龄妇女生育 5 个孩子下降到 3.5 个孩子。一直到 1970 年生育率几乎稳定不变,人均寿命增加了 10 年。由于生育率的下降,人均寿命又增加了 7 年,结果人均寿命从 1950—1955 年的 46 岁上升到 1985—1990 年的 63 岁。据估计,1990—1995 年生育率进一步下降到每个育龄妇女生育 3.1 个孩子,人均寿命则上升到 64 岁。因此 20 世纪 70 年代初是一个转折点,全球生育率的趋势发生了重大变化,但全球的趋势呈现出重要的地区差别:20 世纪 50 年代初,与发达国家相比,欠发达国家(包括中国)的生育率相当高——每个妇女生育 6.2 个孩子,而前者为 2.8 个孩子,欠发达国家的平均寿命则相当低——为 41 岁,前者为 66 岁。最不发达国家的生育率和死亡率水平甚至更高。

1970 年以来,发达国家生育率下降到低于人口替代所需的水平(每位妇女生育 1.9 个孩子),而平均寿命则上升到 74 岁的新高点。相比较而言,发展中国家的生育率下降了,但仍然维持较高水平——特别是如果不将中国包括在内的话——每位妇女生育 4.6 个孩子。尽管发展中国家人均寿命增加了 20 年,但仍然落后于发达国家 13 年。在最不发达地区,生育率仍为每个妇女生育 6 个以上孩子,平均寿命比发达国家短 20 年。

在地区差别方面,1950—1955 年全球人口变化的差别相当简单。除拉丁美洲外的发展中国家出生率都比较高(40‰),死亡率也相当高(24‰)。20 世纪 50 年代前的死亡率甚至更高,很明显,这些地区进入了人口变迁的初期阶段。相比之下,1950—1955 年发达国家的出生率在 20‰—27‰ 之间,而死亡率在 10‰—15‰ 之间。

由于在随后几十年里的巨大变化,全球人口结构的差别日益扩大。由于实施了严厉的人口政策,仅在 20 年里,中国的总生育率就从每个育龄妇女生育 6 个孩子陡降到 2.4 个。同期,死亡率也下降了 2/3,人均预期寿命增加了近 30 年。1985—1990 年,中国的生育率比 50 年代的欧洲稍低,部分是由于低龄的年龄结构和较低的死亡率。

在拉丁美洲、印度和东南亚,出生率下降到 30‰,死亡率下降到大约 10‰。总生育率下降最多的是拉丁美洲,最少的是印度。而在这三个地区,人均寿命的增长幅度大致相同,其中拉丁美洲最高。中东/北非是这一地区性群体的一部分,因为其死亡率也下降到大约 10‰,但其生育率仍然较高(37‰),而且这一地区最初生育率很高,到 1985—1990 年下降为每个妇女仅生育 5.4 个孩子,尽管也有几个国家(中东/北非)达到更低水平。很明显,所有这些地区都处在以人口的迅速增长为特征的人口变迁的第二个阶段。

在南亚(除印度)和撒哈拉沙漠以南非洲的第三个地区性群体,生育率几乎没有下降(整个时期撒哈拉沙漠以南非洲一直保持每个育龄妇女生育 6.6 个孩子的较高水平),但死亡率稍稍下降,这说明人口增长的速度加快了。

世界其他地区——欧洲、苏联、北美和东亚(主要是日本和韩国)——都经历了出生率的显著下降,1985—1990 年下降到大约 15‰的最低水平。20 世纪 30 年代,西欧和美国的总生育率低于或接近人口替代水平,1950—1965 年生育高峰期其总生育率明显地上升,北美为每个育龄妇女生育 3.5 个孩子,而欧洲为 2.5 个孩子。但到 1985—1990 年,这些地区的总生育率急剧下降到人口替代水平以下。东亚则不同,其死亡率一直保持在同一水平——部分是因为人口老龄化。在开罗会议上,俄罗斯联邦的代表声称:"对于生育率低于人口替代水平的俄罗斯联邦和其他一些发达国家来说,其人口问题与非洲、亚洲或拉美所面临的问题不同。"[1]

很明显,欧洲和北美进入了人口后变迁时期。准确地说,这在 20 世

---

① 俄罗斯联邦劳工部长 C. 麦肯利的报告,联合国新闻处发布,"国际人口和发展会议",1994 年 9 月 12 日。

纪 30 年代就已开始了,只是上面提到的生育高峰完全改变了这一局势。这么说来历史会再次重演,再出现一次生育高峰? 实际上,这是开罗会议上的一位东欧代表所希望出现的,当时他说:"为了不灭绝,爱沙尼亚人必须生育更多的孩子。"①

　　对生育率和死亡率的这些复杂趋势的解释存在广泛而多学科的论述,这一点超出了本章涉及的范围。人们对导致死亡率下降因素的看法已经取得某种程度的一致,但在生育率方面还未达成共识。应该既要解释清楚为什么一些地区和国家的生育率下降了,又要解释清楚为什么其他国家的生育率没有下降。正如人口学家罗纳德·弗里德曼所说的,"解释从低生育率到高生育率变迁的原因"并不那么简单,因为这不仅涉及到探索结婚年龄上升、避孕和堕胎②的影响,也涉及到详细说明社会、文化和经济怎样变化会导致生育率的下降。③ 可以预见,避孕措施采用率的上升与生育率的下降密切相关。因而,中国和拉美 60 年代到 90 年代避孕措施采用率上升的结果是生育率急剧下降。相比较而言,撒哈拉沙漠以南的非洲生育率仍然比较高,避孕措施采用率仍然较低。对家庭计划生育项目或经济发展不同影响的分析表明,这两者都影响了生育率的下降幅度。不幸的是,对于哪一种特定的经济、社会、文化或社会心理的理论模型能最好地说明这种情况,现在还没有一致的看法。

　　前一节所叙述的死亡率和生育率趋势的一个最重要的结果是它们对人口年龄结构的影响。许多人活到较大岁数,死亡率的下降增加了老年人口的重要性。同时,人口统计学家已经表明,生育率的下降事实上对年龄结构有最重要的影响。这一趋势中另一突出的因素是老龄群体中女性的日益增多。

　　1950 年到 1990 年期间,年龄结构的不合理分布状况并没有大的变

---

① 爱沙尼亚文化教育部长彼得·奥里斯卡的报告,同上。
② 据人口统计学家所言,这些是生育率的主要决定因素,此外还包括禁欲和哺乳期的长度。
③ 罗纳德·弗里德曼:"第三世界计划生育",《年鉴》,第 510 卷,1990 年 7 月,第 35 页。

化,这表明全球人口结构仍呈年轻化。1970—1990年全球儿童人口的增长不比1950—1970年快,这表明生育率下降了。但由于较早出现的、较高的生育率和较大的儿童人口数,1970—1990年年轻的成年人(20—39岁)的人口数比以前增长得更迅速,这意味着年轻劳动力人口增长加速。

同时,60岁和60岁以上的老龄人口也在增长,在某种程度上甚至增长得更快。可以想象,不同地区年龄结构变化差别很大。

撒哈拉沙漠以南非洲在这一时期生育率一直较高,因此现在年龄结构最年轻化,儿童人口基数大,老年人口相对少。儿童人口比其他任何年龄群体增长快,这种年龄结构显示出其未来人口具有较大的增长潜力。

尽管拉丁美洲、印度、南亚、东南亚和中东/北非整体生育率稍稍下降,但仍保持着年轻化的人口结构。

中国在1970年后生育率迅速下降,其人口结构到1970年为止一直很年轻化,但到1990年之后,这种趋势迅速发生了变化。

欧洲和北美的人口结构反映了生育高峰的影响。1950—1970年儿童人口数上升,1970—1990年则呈下降趋势,其中以欧洲下降最为迅速。生育高峰时期的"人口膨胀"最终造成1970—1990年20—28岁育龄人口数量的明显上升。在北美,这一时期国际移民大潮无疑也扩大了这一年龄群体,到21世纪初,日益老化的高峰期出生者将大大增加老年人口数量。

当我们将目光转向未来,思考21世纪全球人口将会发生什么变化时,我们将会发现,对未来人口的所有预测,都涉及到对未来的总出生率和人均预期寿命走向提出一系列假定或构想,其中也包括对国际人口迁移模式作出假设。过去的趋势常常引导人们的选择,例如,既然全世界所有地区的人均预期寿命正在增长,况且各种对人均预期寿命的预测仅有几年的差别,因此人们通常假定这种趋势会延续下去。一些人试图解释爱滋病对未来人均寿命的负面影响。对生育率的预测更为复杂。对于生育率已经开始下降的国家来说,通常假定这种趋势会继续下去。至于下降的速度和这一时期最终生育率方面的假设则存在差别。对于人口处于替代水平之上或替代水平之下的国家来说,如美国、加拿大和欧洲所有国家,人口变化可能界于生育率上升和进一步急剧下降之间。

最近和最详细的预测只能到 2025 年,但也有一些预测可以延伸到 21 世纪末,例如,根据生育率出现的情况,联合国预测到 2100 年全球人口将在最低 60 亿到最高 192 亿之间。60 亿这个数字看来太小,因为这要求人口从预计的 2050 年最高将达到 78 亿这个数字上降下来。192 亿这个数字也显得不现实,它只会为新马尔萨斯主义者在全球资源压力方面的极大恐惧辩护。在这些预测中,最合理的选择是"中间的"或"中段的"预测。世界银行①和国际应用体系分析学会②的人口预测小组领导人沃尔夫冈·卢兹也对 2100 年作出预测。联合国的中期预测和世界银行的预测认为,到 2100 年,所有地区的生育率都将达到人口替代水平,他们都得出同一数字——稍稍超过 110 亿。另一方面,国际应用系统分析学会假定到 2100 年生育率较高,从而得出全球人口总数为 126 亿的结论。如果这些预测被证明是正确的,那么,全球还有 100 年时间来调整这一日益庞大的人口。

更重要但也更成问题的是人口增长的地区差别。如果"中间的"生育率假设是正确的,欧洲、前苏联、大洋洲和北美洲的人口到 2100 年将稍稍上升,达到 12 亿,与 1950 年占全球人口的 30％相比,这时大约占全球人口的 11％。所有其他地区将达到近 100 亿人口,占全球人口的 89％。即使生育率到了人口替代水平,2100 年非洲的人口将猛增到令人不可思议的 29 亿,超过 1950 年全球人口数。20 世纪末、21 世纪初的人口巨人中国到 21 世纪末将被印度所取代。

---

① 罗多尔夫·布拉套、埃多尔多·博斯、佩兴斯·W. 斯蒂芬森、迈·T. 福:《全球人口展望》,1989—1990 年出版,华盛顿特区,1990 年。
② 沃尔夫冈·卢兹:"全球人口的未来",《人口公报》,49（1）,1994 年。国际应用系统分析学会是一个位于奥地利莱森堡的国际研究机构。

既然未来人口达到某一数字的预测,主要依赖于对总生育率和人均预期寿命水平的假定,关于近期的具体到 2025 年的预测,关键是首先考虑"中期"预测将产生什么样的出生率和死亡率。到 2025 年,欧洲、北美、东亚和中国的总生育率估计在人口替代水平以下(每个育龄妇女生育 1.8—1.9 个孩子),前苏联、大洋洲、印度和东南亚的总生育率将稍高于人口替代水平(大约每个育龄妇女生育 2.1 个孩子),而拉丁美洲的总生育率则仍然高于人口替代水平(约 2.2 个孩子)。1990 年到 2025 年,估计生育率将急剧下降——中东/北非每个育龄妇女将从生育 5.1 个孩子下降到 2.7 个孩子,南亚(除印度)将从 5.5 个孩子下降到 2.6 个孩子。而对撒哈拉沙漠以南的非洲的预测没有变化,这个地区生育率将仍然较高(3.7 个孩子)。这个"中间"预测还假定在撒哈拉沙漠以南非洲国家人均寿命将上升。这些上升包括 1990 年生育率最低地区(欧洲和北美)上升大约 5 年,1990 年死亡率最高的撒哈拉沙漠以南非洲上升大约 14 年。

到 2025 年,尽管人均预期寿命预计会上升,但由于人口老龄化,欧洲、北美、中国和东亚的死亡率将会上升,日益与出生率持平,人口进入典型的后变迁时期。处在另一个极端的撒哈拉沙漠以南非洲据估计将进入人口变迁的第二阶段,这时出生率开始下降,死亡率继续下降。至于其他第三世界地区,1990 年以前开始的出生率下降趋势将加速持续下去,由于 1990 年死亡率已相当低,可以估测只会稍稍下降。

从出生率和死亡率的这些未来趋势,可以推断从 1990 年至 2025 年间不同地区的人口规模和年龄结构将发生什么变化。当然,国际人口迁移会稍稍影响这些推断。欠发达地区的总人口将从 1990 年的 41 亿猛涨到 2025 年的 71 亿,而 2025 年全球人口将达到 85 亿。根据较高的推测,85 亿这个数字可能上升为 91 亿,根据较低的推测为 79 亿。

最不发达国家人口将有最大幅度的增长,从 1995 年的 5 亿增长到 2025 年的 12 亿。除非出现经济奇迹,否则这些国家将不能承受那样的人口增长。

21世纪最初25年的人口巨人将是中国,2025年其人口将达到15亿,尽管在同一时期,印度和撒哈拉沙漠以南非洲国家将迅速赶上,成为随后时代的人口巨人。拉丁美洲和东南亚的人口将从4.4亿上升到7亿,成为人口方面另一个最重要的地区。中东/北非的人口数不会落在后面,2025年其人口将从2.72亿翻一番增加到5.66亿,超过欧洲的总人口数。从这些趋势可以预测,欧洲人口在1990—2025年将不会有太多的增长,而北美和前苏联在某种程度上将会有较高的增长率。所有这三个地区在人口方面的相对重要性将下降,21世纪头25年将从占世界总人口的20%下降到15%。

对未来生育率和死亡率可能出现变化的中期预测表明,全球各地区人口的年龄结构也将发生变化。从社会、经济和政治上来说,未来最重要的趋势是除撒哈拉沙漠以南非洲以外全球所有地区的人口持续老龄化——低生育率地区老龄化最明显,生育率仍相对高的地区老龄化不明显。因此,欧洲、北美和东亚的老龄化现象最为明显,中国的老龄化现象不明显。从经济上说,最重要的趋势是劳动力的日渐老龄化以及10—29岁年龄组没有增长——甚至下降,而这个群体是劳动力的后备力量。加上退休年龄人口的迅速增长,这个趋势意味着在退休措施和社会保障体系方面必须有重大的变化。

处在另一极端的是撒哈拉沙漠以南非洲人口年龄结构的年轻化。据预测,这里0—19岁的学龄人口将增长一倍多,10—29岁年龄组的人口将增长近两倍。这对这一地区的社会和经济是一个实际挑战,因为它必须提供更多的学校设备和新的工作机会以满足需求。而印度、南亚、东南亚、拉丁美洲和中东/北非的人口将比撒哈拉沙漠以南非洲人口的老龄化程度更高——正如0—9岁学龄人口下降或没有增长所表明的那样——后者将仍然存在年轻化的年龄结构。由于前期的高生育率水平,劳动力年龄组人口将明显增加。

北美的70岁和70岁以上的高龄人口将增长一倍,欧洲则将增长

60％,这将大大增加对服务性工人的需求,而此时劳动力人口可能大幅度减少,因此不得不从国外招募大量劳工。从整体上说,由于经济的不断增长,欧洲和北美对工人的需求量将超过目前,因此中期预测意味着国际劳动力迁移的极大增长。国际实用系统分析学会的人口规划小组认为,每年将有200万人从南半球迁移到北美,100万人移居到西欧,100万人到东欧,30万人到日本和澳大利亚。有趣的是,预期迁移到西欧的人口数字大约与1960—1985年从南方来的平均移民总数相当。但对北美来说,200万这个数字显得太高了。

20世纪前期人口迅速增长果真如新马尔萨斯主义者希望我们相信的那样是恐慌的理由吗?分析本世纪前期社会和经济全面发展的状况超出了本章的讨论范围,但一些指标表明,人口的增长并没有造成生活水平的下降。不论在全球还是在欠发达国家,反映生活水平的婴儿死亡率在1950年到1990年期间下降了一大半。撒哈拉沙漠以南非洲婴儿死亡率的下降并不明显,直到1990年,婴儿死亡率仍保持较高水平。其他衡量生活水平的标准表明,1990年全球更多人口的生活水平比1950年有明显改善,但不是所有地区都是如此。20世纪60年代初到90年代初期间,所有发展中地区除撒哈拉沙漠以南非洲以外人均粮食产量大幅度上升,撒哈拉沙漠以南非洲粮食产量下降,尤其是在1969—1971年和1990—1992年。尽管如此,正如蒂姆·德莱森在1994年所写到的,粮食生产方面的资料表明,"全球人口增长似乎并未超过粮食生产的增长"[1]。从1965年到1991年,除撒哈拉沙漠以南非洲下降外,所有发展中国家和地区人均国民生产总值的增长率都上升了。正如成人识字率的明显上升所表明的,所有发展中社会都有了重大的进步。

但未来到底怎样?如果我们仍然相信人类在劫难逃的预言,除非人

---

[1] 蒂姆·德莱森:"人口增长和粮食生产近期全球和地区趋势",《人口和发展评论》,第20期,1994年,第407页。

类做些什么以将全球人口减少到低于前述的水平,否则新马尔萨斯主义的威胁在21世纪将会成为现实。对粮食生产的所有潜力的一项分析表明,人口、资源和环境之间的相互关系远比新马尔萨斯主义者所想象的复杂和不同。瓦卡拉夫·斯米尔写道,"令人失望的趋势和潜在的希望交织在一起。令人担忧的变化首先包括农田的减少、土壤被侵蚀、农药的过度使用、灌溉农田的盐碱化和物种的减少"[1]。另一方面,斯米尔继续写道,乐观主义者也指出,"我们不仅知道如何缓和这些不理想的趋势,我们也知道怎样用合理的农业技术最终改变这些趋势"。估计到2050年,农业生产将有效地增长到可以养活全球100亿—110亿人口,斯米尔这种谨慎的乐观主义是对新马尔萨斯主义者悲观预言的回敬。但我们不应忽视利用合理人口政策的重要性。在开罗人口会议上,尽管存在关于堕胎问题的激烈争论,与会人员的确几乎达成了一个共识:人口增长的减缓和实现可持续发展会相互促进。大约20年前,即1974年在布加勒斯特召开的全球人口会议上,大多数发展中国家一致赞同把人口增长作为经济发展的手段。中国代表团宣称:"人口问题不是社会主义的问题。"但早在1983年,中国断然改变了立场,正如其总理赵紫阳所说的,中国计划将"继续特别强调人口控制……晚婚和每对夫妇只生一个孩子"[2]。

在开罗会议召开之际,为凸现人口问题这一主题,巴黎自然历史博物馆筹办了一次展览,它旨在让公众了解21世纪人口增长的性质和含义。这一展览的组织者提出了一个简洁而和谐的人口增长观[3],具体诠释为,全球正在设法控制人口增长,但在必须养活110亿或120亿人口的情况下,人类将不得不改变生活方式,同时也必须更公正合理地管理和使用地球上的资源。从长远来看,人类的生存将更多地依赖人类的生存方式,而不是依赖人口的数量。

---

① 瓦卡拉夫·斯米尔:"地球能养活多少人?",《人口和发展评论》,第20期,1994年,第280页。
② N.凯菲兹:"生态圈中的人口与发展:一种文学观",《人口指数》,第57期,1991年,第7页。
③ "60亿人口",《人口与社会》,第294期,1994年10月,第3页。

这种看法与开罗会议上一位代表的观点不谋而合：

能富于创造性地、持续地靠土地而生存的人类数量并不是固定的，它依赖于可利用的技术和资本、社会组织形式和公民机制。①

（刘光华　译　陈仲丹　校）

---

① 国际农业发展基金会主席福兹·阿尔-萨尔坦的报告,联合国新闻发布会,1994 年 12 月 12 日国际人口和发展会议。

跋：21 世纪

理查德・W. 布利特

《未来百科全书》共两卷，几乎囊括了从"流产"到"工作条件"等在内的近 500 个条目。① 越来越多的有关不久将来的描述正出现在电影银幕上和平装本小说的书架上。新千禧年即将到来之际，未来学已成为轻松愉快而又具有严肃含义的职业。事实上，有如此之多的人已经在预测未来，以致在这里再去试图预测未来的事件或趋势可谓多此一举。因此，本章仅限于讨论比较温和的内容，即如何从 21 世纪的视角对 20 世纪历史进行再思考或再想象。

如果暂且不谈什么启示，有关 21 世纪为数不多的几个确定事件之一就是历史学家将编撰其历史，并且他们将会重写 20 世纪历史。鉴于目前流行的各种有关 20 世纪历史的主题描述具有暂时性甚至不确定性，本书将集中描述据称对了解这段历史十分重要的有关 20 世纪生活变化的基本方面，而对任何有关这一世纪各种事件的特定描述则不予特别注意。之所以这样，乃是希望本书中所撰写的内容将继续同 2050 年或 2090 年撰写的 20 世纪史保持一致性。

---

① 乔治・托马斯・库里安和格雷厄姆・T. T. 莫利托合编:《未来百科全书》,纽约:美国麦克米伦参考图书馆,1996 年。

　　尽管 20 世纪的历史学家对 19 世纪历史进行各种形式的再阅读和重新解释,其中许多最著名的历史学家倾毕生精力消除支配 1900 年以前许多历史著作的帝国主义意识和世界观,但我们必须承认,用来解释 21 世纪所发生事件的新观点,即便不是完全替代,也是增强了我们有关 20 世纪的许多看法。换言之,我们自己时代的历史以及父辈和祖辈的历史在很大程度上是由未来决定的,至少对生活在未来的阅读或观察历史的公众来说是这样。

　　未来究竟在多大程度上可能改写 20 世纪史,仅仅取决于历史学家的想象力,因为在某种程度上历史学家在设想他们没有亲自经历过的时代(不管是遥远的过去还是未来)时比科幻作家更慎重。下述未来可能为 20 世纪史所作的主题叙述的抽样,旨在表明我们目前对我们自己时代了解的暂时性和不确定性。它们隐含在提交给 21 世纪末书商的建议中,假定到那时还有许多书商和书籍的话。

亚洲世纪:20 世纪的基础(可能同索尼国际出版公司合作出版)

　　长期以来,历史学家们一直认为,所谓的美国世纪是从 1814 年"三十年战争"的开端,即旧欧洲秩序(所谓的"漫长的 19 世纪")开始崩溃开始的,到 1991 年由于对苏联的"皮洛士胜利"[1]而在经济上和政治上衰弱不堪的美国,通过领导强大的国际联合部队,对付一个人口不及其 1/10 的可悲"劲敌"伊拉克并赢得最后的喝彩而告终。

　　本书认为,真正的 20 世纪史从 1905 年日本在俄日战争中打败俄国开始。尽管 20 世纪中叶日本经历了试图从军事上支持其经济迅速增长的"十年挫折"(1936—1945 年),但日本经济增长的轨迹是稳步向前和不可逆转的,并因世界经济资源转向东亚而达到顶峰,这是我们时代的核心事实。

---

[1] 古希腊伊庇鲁斯国王皮洛士在公元前 280—279 年间以重大牺牲打败罗马军队。这里指以重大牺牲而获得的得不偿失的胜利。——译注

以下各章将集中描述仿效日本的发展道路走向繁荣的"小虎"和后来的"中虎"的出现。中国先是在从欧洲输入的杳无人迹的意识荒原里徘徊了几十年，然后在世纪末终于显示了自己在经济方面的能力；而欧洲和美国居然不能解决国际经济竞争的难题。在美洲地区，对从大西洋沿岸（对已经消逝的与欧洲相联系的时代患有致命的怀旧心态），向今天欣欣向荣的太平洋沿岸的历史转变所带来的影响，我们同样会给予特别的关注。

在回顾我们令人诧异的亚洲发展世纪时，有必要删去欧洲意识形态冲突的历史枝节——现在已明显觉察到这种冲突是文明自杀的一个非理性插曲——而将公众的注意力引向作为我们时代先兆的亚洲的 20世纪。

国家的结束：再评价

20 世纪末以来的许多重要著作都假定，拥有主权的民族国家是人类社会不可避免和不能削减的组成部分，本书将从这种假定出发对这些著作进行检验。鉴于过去几十年特有的地区合并、政治结盟和职责国际化的伟大浪潮，我们对此前的优秀思想家很少能预见到这些发展感到吃惊。在 1648 年签订的《威斯特伐利亚和约》中，一些欧洲国家同意承认彼此在固定地域内的完全主权，因而该和约被认为是 17 世纪意识形态的分界线。受此影响，这些 20 世纪的思想家甚至在面对我们自己时代所经历的明显导致这些陈旧的主权国家概念过时的事件时，仍强烈维护主权国家的永恒真实性。

本书将从研究 20 世纪早期的先驱运动开始，特别是所谓的"共产主义国际化"和国联机制，然后用较长篇幅讨论命运多舛的联合国从 20 世纪下半叶起代替主权国家得出的教训，最后将特别考察"国际制裁""人道主义干预"和"非法国家"等概念。这些概念是在 20 世纪末作为显然已开始瓦解的主权国家理论的对等物而出现的。

随着主权边界概念的内在贬损,世界范围的非主权经济组织,包括公共的(国际货币基金组织)和私人的(美国电话电报公司),以及世界范围的计算机网络,正在起支配作用,我们的整个立论将置于这一框架之中。

对心灵的安抚:新伊斯兰世界

以富于同情心和仁慈的主的名义

当主的使者、主的祈祷者与和平趋向上帝,将先前带领军队反对和鼓动仇恨上帝及其使者的对手接纳进穆斯林社会时,上帝不是用惩罚和积怨"欢迎"他们,而是用礼物和荣誉安抚他们的心。今天,当上帝经过千辛万苦终于恢复其子民的统一、权力和繁荣之后,所有穆斯林义不容辞地要对他们过去被在世界事务中暂时获得支配地位的人蔑视和排斥的时代有新的理解。只有通过这种一释前嫌的理解,我们才能对那些企图在整个世界不断扩张伊斯兰势力的人进行安抚。

1903年在伊朗发现石油是20世纪历史上的划时代事件。天意规定世界上最大的石油储备应在伊斯兰湾(那时称为波斯湾)水域附近;天意还规定在20世纪末,穆斯林将同样控制黑海及其附近的世界第二大油库;并且在我们这个世纪,穆斯林将在开发南中国海和东土耳其斯坦地区的巨大石油储备方面获得支配地位。

不用说,从1974年起由在短期内行之有效的石油输出国组织开始的世界财富的转移,在20世纪仍在继续,尽管在此期间为此不断发生战争。我们的斗争(现在万幸已经过去)围绕着谁将控制这一财富以及将其用于什么目的而展开。在20世纪上半叶,穆斯林有着其石油储备被西方榨取的不幸经历,接下来则出现了双重过程,即穆斯林终于获得了控制他们矿藏的应有权利;与此同时,怀着嫉恨的欧洲人和美国人则勾结起来想延长他们在该地区的影响,并将石油财富作为西方的私有财产来使用,最终,西方人失败了。西方对穆斯林的憎恨蔓延开来,数千亿美元(那时是国际通用货币)被挥霍在针对穆斯林兄弟的武器上。

人们记忆犹新的主的信徒与《古兰经》所称的背信的伊玛目之间发生的大战是一种天意。伊斯兰居住区发生了内讧并因而相互交战,那些惩恶扬善的人获得了胜利,对心灵的安抚现在不仅要扩展到迷途知返的穆斯林,而且要扩展到为了避免在资源上完全处于依赖地位,而在 20 世纪孤注一掷、徒劳无益地分裂和控制穆斯林社会的西方人。

成功来自上帝,胜利就在眼前!

美国新史(英法双语出版)

今天的美国年轻人以骄傲的目光看待美国这一世界上最富裕和最繁荣的联邦国家所取得的成就,但令人悲叹的是,他们中很少有人知晓直到 2035 年墨西哥城条约的历史。本书的目的是从那一划时代事件的角度叙述 20 世纪史。

本书将从 1898 年的美西战争开始。自 19 世纪初开始,华盛顿有时会毫不动摇地作出将其意志强加给西半球说西班牙语国家的决定。从美西战争开始,美国就一意孤行地这样做。1901—1934 年的《普拉特修正案》使华盛顿政府干预古巴事务合法化,详细研究这一修正案以及围绕开凿巴拿马运河(1904—1914 年)的图谋,将说明政府层次的干预。讨论联合果品公司、国际电话电报公司以及古根海姆家族对智利铜资源的开发,则有助于说明实业层次的干预。

然后我们将叙述华盛顿政府控制下的说西班牙语的民族,在一个致力于否认其多种族性的国度里,争取个人尊严、机会平等和语言平等的斗争。在今天的年轻人看来,他们也许同 20 世纪末的拉丁美洲人和美籍墨西哥人(在《罪恶痕迹》中查尔顿·赫斯顿就是墨西哥人!)一样有趣,他们会使人想起说英语者捍卫其语言优势事业而不顾及兄弟之情的不屈不挠。

1994年,《北美自由贸易协定》生效,由此带来的不安常常被人作为20世纪末一些思想家不理解美洲统一经济区潜能的一个例子而被忆起,即使他们正梦想从技术先进的以色列与其劳工密集的阿拉伯邻国的和平中获得无限进步(不幸的是从未达到这种地步)。

鉴于今天从蒙特利尔到布宜诺斯艾利斯的美洲联盟操不同语言者盛行兄弟情谊和彼此尊重,本书将集中于日趋繁荣的未来,并以此作为对寻求霸权而非和谐的狂妄国家和政府的警告。

日落西山:技术功能紊乱的征兆

如果当时致力于预见和预测技术进步消极作用的人和致力于开发技术本身的人一样多,会有人怀疑今天的世界将更美好吗?我不是说像克劳德·香农、约翰·冯·纽曼和比尔·盖茨这样的计算机人才应被关进斗室,以阻止计算机的激增,或像亨利·福特、阿尔弗雷德·P.斯隆和查尔斯·凯特林这样的早期汽车大亨应像不期而至的小猫那样被装在包中然后抛在桥上,以阻止汽车的大众化生产。相反,我想提出这样的问题:为何20世纪思想家要在很久以后才认识到新技术的危险性。

我认为,上述问题的部分答案在于人类久有的认为直接好处比最终损失重要的天性。另一部分答案在于激励了20世纪绝大多数思想家的科学进步意识,不管是在科学实验室,还是在从H. G. 威尔斯到阿瑟·C. 克拉克这样一些纯理论的作者的书桌前。20世纪末的卡瑟德拉①,如环境学家瑞奇·卡森和保尔·埃里奇不断地得到一些具有远见卓识的学者的回应,后者也主张未来技术应防备由于技术进步而产生的问题。

本书将用相当篇幅检验"大恐怖"假说,即对众多不幸灾难的推测导致人们对更小的危险熟视无睹。一方面,像小说家阿兰·莫尔所著的生动小说《监视者》(1987年)或电影《独立节》(1996年)中的情节,揭示了

---

① 特洛伊公主,能预卜凶吉,后因拒绝阿波罗的求爱,受其诅咒,再也无人相信其预言。——译注

外空入侵或担心外空入侵,可能会促使世界各国将所有分歧置之一边的思想;另一方面,就我们所知,在 1945—1991 年,全面核战争导致文明结束成为更普遍的挥之不去的积虑。

我将讨论人们所预测的核战争可能带来的各种变化,从威尔森·塔克的《冗长的寂静》(1952 年)这样无足轻重的早期文学作品,到沃尔特·M. 米勒的《献给莱尔鲍的颂歌》(1959 年)、拉塞尔·霍本的《里德利·沃尔特》(1990 年)、艾伦·穆尔的《血海深仇》(1990 年)中关于文明倒退的结构严谨的故事情节,再到动画片《战士之路》(1981 年)的成就。

最后一章将集中于冷战核恐惧消退年月产生的、专门描述技术紊乱和环境恶化的猎奇小说,包括尼尔·史蒂芬森的《黄道带》(1985 年)、大卫·布里的《地球》(1990 年)和布鲁斯·斯塔林的《重气候》(1994 年)。我提出这样的问题,即对核毁灭的大恐怖是否减少了对"更小"危险的敏感性,或产生一种对更糟情况的渴望,因而阻止了公众对失控技术的抗议,以致我们今天虽然知道,但却为时已晚。

继续进行这种练习,将会有更多机会证实对目前趋势的看法完全是一种误解。但愿上面详细概述的方案将不会成为对未来的预示。它们的目的是直接的而不是预期的。它们旨在说明这样一个基本事实:不管我们自以为多么了解我们生活的时代,或刚刚过去的时代,未来肯定会使这种了解显得过时。历史不可能一成不变,因为它不仅仅是对过去事件的集合和叙述,它还体现了作者对那些事件,以及他或她集合和叙述那些事件的基础的理解。由于人们在自己的一生中以及在几代人之间不可避免地会发生变化,由于历史的情节在不断变化的环境中被重新收集和改写,历史也不可避免地发生着变化。

人们常常认为,20 世纪的历史比以前发展得更快。果真如此的话,主题叙述将会误入歧途,新的解释将会以前所未有的速度流行开来。大量年轻的历史学家目前正在从事旨在推翻现存历史定论的研究,他们无疑是希望适应这种日益加速的变化浪潮的。

　　然而人们也许会从相反的角度指出,历史变化的"速度"应依据人类因素,而不应依据交通或运输的速度加快这样的机械度量来判断,在某种程度上,人类现在比过去活得更长。他们经历生命的各个发展阶段——少年时期、成熟期、再生产期、与子孙的分离期——可能有迟有早,但大致上,人类的生命周期一直是恒定的。30 年中可能会经历四次计算机的换代,但同样的时间只能使一个人从婴儿成长到成年。

　　由于现在的人口多于以前,因而现在人类的经历也多于以前。随着人类通过录音带、录像带、电影和计算机数字储存等保存经验证据的手段大为扩展,历史学家所获得的信息量也大大超过以前。因此,历史学家怎么可能证实历史迅速变化的说法? 历史学家备受大量信息负担的折磨,庞大的工作量迫使其专业越来越狭窄,并使其意识到社会不再重视主要为彼此开导而写作的职业历史学家。在 21 世纪,历史学家完全有可能让位于记者、电影制片人、小说家、文学理论家或对目前或刚刚过去时代的看法进行加工的民意测验者。

　　果真如此的话,那将是不幸的,因为历史学家知道,这种变化是缓慢的;未来改变过去;目前是未来的前提。这些是我们必须了解并且提醒人们知道的事。

（陈祖洲　译）

重要译名对照表

General Telephone and Electronics 通用电话电气公司

General Theory of Relativity 广义相对论

Gold Pool 黄金共享

Gomorrah 蛾摩拉

Guided Democracy 指导性民主

Gulag Archipelago 《古拉格群岛》

Gush Emunim 虔诚教徒组织

H

Hague Conference 海牙军备控制大会

Harvard College Observatory 哈佛大学天文台

Helsinki Final Act 赫尔辛基最后协议

Huguenots 胡格诺人

I

IBM 国际商用机器公司

Installment Purchase 分期付款

Intellectual Cooperation Organization (ICO) 知识合作组织

INTELSAT 国际通讯卫星组织

International Amateur Athletic Federation 国际业余运动员联合会

International Atomic Energy Agency 国际原子能机构

International Bank for Reconstruction and Developemt 国际复兴开发银行

International Commission for the Preservation of Islamic Cultural Heritage 国际保护伊斯兰文化遗产委员会

International Institute for Applied Systems Analysis 国际应用体系分析学会

International Labor Organization (ILO) 国际劳工组织

International Monetary Fund 国际货币基金组织

Internet Protocol 网际协议

Internet Service Provider(ISP) 因特网服务器

Irrationalism 非理性主义

Islamic Revival 伊斯兰复兴运动

Islamic Salvation Front 伊斯兰拯救阵线

J

Jam'at -i-islami 伊斯兰教神学者协会

Japanese Noh drama 日本能乐剧

Jazz Age 爵士时代

Jeux Africans 非洲人娱乐赛

Jeux des Petits Etats d'Europe 欧洲小国娱乐赛

Jeux Internationaux Feminnins 世界妇女娱乐赛

K

Kach Party 凯奇派

Keynesian Revolution 凯恩斯革命

KGB 克格勃

Kung Fu 功夫

L

Leo XIII 利奥十三世

Liberation Theology 解放神学

Locarno Treaties 洛迦诺条约

M

Mahatma Gandhi 圣雄甘地

Manhattan Project 曼哈顿计划

Marathas 马拉塔人

Marshall Plan 马歇尔计划

Master Race 杰出种族

Mataram　马打蓝帝国

Mauryas　孔雀王朝

Mediterranean Games　地中海地区运动会

Mercantilism　重商主义

Microwave Communication Inc.（MCI）　微波通讯公司

Muridiyya Order　穆雷迪亚教团

Muslim Brotherhood　穆斯林兄弟会

Muslim League　穆斯林联盟

Mycenean Hero　迈锡尼英雄

N

National Aeronautics and Space Administration（NASA）　（美国）国家航空航天局

National Broadcastiong Company　（美国）国家广播公司

Nationalist Afriskaner Party　民族主义南非白人党

National Sangha Act　国家僧侣法案

NATO　北大西洋公约组织

neo-Malthusian　新马尔萨斯主义

NEP　苏联新经济政策

New York School　纽约学派

Nippon Telegraph and Telephone（NTT）　日本电报电话公司

Noble Eightfold Path　八正道

O

OECD　经济合作与发展组织

Olympic Games　奥林匹克运动

OPEC（The Organization of Petroleum Exporting Countries）　石油输出国组织

Opus Deil　天主事工会

Orange Free States　奥兰治自由邦

Organization of the Islamic Conference　伊斯兰会议组织

Orthodox Church　东正教会

P

Pan American Airways　泛美航空公司

Pan-American Games　泛美运动会

Pentecostalism　圣灵降临派

Permanent International Court of Justice　常设国际法庭

Philippine-American War　美菲战争

Presbyterian Church　长老会

Progressive movement　进步运动

Purity leagues　纯洁联盟

Q

quasars　类星体

Qur'an　可兰经

R

Rambouillet　朗布依埃

Rashtriya Svayamsevek Sangh　全国志愿者联盟

Red Sports Internationals　国际红色体育运动会

"ripples"　"脉动"现象

Rissho Kosei-kai　立正交成会

Rolls Royce　罗尔斯·罗伊斯

Rotary Club　扶轮国际

Russian Nationalism　俄罗斯民族主义

S

Salafiyya　撒拉菲亚教派

Sandanista Revolutionary　桑地诺革命阵线

Sanusiyya　赛努西教团

Shaikh　长老(大教长)

Sherman Antitrust　《谢尔曼反托拉斯

法案》

Shintoism 神道教

Silicon Valley 硅谷

Social Gospel 社会福音运动

Soka Gakkai 创价学会

2001, A Space Oddyssey 《2001 年：宇
宙奥德赛》

Special Drawing Rights 特别提款权

Stockholm Conference on the Human
Environment 斯德哥尔摩人类环境
大会

Sufi Movement 苏非运动

T

Tamil 泰米尔

Tax Farming 包税制

Telegraphic Meets 电报运动会

The African National Congress（ANC）
非洲国民大会

The Age of Communication 通讯时代

The Allegheny Observatories 阿勒格
尼天文台

The Associated Press 联合报业公司

The Association of Southeast Asian
Nations(ASEAN) 东南亚国家联盟

The Baird Auditorium 贝尔德报告厅

The Charter of the United Nations 联
合国宪章

The Council for Mutual Economic
Assistance(CMEA) 经济互助委
员会

The East India Company 东印度公司

The Eiffel Tower 埃菲尔铁塔

The European Economic Community
欧洲经济共同体

The European Payments Union 欧洲
支付同盟

The Federal Aviation Agency 联邦航
空署

The Free Officers 自由军官派

The General Agreement on Tariffs and
Trade(GATT) 关贸总协定

The General Assembly of the United
Nations 联合国大会

The German Social Democratic Party
德国社会民主党

The Gold-Exchange Standard 金汇兑
本位制

The Gold Standard 金本位制

The Group of Ten 十国组织

The India National Congress 印度国大
党

The International Monetary Fund
(IMF) 国际货币基金组织

The League of Nations 国联

The League of Nations Council 国联行
政院

The Lettrist Internationale（LI） 国际
文学家

The Movement National Congolais 刚
果民族运动党

The Muslim League 穆斯林联盟

The Nonaligned Movement 不结盟
运动

The North American Free Trade
Agreement 北美自由贸易协订

The North Atlantic Drift 北大西洋
暖流

The Organization of African Unity's
Council of Ministers 非洲统一组织
部长理事会

The pan-African Congress 泛非会议

The Platt Amendment 普拉特修正案

The Radio Corporation of American
(RCA) 美国无线电公司

Theravadan Buddhism 小乘佛教

凤凰文库书目

一、马克思主义研究系列

《走进马克思》 孙伯鍨 张一兵 主编
《回到马克思:经济学语境中的哲学话语》(第三版) 张一兵 著
《当代视野中的马克思》 任平 著
《回到列宁:关于"哲学笔记"的一种后文本学解读》 张一兵 著
《回到恩格斯:文本、理论和解读政治学》 胡大平 著
《国外毛泽东学研究》 尚庆飞 著
《重释历史唯物主义》 段忠桥 著
《资本主义理解史》(6卷) 张一兵 主编
《阶级、文化与民族传统:爱德华·P.汤普森的历史唯物主义思想研究》 张亮 著
《形而上学的批判与拯救》 谢永康 著
《21世纪的马克思主义哲学创新:马克思主义哲学中国化与中国化马克思主义哲学》 李景源 主编
《科学发展观与和谐社会建设》 李景源 吴元梁 主编
《科学发展观:现代性与哲学视域》 姜建成 著
《西方左翼论当代西方社会结构的演变》 周穗明 王玫 等著
《历史唯物主义的政治哲学向度》 张文喜 著
《信息时代的社会历史观》 孙伟平 著
《从斯密到马克思:经济哲学方法的历史性诠释》 唐正东 著
《构建和谐社会的政治哲学阐释》 欧阳英 著
《正义之后:马克思恩格斯正义观研究》 王广 著
《后马克思主义思想史》 [英]斯图亚特·西姆 著 吕增奎 陈红 译
《后马克思主义与文化研究:理论、政治与介入》 [英]保罗·鲍曼 著 黄晓武 译
《市民社会的乌托邦:马克思主义的社会历史哲学阐释》 王浩斌 著
《唯物史观与人的发展理论》 陈新夏 著
《西方马克思主义与苏联:1917年以来的批评理论和争论概览》 [荷]马歇尔·范·林登 著
　　周穗明 译 翁寒松 校
《物与无:物化逻辑与虚无主义》 刘森林 著
《拜物教的幽灵:当代西方马克思主义社会批判的隐性逻辑》 夏莹 著
《新中国社会形态研究》 吴波 著
《"崩溃的逻辑"的历史建构:阿多诺早期哲学思想的文本学解读》 张亮 著
《"超越政治"还是"回归政治":马克思与阿伦特政治哲学比较》 白刚 张荣艳 著
《无调式的辩证想象:阿多诺〈否定的辩证法〉的文本学解读》 张一兵 著
《马克思再生产理论及其哲学效应研究》 孙乐强 著
《希望的源泉:文化、民主、社会主义》 [英]雷蒙·威廉斯 著 祁阿红 吴晓妹 译
《后工业乌托邦》 [澳]鲍里斯·弗兰克尔著 李元来 译
《未来考古学:乌托邦欲望和其他科幻小说》 [美]弗里德里克·詹姆逊 著 吴静 译

二、政治学前沿系列

《公共性的再生产:多中心治理的合作机制建构》 孔繁斌 著
《合法性的争夺:政治记忆的多重刻写》 王海洲 著

《民主的不满:美国在寻求一种公共哲学》 [美]迈克尔·桑德尔 著　曾纪茂 译
《权力:一种激进的观点》 [英]斯蒂芬·卢克斯 著　彭斌 译
《正义与非正义战争:通过历史实例的道德论证》 [美]迈克尔·沃尔泽 著　任辉献 译
《自由主义与现代社会》 [英]理查德·贝拉米 著　毛兴贵 等译
《左与右:政治区分的意义》 [意]诺贝托·博比奥 著　陈高华 译
《自由主义中立性及其批评者》 [美]布鲁斯·阿克曼 等著　应奇 编
《公民身份与社会阶级》 [英]T. H. 马歇尔 等著　郭忠华 刘训练 编
《当代社会契约论》 [美]约翰·罗尔斯 等著　包利民 编
《马克思与诺齐克之间》 [英]G. A. 柯亨 等著　吕增奎 编
《美德伦理与道德要求》 [英]欧若拉·奥尼尔 等著　徐向东 编
《宪政与民主》 [英]约瑟夫·拉兹 等著　佟德志 编
《自由多元主义的实践》 [美]威廉·盖尔斯敦 著　佟德志 苏宝俊 译
《国家与市场:全球经济的兴起》 [美]赫尔曼·M. 施瓦茨 著　徐佳 译
《税收政治学:一种比较的视角》 [美]盖伊·彼得斯 著　郭为桂 黄宁莺 译
《控制国家:从古雅典至今的宪政史》 [美]斯科特·戈登 著　应奇 陈丽微 孟军 李勇 译
《社会正义原则》 [英]戴维·米勒 著　应奇 译
《现代政治意识形态》 [澳]安德鲁·文森特 著　袁久红 译
《新社会主义》 [加拿大]艾伦·伍德 著　尚庆飞 译
《政治的回归》 [英]尚塔尔·墨菲 著　王恒 臧佩洪 译
《自由多元主义》 [美]威廉·盖尔斯敦 著　佟德志 庞金友 译
《政治哲学导论》 [英]亚当·斯威夫特 著　佘江涛 译
《重新思考自由主义》 [英]理查德·贝拉米 著　王萍 傅广生 周春鹏 译
《自由主义的两张面孔》 [英]约翰·格雷 著　顾爱彬 李瑞华 译
《自由主义与价值多元论》 [英]乔治·克劳德 著　应奇 译
《帝国:全球化的政治秩序》 [美]麦克尔·哈特 [意]安东尼奥·奈格里 著　杨建国 范一亭 译
《反对自由主义》 [美]约翰·凯克斯 著　应奇 译
《政治思想导读》 [英]彼得·斯特克 大卫·韦戈尔 著　舒小昀 李霞 赵勇 译
《现代欧洲的战争与社会变迁:大转型再探》 [英]桑德拉·哈尔珀琳 著　唐皇凤 武小凯 译
《道德原则与政治义务》 [美]约翰·西蒙斯 著　郭为桂 李艳丽 译
《政治经济学理论》 [美]詹姆斯·卡波拉索 戴维·莱文著　刘骥 等译
《民主国家的自主性》 [英]埃里克·A. 诺德林格 著　孙荣飞 等译
《强社会与弱国家:第三世界的国家社会关系及国家能力》 [英]乔·米格德尔 著　张长东 译
《驾驭经济:英国与法国国家干预的政治学》 [美]彼得·霍尔 著　刘骥 刘娟凤 叶静 译
《社会契约论》 [英]迈克尔·莱斯诺夫 著　刘训练 等译
《共和主义:一种关于自由与政府的理论》 [澳]菲利普·佩蒂特 著　刘训练 译
《至上的美德:平等的理论与实践》 [美]罗纳德·德沃金 著　冯克利 译
《原则问题》 [美]罗纳德·德沃金 著　张国清 译
《社会正义论》 [英]布莱恩·巴利 著　曹海军 译
《马克思与西方政治思想传统》 [美]汉娜·阿伦特 著　孙传钊 译
《作为公道的正义》 [英]布莱恩·巴利 著　曹海军 允春喜 译
《古今自由主义》 [美]列奥·施特劳斯 著　马志娟 译
《公平原则与政治义务》 [美]乔治·格劳斯科 著　毛兴贵 译
《谁统治:一个美国城市的民主和权力》 [美]罗伯特·A. 达尔 著　范春辉 等译

《论伦理精神》 张康之 著

《人权与帝国:世界主义的政治哲学》 [英]科斯塔斯·杜兹纳 著 辛亨复 译

《阐释和社会批判》 [美]迈克尔·沃尔泽 著 任辉献 段鸣玉 译

《全球时代的民族国家:吉登斯讲演录》 [英]安东尼·吉登斯 著 郭忠华 编

《当代政治哲学名著导读》 应奇 主编

《拉克劳与墨菲:激进民主想象》 [美]安娜·M. 史密斯 著 付琼 译

《英国新左派思想家》 张亮 编

《第一代英国新左派》 [英]迈克尔·肯尼 著 李永新 陈剑 译

《转向帝国:英法帝国自由主义的兴起》 [美]珍妮弗·皮茨 著 金毅 许鸿艳 译

《论战争》 [美]迈克尔·沃尔泽 著 任辉献 段鸣玉 译

《现代性的谱系》 张凤阳 著

《近代中国民主观念之生成与流变:一项观念史的考察》 闾小波 著

《阿伦特与现代性的挑战》 [美]塞瑞娜·潘琳 著 张云龙 译

《政治人:政治的社会基础》 [美]西摩·马丁·李普塞特 著 郭为桂 林娜 译

《社会中的国家:国家与社会如何相互改变与相互构成》 [美]乔尔·S.米格代尔 著 李杨 郭
　一聪 译张长东 校

《伦理、文化与社会主义:英国新左派早期思想读本》 张亮 熊婴 编

《仪式、政治与权力》 [美]大卫·科泽 著 王海洲 译

《政治仪式:权力生产和再生产的政治文化分析》 王海洲 著

《论政治的本性》 [英]尚塔尔·墨菲 著 周凡 译

三、纯粹哲学系列

《哲学作为创造性的智慧:叶秀山西方哲学论集(1998—2002)》 叶秀山 著

《真理与自由:康德哲学的存在论阐释》 黄裕生 著

《走向精神科学之路:狄尔泰哲学思想研究》 谢地坤 著

《从胡塞尔到德里达》 尚杰 著

《海德格尔与存在论历史的解构:〈现象学的基本问题〉引论》 宋继杰 著

《康德的信仰:康德的自由、自然和上帝理念批判》 赵广明 著

《宗教与哲学的相遇:奥古斯丁与托马斯·阿奎那的基督教哲学研究》 黄裕生 著

《理念与神:柏拉图的理念思想及其神学意义》 赵广明 著

《时间性:自身与他者——从胡塞尔、海德格尔到列维纳斯》 王恒 著

《意志及其解脱之路:叔本华哲学思想研究》 黄文前 著

《真理之光:费希特与海德格尔论 SEIN》 李文堂 著

《归隐之路:20 世纪法国哲学的踪迹》 尚杰 著

《胡塞尔直观概念的起源:以意向性为线索的早期文本研究》 陈志远 著

《幽灵之舞:德里达与现象学》 方向红 著

《形而上学与社会希望:罗蒂哲学研究》 陈亚军 著

《福柯的主体解构之旅:从知识考古学到"人之死"》 刘永谋 著

《中西智慧的贯通:叶秀山中国哲学文化论集》 叶秀山 著

《学与思的轮回:叶秀山 2003—2007 年最新论文集》 叶秀山 著

《返回爱与自由的生活世界:纯粹民间文学关键词的哲学阐释》 户晓辉 著

《心的秩序:一种现象学心学研究的可能性》 倪梁康 著

《生命与信仰:克尔凯郭尔假名写作时期基督教哲学思想研究》 王齐 著

《时间与永恒:论海德格尔哲学中的时间问题》 黄裕生 著
《道路之思:海德格尔的"存在论差异"思想》 张柯 著
《启蒙与自由:叶秀山论康德》 叶秀山 著
《自由、心灵与时间:奥古斯丁心灵转向问题的文本学研究》 张荣 著
《回归原创之思:"象思维"视野下的中国智慧》 王树人 著
《从语言到心灵:一种生活整体主义的研究》 黄益民 著
《身体、空间与科学:梅洛-庞蒂的空间现象学研究》 刘胜利 著
《超越经验主义与理性主义:实用主义叙事的当代转换及效应》 陈亚军 著

四、宗教研究系列

《汉译佛教经典哲学研究》(上下卷) 杜继文 著
《中国佛教通史》(15卷) 赖永海 主编
《中国禅宗通史》 杜继文 魏道儒 著
《佛教史》 杜继文 主编
《道教史》 卿希泰 唐大潮 著
《基督教史》 王美秀 段琦 等著
《伊斯兰教史》 金宜久 主编
《中国律宗通史》 王建光 著
《中国唯识宗通史》 杨维中 著
《中国净土宗通史》 陈扬炯 著
《中国天台宗通史》 潘桂明 吴忠伟 著
《中国三论宗通史》 董群 著
《中国华严宗通史》 魏道儒 著
《中国佛教思想史稿》(3卷) 潘桂明 著
《禅与老庄》 徐小跃 著
《中国佛性论》 赖永海 著
《禅宗早期思想的形成与发展》 洪修平 著
《基督教思想史》 [美]胡斯都·L.冈察雷斯 著 陈泽民 孙汉书 司徒桐 莫如喜 陆俊杰 译
《圣经历史哲学》(上下卷) 赵敦华 著
《如来藏经典与中国佛教》 杨维中 著
《儒佛道思想家与中国思想文化》 洪修平 主编
《基督教神学发展史》(一)、(二)、(三) 林荣洪 著

五、人文与社会系列

《环境与历史:美国和南非驯化自然的比较》 [美]威廉·贝纳特 彼得·科茨 著 包茂红 译
《阿伦特为什么重要》 [美]伊丽莎白·扬—布鲁尔 著 刘北成 刘小鸥 译
《现代性的哲学话语》 [德]于尔根·哈贝马斯 著 曹卫东 等译
《追寻美德:伦理理论研究》 [美]A.麦金太尔 著 宋继杰 译
《现代社会中的法律》 [美]R. M. 昂格尔 著 吴玉章 周汉华 译
《知识分子与大众:文学知识界的傲慢与偏见,1880—1939》 [英]约翰·凯里 著 吴庆宏 译
《自我的根源:现代认同的形成》 [加拿大]查尔斯·泰勒 著 韩震 等译
《社会行动的结构》 [美]塔尔科特·帕森斯 著 张明德 夏遇南 彭刚 译
《文化的解释》 [美]克利福德·格尔茨 著 韩莉 译

《以色列与启示:秩序与历史(卷1)》 [美]埃里克·沃格林 著 霍伟岸 叶颖 译

《城邦的世界:秩序与历史(卷2)》 [美]埃里克·沃格林 著 陈周旺 译

《战争与和平的权利:从格劳秀斯到康德的政治思想与国际秩序》 [美]理查德·塔克 著 罗
　　炯 等译

《人类与自然世界:1500—1800 年间英国观念的变化》 [英]基思·托马斯 著 宋丽丽 译

《男性气概》 [美]哈维·C. 曼斯菲尔德 著 刘玮 译

《黑格尔》 [加拿大]查尔斯·泰勒 著 张国清 朱进东 译

《社会理论和社会结构》 [美]罗伯特·K. 默顿 著 唐少杰 齐心 等译

《个体的社会》 [德]诺贝特·埃利亚斯 著 翟三江 陆兴华 译

《象征交换与死亡》 [法]让·波德里亚 著 车槿山 译

《实践感》 [法]皮埃尔·布迪厄 著 蒋梓骅 译

《关于马基雅维里的思考》 [美]利奥·施特劳斯 著 申彤 译

《正义诸领域:为多元主义与平等一辩》 [美]迈克尔·沃尔泽 著 褚松燕 译

《传统的发明》 [英]E. 霍布斯鲍姆 T. 兰格 著 顾杭 庞冠群 译

《元史学:十九世纪欧洲的历史想象》 [美]海登·怀特 著 陈新 译

《卢梭问题》 [德]恩斯特·卡西勒 著 王春华 译

《自足语义学:为语义最简论和言语行为多元论辩护》 [挪威]赫尔曼·开普兰
[美]厄尼·利珀尔 著 周允程 译

《历史主义的兴起》 [德]弗里德里希·梅尼克 著 陆月宏 译

《权威的概念》 [法]亚历山大·科耶夫 著 姜志辉 译

《无国界移民》 [瑞士]安托万·佩库 [荷兰]保罗·德·古赫特奈尔 编 武云 译

《语言的未来》 [法]皮埃尔·朱代·德·拉孔布 海因茨·维斯曼 著 梁爽 译

《全球化的关键概念》 [挪]托马斯·许兰德·埃里克森 著 周云水 等译

《房地产阶级社会》 [韩]孙洛龟 著 芦恒 译

《政治创新与概念变革》 [美]特伦斯·鲍尔詹姆斯·法尔拉塞尔·L. 汉森 编 朱进东 译

《依赖性的理性动物:人类为什么需要德性》 [美]阿拉斯戴尔·麦金太尔 著 刘玮 译

《理解俄国:俄国文化中的圣愚》 [美]埃娃·汤普逊 著 杨德友 译

《留恋人世:长生不老的奇妙科学》 [美]乔纳森·韦纳 著 杨朗 卢文超 译

六、海外中国研究系列

《帝国的隐喻:中国民间宗教》 [英]王斯福 著 赵旭东 译

《王弼〈老子注〉研究》 [德]瓦格纳 著 杨立华 译

《章学诚思想与生平研究》 [美]倪德卫 著 杨立华 译

《中国与达尔文》 [美]詹姆斯·里夫 著 钟永强 译

《千年末世之乱:1813 年八卦教起义》 [美]韩书瑞 著 陈仲丹 译

《中华帝国后期的欲望与小说叙述》 黄卫总 著 张蕴爽 译

《私人领域的变形:唐宋诗词中的园林与玩好》 [美]王晓山 著 文韬 译

《六朝精神史研究》 [日]吉川忠夫 著 王启发 译

《中国社会史》 [法]谢和耐 著 黄建华 黄迅余 译

《大分流:欧洲、中国及现代世界经济的发展》 [美]彭慕兰 著 史建云 译

《近代中国的知识分子与文明》 [日]佐藤慎一 著 刘岳兵 译

《转变的中国:历史变迁与欧洲经验的局限》 [美]王国斌 著 李伯重 连玲玲 译

《中国近代思维的挫折》 [日]岛田虔次 著 甘万萍 译

《为权力祈祷》 [加拿大]卜正民 著 张华 译

《洪业:清朝开国史》 [美]魏斐德 著 陈苏镇 薄小莹 译

《儒教与道教》 [德]马克斯·韦伯 著 洪天富 译

《革命与历史:中国马克思主义历史学的起源,1919—1937》 [美]德里克 著 翁贺凯 译

《中华帝国的法律》 [美]D.布朗 等著 朱勇 译

《文化、权力与国家》 [美]杜赞奇 著 王福明 译

《中国的亚洲内陆边疆》 [美]拉铁摩尔 著 唐晓峰 译

《古代中国的思想世界》 [美]史华兹 著 程钢 译 刘东 校

《中国近代经济史研究:明末海关财政与通商口岸市场圈》 [日]滨下武志 著 高淑娟 孙彬 译

《中国美学问题》 [美]苏源熙 著 卞东波 译 张强强 朱霞欢 校

《翻译的传说:构建中国新女性形象》 胡缨 著 龙瑜成 彭珊珊 译

《〈诗经〉原意研究》 [日]家井真 著 陆越 译

《缠足:"金莲崇拜"盛极而衰的演变》 [美]高彦颐 著 苗延威 译

《从民族国家中拯救历史:民族主义话语与中国现代史研究》 [美]杜赞奇 著 王宪明 高继美
李海燕 李点 译

《传统中国日常生活中的协商:中古契约研究》 [美]韩森 著 鲁西奇 译

《欧几里得在中国:汉译〈几何原本〉的源流与影响》 [荷]安国风 著 纪志刚 郑诚 郑方磊 译

《毁灭的种子:战争与革命中的国民党中国(1937–1949)》 [美]易劳逸 著 王建朗 王贤知 贾
维 译

《理解农民中国:社会科学哲学的案例研究》 [美]李丹 著 张天虹 张胜波 译

《18世纪的中国社会》 [美]韩书瑞 罗有枝 著 陈仲丹 译

《开放的帝国:1600年的中国历史》 [美]韩森 著 梁侃 邹劲风 译

《中国人的幸福观》 [德]鲍吾刚 著 严蓓雯 韩雪临 伍德祖 译

《明代乡村纠纷与秩序》 [日]中岛乐章 著 郭万平 高飞 译

《朱熹的思维世界》 [美]田浩 著

《礼物、关系学与国家:中国人际关系与主体建构》 杨美慧 著 赵旭东 孙珉 译 张跃宏 校

《美国的中国形象:1931—1949》 [美]克里斯托弗·杰斯普森 著 姜智芹 译

《清代内河水运史研究》 [日]松浦章 著 董科 译

《中国的经济革命:20世纪的乡村工业》 [日]顾琳 著 王玉茹 张玮 李进霞 译

《明清时代东亚海域的文化交流》 [日]松浦章 著 郑洁西 译

《皇帝和祖宗:华南的国家与宗族》 科大卫 著 卜永坚 译

《中国善书研究》 [日]酒井忠夫 著 刘岳兵 何英莺 孙雪梅 译

《大萧条时期的中国:市场、国家与世界经济》 [日]城山智子 著 孟凡礼 尚国敏 译

《虎、米、丝、泥:帝制晚期华南的环境与经济》 [美]马立博 著 王玉茹 译

《矢志不渝:明清时期的贞女现象》 [美]卢苇菁 著 秦立彦 译

《山东叛乱:1774年的王伦起义》 [美]韩书瑞 著 刘平 唐雁超 译

《一江黑水:中国未来的环境挑战》 [美]易明 著 姜智芹 译

《施剑翘复仇案:民国时期公众同情的兴起与影响》 [美]林郁沁 著 陈湘静 译

《工程国家:民国时期(1927–1937)的淮河治理及国家建设》 [美]戴维·艾伦·佩兹 著 姜
智芹 译

《西学东渐与中国事情》 [日]增田涉 著 周启乾 译

《铁泪图:19世纪中国对于饥馑的文化反应》 [美]艾志端 著 曹曦 译

《危险的边疆:游牧帝国与中国》 [美]巴菲尔德 著 袁剑 译

《华北的暴力与恐慌：义和团运动前夕基督教传播和社会冲突》 [德]狄德满 著 崔华杰 译
《历史宝筏：过去、西方与中国的妇女问题》 [美]季家珍 著 杨可 译
《姐妹们与陌生人：上海棉纱厂女工，1919—1949》 [美]艾米莉·洪尼格 著 韩慈 译
《银线：19世纪的世界与中国》 林满红 著 詹庆华 林满红 译
《寻求中国民主》 [澳]冯兆基 著 刘悦斌 徐硙 译
《中国乡村的基督教：1860—1900江西省的冲突与适应》 [美]史维东 著 吴薇 译
《认知变异：反思人类心智的统一性与多样性》 [英]G. E. R. 劳埃德 著 池志培 译
《假想的"满大人"：同情、现代性与中国疼痛》 [美]韩瑞 著 袁剑 译
《男性特质论：中国的社会与性别》 [澳]雷金庆 著 [澳]刘婷 译
《中国的捐纳制度与社会》 伍跃 著
《文书行政的汉帝国》 [日]富谷至 著 刘恒武 孔李波 译
《城市里的陌生人：中国流动人口的空间、权力与社会网络的重构》 [美]张骊 著 袁长庚 译
《重读中国女性生命故事》 游鉴明 胡缨 季家珍 主编
《跨太平洋位移：20世纪美国文学中的民族志、翻译和文本间旅行》 黄运特 著 陈倩 译
《近代日本的中国认识》 [日]野村浩一 著 张学锋 译
《性别、政治与民主：近代中国的妇女参政》 [澳]李木兰 著 方小平 译
《狮龙共舞：一个英国人眼中的威海卫与中国文化》 [英]庄士敦 著 刘本森 译
《中国社会中的宗教与仪式》 [美]武雅士 著 彭泽安 邵铁峰 译 郭潇威 校
《大象的退却：一部中国环境史》 [英]伊懋可 著 梅雪芹 毛利霞 王玉山 译
《自贡商人：早期近代中国的企业家》 [美]曾小萍 著 董建中 译
《人物、角色与心灵：〈牡丹亭〉与〈桃花扇〉中的身份认同》 [美]吕立亭 著 白华山 译
《明代江南土地制度研究》 [日]森正夫 著 伍跃 张学锋 等译 范金民 夏维中 审校
《儒学与女性》 [美]罗莎莉 著 丁佳伟 曹秀娟 译
《权力关系：宋代中国的家族、地位与国家》 [美]柏文莉 著 刘云军 译
《行善的艺术：晚明中国的慈善事业》 [美]韩德林 著 吴士勇 王桐 史桢豪 译
《近代中国的渔业战争和环境变化》 [美]穆盛博 著 胡文亮 译
《工开万物：17世纪中国的知识与技术》 [德]薛凤 著 吴秀杰 白岚玲 译
《权力源自地位：北京大学、知识分子与中国政治文化，1898—1929》 [美]魏定熙 著 张蒙 译
《忠贞不贰？——辽代的越境之举》 [英]史怀梅 著 曹流 译
《两访中国茶乡》 [英]罗伯特·福琼 著 敖雪岗 译
《古代中国的动物与灵异》 [英]胡司德 著 蓝旭 译
《内藤湖南：政治与汉学(1866—1934)》 [美]傅佛果 著 陶德民 何英莺 译

七、历史研究系列

《中国近代通史》(10卷) 张海鹏 主编
《极端的年代》 [英]艾瑞克·霍布斯鲍姆 著 马凡 等译
《漫长的20世纪》 [意]杰奥瓦尼·阿瑞基 著 姚乃强 译
《在传统与变革之间：英国文化模式溯源》 钱乘旦 陈晓律 著
《世界现代化历程》(10卷) 钱乘旦 主编
《近代以来日本的中国观》(6卷) 杨栋梁 主编
《中华民族凝聚力的形成与发展》 卢勋 杨保隆 等著
《明治维新》 [英]威廉·G. 比斯利 著 张光 汤金旭 译
《在垂死皇帝的王国：世纪末的日本》 [美]诺玛·菲尔德 著 曾霞 译

《美国的艺伎盟友》 [美]涩泽尚子 著 油小丽 牟学苑 译
《戊戌政变的台前幕后》 马勇 著
《战后东北亚主要国家间领土纠纷与国际关系研究》 李凡 著
《战后西亚国家领土纠纷与国际关系》 黄民兴 谢立忱 著
《民国首都南京的营造政治与现代想象(1927－1937)》 董佳 著
《战后日本史》 王新生 著
《衣被天下:明清江南丝绸史研究》 范金民 著

八、当代思想前沿系列

《世纪末的维也纳》 [美]卡尔·休斯克 著 李锋 译
《莎士比亚的政治》 [美]阿兰·布鲁姆 哈瑞·雅法 著 潘望 译
《邪恶》 [英]玛丽·米奇利 著 陆月宏 译
《知识分子都到哪里去了:对抗21世纪的庸人主义》 [英]弗兰克·富里迪 著 戴从容 译
《资本主义文化矛盾》 [美]丹尼尔·贝尔 著 严蓓雯 译
《流动的恐惧》 [英]齐格蒙特·鲍曼 著 谷蕾 杨超 等译
《流动的生活》 [英]齐格蒙特·鲍曼 著 徐朝友 译
《流动的时代:生活于充满不确定性的年代》 [英]齐格蒙特·鲍曼 著 谷蕾 武媛媛 译
《未来的形而上学》 [美]爱莲心 著 余日昌 译
《感受与形式》 [美]苏珊·朗格 著 高艳萍 译
《资本主义及其经济学:一种批判的历史》 [美]道格拉斯·多德 著 熊婴 译 刘思云 校
《异端人物》 [英]特里·伊格尔顿 著 刘超 陈叶 译
《哲学俱乐部:美国观念的故事》 [美]路易斯·梅南德 著 肖凡 鲁帆 译
《文化理论关键词》 [英]丹尼·卡瓦拉罗 著 张卫东 张生 赵顺宏 译
《齐格蒙特·鲍曼:后现代性的预言家》 [英]丹尼斯·史密斯 著 佘江涛 译
《公共领域中的伦理学》 [英]约瑟夫·拉兹 著 葛四友 主译
《文化模式批判》 崔平 著
《谁是罗兰·巴特》 汪民安 著
《身体、空间与后现代性》 汪民安 著
《时间、空间与伦理学基础》 [美]爱莲心 著 高永旺 李孟国 译

九、教育理论研究系列

《教育研究方法导论》 [美]梅雷迪斯·D. 高尔等 著 许庆豫 等译
《教育基础》 [美]阿伦·奥恩斯坦 著 杨树兵 等译
《教育伦理学》 贾馥茗 著
《认知心理学》 [美]罗伯特·L. 索尔索 著 何华 等译
《现代心理学史》 [美]杜安·P. 舒尔茨 著 叶浩生 等译
《学校法学》 [美]米歇尔·W. 拉莫特 著 许庆豫 等译

十、艺术理论研究系列

《弗莱艺术批评文选》 [英]罗杰·弗莱 著 沈语冰 译
《另类准则:直面20世纪艺术》 [美]列奥·施坦伯格 著 沈语冰 刘凡 谷光曙 译
《当代艺术的主题:1980年以后的视觉艺术》 [美]简·罗伯森 克雷格·迈克丹尼尔 著 匡骁 译
《艺术与物性:论文与评论集》 [美]迈克尔·弗雷德 著 张晓剑 沈语冰 译

《现代生活的画像:马奈及其追随者艺术中的巴黎》 [英]T. J. 克拉克 著 沈语冰 诸葛沂 译
《自我与图像》 [英]艾美利亚·琼斯 著 刘凡 谷光曙 译
《博物馆怀疑论:公共美术馆中的艺术展览史》 [美][大卫·卡里尔 著 丁宁 译
《艺术社会学》 [英]维多利亚·D.亚历山大 著 章浩 沈杨 译
《云的理论:为了建立一种新的绘画史》 [法]于贝尔·达米施 著 董强 译
《杜尚之后的康德》 [比]蒂埃利·德·迪弗 著 沈语冰 张晓剑 陶铮 译
《蒂耶波洛的图画智力》 [美]斯维特拉娜·阿尔珀斯 迈克尔·巴克森德尔 著 王玉冬 译
《伦勃朗的企业:工作室与艺术市场》 [美]斯维特拉娜·阿尔珀斯 著 冯白帆 译
《新前卫与文化工业》 [美]本雅明·布赫洛 著 何卫华 史岩林 桂宏军 钱纪芳 译
《现代艺术:19与20世纪》 [美]迈耶·夏皮罗 著 沈语冰 何海 译
《重构抽象表现主义:20世纪40年代的主体性与绘画》 [美]迈克尔·莱雅 著 毛秋月 译
《神经元艺术史》 [英]约翰·奥尼恩斯 著 梅娜芳 译
《实在的回归:世纪末的前卫艺术》 [美]哈尔·福斯特 著 杨娟娟 译
《德国文艺复兴时期的椴木雕刻家》 [德]巴克森德尔 著 殷树喜 译
《艺术的理论与哲学:风格、艺术家和社会》 [美]迈耶·夏皮罗 著 沈语冰 王玉冬 译

十一、中国经济问题研究系列
《中国经济的现代化:制度变革与结构转型》 肖耿 著
《世界经济复苏与中国的作用》 [英]傅晓岚 编 蔡悦 等译
《中国未来十年的改革之路》《比较》研究室 编
《大失衡:贸易、冲突和世界经济的危险前路》 [美]迈克尔·佩蒂斯 著 王璟 译
《中国经济新转型》 [日]青木昌彦 吴敬琏 编 姚志敏 等译
《经济全球化与中国产业发展》 刘志彪 著

十二、艺术与社会系列
《艺术界》 [美]霍华德·S.贝克尔 著 卢文超 译
《寻找如画美:英国的风景美学与旅游,1760—1800》 [英]马尔科姆·安德鲁斯 著 张箭飞 韦照周 译

十三、公共管理系列
《更快 更好 更省?》 [美]达尔·W.福赛斯 著 范春辉 译
《公共行政的行动主义》 张康之 著
《美国能源政策:变革中的政治、挑战与前景》 [美]劳任斯·R.格里戴维 E.麦克纳布 著 付满 译

十四、智库系列
《经营智库:成熟组织的实务指南》 [美]雷蒙德·J.斯特鲁伊克 著 李刚 等译 陆扬 校